Introdução à PESQUISA DE MARKETING

Introdução à PESQUISA DE MARKETING

NARESH K. MALHOTRA
Ismael Rocha
Maria Cecília Laudisio
Édman Altheman
Fabio Mariano Borges

Tradução
Robert Brian Taylor

© 2005 by Pearson Education do Brasil
© 2002 by Pearson Education, Inc.
Tradução autorizada a partir da edição original em inglês, *Basic marketing research: applications to contemporary issues*, 1st ed., Malhotra, Naresh K., publicada pela Pearson Education, Inc. sob o selo Prentice Hall.

Todos os direitos reservados. Nenhuma parte desta publicação poderá ser reproduzida ou transmitida de qualquer modo ou por qualquer outro meio, eletrônico ou mecânico, incluindo fotocópia, gravação ou qualquer outro tipo de sistema de armazenamento e transmissão de informação, sem prévia autorização, por escrito, da Pearson Education do Brasil.

Diretor Editorial: José Braga
Gerente Editorial: Roger Trimer
Editora de Desenvolvimento: Renatha Prado
Gerente de Produção: Heber Lisboa
Editora de Texto: Tereza Gouveia
Preparação: Francelino de Oliveira e Felice Morabito
Revisão: Felice Morabito, Irene Hikichi, Márcio Guimarães de Araújo e Thelma Babaoka
Capa: Marcelo Françozo (a partir do original de Michael J. Fruhbeis)
Editoração Eletrônica: ERJ Composição Editorial e Artes Gráficas Ltda.

Dados Internacionais de Catalogação na Publicação (CIP)
(Câmara Brasileira do Livro, SP, Brasil)

Introdução à pesquisa de marketing / Naresh K. Malhotra...[et al.] ; tradutor Robert Brian Taylor. - - São Paulo : Prentice Hall, 2005.

Outros autores: Ismael Rocha, Maria Cecília Laudisio, Édman Altheman, Fabio Mariano Borges
Título original: Basic marketing research
Bibliografia.
ISBN 978-85-87918-77-2

1. Microsoft Excel (Arquivo de computador) 2. Pesquisa de marketing
I. Malhotra, Naresh K. II. Rocha, Ismael. III. Laudisio, Maria Cecília.
IV. Altheman, Édman. V. Borges, Fabio Mariano.

04-6439   CDD-658.83

Índice para catálogo sistemático:

1. Pesquisa de marketing : Administração de empresas   658.83

Direitos exclusivos cedidos à
Pearson Education do Brasil Ltda.,
uma empresa do grupo Pearson Education
Avenida Santa Marina, 1193
CEP 05036-001 - São Paulo - SP - Brasil
Fone: 19 3743-2155
pearsonuniversidades@pearson.com

Distribuição
Grupo A Educação
www.grupoa.com.br
Fone: 0800 703 3444

À minha esposa e melhor amiga, Veena, com amor
A esposa prudente vem do Senhor.

Provérbios 19.14

*Maridos, ame cada um a sua mulher, assim como
Cristo amou a igreja e entregou-se por ela.*

Efésios 5.25

Agradecimentos

Várias pessoas foram extremamente importantes na elaboração deste livro. Gostaria de agradecer ao professor Arun K. Jain (Universidade Estadual de Nova York, Búfalo), que me ensinou pesquisa de marketing de forma inesquecível. A meus alunos, sobretudo ex-alunos de doutorado, em especial Ashutosh Dixit, Charla Mathwick, Rick McFarland e Cassandra Wells, assim como os assistentes de pesquisa Melanie Carter, Dan Nirenberg e Edward Lindahl foram muito úteis de várias maneiras. Tyra Mitchell auxiliou na pesquisa para a seção Pesquisa de Marketing e TQM. Os alunos de meus cursos de pesquisa de marketing forneceram valioso feedback, já que o material foi testado em sala de aula durante vários anos. A meus colegas na Georgia Tech, especialmente o reitor Terry Blum e o professor Fred Allvine, que muito me apoiaram. Sou grato também a Roger L. Bacik (vice-presidente executivo da Elrick & Lavidge, Inc.) por seu encorajamento, apoio e muitas contribuições a este livro. A William D. Neal (fundador e executivo sênior da SDR, Inc.) por sua ajuda e apoio ao longo dos anos.

Aos revisores, que ofereceram muitas sugestões construtivas e valiosas. Entre outros, agradeço a colaboração de:

Dennis B. Arnett	Alan G. Sawyer
Universidade do Texas, San Antonio	*Universidade da Flórida*
Paul L. Sauer	Jerry Katrichis
Canisius College	*Universidade de Hartford*

À equipe da Prentice Hall, cujo apoio foi incrível. Agradecimentos especiais a Judy Leale, gerente editorial; Whitney Blake, editora executiva; Wendy Craven, editora sênior; Anthony Palmiotto, gerente do projeto de mídia; Melissa Pellerano, editora assistente; Theresa Festa, editora de produção; Pam Sourelis, editora de desenvolvimento; e Melinda Alexander, editora de fotos. Devo reconhecimento especial aos vários representantes de campo e representantes de vendas que fazem um incrível trabalho.

Quero agradecer respeitosamente a meus pais, sr. e sra. H. N. Malhotra. O amor, encorajamento, apoio e sacrifício de meus pais foram exemplares. Meu amor e gratidão vão para minha esposa, Veena, e meus filhos Ruth e Paul, pelo encorajamento constante e alegre paciência durante o árduo processo de escrever este livro e por suas incontáveis expressões de fé, esperança e amor (1Cor 13.13).

Acima de tudo, reconheço e agradeço a meu Salvador e Senhor, Jesus Cristo, pela graça e benevolência a mim concedidas. Este livro é, verdadeiramente, fruto da benevolência do Senhor – "Pois tu, Senhor, abençoas o justo; o teu favor o protege como um escudo" (Sl 5.12).

Prefácio

A resposta a meu livro para pós-graduação *Marketing research: an applied orientation* tem sido extremamente gratificante, com a adoção de mais de 144 universidades nos Estados Unidos. *Introdução à pesquisa de marketing* fundamenta-se nesse sucesso e o leva à graduação.

PÚBLICO-ALVO

Este livro destina-se à disciplina de pesquisa de marketing para a graduação. Os conceitos e princípios básicos de pesquisa de marketing são apresentados de modo a facilitar a leitura e a compreensão do estudante, com o uso de uma variedade de figuras, tabelas e exemplos. Além desses elementos de apoio, em cada capítulo são apresentados um caso de abertura e atividades diversas para os estudantes, incluindo exercícios, dramatizações, trabalho de campo e discussões em grupo.

ORGANIZAÇÃO

O livro está dividido em três partes, com base em uma estrutura de seis etapas da pesquisa de marketing. A Parte Um apresenta uma introdução à pesquisa de marketing e aborda a primeira e mais importante etapa: a definição do problema. Descreve também a natureza e o escopo da pesquisa empreendida para o desenvolvimento de uma abordagem para o problema.

A Parte Dois abrange o modelo da pesquisa e descreve em detalhes os modelos exploratórios, descritivos e causais. Nessa parte, são descritos os tipos de informação comumente obtidos na pesquisa de marketing, assim como as escalas apropriadas para obter tais informações, são apresentadas as diretrizes para a elaboração de questionários e explicados os procedimentos, as técnicas e as considerações estatísticas envolvidas na amostragem.

A Parte Três apresenta uma discussão prática voltada à preparação e à análise de dados. As técnicas estatísticas básicas são discutidas em detalhes, com ênfase nos procedimentos, resultados e implicações para a gestão. Concluindo o estudo está a comunicação da pesquisa, pela preparação e apresentação de um relatório formal.

CARACTERÍSTICAS DO LIVRO

O livro tem várias características importantes em termos de conteúdo e pedagogia.

Aspectos do Conteúdo

1. O Capítulo 2 é dedicado à definição do problema e à elaboração de uma abordagem. Essas etapas pontuais no processo de pesquisa de marketing são apresentadas de maneira ampla e abrangente.
2. O Capítulo 4 abrange a análise de dados secundários. Além das fontes tradicionais, bancos de dados computadorizados também são examinados.
3. O Capítulo 5 é reservado aos serviços e às informações disponíveis em fontes padronizadas. Os tipos de dados disponíveis de fontes padronizadas e as aplicações de tais dados são descritos em detalhes.
4. O Capítulo 6 aborda a pesquisa qualitativa. Discussões em grupo, entrevistas individuais e técnicas projetivas são abordadas em detalhes, com ênfase na aplicação desses procedimentos.
5. O Capítulo 7 apresenta métodos de levantamento e de observação; o Capítulo 8 aborda o experimento.
6. O Capítulos 9 e 10 são dedicados às técnicas de escalonamento. Apresenta os fundamentos e as técnicas de graduação comparativa e abrangem as técnicas não-comparativas e os procedimentos básicos para avaliar a confiabilidade e a validade.

7. O Capítulo 11 aborda o modelo do questionário. São apresentadas as etapas e vários métodos para a elaboração de questionários.
8. O Capítulo 12 aborda as questões qualitativas envolvidas na amostragem e as várias técnicas de amostragem não-probabilística e probabilística; o Capítulo 13 explica as questões estatísticas, assim como a determinação do tamanho final e inicial da amostra.
9. Os capítulos 14 a 17 são reservados à análise de dados de pesquisa de marketing, abrangendo todas as técnicas básicas:
    a. Preparação de dados;
    b. Distribuição de freqüência, tabulação cruzada e teste de hipóteses;
    c. Teste de hipóteses relativas às diferenças, incluindo os vários testes *t* e a análise de variância;
    d. Correlação e análise de regressão.
    O conjunto de dados usado para explicar cada técnica é fornecido no início de cada capítulo.
10. O Capítulo 18 abrange a preparação e a apresentação de relatórios.

ASPECTOS PEDAGÓGICOS

1. O livro tem uma orientação extremamente aplicada e gerencial. Exemplificamos como os pesquisadores de marketing aplicam os vários conceitos e técnicas e como os gerentes implementam as descobertas na melhoria da prática de marketing.
2. Vários exemplos reais são apresentados em cada capítulo. Esses exemplos descrevem em detalhes como a pesquisa de marketing aborda problemas gerenciais específicos e as decisões baseadas nesses esforços. Muitas vezes, informações disponíveis em publicações diversas foram usadas como complemento para tornar os exemplos mais ilustrativos.
3. Pela abordagem contemporânea, conseguiu-se integrar ao longo do livro os temas gestão da qualidade total, pesquisa de marketing internacional, tecnologia e ética na pesquisa de marketing.
4. Cada capítulo tem uma seção intitulada Aplicações na Internet, que explica como a Internet se aplica a cada etapa do processo de pesquisa de marketing.
5. Os capítulos iniciam-se com um conjunto de perguntas, que despertam a curiosidade do aluno e dão uma idéia da estrutura do capítulo. Cada capítulo também contém um caso de abertura, usado como exemplo contínuo em todo o capítulo.
6. Cada capítulo inicia-se com uma figura que apresenta o enfoque a ser estudado, sua relação com o capítulo anterior e com o processo de pesquisa de marketing. Outra figura apresenta uma visão geral do capítulo, indicando os principais tópicos, com suas conexões a figuras e tabelas.
7. No final de cada capítulo há Exercícios e Atividades, que permitem a verificação dos conceitos abordados no capítulo e incluem perguntas, problemas, dramatização, trabalho de campo e discussão em grupo.

Material de Apoio

Professores e estudantes têm acesso a um site exclusivo com material de apoio para o livro:

1. O site pode ser acessado em www.prenhall.com/malhotra_br. Os recursos para professores são protegidos por senha, que pode ser obtida junto aos representantes da Pearson ou pelo e-mail "universitarios@pearson.com". Entre os recursos disponíveis estão:
    a. O Manual do Professor em inglês e Manual de Soluções em português, ambos exclusivos para professores.
    b. Apresentações em PowerPoint, em português, contendo um esboço do capítulo e todas as figuras e tabelas (exclusivo para professores).
    c. Tabelas Estatísticas.
    d. Exercícios adicionais.

Prefácio à edição brasileira

O livro *Introdução à pesquisa de marketing*, revisado e ajustado para o aluno de graduação e pós-graduação das escolas brasileiras, contou com o trabalho e envolvimento de quatro professores brasileiros: Maria Cecília Laudisio, Édman Altheman, Fabio Mariano e Ismael Rocha.

A experiência de colaborar com um dos maiores mestres da pesquisa mundial, o prof. Malhotra, foi gratificante. Conhecer seus objetivos, entender sua proposta capítulo a capítulo, compreender sua capacidade de se voltar à sala de aula, de se colocar no lugar do aluno, de identificar claramente os fatores que movem e motivam o estudar pesquisa foi um exercício enriquecedor.

No processo que levou o grupo de professores brasileiros a primeiramente entender o objetivo e o sentido de cada item de todos os capítulos, foi possível identificar os pontos em que a co-autoria poderia ser útil, complementar e com total sentido de continuidade. O leitor, o estudante de graduação ou pós-graduação das escolas brasileiras, não encontrará problemas ao fazer dessa obra uma referência para seu aprendizado. Há no texto total harmonia entre a abordagem internacional de cada capítulo e a linguagem universal da pesquisa, observada e conhecida por todos os que fazem dela uma ferramenta essencial para o marketing e a comunicação em qualquer universidade do mundo. Essa é uma das principais contribuições que o livro *Introdução à pesquisa* traz para o mundo contemporâneo: a oportunidade de olhar globalmente e agir localmente!

O livro traz, em sua estrutura e diagramação, um desenho capaz de orientar todos os seus leitores para uma compreensão clara dos conceitos. Apresentando figuras, desenhos, indicações e links, com o objetivo de facilitar o trabalho de alunos e professores, a obra desfaz a noção equivocada de que pesquisa de mercado é uma matéria de difícil entendimento.

Em cada capítulo o leitor vai encontrar um mapa, um roteiro em que consegue visualizar as principais informações ali contidas, sendo capaz de 'navegar' pelos principais itens e temas, em uma linguagem conhecida, atual e bastante amigável a todo estudante.

O material disponibilizado para exercícios e tarefas extraclasse é rico em criatividade, propondo dramatizações, trabalho de campo e tópicos para discussões em grupo. Esse modelo proposto para atividades complementares à sala de aula está em sintonia com os mais modernos processos pedagógicos, permitindo que o aluno vivencie a teoria de forma lúdica e criativa. Mais ainda, está ajustado ao perfil do aluno brasileiro, que privilegia relacionamentos, vivências, processos e trocas, em que seu raciocínio se molda de maneira a absorver os conceitos estudados.

Um último destaque vai para os professores e amigos Maria Cecília, Édman e Fabio Mariano, da ESPM-SP, que se empenharam sobremaneira para que esse trabalho de co-autoria pudesse chegar ao fim. Professores e profissionais de destaque que deixam sua colaboração para o melhor aprendizado dos alunos em pesquisa de mercado.

Espero que a leitura, a compreensão e a aplicação dos conceitos expostos em todos os capítulos deste livro tragam uma real contribuição para o sucesso de cada profissional, aluno ou professor, em sua caminhada pela vida.

Ismael Rocha
Professor e Chefe do Departamento de Marketing e Pesquisa de Mercado
Escola Superior de Propaganda e Marketing
Novembro de 2004

Sobre o autor

O professor doutor Naresh K. Malhotra ocupa a mais alta posição acadêmica no sistema universitário da Geórgia, na DuPree College of Management, do Georgia Institute of Technology. Figura na lista *Quem é quem na América*, de Marquis, desde sua 51ª edição, em 1997, e da *Quem é quem no mundo*, desde 2000.

Em artigo de Wheatley e Wilson (1987, AMA Educators Proceedings), o professor Malhotra recebeu o título de melhor pesquisador, por seus artigos publicados no *Journal of Marketing Research*, de 1980 a 1985. É recordista de publicações no *Journal of Health Care Marketing* e considerado o melhor pesquisador do *Journal of the Academy of Marketing Science* (JAMS), pelos artigos publicados do volume 1 ao 23, em 1995, bem como no período de 1986 a 1995.

Autor de mais de 85 estudos nos principais periódicos, incluindo *Journal of Marketing Research*, *Journal of Consumer Research*, *Marketing Science*, *Journal of Marketing*, *Journal of the Academy of Marketing Science*, *Journal of Retailing* e *Journal of Health Care Marketing*, e nos mais importantes periódicos de estatística, administração e psicologia, também escreveu inúmeros artigos para as principais conferências nacionais e internacionais. Recebeu prêmios por muitos de seus artigos.

Foi presidente da Academy of Marketing Science Foundation, de 1996 a 1998, da Academy of Marketing Science, de 1994 a 1996, e do conselho de 1990 a 1992. É membro da Academy of Marketing Science e do Decision Sciences Institute. Foi editor associado do *Decision Sciences* por dezoito anos e editor de seção dos periódicos *Health Care Marketing Abstracts* e *Journal of Health Care Marketing*. Participou também do conselho editorial de oito periódicos.

O professor Malhotra presta consultoria para Ongs e empresas governamentais nos Estados Unidos e no exterior, e atua como perito em procedimentos legais e reguladores. Recebeu diversos prêmios e honrarias por pesquisa, ensino e dedicação à profissão.

É membro e diácono da Primeira Igreja Batista de Atlanta. Reside na região de Atlanta com a esposa, Veena, e os filhos Ruth e Paul.

Sumário

Parte 1   Introdução e Fases Iniciais da Pesquisa de Marketing   1

Capítulo 1: Introdução à Pesquisa de Marketing 1
    Como a Reebok calça o tênis 2
    Visão geral 2
    Definição de pesquisa de marketing 4
    Uma classificação da pesquisa de marketing 5
    Processo de pesquisa de marketing 6
    A função da pesquisa de marketing na tomada de decisão de marketing 9
    Uma visão geral da indústria de pesquisa de marketing 12
    Selecionando um fornecedor externo 13
    Carreiras na pesquisa de marketing 14
    O papel da pesquisa de marketing no SIM 15
    Ilustração resumida usando o caso de abertura 15
    Aplicações às questões contemporâneas 16
    Pesquisa de marketing e gestão da qualidade total (TQM) 16
    Pesquisa de marketing internacional 17
    Tecnologia e pesquisa de marketing 18
    Ética na pesquisa de marketing 19
    Aplicações na Internet 20

Capítulo 2: Definindo o Problema de Pesquisa de Marketing e Desenvolvendo uma Abordagem 24
    'A primeira perua utilitária esportiva do mundo' 25
    Visão geral 26
    Importância da definição do problema 27
    Processo de definição do problema e desenvolvimento de uma abordagem ... 28
    Tarefas envolvidas 29
    Contexto ambiental do problema 33
    Definindo o problema de pesquisa de marketing 36
    Componentes da abordagem 39
    Ilustração resumida usando o caso de abertura 42
    Pesquisa de marketing e TQM 43
    Pesquisa internacional de marketing 43
    Tecnologia e pesquisa de marketing 44
    Ética na pesquisa de marketing 45
    Aplicações na Internet 45

Parte II   Elaboração do Modelo de Pesquisa   50

Capítulo 3: Modelo de Pesquisa 50
    A pesquisa de marketing ajuda a Spiegel a elaborar a linha Eddie Bauer 51

Visão geral ... 52
O que é um modelo de pesquisa? ... 52
Modelos básicos de pesquisa ... 54
Pesquisa exploratória ... 56
Pesquisa descritiva ... 57
Pesquisa causal ... 59
Relação entre pesquisa exploratória, descritiva e causal ... 60
Tarefas envolvidas na elaboração de um modelo de pesquisa ... 61
O modelo de pesquisa e o custo da pesquisa de marketing ... 61
Orçamento e programação do projeto ... 63
Proposta de pesquisa de marketing ... 63
Ilustração resumida usando o caso de abertura ... 64
Pesquisa de marketing e TQM ... 64
Pesquisa de marketing internacional ... 65
Tecnologia e pesquisa de marketing ... 66
Ética na pesquisa de marketing ... 66
Aplicações na Internet ... 67

Capítulo 4: Modelo de Pesquisa Exploratória: Dados Secundários ... **70**
Uso de dados secundários ... 71
Visão geral ... 71
Dados primários versus dados secundários ... 71
Vantagens e usos dos dados secundários ... 72
Desvantagens dos dados secundários ... 74
Critérios para avaliar os dados secundários ... 75
Classificação dos dados secundários ... 77
Dados secundários internos e marketing de banco de dados ... 77
Dados secundários externos: fontes publicadas ... 78
Bancos de dados computadorizados ... 80
Combinando dados secundários internos e externos ... 82
Tecnologia e pesquisa de marketing ... 83
Ética na pesquisa de marketing ... 84
Aplicações na Internet ... 85

Capítulo 5: Concepção da Pesquisa Exploratória: Fontes Padronizadas de Dados Secundários ... **87**
Uma questão casual ... 88
Visão geral ... 89
Natureza dos dados padronizados ... 89
Classificação dos serviços padronizados ... 91
Levantamentos de campo ... 93
Painéis diários do consumidor ... 98
Serviços de escaneamento eletrônico ... 100
Dados padronizados institucionais e empresariais ... 101
Combinando informações de uma variedade de fontes: dados de fonte única ... 103

Ilustração resumida usando o caso de abertura 104
Pesquisa de marketing e TQM 104
Tecnologia e pesquisa de marketing 105
Ética na pesquisa de marketing 106
Aplicações na Internet 106

Capítulo 6: Concepção de Pesquisa Exploratória: Pesquisa Qualitativa **110**
Gillette apóia direito igual para as mulheres: livrou-se do fracasso por um triz 111
Visão geral 112
Dados primários: pesquisa qualitativa versus pesquisa quantitativa 113
Uma classificação dos procedimentos da pesquisa qualitativa 115
Discussões em grupo (*focus groups*) 115
Entrevistas de profundidade 119
Técnicas projetivas 122
Ilustração resumida usando o caso de abertura 127
Pesquisa de marketing e TQM 127
Tecnologia e pesquisa de marketing 128
Ética na pesquisa de marketing 128
Aplicações na Internet 128

Capítulo 7: Modelo de Pesquisa Descritiva: Levantamento de Campo e por Observação **132**
A nova plataforma de marketing da Procter & Gamble: PBTD e EM 133
Visão geral 133
Métodos de levantamento de campo 134
Métodos de levantamento de campo classificados por modo de aplicação 136
Métodos de observação 147
Uma comparação dos métodos de levantamento de campo e por observação 149
Pesquisa de marketing e TQM 150
Tecnologia e pesquisa de marketing 151
Ética na pesquisa de marketing 151
Aplicações na Internet 152

Capítulo 8: Modelo de Pesquisa Causal: Experimentos **156**
Muzak: um remédio incomum para resfriado comum 157
Visão geral 157
Conceito de causalidade 158
Condições para a causalidade 159
O que é experimentação 161
Definição dos símbolos 163
Validade na experimentação 163
Classificação dos modelos experimentais 165
Modelos pré-experimentais 166
Modelos verdadeiramente experimentais 168
Modelos quase experimentais 169

Modelos estatísticos 170
Selecionando um modelo experimental............................. 171
Experimentos em laboratório versus experimentos de campo 171
Limitações da experimentação..................................... 172
Aplicações: teste de mercado 173
Pesquisa de marketing e TQM 174
Tecnologia e pesquisa de marketing 175
Ética na pesquisa de marketing 175
Aplicações na Internet 176

Capítulo 9: Medição e Escalonamento: Fundamentos e Graduações Comparativas 180
Escalando as olimpíadas 181
Visão geral 181
Medição e escalonamento 181
Escalas primárias e níveis de medição 183
Classificação das técnicas de escalonamento 188
Técnicas de escalonamento comparativo 190
Relação da medição e do escalonamento com o processo de pesquisa de marketing 194
Ilustração resumida usando o caso de abertura 195
Pesquisa de marketing e TQM 195
Tecnologia e pesquisa de marketing 196
Ética na pesquisa de marketing 197
Aplicações na Internet 198

Capítulo 10: Medição e Escalonamento: Técnicas de Escalonamento Não-Comparativas 201
Técnicas de escalonamento não-comparativas resultam em um sucesso incomparável do cinema 202
Visão geral 202
Técnicas de escalonamento não-comparativas 203
Escalas por itens 206
Escolha de escalas não-comparativas de classificação por itens ... 210
Escalas por itens múltiplos ou multiitens 213
Avaliação da escala 214
Escolhendo uma técnica de escalonamento.......................... 217
Ilustração resumida usando o caso de abertura 217
Pesquisa de marketing e TQM 218
Tecnologia e pesquisa de marketing 219
Ética na pesquisa de marketing 219
Aplicações na Internet 220

Capítulo 11: Elaboração de Questionário e de Formulário 225
A World Vision confere aos doadores uma visão para a caridade 226
Visão geral 226
Importância do questionário 227

Processo de elaboração do questionário 229
Especificar as informações necessárias 230
Especificar o tipo de método de entrevista 230
Determinar o conteúdo de cada pergunta... 232
Elaborar as perguntas para superar a dificuldade em responder 233
Elaborar as perguntas para superar a relutância do entrevistado em responder 234
Decidir sobre a estrutura das perguntas 236
Determinar o texto das perguntas 239
Colocar as perguntas na ordem apropriada.. 241
Identificar o aspecto visual do questionário – formato e layout 244
Reproduzir o questionário 245
Pré-teste do questionário 245
Formulários de observação 246
Ilustração resumida usando o caso de abertura 248
Pesquisa de marketing e TQM 249
Tecnologia e pesquisa de marketing 250
Ética na pesquisa de marketing 250
Aplicações na Internet 251

Capítulo 12: Amostragem: Modelo e Procedimentos 256
O Clear Stick da Gillette limpa o caminho para o crescimento no mercado de desodorantes 257
Visão geral 257
Amostra ou censo 258
O processo de elaboração da amostragem... 261
Classificação das técnicas de amostragem 265
Técnicas de amostragem não-probabilística 266
Técnicas de amostragem probabilística... 269
Escolhendo a amostragem não-probabilística em comparação com a probabilística 274
Amostragem em pesquisa política: um exemplo do caso brasileiro 275
Ilustração resumida usando o caso de abertura 276
Pesquisa de marketing e TQM 276
Pesquisa de marketing internacional 277
Aplicações na Internet 277

Capítulo 13: Amostragem: Determinação do Tamanho Final e Inicial da Amostra 281
Avaliando o problema do tamanho da amostra 282
Visão geral 282
Definições e símbolos 283
Distribuição da amostragem 285
Abordagens estatísticas para determinar o tamanho da amostra 286
Abordagem do intervalo de confiança 287
Ajustando o tamanho da amostra estatisticamente determinado 292
Ilustração resumida usando o caso de abertura 293
Pesquisa de marketing e TQM 294

Pesquisa de marketing internacional 294
Ética na pesquisa de marketing 294

Parte Três: Coleta, Análise e Relatório de Dados — 297

Capítulo 14: Estratégia de Preparação e Análise de Dados 297
Um banco de dados desperta um gigante adormecido 298
Visão geral 298
Processo de preparação de dados 299
Verificação do questionário 300
Edição 301
Codificação 302
Transcrição 305
Limpeza de dados 305
Selecionando uma estratégia de análise de dados 307
Ilustração resumida usando o caso de abertura 308
Pesquisa de marketing e TQM 308
Pesquisa de marketing internacional 308
Tecnologia e pesquisa de marketing 309
Ética na pesquisa de marketing 309
Aplicações na Internet 310

Capítulo 15: Distribuição de Freqüência, Teste de Hipóteses e Tabulações Cruzadas 313
Consumidor consome cupons 314
Visão geral 314
Distribuição de freqüência 316
Estatísticas associadas à distribuição de freqüência 320
Introdução ao teste de hipóteses 323
Procedimento geral para o teste de hipóteses 323
Tabulações cruzadas 328
Estatísticas associadas com a tabulação cruzada 331
Tabulação cruzada na prática 335
Ilustração resumida usando o caso de abertura 335

Capítulo 16: Teste de Hipóteses Relativo às Diferenças 338
Fidelidade versus infidelidade e conveniência versus preço 339
Visão geral 339
Teste de hipóteses relativo às diferenças 340
Testes t de uma amostra 343
Testes t de duas amostras 346
Testando hipóteses para mais de duas amostras 353
SPSS 359

Capítulo 17: Correlação e Regressão 363
Modelos de regressão modelam a estratégia de marketing da Adidas 364

Visão geral 364
Correlação momento-produto 365
Análise de regressão 371
Regressão bidimensional 371
Realizando análise de regressão bidimensional 372
Exame dos residuais 379
Regressão múltipla 380
Realizando a análise de regressão múltipla 381
Ilustração resumida usando o caso de abertura 385
Aplicações na Internet e no computador 386

Capítulo 18: Preparação e Apresentação do Relatório 391
Relatórios de pesquisa tornam o céu da United ainda mais amigável 392
Visão geral 392
Importância do relatório e da apresentação 393
Processo de preparação e apresentação do relatório 393
Preparação do relatório 395
Apresentação oral 400
Follow-up da pesquisa 401
Ilustração resumida usando o caso de abertura 402
Pesquisa de marketing internacional 402
Ética na pesquisa de marketing 403
Aplicações na Internet 403

Casos 407
Caso 1 Quando os tempos ficam difíceis, as academias de luxo inovam 407
Caso 2 Eastman Kodak: rumo à alta tecnologia 408
Caso 3 Gillette à frente de seus concorrentes 408

Glossário 411

Crédito das fotos 424

Índice Remissivo 426

CAPÍTULO 1
Introdução à Pesquisa de Marketing

Parte Um: Introdução e Fases Iniciais da Pesquisa de Marketing

Neste capítulo abordamos as seguintes questões:

1. Como você define pesquisa de marketing?
2. Quais são as principais classificações da pesquisa de marketing e qual é a relação entre pesquisa de identificação do problema e pesquisa de solução do problema?
3. Quais são as seis etapas do processo de pesquisa de marketing?
4. Qual o papel da pesquisa de marketing na confecção e implementação de programas de marketing bem-sucedidos?
5. O que é a indústria de pesquisa de marketing e qual o papel dos fornecedores internos e externos?
6. Como uma empresa deve selecionar um fornecedor de pesquisa de marketing?
7. Quais carreiras estão disponíveis na pesquisa de marketing e quais habilidades você precisa ter para alcançar sucesso nessas carreiras?
8. Como a pesquisa de marketing é relevante aos sistemas de apoio à decisão?
9. A pesquisa de marketing tem uma função na gestão da qualidade total (TQM)?
10. Por que a pesquisa de marketing internacional é mais complexa do que a pesquisa de marketing doméstica?
11. Como a tecnologia pode melhorar a pesquisa de marketing?
12. Quais são os aspectos éticos da pesquisa de marketing? Quais responsabilidades cada um dos interessados na pesquisa de marketing tem consigo mesmo, com os outros e com o projeto de pesquisa?
13. Como você pode usar a Internet para conduzir uma pesquisa de marketing?

COMO A REEBOK CALÇA O TÊNIS

A Reebok International desenha, comercializa e distribui roupas, calçados e equipamentos esportivos. Para os Jogos Olímpicos de 2000, em Sydney, Austrália, a Reebok vestiu 2.500 atletas e técnicos com sua nova linha de roupas e calçados. O gerente de produto para as roupas olímpicas disse: "Os Jogos Olímpicos representam muita honra e desafio para os atletas e para aqueles de nós que somos responsáveis em garantir o conforto completo deles durante o treinamento e a competição".

Para poder proporcionar um 'conforto completo' para os atletas e os consumidores, a Reebok investiu muito de seus esforços na pesquisa de marketing. Embora o slogan seja da Nike, a respeito de pesquisa de marketing a Reebok apenas faz!

A Reebok usa a pesquisa de 'uso do tempo' para determinar como os consumidores gastam seu tempo livre. Este tipo de informação permite que a Reebok identifique as oportunidades para novos produtos e mercados e, em seguida, elabore seu programa de marketing, buscando tirar vantagem dessas oportunidades, como ilustrado pela linha recentemente introduzida de calçados, a Reebok Classic. A empresa pesquisa as tendências de uso do tempo usando uma variedade de métodos, incluindo análise de dados secundários (dados coletados para outros propósitos, por exemplo, dados disponíveis de publicações, a Internet e outras fontes comerciais). Ela também usa a pesquisa qualitativa, como as discussões em grupo (entrevistas em grupo com 8 a 12 pessoas), e pesquisa pelo telefone, nos shoppings e nas casas dos consumidores.

Por exemplo, a pesquisa de uso do tempo ajudou a dar forma ao desenvolvimento de recentes produtos atléticos aeróbicos, incluindo calçados, fitas de vídeo e produtos domésticos de step. A análise dos dados secundários mostrou que o número de membros de academias havia crescido 9% nos anos 90. As discussões em grupo indicaram que a novidade do momento em exercícios era a aeróbica de step (os cursos de aeróbica-padrão tornaram-se mais intensos pela adição de uma plataforma de 7,5 a 17,5 centímetros: um degrau ou step). A Reebok conduziu um estudo para determinar o potencial de mercado da aeróbica de step e descobriu que os membros das academias estavam gastando menos tempo nelas, uma média de 12%.

A pesquisa também mostrou que a porcentagem de adultos que se exercitavam em suas residências havia crescido de 20%, em 1990, para 30% em 2000. Baseada nessas descobertas, a Reebok desenhou uma linha doméstica de steps aeróbicos, incluindo steps domésticos, fitas de vídeo, calçados aeróbicos e pesos. A pesquisa do produto indicou uma forte preferência do consumidor pela linha aeróbica de step doméstico. Em conseqüência, ela foi lançada nacionalmente. Essa linha tem tido muito sucesso, e a popularidade desses produtos resultou em um programa de exercícios, com steps da Reebok, na ESPN.

Nesse projeto, os especialistas internos em pesquisa de marketing da Reebok estavam ativamente envolvidos em definir e elaborar a pesquisa. Entretanto, a Reebok contratou o trabalho de campo – ou de coleta e análise de dados – de fornecedores externos. Estes também podem ser usados para escrever o relatório, mas a apresentação dos resultados para a gerência e o auxílio na implementação são responsabilidade básica do departamento interno de pesquisa de marketing. A Reebok utiliza fornecedores de serviço completo que proporcionam ajuda em todas as etapas do processo de pesquisa de marketing, assim como fornecedores de serviço limitado, que podem lidar com apenas uma ou poucas etapas do processo. Os dados e descobertas gerados por essa pesquisa contínua tornaram-se parte do sistema de apoio à decisão da Reebok.[1]

VISÃO GERAL

A pesquisa de marketing é um dos aspectos mais importantes e fascinantes do marketing. Como ilustra o caso de abertura, a pesquisa de marketing fornece informações valiosas à empresa, as quais guiam todas as atividades de marketing. Neste capítulo definimos e descrevemos as duas formas amplas de pesquisa de marketing: (1) a pesquisa elaborada para identificar os problemas e (2) a elaborada para solucionar os problemas. Explicamos as seis etapas do processo de pesquisa de marketing e vemos como esta se encaixa em todo o processo de decisão de marketing. A indústria de pesquisa de marketing consiste em uma variedade de empresas, as quais descrevemos. E trata-se de um campo que oferece oportunidades empolgantes de carreira, sobre as quais também comentamos. Concluímos descrevendo a contribuição da pesquisa de marketing ao sistema de informação de marketing (SIM).

Por todo o livro discutimos as aplicações às cinco questões que são importantes no marketing atual e no ambiente da pesquisa de marketing: gestão da qualidade total (TQM), pesquisa de marketing internacional, tecnologia, ética e a Internet. O primeiro capítulo proporciona uma introdução a essas áreas importantes de aplicação; a Figura 1.1 apresenta uma visão geral. Podemos ver, nela, que o caso de abertura, a aplicação às questões contemporâneas e a Internet abrangem todos os tópicos discutidos no capítulo. Essa orientação fornece um melhor entendimento dos conceitos gerais e ilustra como as aplicações podem ser feitas nas importantes áreas discutidas ao longo do livro.

Figura 1.1 Introdução à pesquisa de marketing: visão geral

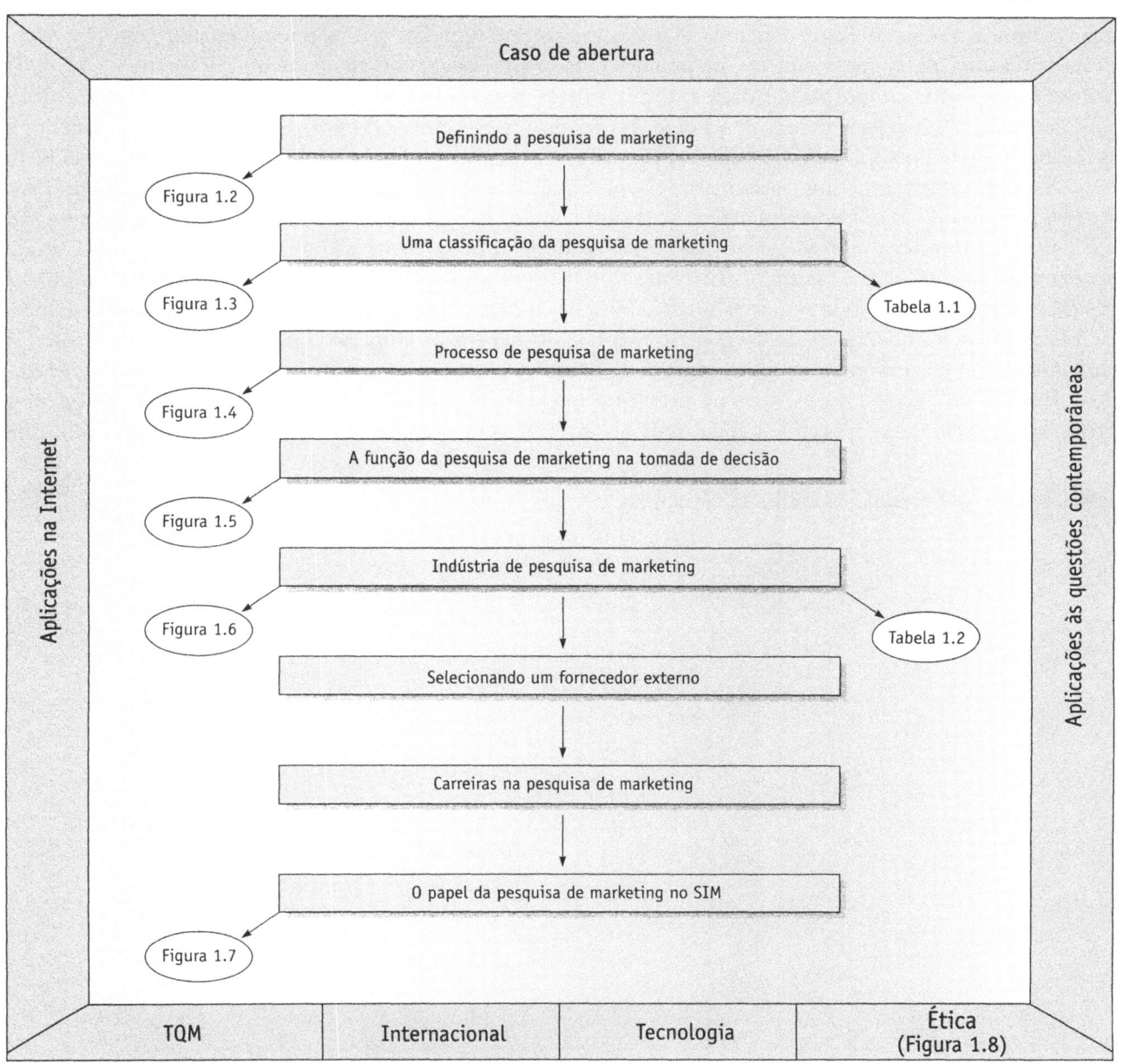

DEFINIÇÃO DE PESQUISA DE MARKETING

Neste livro enfatizamos a importância da pesquisa na tomada de decisão de marketing. **Pesquisa de marketing** é a identificação, a coleta, a análise e a disseminação sistemática e objetiva das informações; e esse conjunto de ações é empreendido para melhorar as tomadas de decisão relacionadas à identificação e à solução de problemas (estas também conhecidas como oportunidades) em marketing.

Essa definição concede um escopo amplo à pesquisa de marketing, o que abre as portas para um mundo de oportunidades. Vários aspectos dessa definição são dignos de nota. A pesquisa de marketing envolve a identificação, a coleta, a análise e a disseminação das informações (Figura 1.2).

Cada fase desse processo é importante. A pesquisa de marketing começa com a identificação ou a definição do problema ou da oportunidade de pesquisa. *Problemas* geralmente levam às *oportunidades*, portanto, do ponto de vista da pesquisa, as duas palavras são usadas de forma intercambiável. Por exemplo, a descoberta de que os adultos estão gastando menos tempo nas academias e mais tempo se exercitando em casa representou um problema, assim como uma oportunidade, para a Reebok. O problema era que, quando as pessoas gastam menos tempo nas academias, elas também usam menos calçados e equipamentos esportivos, o que resultou em uma queda na demanda. A oportunidade era representada pelo tempo maior gasto em exercícios feitos em casa, o que significou um potencial maior para calçados e equipamentos domésticos. A amplitude dos métodos de coleta de dados, e das fontes para coletar os dados, varia em sofisticação e complexidade. Os métodos usados dependem dos requisitos específicos do projeto, incluindo o orçamento e as restrições de tempo. Os dados são então analisados; e os resultados formalmente apresentados ao cliente.

A pesquisa de marketing é sistemática, o que significa que ela segue um caminho previsível. Um projeto de pesquisa de marketing é planejado e documentado. Ele tem uma base científica nos dados que são coletados e, a fim de se tirarem as conclusões, analisados. A pesquisa de uso do tempo relatada no caso de abertura da Reebok é um exemplo. A pesquisa de marketing obtém seu valor da objetividade. Embora a pesquisa deva ser conduzida imparcialmente, livre da influência de tendências pessoais e políticas, é mais fácil falar sobre a imparcialidade do que alcançá-la, isso porque as empresas que patrocinam a pesquisa às vezes pressionam o pesquisador ou a empresa de pesquisa para que gerem 'apoio' a certo resultado desejado. Contudo render-se a esses tipos de pressão é quebrar os códigos de conduta ética que direcionam a profissão. A idéia de proporcionar uma 'opinião externa' sem preconceitos, ou opinião objetiva, é o que

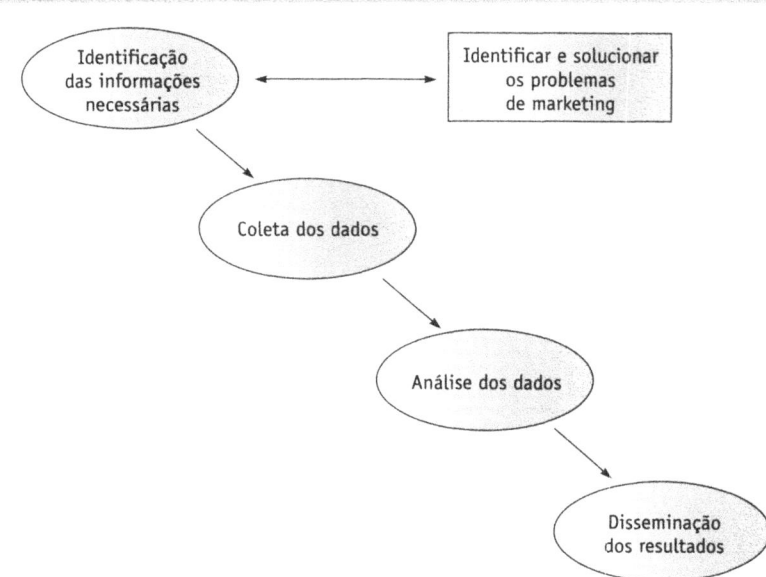

Figura 1.2 Definindo a pesquisa de marketing

concede à pesquisa de marketing o seu valor. Sem essa objetividade, os resultados não serão confiáveis e todo o método acabará prejudicado.

A próxima seção elabora essa definição de pesquisa, classificando os tipos diferentes de pesquisa de marketing.

UMA CLASSIFICAÇÃO DA PESQUISA DE MARKETING

Nossa definição diz que as organizações se engajam na pesquisa de marketing por dois motivos: identificar e solucionar os problemas de marketing. Essa distinção serve como base para classificar a pesquisa de marketing em pesquisa de identificação do problema e pesquisa de solução do problema, como mostra a Figura 1.3.

A **pesquisa de identificação do problema** envolve o que se esconde sob a superfície, buscando identificar o verdadeiro problema que o gerente de marketing está enfrentando. A pesquisa de identificação do problema é feita para estimar o potencial de mercado, a participação no mercado, a força da marca ou da imagem da empresa, as características do mercado, a análise das vendas, as previsões de curto prazo, as previsões de longo prazo, e para descobrir as tendências comerciais. A Polo pode fazer uma pesquisa com o objetivo de determinar o tamanho do mercado para camisas masculinas, a taxa de crescimento projetada e a participação no mercado das principais marcas. Essa pesquisa pode revelar um problema. Digamos que, embora as vendas de camisas masculinas da Polo estejam aumentando, elas não conseguem manter o ritmo em relação ao crescimento da indústria. Além disso, a Polo tem perdido gradualmente a participação no mercado para concorrentes como Tommy Hilfiger.

A identificação do problema é a mais comum das duas formas de pesquisa e é empreendida por quase todas as empresas de marketing. Esse tipo de pesquisa é usado para avaliar o ambiente e diagnosticar os problemas. As informações concernentes às mudanças no mercado proporcionam um alerta inicial para as oportunidades ou problemas em potencial. Uma empresa que esteja operando num mercado em crescimento, mas sofrendo um declínio de participação nesse mercado, pode estar lidando com problemas específicos, como a propaganda ineficaz ou a alta rotatividade na sua equipe de vendas. Em outras instâncias, os problemas, como o declínio na demanda, podem ser comuns a todas as empresas no setor industrial. Considerar as tendências econômicas, sociais, culturais ou o comportamento do consumidor ajuda a identificar esses problemas e essas oportunidades.

Figura 1.3   Uma classificação da pesquisa de marketing

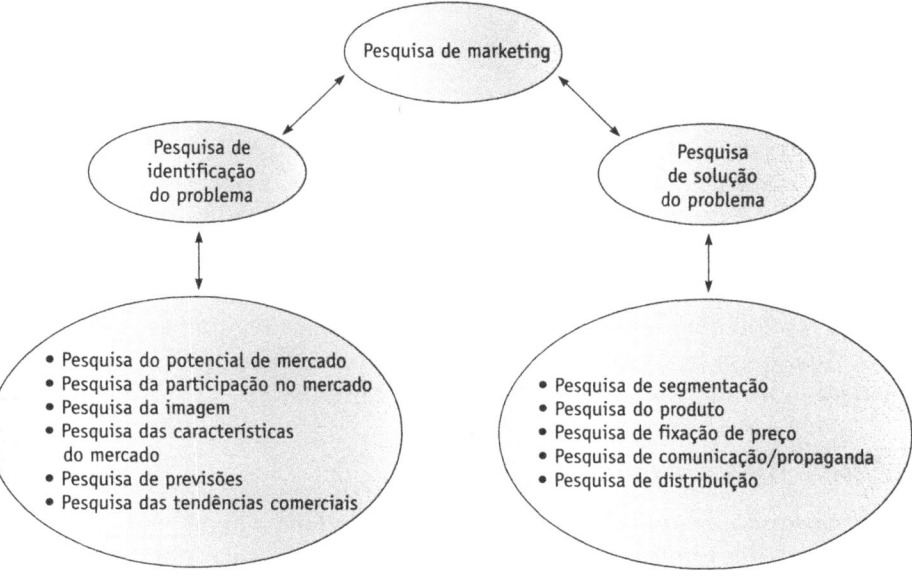

Uma vez que o problema ou a oportunidade tenham sido identificados, a empresa empreende uma **pesquisa de solução do problema** para enfrentar o problema. A maioria das empresas de marketing também realiza a pesquisa de solução do problema. Tal pesquisa enfoca muitos tópicos, incluindo segmentação, produto, fixação de preço, comunicação/propaganda e distribuição, como mostra a Tabela 1.1. A pesquisa de identificação do problema e a pesquisa de solução do problema caminham juntas, e determinado projeto de pesquisa de marketing pode combinar ambas.

Exemplo

O ARCO DA PESQUISA DE MARKETING NOS 'ARCOS DOURADOS'

Na década de 60 o McDonald's ganhou aproximadamente 170 milhões de dólares nos Estados Unidos; hoje a empresa ganha mais do que isso em dois dias. Este crescimento pode ser atribuído, em grande parte, à pesquisa de marketing. Em 1968, o McDonald's formou seu departamento de marketing, que cresceu dramaticamente desde a sua criação. O aspecto mais proeminente desta operação é que 85% de todos os McDonald's são franquias. A pesquisa do McDonald's apóia de maneira ativa esses restaurantes, fornecendo idéias como os desjejuns e McOfertas para as franquias.

No final dos anos 70, a pesquisa de identificação do problema, relacionada às características de mercado, revelou que mais e mais pessoas estavam tomando café da manhã fora de casa. Para capitalizar essa oportunidade, o McDonald's começou a servir o desjejum em 1979, com a introdução do Egg McMuffin. O Egg McMuffin – de fato, todo o conceito de café da manhã – foi desenvolvido com base nas preferências do consumidor e no feedback obtido por meio de uma pesquisa de solução do problema. A pesquisa de novos produtos revelou a forte preferência dos consumidores pelas qualidades familiares do cardápio do McDonald's, a saber, valor e conveniência, incorporados no Egg McMuffin para o desjejum.

Nos anos 80, a pesquisa de identificação do problema, envolvendo discussões em grupo e estudos, revelou que os consumidores estavam clamando por valor. Baseado na pesquisa de solução do problema subseqüente sobre o produto e a fixação de preço, o McDonald's desenvolveu as McOfertas para proporcionar conveniência e valor. As McOfertas, que são pedidas pelo número, constituem 50% de todas as transações nos Estados Unidos, 90% no México e 60% no Japão. De acordo com o McDonald's, "Estas confirmaram o conceito de valor além do preço; o preço faz com que os consumidores venham, o valor os traz de volta". Isto tudo se resume na 'experiência do McDonald's'.[2]

Classificar a pesquisa de marketing em dois tipos principais é útil do ponto de vista conceitual e também do ponto de vista prático. O exemplo do McDonald's ilustra que esses dois tipos de pesquisa geralmente caminham juntos. A pesquisa de marketing descobriu o desejo do consumidor pelo valor (identificação do problema), e a solução foi a introdução de refeições em oferta, feitas para satisfazer tal necessidade (solução do problema). O caso da Reebok International também ilustra este ponto. A identificação do problema, envolvendo a análise de dados secundários, as discussões em grupo e um estudo do potencial de mercado, revelou que os adultos estão gastando menos tempo nas academias e mais tempo se exercitando em casa. A pesquisa de solução do problema, na forma de pesquisa do produto, levou ao desenvolvimento e à introdução de uma linha doméstica de steps aeróbicos.

PROCESSO DE PESQUISA DE MARKETING

O **processo de pesquisa de marketing** consiste em seis etapas (Figura 1.4). Cada uma dessas etapas é discutida detalhadamente nos capítulos subseqüentes. Damos aqui apenas uma visão geral.

Tabela 1.1 — Pesquisa de solução do problema

PESQUISA DE SEGMENTAÇÃO
- Determina as bases da segmentação
- Estabelece o potencial de mercado e a receptividade para vários segmentos
- Seleciona os mercados-alvo e cria perfis demográficos e de estilo de vida, mídia e características da imagem do produto

PESQUISA DO PRODUTO
- Testa conceitos
- Determina o desenho ótimo do produto
- Testes de embalagens
- Modificação do produto
- Posicionamento e resposicionamento da marca
- Testa as estratégias de marketing
- Controla os testes nas lojas

PESQUISA DE FIXAÇÃO DE PREÇO
- Importância do preço na seleção da marca
- Políticas de fixação de preço
- Fixação de preço da linha de produto
- Elasticidade de preço da demanda
- Iniciação e resposta às mudanças de preços

PESQUISA DE COMUNICAÇÃO/PROPAGANDA
- Aferição do retorno de investimentos em propaganda
- Relacionamento das promoções de vendas
- Mix de comunicação
- Pré-teste de propaganda (feito com storyboard ou layout)
- Pesquisa de mídia
- Pesquisa para insights da campanha publicitária
- Teste de conceitos
- Avaliação da eficácia da propaganda

PESQUISA DE DISTRIBUIÇÃO
- Determina o tipo de distribuição
- Atitudes dos membros dos canais
- Intensidade da cobertura atacadista e varejista
- Margens dos canais
- Localização das lojas varejistas e atacadistas

Etapa 1: Definir o problema

A primeira etapa em qualquer processo de pesquisa de marketing é definir o problema. Isso inclui não apenas entender o propósito do estudo, mas também entender as questões básicas que surgem com ele. Essas questões básicas incluem respostas às perguntas do tipo "O que levou à pesquisa?" e "Que tipo de de-

Figura 1.4 — Processo de pesquisa de marketing

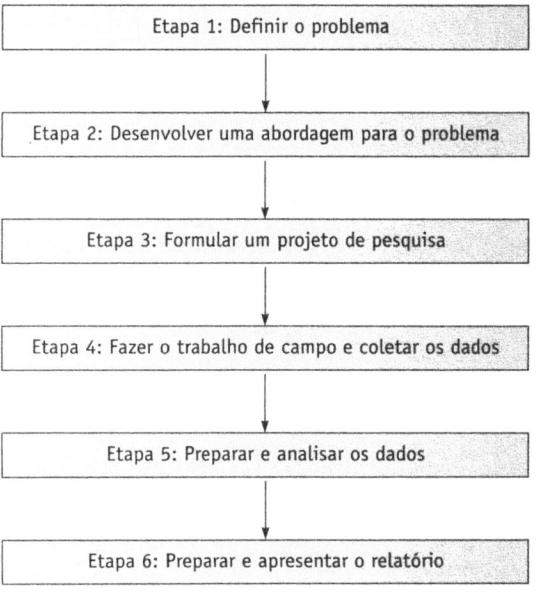

Etapa 1: Definir o problema
↓
Etapa 2: Desenvolver uma abordagem para o problema
↓
Etapa 3: Formular um projeto de pesquisa
↓
Etapa 4: Fazer o trabalho de campo e coletar os dados
↓
Etapa 5: Preparar e analisar os dados
↓
Etapa 6: Preparar e apresentar o relatório

cisão será tomada com esta pesquisa?". Os pesquisadores alcançam a definição do problema por meio de discussões com aqueles que tomam as decisões, entrevistas com os especialistas na indústria, análise de dados secundários e, talvez, algumas pesquisas qualitativas, como as discussões em grupo. O caso de abertura ilustra o uso de dados secundários e de discussões em grupo na definição do problema da pesquisa de marketing. O problema, para a Reebok, foi avaliar o potencial de mercado em relação aos steps aeróbicos de uso doméstico. Quando esse problema é precisamente definido, a pesquisa pode ser elaborada e conduzida adequadamente (Capítulo 2).

Etapa 2: Desenvolver uma abordagem para o problema

Desenvolver uma abordagem para o problema inclui formular uma estrutura analítica e modelos, além de pesquisar as questões e as hipóteses (declarações ou propostas de valor não provadas sobre um fator ou um fenômeno que seja do interesse do pesquisador). Este processo é direcionado pelas mesmas tarefas desempenhadas para definir o problema (Capítulo 2).

Etapa 3: Formular um projeto de pesquisa

Um projeto de pesquisa é uma estrutura ou um esquema elaborados para conduzir a pesquisa de marketing. Ele detalha os procedimentos necessários para obter as informações requeridas. Pode-se fazer um estudo para testar a hipótese de interesses ou determinar as possíveis respostas às questões da pesquisa, sendo que ambos contribuem na tomada de decisões. Conduzir uma pesquisa exploratória, definindo precisamente as variáveis, e elaborar escalas apropriadas para medi-las também são parte do projeto de pesquisa. A questão de como os dados devem ser obtidos dos entrevistados (por exemplo, conduzindo um estudo ou uma experiência) precisa ser enfocada. No caso de abertura, apresentamos um estudo cujo objetivo era avaliar o potencial de mercado para os equipamentos domésticos de steps aeróbicos. Também é necessário elaborar um questionário e um plano de amostras, a fim de selecionar os entrevistados para o estudo. Essas etapas são discutidas detalhadamente nos capítulos 3 – 13.

Etapa 4: Fazer o trabalho de campo e coletar os dados

A coleta dos dados é realizada por uma equipe de entrevistadores. O trabalho de campo envolve entrevistas pessoais, por telefone, pelo correio, ou por e-mails. A seleção, o treinamento, a supervisão e a avaliação apropriada da equipe de campo são essenciais para garantir uma coleta de dados de alta qualidade.

Etapa 5: Preparar e analisar os dados

O preparo dos dados envolve etapas do processamento de dados que levam à análise e inclui a edição, a cópia e a transcrição dos dados coletados. Todo esse processo precisa então ser verificado para comprovar a sua precisão. O processo de edição envolve uma fase de crítica dos questionários, a fim de verificar a veracidade e a consistência das respostas. Depois da fase de crítica, a resposta para cada pergunta é codificada, buscando garantir uma entrada padronizada no computador. Essa fase é chamada de codificação. Os dados dos questionários são então digitados e processados eletronicamente. Em seguida são analisados usando técnicas estatísticas diferentes. Esses resultados são, depois, interpretados para poder encontrar conclusões relacionadas ao problema de pesquisa de mercado (capítulos 14 – 17).

Etapa 6: Preparar e apresentar o relatório

Todo o estudo deve ser documentado em um relatório por escrito que aborde as questões específicas da pesquisa; descreva a abordagem, a elaboração do projeto de pesquisa, a coleta dos dados e os procedimentos de análise dos dados; e apresente os resultados e as principais conclusões. O relatório por escrito é suplementado por tabelas, figuras e gráficos para realçar a clareza e o impacto, e geralmente é acompanhado de uma apresentação oral (Capítulo 18).

Como podemos ver a seguir, o processo de pesquisa de marketing (Figura 1.4) está muito relacionado à definição de pesquisa de marketing apresentada anteriormente (Figura 1.2).

DEFININDO A PESQUISA DE MARKETING (Figura 1.2)	**PROCESSO DE PESQUISA DE MARKETING (Figura 1.4)**
Identificação das informações necessárias	Etapa 1: Definir o problema
Coleta dos dados	Etapa 2: Desenvolver uma abordagem para o problema
	Etapa 3: Formular um projeto de pesquisa
	Etapa 4: Fazer o trabalho de campo e coletar os dados
Análise dos dados	Etapa 5: Preparar e analisar os dados
Disseminação dos resultados	Etapa 6: Preparar e apresentar o relatório

Como indica o exemplo da Marriott, nossa descrição do processo de pesquisa de marketing é muito semelhante à pesquisa que várias grandes empresas estão empreendendo. A Reebok International, como discutido no caso de abertura, segue um processo de pesquisa que incorpora todas essas seis etapas.

Exemplo

PESQUISA DE MARKETING NA MARRIOTT CORPORATION

A Marriott opera em três áreas principais: hospedagem (Marriott Hotels and Resorts, Renaissance Hotels and Resorts, Marriott Suites, Residence Inns, Courtyards e Fairfield Inns), contratação de serviços (Marriott Business Food and Services, Educação, Saúde, Serviços de Bordo, e Host International) e restaurantes (restaurantes familiares, Travel Plazas e Hot Shoppes). Entretanto, ela é mais conhecida pelas suas operações de hospedagem.

A pesquisa de marketing na Marriott é feita no nível corporativo por meio do Corporate Marketing Services (CMS). O processo de pesquisa na Marriott é uma progressão de etapas simples. As primeiras etapas são definir melhor o problema a ser enfocado e os objetivos de investigação de cada unidade da Marriott que será pesquisada, e desenvolver uma abordagem para o problema. As etapas seguintes são, depois de desenvolver a abordagem, formular um projeto de pesquisa. O CMS precisa decidir se faz a sua própria pesquisa ou a adquire de uma organização externa. Se ele decidir comprar de uma organização externa, deve resolver se usa ou não empresas múltiplas. Tomada a decisão, a pesquisa é executada, coletando e analisando os dados. Em seguida, o CMS apresenta as descobertas do estudo em um relatório detalhado. Parte da  etapa final no processo de pesquisa é manter um diálogo constante entre a unidade do cliente e o CMS. Durante esse estágio, o CMS poderá ajudar a explicar as implicações das descobertas da pesquisa ou fazer sugestões para ações futuras.[3]

A FUNÇÃO DA PESQUISA DE MARKETING NA TOMADA DE DECISÃO DE MARKETING

O caso de abertura da Reebok ilustra apenas algumas aplicações da pesquisa de marketing e sua função no processo de tomada de decisão. A pesquisa, na verdade, tem uma ampla gama de aplicações e um papel crucial no processo de tomada de decisão. Uma maneira de descrever a função da pesquisa de marketing é considerar o paradigma de marketing básico dado na Figura 1.5.

Figura 1.5 A função da pesquisa de marketing na tomada de decisão de marketing

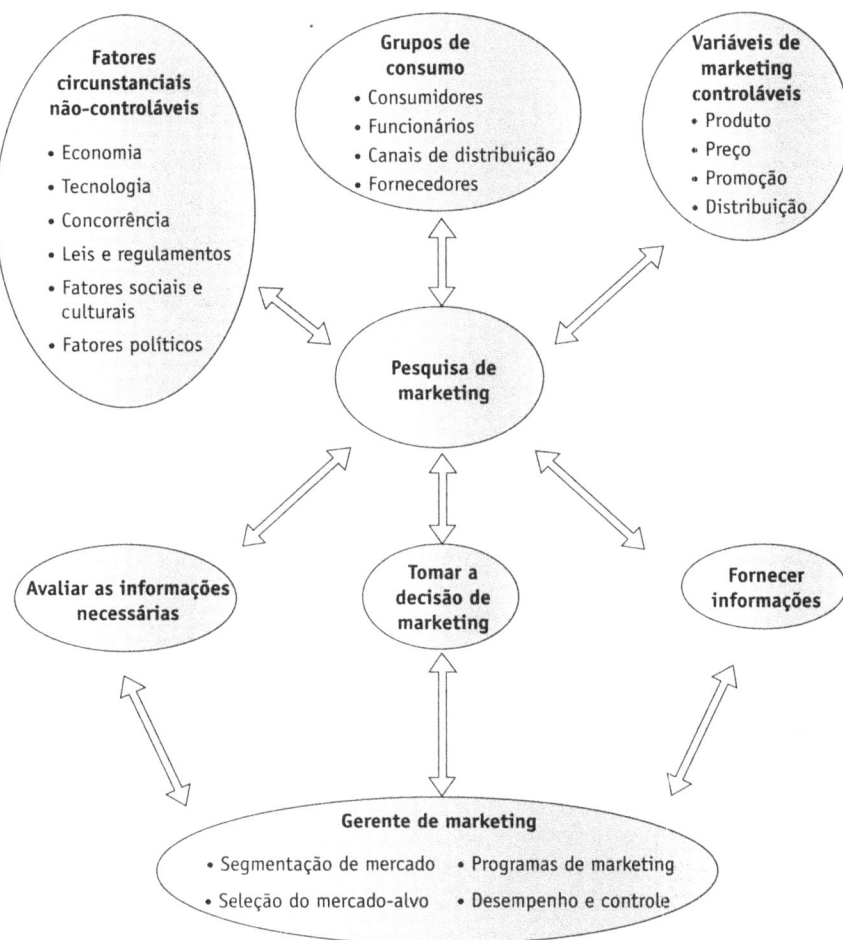

Um dos principais objetivos do marketing é identificar e, em seguida, satisfazer as necessidades dos clientes. Para fazer isso, o gerente de marketing precisa de informações sobre os clientes, os concorrentes e outras características, como as tendências que caracterizam o mercado. Nos últimos anos, as informações de mercado, quando conseguidas em tempo oportuno, têm se tornado ainda mais valiosas. Por exemplo, a velocidade dos novos produtos entrando no mercado, a concorrência nacional e internacional, além do aumento da demanda e dos consumidores bem-informados: juntos, contribuem para a importância desse tipo de dado.

A tarefa da pesquisa de marketing é avaliar as informações necessárias e fornecer à gerência informações relevantes, precisas, confiáveis, válidas e atuais para auxiliarem na tomada de decisão (Figura 1.5). As empresas usam a pesquisa de marketing para se manterem competitivas e para evitar custos altos associados às tomadas de decisão medíocres, baseadas em informações pouco sólidas. As decisões sólidas não são baseadas no instinto, na intuição ou no puro julgamento, mas sim em informações sólidas. Sem essas informações, a gerência não consegue tomar decisões consistentes.

O exemplo a seguir ilustra como o processo de design de carros da General Motors (GM) foi melhorado por meio do uso da pesquisa de marketing. Por causa do novo processo de design de carros, a GM satisfez os clientes que, inicialmente, não estavam contentes com algumas características de seus veículos. A GM reforça o fato de que a gerência não consegue tomar decisões sólidas sem as informações proporcionadas pela pesquisa de marketing.

Exemplo

A PESQUISA DE MARKETING FAZ COM QUE O CONSUMIDOR SEJA O CHEFE DE DESIGN DA GM

A General Motors (GM) teve, historicamente, pouca ou nenhuma consideração pela pesquisa de marketing. A empresa comportava-se acreditando que o seu tamanho e a sua base de recursos proporcionavam uma vantagem tecnológica que era suficiente para o sucesso continuado. Certamente, a empresa não precisava da opinião dos consumidores. Na verdade, a GM não formou uma divisão de pesquisa de marketing até 1985.

Como um exemplo da sua atitude de 'sabe-tudo', os executivos da GM estavam certos de que as linhas populares Camaro e Firebird vendiam por causa do seu design. Entretanto, em um dos primeiros projetos de pesquisa de marketing, os consumidores indicaram que, embora a aparência fosse importante, o desempenho e a qualidade tinham uma classificação mais alta na seleção de um carro. Os consumidores também afirmaram que estavam satisfeitos com o design dos carros, mas que sua satisfação não era a mesma em relação ao desempenho e à qualidade. As falhas óbvias das suposições dos executivos a respeito dos valores dos consumidores geraram o nascimento de uma pesquisa de mercado baseada nas necessidades.

A GM começou a compilar, em 1986, informações dos clientes existentes e potenciais. Desde então ela tem conduzido entrevistas com milhões de consumidores e reunido um vasto portfolio de informações sobre as necessidades dos consumidores em todos os segmentos de produtos. Quando as informações são agrupadas, a equipe de pesquisa de marketing pode construir um modelo de segmentação mostrando o volume de mercado e o número de compradores nas várias categorias de necessidades e então introduzir os fatores de renda e demográficos.

As implicações imediatas da nova pesquisa foram a descontinuação planejada do modelo Oldsmobile Ninety-Eight e o realinhamento do modelo Oldsmobile Eighty-Eight. A pesquisa revelou que a GM não estava usando o patrimônio de sua marca por completo e que seus modelos estavam competindo entre si. O Oldsmobile

Eighty-Eight e o Buick LeSabre estavam competindo no mesmo segmento de consumidor, assim como o Oldsmobile Ninety-Eight e o Buick Park Avenue. A GM decidiu, então, que o Buick LeSabre continuaria no seu segmento almejado, ao passo que o Oldsmobile Eighty-Eight seria refeito, transformando-se em um modelo mais esportivo para atrair um consumidor mais jovem e exigente. O Buick Park Avenue também continuaria no seu segmento, enquanto o Oldsmobile Ninety-Eight foi gradualmente eliminado. Entretanto, o problema permanecia, e em 12 de dezembro de 2000 a GM anunciou que toda a linha Oldsmobile seria gradualmente eliminada.

O valor real dessa pesquisa foi o aperfeiçoamento do processo de design de carros da GM. A pesquisa mudou o foco da empresa: em vez de olhar apenas os produtos dos seus concorrentes, ela passou a prestar atenção nas necessidades dos consumidores. Chris Cedergren, vice-presidente sênior da Autopacific Group, um consultor de marketing e produtos automotivos, diz: "Com o que a GM está fazendo, ela pode avaliar quais serão as necessidades e os desejos daqui a cinco ou dez anos". A GM agora se concentra mais no que o consumidor diz e menos na intuição de seus executivos. Tudo isso como resultado da pesquisa de marketing.[4]

Esse exemplo da GM ilustra as várias decisões estratégicas e táticas que o gerente de marketing enfrenta e como a pesquisa de marketing pode ser útil para melhorar o processo de tomada de decisão. Identificar e encontrar soluções para as necessidades do cliente (o principal objetivo do marketing) requer a integração de uma gama ampla de fatores, e não apenas o uso da intuição. A Figura 1.5 ilustra esse leque de fatores, incluindo: as decisões sobre as oportunidades em potencial, a seleção do mercado-alvo, a segmentação de mercado, os programas de planejamento e implementação de marketing, o desempenho de marketing e o controle. Essas decisões geralmente resultam em ações relacionadas ao produto, ao preço, à promoção e à distribuição.

Para tornar o processo de decisão ainda mais complicado, o gerente também precisa considerar os fatores externos não-controláveis que influenciam o processo de marketing. Estes incluem condições econômicas em geral (uma desaceleração econômica ou recessão), tecnologia (o impacto de uma nova tecnologia como a Internet), políticas e leis públicas (aquelas relacionadas à poluição ambiental afetam as empresas automobilísticas) concorrência (muitas empresas ponto-com não conseguiram sobreviver por causa da concorrência) e mudanças sociais e culturais (a reversão dos papéis maritais tradicionais). Outro fator nesse conjunto é a complexidade dos vários grupos de consumo: consumidores, funcionários, acionistas e fornecedores. O gerente de marketing precisa tentar monitorar e incorporar todas essas considerações. A pesquisa de marketing remove algumas das incertezas e melhora a qualidade da tomada de decisão nesse ambiente altamente complexo.

Tradicionalmente existia uma distinção clara entre as responsabilidades do pesquisador de marketing e o gerente de marketing. Entretanto, esses papéis estão começando a se fundir à medida que o pesquisador de marketing fica mais envolvido na tomada de decisão e o gerente de marketing se envolve mais na pesquisa. Essa tendência pode ser atribuída ao melhor treinamento dos gerentes de marketing, aos avanços na tecnologia e ao uso da pesquisa como um aspecto contínuo da função de marketing.[5]

UMA VISÃO GERAL DA INDÚSTRIA DE PESQUISA DE MARKETING

A indústria de pesquisa de marketing consiste em empresas que fornecem os serviços de pesquisa de marketing. A Figura 1.6 categoriza de modo geral os fornecedores de pesquisa como internos ou externos. Um **fornecedor interno** é um departamento de pesquisa de marketing dentro da empresa. Os departamentos internos de pesquisa podem ser encontrados nas grandes organizações em uma variedade de indústrias, incluindo as empresas automobilísticas (GM, Ford), as empresas de produtos para consumo (Procter & Gamble, Colgate Palmolive, Coca-Cola, Reebok) e os bancos (Citigroup, JP Morgan Chase). Para essas grandes empresas, muitas vezes a função de pesquisa é centralizada na matriz. Para as empresas menores ou descentralizadas que operam divisões independentes, a função de pesquisa de mercado é distribuída entre essas divisões separadas. Nas organizações descentralizadas, as divisões podem ser estruturadas em torno dos produtos, dos consumidores ou das regiões geográficas, com uma equipe de pesquisa de marketing distribuída pelo país. Embora haja empresas que operam sob um número de estruturas organizacionais, a tendência recente tem sido na direção da centralização e do enxugamento da equipe interna de pesquisa de marketing.

Fornecedores externos são as empresas de fora, contratadas para fornecer dados da pesquisa de marketing. Mesmo as empresas como a HP e a Reebok (o caso de abertura), com departamentos internos de pesqui-

Figura 1.6 Indústria de pesquisa de marketing: fornecedores de pesquisa internos

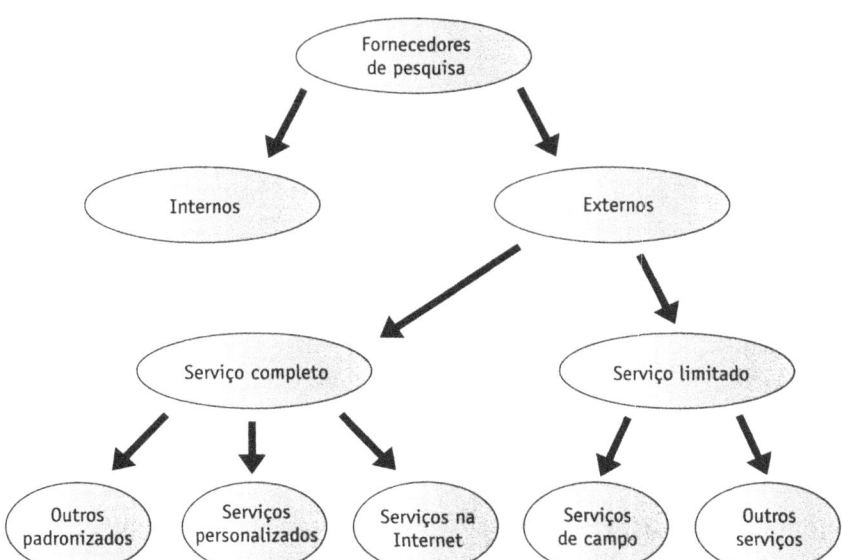

sa de marketing, fazem ao menos algum uso dos fornecedores externos. Os fornecedores externos variam em tamanho, de escritórios com uma ou duas pessoas para corporações multinacionais. A maioria dos fornecedores de pesquisa são operadores pequenos.[6]

Os **fornecedores de serviços especializados** são os que atuam em uma ou poucas etapas do processo de pesquisa de marketing. Os fornecedores de serviços especializados podem ser de serviços de campo e outros serviços, como codificação e entrada de dados e análise de dados. Os **serviços de campo** coletam os dados. Eles podem usar todos os métodos de coleta de dados (correio, pessoal, telefone ou entrevista eletrônica) ou podem se especializar em apenas um método. Muitos oferecem serviços de coleta qualitativa de dados como as entrevistas realizadas a partir de discussões em grupo (comentadas no Capítulo 6). Algumas empresas que oferecem os serviços de campo são Angel Pesquisa, Em Campo, Inquire, Projetiva, entre outras.

Os **serviços de codificação e entrada de dados** fornecem serviços de apoio depois que os dados foram coletados. Os serviços que eles realizam incluem a edição dos questionários preenchidos, o desenvolvimento de um esquema de códigos e a transcrição dos dados em disquetes ou fitas magnéticas para serem introduzidos no computador. Os **serviços de análise de dados** são oferecidos por empresas, também conhecidas como casas de tabulação, que se especializam na análise, por meio de computadores, dos dados quantitativos, como aqueles obtidos em estudos extensos. Os microcomputadores e os pacotes de softwares para trabalhar com estatística permitem que as empresas desenvolvam a análise dos dados internamente. Entretanto, a perícia especializada em análise de dados dos fornecedores externos continua em demanda.

A empresa sem um departamento interno de pesquisa de marketing ou de especialistas será forçada a depender dos de fora, geralmente fornecedores de serviços completos. A empresa com uma equipe de pesquisa de marketing fará uso dos fornecedores de serviços completos e dos fornecedores de serviços limitados. A necessidade de fornecedores externos pode surgir porque a empresa não dispõe dos recursos ou da perícia técnica para empreender certas fases de um projeto. E também as questões de conflitos de interesses políticos podem determinar que um projeto seja conduzido por um fornecedor externo, como no exemplo da Reebok no caso de abertura. A coleta de dados, em quase todos os casos, e a análise de dados, na maioria desses casos, são contratadas com fornecedores externos. Às vezes, a Reebok também mantém fornecedores de serviços completos para conduzirem todo o projeto de pesquisa de marketing.

SELECIONANDO UM FORNECEDOR EXTERNO

Quando iniciar um estudo de pesquisa de marketing, uma empresa geralmente precisará contratar fornecedores externos para todo o projeto, ou partes dele. O processo para selecionar um fornecedor externo pode ser informal, dependendo principalmente das referências de boca a boca, ou ele pode ser muito formal, envolvendo uma 'requisição para proposta'. No último caso, pede-se que os fornecedores de pesquisa submetam propostas formais para avaliação pela empresa contratante. A primeira etapa envolve a compilação de uma lista de fornecedores prospectivos das publicações comerciais, associações e entidades da área de pesquisa (aqui no Brasil temos a Abep: *www.abep.org.br*) e contatos pessoais.

Independentemente da formalidade do processo, a empresa contratante precisa desenvolver uma lista detalhando os critérios para a seleção de fornecedores externos. Esta lista deve ir além dos requisitos técnicos, cobrindo as seguintes áreas:

- Qual é a reputação do fornecedor?
- A empresa completa os projetos no horário? Ela é flexível?
- Ela é conhecida por manter padrões de ética?
- Os seus projetos de pesquisa são de alta qualidade?
- Que tipo e quanta experiência o fornecedor tem?
- A empresa teve experiência com projetos similares a este?
- A equipe do fornecedor tem a perícia técnica e não-técnica?

Geralmente, é usado um processo de licitação competitiva na seleção de fornecedores externos, especialmente para serviços grandes. Entretanto, selecionar os projetos com base no menor preço não é uma boa regra. A totalidade da proposta de pesquisa e os critérios discutidos anteriormente precisam ser equacionados na decisão de contratação. Além disso, contratos de longo prazo com fornecedores de pesquisa são preferíveis a uma seleção de projeto para projeto.

CARREIRAS NA PESQUISA DE MARKETING

As empresas de pesquisa de marketing oferecem oportunidades promissoras de carreira (por exemplo, Análise & Síntese, In Search, Ibope, Research International). Igualmente atraentes são as carreiras em empresas comerciais e não-comerciais e em agências com departamentos internos de pesquisa de marketing (por exemplo, Procter & Gamble, Sadia, Editora Abril, Telefônica). As empresas de propaganda (por exemplo, Almap/BBDO International, Ogilvy & Mather, Publicis Salles Norton, J. Walter Thompson, Young & Rubicam) também conduzem substanciais pesquisas de marketing e empregam profissionais nesse campo.

Uma carreira em pesquisa geralmente começa com uma posição de supervisão no trabalho de campo ou na análise de dados. Com a experiência, o pesquisador sobe para as posições de administração do projeto, tornando-se um diretor e, por fim, ocupando uma posição de vice-presidente.

A posição mais comum para aqueles que iniciam sua carreira na indústria de pesquisa de marketing, às pessoas com grau de bacharel, é a de supervisor operacional. O supervisor operacional é responsável pela supervisão diária das operações de aspectos específicos do processo de pesquisa de marketing. Essas operações variam do trabalho de campo e da edição de dados até a codificação, a programação e a análise de dados. Em vez de entrar na área em funções operacionais, aqueles com sólida formação adequada começam a atuar como analistas de pesquisa. O analista de pesquisa júnior aprenderá e ajudará na elaboração do questionário, fará as instruções de campo e monitorará o tempo e os custos dos estudos. À medida que as técnicas de pesquisa tornam-se mais sofisticadas, há uma preferência crescente por pessoas com mestrado. É mais provável que pessoas com MBAs ou graus equivalentes sejam empregadas como gerentes do projeto. Nas empresas de pesquisa de marketing, como a In Search, o gerente do projeto também é responsável pela coordenação orçamentária de cada estudo.

O pesquisador que esteja entrando na profissão pelo lado do cliente começa como analista júnior de pesquisa ou analista de pesquisa (para os MBAs). O analista júnior e o analista de pesquisa aprendem sobre a indústria específica e recebem treinamento de um membro sênior da equipe, geralmente o gerente de pesquisa de marketing. A posição de analista júnior inclui um programa de treinamento para preparar os indivíduos às responsabilidades de um analista de pesquisa, incluindo a coordenação com o departamento de marketing e a equipe de vendas para desenvolver metas para a exposição do produto. As responsabilidades do analista de pesquisa incluem verificar a precisão de todos os dados, comparar e contrastar a nova pesquisa com as normas estabelecidas e analisar os dados para os propósitos de previsão de mercado.

Como indicam os títulos desses empregos, as carreiras em pesquisa de marketing podem ser altamente técnicas, se especializando no desenho e no lado estatístico da indústria, ou elas podem ser, por natureza, voltadas à administração geral, com ênfase no relacionamento com os clientes. Para se preparar a uma carreira em pesquisa de marketing, você deve:

- Participar de todos os cursos de marketing que puder.
- Participar de cursos em estatística e métodos quantitativos.
- Adquirir habilidades com o computador e a Internet.
- Participar de cursos em psicologia e comportamento do consumidor.
- Adquirir habilidades efetivas de comunicação escrita e verbal.
- Pensar criativamente. Criatividade e bom senso comandam um prêmio na pesquisa de marketing.

É importante que o pesquisador de marketing seja educado de maneira liberal para que consiga entender melhor os problemas que o gerente enfrenta e, assim, enfocá-los a partir de uma perspectiva ampla.[7] A carreira em pesquisa de marketing envolverá trabalho com pessoas enérgicas e brilhantes, em um ambiente dinâmico e rápido. Você poderá trabalhar em vários projetos qualitativos e quantitativos com clientes em uma variedade de indústrias, incluindo comércio eletrônico, viagens, comunicações, farmacêutica, governo e organizações sem fins lucrativos.

A pesquisa de marketing é uma indústria de bilhões de dólares ao ano, dedicada a proporcionar informações valiosas para os fabricantes e fornecedores de serviços. Essas empresas usam as informações para desenvolver produtos e serviços comercializáveis, e para construir e manter uma vantagem competitiva. Os pesquisadores de marketing ajudam a determinar as respostas para perguntas do tipo:

- Qual é a melhor maneira de segmentar o mercado?
- Quando os produtos devem entrar e sair do mercado?
- Como você prevê os resultados das eleições?
- Quando é a hora de trocar de campanha publicitária?
- Como uma empresa determina a satisfação do consumidor?

Os formados em marketing não têm a percepção da pesquisa de marketing como carreira, e a demanda crescente por pesquisadores, nas áreas de tecnologia de informação, farmacêutica, serviços financeiros e outras indústrias em crescimento, criou uma falta de profissionais nesse campo. As organizações de pesquisa de marketing gostariam de conseguir novos talentos para poderem ter uma presença maior na gerência sênior no futuro. A necessidade de pesquisadores de marketing não poderia ser maior. Vale a pena investir nessa carreira, seja em curto ou longo prazo. Para mais informações sobre empregos em pesquisa de marketing, veja o centro de carreiras da Associação Americana de Marketing no *www.ama.org* ou *www.marketingpower.com*.

O PAPEL DA PESQUISA DE MARKETING NO SIM

Anteriormente definimos a pesquisa de marketing como a identificação, a coleta, a análise e a disseminação sistemática e objetiva da informações, com a finalidade de serem utilizadas nas decisões de marketing. Combinar as informações externas de mercado com o faturamento, a produção e os outros registros internos resulta em um poderoso sistema de informação de marketing (SIM).

Um **sistema de informação de marketing (SIM)** (Figura 1.7) é um conjunto formalizado de procedimentos para gerar, analisar, armazenar e distribuir as informações àqueles que tomam as decisões de marketing continuamente. O SIM é diferenciado da pesquisa de marketing, pois ele está constantemente disponível. Ele é feito para complementar as responsabilidades, os estilos e as necessidades de informações daqueles que tomam as decisões. O poder do SIM está no acesso que ele concede, aos gerentes, às vastas quantidades de informações, combinando as informações sobre produção, fatura e faturamento com a inteligência de marketing, incluindo a pesquisa de marketing. Ele oferece o potencial de muito mais informações que podem ser obtidas dos projetos especiais de pesquisa de marketing. No entanto, este potencial geralmente não é alcançado quando as informações são estruturadas tão rigorosamente que não podem ser facilmente manipuladas.

ILUSTRAÇÃO RESUMIDA USANDO O CASO DE ABERTURA

Para resumir e ilustrar os conceitos neste capítulo vamos retornar ao caso de abertura. A pesquisa de marketing envolve a identificação, a coleta, a análise e a disseminação das informações sobre consumidores,

Figura 1.7 Sistema de informação de marketing (SIM)

SIM
- Problemas estruturados
- Uso de relatórios
- Mostra restrita de informações
- Pode melhorar as tomadas de decisão, esclarecendo os dados novos

canais de distribuição, concorrentes, mudanças e tendências no mercado, e outros aspectos do ambiente da empresa. No caso de abertura, a Reebok usou a pesquisa de 'uso do tempo' numa tentativa de descobrir o que os consumidores fazem nas suas folgas. A pesquisa de marketing pode ser classificada como uma pesquisa de identificação do problema ou pesquisa de solução do problema. A Reebok usou a pesquisa de identificação do problema, envolvendo a análise de dados secundários, as discussões em grupo e o estudo do potencial de mercado, para descobrir que os adultos estão gastando menos tempo nas academias e mais tempo exercitando-se em casa. A pesquisa de solução do problema, na forma de pesquisa do produto, levou então ao desenvolvimento de uma linha doméstica bem-sucedida de steps aeróbicos.

O processo de pesquisa de marketing consiste de seis etapas que precisam ser seguidas sistematicamente. A Reebok segue um processo de pesquisa de marketing similar, e algumas dessas etapas estão ilustradas no caso de abertura. A pesquisa de marketing pode ser conduzida internamente e/ou pode ser comprada de fornecedores externos. No caso da Reebok, os especialistas internos de pesquisa de marketing estão ativamente envolvidos na definição e elaboração do projeto de pesquisa de marketing, além de terem também a responsabilidade primária pela apresentação dos resultados à gerência e pelo fornecimento de auxílio na implementação desses mesmos resultados. A Reebok também faz uso dos fornecedores de serviços completos, que fornecem auxílio em todas as etapas do processo de pesquisa de marketing, assim como dos fornecedores de serviços limitados, que lidam apenas com a coleta e a análise dos dados e auxiliam na escrita do relatório.

A indústria de pesquisa de marketing oferece uma ampla variedade de carreiras em organizações corporativas (por exemplo, Reebok) ou de serviços independentes. As informações obtidas usando a pesquisa de marketing podem ser empregadas sozinhas ou integradas em um SIM, como no caso da Reebok.

APLICAÇÕES ÀS QUESTÕES CONTEMPORÂNEAS

Embora tenhamos enfocado várias questões contemporâneas por todo este livro, concentramos uma atenção especial em cinco questões principais: gestão da qualidade total (TQM), pesquisa de marketing internacional, tecnologia e pesquisa de marketing, ética na pesquisa de marketing e aplicações na Internet. Cada uma dessas questões recebe uma seção separada em cada capítulo do texto (exceto a análise de dados dos capítulos 15 ao 17). Mostramos como os princípios da pesquisa de marketing podem ser aplicados para praticar o TQM e quando conduzir a pesquisa em um ambiente internacional. Pelo fato de vivermos numa idade tecnológica, os desenvolvimentos tecnológicos que afetam a pesquisa de marketing também são discutidos. As questões éticas na pesquisa de marketing são descritas e as aplicações na Internet são identificadas.

PESQUISA DE MARKETING E GESTÃO DA QUALIDADE TOTAL (TQM)

A TQM tem ganho aceitação crescente como uma prática administrativa que ajuda as empresas a sobreviver e crescer no mercado. Trata-se de um esforço de toda a empresa, que envolve todos os funcionários e aplica qualidade aos processos internos e externos, às operações e aos resultados.

O Departamento de Comércio dos Estados Unidos estabeleceu o Prêmio Malcolm Baldridge, em 1987, para realçar a competitividade no país por meio da qualidade. O prêmio encoraja as empresas a saber quem são seus clientes e como eles definem qualidade em relação a produtos e empresas específicas. A pesquisa de marketing enfoca o agrupamento de informações que facilitarão a implementação dos processos de qualidade em uma empresa. Uma investigação das práticas da pesquisa de marketing das empresas que ganharam o Prêmio de Qualidade Nacional Malcolm Baldridge indica um tema comum. Em todas essas empresas havia uma ênfase na obtenção de informações dos consumidores básicos, assim como de outros grupos externos e internos de consumidores (acionistas, funcionários etc.). Por exemplo, a Federal Express Corporation tem dados extensos sobre a confiabilidade de entrega de encomendas, os envios, os requerimentos dos consumidores, a satisfação dos consumidores e o clima de trabalho entre os funcionários. O Prêmio Baldridge reflete fortemente a importância de coletar e analisar dados para sustentar a TQM. No critério de exame de 2000, aproximadamente 60% dos fatores não foram significativamente influenciados pela habilidade da empresa em coletar, analisar e agir a partir das informações sobre os consumidores, os funcionários ou os processos.

A pesquisa de marketing ajuda as empresas TQM a determinar o que seus clientes valorizam e quais os aspectos de seus esforços de marketing que contribuem para a qualidade. Essa informação impulsiona a melhoria da qualidade dentro da empresa. Assim sendo, a pesquisa de marketing é uma parte integral da TQM e tem um papel crítico, como na vida do setor de seguros.

Exemplo

QUALIDADE COMO SEGURO PARA A VIDA DA INDÚSTRIA DE SEGUROS

No final dos anos 90, a indústria de seguros de vida estava enfrentando vendas fracas e uma falta aparente de interesse dos consumidores em relação aos seus produtos. A pesquisa de marketing identificou o principal problema como falta de esforços de qualidade de marketing direcionados para os consumidores.

Conduzido pela pesquisa de marketing, o presidente e CEO da Life Insurance Market Research Association International (Limra) identificou as seguintes iniciativas de qualidade intencionadas para focar no consumidor:

- **Melhorar o pessoal.** Proporcionar mais treinamento, conhecimento do produto e sustentação para melhor servir os consumidores.

- **Aumentar o foco no consumidor.** Entender a percepção do consumidor sobre qualidade por meio do aumento das pesquisas de marketing.

- **Crescimento por meio de fusões e aquisições.** Melhorar a qualidade oferecendo produtos adicionais e serviços não disponíveis pelas empresas menores.

- **Adicionar canais de distribuição.** Tornar o seguro de vida disponível para os consumidores por meio de alternativas que possam fornecer serviços mais rápidos e mais baratos aos consumidores.

A ênfase na construção da qualidade de marketing resultou em uma reviravolta para a indústria de seguros de vida.[8]

PESQUISA DE MARKETING INTERNACIONAL

Os Estados Unidos são responsáveis por 39% das despesas mundiais com pesquisa de marketing. Aproximadamente 40% de toda a pesquisa de marketing é conduzida na Europa Ocidental e 9% no Japão. A maioria das pesquisas na Europa é feita na Alemanha, no Reino Unido, na França, na Itália e na Espanha.[9] Com a globalização dos mercados, a pesquisa de marketing assumiu um caráter verdadeiramente internacional, uma tendência que provavelmente continuará. Várias empresas de pesquisa de marketing com sede nos Estados Unidos estão equipadas para conduzir pesquisas internacionais de mercado, por exemplo: AC Nielsen, IMS Health, Information Resources e NFO WorldGroup (Tabela 1.2).[10] As empresas com sede no exterior incluem o Kantar Group e Taylor Nelson Sofres (Reino Unido) e o GfK Group (Alemanha).

A pesquisa internacional de marketing é muito mais complexa do que a pesquisa doméstica. Uma pesquisa desse tipo pode ser sensível às diferenças de costumes, comunicação e cultura. Os ambientes socioculturais, nos países ou nos mercados internacionais que estão sendo pesquisados, influenciam a maneira como as seis etapas do processo de pesquisa de marketing devem ser realizadas. Esses fatores incluem marketing, governo e o ambiente legal, econômico, estrutural, informacional e tecnológico, e também sociocultural. A pesquisa internacional de marketing adequadamente conduzida pode render altos dividendos, como demonstrado pelo sucesso da Procter & Gamble na China.

Exemplo

HEAD & SHOULDER'S SE VÊ COM A CABEÇA E OS OMBROS ACIMA DA CONCORRÊNCIA NA CHINA

Os produtos da P&G são os de maior consumo diário na China. A empresa alcançou esse status ignorando as máximas populares e confiando na pesquisa de marketing. O sucesso da P&G surgiu porque ela ignorou as práticas-padrão usadas em marketing para um público chinês. Ela não buscou um público rico, embora lhe tenham dito que ninguém conseguiria comprar seus produtos caros. Ao confiar na pesquisa de marketing, essas máximas populares foram vistas como realmente eram: equívocos. Ao mesmo tempo, ao conduzir uma pesquisa adequada a uma cultura diferente, a P&G conseguiu superar os preconceitos do Ocidente baseados em crenças errôneas sobre a China, como por exemplo o de que os chineses de classe média não conseguiriam comprar os caros produtos do Ocidente.

A pesquisa de marketing revelou que seborréia era uma das principais preocupações dos chineses, uma vez que eles têm cabelos escuros, nos quais a seborréia realmente é visível. Além disso, os xampus chineses eram ineficazes para combater esse problema. A pesquisa também revelou que a maioria dos chineses estava disposta a pagar um valor maior por um xampu que tratasse esse problema.

Assim, no início dos anos 90, a P&G decidiu estabelecer sua posição na China, lutando contra a seborréia. A P&G almejou um segmento amplo, e não apenas os ricos. Ela introduziu Head & Shoulder's como uma marca 'Premium', e em três anos ele era o xampu líder na China. A P&G então introduziu as versões anticaspas de Pert e Pantene. Usando um alvo cuidadoso, ambas as marcas tiveram um desempenho extremamente bom. No geral, a P&G comanda 57% do mercado de xampus na China, embora seus produtos tenham um preço 300% maior do que as outras marcas locais. Esses números mostram que aqueles que superam seus preconceitos e investem em pesquisas de marketing apropriadas podem ficar com a cabeça e os ombros acima da concorrência.[11]

TECNOLOGIA E PESQUISA DE MARKETING

O termo *Third wave* (*terceira onda*), extraído do livro de mesmo nome do escritor Alvin Toffler, passou a simbolizar a transição contemporânea dos meios atuais de ver e fazer coisas para a nova era (*new age*). A terceira onda da pesquisa de marketing dará forma não apenas ao meio como a informação é usada, mas também ao nosso conceito básico do papel da pesquisa de marketing, no sentido de auxiliar nas decisões gerenciais.

Na primeira onda, progredimos das tomadas de decisões por instinto para as decisões baseadas em dados. A ênfase está em sustentar as decisões de marketing com dados. À medida que mais dados foram disponibilizados, surgiu um enorme problema. Os profissionais de marketing estavam logo flutuando sobre um mar de fatos individuais relacionados aos seus produtos e mercados, mas com poucos meios de assimilar esses dados.

Na segunda onda, o progresso foi de decisões fundamentadas em dados para tomadas de decisões baseadas nas informações. Em vez de rever uma enormidade de fatos individuais, o papel da pesquisa de marketing se tornou o de analisar os dados para resumir os padrões básicos. Se pudéssemos entender os relacionamentos e os padrões existentes nos dados, pela lógica, isto nos levaria às distinções necessárias para tomar decisões sólidas de marketing.

Agora, com a terceira onda, estamos caminhando da tomada de decisões baseadas nas informações para as decisões baseadas nos sistemas. A tecnologia da computação, a principal força motriz por trás da terceira onda, permite uma adequação melhor das informações de marketing às necessidades de planejamento do mercado. Podemos criar uma troca melhor de interface e de informações entre os pesquisadores e os gerentes de marketing, resultando em uma base de conhecimento singular que capta a habilidade de cada grupo. A terceira onda envolve vários desenvolvimentos centrados nos sistemas de apoio às decisões e nos

Tabela 1.2 As 25 principais organizações de pesquisa global

2000	1999	Organização	Matriz	Empresa controladora	Receitas com pesquisas globais[1] (US$ milhões)	Porcentagem de receitas globais fora do país de origem
1	1	AC Nielsen Corp.	Stamford, Conn.	EUA	US$ 1.577,0	67,0
2	2	IMS Health Inc.	Westport, Conn.	EUA	1.131,2	62,5
3	3	The Kantar Group	Fairfield, Conn.	Reino Unido	928,5	71,4
4	4	Taylor Nelson Sofres plc	Londres	Reino Unido	709,6	75,2
5	5	Information Resources Inc.	Chicago	EUA	531,9	25,0
6	—	VNU Inc.	Nova York	EUA	526,9	2,6
7	6	NFO WorldGroup Inc.	Greenwich, Conn.	EUA	470,5	62,4
8	8	GfK Group	Nüremberg	Alemanha	444,0	62,4
9	10	Ipsos Group SA	Paris	França	304,2	78,3
10	11	Westat Inc.	Rockville, Md.	EUA	264,4	0,0
11	9	NOP World	Londres	Reino Unido	246,1	60,0
12	14	Aegis Research	Londres	Reino Unido	232,2	32,2
13	12	Arbitron Inc.	Nova York	EUA	206,8	3,4
14	15	Video Research Ltd.	Tóquio	Japão	174,3*	0,0
15	13	Maritz Research	St. Louis	EUA	172,0	31,5
16	16	The NPD Group Inc.	Port Washington, NY	EUA	164,3	17,0
17	18	Opinion Research Corp.	Princeton, NJ	EUA	123,9	28,9
18	17	Intage Inc.	Tóquio	Japão	119,3*	1,8*
19	19	J.D. Power and Associates	Agoura Hills, CA.	EUA	104,0	15,4
20	20	Roper Starch Worldwide Inc.	Harrison, NY.	EUA	73,9	14,3
21	—	Jupiter Media Metrix Inc.	Nova York	EUA	69,1	15,0
22	21	Dentsu Research Inc.	Tóquio	Japão	67,6	0,3
23	25	Ibope Group	São Paulo	Brasil	60,7	31,8
24	—	Harris Interactive Inc.	Rochester, NY.	EUA	56,0	5,4
25	—	Morpace International Inc.	Farmington Hills, MI	EUA	54,3	26,1
			Total		US$ 8.812.7	49,3%

[1] As receitas totais que incluem atividades de não-pesquisa para algumas empresas são significativamente mais altas.
* Para o ano fiscal findando em 31 de março de 2001.

sistemas técnicos que colocam o poder das informações de marketing diretamente nas mãos daqueles que tomam decisões não-técnicas.

O objetivo principal dessa tecnologia melhorada é ligar o consumidor à super-rodovia de informações por meio da Internet, da TV e dos telefones interativos, dos canais de compras no lar e dos centros integrados de chamadas. Esse tipo de sistema sabe quem está ligando baseado no número do telefone do cliente e pode identificar as informações que este provavelmente precisará. Isso permite que os pesquisadores saibam, em tempo real, o que está acontecendo no mercado. O ciberespaço, como uma alternativa de coleta de dados, será rival do telefone, pois cada vez mais os pesquisadores estarão fazendo pesquisas em um ambiente interativo. À medida que a vantagem competitiva da terceira onda começa a emergir, as pessoas podem imaginar muitos meios fascinantes de usar a pesquisa de marketing no futuro.[12]

ÉTICA NA PESQUISA DE MARKETING

As atividades das empresas são freqüentemente discutidas do ponto de vista de diferentes interessados: indivíduos ou grupos que têm interesse nas atividades relacionadas à empresa ou que estão diretamente envolvidos com elas. As atividades de pesquisa de marketing afetam quatro desses indivíduos: (1) o pesquisador de marketing, (2) o cliente, (3) o entrevistado, e (4) o público. As questões éticas surgem quando ocorre um conflito entre esses grupos ou pessoas (Figura 1.8).

Figura 1.8 Interessados na pesquisa de marketing: uma perspectiva ética

```
         Cliente
           ↕
Pesquisador ↔ Público
de marketing
           ↕
       Entrevistado
```

Ante o conflito, o comportamento dos interessados deve ser guiado pelos códigos de conduta. Várias organizações, como a Associação Brasileira de Empresas de Pesquisa (Abep) e a Esomar (The World Association of Research Professionals), fornecem códigos na área de comportamento de pesquisa ética. Cada interessado tem suas responsabilidades. Negligenciar essas responsabilidades resulta no prejuízo de um outro interessado ou do projeto de pesquisa. Isso sempre causará prejuízos ao processo de pesquisa e à integridade da profissão.[13] Essas questões são discutidas mais detalhadamente nos próximos capítulos.

APLICAÇÕES NA INTERNET

A Internet pode ser útil aos pesquisadores de marketing de várias maneiras. Ela pode ser usada como uma fonte de provedores de pesquisa de mercado (por exemplo, *www.greenbook.org*.) ou dados secundários, e para coletar dados primários por meio de levantamentos de dados e outros métodos. Uma das maiores vantagens de levantar dados pela Internet é que eles podem ser processados tão rapidamente quanto chegam, isso porque são obtidos eletronicamente dos entrevistados. A Internet também é muito útil para a administração do projeto. O e-mail na Internet, combinado com um software do tipo Lótus Notes, está sendo usado para comunicação pelos pesquisadores e pelos clientes, e para coordenar e administrar as seis

Exemplo

O MUNDO DA PESQUISA DE MARKETING NA INTERNET

O site da WorldOpinion Web (*www.worldopinion.com*) foi feito para trazer até você notícias atualizadas e informações completas sobre a indústria de pesquisa de mercado. Nele você saberá como encontrar o que procura e, portanto, aproveitar a sua visita.

Se você estiver procurando ou oferecendo emprego, a seção de classificados lista vagas em pesquisa, marketing, propaganda, relações públicas e profissões semelhantes. Hoje existem literalmente milhares de vagas de emprego. Você poderá enviar, sem qualquer custo, o seu currículo ou sua lista de vagas.

Procurando pela empresa de pesquisa correta para o seu projeto? O diretório dos pesquisadores lista mais de 8.500 locais de pesquisa em 99 países. Procure pelo nome da empresa ou pelo tipo de empresa e/ou por país.

A seção de notícias, atualizada diariamente, traz até você notícias de empresas, conferências e produtos do mundo de pesquisa de marketing.

Se você estiver pensando em participar de um evento de pesquisa ou de marketing, ou precisa de mais informações sobre as oportunidades de educação em pesquisa, dê uma olhada no calendário da WorldOpinion. Estão listadas centenas de eventos e cursos de pesquisa do mundo todo.

No Brasil, não deixe de visitar o site da Associação Brasileira das Empresas de Pesquisas (Abep): *www.abep.br*.

etapas do processo de pesquisa de marketing. A Internet também está sendo usada para disseminar os resultados da pesquisa de marketing e os relatórios, que podem ser postados na Web, ficando à disposição dos gerentes no mundo todo.

A Internet está rapidamente se tornando uma ferramenta útil na identificação, na coleta, na análise e na disseminação de informações relacionadas à pesquisa de marketing. Ao longo do livro mostramos como a Internet é usada nas seis etapas do processo de pesquisa de marketing.

Resumo

A pesquisa de marketing fornece informações sobre os consumidores, os canais de distribuição, os concorrentes, as mudanças e as tendências no mercado, e outros aspectos do ambiente da empresa. Ela avalia as necessidades de informações e proporciona informações relevantes para poder melhorar o processo de tomada de decisão de marketing. A pesquisa de marketing é um processo sistemático e objetivo, feito para identificar e solucionar os problemas de marketing. Assim, ela pode ser entendida como pesquisa de identificação do problema e pesquisa de solução do problema. O processo de pesquisa de marketing consiste de seis etapas que precisam ser seguidas de maneira sistemática.

Uma empresa pode conduzir sua própria pesquisa de marketing ou pode comprá-la de fornecedores externos. Os fornecedores externos podem oferecer serviços completos ou se especializar em um ou mais aspectos do processo. Os fornecedores de serviços completos oferecem toda uma gama de serviços de pesquisa de marketing, da definição do problema ao preparo e apresentação do relatório. Os serviços oferecidos por esses fornecedores podem ser classificados como serviços padronizados ou serviços personalizados ou serviços na Internet. Os fornecedores de serviços limitados se especializam em uma ou algumas fases do projeto de pesquisa de marketing. Os serviços oferecidos por esses fornecedores podem ser classificados como serviços de campo ou outros serviços, como codificação e entrada de dados e também análise de dados.

A indústria de pesquisa de marketing oferece uma ampla variedade de carreiras nas organizações de serviço corporativas ou independentes. As empresas de pesquisa de marketing, empresas comerciais ou não-comerciais e as agências de publicidade, todas empregam profissionais em pesquisa. As informações obtidas usando a pesquisa de marketing podem ser utilizadas sozinhas ou integradas em um SIM.

A pesquisa de marketing ajuda a identificar, definir e medir como os consumidores definem qualidade, o que a torna parte integral da TQM. A pesquisa internacional de marketing é muito mais complexa do que a pesquisa doméstica porque os pesquisadores precisam considerar o ambiente nos mercados internacionais que eles estão pesquisando.

Os desenvolvimentos tecnológicos estão refazendo o papel da pesquisa de mercado, assim como a maneira que ela é conduzida. As questões éticas na pesquisa de marketing envolvem quatro interessados: (1) o pesquisador de marketing, (2) o cliente, (3) o entrevistado e (4) o público. A Internet pode ser usada em todas as etapas do processo de pesquisa de marketing.

Exercícios

1. Defina *pesquisa de marketing*. Quais são alguns dos aspectos dignos de nota nessa definição?
2. Descreva uma classificação da pesquisa de marketing e dê exemplos.
3. Descreva duas etapas do processo de pesquisa de marketing.
4. Descreva a tarefa da pesquisa de marketing e ilustre com um exemplo.
5. Quais decisões o gerente de marketing toma? Como a pesquisa de marketing os ajuda a tomar essas decisões?
6. Explique uma maneira de classificar os fornecedores de pesquisa de marketing.
7. O que são serviços padronizados e como eles ajudam uma empresa a empreender a pesquisa de marketing?

8. Qual é a principal diferença entre um fornecedor de serviços completos e um fornecedor de serviços limitados?
9. Liste cinco diretrizes para selecionar um fornecedor externo de pesquisa de marketing.
10. Quais oportunidades de carreira estão disponíveis em pesquisa de marketing? Você está interessado em seguir a carreira? Por quê? Ou por que não?
11. O que é um sistema de informações de marketing?
12. Quem são os interessados em pesquisa de marketing?

Problemas

1. Procure nas publicações recentes, jornais e revistas, cinco exemplos de pesquisa de identificação do problema e cinco exemplos de pesquisa de solução do problema.
2. Descreva um projeto de pesquisa de marketing que seria útil para cada uma das seguintes organizações:

   a. A livraria da universidade.
   b. A empresa de transporte público de sua cidade.
   c. Uma loja de departamentos grande na sua área.
   d. Um restaurante localizado próximo da universidade.
   e. Um zoológico em uma cidade grande.

Atividades

TRABALHO DE CAMPO

1. Usando o seu jornal local ou jornais nacionais como *Folha de S. Paulo, O Estado de S. Paulo* ou *Gazeta Mercantil*, compile uma lista de oportunidades de carreira em pesquisa de marketing, usando a lista de empregos na seção de classificados.
2. Entreviste alguém que trabalhe para um fornecedor de pesquisa de marketing. Qual é a opinião dessa pessoa sobre as oportunidades de carreira em pesquisa de marketing? Escreva um relatório da sua entrevista, dando um resumo do que foi dito.
3. Entreviste alguém que trabalhe para um departamento de pesquisa de marketing de uma empresa grande. Qual é a opinião dessa pessoa sobre as oportunidades de carreira disponíveis em pesquisa de marketing? Escreva um relatório da sua entrevista, dando um resumo do que foi dito.

DISCUSSÃO EM GRUPO

Em um grupo pequeno, de quatro ou cinco pessoas, discuta as seguintes questões:

1. Que tipo de estrutura institucional é melhor para o departamento de pesquisa de marketing em uma grande empresa comercial?
2. Qual é a experiência educacional ideal para alguém que esteja buscando seguir carreira em pesquisa de marketing?
3. Os padrões éticos podem ser reforçados na pesquisa de marketing? Se a resposta for afirmativa, como?

Notas

1. Louise Lee, "Burning rubber at Reebok", *Business Week*, 15 maio 2000, p. 54; Terry Lefton, "Bok in the saddle again", *Brandweek*, 8 fev. 1999, p. 26-31; Anabelle Perez, "Reebok & DP rev up for home", *Sporting Goods Business*, 30, 6, 14 abr. 1997, e Joe Schwartz, "How Reebok fits shoes", *American Demographics*, 15, 3, mar. 1993, p. 54.
2. Doss Struse, "Marketing research's top 25 influences", *Marketing Research*, 11, 4, inverno 1999/primavera 2000, p. 4-9, e "Marketing research: on the threshold of opportunity? A roundtable discussion on the past, present and future of research", *Quirk's Marketing Research Review*, mar. 1996, p. 34-35, 56-59.
3. Kate Brennan, "Marriot explores moderate-tier market", *Lodging Hospitality*, 56, 6, 1º maio 2000, p. 18; "Marriot launches brand to capture moderate tier", *Hotel & Motel Management*, 214, 12, 5 jul. 1999, p. 16, e

"Listening to customers: the market research function at Marriot corporation", *Marketing Research: A Magazine of Management & Applications*, mar. 1989.

4. Joe Miller, "GM: new products at record pace", *Automotive News*, 74, 5888, 14 ago. 2000, p. 28; Bob Wallace, "Data warehouse to drive online marketing at GM", *Computer World*, 33, 27, 5 jul. 1999, p. 6; Jean Halliday, "Making ad research work for GM", *Advertising Age*, 68, 5, 3 fev. 1997, p. S14, e Phil Frame, "GM's design chief: the customer", *Automotive News*, 67, 5528, 29 nov. 1993, p. 3.

5. Thomas Leigh, "Research roundtable", *Marketing Research: A Magazine of Management & Applications*, 11, 1, primavera 1999, p. 4-19; Naresh K. Malhotra, "Shifting perspective on the shifting paradigm in marketing research", *Journal of the Academy of Marketing Science*, 20, outono 1992, p. 379-387, e William Perreault, "The shifting paradigm in marketing research", *Journal of the Academy of Marketing Science*, 20, outono 1992, p. 367-375.

6. Uma listagem completa e a descrição das empresas individuais na indústria de pesquisa de marketing são fornecidas por Ryan P. Green, *International directory of marketing research houses and services* (New York Chapter, American Marketing Association, anual).

7. James Heckman, "Program introduces market research as a career", *Marketing News*, 33, 14, 5 jul. 1999, p. 4, e Ralph W. Giacobbe e Madhav N. Segal, "Rethinking marketing research education: a conceptual, analytical and empirical investigation", *Journal of Marketing Education*, 16, primavera 1994, p. 43-58.

8. "LIMRA: pension sales saw doublé-digits gains in 1999", *Best's Review*, 101, 3, jul. 2000, p. 118; "A quest for education", *LIMRA'S MarketFacts*, 18, 2, mar./abr. 1999; Stephen Piontek, "Wecker calls for commitment to selling life insurance", *National Underwriter*, nov. 1998, p. 3, 445, e *http://www.limra.com*.

9. Jack Honomichl, "Top 25 global research organizations", *Marketing News*, 13 ago. 2001, Seção Special Pullout.

10. Jack Honomichl, "Top 25 global research organizations", *Marketing News*, 13 ago. 2001, Seção Special Pullout.

11. "Getting P&G righted again", *Advertising Age*, 71, 26, 19 jun. 2000, p. 54; Harriot L. Fox, "Brand attack on China", *Marketing*, 2 jul. 1998, p. 24-25, e "P&G viewed China as a national market and is conquering it", *The Wall Street Journal*, 2 set. 1995.

12. Marydee Ojala, "Information role models in market research", *Online*, 24, 2, mar./abr. 2000, p. 69-71; Mathew W. Green, Jr. e John A. Fugel, "Third wave has ups and downs", *Rural Telecommunications*, 15, 1, jan./fev. 1996, p. 10, e Donald E. Schimidt, "Third wave of marketing research on the horizon", *Marketing News*, 27, 5, 1º mar. 1993, p. 6.

13. Diane K. Bowers, "The strategic role of the telemarketing sales rule in the research industry", *Marketing Research: A Magazine of Management & Applications*, 11, 1, primavera 1999, p. 34-35.

CAPÍTULO 2
Definindo o Problema de Pesquisa de Marketing e Desenvolvendo uma Abordagem

Neste capítulo abordamos as seguintes questões:

1. O que é um problema de pesquisa de marketing e por que é importante defini-lo corretamente?
2. Quais as tarefas envolvidas na definição do problema?
3. Como os fatores ambientais afetam a definição do problema de pesquisa de marketing, e quais são eles?
4. Qual é a distinção entre o problema de decisão gerencial e o problema de pesquisa de marketing?
5. Como o problema de pesquisa de marketing deve ser definido?
6. Quais são os vários componentes de uma abordagem do problema?
7. Como o processo de definição do problema auxilia na gestão da qualidade total (TQM)?
8. Por que a definição do problema e o desenvolvimento de uma abordagem são processos mais complexos na pesquisa internacional de marketing?
9. Como a tecnologia ajuda a definir o problema e a desenvolver uma abordagem?
10. Quais questões éticas e conflitos surgem na definição do problema e no desenvolvimento de uma abordagem?
11. Como a Internet auxilia o pesquisador na definição do problema e no desenvolvimento de uma abordagem?

'A PRIMEIRA PERUA UTILITÁRIA ESPORTIVA DO MUNDO'

As características singulares da perua Outback da Subaru e seu desempenho em geral continuam a ser populares entre os consumidores. Em abril de 2000, a Subaru lançou o novo modelo 2001 da Outback no salão de automóveis de Nova York. Este novo automóvel de luxo tem um motor 3.0 de seis cilindros, no qual as cabeças dos cilindros estão em um ângulo de 180 graus uma em relação à outra. Combinado com os 212 cavalos de potência, esse tipo de motor possibilita fácil manuseio e baixa vibração, oferecendo um passeio suave. Com esse novo modelo da Outback, a Subaru diz: "Agora você pode conquistar as estradas com estilo". Por causa da linha de veículos populares da Subaru, as receitas quase triplicaram e as vendas aumentaram em aproximadamente 100%. A revista *Financial Times Automotive World* nomeou a Subaru como a 'Empresa de carros mais aperfeiçoada do mundo'. Como nasceu a Outback?

A Subaru dos Estados Unidos estava tentando identificar novas oportunidades para penetrar no mercado automotivo no início dos anos 90. A empresa de pesquisa de marketing que ela empregou empreendeu um exame completo da situação de marketing (uma auditoria do problema). A auditoria permitiu que a empresa de pesquisa identificasse o verdadeiro problema enfrentado pela gerência (o problema de decisão gerencial) como "O que a Subaru pode fazer para expandir sua participação no mercado de automóveis?". O problema de pesquisa de marketing foi amplamente definido, determinando as várias necessidades dos usuários de automóveis e até que ponto as ofertas atuais de produtos estavam satisfazendo essas necessidades. Entretanto, para que a pesquisa de marketing fosse conduzida eficaz e eficientemente, o problema tinha de ser definido com mais precisão. A gerência e os pesquisadores concordaram nos seguintes itens específicos:

1. Quais as necessidades que os consumidores de carros de passeio, peruas e utilitários querem satisfazer?
2. Em que grau os automóveis existentes satisfazem essas necessidades?
3. Há um segmento do mercado consumidor de automóveis cujas necessidades não estão sendo adequadamente satisfeitas?
4. Quais características de automóveis são desejadas pelo segmento identificado na questão 3?
5. Qual é o perfil demográfico e psicográfico do segmento identificado?

A abordagem do problema de pesquisa de marketing foi desenvolvida com base nos requisitos ou estruturas pelos quais os consumidores se decidem: primeiramente, o tipo de carro (peruas, utilitários, carros de passeio) que desejam, e, em seguida, uma marca específica. O pesquisador também formulou perguntas específicas bem como as respostas possíveis (hipóteses) para serem testadas durante a coleta dos dados.

A pesquisa indicou forte potencial de mercado para um veículo que combinasse as características de uma perua com as de um utilitário compacto. As necessidades de um grande segmento, predominantemente masculino, não estavam sendo satisfeitas nem pela perua nem pelos utilitários, e eles queriam um produto híbrido.

Baseada nessas descobertas, a Subaru dos Estados Unidos introduziu a Outback, em 1996, como a 'primeira perua utilitária esportiva do mundo'. A Subaru informou, em uma conferência com a imprensa, que a Outback preenchia o nicho entre o utilitário e o carro de passageiro, além de ter várias características importantes que faltam na maioria dos utilitários, incluindo um sistema de tração em todas as rodas que opera em todas as condições de estradas e velocidades do veículo, suspensão independente nas quatro rodas, freios ABS, airbag duplo e um sistema de proteção contra impacto lateral. Ela também tem uma soleira baixa na porta para entrada e saída fácil dos passageiros, e um centro de gravidade mais baixo para direção na estrada e conforto no passeio. Os itens de conforto interno também foram melhorados e várias outras opções adicionadas.

A campanha publicitária na TV para a Outback trazia o ator Paul Hogan, do filme *Crocodilo Dundee*. Os telespectadores gostaram do anúncio e, é claro, do produto. Aqueles que fizeram um teste de direção (test drive) ficaram muito impressionados com as capacidades do veículo. O resultado? As vendas foram o triplo do que a Subaru originalmente esperava.[1]

VISÃO GERAL

Este capítulo cobre as duas primeiras das seis etapas do processo de pesquisa de marketing descrito no Capítulo 1: definir o problema de pesquisa de marketing e desenvolver uma abordagem do problema. A Figura 2.1 explica resumidamente o foco do capítulo, sua relação com o capítulo anterior e em quais etapas do processo de pesquisa de marketing ele se concentra.

No caso de abertura, o lançamento da Outback para explorar um novo segmento de mercado demonstra a importância crucial de se definir corretamente o problema de pesquisa de marketing. A Subaru assim o fez, determinando as várias necessidades dos usuários de automóveis e até que ponto as ofertas atuais de produto estavam satisfazendo essas necessidades. Definir o problema de pesquisa é o aspecto mais importante do processo de pesquisa. Apenas quando o problema foi clara e precisamente identificado é que um projeto de pesquisa pode ser conduzido de maneira adequada. Isso porque a definição do problema estabelece o curso de todo o projeto. Neste capítulo identificamos as tarefas envolvidas e os fatores considerados nesse estágio, e fornecemos diretrizes para ajudar o pesquisador a evitar erros comuns.

O capítulo também discute como desenvolver uma abordagem para o problema de pesquisa, uma vez que tenha ele sido identificado. A abordagem estabelece o alicerce para conduzir a pesquisa, especificando a teoria relevante e os modelos. Ela refina ainda mais os componentes específicos do problema, fazendo perguntas mais específicas e formulando as hipóteses que serão testadas. A abordagem também determina todas as informações necessárias para serem coletadas no projeto de pesquisa de marketing. A aplicação objetivando a gestão da qualidade total (TQM) e as considerações especiais envolvidas na definição do problema e no desenvolvimento de uma abordagem na pesquisa internacional de marketing também são discutidas. O impacto da tecnologia e várias outras questões técnicas que surgem nesse estágio do processo de pesquisa de marketing são considerados, e as aplicações na Internet igualmente discutidas. A Figura 2.2 apresenta uma visão geral dos tópicos discutidos neste capítulo e como eles fluem de um para o outro.

Figura 2.1 Relação entre definição do problema e abordagem do capítulo anterior e o processo de pesquisa de marketing

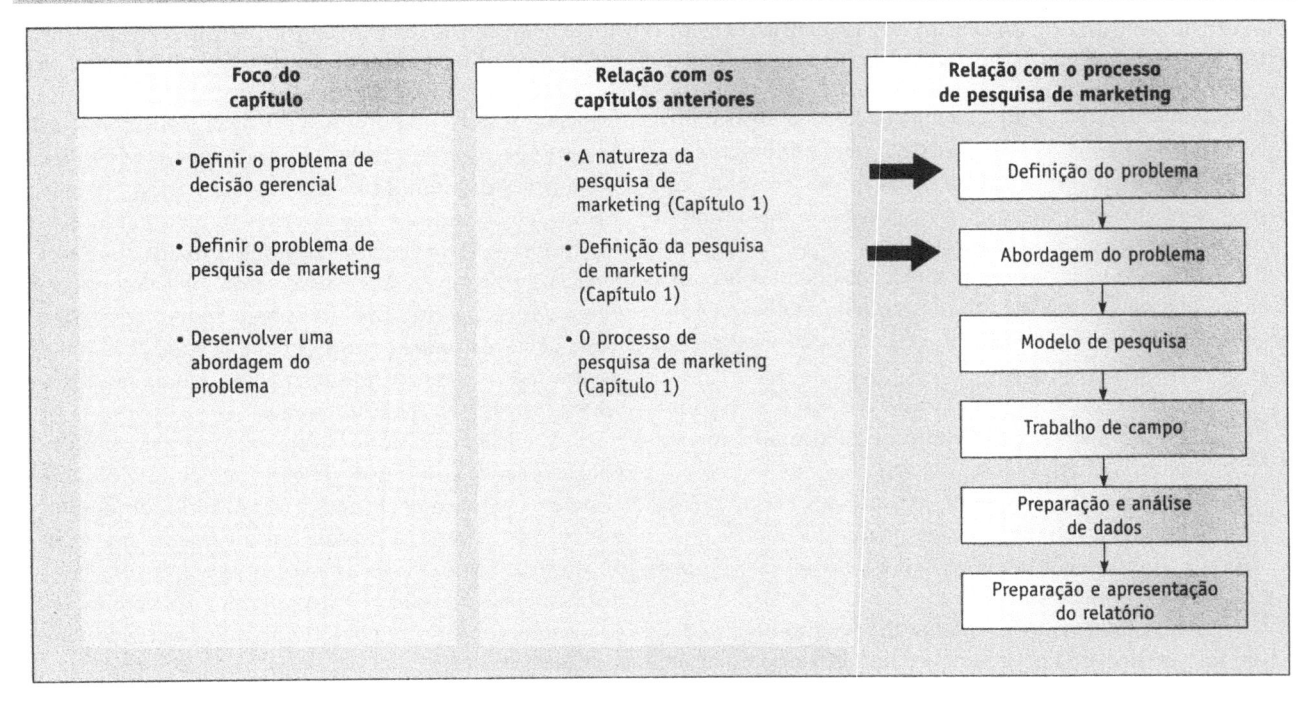

Foco do capítulo	Relação com os capítulos anteriores	Relação com o processo de pesquisa de marketing
• Definir o problema de decisão gerencial	• A natureza da pesquisa de marketing (Capítulo 1)	→ Definição do problema
• Definir o problema de pesquisa de marketing	• Definição da pesquisa de marketing (Capítulo 1)	→ Abordagem do problema
• Desenvolver uma abordagem do problema	• O processo de pesquisa de marketing (Capítulo 1)	Modelo de pesquisa
		Trabalho de campo
		Preparação e análise de dados
		Preparação e apresentação do relatório

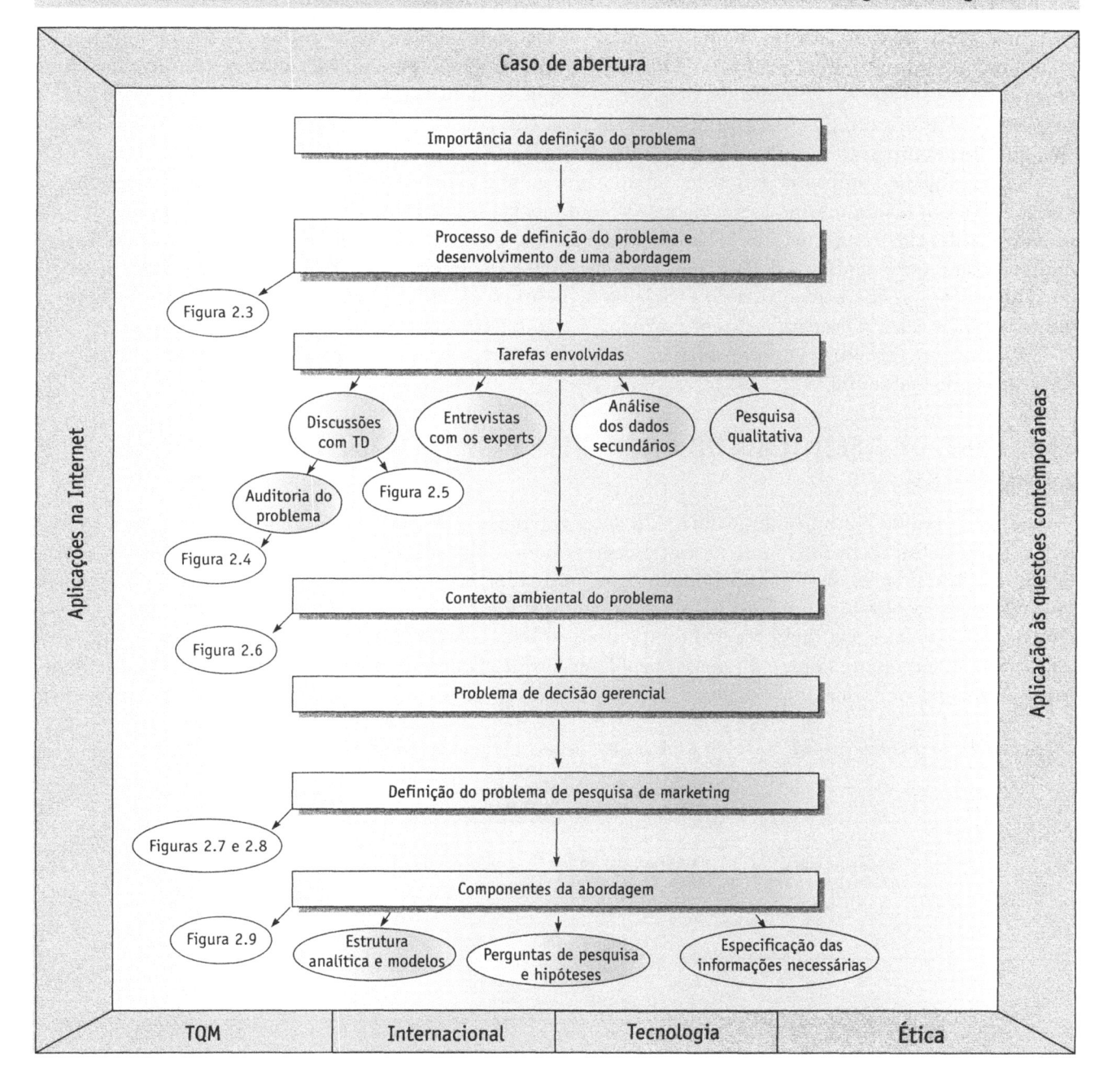

Figura 2.2 Definindo o processo de pesquisa de marketing e desenvolvendo uma abordagem: visão geral

Caso de abertura

Importância da definição do problema

Processo de definição do problema e desenvolvimento de uma abordagem
(Figura 2.3)

Tarefas envolvidas
- Discussões com TD
  - Auditoria do problema (Figura 2.4)
  - Figura 2.5
- Entrevistas com os experts
- Análise dos dados secundários
- Pesquisa qualitativa

Contexto ambiental do problema (Figura 2.6)

Problema de decisão gerencial

Definição do problema de pesquisa de marketing (Figuras 2.7 e 2.8)

Componentes da abordagem (Figura 2.9)
- Estrutura analítica e modelos
- Perguntas de pesquisa e hipóteses
- Especificação das informações necessárias

Aplicações na Internet | Aplicação às questões contemporâneas

TQM | Internacional | Tecnologia | Ética

IMPORTÂNCIA DA DEFINIÇÃO DO PROBLEMA

Embora todas as etapas do projeto de pesquisa de marketing sejam relevantes, a definição do problema é a mais importante. Como mencionado no Capítulo 1, o pesquisador de marketing considera como intercambiáveis os problemas e as oportunidades confrontados pelo gerente de marketing, uma vez que a investigação de ambos segue o mesmo processo de pesquisa. A **definição do problema** envolve a exposição do problema geral e a identificação de componentes específicos do problema de pesquisa de marketing, como ilustrado no caso de abertura.

O caso de abertura fornece uma demonstração ampla do problema que a Subaru enfrentou, conseguindo, depois, identificar seus cinco componentes específicos. Além disso, o pesquisador e a pessoa-chave que toma as decisões no lado do cliente devem concordar com a definição do problema. O cliente é o indivíduo ou a organização que está encomendando a pesquisa. O cliente pode ser uma pessoa interna, como no caso de um diretor de pesquisa negociando com aquele que toma decisões (ou tomador de decisões) na sua própria organização. O cliente pode ainda ser uma entidade externa, se a pesquisa estiver sendo conduzida por uma empresa de pesquisa de marketing (Capítulo 1).

Apenas quando ambas as partes definiram claramente e concordaram com o problema de pesquisa de marketing é que a pesquisa pode ser elaborada e conduzida corretamente. Erros cometidos neste nível do processo podem se tornar maiores à medida que o projeto progride. De todas as etapas do processo de pesquisa de marketing, nenhuma delas é mais vital para o preenchimento básico das necessidades do cliente do que a definição precisa e adequada do problema de pesquisa. Todo esforço, tempo e dinheiro gastos desse ponto em diante serão desperdiçados se o problema não for corretamente definido.

O processo de definição do problema fornece diretrizes sobre como definir corretamente o problema de pesquisa de marketing.

PROCESSO DE DEFINIÇÃO DO PROBLEMA E DESENVOLVIMENTO DE UMA ABORDAGEM

O processo de definição do problema e desenvolvimento de uma abordagem está ilustrado na Figura 2.3. Para definir o problema de pesquisa corretamente, o pesquisador precisa desempenhar uma série de tarefas. Ele precisa discutir o problema com o tomador de decisões (TD) na organização do cliente, entrevistar os experts na indústria e outros indivíduos que tenham conhecimento, analisar os dados secundários e, às vezes, conduzir a pesquisa qualitativa. Esta coleta informal de dados o ajuda a entender o contexto ou o ambiente dentro do qual o problema surgiu. O entendimento claro do ambiente de marketing também proporciona uma estrutura para identificar o problema de decisão gerencial: O que a gerência

Figura 2.3 Processo de definição do problema e desenvolvimento de uma abordagem

```
                        Tarefas envolvidas
    ┌───────────┬──────────────┬──────────────┬──────────────┐
    ↓           ↓              ↓              ↓
Discussões   Entrevistas   Análise dos     Pesquisa
com o        com os        dados           qualitativa
tomador de   experts na    secundários
decisões     indústria

                Contexto ambiental do problema
                            ↓
                Etapa 1: Definição do problema
                            ↓
                Problema de decisão gerencial
                            ↓
                Problema de pesquisa de marketing
                            ↓
                Etapa 2: Abordagem do problema
    ┌───────────────┬──────────────────┬──────────────────┐
    ↓               ↓                  ↓
Estrutura       Perguntas de       Especificações das
analítica       pesquisa           informações
e modelos       e hipóteses        necessárias
    └───────────────┴──────────────────┴──────────────────┘
                            ↓
                Etapa 3: Modelo de pesquisa
```

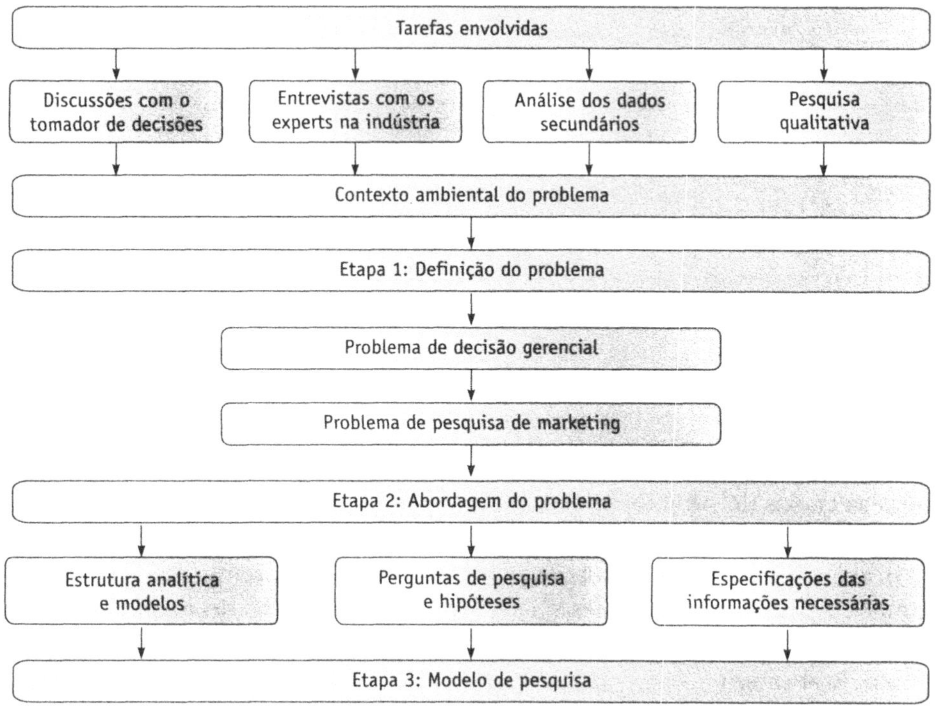

deve fazer? O problema de decisão gerencial é então traduzido em um problema de pesquisa de marketing: o problema que o pesquisador precisa investigar. Baseado na definição do problema de pesquisa de marketing, o pesquisador desenvolve uma abordagem apropriada. Explicações adicionais do processo de definição do problema seguem com uma discussão das tarefas envolvidas.

TAREFAS ENVOLVIDAS

Como visto antes, as tarefas envolvidas na definição do problema incluem discussões com o tomador de decisões, entrevistas com os experts na indústria, análise dos dados secundários e pesquisa qualitativa. O propósito dessas tarefas é obter informações sobre os fatores do ambiente que são relevantes para o problema, buscando definir o problema de decisão gerencial e o de pesquisa de marketing correspondente. Aqui vamos discutir e ilustrar cada uma dessas tarefas.

Discussões com o tomador de decisões

É essencial que o pesquisador entenda a natureza da decisão que o gerente enfrenta – o problema de decisão gerencial –, assim como as expectativas da gerência sobre a pesquisa. A discussão dá ao pesquisador a oportunidade de estabelecer expectativas alcançáveis. O tomador de decisões precisa entender as potencialidades da pesquisa, assim como suas limitações. A pesquisa não proporciona soluções automáticas para os problemas; ela serve como uma fonte adicional de informações que o gerente deve considerar no processo de tomada de decisão.

Para identificar o problema gerencial, o pesquisador precisa possuir habilidades consideráveis para interagir com o tomador de decisões e se movimentar estrategicamente pela organização. Quando quem toma a decisão final é um executivo sênior, o pesquisador poderá ter dificuldades de chegar até ele. Para complicar ainda mais a situação, vários indivíduos poderão estar envolvidos na decisão final. Todos os indivíduos responsáveis por solucionar os problemas de marketing devem ser consultados nesta fase inicial do projeto. A qualidade do projeto será consideravelmente melhorada quando o pesquisador tiver a oportunidade de interagir diretamente com o tomador de decisões.

As discussões com o tomador de decisões podem ser estruturadas em torno da **auditoria do problema**, o que ajudará a identificar as causas fundamentais do problema. A auditoria do problema, assim como qualquer outro tipo de auditoria, é uma investigação completa do problema de marketing, com o propósito de entender a sua origem e natureza (Figura 2.4). Ela envolve discussões com o tomador de decisões sobre as seguintes questões, que são ilustradas com um problema enfrentado pela M&M/Mars.

1. **História do problema.** Os eventos que levaram à decisão de agir. A M&M/Mars gostaria de manter e aumentar sua participação de mercado no início do novo século. Este problema surgiu por causa dos lançamentos da Hershey Chocolates. Recentemente, Hershey's Hugs, Hershey's Hugs com Amêndoas e Hershey's Nuggets de Chocolate foram lançados, ameaçando a M&M/Mars.
2. **Cursos alternativos de ação disponíveis para o tomador de decisões.** O conjunto de alternativas pode estar incompleto neste estágio, e poderá ser necessária uma pesquisa qualitativa para identificar os cursos de ação mais inovadores. As alternativas disponíveis para a gerência da M&M/Mars incluem o lançamento de novas marcas de chocolate, a redução nos preços das marcas existentes, a expansão dos canais de distribuição e o aumento nos gastos com propaganda.
3. **Critérios usados para avaliar os cursos alternativos de ação.** Por exemplo, as ofertas de novos produtos poderão ser avaliadas com base nas vendas, na participação de mercado, na rentabilidade, no retorno sobre o investimento etc. M&M/Mars avaliará as alternativas baseadas nas contribuições para a participação de mercado e lucros.
4. **Natureza das ações em potencial baseadas nas descobertas da pesquisa.** As descobertas da pesquisa provavelmente pedirão uma resposta estratégica de marketing por parte da M&M/Mars.

Figura 2.4 Conduzindo uma auditoria do problema

```
História do problema
        ↓
Cursos alternativos de ação disponíveis para o TD
        ↓
Critérios usados para avaliar os cursos alternativos de ação
        ↓
Natureza das ações em potencial baseadas nas descobertas da pesquisa
        ↓
Informações necessárias para responder às perguntas do TD
        ↓
Como cada item de informação será usado pelo TD
        ↓
Tomada de decisão da cultura corporativa
```

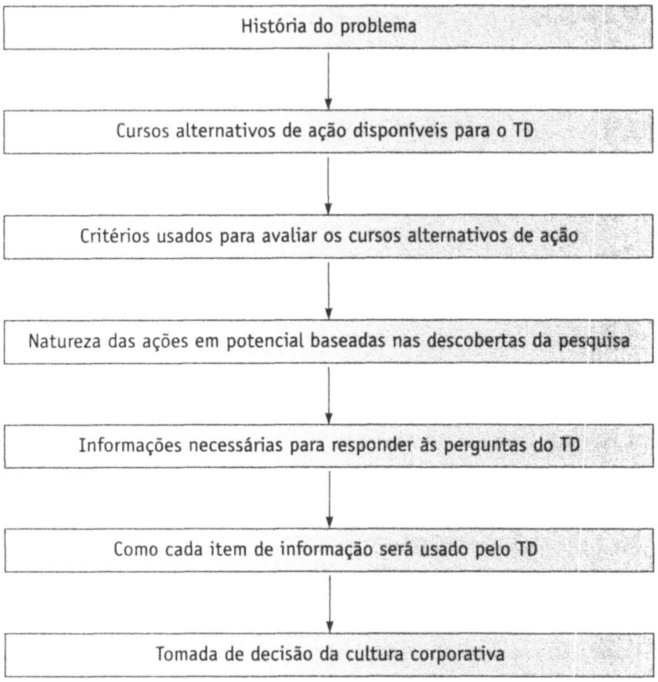

5. **Informações necessárias para responder às perguntas do tomador de decisões.** As informações necessárias incluem uma comparação da Hershey's e da M&M/Mars em todos os elementos do mix de marketing (produto, preço, promoção e distribuição) para poder determinar os relativos pontos fracos e fortes.
6. **Como cada item de informação será usado pelo tomador de decisões.** As pessoas-chave que tomam as decisões desenvolverão uma estratégia para a M&M/Mars baseada nas descobertas da pesquisa e nas suas intuições e nos seus julgamentos.
7. **Tomada de decisão da cultura corporativa.** Em algumas empresas o processo de tomada de decisões é dominante; em outras, a personalidade do tomador de decisões é mais importante. É essencial a sensibilidade para a cultura corporativa, a fim de poder identificar os indivíduos responsáveis pela decisão ou que têm uma influência significativa sobre o processo de decisão. Nesse caso, a cultura corporativa na M&M/Mars pedirá uma abordagem de compromisso, em que os responsáveis tomarão as decisões críticas.

A condução de uma auditoria do problema é essencial para esclarecer o problema ao pesquisador. Não é nenhuma surpresa que ela sirva ao mesmo propósito no que se refere ao tomador de decisões. Freqüentemente este tem uma idéia vaga do verdadeiro problema. Por exemplo, ele pode saber que a empresa está perdendo participação de mercado, mas não sabe por quê. Isso ocorre porque a maioria dos tomadores de decisões se concentra nos sintomas de um problema, e não nas suas causas. A incapacidade de satisfazer as previsões de venda, a perda na participação de mercado e o declínio nos lucros são todos sintomas. A pesquisa que adiciona valor vai além dos sintomas, buscando enfocar as causas fundamentais. Por exemplo, a perda na participação de mercado pode ter sido causada por uma promoção mais bem-feita pela concorrência, pela distribuição inadequada dos produtos da empresa, pela qualidade mais baixa dos produtos, pelo corte de preços de um grande concorrente ou por um variado número de fatores (Figura 2.5). Apenas quando as causas fundamentais são identificadas é que o problema pode ser focalizado com sucesso.

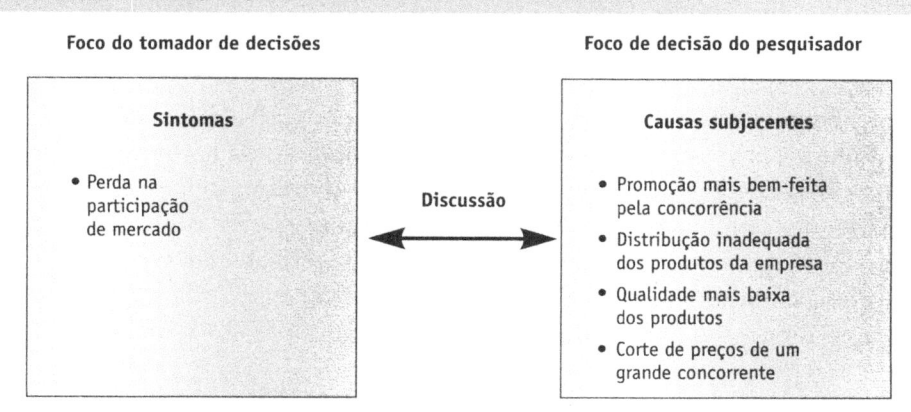

Figura 2.5 Discussão entre o pesquisador e o tomador de decisões

Foco do tomador de decisões

Sintomas
- Perda na participação de mercado

Discussão

Foco de decisão do pesquisador

Causas subjacentes
- Promoção mais bem-feita pela concorrência
- Distribuição inadequada dos produtos da empresa
- Qualidade mais baixa dos produtos
- Corte de preços de um grande concorrente

Entrevistas com os experts na indústria

Além das discussões com o tomador de decisões, as entrevistas com os experts na indústria – indivíduos conhecedores da empresa e da indústria – podem ajudar o pesquisador a formular o problema de pesquisa de marketing. Os experts podem ser encontrados dentro e fora da empresa. Embora os questionários formais não sejam usados, é sempre útil ter uma lista preparada dos tópicos a serem discutidos durante a entrevista. A ordem em que esses tópicos são cobertos e as perguntas são feitas não devem ser predeterminadas, mas decididas à medida que a investigação progride. Isso permite uma maior flexibilidade em captar as opiniões dos experts. O propósito das entrevistas com esses profissionais é ajudar a definir o problema de pesquisa de marketing, e não desenvolver uma solução conclusiva. Essas entrevistas são mais comumente usadas em aplicações nas pesquisas industriais, em vez de nas pesquisas de consumo. Nos ambientes industriais ou altamente técnicos, os experts geralmente são mais facilmente identificados do que seriam nos ambientes de consumo. Isso porque estes são mais amplos e mais difusos do que os ambientes industriais ou técnicos. Tais entrevistas também são úteis nas situações em que poucas informações de outras fontes estão disponíveis, como no caso de produtos radicalmente novos. Os experts oferecem esclarecimentos valiosos na modificação ou reposição dos produtos existentes, como ilustrado pelo reposicionamento da Sears.

Por anos, as vendas nesta enorme varejista declinaram e ela perdeu seu *status* de varejista número um dos Estados Unidos para o Wal-Mart, em 1989. Quando os experts da indústria foram consultados, os pesquisadores conseguiram identificar o verdadeiro problema: falta de imagem. Tradicionalmente uma rede de lojas de desconto, a Sears havia tentado, sem sucesso, transformar sua imagem em lojas de departamentos de prestígio, deixando de lado, assim, os seus clientes leais. No fim acabou desistindo dessa idéia e adotou novamente a imagem de lojas de desconto. Desde então as vendas e a rentabilidade melhoraram.

Análise dos dados secundários

As informações que o pesquisador obtém do tomador de decisões e dos experts da indústria devem ser suplementadas com os dados secundários disponíveis. **Dados secundários** são dados coletados para outro propósito que não seja o problema em mãos, como os dados fornecidos pelas organizações comerciais, pelo Censo e pela Internet. **Dados primários**, por outro lado, são originados pelo pesquisador levando em conta o problema específico que está sendo estudado, como os dados de levantamentos. Os dados secundários incluem informações fornecidas por empresas e fontes governamentais, empresas de pesquisas de marketing comercial e bancos de dados computadorizados. Os dados secundários são uma fonte econômica e rápida de informações secundárias.

A análise dos dados secundários disponíveis é uma etapa essencial no processo de definição do problema e deve sempre preceder a coleta de dados primários. Os dados secundários podem fornecer informações valiosas na situação do problema e levam à identificação de cursos inovadores de ação. Por exemplo, o Departamento do Trabalho dos Estados Unidos informa que a idade média da força de trabalho americana aumentou de 35 para 39 por volta do ano 2002. Isto é, em parte, o resultado do amadurecimento da geração nascida entre 1965 e 1976, que resultará em um declínio no número de trabalhadores jovens (idade de 16 a 24) disponíveis para preencher as posições em nível de entrada. Essa falta em potencial de trabalhadores jovens tem feito muitos profissionais de marketing, especialmente os das indústrias de serviços, investigarem o problema de resposta do consumidor ao auto-serviço. Algumas empresas, como a Arby's, trocaram a orientação de serviço de 'atendimento assistido' para 'alta tecnologia'. Usando equipamentos de alta tecnologia, os consumidores agora realizam muitos dos serviços anteriormente feitos pelos funcionários, como fazer seus próprios pedidos diretamente em terminais eletrônicos. Dada a tremenda importância dos dados secundários, este tópico será discutido em detalhes nos capítulos 4 e 5, incluindo uma discussão posterior sobre as diferenças entre eles.

No Brasil, órgãos como IBGE, Seade, Sebrae e Fiesp disponibilizam uma variedade considerável de dados secundários.

Pesquisa qualitativa

Informações obtidas dos tomadores de decisões, dos experts da indústria e dos dados secundários podem não ser suficientes para definir o problema de pesquisa. Algumas vezes, a pesquisa qualitativa precisa ser empreendida para se obter um entendimento claro dos fatores subjacentes a um problema de pesquisa. Uma **pesquisa qualitativa** não é estruturada, no sentido de que as perguntas feitas são formuladas à medida que a pesquisa avança. Ela é, por natureza, exploratória e baseada em amostras pequenas, ou pode usar técnicas qualitativas populares, como as discussões em grupo (DGs) ou entrevistas de profundidade (entrevistas de um para um que investigam em detalhes os pensamentos dos entrevistados). Outras técnicas de pesquisa exploratória, como os levantamentos-piloto com pequenas amostras de entrevistados, também podem ser empreendidas.

Certa vez, a líder no mercado de cruzeiros no Caribe, a Norwegian Cruise Lines, Coral Gables, da Flórida, caiu para a quarta posição. Para identificar as causas fundamentais e definir corretamente o problema, conduziram-se reuniões em grupo e levantamentos-piloto (em pequena escala). Essa pesquisa qualitativa revelou que uma das preocupações que mantinham as pessoas afastadas dos cruzeiros era o medo de ficarem confinadas em um navio por uma semana ou mais e com muito pouco a fazer. Essa preocupação era principalmente intensa entre os jovens. Enfocar essa preocupação passou a ser o principal componente do problema e, conseqüentemente, um grande levantamento foi conduzido, o que acabou por confirmar as descobertas da pesquisa qualitativa. Baseada nessas descobertas, a propaganda da Norwegian Cruise Lines lutou contra esse mito, enfatizando que os passageiros têm a flexibilidade de fazer de seus cruzeiros de férias o que desejarem. Suas campanhas publicitárias, provocativas e ganhadoras de prêmios, na TV e na imprensa escrita, mostravam close de jovens, geralmente em terra, se divertindo muito. A campanha ajudou a Norwegian a atrair clientes novos e mais jovens e melhorar sua participação de mercado e penetração. Esse sucesso foi atingido apesar do fato de a Norwegian ter sido superada em gastos com propaganda, de dois para um, pela Carnival Cruise Lines, e um e meio para um pela Royal Caribbean Cruises.[2] (A pesquisa exploratória é discutida com mais detalhes no Capítulo 3, e as técnicas da pesquisa qualitativa são discutidas com detalhes no Capítulo 6.)

Embora a pesquisa empreendida nesse estágio possa não ser conduzida de maneira formal, ela pode fornecer informações valiosas. Esses dados, juntamente com as informações obtidas das discussões com tomadores de decisões, das entrevistas com experts e da análise dos dados secundários, guiam o pesquisador para uma definição apropriada do problema, como ilustrado pelo Century City Hospital em Los Angeles.

Exemplo

O CENTURY CITY HOSPITAL ENTRA NUM NOVO SÉCULO DE SAÚDE

Assim como muitos hospitais estavam fazendo no final dos anos 90, o Century City Hospital, em Los Angeles, estava considerando um curso de ação que enfatizasse o corte de custos para melhorar a rentabilidade. Foi contratada uma empresa de pesquisa de marketing externa para sugerir as áreas onde os custos pudessem ser cortados sem prejudicar os consumidores. Entretanto, a empresa de pesquisa percebeu que a rentabilidade mais baixa era simplesmente um sintoma. Baseada nas discussões com o tomador de decisões e os experts da indústria, a causa fundamental da baixa rentabilidade foi identificada como a falta de um foco claro e de posicionamento no mercado pelo hospital. Especificamente o hospital não entendeu quem eram seus clientes-alvo e quais eram as necessidades singulares deles.

Os dados secundários do Censo indicaram que aproximadamente 50% dos residentes na cidade tinham rendas altas. A pesquisa qualitativa, na forma de reuniões em grupo, revelou que essas pessoas valorizavam o melhor em alimentação, acomodações, privacidade e exclusividade. Essas pessoas não eram sensíveis ao preço e estavam dispostas a pagar pelos benefícios agregados.

Como resultado desse processo, o problema foi redefinido para como o Century City Hospital poderia melhor atender às necessidades de seus residentes com renda alta. Baseado nas descobertas da pesquisa empreendida subseqüentemente, o hospital criou um pavilhão de luxo, o Century Pavillion, oferecendo acomodações particulares luxuosas a um preço prêmio. Assim, o Century City Hospital conseguiu obter um nicho rentável e entrou no século XXI assumindo uma posição de destaque.[3]

CONTEXTO AMBIENTAL DO PROBLEMA

As novas percepções adquiridas pela pesquisa qualitativa, bem como pelas discussões com o tomador de decisões, pelas entrevistas com experts da indústria e pela análise dos dados secundários, ajudam o pesquisador a entender o contexto ambiental do problema. O pesquisador precisa ter um entendimento completo da empresa e da indústria do cliente. Vários fatores que abrangem o **contexto ambiental do problema** podem ter um papel importante na definição do problema de pesquisa de marketing. Esses fatores consistem de informações passadas e previsões pertinentes à indústria e à empresa, recursos e limitações da empresa, objetivos do tomador de decisões, comportamento do consumidor, ambiente legal, ambiente econômico e habilidades de marketing e tecnológicas da empresa (Figura 2.6). Cada um desses fatores é discutido resumidamente a seguir.

Informações passadas e previsões

As informações passadas e as previsões das tendências no que diz respeito às vendas, à participação no mercado, à rentabilidade, à tecnologia, à população, à demografia e ao estilo de vida se combinam para fornecer ao pesquisador um quadro mais completo do problema básico da pesquisa de marketing. Não apenas o desempenho e as projeções da empresa devem ser analisados, mas seu desempenho em relação à indústria em geral também deve ser examinado. Por exemplo, se as vendas da empresa caíram, mas as da indústria aumentaram, o problema será bem diferente do que se as vendas da indústria também tivessem caído. No primeiro caso, os problemas provavelmente serão específicos da empresa.

Informações passadas, previsões e tendências podem ser valiosas na descoberta de oportunidades e problemas em potencial. Por exemplo, as pizzarias têm procurado explorar as oportunidades em potencial na recente tendência de consumir comida entregue em domicílio. A Pizza Hut capitalizou com sucesso essa tendência, enfatizando os serviços para viagem e entrega em domicílio. Ela abriu vários quiosques para viagem (sem serviço de restaurante) para melhor servir este mercado. Assim como em uma outra ilustração, o caso de abertura da Subaru, as previsões das vendas futuras de peruas e veículos utilitários esportivos indicaram para a gerência que ambos os tipos de automóvel não estavam extraindo o potencial total do mercado.

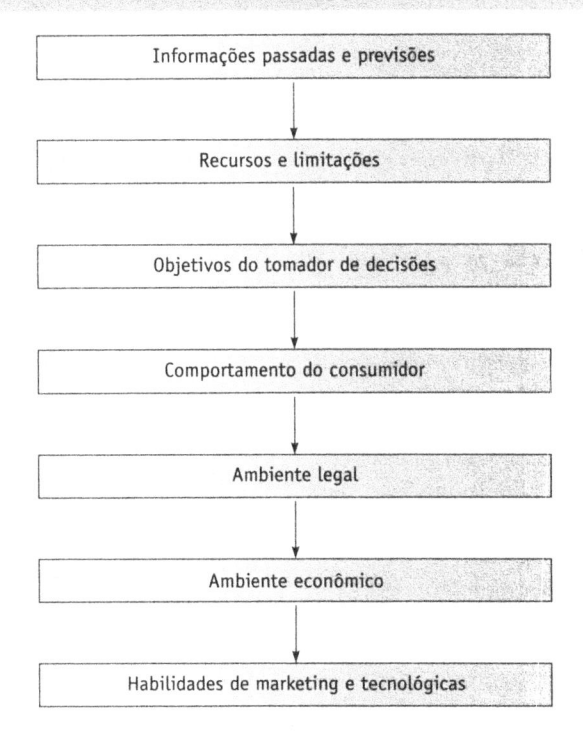

Figura 2.6 Fatores a serem considerados no contexto ambiental do problema

```
Informações passadas e previsões
           ↓
    Recursos e limitações
           ↓
 Objetivos do tomador de decisões
           ↓
   Comportamento do consumidor
           ↓
         Ambiente legal
           ↓
       Ambiente econômico
           ↓
Habilidades de marketing e tecnológicas
```

As informações passadas e as previsões podem ser especialmente valiosas se os recursos forem limitados e existirem outras limitações na organização.

Recursos e limitações

Para formular um problema de pesquisa de marketing de dimensão apropriada é necessário considerar os recursos disponíveis, como verba, habilidades de pesquisa e capacidades operacionais, assim como as limitações operacionais e de tempo. Embora os ajustes nos níveis de gastos propostos com pesquisa sejam comuns, propor um projeto de larga escala no valor de 100 mil dólares, quando foi orçado apenas 40 mil dólares, colocará a empresa de pesquisa em uma desvantagem competitiva muito séria. As limitações de tempo também são um fator importante em muitos projetos de pesquisa.

Objetivos do tomador de decisões

Ao formular o problema de decisão gerencial, o pesquisador precisa também ter um entendimento claro dos dois tipos de **objetivo**: (1) os objetivos organizacionais (as metas da organização), e (2) os objetivos pessoais do tomador de decisões. Para que tenha sucesso, o projeto precisa servir aos objetivos da organização e do tomador de decisões. Isto se torna um desafio quando os dois não se complementam. Por exemplo, o tomador de decisões deseja empreender uma pesquisa para adiar uma decisão constrangedora, para dar credibilidade a uma decisão que já foi tomada ou para ser promovido.

Pode ser difícil fazer com que o tomador de decisões pense em termos de objetivos sobre os quais a gerência possa agir (objetivos acionáveis). Uma técnica efetiva pode ser confrontar a pessoa com um número possível de soluções para um problema e perguntar se ela seguiria aquele curso de ação. Se a resposta for não, será necessária mais investigação para descobrir outros objetivos mais profundos sobre por que a solução não é satisfatória.

Comportamento do consumidor

O **comportamento do consumidor** é um componente central do ambiente. Ele inclui os motivos básicos, as percepções, as atitudes, os hábitos de compra e os perfis demográficos e psicográficos (psicológico e de estilo de vida) dos que já consomem e também dos consumidores em potencial. A maioria das decisões de marketing envolve uma previsão da resposta dos consumidores a uma ação específica de marketing. O entendimento do comportamento básico do consumidor proporciona esclarecimentos valiosos para o problema.

Observe que, no caso de abertura da Subaru, as informações sobre as características demográficas e psicográficas do segmento automobilístico, cujas necessidades não estavam sendo satisfeitas, foram um componente importante do problema de pesquisa de marketing.

A preferência crescente, por exemplo, pelos alimentos que podem ser levados para casa, saudáveis e nutritivos, pode ser atribuída às mudanças no ambiente sociocultural, que abrange as tendências demográficas e os gostos dos consumidores. O ambiente legal, econômico e de marketing também tem um impacto significativo em algumas indústrias.

Ambiente legal

O **ambiente legal** inclui as políticas públicas, as leis, as agências governamentais e os grupos de pressão que influenciam e regulam as várias organizações e os indivíduos na sociedade. As áreas importantes da lei incluem patentes, marcas registradas, royalties, acordos comerciais, impostos e tarifas. A regulamentação e desregulamentação federal têm um impacto enorme no processo de marketing em muitas indústrias, como as empresas aéreas, os bancos e as indústrias de telecomunicações. As considerações legais e reguladoras precisam ser levadas em conta pelo pesquisador.

Ambiente econômico

Outro componente importante do contexto ambiental é o ambiente econômico, composto pelos itens: poder de compra, renda bruta, renda disponível, renda pessoal, preços, poupança, disponibilidade de crédito e condições econômicas gerais. O estado geral da economia (crescimento rápido, crescimento lento, recessão ou estagflação) influencia a disposição dos consumidores e empresas em assumirem crédito ou gastarem com itens caros. Assim, o ambiente econômico pode ter implicações importantes para os problemas de pesquisa de marketing.

Habilidades de marketing e tecnológicas

As habilidades de marketing e tecnológicas de uma empresa influenciam bastante em quais programas de marketing e estratégias podem ser implementadas. A especialidade de uma empresa com cada elemento do mix de marketing, assim como com seus níveis gerais de marketing e habilidades de produção, afetam a natureza e escopo do projeto de pesquisa de marketing. Por exemplo, a introdução de um novo produto que requer uma adaptação das ferramentas para um processo de manufatura ou a presunção de que as habilidades de marketing sofisticadas podem não ser uma alternativa viável se a empresa não tiver as habilidades para fabricar ou comercializar este produto. Por outro lado, se a empresa puder capitalizar sobre suas habilidades de marketing e tecnológicas, seus produtos e seus novos lançamentos provavelmente terão sucesso, como ilustrado pelo caso da Subaru.

O bom entendimento do contexto do problema permite que o pesquisador o defina adequadamente, como ilustrado pela Gillette Company.

Exemplo

SATIN CARE PARA MULHERES PROPORCIONA UM TOQUE DE SEDA PARA A GILLETTE

A análise de informações passadas indicou que a maioria das mulheres continuava a se mimar com produtos para beleza, sendo provável que essa tendência continuasse. A Gillette Company estava disposta a dedicar seus grandes recursos financeiros e sua experiência em marketing com o objetivo de captar uma porção grande do mercado de produtos para depilação feminina. Uma investigação do comportamento do consumidor básico revelou que as mulheres tinham uma forte preferência por produtos de beleza pessoal que fossem ricos em hidratantes. A análise econômica e de marketing indicou que um segmento substancial não era sensível ao preço e estava disposto a pagar um adicional por esses produtos. Conseqüentemente, o problema de pesquisa de marketing foi formulado de acordo com a investigação sobre a preferência das mulheres e as intenções de compra de um creme para depilação rico em hidratantes.

Baseada nas descobertas afirmativas dessa pesquisa, a Gillette lançou o Satin Care para Mulheres. O produto trouxe inovação para a categoria como o primeiro creme de depilação que não era à base de sabonete e que oferecia em sua fórmula sete hidratantes. O lançamento do produto teve tanto sucesso que Satin Care para Mulheres excedeu todas as expectativas nos mercados de lançamento nos Estados Unidos, Canadá e norte da Europa. Esse sucesso reforçou o entendimento da Gillette sobre os fatores que influenciam o hábito da depilação.[4]

O entendimento adequado do contexto ambiental do problema permite que o pesquisador defina o problema de decisão gerencial e o problema de pesquisa de marketing.

DEFININDO O PROBLEMA DE PESQUISA DE MARKETING

Uma diretriz geral para definir o problema de pesquisa é que a definição deve (1) permitir que o pesquisador obtenha todas as informações necessárias para endereçar o problema de decisão gerencial e (2) direcionar o pesquisador no procedimento com o projeto. O pesquisador pode cometer dois erros comuns, definindo o problema de pesquisa muito amplamente ou muito estreitamente (Figura 2.7). Uma definição ampla deixa de oferecer diretrizes claras às etapas subseqüentes envolvidas no projeto. Os exemplos de definições extremamente amplas do problema de pesquisa de marketing incluem o desenvolvimento de uma estratégia de marketing para a marca, a melhoria na posição competitiva da empresa e a melhoria na sua

Figura 2.7 Erros na definição do problema de pesquisa de marketing

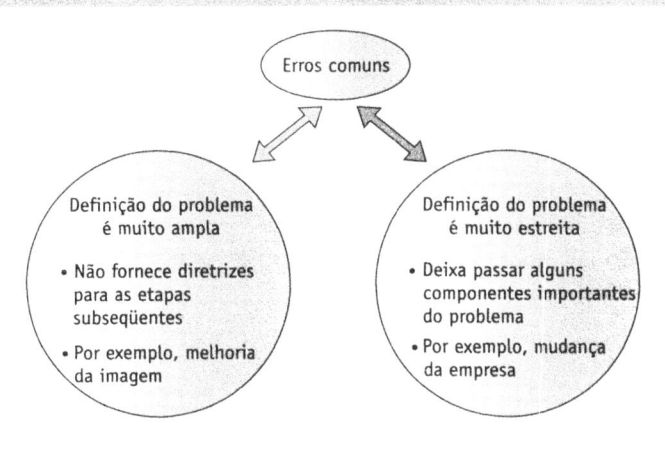

Erros comuns

- Definição do problema é muito ampla
  - Não fornece diretrizes para as etapas subseqüentes
  - Por exemplo, melhoria da imagem

- Definição do problema é muito estreita
  - Deixa passar alguns componentes importantes do problema
  - Por exemplo, mudança da empresa

imagem. Essas definições não são suficientemente específicas para sugerir uma abordagem do problema ou de um modelo de pesquisa.

Focalizar muito estreitamente a definição do problema também pode ser uma falha séria. Um foco estreito inibe uma investigação completa das opções plausíveis, particularmente as opções inovadoras. Por exemplo, um problema será definido muito estreitamente se ele se resumir a como a empresa deve ajustar seu preço, uma vez que o concorrente principal iniciou as mudanças de preços. O foco estreito apenas no preço deixa passar outras respostas possíveis (cursos de ação alternativos), como o lançamento de novas marcas, mudança na propaganda ou adição de novos canais de distribuição.

Uma definição estreita do problema pode também levar a amostragens restritivas, resultando em conclusões errôneas. Se a Revlon está almejando mulheres entre 16 e 29 anos para a sua linha de cosméticos, isso é bom para orientar a propaganda na mídia. Contudo o problema será definido muito estreitamente para a pesquisa de medida da eficácia da propaganda se o estudo for restrito a mulheres de 16 a 29 anos. O motivo é que a propaganda na TV tem um alcance muito maior. Suponha que a propaganda acabe sendo realmente eficaz entre as mulheres de 34 a 54, em vez de entre as mulheres de 16 a 29. A Revlon poderá ter cancelado uma campanha bastante eficaz porque esta parecia estar fracassando entre o público-alvo. No entanto é possível que os comerciais da Revlon estejam tendo sucesso entre as mulheres de 16 a 29 anos, mas também estejam afastando todos os outros grupos de idade. Se estivéssemos fazendo uma amostragem apenas do segmento entre 16 e 29, teríamos deixado passar esta falha crítica.

*E*xemplo

SNAPPLE DEIXOU UM DESCONTENTAMENTO PARA A QUAKER OATS

Em 1995, analistas e mestres da mídia zombaram quando a Quaker pagou 1,7 bilhão de dólares pela Snapple, a empresa de misturas de chá e sucos. Depois da compra, Snapple e Gatorade fizeram 40% das vendas da Quaker, tornando-a a terceira maior empresa de bebidas nos Estados Unidos, atrás da Coca e da Pepsi, e o maior fornecedor de bebidas não-carbonizadas. Mas a Quaker Oats viu seus ganhos escorregarem depois da aquisição da Snapple Beverage. Surgiram vários problemas de marketing e, em dois anos, a Quaker Oats foi forçada a vender a Snapple por apenas 300 milhões de dólares, incorrendo em uma enorme perda. Onde a empresa errou?

De acordo com as pessoas de dentro da indústria, a Quaker definiu o problema de pesquisa de marketing muito estreitamente quando considerou a aquisição da Snapple. Mais especificamente, ela deixou passar três aspectos do problema.

Primeiro, a facilidade com que a Gatorade teve sucesso no passado fez com que a Quaker se tornasse complacente, ignorando a concorrência. Inicialmente, tanto a Snapple quanto a Gatorade conseguiram crescer porque não havia concorrência direta quando foram lançadas. Mais tarde, a PepsiCo e a Coca-Cola Company entraram em concorrência direta com as linhas de produtos da Snapple e da Gatorade, o que prejudicou o crescimento.

Segundo, a Quaker não considerou apropriadamente a sinergia de marketing entre a Gatorade e a Snapple. Mais especificamente, ela deixou de considerar o impacto que a Gatorade e a Snapple teriam sobre os distribuidores. Os planos de distribuir as duas linhas juntas se desmoronaram quando os distribuidores da Snapple não queriam lidar com a Gatorade, que oferecia margens de lucro notavelmente mais baixas. Por não levar em consideração todos os seus interessados – neste caso, os distribuidores – a Quaker deixou de pesquisar adequadamente o impacto da aquisição da Snapple.

Terceiro, a Quaker teve uma visão muito estreita da Gatorade, pensando nela como simplesmente uma bebida para esportistas, em vez de uma bebida em geral, limitando, assim, o seu mercado. De acordo com um especialista da indústria, "a chave para a Gatorade é ir além de ser considerada uma bebida para esportistas para ser uma bebida de estilo de vida tão acessível que cada criança quer ter uma na sua lancheira".

Definir o problema muito estreitamente levou a uma pesquisa limitada e a uma decisão de marketing incorreta. Quaker Oats e PepsiCo se uniram em 2 de agosto de 2001.[5]

Lembre-se: Sempre defina o problema de maneira suficientemente ampla para não deixar passar nenhum aspecto relevante, um erro que a Quaker Oats cometeu.

Para minimizar a possibilidade de uma decisão errada por causa de uma definição incorreta do problema de pesquisa de marketing, é uma boa idéia que o pesquisador adote um processo de dois estágios. Primeiro, o problema de pesquisa de marketing é relatado em termos amplos e gerais; em seguida, é reduzido para seus componentes específicos (Figura 2.8). A **declaração ampla do problema** fornece perspectivas sobre ele e age com segurança contra a prática de um segundo tipo de erro. Os **componentes específicos do problema** focam os aspectos-chave e proporcionam diretrizes claras sobre como continuar a proceder, evitando o primeiro tipo de erro.

Esse processo foi ilustrado no caso de abertura. A declaração ampla do problema foi determinar as várias necessidades dos usuários de automóveis e até que ponto as ofertas atuais do produto estavam satisfazendo essas necessidades. Além disso, foram identificados cinco componentes específicos. A seguir, outro exemplo de uma definição apropriada do problema de pesquisa de marketing.

*E*xemplo

PESQUISA SERVE À REVISTA *TENNIS*

A revista *Tennis*, uma publicação da New York Times Company, queria obter informações sobre seus leitores. A revista empregou a Signet Research, uma empresa independente de pesquisa em Cliffside Park, Nova Jersey, para conduzir a pesquisa.

A gerência da revista *Tennis* precisava saber mais sobre seus assinantes. Nesse sentido, o problema amplo de pesquisa de marketing foi definido como o agrupamento de informações sobre os assinantes. Os componentes específicos do problema foram os seguintes:

1. **Demográficos.** Quem são os homens e as mulheres que assinam a revista?
2. **Características psicológicas e estilos de vida.** Como os assinantes gastam seu dinheiro e seu tempo de folga? Os indicadores de estilo de vida a serem examinados foram aptidão, viagens, aluguel de carros, roupas, eletrônicos de consumo, cartões de crédito e investimentos financeiros.
3. **Atividade no tênis.** Onde e com que freqüência os assinantes jogam tênis? Quais são seus níveis de habilidade?
4. **Relacionamento com a revista *Tennis*.** Quanto tempo os assinantes gastam com os artigos? Por quanto tempo eles os guardam? Eles partilham a revista com outros jogadores de tênis?

Pelo fato de as perguntas serem tão claramente definidas, as informações fornecidas por essa pesquisa ajudaram a gerência a projetar características específicas sobre as instruções concernentes à prática do esporte, aos equipamentos, aos jogadores famosos e aos locais para se jogar, sempre tendo em vista a satisfação das necessidades específicas dos leitores. Essas mudanças fizeram com que a revista *Tennis* se tornasse mais atraente para seus leitores, o que resultou no aumento da circulação.

Figura 2.8 Definição apropriada do problema de pesquisa de marketing

```
         Problema de pesquisa de marketing
                      |
                  Declaração
                    ampla
                 /    |    \
        Componente 1  Componente 2  Componente 3
                Componentes específicos
```

Uma vez que o problema de pesquisa de marketing tenha sido amplamente declarado e seus componentes específicos identificados, como no caso da revista *Tennis*, o pesquisador está na posição de desenvolver uma abordagem mais adequada.

COMPONENTES DA ABORDAGEM

Uma abordagem para certo problema de pesquisa de marketing deve incluir os seguintes componentes: estrutura analítica e modelos, perguntas de pesquisa e hipóteses, e uma especificação das informações necessárias (Figura 2.8). Cada um desses componentes é discutido nas seções seguintes.

Estrutura analítica e modelos

No geral, a pesquisa deve ser baseada em evidência objetiva e sustentada pela teoria. A **evidência objetiva** (evidência que não seja tendenciosa e sustentada por descobertas empíricas) é agrupada pela compilação das descobertas relevantes das fontes secundárias. Uma **teoria** direciona a coleta desses dados. É uma estrutura conceitual baseada em declarações básicas, as quais, presume-se, são verdadeiras. A teoria vem da literatura acadêmica encontrada em livros, jornais e monografias. Por exemplo, de acordo com a teoria da atitude, a atitude para com a marca, como os tênis Nike, é determinada por uma avaliação da marca com base nos atributos que mais se destacam (preço, conforto, durabilidade e estilo). A teoria relevante oferece um entendimento de quais variáveis devem ser investigadas e quais devem ser tratadas como variáveis dependentes (aquelas cujos valores dependem dos valores de outras variáveis) e variáveis independentes (aquelas cujos valores afetam os valores de outras variáveis). Assim, a atitude para com a Nike será a variável dependente; preço, conforto, durabilidade e estilo serão as variáveis independentes. Isto também é útil no desenvolvimento de um modelo apropriado.

Um **modelo analítico** consiste de um conjunto de variáveis relacionadas de maneira específica para representar o todo ou uma parte de algum sistema real ou de certo processo. Os modelos podem ter muitas formas. Os mais comuns são verbais, gráficos e estruturas matemáticas. Nos **modelos verbais**, as variáveis e seus relacionamentos são declarados em forma de texto. Esses modelos são, geralmente, um resumo ou reafirmação dos pontos principais da teoria. Os **modelos gráficos** são visuais e representam a teoria por figuras. Eles são usados para isolar as variáveis e sugerir as direções dos relacionamentos, mas não são feitos com o objetivo de proporcionar resultados numéricos. São etapas lógicas e preliminares para desenvolver os modelos matemáticos. Os **modelos matemáticos** especificam, de maneira explícita, o ponto forte e a direção dos relacionamentos entre as variáveis, geralmente em forma de equações. Os modelos gráficos são especialmente úteis para conceituar uma abordagem do problema, como ilustra o exemplo, na página seguinte, de compra de jeans.

No caso de abertura, o modelo analítico postulava que os consumidores decidem primeiro sobre o tipo de carro que querem comprar (peruas, veículos utilitários esportivos, carros de passeio) e depois decidem a marca específica. Os modelos verbais, gráficos e matemáticos se complementam e ajudam o pesquisador a identificar as perguntas relevantes da pesquisa e as hipóteses, como mostra a Figura 2.9.

Perguntas de pesquisa e hipóteses

Perguntas de pesquisa (PPs) são declarações refinadas dos componentes específicos do problema. O componente de um problema pode ser dividido em várias perguntas de pesquisa. As perguntas de pesquisa são elaboradas para perguntar as informações específicas necessárias com a finalidade de enfocar cada componente do problema. As perguntas de pesquisa que focalizam os componentes do problema com sucesso proporcionarão informações valiosas para o tomador de decisões.

A formulação das perguntas de pesquisa deve ser direcionada não apenas pela definição do problema, mas também pela estrutura analítica e pelo modelo adotado. No exemplo dos jeans Lee Riveted, os fatores do critério de escolha foram postulados com base na estrutura teórica como cor, preço, talhe, corte, conforto e qualidade. Várias perguntas de pesquisa podem ser apresentadas relacionadas a esses fatores: qual é

Exemplo

LEE FIXOU OS CONSUMIDORES JOVENS COM 'A MARCA QUE SERVE'

De acordo com a teoria de tomada de decisão do consumidor, ele decide, primeiro, se compra jeans ou outras roupas casuais. Se for comprar jeans, o consumidor formará um critério de seleção para avaliar as marcas alternativas. O critério de seleção consiste de fatores como cor, preço, talhe, corte, conforto e qualidade. As marcas de jeans concorrentes são então avaliadas com base em um critério de seleção para a compra de uma ou mais marcas. O modelo gráfico ao lado ilustra o processo de decisão de um consumidor que compra jeans ao escolher roupas para o dia-a-dia. Os jeans Lee Riveted são direcionados aos jovens que compram esse tipo de roupa baseados, fundamentalmente, no caimento e no corte. Assim, os temas de marketing da Lee Riveted, com linhas do tipo 'a marca que serve', 'corte para ser notado' e 'aquele espírito indomável', foram baseados neste modelo.

Modelo gráfico

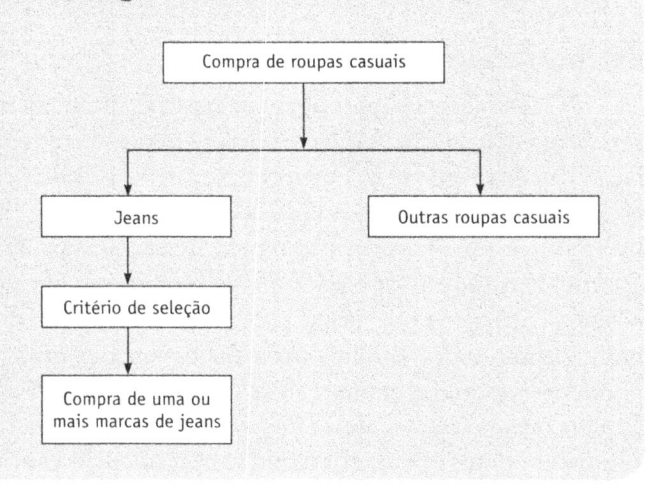

a importância relativa desses fatores em influenciar a seleção de jeans dos consumidores? Qual fator é o mais importante? Qual fator é o menos importante? A importância relativa desses fatores varia entre os consumidores?

Uma **hipótese (H)** é uma declaração ou proposta de valor não provada sobre um fator ou um fenômeno que seja de interesse do pesquisador. Esta pode ser uma declaração experimental sobre os relacionamentos discutidos na estrutura teórica ou representados no modelo analítico. A hipótese pode também ser

Figura 2.9 Desenvolvimento de perguntas de pesquisa e hipóteses

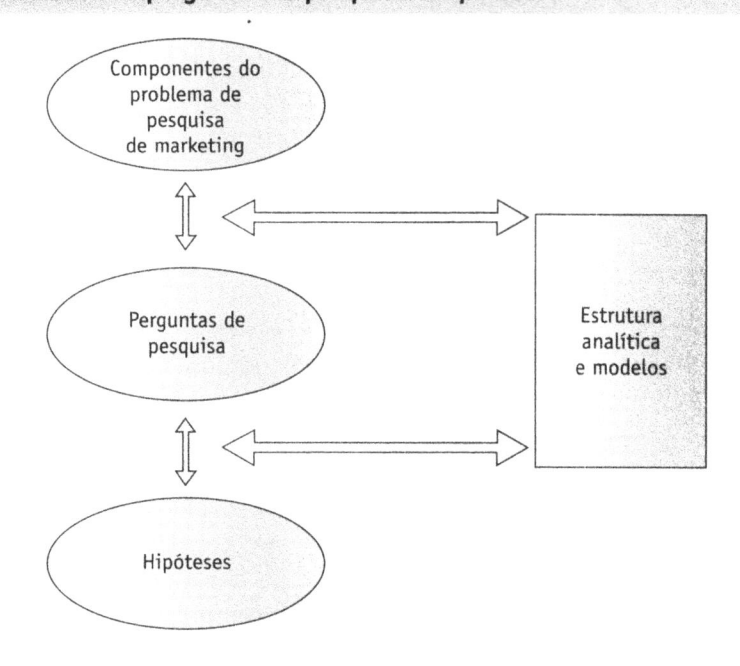

declarada como uma resposta possível às perguntas de pesquisa. Hipóteses são declarações sobre os relacionamentos propostos, e não simplesmente questões a serem respondidas. Elas refletem as expectativas do pesquisador e podem ser testadas empiricamente (Capítulo 16). Além disso, também têm uma função importante: a de sugerir as variáveis que serão incluídas nas perguntas de pesquisa. O relacionamento entre o problema de pesquisa de marketing, as perguntas de pesquisa e as hipóteses, juntamente com a influência da estrutura objetiva/teórica e os modelos analíticos, é descrito na Figura 2.9.

Na pesquisa comercial de marketing, as hipóteses não são formuladas tão rigorosamente como na pesquisa acadêmica. Uma pergunta de pesquisa interessante e as hipóteses relacionadas, que poderiam ser apresentadas sobre a necessidade de um produto híbrido como no caso de abertura da Subaru, são as seguintes:

PP: Há uma sobreposição entre as características almejadas pelos consumidores de peruas e pelos consumidores de veículos utilitários esportivos (VUEs)?
H1: Os consumidores das peruas classificam certas características dos VUEs como importantes.
H2: Os consumidores dos VUEs classificam algumas características das peruas como importantes.

O exemplo seguinte ilustra ainda mais as perguntas de pesquisa e as hipóteses.

*E*xemplo

'TEM LEITE?'

O consumo de leite declinou estavelmente por 20 anos até 1993. A pesquisa qualitativa indicou que as pessoas tinham concepções erradas sobre o leite. Dessa forma, foi realizada uma pesquisa de estudo para enfocar as seguintes perguntas de pesquisa (PP) e hipóteses (H):

PP: As pessoas têm concepções erradas sobre o leite?
H1: O leite é visto como sobrecarregado de gordura e não é saudável.
H2: O leite é visto como uma bebida antiquada.
H3: As pessoas acreditam que o leite é só para crianças.

Quando os dados do estudo sustentaram essas hipóteses, o Programa de Educação do Processador de Leite lançou a campanha bem conhecida do 'bigode de leite'. Essa propaganda criativa chamou a atenção, mostrando celebridades, de Joan Lunden a Rhea Perlman e Danny DeVito, exibindo o famoso bigode branco. O resultado? O simples leite, que até alguns anos antes ocupava os últimos lugares na corrida de propagandas dos refrigerantes e sucos, pulou para concorrente principal na indústria de bebidas. O declínio no consumo de leite foi detido e o consumo continuou estável até 2000.[6]

Especificação das informações necessárias

Ao se concentrar em cada componente do problema, na estrutura analítica, nos modelos, nas perguntas de pesquisa e nas hipóteses, o pesquisador consegue determinar quais as informações que devem ser obtidas. É útil fazer este exercício para cada componente do problema e formar uma lista especificando todas as informações que devem ser coletadas. Ilustramos este processo referente ao caso de abertura.

Componente 1

- Necessidades dos consumidores de carros de passeio operacionalizados em termos dos atributos ou das características desejados em um automóvel.
- Necessidades dos consumidores de peruas operacionalizadas em termos dos atributos ou das características desejados em um automóvel.

- Necessidades dos consumidores de VUEs operacionalizados em termos dos atributos ou das características desejadas em um automóvel.

Componente 2
- Avaliação dos carros de passeio sobre os atributos desejados.
- Avaliação das peruas sobre os atributos desejados.
- Avaliação dos VUEs sobre os atributos desejados.

Componente 3
- Não serão coletadas novas informações. O segmento pode ser identificado com base nas informações obtidas para os dois primeiros componentes.

Componente 4
- Não serão coletadas novas informações. As características desejadas podem ser identificadas com base nas informações obtidas para os dois primeiros componentes.

Componente 5
- Características demográficas-padrão (sexo, estado civil, tamanho da residência, idade, educação, profissão, renda). Tipo e número de automóveis que as pessoas têm. Características psicográficas incluem atividades de lazer e recreativas, orientação familiar e atitudes sobre o trajeto diário para o trabalho.

ILUSTRAÇÃO RESUMIDA USANDO O CASO DE ABERTURA

Podemos resumir e ilustrar os principais conceitos discutidos neste capítulo voltando ao caso de abertura. O caso da Subaru mostra a importância de definir corretamente o problema e como uma auditoria do problema pode ajudar no processo. As tarefas envolvidas na formulação do problema de pesquisa de marketing devem levar ao entendimento do contexto ambiental do problema. No caso da Subaru, as previsões das vendas futuras de peruas e veículos utilitários esportivos (VUEs) indicaram que esses dois tipos de automóvel não estavam atendendo ao potencial do mercado. A Subaru empreendeu uma pesquisa para entender o comportamento básico dos consumidores, suas necessidades e seus desejos. Ela capitalizou sobre suas habilidades de marketing e tecnológicas para chegar à bem-sucedida introdução, no mercado, da 'primeira perua utilitária esportiva do mundo'.

A análise do contexto ambiental deve ajudar a identificar o problema de decisão gerencial, que deve então ser traduzido em um problema de pesquisa de marketing. O problema de pesquisa de marketing pede quais são as informações necessárias e como elas podem ser obtidas eficaz e eficientemente. No caso de abertura, o problema de decisão gerencial era "O que a Subaru pode fazer para expandir a sua participação no mercado de automóveis?". O problema de pesquisa de marketing enfocou as informações sobre as necessidades dos consumidores de carros de passeio, peruas e VUEs, e identificou um segmento cujas necessidades não estavam sendo satisfeitas. Também era necessário obter informações sobre as características automobilísticas desejadas pelos membros desse segmento e sobre suas características demográficas e psicográficas. Foi dada uma declaração ampla do problema e os componentes específicos foram identificados.

O desenvolvimento de uma abordagem para o problema é a segunda etapa no processo de pesquisa de marketing. Os componentes de uma abordagem consistem de estrutura analítica e modelos, perguntas de pesquisa, hipóteses e especificações das informações necessárias. O modelo analítico postulava que os consumidores primeiro decidem sobre o tipo de carro (peruas, carros de passeio, VUEs) e depois sobre a marca específica. As perguntas de pesquisa e as hipóteses, relacionadas à justaposição entre as características almejadas pelos consumidores de peruas e consumidores de VUEs, foram formuladas. Ao especificar as informações necessárias, o pesquisador operacionalizou as necessidades dos consumidores de automóveis em termos dos atributos e das características desejadas. Foi preciso obter avaliações sobre os atributos desejados dos carros de passeio, das peruas e dos VUEs, assim como informações sobre as características demográficas-padrão e as características psicográficas identificadas.

PESQUISA DE MARKETING E TQM

A definição do problema é a etapa mais importante não apenas na pesquisa de marketing mas também na gestão da qualidade total (TQM), que começa perguntando como o consumidor define valor; em outras palavras, qual é o pacote de valores do consumidor (PVC).

A AT&T Consumer Communications Services (CCS), a maior das unidades da AT&T, fornece serviços telefônicos de longa distância para mais de 80 milhões de consumidores, basicamente residenciais. A CCS mede seu progresso em relação ao objetivo principal da empresa de atingir uma conexão e usar contato perfeitos, o tempo todo, com cada consumidor. Com base nos estudos dos consumidores, na pesquisa de marketing extensa e no benchmarking competitivo, a CCS definiu cinco componentes-chave do PVC: qualidade da ligação, atendimento ao cliente, faturamento, preço e reputação da empresa. Com ênfase nesses elementos do PVC, os níveis de satisfação dos consumidores estão se movendo estavelmente para cima, com mais de 90% dos consumidores classificando em geral os serviços da empresa como bons ou excelentes.

Para as empresas que são novas na TQM, o problema de decisão gerencial deveria ser "Como melhoramos a qualidade para nossos consumidores?". O problema de pesquisa de marketing derivado deste poderia ser determinar quais aspectos dos produtos e dos serviços da empresa e suas aquisições os consumidores valorizam, e quais os aspectos que não adicionam valor para os consumidores. Uma vez definido o PVC, o problema de decisão gerencial pode se concentrar em uma melhoria específica da qualidade, com o objetivo de verificar se esta é efetiva. A força motriz por trás de qualquer empresa implementando a melhoria na qualidade deve ser aumentar o valor para o consumidor, melhorando a qualidade do PVC, como ilustrado pela Pizza Hut.

PESQUISA INTERNACIONAL DE MARKETING

Conduzir uma pesquisa nos mercados internacionais geralmente significa trabalhar em ambientes não familiares. Essa falta de familiaridade com os fatores ambientais do país no qual a pesquisa está sendo con-

*E*xemplo

PIZZA HUT: CONSTRUIR UMA CABANA BASEADA NO VALOR DO CONSUMIDOR

A concorrência dura da Domino's e Papa John's estava prejudicando a Pizza Hut, e a empresa estava perdendo participação no mercado. O problema de decisão gerencial foi identificado como "O que a Pizza Hut pode fazer para lutar contra a concorrência de outras pizzarias e melhorar sua participação no mercado?". Um problema de auditoria identificou os níveis mais baixos de valores dos consumidores como sendo a causa básica para a perda de participação no mercado. O problema de pesquisa de marketing era identificar os fatores que determinam o valor do consumidor e comparar a Pizza Hut com seus concorrentes nesses fatores. Os componentes específicos do problema foram os seguintes:

1. Quais fatores determinam a percepção do consumidor do valor associado com as pizzarias?
2. Como os consumidores avaliam a Pizza Hut e seus concorrentes baseados nos determinantes de valor?
3. Quais são as diferenças demográficas e psicográficas entre os clientes que deram uma nota alta para a Pizza Hut e aqueles que deram uma nota baixa ao valor do consumidor?

A pesquisa de marketing revelou que serviço, produtos frescos, tempo de espera, preço e limpeza do local foram os principais determinantes do valor do consumidor. A Pizza Hut lançou um esforço por toda a rede de pizzarias para melhorar a qualidade em todos esses fatores, resultando no aumento do valor do consumidor, da satisfação e da participação no mercado.[7]

duzida pode aumentar bastante a dificuldade de definir apropriadamente o problema, como ilustrado pela Heinz Company no Brasil.

Muitos esforços de marketing internacionais fracassam porque uma auditoria do problema não é conduzida antes da entrada no mercado estrangeiro e os fatores ambientais relevantes não são considerados. Isso leva a uma definição incorreta do problema de pesquisa de marketing e a uma abordagem inadequada, como ilustrado no caso da Heinz. Quando estiver desenvolvendo estruturas teóricas, modelos, perguntas de pesquisa e hipóteses, lembre-se de que as diferenças nos fatores ambientais, sobretudo no ambiente sociocultural, podem levar a divergências na formação de percepções, atitudes, preferências e comportamento de escolha.

Por exemplo, a orientação em relação ao tempo varia consideravelmente entre as culturas. Na Ásia, América Latina e Oriente Médio as pessoas não são tão conscientes do tempo como os ocidentais do Hemisfério Norte, o que pode influenciar as percepções e as preferências por alimentos de conveniência, como os congelados e as refeições preparadas. Ao definir o problema e desenvolver uma abordagem, o pesquisador precisa ser sensível aos fatores básicos que influenciam o consumo e o comportamento de compra.

TECNOLOGIA E PESQUISA DE MARKETING

Os avanços tecnológicos produziram softwares que podem processar e analisar fatos e idéias, reestruturando-os para facilitar a definição do problema e o desenvolvimento de uma abordagem. Esses softwares vêm em dois formatos: processadores de texto ou idéias e processadores gerais. Os processadores de texto criam cartões eletrônicos de índices que o usuário pode buscar usando palavras-chave. Os processadores gerais permitem que o usuário faça uma lista das idéias na ordem em que elas surgem em sua mente e, subseqüentemente, as seleciona em um formato geral. Essas idéias podem ser hierarquicamente arranjadas, de gerais para específicas. Elas podem ser deslocadas até que o pensamento relacionado ao problema tenha sido representado total e logicamente.

O apoio às decisões e os sistemas técnicos (Capítulo 1) também ajudam a identificar os cursos de ação alternativos e a definir o problema de pesquisa de marketing e o desenvolvimento de uma abordagem. Outros softwares especializados permitem que o pesquisador use uma abordagem sistemática para a organização do problema em componentes, resultando numa formulação lógica do problema. Esses programas podem

Exemplo

KETCHUP HEINZ NÃO CONSEGUIU DESLANCHAR NO BRASIL

Apesar do bom histórico interno e externo, a H. J. Heinz fracassou em sua tentativa inicial de penetrar no maior e mais promissor mercado da América do Sul. Como uma estratégia de entrada no Brasil, a Heinz participou de um empreendimento conjunto com a Citrosuco Paulista, um grande exportador de suco de laranja, com a possibilidade futura de comprar a empresa rentável. No entanto, as vendas dos produtos Heinz, incluindo o ketchup, não deslancharam. Onde estava o problema?

Uma auditoria do problema após a entrada revelou que faltava à empresa um forte sistema de distribuição local. A Heinz também havia tentado repetir uma estratégia que foi bem-sucedida no México: a distribuição em pequenos comércios. Entretanto, a auditoria do problema revelou que 75% das compras de alimentos em São Paulo são feitas em supermercados, não nos pequenos mercados. Embora o México e o Brasil pareçam ter características culturais e demográficas similares, o comportamento do consumidor varia bastante. Uma auditoria do problema e uma investigação do contexto ambiental do problema, antes da entrada no Brasil, teriam evitado esse fracasso.[8]

representar graficamente o relacionamento entre as muitas facetas de um problema complexo e incorporar informações qualitativas e quantitativas, incluindo a experiência administrativa e a intuição. Esse tipo de software permite que o pesquisador estruture os problemas complexos em formas manejáveis e desenvolva abordagens adequadas.

ÉTICA NA PESQUISA DE MARKETING

Os interessados envolvidos nos conflitos éticos durante o processo de definição do problema e desenvolvimento de uma abordagem provavelmente serão o pesquisador de marketing e o cliente. Os objetivos pessoais ou as agendas secretas dos interessados podem levar a dilemas éticos. As questões de ética surgem quando os objetivos pessoais do tomador de decisões (por exemplo, defender uma decisão já tomada) são diferentes dos objetivos da empresa do cliente. O cliente deve ser franco ao revelar os objetivos relevantes e o propósito da pesquisa a ser empreendida. Do mesmo modo, o pesquisador deve também ser franco com o cliente.

Suponha, por exemplo, que, enquanto estiver conduzindo as tarefas de definição do problema, o pesquisador descubra que o problema é bem mais simples do que ambas as partes pensavam originalmente. Embora o escopo reduzido do problema resulte em economias substanciais para o cliente, ele também cortará as receitas para a empresa de pesquisa. O pesquisador continua com a definição do problema dada na proposta? Os códigos de ética sugerem que esta situação deve ser totalmente discutida com o cliente.

Algumas vezes, o cliente quer conduzir uma pesquisa que, na opinião do pesquisador, não é garantida ou necessária. Novamente, o pesquisador enfrenta um dilema ético sobre o que fazer. Os códigos de ética indicam que ele deve comunicar ao cliente que a pesquisa não é necessária. Se o cliente continuar a insistir, o pesquisador deve se sentir livre para ir adiante com a pesquisa.[9]

Do mesmo modo, as questões éticas podem surgir no desenvolvimento de uma abordagem do problema. Essas questões incluem o uso de modelos e abordagens desenvolvidas para projetos específicos a outros clientes. O pesquisador que conduz estudos para clientes diferentes em indústrias relacionadas (por exemplo, bancos e empresas corretoras) ou em áreas de pesquisa similares (por exemplo, medir a imagem da empresa) fica tentado a reutilizar os modelos do cliente específico ou as descobertas de outros modelos. Entretanto, a menos que o pesquisador tenha obtido permissão do cliente, essa prática pode não ser ética.

APLICAÇÕES NA INTERNET

A Internet pode ajudar a definir o problema e a desenvolver uma abordagem e a adicionar valor aos métodos tradicionais. Ela pode facilitar bastante as discussões com o tomador de decisões e os experts na indústria.

Discussões com o tomador de decisões

A Internet oferece vários mecanismos que podem ajudar o pesquisador a se comunicar com o tomador de decisões. O primeiro e mais óbvio é o e-mail. Isto faz com que seja possível alcançar o tomador de decisões em qualquer lugar e a qualquer hora. As salas de bate-papo proporcionam bons fóruns para a discussão com os tomadores de decisões. Por exemplo, uma discussão poderia ser desenvolvida sobre a auditoria de um problema com vários tomadores de decisões. O pesquisador precisa introduzir as questões de auditoria na sala de bate-papo e, em seguida, os tomadores de decisões responderiam a elas e às respostas dos outros. Essas salas podem se tornar seguras mediante o uso de uma senha, caso sejam introduzidas na discussão informações confidenciais.

Entrevistas com os experts na indústria

Os pesquisadores podem também usar a Internet para realçar suas capacidades em obter informações dos experts em uma indústria específica. Uma abordagem para encontrar os experts é usar os grupos de notícias dos usuários da Internet. Em vista do grande número de informações disponíveis, a busca de informações específicas pelos grupos de notícias pode ser uma tarefa árdua. Um bom lugar para começar é com o Alta Vista: *www.altavista.com*, Deja.com: *www.deja.com* e Google: *www.google.com*, sites de busca grátis que fornecem listas categorizadas dos grupos de notícias. Você também pode ter acesso aos grupos de notícias por meio de seu provedor de serviços na Internet (ISP). Após encontrar um grupo de notícias relevante, acesse-o e busque pelas divulgações sobre os tópicos que lhe interessem. Se, por exemplo, você estiver interessado em encontrar experts na indústria de polpa e papel, você começaria assinando o 'misc.industry.pulp-and-paper'. Pesquisar as divulgações neste grupo de notícias seria um bom ponto de partida para fazer contatos com os experts nessa área.

Contexto ambiental do problema

Muitos dos fatores a serem considerados no contexto ambiental do problema podem ser pesquisados pela Internet. As informações passadas e as previsões das tendências podem ser encontradas por meio de sites apropriados de busca.

Para informações específicas da empresa pertinentes ao cliente ou a um concorrente, o pesquisador pode ir até a página da empresa. Depois de clicar com o mouse no ícone de busca na Internet, simplesmente digite o nome da empresa e consiga as informações de lá.

*E*xemplo

O JEITO NORTE-AMERICANO PARA A GERAÇÃO Y

O site do American Demographics (*www.demographics.com*) é uma excelente fonte para obter informações sobre consumo e tendências comerciais. Ele contém publicações do tipo:

- *American Demographics* (tendências de consumo para os líderes comerciais)
- *Marketing Tools* (táticas e técnicas para os mercados baseadas em informações)
- *Forecast* (um periódico das tendências demográficas e das previsões comerciais)

A edição de novembro de 1999 do *American Demographics* contida nesse site apresenta informações sobre as tendências que afetam a Geração Y, o segmento jovem. Um mercado grande, 70 milhões de jovens fortes e com idade variando de 5 a 22 anos, a Geração Y gastou 94 bilhões de dólares de seu próprio bolso em 1998. A Shooting Gallery, uma empresa cinematográfica independente, mais conhecida pela produção do filme *Na corda bamba*, ganhador de vários prêmios, conseguiu usar essas informações para lançar com sucesso o seu filme *Minus man* almejando a Geração Y.

*R*esumo

A etapa mais importante em um projeto de pesquisa é a definição do problema de pesquisa de marketing. Ela geralmente é dificultada pela tendência dos gerentes em focalizar os sintomas, e não as causas básicas. O papel do pesquisador é ajudar a gerência a identificar e a isolar o problema.

As tarefas envolvidas na formulação do problema de pesquisa de marketing englobam as discussões com a gerência, incluindo tomadores de decisões; entrevistas com os experts da indústria; análise dos dados secundários; e pesquisa qualitativa. Esse processo de agrupamento de dados leva ao entendimento do contexto ambiental do problema. Dentro do contexto ambiental, uma série de fatores deve ser analisada e avaliada. Esses fatores incluem as informações passadas e as previsões sobre a indústria e a empresa, os objetivos dos tomadores de decisões, o comportamento do consumidor, os recursos e as limitações da empresa, o ambiente legal e econômico, e as habilidades de marketing e tecnológicas da empresa.

A análise do contexto ambiental ajuda a identificar o problema de decisão gerencial, que seria então traduzido em um problema de pesquisa de marketing. O problema de pesquisa de marketing pede quais informações são necessárias e como elas podem ser obtidas de forma eficaz e eficiente. O pesquisador deve evitar definir o problema de pesquisa de marketing muito amplamente ou muito estreitamente. O pesquisador evita esses erros definindo primeiro o problema de pesquisa, usando uma declaração ampla, e, em seguida, dividindo-a em componentes específicos.

A segunda etapa no processo de pesquisa de marketing é o desenvolvimento de uma abordagem para o problema. Os componentes de uma abordagem são a estrutura analítica e os modelos, as perguntas de pesquisa e as hipóteses. Além disso, todas as informações que precisam ser obtidas no projeto de pesquisa de marketing devem ser especificadas. A abordagem desenvolvida deve ser baseada em evidência objetiva ou empírica e ser fundamentada na teoria. Os modelos são úteis para retratar os relacionamentos entre as variáveis. Os tipos mais comuns de modelos são verbais, gráficos e matemáticos. As perguntas de pesquisa são declarações refinadas dos componentes do problema que, por sua vez, pede quais informações específicas são necessárias de cada um deles. As perguntas de pesquisa podem ser refinadas ainda mais na forma de hipóteses. Ao enfocar cada componente do problema, na estrutura analítica e nos modelos, nas perguntas de pesquisa e nas hipóteses, o pesquisador pode determinar quais informações devem ser obtidas.

As empresas com TQM precisam saber o que os consumidores valorizam, em outras palavras, quais são os elementos do pacote de valores do consumidor (PVC). Ao definir o problema e ao desenvolver uma abordagem em determinada pesquisa internacional de marketing, o pesquisador precisa isolar e investigar o impacto dos fatores culturais. Os avanços tecnológicos produziram softwares na forma de processadores de textos ou idéias, e processadores gerais que conseguem processar e analisar os fatos e as idéias, reestruturando-os para facilitar a definição do problema e o desenvolvimento de uma abordagem. Neste estágio podem surgir várias questões éticas que têm impacto sobre o cliente e o pesquisador, mas podem ser resolvidas por meio da comunicação aberta e honesta. A Internet pode ser útil no processo de definição do problema e no desenvolvimento de uma abordagem.

Exercícios

1. Qual é a primeira etapa ao se conduzir um projeto de pesquisa de marketing?
2. Por que é importante definir corretamente o problema de pesquisa de marketing?
3. Quais são alguns dos motivos de a gerência freqüentemente não ser clara sobre o verdadeiro problema?
4. Qual é o papel do pesquisador no processo de definição do problema?
5. O que é uma auditoria do problema?
6. Qual é a diferença entre um sintoma e um problema? Como um pesquisador habilidoso diferencia os dois e identifica um verdadeiro problema?
7. Quais são algumas das diferenças entre um problema de decisão gerencial e um problema de pesquisa de marketing?
8. Quais são alguns tipos comuns de erros encontrados na definição de um problema de pesquisa de marketing? O que pode ser feito para reduzir a incidência desses erros?
9. Como as perguntas de pesquisa estão relacionadas aos componentes do problema?
10. Quais são as diferenças entre perguntas de pesquisa e hipóteses?
11. Quais são as formas mais comuns de modelos analíticos?

Problemas

1. Relate os problemas de pesquisa para cada uma das seguintes questões de decisão gerencial.
    a. Um novo produto deve ser lançado?
    b. Uma campanha publicitária que já dura três anos deve ser mudada?
    c. A promoção na loja para uma linha de produto existente deve ser aumentada?
    d. Qual estratégia de preço deve ser adotada para um novo produto?
    e. O pacote de compensação deve ser mudado para motivar ainda mais a equipe de vendas?

2. Relate os problemas de decisão gerencial para os quais os seguintes problemas de pesquisa possam fornecer informações úteis:
   a. Estime as vendas e a participação no mercado de lojas de departamentos em uma certa área metropolitana.
   b. Determine as características de design de um novo produto que resultariam em participação máxima no mercado.
   c. Avalie a eficácia dos comerciais de TV por assinatura.
   d. Avalie os territórios de vendas atuais e propostos quanto aos seus potenciais de vendas e à sua carga de trabalho.
   e. Determine os preços para cada item em uma linha de produtos, de modo a maximizar o total de vendas para a linha de produtos.
3. Identifique cinco sintomas e uma causa plausível para cada um deles.
4. Suponha que você esteja fazendo um projeto para a Gol Companhia Aérea. Identifique, de fontes secundárias, os atributos ou os fatores que os passageiros consideram quando escolhem uma empresa aérea.
5. Você é o consultor de uma importante indústria de cerveja, trabalhando em um projeto de pesquisa de marketing para ela. Use o banco de dados on-line na sua biblioteca para compilar uma lista de artigos publicados durante o último ano relacionados ao mercado de bebidas alcoólicas e de refrigerantes.

Atividades

TRABALHO DE CAMPO

1. Agende uma visita com uma livraria, um restaurante ou qualquer outra empresa localizada no campus da universidade, ou perto deste. Mantenha discussões com o tomador de decisões. Você consegue identificar um problema de pesquisa de marketing que pudesse ser enfocado produtivamente?
2. Considere a visita descrita acima. Para o problema que você definiu, desenvolva um modelo analítico, perguntas de pesquisa e hipóteses apropriadas. Discuta esses tópicos com o tomador de decisões que você visitou anteriormente.

DISCUSSÃO EM GRUPO

1. Forme um grupo de cinco ou seis pessoas para discutir a seguinte declaração: "A definição correta do problema de pesquisa de marketing é mais importante para o sucesso de um projeto de pesquisa de marketing do que as técnicas sofisticadas de pesquisa". Seu grupo chegou a um consenso?

Notas

1. Baseado em Jim Henry Edison, "Subaru gives the market just what it wants: a six", *Automotive News*, 74, 5886, 31 jul., 2000, p. 16; "Subaru debuts new 6-cylinder outback wagons", *http://www.subaru.com.*, 20 abr. 2000, e "American Marketing Association, Best New Products Awards", *Marketing News*, 31, 6, 17 mar. 1997, p. E11.
2. "Norwegian cruise lines", *Successful Meeting*, 49, 1, jan. 2000, p. 84; David Goetzl, "Luxury cruise lines woo boomers to sea", *Advertising Age*, 70, 11, 15 mar. 1999, p. 26, e "It's different out here – norwegian cruises", *Adweek*, Seção Special Planning, 5 ago. 1996, p. 7.
3. Erin Murphy, "The patient room of the future", *Nursing Management*, 31, 3, mar. 2000, p. 38-39; David Gordon, "Redefining processes to create a more humane patient environment", *Health Care Strategic Management*, 17, 3, mar. 1999, p. 14-16; Rachel Zoll, "Hospitals offer hotel-style perks to fill maternity beds", *Marketing News*, 31, 10, 12 maio 1997, p. 11, e "Hospital Puttin' on the Ritz to target high-end market", *Marketing News*, 17 jan. 1986, p. 14.
4. Holly Acland, "Gillette sensitive takes to the road", *Marketing*, 27 abr. 2000, p. 27-28; "A woman's touch", *Discount Merchandiser*, 39, 5 maio 1999, p. 104; Sean Mehegan, "Gillette big on body wash", *Brandweek*, 38, 5, 3 fev. 1997, p. 5, e *Marketing News*, 30, 10, 6 maio 1996.
5. Rose Geller, "Snapple pumps $30M into new image", *Long Island Business News*, 47, 20, 19 maio 2000, p. 5A; Gerry Khermouch, "Snapple looks to surmount plastic-bottle hurdle with hydro", *Brandweek*, 40, 13, 29 mar. 1999, p. 16, e "At Quaker Oats, snapple is leaving a bad aftertaste", *Wall Street Journal*, 7 ago. 1995.

6. Jennifer Sabe, "Advertising agency of the year 2000", *MC Technology Marketing Intelligence*, 20, 4, abr. 2000, p. 44, e Hillary Chura e Stephanie Thompson, "Bozell moving beyond mustaches in milk ads", *Advertising Age*, 70, 43, 18 out. 1999, p. 81.
7. James Fink, "Changes at Pizza Hut focus on market share", *Business First*, 16, 26, 20 mar. 2000, p. 8, e Ed Rubenstein, "Research prompts Pizza Hut to listen to its customers", *Nation's Restaurant News*, 32, 14, 6 abr. 1998, p. 8.
8. Ellen Loft, "Heinz boldly goes where no ketchup has gone before", *Pittsburgh Business Times*, 19, 52, 14 jul. 2000, p. 17, e Judana Dagnoli, "Why Heinz went sour in Brazil", *Advertising Age*, 5 dez. 1988.
9. Ishmael P. Akaah, "Influence on deontological and teleological factors on research ethics evaluations", *Journal of Business Research*, 39, 2, jun. 1997, p. 71-80, e G. R. Laczniak e P. F. Murphy, *Ethical marketing decisions, the higher road*. Boston, MA: Allyn and Bacon, 1993.

CAPÍTULO 3
Modelo de Pesquisa

Parte Dois: Elaboração do Modelo de Pesquisa

Neste capítulo abordamos as seguintes questões:

1. O que é um modelo de pesquisa?
2. Quais são os tipos de modelos básicos de pesquisa?
3. Como os modelos básicos de pesquisa podem ser comparados e contrastados?
4. Quais são as principais fontes de erro em um modelo de pesquisa?
5. Como o pesquisador coordena os aspectos de orçamento e de programação de um projeto de pesquisa?
6. Quais os elementos que compõem a proposta de pesquisa de marketing?
7. Qual é o papel do modelo de pesquisa na gestão da qualidade total?
8. Quais os fatores que o pesquisador deve considerar ao formular um modelo de pesquisa para uma pesquisa de marketing internacional?
9. Como a tecnologia pode facilitar o processo do modelo de pesquisa?
10. Quais as questões éticas que surgem ao escolher um modelo de pesquisa?
11. Como a Internet pode ser usada no processo de elaboração do modelo de pesquisa?

A PESQUISA DE MARKETING AJUDA A SPIEGEL A ELABORAR A LINHA EDDIE BAUER

A Spiegel é um dos líderes em marketing direto, oferecendo os benefícios de fazer compras para a casa por meio de catálogos e da Internet. De 1995 a 1998, as vendas por catálogo da Spiegel caíram surpreendentes 50% e a circulação de catálogos foi reduzida em 45%. O CEO de catálogos da Spiegel, John Irvin, percebeu que seria necessária uma reviravolta total para trazer de volta os lucros e o crescimento de clientes. Para conseguir isso, a empresa diminuiu despesas, reduziu os custos e se concentrou em criar um site melhorado na Internet para atrair novos clientes e aumentar as receitas. Em fevereiro de 2001, o Grupo Spiegel anunciou que havia conseguido ganhos 46% maiores no ano 2000, com aumento de 95% em receitas. Esse foi o segundo ano consecutivo de ganhos recordes da Spiegel em uma economia desafiadora. Embora a empresa como um todo tenha se saído muito melhor do que no passado, a divisão Eddie Bauer da Spiegel apresentava alguns problemas que precisavam ser encaminhados.

As vendas da divisão Eddie Bauer não haviam conseguido o grande crescimento de mercado que o resto da companhia Spiegel obtivera nos últimos anos. Depois de passar um tempo estudando essa divisão com baixo desempenho, a Spiegel percebeu que Eddie Bauer tinha alguns problemas sérios em seu desempenho, em sua equipe administrativa e em suas ofertas de vestuário. Para poder responder a esse problema, conduziu uma pesquisa extensiva de marketing. O problema da pesquisa de marketing era compreender o comportamento de compra dos consumidores atuais e em potencial de Eddie Bauer. A abordagem que a Spiegel adotou tratou esse grupo de consumidores como um segmento distinto; várias perguntas e hipóteses de pesquisa foram elaboradas para examinar os aspectos singulares do comportamento de compra desse grupo.

O modelo de pesquisa que a Spiegel utilizou consistia em duas fases. A primeira, exploratória, consistia na análise de dados secundários além de seis discussões em grupo com consumidores de Eddie Bauer. Dados secundários proporcionaram boas informações históricas sobre compradores por catálogo potenciais e atuais, e estatísticas vitais como o tamanho desse segmento. Discussões em grupo ajudaram a Spiegel a compreender os valores, as atitudes e o comportamento desse segmento em relação às roupas e às compras. As discussões em grupo revelaram que esses clientes queriam variedade e qualidade. Também se sentiam valorizados quando uma empresa elaborava promoções especiais direcionadas a eles. Eddie Bauer deixava a desejar em ambos os quesitos.

Na segunda fase, a descritiva, os achados da fase exploratória eram testados através de uma pesquisa por telefone de uma amostra de 1.000 consumidores de Eddie Bauer. A amostra foi escolhida aleatoriamente de uma lista de consumidores, ou seja, selecionados com base na probabilidade, para medir e controlar o erro de amostragem aleatória. Foram feitos esforços também para controlar as várias fontes do erro de não-amostragem. Por exemplo, os entrevistadores foram escolhidos cuidadosamente e completamente treinados, e foi usada uma supervisão minuciosa para minimizar os erros de entrevistas. Os resultados da pesquisa confirmaram a demanda por mais ofertas de produtos de Eddie Bauer e mostraram também que a linha Eddie Bauer precisava de mais promoção.

O presidente executivo da Spiegel, Michael R. Moran, afirmou: "Nós tivemos um progresso significativo na primeira metade do ano 2000, realçando ainda mais o posicionamento competitivo de nossa empresa". Um dos grandes erros encontrados na divisão Eddie Bauer foi a falta de ofertas de produtos e de campanhas promocionais. Os resultados da pesquisa levaram à produção de mais ofertas de produtos e a uma quantidade maior de promoções em toda a divisão Eddie Bauer. Desde então, a Spiegel tem visto um índice maior de crescimento da linha Eddie Bauer, e eles acreditam que essas mudanças levarão à continuação do sucesso.[1]

VISÃO GERAL

Como vimos no Capítulo 2, a definição de um problema de pesquisa de marketing e a elaboração de uma abordagem adequada são críticas para o sucesso de todo o projeto de pesquisa de marketing. A próxima etapa é a formulação de um modelo detalhado de pesquisa para obter as metas definidas. A Figura 3.1 mostra a relação do modelo de pesquisa com os capítulos anteriores e com o processo de pesquisa de marketing.

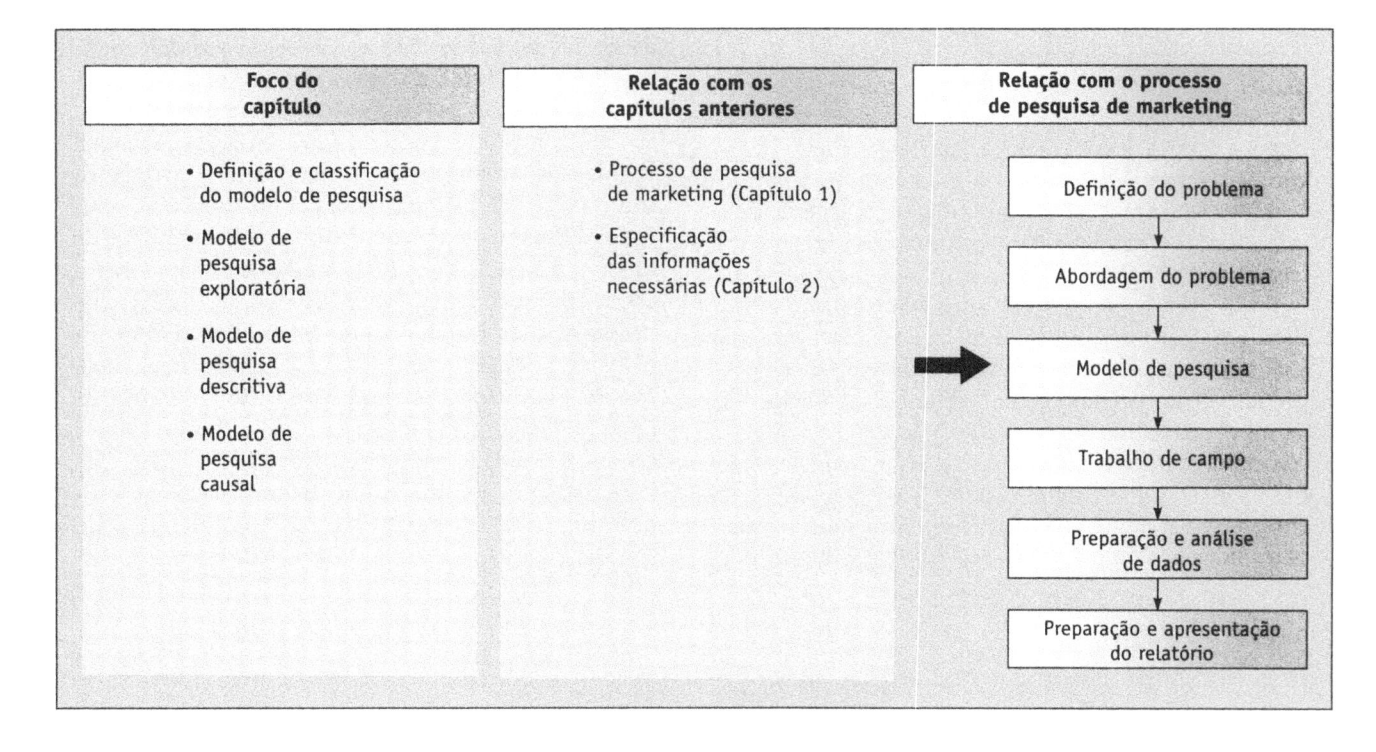

Este capítulo classifica e descreve os modelos básicos de pesquisa. Em nível amplo, existem dois tipos principais de modelo de pesquisa: o exploratório e o conclusivo. Modelos de pesquisa conclusiva podem ser ainda classificados como descritivos ou causais. Assim, a classificação resulta em três modelos – exploratório, descritivo e causal. Esses modelos básicos são usados em combinações e seqüências diferentes.

Consideramos o valor de informações de pesquisas de marketing no contexto de controle dos erros de modelos de pesquisa. Discutimos os orçamentos e a programação de um projeto de pesquisa proposto e apresentamos diretrizes para escrever propostas de pesquisa. Como aplicações, consideramos conceitos de modelos de pesquisa no contexto de questões contemporâneas, como gestão da qualidade total (TQM), pesquisa de marketing internacional, tecnologia, ética na pesquisa de marketing e a Internet. A Figura 3.2 apresenta uma visão geral.

O QUE É UM MODELO DE PESQUISA?

O **modelo de pesquisa** é um mapa para conduzir o projeto de pesquisa de marketing. Ele proporciona detalhes de cada etapa no projeto de pesquisa de marketing. A implementação do modelo de pesquisa deve resultar em todas as informações necessárias para estruturar ou resolver o problema de decisão administrativa. O processo do modelo começa com a definição do problema de pesquisa de marketing. A seguir vem a abordagem: uma estrutura conceitual, perguntas de pesquisas, hipóteses e informações necessárias (Capítulo 2). O modelo de pesquisa é baseado nos resultados destas duas primeiras etapas: a definição do problema e a abordagem (Figura 3.3).

Figura 3.1 Relação do modelo de pesquisa com os capítulos anteriores e com o processo de pesquisa de marketing

Foco do capítulo	Relação com os capítulos anteriores	Relação com o processo de pesquisa de marketing
• Definição e classificação do modelo de pesquisa • Modelo de pesquisa exploratória • Modelo de pesquisa descritiva • Modelo de pesquisa causal	• Processo de pesquisa de marketing (Capítulo 1) • Especificação das informações necessárias (Capítulo 2)	Definição do problema ↓ Abordagem do problema ↓ ➡ Modelo de pesquisa ↓ Trabalho de campo ↓ Preparação e análise de dados ↓ Preparação e apresentação do relatório

Figura 3.2   Modelo de pesquisa: visão geral

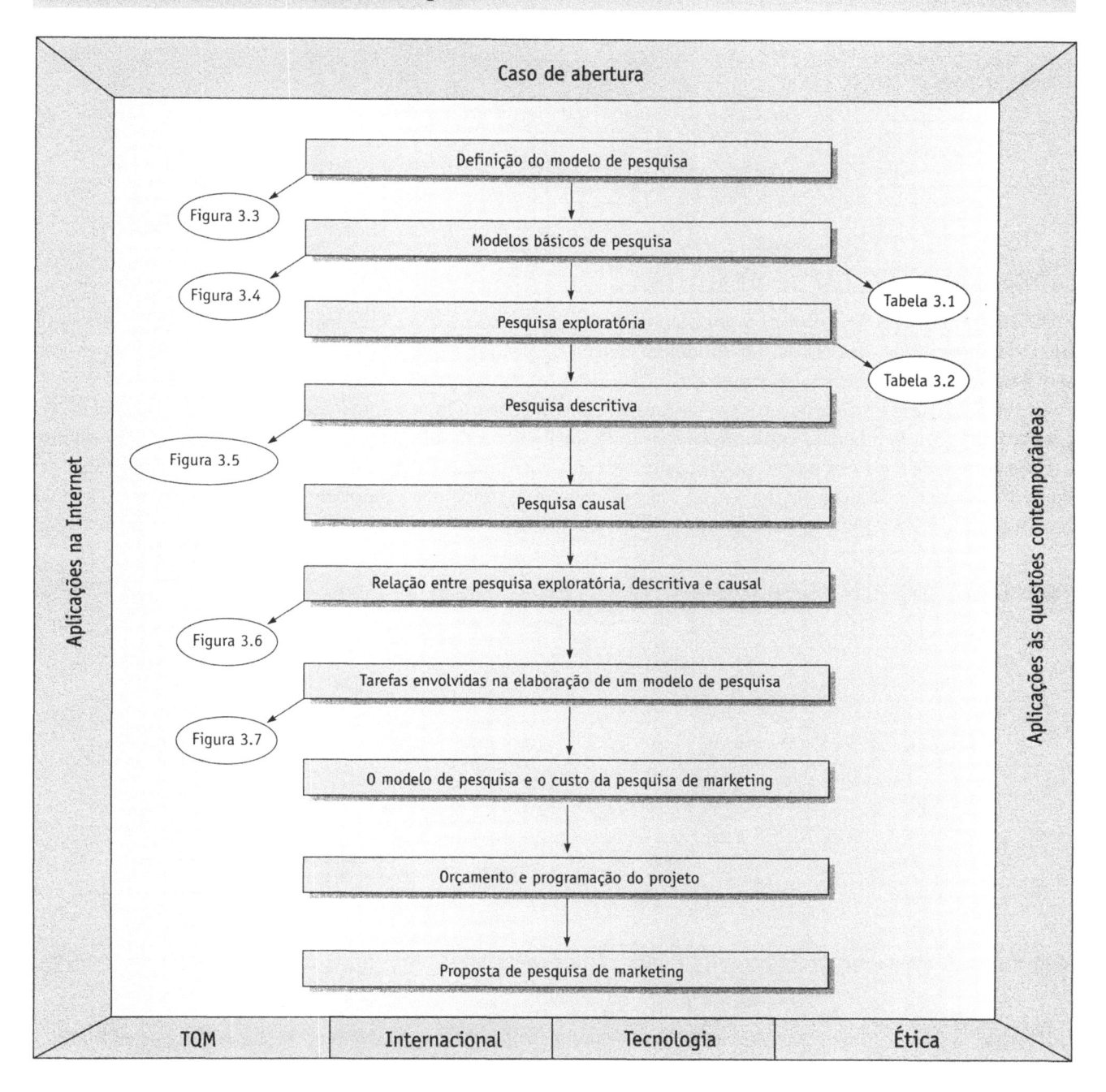

Caso de abertura

- Definição do modelo de pesquisa (Figura 3.3)
- Modelos básicos de pesquisa (Figura 3.4)
- Pesquisa exploratória (Tabela 3.1, Tabela 3.2)
- Pesquisa descritiva (Figura 3.5)
- Pesquisa causal
- Relação entre pesquisa exploratória, descritiva e causal (Figura 3.6)
- Tarefas envolvidas na elaboração de um modelo de pesquisa (Figura 3.7)
- O modelo de pesquisa e o custo da pesquisa de marketing
- Orçamento e programação do projeto
- Proposta de pesquisa de marketing

Aplicações na Internet | Aplicações às questões contemporâneas

TQM | Internacional | Tecnologia | Ética

Muitos modelos podem ser apropriados para um dado problema de pesquisa de marketing. Um bom modelo de pesquisa garante que as informações coletadas sejam relevantes e úteis para a gerência e que todas as informações necessárias sejam obtidas. Um bom modelo também deve ajudar a garantir que o projeto de pesquisa de marketing seja conduzido de forma eficaz e eficiente. Neste capítulo consideramos os tipos básicos de modelo de pesquisa disponíveis. Esses modelos podem ser classificados em termos dos objetivos da pesquisa.

Figura 3.3 Etapas que levam à definição do modelo de pesquisa

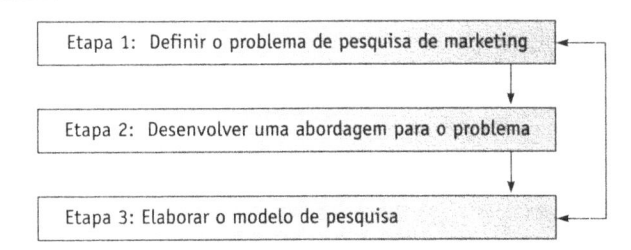

Etapa 1: Definir o problema de pesquisa de marketing

Etapa 2: Desenvolver uma abordagem para o problema

Etapa 3: Elaborar o modelo de pesquisa

MODELOS BÁSICOS DE PESQUISA

Existem dois tipos amplos de modelo de pesquisa: exploratório e conclusivo. Modelos conclusivos podem ser descritivos ou causais. Os modelos básicos de pesquisa que analisamos neste capítulo (Figura 3.4) são o exploratório, o descritivo e o causal.

As diferenças entre a pesquisa exploratória e a conclusiva são resumidas na Tabela 3.1. A **pesquisa exploratória** é conduzida para explorar a situação do problema, ou seja, para obter idéias e informações quanto ao problema que a gerência ou o pesquisador estejam enfrentando. A pesquisa exploratória pode ser utilizada quando a gerência percebe que existe um problema mas ainda não compreende por quê. Talvez as vendas estejam caindo em uma região específica ou as reclamações de atendimento ao cliente tenham aumentado

Figura 3.4 Uma classificação de modelos de pesquisa de marketing

Modelo de pesquisa
- Modelo de pesquisa exploratória
- Modelo de pesquisa conclusiva
  - Pesquisa descritiva
  - Pesquisa causal

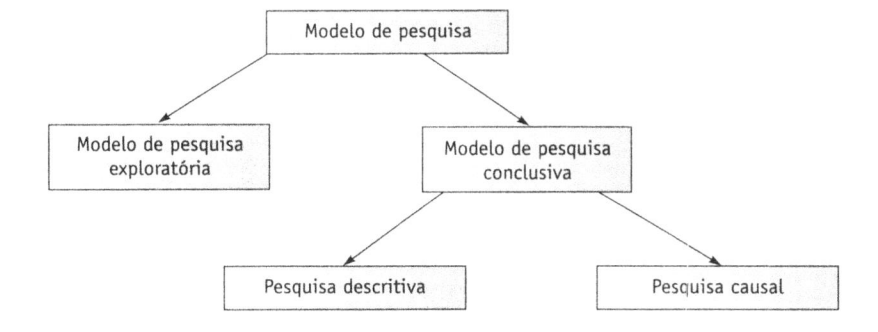

Tabela 3.1 Diferenças entre pesquisa exploratória e conclusiva

	EXPLORATÓRIA	CONCLUSIVA
Objetivo	Proporcionar esclarecimento e compreensão	Testar hipóteses específicas e examinar relacionamentos
Características	Informação necessária é apenas vagamente definida	Informação necessária é nitidamente definida
	Processo da pesquisa é flexível e não-estruturado	Pesquisa do processo é formal e estruturada
	Amostra é pequena e não-representativa	Amostra é grande e representativa
	Análise de dados primários é qualitativa	Análise de dados é quantitativa
Achados/Resultados	Experimentais	Conclusivos
Conseqüência	Geralmente seguida de pesquisa exploratória ou conclusiva adicional	Achados usados como entrada para a tomada de decisão

drasticamente. Como primeira etapa, o problema precisa ser definido e os cursos alternativos de ação devem ser identificados.

Como as necessidades de informação são apenas vagamente definidas nesse estágio, a pesquisa exploratória precisa ser flexível e não-estruturada. Por exemplo, a pesquisa exploratória investigando por que alguns clientes estão insatisfeitos com um sabonete pode começar com a análise de chamadas gravadas na linha de atendimento ao cliente com relação ao gênero das reclamações. Depois, dependendo da natureza dos achados, o pesquisador pode decidir conduzir discussões em grupo com os usuários do sabonete. Suponha que seis discussões em grupo, cada uma envolvendo dez pessoas, revelem que os usuários estão insatisfeitos com a falta de espuma e a qualidade da hidratação. O fabricante deve imediatamente mudar a fórmula do sabonete?

Não! A pesquisa exploratória é conduzida sobre uma amostra pequena e não-representativa, então os achados devem ser considerados como experimentais e utilizados como pontos de partida para uma pesquisa adicional. Em geral, ocorrerá uma pesquisa exploratória mais formalmente definida ou uma pesquisa conclusiva. Há um risco quando a pesquisa exploratória é a única medida tomada para desenvolver uma solução. A tendência de esquecer a utilidade limitada das informações, especialmente se elas confirmarem idéias preconcebidas sobre um problema, pode levar a gerência a seguir o caminho errado. Apesar desse risco, a pesquisa exploratória pode ser valiosa quando o pesquisador precisa enfrentar um problema que não é totalmente compreendido, como a razão de alguns clientes estarem insatisfeitos com uma marca específica de sabonete. A pesquisa exploratória na forma de discussão em grupo pode proporcionar insights valiosos.

A **pesquisa conclusiva** é elaborada para ajudar o tomador de decisão a estipular, avaliar e escolher o melhor curso de ação em uma determinada situação. A pesquisa conclusiva pode ser utilizada para verificar os dados obtidos de uma pesquisa exploratória. Como foi ilustrado no caso de abertura, os achados de dados secundários e de discussões em grupo (pesquisa exploratória) foram testados adicionalmente em uma pesquisa por telefone (pesquisa conclusiva). A pesquisa conclusiva é baseada na suposição de que o pesquisador tem uma compreensão precisa do problema em mãos. A informação necessária para encaminhar o problema à decisão administrativa foi nitidamente especificada. O objetivo da pesquisa conclusiva é testar hipóteses específicas e examinar relacionamentos específicos.

A pesquisa conclusiva é geralmente mais formal e estruturada que a pesquisa exploratória. O pesquisador especifica as etapas detalhadas a ser conduzidas na pesquisa antes de iniciar o projeto. Grandes amostras representativas são empregadas para coletar dados que são analisados com técnicas estatísticas. No exemplo do sabonete, uma grande pesquisa nacional envolvendo 1.000 entrevistados escolhidos aleatoriamente pode ser conduzida para verificar os achados das discussões em grupo. A pesquisa pode ser utilizada para obter avaliações dos consumidores em relação ao sabonete e das marcas concorrentes em relação a atributos importantes como suavidade, espuma, encolhimento, preço, fragrância, embalagem, qualidade da hidratação e poder de limpeza.

Monitoramento do desempenho

Modelos de pesquisa, independentemente de serem exploratórios ou conclusivos, muitas vezes incluem um componente de monitoramento do desempenho. O propósito do monitoramento é rastrear e relatar as mudanças nas medidas de desempenho, como nível de vendas, participação no mercado ou resultados do programa de marketing. Esse tipo de pesquisa pode ser conduzido informalmente e do modo necessário ou ser embutido em um esforço formal de pesquisa contínua. Os dados utilizados para o monitoramento do desempenho podem variar de secundários, gerados externamente ou como função das operações do dia-a-dia (Capítulo 2), a quantitativos, gerados por pesquisas. A análise de reclamações dos consumidores é um caso de pesquisa de monitoramento do desempenho, como ilustra o exemplo a seguir.

Exemplo

TAMPA DE PRESSÃO REDUZ RECLAMAÇÕES DE CLIENTES

Pesquisa exploratória feita pela Kraft Foods sobre reclamações de clientes revelou que a embalagem de uma marca recém-lançada de molhos para saladas estava causando problemas. Como a abertura da garrafa era muito grande, os usuários estavam "inundando a salada", para citar um cliente irado. As reclamações também indicaram a percepção de que a intenção do design era fazer com que o usuário "acabasse rapidamente com a garrafa". Vários clientes haviam exigido a devolução do dinheiro.

Esses comentários levaram a uma pesquisa exploratória, na forma de seis discussões em grupo, para avaliar a reação a uma tampa de pressão com abertura mais estreita. A nova tampa foi projetada para controlar melhor o fluxo do molho. Os resultados das discussões em grupo foram todos positivos, e a Kraft decidiu examinar as reações dos consumidores a uma tampa de pressão numa pesquisa em shoppings.

Entrevistas de intercepção foram conduzidas com 500 donas-de-casa em dez grandes cidades dos Estados Unidos. Pediu-se às entrevistadas que usassem o molho para saladas com a nova tampa de pressão e depois respondessem a um questionário. Os resultados da pesquisa também foram favoráveis, e a tampa foi substituída.

Três meses após o lançamento da embalagem modificada, os clientes foram pesquisados novamente. O feedback sobre a tampa nova era positivo. Indícios adicionais de sua eficácia foram proporcionados pelos telefonemas ao centro de atendimento ao cliente. As reclamações sobre a embalagem haviam desaparecido. Esse exemplo ilustra a utilidade de analisar as reclamações dos consumidores, o que é um elemento essencial da pesquisa de monitoramento do desempenho da Kraft Foods.

O exemplo da embalagem dependia de feedback qualitativo das discussões em grupo (pesquisa exploratória), assim como de informações quantitativas coletadas de uma pesquisa de intercepção em shoppings (pesquisa conclusiva) para o monitoramento do desempenho. Técnicas exploratórias e conclusivas foram utilizadas, como no caso sobre a Spiegel.

PESQUISA EXPLORATÓRIA

Como sugere o nome, o objetivo da pesquisa exploratória é explorar ou examinar um problema ou situação para proporcionar conhecimento e compreensão (tabelas 3.1 e 3.2). Por exemplo, a Adidas pode fazer uso de pesquisa exploratória para compreender as razões da baixa participação no mercado em comparação à Nike. Uma pesquisa exploratória pode ser utilizada para qualquer um dos propósitos abaixo, que são ilustrados tomando como exemplo a Adidas.

1. **Para formular um problema ou definir um problema com mais precisão.** A pesquisa exploratória pode revelar que a Adidas tem uma participação mais baixa no mercado porque a imagem de sua marca não é tão forte quanto a da Nike.
2. **Para identificar cursos alternativos de ação.** Cursos alternativos de ação para melhorar a imagem da Adidas podem incluir a melhora na qualidade do produto, o aumento no orçamento de publicidade na televisão, a distribuição do produto em lojas de primeira linha da empresa, o aumento dos preços de seus calçados e de seus vestuário atléticos, e assim por diante.
3. **Para desenvolver hipóteses.** Uma hipótese interessante é que usuários assíduos de calçados atléticos são mais conscientes com a marca do que usuários esporádicos. Outra é que usuários assíduos têm uma imagem mais fraca da Adidas em comparação aos usuários esporádicos.
4. **Para isolar variáveis e relacionamentos-chave para uma análise adicional.** Endossos de celebridades podem ter influência positiva sobre a imagem da Adidas.
5. **Para ter uma melhor percepção a fim de elaborar uma abordagem do problema.** A imagem da marca é uma variável composta que é influenciada pela qualidade do produto, pela estratégia de precificação, pela imagem das lojas nas quais o produto é distribuído, e pela qualidade e intensidade da propaganda e da promoção.

Tabela 3.2 Uma comparação de modelos básicos de pesquisa

	EXPLORATÓRIA	DESCRITIVA	CAUSAL
Objetivo	Descoberta de idéias e esclarecimentos	Descrever características ou funções do mercado	Determinar relacionamentos de causa e efeito
Características	Flexível Versátil Muitas vezes a primeira parte do modelo total da pesquisa	Marcado pela formulação anterior de hipóteses específicas Modelo pré-planejado e estruturado	Manipulação de uma ou mais variáveis independentes Controle de outras variáveis de mediação
Métodos	Levantamentos de peritos Levantamentos-piloto Estudos de caso Dados secundários Pesquisa qualitativa	Dados secundários Levantamentos Painéis Dados de observação e outros	Experiências

6. **Para estabelecer prioridades para pesquisa adicional.** A Adidas pode querer examinar a compra e o comportamento de consumo de usuários assíduos de calçados atléticos.

A pesquisa exploratória é muitas vezes conduzida nos estágios iniciais de um projeto, como ilustra o caso da Spiegel. Dados secundários proporcionaram boas informações históricas sobre os consumidores da linha Eddie Bauer, enquanto discussões em grupo ajudaram a Spiegel a compreender os valores, as atitudes e o comportamento desse segmento em relação a roupas e compras. Os resultados indicaram que os clientes atuais e potenciais da Eddie Bauer queriam variedade e qualidade, e também apreciavam promoções especiais. No entanto, a pesquisa exploratória pode ser usada em qualquer momento do processo quando o pesquisador não tem conhecimento algum do problema.

A pesquisa exploratória depende muito da curiosidade e dos objetivos do pesquisador. É mais como um processo de descoberta informal. Porém as habilidades do pesquisador não são os únicos determinantes de uma boa pesquisa exploratória. Embora o processo seja altamente flexível e relativamente informal, a pesquisa exploratória pode beneficiar-se do uso dos seguintes métodos (Tabela 3.2):

- Pesquisa de experts (discutida no Capítulo 2)
- Pesquisas-piloto – Pré-teste (discutidos no Capítulo 2)
- Análise de dados secundários, incluindo uma revisão da literatura (discutida nos capítulos 4 e 5)
- Pesquisa qualitativa, como as discussões em grupo e as entrevistas em profundidade (discutida no Capítulo 6)

A Spiegel analisou dados secundários e conduziu seis discussões em grupo como parte de sua pesquisa exploratória para compreender as preferências de vestuário e o comportamento de compra dos clientes da linha Eddie Bauer. O uso de pesquisa exploratória para definir o problema e desenvolver uma abordagem foi discutido no Capítulo 2.

PESQUISA DESCRITIVA

A **pesquisa descritiva** é um tipo de pesquisa conclusiva que tem como principal objetivo a descrição de algo – normalmente características ou funções de mercado. A maior parte da pesquisa de mercado comercial é descritiva em sua natureza. A pesquisa descritiva é especialmente útil quando perguntas de pesquisa são relativas à descrição de um fenômeno de mercado, como a freqüência de compra, a identificação de relacionamentos ou a elaboração de previsões (Tabela 3.2). Aqui estão alguns exemplos de metas de pesquisa descritiva:

1. **Para desenvolver o perfil de um mercado-alvo.** A Levi Strauss gostaria de saber a idade, o grau de escolaridade, a renda e os hábitos de mídia dos usuários assíduos de jeans para poder tomar decisões sobre a colocação de propaganda.
2. **Para estimar a freqüência de uso de um produto como base para a previsão de vendas.** Saber que um usuário assíduo de perfume compra 1,8 frasco por mês pode ajudar a Mary Kay Cosmetics a prever as vendas em potencial para uma nova marca de perfume.
3. **Para determinar o relacionamento entre o uso do produto e a percepção das suas características.** Ao elaborar sua plataforma de marketing, a Motorola gostaria de determinar se e como os usuários assíduos de telefones celulares diferem dos não-usuários na importância que dão ao desempenho e à facilidade de uso.
4. **Para determinar o grau ao qual as variáveis de marketing estão associadas.** A Microsoft gostaria de saber até que ponto o uso da Internet está relacionado à idade, à renda e ao grau de escolaridade.

A pesquisa descritiva supõe que o pesquisador tenha conhecimento anterior sobre o problema. Essa é uma das principais diferenças entre a pesquisa exploratória e a descritiva. Assim, a pesquisa descritiva, em contraste com a exploratória, é baseada na declaração clara do problema, em hipóteses específicas e na especificação das informações necessárias (Capítulo 2). Os dados são coletados de forma estruturada, geralmente por meio de amostras grandes e representativas. Os resultados são então utilizados para fazer generalizações sobre todo um grupo ou mercado de clientes. Por exemplo, a Microsoft poderia pesquisar uma amostra representativa de usuários da Internet para determinar seu uso e projetar os resultados para a população de usuários.

Os estudos descritivos são usados para retratar variáveis do mercado. Eles descrevem o cliente e o mercado e medem a freqüência de comportamentos, como o de compras. Entre os principais tipos de estudos descritivos estão os de vendas focados interna ou externamente, os de percepção e comportamento de consumidores e os de características do mercado (Figura 3.5).

- Os estudos de vendas incluem estudos do potencial do mercado, que descrevem o tamanho do mercado, o poder de compra dos consumidores e os índices históricos de crescimento; estudos da participação no mercado, que determinam a proporção de vendas totais que uma empresa e seus concorrentes recebem; e estudos de análise de vendas, que descrevem as vendas por região geográfica, a linha de produtos, o tipo e o tamanho da conta.

Figura 3.5 Principais tipos de estudos descritivos

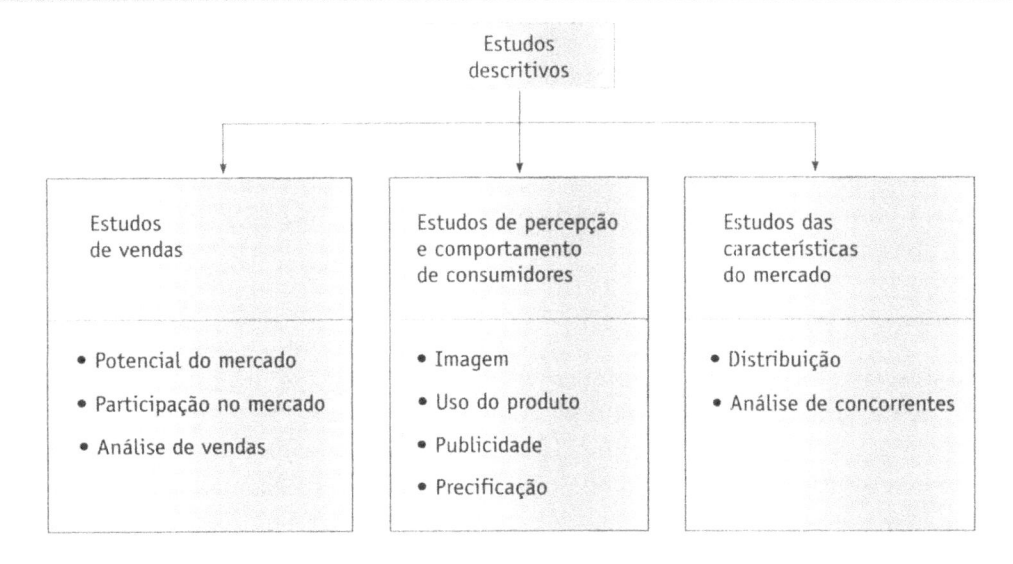

```
                        Estudos
                       descritivos
         ┌──────────────────┼──────────────────┐
         ▼                  ▼                  ▼
    Estudos          Estudos de percepção    Estudos das
    de vendas        e comportamento         características
                     de consumidores         do mercado

  • Potencial do     • Imagem               • Distribuição
    mercado          • Uso do produto       • Análise de
  • Participação     • Publicidade            concorrentes
    no mercado       • Precificação
  • Análise de
    vendas
```

- Os estudos de percepção e de comportamento dos consumidores incluem estudos de imagem, que determinam as percepções de consumidores da empresa e de seus produtos; estudos de uso do produto, que descrevem padrões de consumo; estudos de publicidade, que descrevem os hábitos de consumo de mídia e o perfil de telespectadores para programas específicos de televisão e de leitores de revistas; e estudos de precificação, que descrevem a gama e a freqüência de mudanças de preços e a provável resposta de consumidores às mudanças propostas no preço.
- Estudos das características do mercado incluem estudos de distribuição, que determinam padrões de fluxo de trânsito, o número e a localização de distribuidores; e análises da concorrência, que comparam os pontos fortes e fracos de participantes na indústria.

Digamos que a Swatch queira determinar o tamanho do mercado para relógios esportivos, a que taxa o mercado está crescendo e a participação no mercado das marcas líderes. Ela pode fazer uma análise das vendas de seus relógios esportivos por tipo de loja – joalherias, lojas de departamentos, lojas de artigos esportivos, lojas de produtos especiais, catálogo, operações pela Internet e outras. A gerência poderia perguntar: "Como os consumidores têm percepção da Swatch? A imagem da Swatch varia entre donos e não-donos? Quais programas de TV são vistos por pessoas que compram relógios esportivos de qualidade? Que tipo de prêmio os consumidores estão dispostos a pagar por um relógio esportivo de alta qualidade?". A Swatch teria de conduzir estudos de percepção e de comportamento dos consumidores para obter as respostas a essas perguntas para a gerência.

Finalmente, estudos das características do mercado podem examinar perguntas como: "Quantos distribuidores a Swatch tem para cada tipo de loja e como isso se compara com a estratégia das marcas concorrentes?".

Esses exemplos demonstram a amplitude e a diversidade de estudos para pesquisas descritivas. A pesquisa descritiva também utiliza uma variedade de técnicas de coleta de dados, que discutimos nos capítulos a seguir.

PESQUISA CAUSAL

Assim como a pesquisa descritiva, a causal exige um modelo planejado e estruturado. A pesquisa descritiva pode determinar o grau de associação entre variáveis, geralmente não muito apropriado para examinar relacionamentos causais. Relações causais são as que envolvem variáveis de causa e efeito.

A hipótese de que uma campanha promocional levará a (causa) um aumento nas vendas é um exemplo. Para examinar essa hipótese, o pesquisador precisará de um **modelo causal** – um modelo no qual as variáveis causais ou independentes são manipuladas em um ambiente relativamente controlado, onde as outras variáveis que podem afetar a variável dependente são controladas ou checadas tanto quanto possível. O efeito dessa manipulação sobre uma ou mais variáveis dependentes é então medido para inferir causalidade.

O principal método da pesquisa causal é uma experiência. Experiências podem ocorrer em um laboratório ou em um ambiente natural. Uma experiência pode ser elaborada para testar o relacionamento causal que a promoção provoca nas vendas da marca. Aqui, a variável independente que será manipulada é a promoção e a variável dependente, as vendas da marca. Os participantes em um estudo de laboratório podem ser induzidos a imaginar que estejam fazendo compras. Várias ofertas promocionais, manipuladas pelo pesquisador, serão mostradas, com cada grupo de entrevistados vendo apenas uma oferta. As compras dos entrevistados nessa experiência simulada de compras seriam medidas e comparadas entre os grupos. Quem faz a experiência cria e controla o ambiente. Em uma experiência de campo, o mesmo estudo seria mostrado em lojas, com cada grupo de entrevistados vendo somente uma oferta. As vendas resultantes da marca seriam monitoradas.

A pesquisa causal pode ajudar a BMW a avaliar o efeito de uma campanha promocional sobre as vendas.

A pesquisa causal é apropriada para os seguintes propósitos, ilustrados no contexto de uma campanha promocional sobre as vendas de carros da BMW:

1. **Para compreender quais variáveis são as causas (variáveis independentes) e quais variáveis são os efeitos (variáveis dependentes) de um fenômeno.** As variáveis independentes serão a quantia em dólares gasta em publicidade e a quantia em dólares gasta em promoção de vendas durante um dado período. A variável dependente representa as vendas de BMW (medida em unidades e dólares).
2. **Para determinar a extensão do relacionamento entre o efeito previsto e as variáveis causais.** O relacionamento entre a promoção de vendas e as despesas em propaganda e as vendas de BMW provavelmente será não-linear. Quanto mais for gasto em propaganda, cada vez menos as vendas de BMW aumentarão, por causa do efeito de saturação.

A implementação de um modelo causal é ilustrada com mais detalhes pela experiência da Microsoft com o Windows 2000.

Exemplo

WINDOWS 2000: UMA JANELA PARA OS CORAÇÕES DOS USUÁRIOS DE COMPUTADOR

A chave para o sucesso (alto conhecimento e vendas altas) do Windows 2000 foi que o produto havia sido cuidadosamente projetado e testado. Em uma experiência controlada, foi solicitado que um grupo de usuários de computador trabalhasse com o Windows 2000. Outros dois grupos cuidadosamente emparelhados trabalharam com as versões anteriores do Windows: um com o Windows 98 e outro com o Windows NT. Os três grupos relacionaram o sistema operacional com facilidade de uso, potência, capacidade e habilidade de realçar a experiência do usuário de computador. O Windows 2000 foi classificado significativamente melhor que as versões anteriores em todos os fatores.[2]

Nessa experiência, a variável causal (independente) foi o sistema operacional, que foi manipulado para ter três níveis: Windows 2000, Windows 98 e Windows NT. As variáveis de efeito (dependentes) foram a facilidade de uso, a potência, a capacidade e a habilidade de realçar a experiência do usuário de computador. A influência do passado do usuário foi controlada ao emparelhar os três grupos cuidadosamente.

Por sua complexidade e importância, o tópico de modelos causais e pesquisa experimental será explicado plenamente em um capítulo separado (Capítulo 8), quando discutiremos as condições para causalidade, validade na experimentação e tipos específicos de modelos experimentais.

RELAÇÃO ENTRE PESQUISA EXPLORATÓRIA, DESCRITIVA E CAUSAL

Enquanto o exemplo anterior distinguiu a pesquisa causal dos outros tipos de pesquisa e mostrou seus benefícios, a pesquisa causal não deve ser vista isoladamente. Em vez disso, os modelos exploratório, descritivo e causal devem ser usados para complementar um ao outro. Como mencionado anteriormente, um dado projeto pode incorporar mais que um modelo básico de pesquisa, dependendo da natureza do problema e da abordagem. Oferecemos as seguintes diretrizes para escolher os modelos de pesquisa:

1. Quando pouco se sabe sobre o problema, é desejável começar com a pesquisa exploratória. Por exemplo, ela é adequada para gerar cursos alternativos de ação, perguntas de pesquisa e hipóteses. A pesquisa exploratória pode então ser seguida pela pesquisa descritiva ou pela causal, como no caso da Spiegel (Figura 3.6(a)).
2. Não é necessário começar cada modelo de pesquisa com a pesquisa exploratória. Se o pesquisador tiver uma boa compreensão do problema, a pesquisa descritiva ou a causal poderão ser uma etapa inicial mais apropriada (Figura 3.6(b)). Pesquisas anuais sobre a satisfação do consumidor são um exemplo de pesquisa que não precisa começar com uma fase exploratória nem a incluir.

Figura 3.6 Alguns modelos alternativos de pesquisa

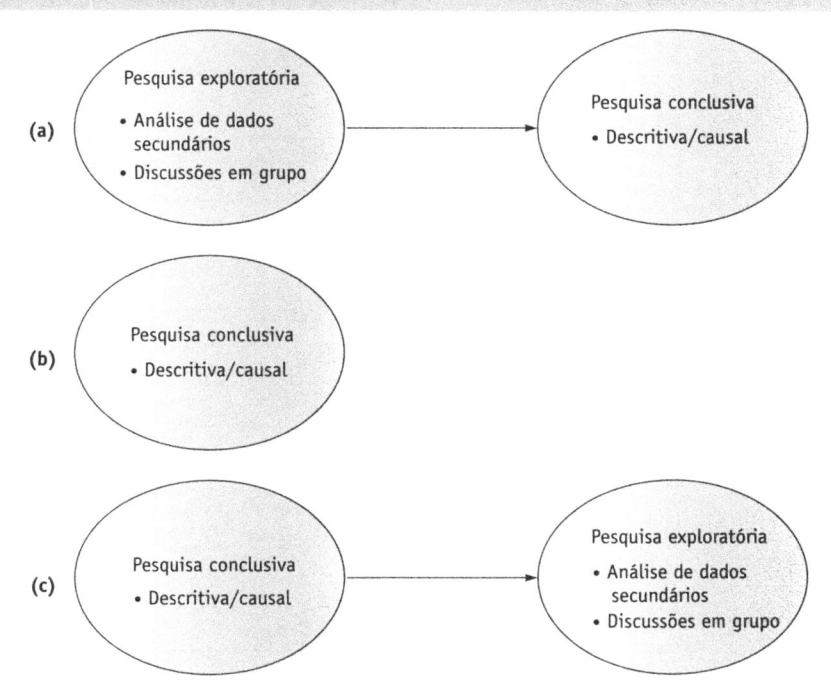

(a) Pesquisa exploratória
- Análise de dados secundários
- Discussões em grupo
→ Pesquisa conclusiva
- Descritiva/causal

(b) Pesquisa conclusiva
- Descritiva/causal

(c) Pesquisa conclusiva
- Descritiva/causal
→ Pesquisa exploratória
- Análise de dados secundários
- Discussões em grupo

3. A pesquisa exploratória pode ser usada em qualquer momento em um estudo. Por exemplo, quando a pesquisa descritiva ou a causal levarem a resultados inesperados ou difíceis de interpretar, o pesquisador pode passar para a pesquisa exploratória para aprofundar os resultados (Figura 3.6 (c)).

TAREFAS ENVOLVIDAS NA ELABORAÇÃO DE UM MODELO DE PESQUISA

Ao elaborar um modelo de pesquisa, geralmente o pesquisador precisa desempenhar as seguintes tarefas (Figura 3.7):
1. Especificar as informações necessárias (Capítulo 2).
2. Elaborar as fases exploratórias, descritivas e/ou causais da pesquisa (capítulos 4 a 8).
3. Especificar os procedimentos de medição e de graduação (capítulos 9 e 10).
4. Elaborar e pré-testar um questionário (formulário de entrevistas) ou um formulário apropriado para a coleta de dados (Capítulo 11).
5. Especificar o processo de amostragem e o tamanho da amostra (capítulos 12 e 13).
6. Desenvolver um plano de análise de dados (Capítulo 14).

O Capítulo 2 descreveu como especificar as informações necessárias. Como foi observado, discutiremos o resto das tarefas envolvidas em um modelo de pesquisa em detalhes nos capítulos subseqüentes.

O MODELO DE PESQUISA E O CUSTO DA PESQUISA DE MARKETING

A pesquisa é conduzida para ajudar a reduzir o erro gerencial na tomada de decisões. A palavra-chave aqui é *reduzir*. A pesquisa não é elaborada para comprovar suposições, mas sim para proporcionar à gerência uma avaliação do grau de risco associado com as tomadas de decisões com base em suposições testadas. Com o aumento no custo de decisões erradas, geralmente a formalidade e a estrutura de um modelo de estudo também aumentam. O modelo de pesquisa tem um impacto importante no custo e no valor do proje-

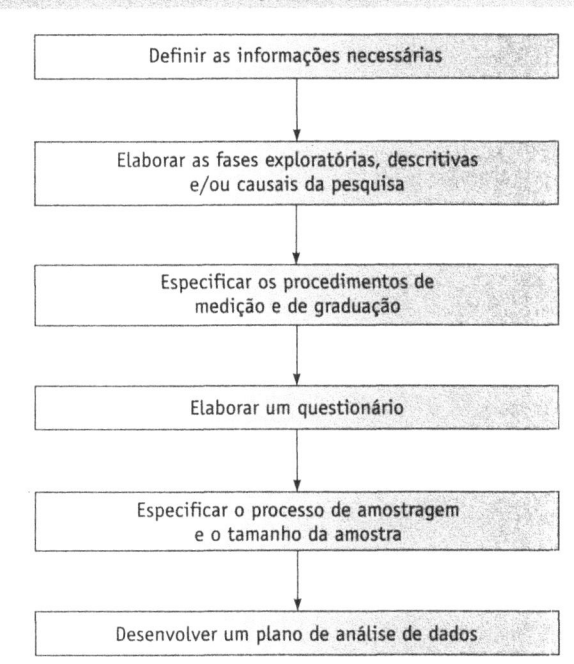

Figura 3.7 Tarefas envolvidas em um modelo de pesquisa

```
┌─────────────────────────────────────┐
│   Definir as informações necessárias │
└─────────────────────────────────────┘
                  ↓
┌─────────────────────────────────────┐
│  Elaborar as fases exploratórias,    │
│  descritivas e/ou causais da pesquisa│
└─────────────────────────────────────┘
                  ↓
┌─────────────────────────────────────┐
│   Especificar os procedimentos de    │
│       medição e de graduação         │
└─────────────────────────────────────┘
                  ↓
┌─────────────────────────────────────┐
│       Elaborar um questionário       │
└─────────────────────────────────────┘
                  ↓
┌─────────────────────────────────────┐
│  Especificar o processo de amostragem│
│        e o tamanho da amostra        │
└─────────────────────────────────────┘
                  ↓
┌─────────────────────────────────────┐
│ Desenvolver um plano de análise de dados │
└─────────────────────────────────────┘
```

to de pesquisa de marketing. No final, o custo de qualquer projeto precisa ser pesado contra o risco reduzido de tomar a decisão com informações adicionais.

Antes de comprometer fundos para um estudo, a gerência precisa avaliar, formal ou informalmente, o valor das informações adicionais obtidas pela pesquisa de marketing. Por exemplo, suponha que o gerente de marca para o cereal matinal Cap'n Crunch seja confrontado com uma proposta de gastar 50 mil dólares para conduzir um estudo causal relativo ao efeito de usar várias ofertas promocionais. Esse gerente precisa decidir se o valor de uma decisão com base nos conhecimentos atuais seria melhorado em mais que os 50 mil dólares com a ajuda da pesquisa. Se as várias ofertas promocionais envolviam cupons versus amostras grátis, a diferença em despesas associadas com as duas abordagens (sem mencionar a diferença na resposta do consumidor) poderia exceder em muito o custo de 50 mil dólares para fazer a pesquisa. Nesse caso, o alto custo de tomar a decisão errada faz com que seja mais fácil justificar o custo da pesquisa.

O valor das informações da pesquisa também precisa ser descontado pelo grau de erro inerente a um estudo. Nenhum modelo de pesquisa, não importa quão sofisticado seja, pode eliminar todo o risco de uma decisão, porque nenhuma pesquisa está completamente livre de risco. Várias fontes de erro potenciais podem afetar um modelo de pesquisa. Estimar o nível de erro em um estudo é complicado pelo fato de que comumente apenas o erro de amostragem aleatória é quantificado. O **erro de amostragem** é o que resulta de uma amostra específica escolhida como sendo uma representação imperfeita da população de interesse. O erro total é a soma do erro de amostragem e de não-amostragem.

Erros de não-amostragem, como se pode esperar, devem ser atribuídos a fontes que não são da amostragem. Eles resultam de uma variedade de causas, incluindo erros na definição do problema, abordagem, escalas, modelo do questionário, métodos de pesquisa, técnicas de entrevista e preparo e análise de dados. Esses erros de não-amostragem podem ser atribuídos ao pesquisador, ao entrevistador ou ao entrevistado. Um bom modelo de pesquisa tenta controlar as várias fontes de erro, como ilustra o caso de abertura, no qual a Spiegel fez um esforço para controlar os erros de amostragem e de não-amostragem. Erros de amostragem aleatória foram controlados em razão de uma amostra grande (1.000), que foi escolhida aleatoriamente. A Spiegel também controlou várias fontes de erro de não-amostragem, incluindo erros do entrevistador e do entrevistado, por meio de seleção, treinamento e supervisão cuidadosa dos entrevistadores. Esses erros são discutidos com maiores detalhes nos capítulos subseqüentes.

ORÇAMENTO E PROGRAMAÇÃO DO PROJETO

Uma vez especificado o modelo de pesquisa, o pesquisador deve preparar um orçamento e uma programação detalhados. O **orçamento e a programação** ajudam a garantir que o projeto de pesquisa de marketing será completado com os recursos disponíveis: financeiros, tempo, pessoal e outros. O processo orçamentário permite ao pesquisador e ao tomador de decisões comparar o valor estimado das informações com os custos projetados. Além disso, a programação do projeto ajudará a garantir que as informações sejam obtidas a tempo de endereçar o problema de decisão gerencial.

PROPOSTA DE PESQUISA DE MARKETING

Formulado o modelo de pesquisa e realizado o orçamento e a programação do projeto, o pesquisador deve preparar uma **proposta de pesquisa de marketing** por escrito, que contenha a essência do projeto e sirva como um contrato entre o pesquisador e a gerência. A proposta cobre todas as fases do processo de pesquisa de marketing, incluindo o custo e as programações de tempo. O formato da proposta de pesquisa pode variar consideravelmente, dependendo da natureza do problema e do relacionamento do cliente com o fornecedor da pesquisa. A maioria das propostas apresenta um modelo detalhado de pesquisa e contém alguns, ou todos, dos seguintes elementos:

1. **Resumo executivo.** A proposta deve começar com uma visão geral dela, um resumo dos principais pontos de cada uma das outras seções.
2. **Histórico.** O histórico do problema, incluindo o contexto ambiental, deve ser descrito.
3. **Definição do problema/objetivos da pesquisa.** Normalmente, uma declaração do problema deve ser apresentada. Se essa declaração ainda não foi elaborada (como no caso da pesquisa exploratória), os objetivos do projeto de pesquisa de marketing devem ser especificados claramente.
4. **Abordagem do problema.** Uma revisão da literatura acadêmica e comercial relevante, junto com algum tipo de modelo analítico, deve ser incluída. Também se deve incluir na proposta se houve identificação de perguntas de pesquisas e hipóteses.
5. **Modelo de pesquisa.** O tipo de modelo de pesquisa, seja esta exploratória, descritiva, causal ou uma combinação delas, deve ser explicado. As informações devem ser fornecidas sobre os seguintes componentes: (a) tipo de informação a ser obtido, (b) método de administrar o questionário (correio, telefone, pessoal ou entrevistas eletrônicas), (c) técnicas de graduação, (d) natureza do questionário (tipo de perguntas feitas, tamanho do questionário, tempo médio da entrevista), (e) plano de amostragem e tamanho da amostra. Essa seção muitas vezes forma o núcleo da proposta.
6. **Trabalho de campo/coleta de dados.** A proposta deve discutir como os dados serão coletados e quem o fará. Deve ser declarado, por exemplo, se o trabalho de campo será terceirizado para outro fornecedor. Mecanismos de controle para garantir a qualidade dos dados coletados devem ser descritos.
7. **Análise de dados.** Deve-se considerar o tipo de análise de dados que será realizado e como os resultados serão interpretados.
8. **Relatórios.** A proposta deve especificar a natureza e o número de relatórios intermediários. O formato do relatório final, incluindo se será feita uma apresentação formal dos dados, também deve ser declarado.
9. **Custo e tempo.** O custo do projeto e uma programação cronológica, dividida em fases, devem ser apresentados. Uma programação de pagamentos também deve ser elaborada de antemão, especialmente para grandes projetos.
10. **Anexos.** Qualquer informação estatística ou outra de interesse para apenas algumas pessoas devem ser apresentadas em Anexos.

A proposta de pesquisa representa o contrato entre a gerência e o pesquisador. Ela assegura que há um acordo em relação aos objetivos do projeto e ajuda a vender o projeto para a gerência. Portanto, uma proposta de pesquisa deve ser preparada sempre, mesmo quando se estiver repetindo um projeto para um cliente anterior.

ILUSTRAÇÃO RESUMIDA USANDO O CASO DE ABERTURA

O modelo de pesquisa no caso de abertura descreveu como um projeto foi conduzido para a Spiegel. Modelos de pesquisa podem ser amplamente classificados como exploratória ou conclusiva, ao passo que a pesquisa conclusiva pode ser descritiva ou causal. Em geral, o projeto começa com a pesquisa exploratória, a qual é seguida por pesquisa descritiva (causal). Como foi visto no caso de abertura, para poder compreender a situação do problema, a Spiegel analisou os dados secundários e conduziu seis discussões de grupo. Essa pesquisa exploratória ajudou a Spiegel a identificar e compreender os aspectos singulares do comportamento de compra e necessidades de vestuário dos consumidores da linha Eddie Bauer. Os resultados da pesquisa exploratória foram tratados como tentativas e foram checados adicionalmente pela pesquisa descritiva, consistindo de entrevistas por telefone com uma amostra, escolhida aleatoriamente, de 1.000 clientes de Eddie Bauer.

Geralmente, como no caso da Spiegel, um projeto de pesquisa começa com a pesquisa exploratória. No entanto, outras combinações dos modelos básicos são possíveis. A pesquisa exploratória pode ser conduzida em qualquer momento do projeto ou nem ser executada. Um modelo de pesquisa bem-elaborado tentará controlar a amostragem aleatória e também os erros de não-amostragem, como no caso de abertura. Utilizou-se uma amostra grande escolhida aleatoriamente para medir e controlar erros de amostragem aleatória. Foram feitos esforços também para controlar as várias fontes de erro de não-amostragem. Por exemplo, os entrevistadores foram cuidadosamente selecionados e totalmente treinados, e uma supervisão séria foi exercida para minimizar os erros de entrevistas atribuídos aos entrevistadores e aos entrevistados.

PESQUISA DE MARKETING E TQM

A pesquisa exploratória ajuda os gerentes a compreender melhor a qualidade e os seus componentes e pode também ajudar a definir o que significa a qualidade para o cliente. A pesquisa conclusiva pode ser usada para testar hipóteses específicas sobre o pacote de valores do cliente (PVC).

Finalmente, a pesquisa causal pode ser empregada para testar o efeito de modificações no produto em percepções de qualidade e valor do cliente. Uma empresa pode manipular níveis de preços experimentalmente para examinar se a qualidade percebida do produto aumenta com a elevação do preço. Assim, a pesquisa de marketing pode ajudar no desenho de produtos de qualidade, como ilustrado pela Phisalia.

Exemplo

PRODUTOS DE HIGIENE PESSOAL PARA CRIANÇAS DAS CLASSES POPULARES

A Phisalia é uma indústria brasileira de médio porte que tem uma linha de produtos de higiene e beleza para crianças e adolescentes de baixa renda (conhecidos como classes populares). O lançamento de produtos na Phisalia é comumente orientado por pesquisas de marketing.

Em geral, a Phisalia adota um modelo de pesquisa exploratório seguido de uma pesquisa descritiva na avaliação de respostas de consumidores aos seus produtos. É dada a todos os detalhes, e o foco fica na qualidade da pesquisa. Enquanto se elaborava uma nova linha de produtos, entrevistas individuais revelaram que os compradores dos produtos de higiene pessoal – as mães – valorizam a beleza da embalagem ao decidir pelo produto no ponto-de-venda. Na formação de percepções de qualidade, o cheiro e a aparência do produto e da embalagem eram importantes. No entanto, constatou-se que o produto não deveria ter um preço alto, que seria percebido como um luxo em vez de um item para todos os dias.

Com base nessa pesquisa, a Phisalia desenvolveu uma linha de produtos de beleza e higiene pessoal para meninas de 3 a 8 anos de idade das classes CD, posicionando um produto de qualidade por um preço acessível. O foco no consumidor ajudou a Phisalia a lançar outro produto bem-sucedido.[3]

PESQUISA DE MARKETING INTERNACIONAL

Os vários métodos associados à implementação de cada etapa do modelo de pesquisa discutido neste capítulo precisam ser reavaliados no contexto das diferenças culturais antes que possam ser usados em escala internacional. Em vista das diferenças ambientais e culturais, um modelo de pesquisa apropriado para um país pode não sê-lo para outro. Considere o problema de determinar atitudes no domicílio com relação a eletrodomésticos grandes nos Estados Unidos e na Arábia Saudita. Quando se realiza pesquisa exploratória nos Estados Unidos, é apropriado conduzir discussões em grupo conjuntamente com homens e mulheres chefes de família. Não seria apropriado conduzir tais discussões na Arábia Saudita. Em razão da cultura tradicional, as esposas provavelmente não participariam livremente na presença de seus maridos. Seria mais útil conduzir entrevistas em profundidade um a um com homens e mulheres chefes de família incluídos na amostra. A Procter & Gamble (P&G) encontrou uma situação parecida no Japão.

Exemplo

P&G – EXPLORANDO E CORTEJANDO AS MULHERES JAPONESAS

O mercado de consumo no Japão é um dos mais difíceis, mais competitivos e mais dinâmicos do mundo. O Japão representa a ponta da tecnologia mundial em muitas categorias de produtos. Quando a P&G começou a trabalhar no Japão, conduziu um estudo detalhado das características e do perfil do mercado. Para a P&G, o mercado-alvo era as donas-de-casa, em grande parte responsáveis pelo consumo de vários produtos, como fraldas, produtos de limpeza do lar, sabonetes e detergentes. Uma pesquisa exploratória seguida de pesquisa descritiva foi empreendida para esse propósito. Enquanto discussões em grupo são mais populares nos Estados Unidos, as entrevistas em profundidade um a um eram as preferidas no Japão, dada a tendência cultural dos japoneses de não discordar abertamente em ambientes de grupo. As pesquisas descritivas utilizavam entrevistas pessoais realizadas em casa.

Os resultados mostraram que a dona-de-casa média do Japão era intransigente quanto a suas demandas por alta qualidade, valor e serviço. Era um exemplo de conservação e de eficiência na gestão do lar. Aproximadamente metade das mulheres adultas do Japão estava empregada, mas geralmente trabalhava fora de casa antes do casamento e após os filhos crescerem. A criação dos filhos era a prioridade número um das mães japonesas.

Quando se falava de marcas estrangeiras versus nacionais, as mulheres japonesas preferiam produtos estrangeiros de marca que tinham estilo e status, como roupas da moda, perfumes franceses, vinhos, bebidas destiladas e bolsas de grife. Elas não preferiam produtos funcionais feitos em países estrangeiros, já que esses produtos normalmente não satisfaziam seus padrões exatos e exigentes de qualidade.

As mulheres japonesas preferiam as propagandas que conservavam valores e papéis tradicionais e de família em vez de exemplos típicos do Ocidente. A P&G cometeu alguns erros inicialmente ao julgar mal as nuances da cultura japonesa antes de o estudo ter sido conduzido. Por exemplo, o lançamento do sabonete Camay e das fraldas Pampers foi apoiado com propaganda no estilo ocidental, o que não foi bem recebido pelas mulheres japonesas. No entanto, com base no estudo do perfil de mercado, a propaganda foi mudada para enfatizar valores sociais e de família tradicionais, aumentando assim sua eficácia.[4]

Nos países em desenvolvimento não existem painéis de consumidores. Em muitos deles, como em Serra Leoa, na África, a infra-estrutura de suporte ao marketing – desenvolvimento varejista, atacadista, publicitário e promocional – muitas vezes deixa a desejar, o que torna difícil implementar um modelo causal envolvendo experiência de campo. Ao formular um modelo de pesquisa, é necessário um esforço considerável para assegurar a equivalência e a comparabilidade de dados secundários e primários obtidos de países diferentes. No contexto de coleta de dados primários, a pesquisa qualitativa, os métodos de pesquisa, as técnicas de graduação, o modelo do questionário e as considerações de amostragem são especialmente importantes. Discutiremos esses tópicos com mais detalhes nos capítulos subseqüentes.

TECNOLOGIA E PESQUISA DE MARKETING

Produtos inteligentes existem há muito tempo. Cafeteiras e VCRs podem ser informados quando devem executar suas respectivas tarefas. Carros dizem ao motorista quando os faróis não foram desligados ou a porta não está totalmente fechada. Em um futuro muito próximo, esses e outros produtos ficarão ainda mais inteligentes. Subsistemas de rede logo serão embutidos em muitos deles, tanto hardware quanto software, dando-lhes capacidade de falar e de lembrar.[5]

Esses subsistemas de rede poderiam ser adicionados ao processo de produção para produtos novos ou facilmente adicionados a produtos existentes. A tecnologia necessária já existe, é uma questão de tempo aplicá-la. Quando engatilhado ou ligado, por um evento pré-programado, o produto falaria com o usuário e gravaria a conversa. A conversa (ou dados) poderia então ser transmitida para o produtor instantaneamente, ou armazenada e coletada em lotes e transmitida em alguma data futura. Tais dados seriam extremamente valiosos para os gerentes de marketing.

Esses subsistemas poderiam provar ser muito úteis para as empresas, incluindo aquelas que desenvolvem software, como a Microsoft. Quando adicionados a um aplicativo como o Microsoft Office, eles poderiam ser programados a se ativar quando o usuário encontrasse uma mensagem de erro. Após conversar com o usuário, o subsistema armazenaria todos os dados relevantes. Depois o fabricante poderia determinar o que ocorreu e o que seria possível fazer para evitar que aquele erro acontecesse novamente. Quaisquer observações ou opiniões do usuário também poderiam ser armazenadas para análise. Essa informação ajudaria a Microsoft quando estivesse fabricando produtos novos ou fazendo atualizações de versões do Microsoft Office.

ÉTICA NA PESQUISA DE MARKETING

A escolha de um modelo de pesquisa tem insinuações éticas tanto para o cliente quanto para a empresa de pesquisa. Uma empresa de pesquisa que justifica o uso de um modelo contínuo simplesmente porque ela não tem nenhuma experiência em conduzir estudos com outros métodos está agindo de forma antiética.

O pesquisador tem de assegurar que o modelo de pesquisa proporcionará as informações necessárias para encaminhar o problema de pesquisa de marketing. O cliente precisa ter a integridade de não deturpar o projeto, deve descrever as limitações sob as quais o pesquisador tem de operar e não fazer exigências irracionais. Se o contato com o consumidor precisa ser restrito, ou se o tempo for uma questão importante, o cliente deve deixar todos cientes dessas limitações desde o início do projeto. Seria antiético para o cliente extrair detalhes de uma proposta submetida por uma empresa de pesquisa e passá-los para outra. Uma proposta é propriedade da empresa de pesquisa que a preparou, a não ser que o cliente tenha pago por ela. O cliente não deve tirar proveito da empresa de pesquisa ao fazer promessas falsas de contratos futuros para poder solicitar concessões pelo projeto atual.

Exemplo

CONCESSÕES QUE SÃO 'APENAS NEGÓCIOS' VERSUS AS CONCESSÕES ANTIÉTICAS

Dilemas éticos podem surgir por causa do forte desejo das empresas de pesquisa de marketing de se tornarem fornecedores de grandes empresas que são usuários de pesquisas de marketing. É o caso da Visa, da Delta Airlines, da Coca-Cola e da Ford Motor Company. Essas empresas têm grandes orçamentos para pesquisas de marketing e contratam regularmente fornecedores externos de pesquisas de marketing. Esses grandes clientes podem manipular o preço por um estudo atual ou exigir concessões irracionais no modelo de pesquisa (por exemplo, mais discussões de grupo, uma amostra maior ou análises adicionais de dados), sugerindo o potencial da empresa de pesquisa de marketing em se tornar um fornecedor constante. Isso pode ser considerado 'apenas negócio', mas se torna antiético quando não há nenhuma intenção de cumprir um estudo maior ou de usar a empresa de pesquisa no futuro. Empresas de pesquisa de marketing devem ficar cientes de tais práticas antiéticas e precisam discernir a intenção dos clientes antes de oferecer concessões para ganhar negócios futuros.[6]

É igualmente importante não esquecer as responsabilidades dos entrevistados. O pesquisador deve elaborar o estudo de forma a não violar o direito à segurança, à privacidade ou à escolha do entrevistado. Além do mais, o cliente não pode violar a anonimato do entrevistado. (Questões relacionadas a entrevistados são discutidas com mais detalhes nos capítulos 4, 5, 6, e 7.)

APLICAÇÕES NA INTERNET

A Internet pode facilitar a implementação de vários tipos de modelo de pesquisa.

Pesquisa exploratória

Como discutimos no Capítulo 2, a Internet pode proporcionar muitos recursos de pesquisa de marketing. Servidores de listas de notícias e outros serviços como quadro de avisos podem ser muito úteis na fase exploratória da pesquisa. Mensagens postadas em grupos de notícias muitas vezes podem servir de guia para outras fontes válidas de informação. Grupos de notícias podem ser usados para estabelecer discussões em grupo (Capítulo 6) mais formais com experts ou indivíduos representando o público-alvo para poder obter informações iniciais sobre algum tópico. No Capítulo 6 discutimos com mais detalhes o uso da Internet para conduzir discussões em grupo.

Pesquisa conclusiva

Muitos estudos descritivos utilizam dados secundários, descritos nos capítulos 4 e 5; levantamentos, discutidos no Capítulo 7; e painéis, discutidos nos capítulos 5 e 7. O uso da Internet para modelos de pesquisa causais é discutido no Capítulo 8. A Internet, na sua capacidade de fonte de informação, pode ser útil para descobrir dados secundários e coletar dados primários necessários na pesquisa conclusiva, como ilustrado pela E-Valuations.com.

*E*xemplo

A E-Valuations.com (*www.e-valuations.com*), com sede em Seattle, é uma empresa de pesquisa de marketing de serviço pleno que se especializa em serviços de pesquisa de marketing on-line. A E-Valuations.com gerencia um site de pesquisa chamado Questions.net, que junta grupos de participantes ao oferecer-lhes incentivos para responder às perguntas de levantamento. Os participantes são escolhidos de um grupo-alvo definido pelo cliente e são os mais adequados para fornecer as informações específicas necessárias. A E-Valuations.com usa uma variedade de opções eletrônicas quando conduz uma pesquisa exploratória, incluindo discussões de grupos de notícias e discussões em grupo eletrônicas. A pesquisa conclusiva é conduzida principalmente ao utilizar levantamentos na Internet postados em seu site. A empresa tem conduzido a pesquisa conclusiva e exploratória para uma vasta gama de clientes e os tem ajudado a tomar decisões bem-sucedidas de marketing.

*R*esumo

Um modelo de pesquisa é o mapa para conduzir o projeto de pesquisa de marketing. Ele especifica os detalhes de como o projeto deve ser conduzido. Modelos de pesquisa podem ser amplamente classificados como exploratórios ou conclusivos. O propósito primário da pesquisa exploratória é proporcionar esclarecimento sobre o problema. A pesquisa conclusiva é usada para testar hipóteses e examinar relacionamentos específicos. A pesquisa conclusiva pode ser descritiva ou causal, e é utilizada como entrada nas tomadas de decisão gerenciais.

O principal objetivo da pesquisa descritiva é descrever as características do mercado ou suas funções. A pesquisa causal foi elaborada para obter evidências sobre relacionamentos de causa e efeito (causal) através de uma experiência.

Ao avaliar uma proposta de pesquisa, a gerência precisa descontar o valor das informações pelo nível de erro inerente ao estudo. O erro pode ser associado a qualquer um dos seis componentes do modelo de pesquisa. Os gerentes devem preparar uma proposta de pesquisa de marketing por escrito que inclui todos os elementos do processo de pesquisa de marketing.

No contexto de TQM, a pesquisa exploratória ajuda os gerentes a compreender melhor a qualidade e seus componentes. A pesquisa conclusiva pode ser usada para testar hipóteses sobre o pacote de valor do cliente e o relacionamento de preço-qualidade-valor. Os vários métodos associados à implementação de cada etapa do modelo de pesquisa precisam ser reavaliados no contexto de diferenças culturais antes que possam ser usados em escala internacional. Além dos aspectos éticos que preocupam o pesquisador e o cliente, os direitos dos entrevistados precisam ser respeitados quando o modelo de pesquisa for formulado. A tecnologia e a Internet podem facilitar a implementação de pesquisas exploratórias, descritivas ou causais.

Exercícios

1. Defina *modelo de pesquisa* com suas palavras.
2. Formular um modelo de pesquisa é diferente de elaborar uma abordagem para um problema?
3. Diferencie a pesquisa exploratória da conclusiva.
4. Quais são os principais propósitos para os quais a pesquisa descritiva é conduzida?
5. Discuta as vantagens e as desvantagens de painéis.
6. O que é um modelo de pesquisa causal? Qual o seu propósito?
7. Qual é o relacionamento entre pesquisa exploratória, descritiva e causal?
8. Liste os principais componentes de um modelo de pesquisa.

Problemas

1. A Sweet Cookies está planejando lançar uma linha de biscoitos e quer avaliar o tamanho do mercado. Os biscoitos têm sabor de chocolate com abacaxi e serão direcionados às classes A e B do mercado. Discuta o tipo de modelo de pesquisa que poderá ser usado.
2. A Welcome Inc. é uma rede de restaurantes de fast-food localizada nas principais áreas metropolitanas do sul dos Estados Unidos. As vendas têm crescido lentamente nos últimos dois anos. A gerência decidiu adicionar alguns itens ao cardápio, mas primeiro quer saber mais a respeito de seus clientes e de suas preferências.
   a. Liste duas hipóteses.
   b. Que tipo de modelo de pesquisa é apropriado? Por quê?

Atividades

TRABALHO DE CAMPO

1. Contate algumas organizações de pesquisa de marketing e pergunte a elas sobre os modelos de pesquisa que têm utilizado durante o último ano e a natureza do problema encaminhado. Escreva um relatório sobre seus resultados.

DISCUSSÃO EM GRUPO

1. Discuta a seguinte declaração: "Se o orçamento de pesquisa for limitado, a pesquisa exploratória pode ser dispensada".
2. Discuta a seguinte declaração: "O pesquisador deve sempre tentar elaborar um modelo ótimo para todo projeto de pesquisa de marketing".
3. "Existem muitas fontes em potencial para o erro em um projeto de pesquisa. É impossível controlar todas. Portanto, a pesquisa de marketing contém muitos erros e não podemos confiar nos resultados." Discuta essas declarações em grupo. Seu grupo chegou a algum consenso?

Notas

1. Adaptado de "The Spiegel Group reports 46 percent increase in earnings for 2000", *www.thespiegelgroup.com/news/20010215-32670.htm*, e "Spiegel, Inc. reports significant earnings improvement and 10 percent sales increase in second quarter", *www.thespiegelgroup.com/news/19990722-13042.htm*.
2. Adaptado de Scott Spanbaur, "Windows 2000: the first 100 days", *PC World*, 18, 7, jul. 2000, p. 54; Cara Cunningham, "Microsoft talks Windows futures", *InfoWorld*, 19, 11, 17 mar. 1997, p. 26, e "1995 Edison Best New Products awards winners", *Marketing News*, 30, 10, 6 maio 1996, p. E4-E11.
3. Fabio Mariano, "Popular classes: the forgotten target", *Consolidation or Renewal*, ESOMAR, set. 2002.
4. Adaptado de Andrew Mollet, "Japan's washday blues", *Chemical Week*, 162, 4, 26 jan. 2000, p. 36; Steve Bell, "P&G forced by rivals to change old habits", *Marketing*, 17 jun. 1999, p. 15, e Catherine Becker, "Hair and cosmetic products in the Japanese market" *Marketing and Research Today*, 25, 1, fev. 1997, p. 31-37.
5. Robin Layland, "QOS: moving beyond the marketing hype", *Data Communications*, 28, 6, 21 abr. 1999, p. 17-18, e Daniel Abelow, "Networking subsystems: products that talk", *Data Communications*, 21 mar. 1993, p. 90.
6. John R. Sparks e Shelby D. Hunt, "Marketing researcher ethical sensitivity: conceptualization, measurement and exploratory investigation", *Journal of Marketing*, 62, 2, abr. 1998, p. 92-109, e Betsy Peterson, "Ethics revisited", *Marketing Research: A Magazine of Management & Applications*, 8, 4, inverno 1996, p. 47-48.

CAPÍTULO 4
Modelo de Pesquisa Exploratória: Dados Secundários

Neste capítulo abordamos as seguintes questões:

1. Por que os dados secundários são importantes? Como distinguimos dados secundários de dados primários?
2. Quais são as vantagens e desvantagens dos dados secundários?
3. Como os dados secundários devem ser avaliados para determinar sua utilidade?
4. Quais são as diferentes fontes de dados secundários, incluindo fontes externas e fontes internas?
5. O que é marketing do banco de dados? Como ele faz uso dos dados secundários?
6. Como os dados secundários publicados podem ser classificados?
7. Como os bancos de dados computadorizados podem ser classificados?
8. Os dados secundários têm um papel na gestão da qualidade total?
9. Como a tecnologia pode realçar a utilidade dos dados secundários?
10. Quais questões éticas estão envolvidas no uso de dados secundários?
11. Como o uso da Internet realça a análise dos dados secundários?

USO DE DADOS SECUNDÁRIOS

Uma empresa que deseja apontar com precisão o que torna possível ajudar no aumento do consumo de seus produtos pode chegar a dois caminhos: aumentar o consumo junto aos atuais clientes ou conquistar novos consumidores.

Estudos preliminares de dados internamente disponíveis e rotineiramente coletados sobre o número de clientes, a freqüência de compra etc. não seriam suficientes. Dados adicionais poderiam ser obtidos conduzindo uma pesquisa de marketing junto ao público-alvo.

Em vista da dificuldade de se obter informação sobre o potencial de mercado com uma pesquisa de dados primários junto ao público-alvo, a qual levaria muito tempo e incorreria em custo, não se deve tomar esse curso de ação. A pesquisa de dados secundários pode ser utilizada com razoável precisão e custo muito menor em curto espaço de tempo.

A própria empresa ou fornecedores de serviços de pesquisa (fornecedores externos) podem ser responsáveis pela condução do estudo de dados secundários.

Um fornecedor externo, empresa de pesquisa de mercado, recebe o pedido do serviço, analisa a necessidade de dados para resolver o problema específico que o cliente esteja enfrentando e começa um estudo exaustivo através de seu banco de dados para obtenção de informações pertinentes às necessidades do cliente.

Além das informações armazenadas em seu banco de dados, informações de outras fontes externas podem ser utilizadas, desde que se examine a metodologia adotada, a precisão, a natureza e o momento de coleta, para que se tenha certeza de que o dado procede de fonte segura.

Os resultados do estudo para resolver os problemas do cliente, ou seja, determinar o potencial de mercado, ficam prontos em torno de quatro semanas, período muito menor do que o tempo que se levaria para fazer uma pesquisa.

Utilizando os resultados de pesquisa de dados secundários conjuntamente com os dados secundários disponíveis dentro da própria empresa, chega-se ao potencial de mercado e decide-se com maior certeza qual ação tomar para aumentar o consumo.

O uso de dados secundários como fonte de pesquisa faz com que decisões sejam tomadas mais rapidamente baseadas em dados sólidos.

VISÃO GERAL

Como mencionado no Capítulo 2, a análise dos dados secundários ajuda a definir o problema de pesquisa de marketing e desenvolver uma abordagem para o mesmo. Antes de planejar a pesquisa (Capítulo 3), o pesquisador também deve analisar os dados secundários relevantes. A relação dos dados secundários com os capítulos anteriores é mostrado na Figura 4.1. Este capítulo discute a distinção entre dados primários e secundários, assim como as vantagens, as desvantagens e os critérios para avaliação dos dados secundários, que podem ser gerados interna e externamente. O capítulo conclui com uma discussão da prática de integrar dados secundários internos e externos. A Figura 4.2 apresenta uma visão geral deste capítulo.

Os dados secundários podem ser distinguidos dos primários quando consideramos o propósito da coleta de dados originais.

DADOS PRIMÁRIOS VERSUS DADOS SECUNDÁRIOS

Um resultado do processo de pesquisa é definir o problema de pesquisa de marketing e identificar as perguntas específicas de pesquisa e as hipóteses (Capítulo 2). Quando os dados são coletados para solucio-

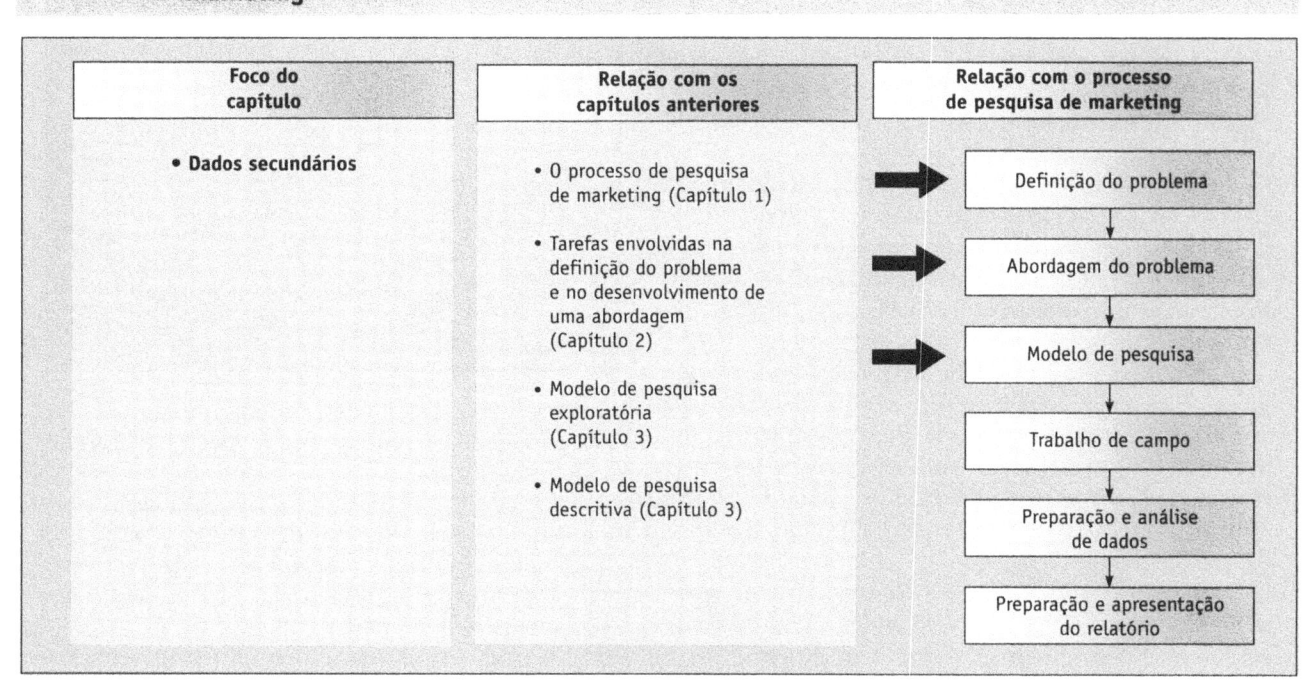

Figura 4.1 Relação dos dados secundários com os capítulos anteriores e o processo de pesquisa de marketing

Foco do capítulo	Relação com os capítulos anteriores	Relação com o processo de pesquisa de marketing
• Dados secundários	• O processo de pesquisa de marketing (Capítulo 1) • Tarefas envolvidas na definição do problema e no desenvolvimento de uma abordagem (Capítulo 2) • Modelo de pesquisa exploratória (Capítulo 3) • Modelo de pesquisa descritiva (Capítulo 3)	Definição do problema → Abordagem do problema → Modelo de pesquisa → Trabalho de campo → Preparação e análise de dados → Preparação e apresentação do relatório

nar um problema específico de pesquisa de marketing, nos referimos a eles como **dados primários**. A obtenção dos dados primários pode ser cara e consumir muito tempo, porque envolve as seis etapas do processo de pesquisa de marketing (Figura 4.1).

Antes de iniciar a coleta de dados primários, o pesquisador deve lembrar-se de que o problema em estudo pode não ser único. É possível que alguém tenha investigado o mesmo ou um problema de pesquisa de marketing similar. Uma busca pelos dados existentes pode levar a informações relevantes. **Dados secundários** representam quaisquer dados que já foram coletados para outros propósitos além do problema em questão. Em comparação à coleta de dados primários, os dados secundários podem ser levantados rapidamente a um custo baixo. As diferenças entre dados primários e secundários estão resumidas na Tabela 4.1.

É fácil deixar passar muitas fontes de dados secundários quando se desenvolve um modelo formal de pesquisa. Entretanto, uma vez que a busca por dados secundários é iniciada, o volume de informações existentes pode ser exagerado. Para se poder efetuar uma busca com redução de custos por toda essa quantidade de informações, é importante que o pesquisador esteja familiarizado com várias fontes de dados secundários, incluindo as empresas de pesquisa de marketing que se especializam em dados secundários.

VANTAGENS E USOS DOS DADOS SECUNDÁRIOS

As principais vantagens dos dados secundários são o tempo e o dinheiro que eles economizam. Além disso, a coleta de alguns dados, como aqueles fornecidos pelo Censo, não seria viável se as empresas fossem fazê-la por conta própria. Embora seja muito raro que os dados secundários forneçam todas as respostas para um problema de pesquisa não rotineiro, a análise dos mesmos deve sempre ser o primeiro passo em direção à solução de um problema de pesquisa.

Esses dados podem ajudar a:
1. Identificar o problema.
2. Entender melhor e definir o problema.
3. Desenvolver uma abordagem para o problema.

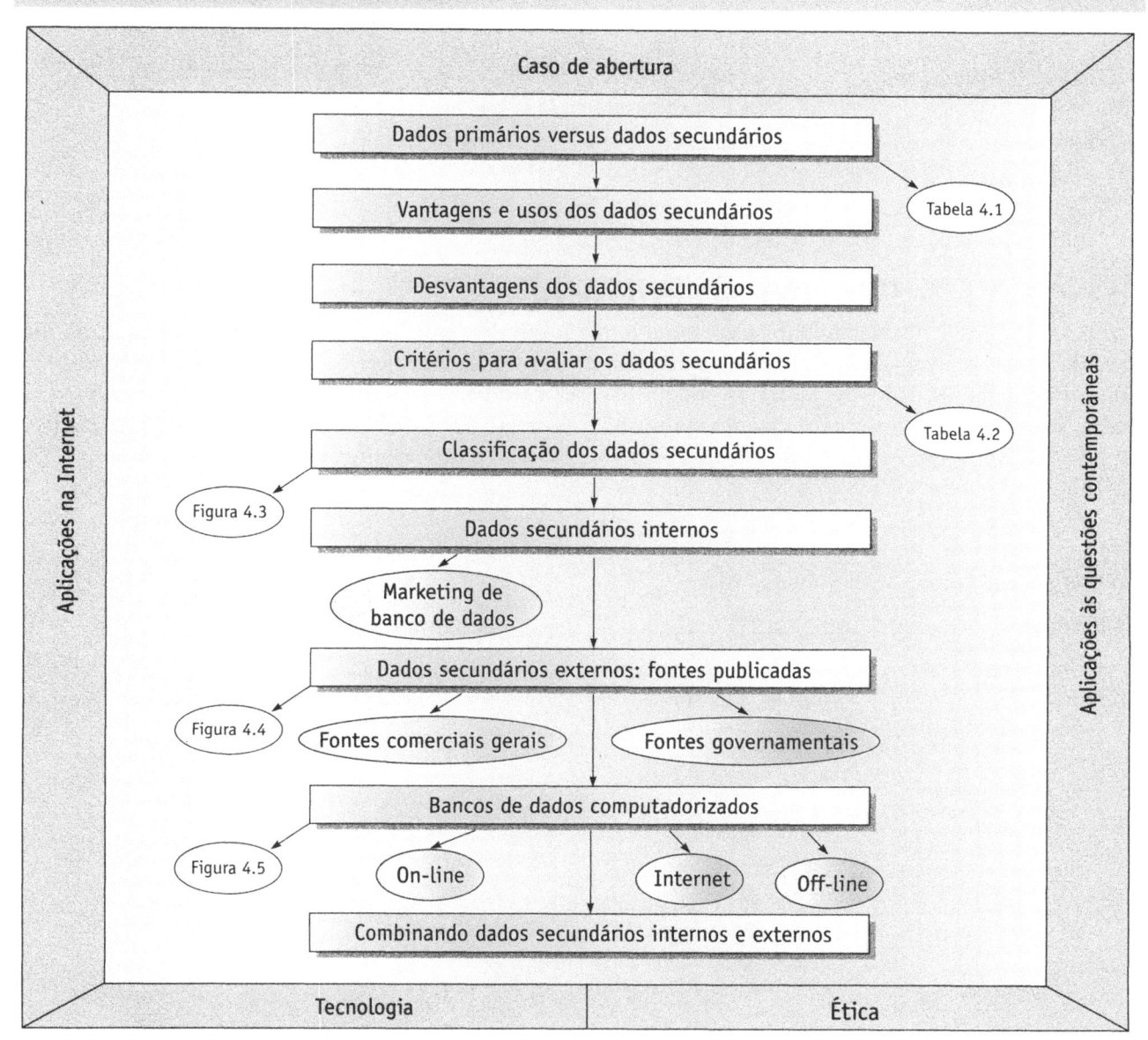

Figura 4.2 Dados secundários: visão geral

```
Caso de abertura

Dados primários versus dados secundários
        ↓
Vantagens e usos dos dados secundários ——→ (Tabela 4.1)
        ↓
Desvantagens dos dados secundários
        ↓
Critérios para avaliar os dados secundários ——→ (Tabela 4.2)
        ↓
Classificação dos dados secundários
        ↓
(Figura 4.3) ←— Dados secundários internos
        ↓
   (Marketing de banco de dados)
        ↓
Dados secundários externos: fontes publicadas
        ↓
(Figura 4.4) (Fontes comerciais gerais) (Fontes governamentais)
        ↓
Bancos de dados computadorizados
        ↓
(Figura 4.5) (On-line) (Internet) (Off-line)
        ↓
Combinando dados secundários internos e externos

Aplicações na Internet | Aplicações às questões contemporâneas
Tecnologia | Ética
```

4. Formular um modelo de pesquisa apropriado (por exemplo, identificando as variáveis-chave).
5. Responder a certas perguntas de pesquisa e testar algumas hipóteses.
6. Interpretar os dados primários com maior clareza.

Em vista dessas vantagens e dos usos dos dados secundários, relatamos uma regra básica para a pesquisa: examine primeiro os dados secundários disponíveis. O projeto de pesquisa deve efetuar a coleta de dados primários apenas quando as fontes de dados secundários estiverem exauridas ou renderem retornos marginais.

A análise dos dados secundários pode proporcionar esclarecimento valioso e estabelecer a base para a condução de pesquisas mais formais, como discussões em grupo (*focus groups*) e levantamentos de campo. Entretanto, o pesquisador deve ter cuidado quando estiver utilizando os dados secundários porque existem algumas desvantagens.

Tabela 4.1 Uma comparação dos dados primários e secundários

	DADOS PRIMÁRIOS	DADOS SECUNDÁRIOS
Propósito da coleta	Para o problema em mãos	Para outros problemas
Processo da coleta	Muito envolvido	Rápido e fácil
Custo da coleta	Alto	Relativamente baixo
Tempo da coleta	Longo	Curto

DESVANTAGENS DOS DADOS SECUNDÁRIOS

O valor dos dados secundários é em geral limitado por seu grau de relevância ao problema de pesquisa atual e pelas preocupações a respeito da precisão dos mesmos. Os objetivos, a natureza e os métodos usados para coletar os dados secundários podem não ser compatíveis com a situação atual. Além disso, os dados secundários podem estar falhando em termos de precisão, compatibilidade das unidades de medição ou prazo de validade. Antes de utilizar os dados secundários, é importante avaliá-los seguindo os critérios da Tabela 4.2.

Tabela 4.2 Critérios para avaliar os dados

CRITÉRIOS	QUESTÕES	COMENTÁRIOS
Especificações / Metodologia	Método de coleta de dados Índice de respostas Qualidade dos dados Técnica de amostragem Tamanho da amostra Modelo do questionário Trabalho de campo Análise dos dados	Os dados devem ser confiáveis, válidos e generalizados para o problema em mãos.
Erro / Precisão	Examinar erros em: abordagem, concepção da pesquisa, amostragem, coleta de dados, análise de dados, relatório	Avaliar a precisão comparando os dados das diferentes fontes.
Atualidade	Prazo entre coleta e publicação Freqüência das atualizações	Dados do Censo são periodicamente atualizados por empresas especializadas.
Objetivo	Por que os dados foram coletados?	O objetivo determinará a relevância dos dados.
Natureza	Definição de variáveis-chave Unidades de medição Categorias usadas	Se possível, reconfigurar os dados para aumentar sua utilidade.
Confiabilidade	Experiência, credibilidade, reputação e confiabilidade da fonte	Os dados devem ser obtidos de uma fonte original, em vez de uma fonte adquirida.

CRITÉRIOS PARA AVALIAR OS DADOS SECUNDÁRIOS

Especificações: metodologia usada para coletar os dados

As especificações do modelo de pesquisa, isto é, a metodologia usada para coletar os dados, devem ser criticamente examinadas para identificar possíveis fontes de tendenciosidade. Fatores como o tamanho e a natureza da amostra, o índice de respostas e sua qualidade, o modelo e a administração do questionário, os procedimentos usados para o trabalho de campo, a análise dos dados e a elaboração do relatório são todos importantes na identificação de erros, assim como na análise da relevância dos dados. Uma das vantagens de usar os dados da fonte original é que a concepção da pesquisa é fornecida como parte do estudo original publicado.

Erro: precisão dos dados

Tanto os dados secundários quanto os primários podem conter erros, originados dos estágios de abordagem e concepção da pesquisa, amostragem, coleta de dados, análise e elaboração do relatório do projeto. Além disso, é difícil avaliar a precisão dos dados secundários quando o pesquisador não participou diretamente da coleta.

Os dados secundários podem ser obtidos diretamente da fonte que os originou ou de uma fonte secundária que garanta os dados de outras pessoas. Quanto mais afastado você estiver da fonte de dados original, maior é a possibilidade de problemas com a precisão. Uma fonte original provavelmente será mais precisa e completa do que uma fonte não-original. Sempre use a fonte original se ela estiver disponível.

Uma solução para controlar os problemas de precisão é encontrar várias fontes de dados e compará-las usando os procedimentos estatísticos-padrão. A precisão dos dados secundários pode também ser verificada com a condução de investigações de campo, como recomendado no exemplo a seguir.

*E*xemplo

AS DINÂMICAS POPULACIONAIS E A PRECISÃO DOS DADOS SECUNDÁRIOS

Uma associação de shoppings conduziu um estudo para avaliar a consistência dos perfis de mercado elaborados pelos fornecedores de informações demográficas secundárias. Seis fornecedores participaram da pesquisa. Foram analisadas três áreas de mercado. Os fornecedores apresentaram estatísticas e dados demográficos sobre cada área de mercado para a associação. Esta analisou as diferenças entre os relatórios dos fornecedores usando procedimentos estatísticos-padrão.

Os resultados indicaram que havia pouca variação nos dados de fontes diferentes quando a população estava relativamente estável. Entretanto, os dados demográficos variavam consideravelmente nas áreas com rápidas mudanças populacionais. Nesses casos, a associação recomendou que os usuários verificassem os levantamentos de dados dos fornecedores com suas próprias investigações de campo.

Como indica o exemplo, a precisão dos dados secundários pode variar, especialmente se estiverem relacionados com condições de mercado altamente voláteis. Além disso, os dados obtidos de fontes diferentes podem não combinar. Nesses casos, o pesquisador deve verificar a precisão dos dados secundários por meio da condução de estudos-piloto ou de outros métodos apropriados. Com alguma criatividade, isso pode ser alcançado com pouco esforço e despesa.

Atualidade: quando os dados foram coletados

Os dados secundários podem não ser atuais. Pode ter havido um intervalo entre a coleta dos dados e a publicação, como é o caso dos dados do Censo. Além disso, os dados podem não ser atualizados freqüentemente para que respondam às questões relacionadas com o problema em pauta. A pesquisa de marketing requer dados atuais; assim, o valor dos dados secundários é diminuído à medida que eles ficam ultrapassados. Por exemplo, embora os dados do Censo de 2000 sejam completos, eles podem não ser aplicáveis a uma área metropolitana cuja população tenha mudado rapidamente nos últimos anos. Esses dados podem não ser suficientemente atuais para ser usados no planejamento de locais para novas lojas em 2005. Felizmente, várias empresas de pesquisa de marketing atualizam os dados do Censo periodicamente e tornam as informações atuais disponíveis por um certo preço.

Objetivo(s): o propósito para o estudo

Entender por que os dados secundários foram originalmente coletados pode sensibilizar o pesquisador quanto às limitações em usá-los para o problema de marketing atual. Suponha que uma editora tenha pesquisado sua base de renovação de assinaturas de revista no que diz respeito à leitura de seus artigos e à lembrança de seus anúncios. Um dos objetivos do estudo é usar as informações para vender mais espaço publicitário. Isso posto, os resultados do estudo ficariam disponíveis para os gerentes de publicidade, que provavelmente seriam os que tomariam as decisões sobre a colocação de anúncios. Esse tipo de informação secundária pode ser relevante para colocar um anúncio futuro. Entretanto, os resultados desse estudo seriam tendenciosos, pois refletiriam o comportamento dos assinantes que renovaram a assinatura da revista, um grupo que pode estar mais envolvido com a revista do que os assinantes em geral. Para interpretar esses dados com precisão, o publicitário teria de entender quão proximamente o segmento de renovações representava sua população total de assinantes.

Natureza: o conteúdo dos dados

A natureza ou o conteúdo dos dados devem ser examinados com atenção especial para a definição das variáveis-chave, das unidades de medição, das categorias usadas e das relações examinadas. Uma das limitações mais frustrantes dos dados secundários vem das diferenças em definição, unidades de medição, prazo de tempo examinado ou suposições questionáveis a respeito das relações das variáveis-chave. Se as variáveis-chave não foram bem definidas, ou definidas de maneira inconsistente com a definição do pesquisador, a utilidade dos dados é limitada.

Considere os dados secundários relacionados com as vendas no varejo. Quando as informações forem interpretadas, surgirão perguntas a respeito da definição das vendas: se foram brutas ou líquidas ou se representam vendas a vista ou a crédito. Por exemplo, se a Visa decidir investigar as vendas dos serviços de cartão de crédito, esse nível de distinção se torna crítico. A Visa gasta milhões de dólares com a comercialização do cartão para os varejistas e anuncia o cartão para os consumidores com o tema "Está em todos os lugares em que você estiver".

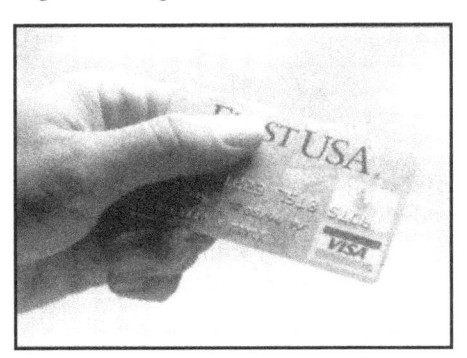

Para que os dados secundários sejam úteis à Visa, as vendas a varejo devem ser definidas com precisão.

Os dados secundários podem ser medidos em unidades que não sejam apropriadas para o problema atual. Por exemplo, a renda pode ser medida por indivíduo, família, domicílio ou unidade de gasto, e pode ser relatada bruta ou líquida depois dos impostos e das deduções. Se as categorias de renda relatadas nas fontes secundárias forem diferentes daquelas exigidas pela pesquisa, as informações podem não ser úteis. Se o pesquisador estiver interessado em consumidores com rendas brutas anuais por domicílio acima de 90 mil dólares, os dados secundários com as categorias de renda inferiores a 15 mil, de 15.001 a 35 mil, de 35.001 a 50 mil e mais de 50 mil dólares não terão utilidade.

Finalmente, precisamos considerar as variáveis de interesse do pesquisador. Por exemplo, se ele estiver interessado no comportamento de compra real, as informações sobre atitudes que apenas inferem o comportamento podem ter utilidade limitada.

Confiabilidade: no geral, até que ponto os dados podem ser confiáveis?

Uma indicação geral da confiabilidade dos dados pode ser obtida através de um exame da experiência, da credibilidade, da reputação e da idoneidade da fonte. Pode-se obter isso checando com outros clientes que tenham utilizado informações fornecidas por essa fonte. Os dados publicados para promover vendas, para alcançar interesses específicos ou para fazer propaganda devem ser vistos com cautela. Podemos dizer o mesmo dos dados publicados anonimamente ou de forma que tentem ocultar os detalhes da metodologia e do processo de sua coleta. Por outro lado, os dados secundários divulgados por organizações com boa reputação, como o Censo, são bastante confiáveis e de alta qualidade.

CLASSIFICAÇÃO DOS DADOS SECUNDÁRIOS

Como representado na Figura 4.3 e discutido anteriormente neste capítulo, existem duas fontes principais de dados secundários: interna e externa. Os **dados internos** são gerados dentro da organização para a qual a pesquisa está sendo realizada. Já os **dados externos** são gerados por fontes externas à organização.

DADOS SECUNDÁRIOS INTERNOS E MARKETING DE BANCO DE DADOS

Antes da coleta de dados secundários externos, é sempre útil analisar os dados secundários internos. Os dados internos são gerados continuamente. Eles podem vir dos registros contábeis, dos relatórios de vendas, dos relatórios de produção operacional ou de especialistas internos. Embora seja possível que os dados secundários internos estejam prontos para usar, comumente é necessário um esforço considerável de processamento antes que possam ser usados. Por exemplo, os recibos do caixa de uma loja de departamentos contêm informações ricas, como as vendas por linha de produto, vendas por loja específica, vendas por região geográfica, vendas a vista versus compras no crédito, vendas em períodos de tempo específico, vendas por tamanho de compra etc. Entretanto, para extrair essas informações, os dados precisam ser processados e analisados extensivamente. Muitas organizações estão construindo sofisticados bancos de dados internos como plataforma para seus esforços de marketing.

O **marketing de banco de dados** requer o uso de computador para captar e rastrear os perfis dos clientes e os detalhes da compra. Para muitas empresas, o primeiro passo na criação de um banco de dados é transferir para o computador as informações brutas de vendas, como aquelas encontradas nos relatórios de visitas de vendas ou faturas. Tais informações são adicionadas às informações demográficas e psicográficas sobre o cliente, obtidas de fontes secundárias.

Essas informações podem ser analisadas em termos das atividades do cliente ao longo do relacionamento comercial. Os sinais de mudança nos relacionamentos de uso (por exemplo, um usuário assíduo di-

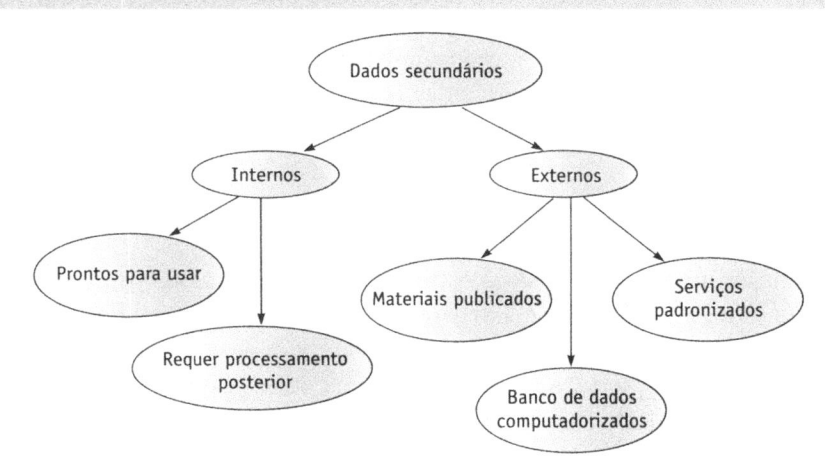

Figura 4.3 Classificação dos dados secundários

```
                        Dados secundários
                        /              \
                  Internos            Externos
                  /     \             /        \
         Prontos    Requer      Materiais    Serviços
         para usar  processamento publicados  padronizados
                    posterior        |
                              Banco de dados
                              computadorizados
```

Exemplo

GENERAL ELECTRIC: ELETRIFICANDO O MARKETING COM UM BANCO DE DADOS DE CLIENTES

A General Electric (GE) construiu um enorme banco de dados de clientes, que ela usa eficazmente para o mercado-alvo. A GE combinou dados demográficos, psicográficos, consumo de mídia e compras disponíveis externamente com os registros internos de transação dos clientes para apontar com precisão a propriedade e a história de eletrodomésticos de um cliente.

Usando esse banco de dados, a GE pode determinar, por exemplo, quais clientes estão prontos para substituir sua máquina de lavar roupas: aqueles que compraram a máquina seis anos atrás e têm família grande. A empresa pode direcionar os esforços de marketing na forma de cartões de compras, descontos e preços especiais para as máquinas de lavar para esses clientes. O banco de dados tem eletrificado o marketing da GE, resultando em aumento na participação no mercado e na rentabilidade.[1]

minui o uso) ou eventos significativos do 'ciclo de vida do cliente', como aniversários, podem ser identificados e trabalhados. Esses bancos de dados proporcionam a ferramenta essencial necessária para estimular, expandir e proteger o relacionamento com o cliente e também servem como base para o desenvolvimento de programas de marketing.

Organizações que cadastram seus clientes pelos serviços ou que fornecem extratos das atividades dos clientes estão em uma posição particularmente forte para usar seus dados secundários internos. As concessionárias públicas, os sistemas de televisão a cabo, os bancos, as lojas de departamentos e os convênios médicos são exemplos de organizações que usam o marketing do banco de dados.

Como ilustra o exemplo da GE, o marketing do banco de dados pode levar a programas de marketing bastante sofisticados e almejados.

DADOS SECUNDÁRIOS EXTERNOS: FONTES PUBLICADAS

As fontes de dados secundários cresceram consideravelmente nos últimos 20 anos. Esse crescimento tem sido estimulado, em parte, pela introdução de computadores pessoais no local de trabalho, o que dá ao funcionário acesso fácil aos bancos de dados comerciais. A seção seguinte proporcionará uma visão geral de algumas das fontes de dados secundários externos publicados. As organizações sem fins lucrativos (por exemplo, câmaras de comércio), as associações comerciais e as organizações profissionais, os editores comerciais, as empresas corretoras de investimentos e as empresas de pesquisa de marketing profissional são apenas algumas das fontes não-governamentais disponíveis. Para que você não se perca ante a enorme quantidade de dados secundários, começaremos nossa discussão com a classificação dos dados secundários publicados (Figura 4.4).

As fontes externas publicadas podem ser amplamente classificadas, como fontes comerciais gerais e fontes governamentais. As fontes comercializadas incluem guias, diretórios, índices e dados estatísticos. As fontes governamentais podem ser amplamente categorizadas, como dados do Censo ou outras publicações.

Fontes comerciais gerais

As empresas publicam muitas informações na forma de livros, periódicos, diários, jornais, revistas, relatórios e literatura comercial. Os guias, os anuários e os índices podem ajudá-lo a localizar informações disponíveis através das fontes comercializadas. As fontes também estão disponíveis para a identificação de dados estatísticos. A seguir, uma descrição breve de cada uma dessas categorias de recursos.

GUIAS Informações-padrão ou recorrentes estão resumidas nos guias. Eles proporcionam um caminho para outras fontes de dados secundários contidas em anuários ou publicadas pelas associações comer-

Figura 4.4 Uma classificação dos dados secundários publicados

```
                    Dados secundários
                       publicados
                    /              \
          Fontes gerais          Fontes
          comercializadas        governamentais
         /      |      \           /        \
     Guias  Diretórios  Dados   Dados      Outras
                     estatísticos do Censo  publicações
                     não-governamentais     governamentais
                        |
                     Índices e
                     bibliografias
```

ciais. Pelo fato de abrirem a porta para outras fontes de dados, os guias são uma das primeiras fontes que o pesquisador consultaria.

ÍNDICES E BIBLIOGRAFIAS Bibliografias organizadas alfabeticamente por tópico são outra fonte para iniciar uma pesquisa secundária externa. Discussões atuais ou históricas de um tópico específico de interesse serão indexadas nessas referências, levando a um grande número de autores. Vários índices estão disponíveis para referenciar tópicos acadêmicos e comerciais.

DIRETÓRIOS Os diretórios fornecem descrições breves das empresas, organizações ou indivíduos. São úteis para identificar os fabricantes que operam no seu mercado, para compilar nomes e endereços de associações no seu território ou para verificar os nomes e endereços de clientes prospectivos que carregam um título específico.

DADOS ESTATÍSTICOS NÃO-GOVERNAMENTAIS A pesquisa comercial geralmente envolve a compilação de dados estatísticos que refletem os fatores comerciais ou industriais. Uma perspectiva histórica de participação na indústria e as taxas de crescimento podem fornecer um contexto para a análise de participação no mercado. As estatísticas de mercado relacionadas à demografia populacional, aos níveis de compra, aos telespectadores e ao uso do produto são apenas alguns dos tipos de estatística não-governamentais disponíveis das fontes secundárias.

Fontes governamentais

O governo norte-americano é a maior fonte de dados secundários no mundo. Não seria possível à indústria privada coletar a quantia de dados que o governo coleta. Seus valores vão do desenvolvimento de previsões de vendas e estimativas do potencial de mercado até a simples localização dos varejistas, atacadistas ou fabricantes específicos. A amplitude e a precisão das fontes governamentais fazem com que elas sejam uma fonte rica de dados secundários.

Suas publicações são divididas em dados do Censo e outros dados governamentais.

DADOS DO CENSO Os dados do Censo são úteis em uma variedade de projetos de pesquisa de marketing. Os dados demográficos coletados pelo Censo incluem informações sobre os tipos de domicílio, sexo, idade, estado civil e raça. Os detalhes de consumo relacionados à propriedade de automóveis, características habitacionais, status social e ocupação, são apenas algumas das poucas categorias de informações disponíveis. O que torna os dados demográficos especialmente valiosos para os profissionais de marketing é que eles podem ser geograficamente categorizados em vários níveis de detalhes. Podem ser resumidos em nível de código postal ou bairros da cidade ou ser agregados para a nação inteira.

A qualidade dos dados do Censo é bastante alta, e eles são em geral extremamente detalhados. Para facilitar a análise comercial, essas informações estão disponíveis em múltiplas formas. Uma pessoa pode comprar fitas de computador, disquetes ou CDs do Censo por um preço nominal e colocar as informações no formato desejado. Os dados importantes do Censo incluem Censo de Habitação, Censo de Fabricantes, Censo da População, Censo do Comércio Varejista, Censo das Indústrias de Serviço e Censo do Comércio Atacadista. A integração dos dados do Censo com os existentes nos bancos de dados internos da empresa é uma aplicação útil das fontes secundárias múltiplas. Essa integração de dados secundários será discutida mais adiante.

OUTRAS PUBLICAÇÕES GOVERNAMENTAIS Além do Censo, o governo coleta e publica muitos dados estatísticos, a maior parte relevante para as empresas.

A maioria das publicações também está disponível nos bancos de dados computadorizados.

BANCOS DE DADOS COMPUTADORIZADOS

Os bancos de dados computadorizados, acessados diretamente on-line ou disponíveis pela Internet, tornaram os dados secundários facilmente disponíveis a organizações de todos os tamanhos. Um computador equipado com um modem ligado às principais redes de telecomunicações pode conectar o pesquisador às vastas bibliotecas de informações, acessíveis a qualquer hora, de qualquer lugar. Os pesquisadores de marketing não precisam mais sair do escritório para monitorar as mudanças em seus ambientes industriais, tecnológicos ou reguladores.

Atualmente existem milhares de bancos de dados. Esse crescimento fenomenal é resultado de uma das vantagens da disseminação de dados eletrônicos sobre os impressos:

1. **Informações atuais.** Pelo fato de a impressão não ser mais uma etapa essencial na disseminação de informações, os dados podem ser continuamente atualizados. Os editores que usam computador para editar e publicar seus jornais agora podem transferir esses documentos eletronicamente para os principais bancos de dados, tornando-os disponíveis a uma velocidade notável em comparação aos métodos tradicionais de produção impressa e distribuição física.
2. **Busca mais rápida de dados.** Os fornecedores on-line proporcionam uniformidade crescente no processo de busca, permitindo que até mesmo um novato em pesquisa secundária acesse rapidamente os dados de forma mais abrangente.
3. **Custo baixo.** O custo relativo de acessar os bancos de dados computadorizados é baixo.
4. **Conveniência.** Este talvez seja um dos maiores benefícios que os bancos de dados computadorizados nos proporcionam. Os provedores de informação agora têm um elo direto para o usuário final equipado com computador e modem. Eles não são mais forçados a distribuir seus produtos em bibliotecas ou lojas de varejo.

Entretanto, a condução de pesquisa secundária via bancos de dados computadorizados também tem suas limitações. O pesquisador que não sabe como conduzir uma busca focada pela palavra-chave, ou que não tenha certeza se um banco de dados específico proporciona dados abstratos ou artigos na sua integridade, poderá ficar enterrado sob uma montanha de dados irrelevantes. O pesquisador pode superar essas limitações à medida que adquire experiência no processo de busca computadorizada.

Saber como os bancos de dados computadorizados são classificados pode ajudar o pesquisador a estreitar a busca. Os fornecedores de bancos de dados proporcionam uma grande variedade de informações públicas, disponíveis para qualquer um que tenha acesso via computador a uma rede de telecomunicações. Os bancos de dados computadorizados são classificados de acordo com sua distribuição: on-line, Internet ou off-line, como mostra a Figura 4.5.

Bancos de dados on-line

Os **bancos de dados on-line** proporcionam acesso direto e interativo aos dados armazenados remotamente em um banco de dados central. Um microcomputador ligado a essas estruturas por um modem e uma rede de telecomunicações é tudo de que se precisa para iniciar um processo de busca de dados e de recuperação. As taxas de uso são geralmente baseadas nos minutos gastos na busca de um arquivo no computador (tempo on-line) e nas requisições de dados. Poderá também ser cobrada uma taxa mensal de acesso.

Os bancos de dados on-line oferecem uma vantagem em termos de atualização. Eles podem ser atualizados e ficar disponíveis para distribuição quase simultaneamente.

Bancos de dados na Internet

Os bancos de dados na Internet são uma forma especial de banco de dados on-line. Todos os funcionários com conhecimento, especialmente os pesquisadores de mercado, podem se beneficiar dos **bancos de dados na Internet**, que são fontes de informações disponíveis na World Wide Web (WWW). Além de acesso ao e-mail mundial, a Internet proporciona uma variedade de documentos de pesquisa de marketing, assim como dados de pesquisa primária e secundária. O acesso ao documento e a recuperação, via palavra-chave, são de interesse especial para a busca de dados secundários.

Vários serviços de busca e utilitários de busca podem ser lançados dos browsers na Internet, como Netscape ou Internet Explorer. Esses pacotes são ferramentas de navegação na Internet, fáceis de usar, e para todos os fins que fornecem acesso à WWW, incluindo os serviços de download e busca de documentos. Alguns dos muitos serviços de busca na Internet são os populares Lycos, Yahoo! e Webcrawler. A Internet é uma opção bastante popular na busca de dados secundários, e seu uso vem crescendo diariamente

Bancos de dados off-line

Uma outra maneira de tornar as informações disponíveis aos usuários é via **bancos de dados off-line** que são distribuídos fisicamente em disquetes ou CD-ROMs. Esse tipo de serviço de banco de dados transfere informações do ambiente do computador mainframe para um microcomputador. O acesso a uma rede de telecomunicações não é necessário se o pesquisador estiver utilizando bancos de dados off-line. Assim, as taxas de uso associadas com o acesso aos bancos de dados são eliminadas. No entanto, a economia em potencial precisa ser descontada da demora inerente em atualizar os dados off-line. Mesmo assim há um mercado para bancos de dados off-line. O Censo dos Estados Unidos disponibiliza arquivos em CD-ROMs, os quais contêm informações detalhadas organizadas por faixa do Censo ou por código postal.

Como classificação adicional, bancos de dados, sejam eles on-line, via Internet ou off-line, podem variar em termos de natureza e conteúdo. Como mostra a Figura 4.5, existem cinco principais tipos de banco de dados: bibliográficos, numéricos, texto completo, anuários e de propósitos especiais.

BANCOS DE DADOS BIBLIOGRÁFICOS **Bancos de dados bibliográficos** são índices de estudos e relatórios publicados em periódicos, revistas e jornais. Podem ser sobre qualquer assunto, variando de pesquisa de marketing a relatórios técnicos e documentos do governo. Muitas vezes são incluídos resumos dos relatórios, conhecidos como sumários.

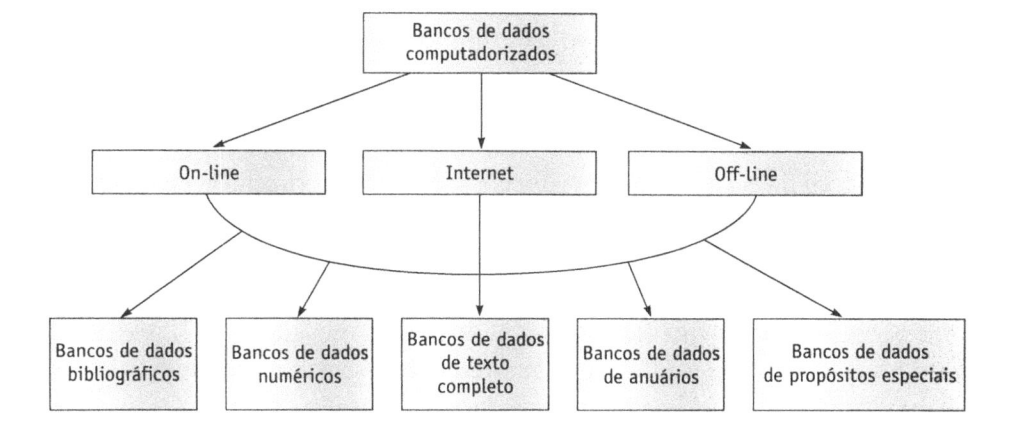

Figura 4.5 Uma classificação dos bancos de dados computadorizados

BANCOS DE DADOS NUMÉRICOS **Bancos de dados numéricos** especializam-se em disseminar informações estatísticas, como dados de pesquisa e de séries temporais. Dados econômicos e industriais se prestam para apresentações de séries temporais, as quais são desenvolvidas quando as mesmas variáveis são repetidamente medidas sobre o tempo. Esse tipo de dado é especialmente relevante para avaliar o potencial de um mercado, fazer previsões de vendas ou estabelecer cotas de vendas. Dados do Censo atualizados são outro exemplo de banco de dados numéricos.

BANCOS DE DADOS DE TEXTO COMPLETO Como se infere do nome, os **bancos de dados de texto completo** contêm o texto integral dos documentos-fonte contidos nos bancos de dados. Algumas empresas oferecem acesso com texto completo a centenas de fontes de dados de negócios, incluindo jornais selecionados, periódicos, relatórios anuais de empresas e relatórios de investimento de empresas.

BANCOS DE DADOS DE ANUÁRIOS **Bancos de dados de anuários** fornecem informações sobre indivíduos, organizações e serviços.

BANCOS DE DADOS DE PROPÓSITOS ESPECIAIS **Bancos de dados de propósitos especiais** são mais focados em seu escopo, como por exemplo a base de dados Impacto de Lucro de Estratégias do Mercado (PMS). O Instituto de Planejamento Estratégico em Cambridge, Massachusetts, mantém uma PIMS, a qual reflete a pesquisa e a análise sobre estratégias de negócio de mais de 250 empresas, representando mais de 2.000 negócios.

O processo de localizar o banco de dados relevante para seu problema específico de pesquisa pode parecer estonteante no início. Felizmente, diretórios de bancos de dados foram elaborados para auxiliar o pesquisador a estreitar sua busca.

Diretórios de bancos de dados

Para evitar ser soterrado sob numerosos dados irrelevantes e para tornar o processo eficiente, uma busca de diretórios de bancos de dados pode ser uma primeira etapa muito útil no processo de pesquisa.

A seguir, alguns diretórios úteis atualizados periodicamente:

Directory of On-Line Databases (Diretório de Bancos de Dados On-Line)
Santa Monica, Califórnia: Cuadra Associates, Inc.

Encyclopedia of Information System and Services (Enciclopédia de Sistemas e Serviços de Informações)
Detroit: Galé Research Company

Information Industry Marketplace (Mercado da Indústria de Informações)
Nova York: R.R. Bowker

COMBINANDO DADOS SECUNDÁRIOS INTERNOS E EXTERNOS

A utilidade de dados secundários pode ser muito importante quando dados gerados internamente são combinados com dados obtidos de fontes externas. Ao usar fontes secundárias internas e externas, o pesquisador de marketing pode sobrepor estatísticas demográficas, econômicas ou de negócios sobre fichas de clientes proprietários. Esses dados podem então ser utilizados para desenvolver avaliações de mercado ou perfis de vários grupos de clientes, ou simplesmente para educar a força de vendas. A combinação de dados internos e externos resulta em informações valiosas que não são caras e podem ser usadas para uma variedade de propósitos, incluindo o marketing de bancos de dados, discutido anteriormente. Nas seções a seguir, ilustramos a fusão de dados secundários internos e externos com aplicações à codificação geodemográfica e ao mapeamento geovisual.

Codificação geodemográfica

A codificação geodemográfica envolve a fusão de dados internos de clientes com dados externos geográficos, demográficos e de estilo de vida. Alguns **serviços por assinatura** desenvolveram bancos de dados demográficos e **psicográficos** em nível de domicílios, junto com muitos produtos com base nesses dados.

Considere um operador de TV a cabo local que mantém um banco de dados computadorizado de seus assinantes. Esse banco de dados interno contém informações sobre o número de serviços a cabo assinados, por quanto tempo o cliente está com o serviço, as mudanças nos serviços assinados sobre o tempo e o histórico de faturas dos últimos três anos. Imagine que o presidente da empresa a cabo tem planos ambiciosos de aumentar a penetração e a participação no mercado durante o ano que vem. Ele está procurando uma recomendação com relação a quais mercados geográficos enfocar, porque quer que o potencial do mercado geográfico, a rentabilidade de vários segmentos de clientes e as atuais restrições operacionais do cabo sejam incorporados a essa análise.

Em resposta a esse pedido, o diretor de pesquisa de marketing decide suplementar o banco de dados interno dos clientes com dados secundários externos. Para expandir o arquivo de dados interno dos clientes, o diretor examina várias fontes externas de dados geográficos, demográficos e de estilo de vida e depois seleciona a Claritas Corporation.

A Claritas (*www.claritas.com*) combina dados de um número de fontes que incluem o Censo dos Estados Unidos e as empresas que comercializam pesquisas de marketing, como a Arbitron, a Simmons Marketing Research Bureau e a Mediamark. Um de seus produtos, o Índice de Classificação em Potencial para Mercados por Código Postal (PRIZM), parece muito apropriado para esse problema de pesquisa. O PRIZM é um sistema de marketing-alvo que descreve toda a vizinhança dos Estados Unidos em 62 tipos distintos de estilo de vida, chamados de agrupamentos. A combinação geográfica do banco de dados interno de clientes com os arquivos PRIZM começa com o código postal, seguido pelo endereço.

Esses dados externos são sobrepostos no arquivo do cliente, em um processo chamado de geocodificação. O pesquisador pode usar as informações geocodificadas para desenvolver perfis demográficos e de estilo de vida de clientes em termos de nível de assinaturas de TV a cabo ou qualquer outra variável relevante. Por exemplo, a análise de dados geocodificados pode revelar que usuários assíduos de TV a cabo sejam descritos como de famílias de classe média com crianças em casa, que se encaixam no agrupamento de estilo de vida do PRIZM chamado de 'piscinas e pátios'. Os perfis PRIZM proporcionam uma descrição colorida de segmentos de clientes em termos de renda, ensino e tamanho da família, assim como estilo de vida. Combinar perfis com um histórico de lucro do cliente ajuda o pesquisador a formular os planos de expansão da empresa de TV a cabo. Com base nessas informações, a empresa de TV a cabo pode enfocar os esforços de venda direta e as campanhas de mala-direta e também elaborar uma campanha publicitária apropriada para atingir os usuários assíduos de TV a cabo.

Bancos de dados geovisuais

Outro fator a considerar antes de começar uma campanha de marketing é a cobertura física dos fios do sistema a cabo. Não faz nenhum sentido lançar um esforço a pleno vapor em áreas geográficas onde os serviços a cabo não estão atualmente disponíveis. Esse problema pode ser evitado com o uso de bancos de dados geovisuais. Bancos de dados geovisuais são criados combinando bancos de dados internos de clientes com dados geográficos do Censo e utilizando software apropriado de **mapeamento por computador**.

O Censo lançou um produto geovisual chamado de Codificação e Referência Geográfica Topologicamente Integrada (TIGER), que proporciona um mapa digital de ruas de todos os Estados Unidos. Esses arquivos de mapeamento contêm dados sobre localização de ruas, rodovias, ferrovias, tubulações, linhas de energia e aeroportos. Sobrepor os mapas de vizinhanças atuais preparados para TV a cabo com informações geodemográficas de clientes resulta em uma ferramenta poderosa de foco. Tais informações são muito úteis na seleção do mercado-alvo e no desenvolvimento de esforços em venda direta, mala-direta, propaganda e promoção de vendas.

TECNOLOGIA E PESQUISA DE MARKETING

Novas tecnologias de informação continuarão a revolucionar as maneiras em que as pesquisas de marketing são realizadas. Inovações mudarão a forma como a pesquisa secundária e primária é conduzida.

Avanços tecnológicos não apenas facilitaram o estabelecimento de sofisticados bancos de dados internos como deram condições às empresas de coletar dados primários utilizando promoções criativas e sistemas automatizados, como ilustrado pela Pepsi-Cola.

Exemplo

'A PEPSI COLOCA OS CHAMADORES EM CONTATO COM RAY'

Recentemente, a Pepsi-Cola enviou 1 milhão de caixas de Diet Pepsi para consumidores de Diet Coke selecionados de seu banco de dados interno, em uma tentativa única de promover seu produto. A Pepsi decidiu dar seqüência a sua promoção inicial usando uma outra voltada para a pesquisa.

A Pepsi queria uma ferramenta interativa de marketing, e sua agência de marketing direto, a Tracy-Locke Direct, consultou a Modern Media para sugestões sobre as melhores opções disponíveis. O resultado foi um número 800 chamado de 'Converta Um Milhão'.

A Pepsi enviou uma promoção por mala-direta para o mesmo 1 milhão de lares para onde havia endereçado as caixas de Diet Pepsi e convidou-os a 'conversar' com Ray Charles, o 'vendedor' da Diet Pepsi, e possivelmente ganhar uma variedade de prêmios. Foi necessário que os consumidores respondessem a um grupo seleto de perguntas de pesquisa de marketing antes de poderem conversar com Ray Charles e descobrir se haviam ganho algum prêmio.

A West Interactive, uma empresa receptora de telemarketing, foi contratada para gerenciar o número 800 e elaborar a pesquisa de resposta telefônica automatizada por teclas, de três minutos e meio. A Pepsi queria informações sobre os tipos de refrigerante que os consumidores bebiam, quanto compravam, e assim por diante, em uma tentativa de vasculhar a mente do consumidor de Diet Coke e de possivelmente descobrir como comercializar melhor a Diet Pepsi em um esforço de converter bebedores de Diet Coke.

A Pepsi ficou surpresa com a amplitude da resposta: mais de 50% do 1 milhão de consumidores focados responderam à promoção. Os entrevistados proporcionaram informações sobre "preferência de marca, índices de consumo e atividades de estilo de vida". A pesquisa 'Converta Um Milhão' foi tão bem-sucedida que ganhou o prêmio Eco de Ouro da Associação de Marketing Direto.

De acordo com Jerry Winter, gerente de marketing de bancos de dados na Pepsi, o sucesso da pesquisa interativa convenceu a empresa do valor da tecnologia na pesquisa de marketing. A Pepsi tem planos para outras pesquisas/promoções interativas usando o banco de dados no futuro.[2]

ÉTICA NA PESQUISA DE MARKETING

Pesquisadores podem fazer vista grossa para as vantagens e as desvantagens de dados secundários que discutimos anteriormente, o que levanta questões éticas. A empresa de pesquisa tem a responsabilidade ética de usar apenas dados secundários que são relevantes e apropriados ao problema. Os dados utilizados devem ser avaliados criticamente, com os critérios descritos neste capítulo. O pesquisador deve discutir as questões que cercam a relevância e a precisão dos dados secundários com o cliente.

Após conduzir uma análise detalhada de dados secundários, o pesquisador deve reexaminar a coleta de dados primários estipulados na proposta para ver se ainda são apropriados. Qualquer mudança necessária na metodologia da coleta de dados primários tem de ser discutida com o cliente. No caso extremo, se dados primários não forem mais necessários, é da responsabilidade ética do pesquisador revelar isso ao cliente.

Além de avaliados quanto a sua qualidade e a sua totalidade, os dados secundários também o devem ser em termos de sua adequação oral. A coleta de dados pode ser antiética se eles forem gerados sem o conhecimento ou o consentimento dos entrevistados, e o seu uso levanta questões éticas. Enquanto geram dados secundários, os pesquisadores e as empresas especializadas não devem se engajar em quaisquer práticas questionáveis ou antiéticas, como o abuso da privacidade dos entrevistados.

APLICAÇÕES NA INTERNET

A Internet é uma fonte importante de dados secundários para o pesquisador de marketing. Como foi mencionado no Capítulo 1, os sites de busca oferecem o melhor ponto de partida para realizar qualquer tipo de pesquisa. Além disso, o pesquisador pode visitar um ou mais sites de empresas que proporcionam dados de pesquisa de marketing diretamente.

Dados secundários internos

A maioria das grandes organizações tem intranet, o que facilita muito a busca pelo acesso a dados secundários. Por exemplo, a Procter & Gamble desenvolveu aplicativos muito poderosos de intranet que permitem que seus gerentes no mundo inteiro busquem estudos de pesquisas passadas e atuais e uma vasta variedade de informações relativas ao marketing com base nas palavras-chave. Uma vez localizada, a informação pode ser acessada on-line. Informações sensíveis podem ser asseguradas eletronicamente com nomes de usuários e senhas.

Fontes de negócios gerais

Uma variedade de sites relativos a negócios pode proporcionar perspectivas de vendas, listas de endereços, perfis de empresas e classificações de crédito para empresas americanas. Muitos sites fornecem informações sobre muitas empresas dentro de uma indústria específica.

Resumo

Em contraste com os dados primários que são coletados para um problema de pesquisa específico, os dados secundários foram gerados por razões além do problema atual de pesquisa. A vantagem em custo e velocidade com a qual os dados secundários podem ser obtidos precisa ser pesada contra sua adequação limitada ao problema atual de pesquisa e preocupações com relação à precisão dos dados. Ao avaliar dados secundários, o pesquisador deve considerar fatores como especificações, erro, atualidade, objetividade, natureza e confiabilidade.

Informações geradas internamente podem representar uma mina de ouro para um pesquisador. Qualquer departamento que atinge o consumidor final de alguma forma pode ser uma fonte de dados valiosa de mercado. Os dados gerados internamente podem ser suplementados com dados demográficos e de estilo de vida disponíveis de fontes externas para produzir um banco de dados rico que pode focalizar clientes e guiar o esforço de marketing.

Dados externos são gerados por fontes fora da organização. Esses dados existem na forma de bancos de material publicado (impresso), on-line, na Internet e off-line, ou como informações disponibilizadas por serviços por assinatura. Fontes externas publicadas podem ser amplamente classificadas como dados de negócios gerais ou dados do governo. Fontes gerais de negócios consistem de guias, diretórios, índices e dados estatísticos. Fontes do governo podem ser amplamente categorizadas, como dados do Censo e outros. Bancos de dados computadorizados podem ser on-line, da Internet ou off-line, e ser adicionalmente classificados como bancos de dados bibliográficos, numéricos, de texto completo, anuários ou de propósitos especializados.

Bancos de dados internos e externos rendem informações que podem ajudar empresas de TQM a definirem melhor os seus mercados, compreenderem melhor os seus clientes e focalizarem os seus esforços de marketing. Avanços tecnológicos estão facilitando o estabelecimento de sofisticados bancos de dados internos. O pesquisador tem a responsabilidade ética de usar apenas dados secundários que são relevantes e apropriados ao problema. A Internet é uma fonte valiosa de dados secundários.

Exercícios

1. Quais são as diferenças entre dados primários e secundários?
2. Por que é importante obter dados secundários antes dos dados primários?
3. Quais são as vantagens dos dados secundários?
4. Quais são as desvantagens dos dados secundários?
5. Quais são os critérios para avaliar dados secundários?
6. Qual é a diferença entre dados secundários internos e externos?
7. Quais são as várias fontes de dados secundários publicados?
8. Quais são as diferentes formas de bancos de dados computadorizados?
9. Quais são as vantagens de bancos de dados computadorizados?
10. É útil combinar dados secundários internos e externos? Por quê?
11. O que significa geocodificação? Dê um exemplo.
12. Explique um banco de dados geovisual.
13. O que é marketing de bancos de dados?

Problema

1. Escolha um setor de sua opção. A partir de fontes externas publicadas, selecione os dados de vendas do setor e das principais empresas deste no último ano. Avalie a participação de mercado de cada empresa principal. Use um banco de dados computadorizado para obter informações sobre a participação de mercado dessas mesmas empresas. As avaliações estão de acordo? Foi mais fácil obter as informações de fontes publicadas ou de um banco de dados computadorizado?

Atividades

Dramatização

1. Você é o gerente de pesquisa de marketing de um banco local. A gerência pediu que você avaliasse a demanda em potencial por contas correntes em sua área metropolitana. Quais fontes de dados secundários você deveria consultar? Que tipos de informação você esperaria obter de cada fonte? Peça a um grupo de alunos para fazer o papel da gerência. Explique a eles o papel dos dados secundários nesse projeto.

Trabalho de Campo

1. Visite sua biblioteca. Escreva um relatório explicando como você usaria a biblioteca para coletar dados secundários para um projeto de pesquisa de marketing avaliando a demanda em potencial por canetas de ponta de feltro Cross. Seja específico.

Discussão em Grupo

1. Discuta a importância e as limitações dos dados do Censo do governo como uma das principais fontes de dados secundários.
2. Discuta o uso cada vez maior de bancos de dados computadorizados.

Notas

1. Pamela L. Moore, "GE catches online fever", *Business Week*, 3694, 14 ago. 2000, p. 122, e Andy Cohen, "General Electric", *Sales & Marketing Management*, 149, 11, out. 1997, p. 57.
2. Todd Wasserman, "Soft drinks", *Adweek*, 41, 17, 24 abr. 2000, p. U38; Larry Light, "Now that's a Pepsi challenge", *Business Week*, 3627, 3 maio 1999, p. 151, e Peter DePaulo e Rick Weitzer, "Interactive phone technology delivers survey data quickly", *Marketing News*, 6 jun. 1994, p. H33-H34.

CAPÍTULO 5

CONCEPÇÃO DA PESQUISA EXPLORATÓRIA: FONTES PADRONIZADAS DE DADOS SECUNDÁRIOS

Neste capítulo abordamos as seguintes questões:

1. Como os dados padronizados diferem dos outros dados secundários? Como esses dados podem ser classificados?
2. Quais são os principais métodos de obtenção de dados padronizados dos domicílios/consumidores?
3. Como os dados padronizados são coletados das instituições?
4. Por que devem ser usadas fontes múltiplas de dados secundários? O que significam dados de uma única fonte?
5. Os dados padronizados têm um papel na gestão da qualidade total?
6. Como a tecnologia realça a utilidade dos dados padronizados?
7. Quais questões éticas estão envolvidas no uso dos dados padronizados?
8. Quais são as aplicações na Internet para os dados padronizados?

UMA QUESTÃO CASUAL

Embora os estilistas tendam a associar moda com elegância, a maioria dos norte-americanos parece optar por um estilo mais casual para suas necessidades de estar na moda. Hoje as empresas estão dando adeus ao terno de três peças, ao sapato branco e preto e ao salto alto e dando as boas-vindas a um estilo de vestir mais casual. As empresas ponto-com da Costa Oeste dos Estados Unidos sem dúvida contribuíram para a tendência do vestuário casual. Mais recentemente, as empresas de consultoria, escritórios de advocacia e empresas de investimento na Costa Leste também entraram nessa tendência. Um estudo realizado em abril de 2000 relatou que, surpreendentemente, 87% das organizações tinham uma 'sexta-feira casual' ou uma política de vestimenta casual diária em seus locais de trabalho. Empresas como Coca-Cola, Ford, J. P. Morgan e Accenture implementaram políticas de vestimenta casual o tempo todo. Em muitas delas hoje, quando alguém usa um terno para trabalhar, a pergunta que se faz imediatamente é: "Você está indo fazer uma entrevista de trabalho?".

De acordo com os dados disponíveis das empresas de pesquisa de marketing fornecedoras de dados padronizados, há um crescente segmento de 'roupa de trabalho casual'. Como discutido no Capítulo 1, os dados padronizados estão disponíveis para compra pelos clientes múltiplos mediante assinatura. Por exemplo, segundo uma pesquisa recente realizada pelo NPD Group http://www.npd.com, uma fonte bem conhecida de serviços que fornece dados padronizados, quase 90% dos trabalhadores norte-americanos disseram que se vestem mais informalmente pelo menos algumas vezes. O estudo do NPD revelou que, enquanto as vendas em muitas categorias de roupas feitas sob medida, incluindo vestidos e ternos para homens, estavam caindo, as vendas de roupas casuais, como calças de algodão que não precisam ser passadas ou suéteres, subiam. Várias empresas de roupas casuais construíram sua estratégia com base nessas descobertas.

A Haggar Apparel está disposta a convencer seus clientes do sexo masculino de que a empresa pode oferecer de tudo, de roupas feitas sob medida ao casual. Baseada nesses dados padronizados, a Haggar percebeu que a tendência não é favorável aos ternos feitos sob medida, que por anos foram os líderes de mercado. A empresa respondeu lançando a linha 'City Casuals'. As calças de algodão que não amassam têm sido o maior sucesso nessa linha. A Haggar sustentou todas as suas linhas, do formal ao casual, com o slogan "Haggar, coisas que você pode usar", desenvolvido por Goodby, Silverstein & Partners.

A Haggar não é a única empresa que oferece dicas de moda para uma aparência mais casual. A Marshall Field's, uma das principais lojas de departamentos dos Estados Unidos, também direcionou seus esforços para o mercado corporativo. Seu boletim para os clientes continha um artigo sobre o vestuário informal no trabalho e oferecia um seminário de uma hora que incluía almoço grátis.

Para tentar capitalizar essa tendência e para o vestuário casual, a Levi Strauss está promovendo suas linhas Dockers e de jeans. Alguns profissionais ainda estão relutantes em usar jeans esportivos para trabalhar por serem considerados muito casuais, embora 87% dos escritórios norte-americanos permitam que os funcionários usem jeans. No entanto, a empresa tem tido bastante sucesso com a linha Dockers, que se tornou o vestuário-padrão para o homem de negócios informal. Como parte de sua estratégia de marketing, a Levi Strauss promoveu os dias de se "vestir informalmente". A empresa desenvolveu um boletim de quatro páginas, repleto de motivos para que os códigos de vestuário mais casuais pudessem ser adotados. O jornal foi enviado para 42.000 gerentes de recursos humanos. Aproximadamente 20% das companhias responderam, incluindo 81 das empresas *Fortune* 100.[1] Como ilustra esse caso, mesmo companhias concorrentes, como a Haggar, a Marshall Field's e a Levi Strauss, podem usar os mesmos dados disponibilizados por empresas que fornecem dados padronizados por assinatura, como o NPD Group, para formular suas estratégias de marketing.

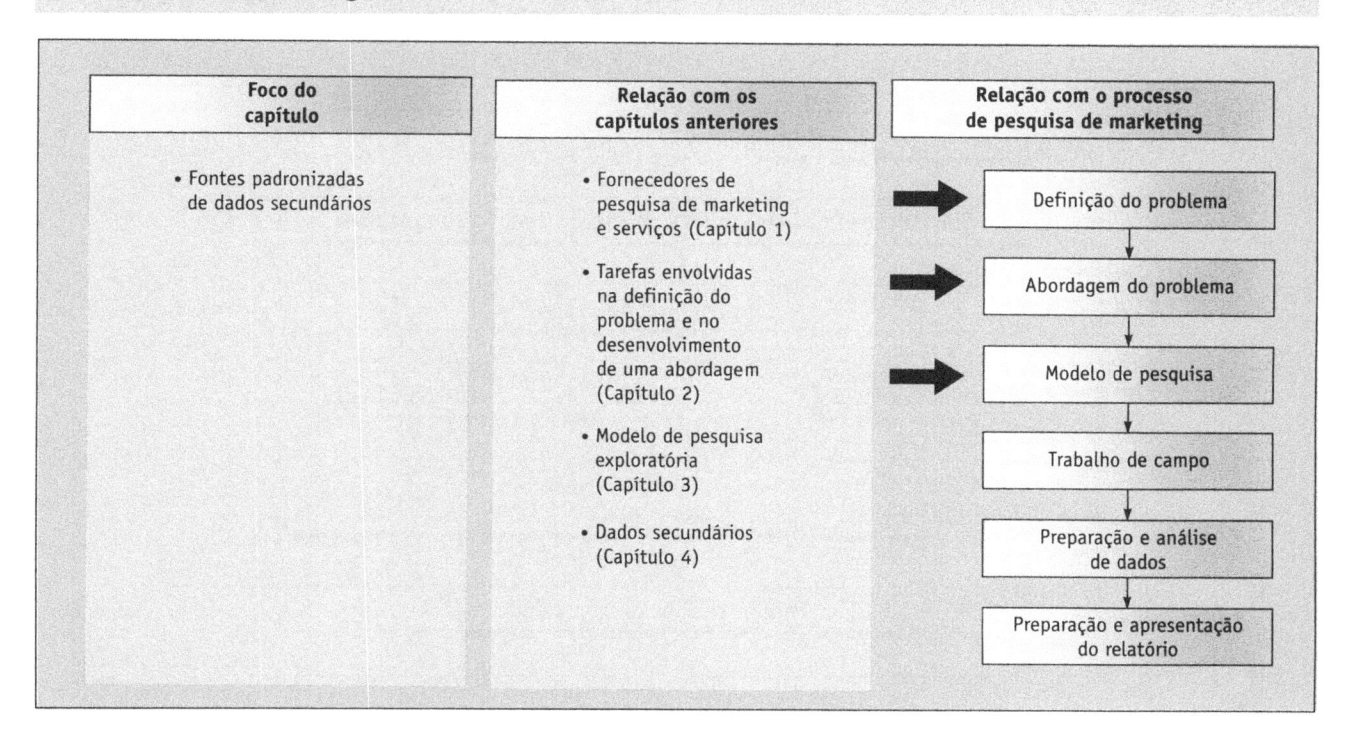

Figura 5.1 Relação das fontes padronizadas com os capítulos anteriores e com o processo de pesquisa de marketing

Foco do capítulo
- Fontes padronizadas de dados secundários

Relação com os capítulos anteriores
- Fornecedores de pesquisa de marketing e serviços (Capítulo 1)
- Tarefas envolvidas na definição do problema e no desenvolvimento de uma abordagem (Capítulo 2)
- Modelo de pesquisa exploratória (Capítulo 3)
- Dados secundários (Capítulo 4)

Relação com o processo de pesquisa de marketing
- Definição do problema
- Abordagem do problema
- Modelo de pesquisa
- Trabalho de campo
- Preparação e análise de dados
- Preparação e apresentação do relatório

VISÃO GERAL

Os capítulos 1 e 4 introduziram o conceito de fontes padronizadas de informações. Neste capítulo explicamos os dados padronizados em detalhes e os diferenciamos de outras fontes externas de dados secundários.

Como mostra a Figura 5.1, este capítulo se relaciona com os fornecedores de pesquisa de marketing e de serviços discutidos no Capítulo 1, com as tarefas envolvidas na definição do problema e desenvolvimento de uma abordagem vistos no Capítulo 2 e com os modelos de pesquisa exploratória e descritiva do Capítulo 3. Assim, ele se relaciona com as três primeiras etapas do processo de pesquisa de marketing. Os três métodos principais de coleta de dados padronizados relacionados aos consumidores e aos domicílios são: levantamentos de campo, painéis diários e serviços de dados de scanner. Os dados padronizados também são coletados das instituições. O capítulo descreve ainda as auditorias no atacado e no varejo e os serviços industriais utilizados para coletar esses dados, os quais são seguidos de uma discussão sobre os dados de fonte única. Como o nome indica, dados de fonte única combinam dados de várias fontes para criar um banco unificado que contenha informações sobre as compras do consumidor, variáveis demográficas e psicográficas e variáveis de gestão de marketing. Por último, o capítulo discute as aplicações dos dados padronizados à gestão da qualidade total (TQM), ao impacto da tecnologia, à ética e ao uso na Internet. A Figura 5.2 nos proporciona uma visão geral dos tópicos discutidos neste capítulo e de como eles fluem de um para outro.

NATUREZA DOS DADOS PADRONIZADOS

Além dos dados publicados ou dos dados disponíveis na forma de bancos de dados computadorizados, as fontes padronizadas constituem a outra fonte principal de dados secundários externos. **Fontes padronizadas** (também conhecidas como **serviços de dados padronizados**) são empresas que coletam e vendem dados de interesse comum para atender às necessidades de informação compartilhadas por várias empresas,

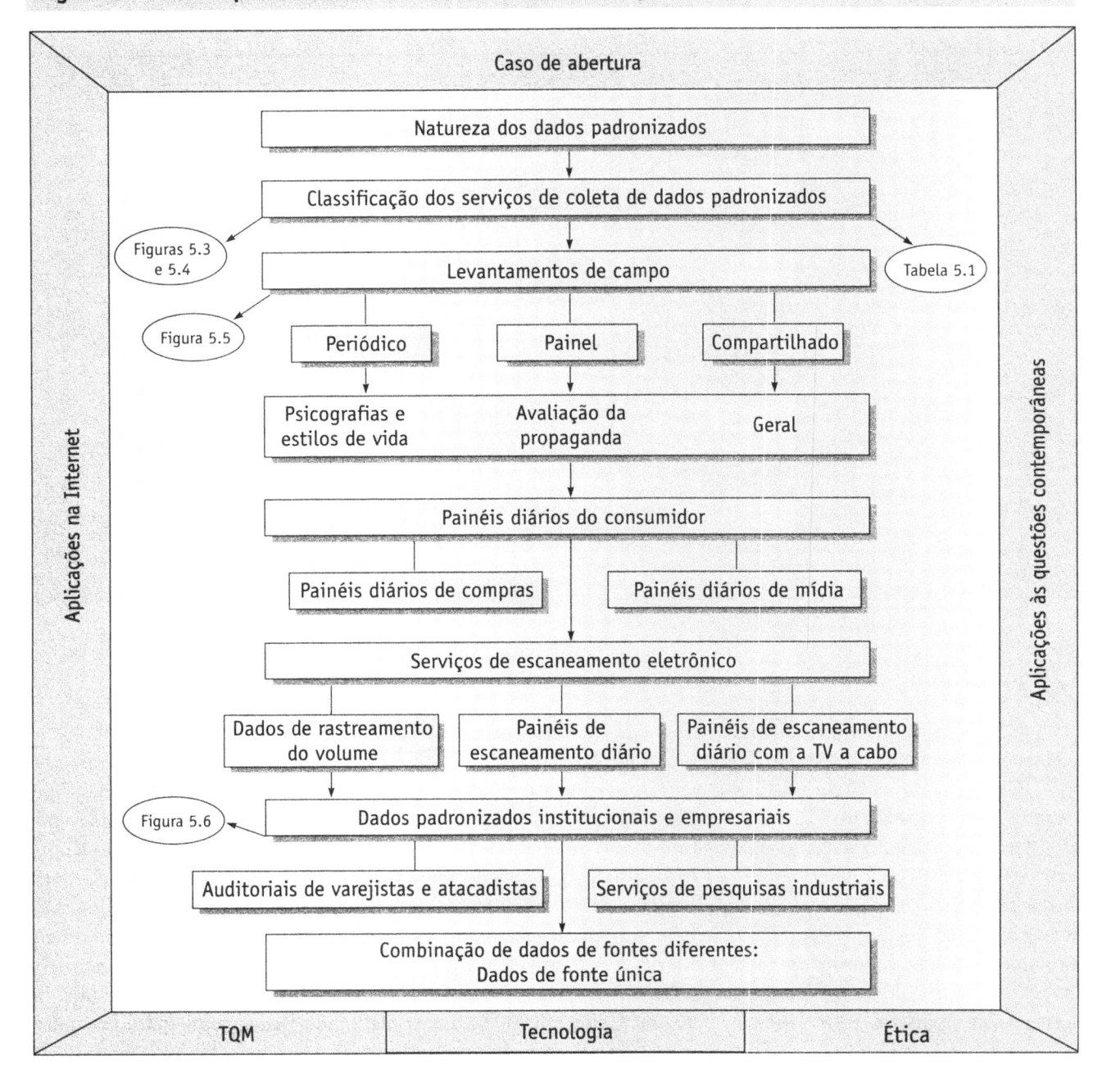

Figura 5.2 Fontes padronizadas de dados secundários: visão geral

```
                              Caso de abertura

                        Natureza dos dados padronizados
                                     ↓
                Classificação dos serviços de coleta de dados padronizados
   (Figuras 5.3                      ↓                              (Tabela 5.1)
    e 5.4)              Levantamentos de campo
      (Figura 5.5)  ↓           ↓            ↓
                Periódico     Painel     Compartilhado
                    ↓           ↓            ↓
           Psicografias e   Avaliação da    Geral
           estilos de vida  propaganda
                            ↓
                  Painéis diários do consumidor
                   ↓                      ↓
           Painéis diários de compras   Painéis diários de mídia
                            ↓
                  Serviços de escaneamento eletrônico
           ↓                  ↓                      ↓
    Dados de rastreamento  Painéis de         Painéis de escaneamento
       do volume          escaneamento diário  diário com a TV a cabo
   (Figura 5.6)           ↓
                 Dados padronizados institucionais e empresariais
           ↓                                        ↓
    Auditoriais de varejistas e atacadistas   Serviços de pesquisas industriais
                            ↓
                 Combinação de dados de fontes diferentes:
                         Dados de fonte única

        TQM              Tecnologia              Ética
```

Aplicações na Internet — Aplicações às questões contemporâneas

incluindo empresas concorrentes dentro do mesmo setor. Isso foi ilustrado no caso de abertura. Os dados de estudos coletados pelo NPD Group foram úteis para a Haggar, a Marshall Field's e a Levi Strauss. Esses dados diferem dos dados primários pelo fato de que o objetivo da pesquisa que direciona o estudo é comum a várias empresas-clientes. As empresas que fornecem dados padronizados têm como negócio coletar dados e elaborar produtos de pesquisa que sirvam às necessidades de informação de mais de uma organização. Muitas vezes, os dados e os serviços padronizados são elaborados para a utilização de várias empresas em diversos setores.

Embora classificados como secundários, os dados padronizados diferem de outras fontes de dados secundários porque são coletados periodicamente e têm valor comercial conhecido para as empresas. Os dados do Censo e outros dados secundários gerados externamente (Capítulo 4) são dados gerais coletados para outros propósitos além dos problemas de pesquisa de marketing que o cliente esteja enfrentando. Em contraste, os tipos de dados que os serviços de coleta de dados padronizados fornecem têm aplicações específicas para análise de mercado e são do interesse de uma série de clientes.

Qualquer cliente – mesmo dois concorrentes no mesmo setor, como a Coca-Cola Company e a PepsiCo – pode comprar os mesmos dados padronizados, geralmente mediante um processo de assinatura. O processo reflete a natureza contínua de muitos projetos padronizados. Esses projetos fornecem dados que permitem o rastreamento das mudanças com o tempo, assim como as medidas em um ponto específico no tempo. Os dados e os relatórios que as empresas especializadas em coletar dados padronizados fornecem a seus clientes podem ser personalizados para atender a necessidades específicas. Por exemplo, os relatórios poderiam ser organizados com base nos territórios de venda ou nas linhas de produtos do cliente.

CLASSIFICAÇÃO DOS SERVIÇOS PADRONIZADOS

A Figura 5.3 apresenta a classificação de fontes padronizadas baseadas em unidades de mensuração por domicílio/consumidor ou institucional. Os dados por domicílio/consumidor normalmente estão relacionados com os valores gerais e o estilo de vida, o uso da mídia ou os padrões de compra de produtos. Os dados podem ser coletados por meio de um processo de levantamento de campo registrado manualmente pelo entrevistado em diários ou captado eletronicamente via scanner (Figura 5.4). Os levantamentos de campo dos consumidores são usados para obter informações sobre crenças, valores, atitudes, preferências e

Figura 5.3 Classificação dos serviços padronizados

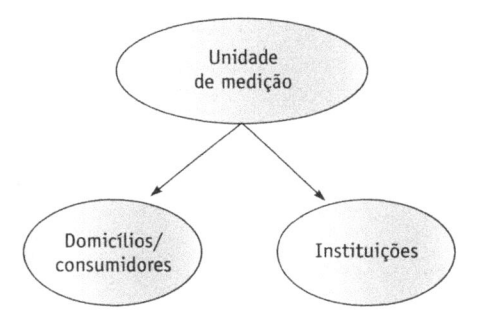

Figura 5.4 Uma classificação dos serviços padronizados: domicílios/consumidores

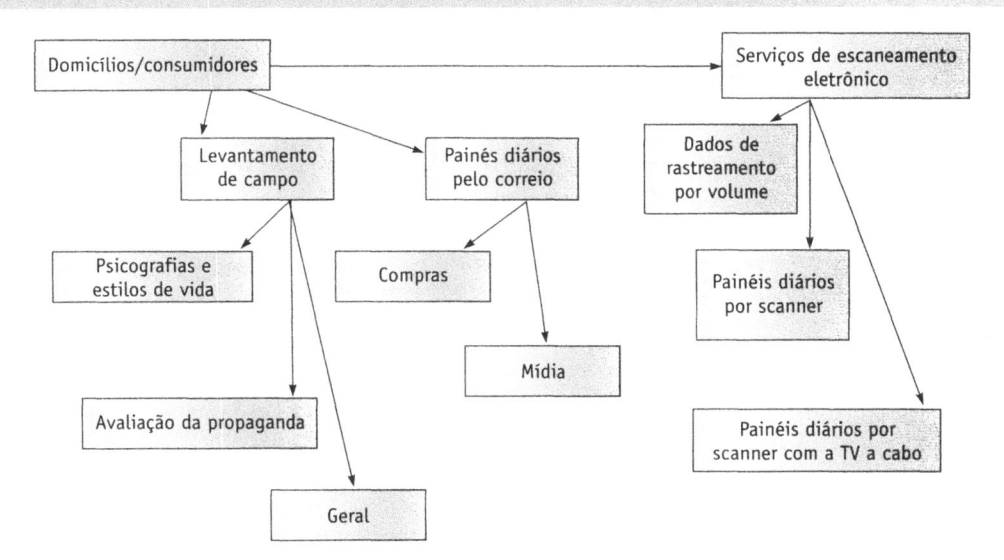

intenções. Os painéis diários usados na pesquisa com o consumidor enfatizam informações sobre compras ou consumo de mídia. Os serviços de scanner rastreiam as compras no ponto-de-venda ou no domicílio por meio de scanners portáteis (Figura 5.4). Essas técnicas de coleta de dados podem também ser integradas, ligando os dados do scanner eletrônico aos painéis diários, aos dados do levantamento de campo ou à propaganda televisiva direcionada, por cabo.

Quando os serviços padronizados obtêm dados de instituições em vez de domicílios, as principais modalidades que rastreiam são a movimentação do produto pelos canais de distribuição (varejista e atacadista) ou estatísticas corporativas. Uma visão geral das várias fontes padronizadas é apresentada na Tabela 5.1. Cada uma dessas fontes será discutida.

Tabela 5.1 Visão geral dos serviços padronizados

TIPO	CARACTERÍSTICAS	VANTAGENS	DESVANTAGENS	USOS
Levantamento de campo	Levantamento de campo realizado em intervalos	Meio mais flexível de obter dados; informações sobre os motivos básicos	Erros dos entrevistadores; erros dos entrevistados	Segmentação de mercado, seleção do tema de propaganda e eficácia da propaganda
Painéis de compra diários	Domicílios proporcionam informações específicas durante um período de tempo extenso; é pedido que os entrevistados registrem comportamentos específicos à medida que ocorrem	Comportamento de compra registrado pode estar ligado às características demográficas/psicográficas	Falta de representação; tendência de resposta; maturidade	Previsão de vendas, participação no mercado e tendências; confecção dos perfis dos consumidores, lealdade à marca e à troca; avaliação dos testes de mercado, propaganda e distribuição
Painéis diários de mídia	Aparelhos eletrônicos registram automaticamente o comportamento, suplementados por um diário	O mesmo que painel diário de compras	O mesmo que painel diário de compras	Determinação das taxas de publicidade; seleção do programa de mídia ou tempo no ar; confecção dos perfis dos telespectadores
Dados de rastreamento de volume por scanner	As compras de domicílios são registradas por scanners eletrônicos nos supermercados	Dados refletem as compras reais; dados convenientes são menos caros	Os dados podem não ser representativos; erros em registrar as compras; dificuldades em ligar as compras aos elementos do mix de marketing, além do preço	Rastreamento do preço, modelagem, eficácia da modelagem interna

Capítulo 5: Concepção da Pesquisa Exploratória: Fontes Padronizadas de Dados Secundários

Tabela 5.1 Visão geral dos serviços padronizados *(continuação)*

TIPO	CARACTERÍSTICAS	VANTAGENS	DESVANTAGENS	USOS
Painéis diários por scanner com TV a cabo	Painéis de scanner dos domicílios que assinam a TV a cabo	Dados refletem as compras reais; controle das amostras; habilidade de ligar os dados do painel às características dos domicílios	Dados podem não ser representativos; qualidade dos dados é limitada	Análise dos mix promocionais, teste das cópias, teste de novos produtos, posicionamento
Serviços de auditoria	Verificação da movimentação do produto através do exame de registros físicos e realização de análise de inventário	Informações relativamente precisas em nível varejista e atacadista	Cobertura pode ser incompleta; combinação de dados sobre a atividade da concorrência pode ser difícil	Medição das vendas ao consumidor, participação no mercado, atividade da concorrência, análise dos padrões de distribuição: rastreamento de novos produtos
Serviços padronizados de produtos industriais	Bancos de dados sobre estabelecimentos industriais criados mediante pesquisas diretas das empresas, serviços de amostras e relatórios corporativos	Fonte importante de informações sobre as empresas industriais; especialmente útil nas fases iniciais dos projetos	Os dados não têm os termos de conteúdo, quantidade e qualidade	Determinação do potencial de mercado por área geográfica, definição dos territórios de vendas, alocação do orçamento para propaganda

LEVANTAMENTOS DE CAMPO

Começaremos nossa discussão com os levantamentos de campo gerais. O estudo do NPD relatado no caso de abertura é um exemplo. Existem três tipos de levantamentos de campo gerais: periódicos, painéis e compartilhados (Figura 5.5).

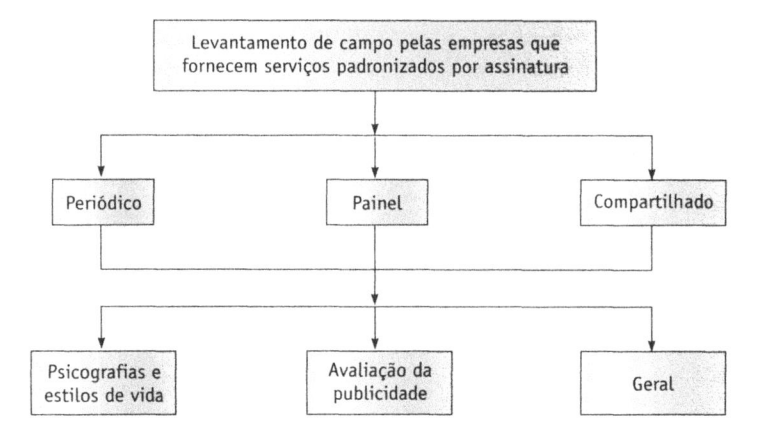

Figura 5.5 Classificação da pesquisa por levantamentos de campo padronizados

```
                    Levantamento de campo pelas empresas que
                    fornecem serviços padronizados por assinatura
                                      │
              ┌───────────────────────┼───────────────────────┐
              ▼                       ▼                       ▼
         [Periódico]              [Painel]              [Compartilhado]
              │                       │
              └───────────┬───────────┤
                          ▼           ▼
              ┌──────────────────┐  ┌──────────────┐  ┌────────┐
              │ Psicografias e   │  │ Avaliação da │  │ Geral  │
              │ estilos de vida  │  │ publicidade  │  │        │
              └──────────────────┘  └──────────────┘  └────────┘
```

Levantamentos de campo periódicos

Os **levantamentos de campo periódicos** coletam dados sobre o mesmo conjunto de variáveis a intervalos regulares, sempre tendo a amostra de um novo grupo de entrevistados. Assim como a pesquisa contínua, os levantamentos de campo periódicos rastreiam as mudanças com o tempo. Entretanto, as mudanças causadas pela variação no grupo de entrevistados não são controladas como nos verdadeiros estudos contínuos. Uma nova amostra de entrevistados é escolhida em cada levantamento de campo realizado pela empresa fornecedora de dados padronizados. Uma vez analisados, os dados se tornam disponíveis aos assinantes.

Levantamentos de campo através de painéis

Levantamentos de campo através de painéis padronizados pesquisam o mesmo grupo de entrevistados ao longo do tempo, mas não necessariamente sobre as mesmas variáveis. Um grande grupo de entrevistados é recrutado para participar de um painel. Desse grupo, diferentes subamostras de entrevistados podem ser escolhidas para levantamentos de campo diferentes. Qualquer uma das técnicas de levantamento de campo pode ser usada, incluindo o correio, o telefone, entrevistas pessoais ou eletrônicas. O conteúdo e os tópicos dos levantamentos de campo variam e cobrem uma vasta gama. Também conhecidos como painéis de coletânea, esses painéis são diferentes dos que usam os modelos contínuos discutidos no Capítulo 3. Você deve lembrar-se de que, em um modelo contínuo, medidas repetidas das mesmas variáveis são feitas na mesma amostra.

Levantamentos de campo através de painéis são usados principalmente por seu baixo custo em comparação à amostra aleatória. Essas economias resultam do enxugamento do processo de coleta de dados, da melhoria nos índices de respostas e conjuntos de amostras prontamente disponíveis que podem ser pesquisadas com precisão. Dados demográficos, de estilo de vida e de propriedade de produtos abrangentes são coletados somente uma vez, quando cada entrevistado é admitido no grupo. O painel é usado como um grupo de entrevistados, do qual a organização de pesquisa pode tirar amostras representativas ou direcionadas com base nas características históricas dos membros do painel. Os índices de resposta ao levantamento de campo através de painéis, incluindo o levantamento de campo pelo correio, são substancialmente melhores que nos processos de amostra aleatória, por causa do compromisso assumido pelos membros dos painéis que participam dos levantamentos de campo.

Levantamentos de campo compartilhados

Como o próprio nome sugere, **levantamentos de campo compartilhados** são desenvolvidos e executados para vários clientes, sendo que cada um divide as despesas. Na maior parte de um levantamento de campo, prevalecerão as questões de interesse geral para o grupo de clientes. Essas questões são comumente complementadas com questões específicas de cada cliente participante. As respostas às questões de interesse geral estão disponíveis para todo o grupo, ao passo que as questões específicas são mantidas em sigilo e fornecidas apenas ao cliente apropriado. Esse levantamento de campo pode ser repetido em intervalos regulares ou ser realizado uma única vez. A amostra pode ser tirada de um painel de coletânea ou aleatoriamente da população de interesse. Os levantamentos de campo compartilhados são um meio para que as organizações de pesquisa padronizadas ofereçam relatórios personalizados a seus clientes.

A principal vantagem dos levantamentos de campo compartilhados, como acontece com todas as formas de pesquisa secundária, é o custo mais baixo. O custo fixo do modelo de pesquisa e o custo variável da coleta de dados são repartidos entre os participantes, tornando o custo em questão relativamente baixo para cada cliente.

*E*xemplo

PERSONALIZAÇÃO VIA PADRONIZAÇÃO

O Roper Reports, preparado pela RoperASW (*www.roper.com*), é um serviço padronizado que oferece personalização. Esse serviço de opinião pública coleta dados sobre uma variedade ampla de questões sociais, econômicas, políticas e de consumo a cada cinco semanas. A organização realiza entrevistas em domicílios com uma amostra nacional de 2.000 adultos acima de 18 anos. Além das questões-padrão, comuns entre os clientes, estes podem adicionar questões personalizadas exclusivas. Assim, a Ford Motor Company pode comprar os resultados do levantamento de campo geral relacionado a automóveis. A Ford pode também requisitar perguntas específicas sobre seus modelos, como o Taurus, para determinar por que estão caindo as vendas dos principais concorrentes, como o Toyota Camry ou o Honda Accord.

De acordo com a organização Roper, a capacidade de adicionar questões específicas – juntamente com a geração de relatórios personalizados – oferece uma combinação única de freqüência, velocidade de entrega do relatório, qualidade, custo baixo, tamanho maior da amostra e grandes perdas demográficas. Essa habilidade em personalizar os levantamentos de campo e os relatórios tem sido um dos principais fatores da popularidade do Roper Reports.

Os levantamentos de campo também podem ser amplamente classificados com base em seus conteúdos, como psicografias e estilos de vida, avaliação da publicidade ou levantamentos de campo gerais (figuras 5.4 e 5.5)

Psicografias e estilos de vida

Psicografias referem-se aos perfis psicográficos dos indivíduos e às características do estilo de vida baseadas na psicologia, como a fidelidade à marca e a tomada de risco. **Estilos de vida** dizem respeito aos modos distintos de viver de uma sociedade ou de alguns de seus segmentos, como o estilo de vida dos Renda Dupla sem Filhos (DINKs), caracterizados como ricos materialmente, mas pobres em relação ao tempo. Juntas, essas características são geralmente conhecidas como Atividades, Interesses e Opiniões, ou simplesmente AIOs. O Yankelovich Monitor oferece uma aplicação.

*E*xemplo

ENFIM LIVRE!

A empresa Yankelovich and Partners fornece o Yankelovich Monitor (*www.yankelovich.com*), um estudo que contém dados sobre estilo de vida e tendências sociais. O estudo é realizado na mesma época todos os anos entre uma amostra projetada nacionalmente de 2.500 adultos, de 16 anos para cima, incluindo uma amostra especial de 300 universitários que moram em campi. A amostra é baseada nas atualizações mais recentes dos dados do Censo. Todas as entrevistas são efetuadas na casa do entrevistado e duram aproximadamente duas horas e meia.

O Yankelovich Monitor indicou que os norte-americanos estão se tornando cada vez mais conscientes em relação à saúde. Preocupados com a saúde e a nutrição, estão deixando de comer cachorro-quente. Com base nessas descobertas, a Kraft criou a salsicha livre de gordura, que a empresa diz conservar o sabor e a textura esperados. Isso marcou a introdução do Oscar Mayer FREE Hot Dogs. Essas pequeninas salsichas foram uma grande novidade. Por ser o primeiro no mercado, o produto trazia valor de notícia, o que gerou grande cobertura da mídia.

A empresa relatou que a experiência excedeu a expectativa – aproximadamente 10% dos domicílios experimentaram o produto no primeiro ano. Escorado no volume, na velocidade e na distribuição, o Oscar Mayer FREE é a marca número um em vendas entre os produtos 'ultra-saudáveis'. A Kraft calcula que a novidade tenha alimentado o crescimento do segmento em mais de 60%.[2]

Outro exemplo de psicografia e de estilo de vida é o Needham, Harper & Steers Lifestyle Study, que tem rastreado a atitude e o comportamento dos consumidores por vários anos. O Stanford Research Institute realiza um estudo anual de consumidores usado para classificar as pessoas em tipos VAEVs-2 (Valores e Estilos de Vida) para fins de segmentação. As informações sobre os aspectos específicos do estilo de vida dos consumidores também estão disponíveis. O Audits e Surveys (Auditorias e Levantamentos de Campo) faz um estudo anual de 5.000 consumidores que participam de esportes e atividades recreativas. Várias empresas padronizadas realizam estudos para compilar informações demográficas e psicográficas nos domicílios, em nível de subcódigo postal (por exemplo, 30306-3035) e de código postal, os quais se tornam disponíveis mediante assinatura. Essas informações são especialmente valiosas para as empresas que estejam procurando realçar os dados do cliente gerados internamente para o marketing de banco de dados.

Avaliação da propaganda

O propósito desses levantamentos de campo é medir o tamanho e o perfil de audiência da propaganda e avaliar a eficácia da publicidade usando a mídia impressa e de transmissão radiofônica. Dois dos mais conhecidos levantamentos de campo são a Gallup e Robinson Magazine Impact Studios e a Starch Readership Survey. O exemplo seguinte mostra como a Starch é utilizada.

Exemplo

A STARCH ENDURECE A EFICÁCIA DAS AVALIAÇÕES DA PROPAGANDA

A Starch Ad Readership Survey (*www.roper.com*) especializa-se em medir os níveis de audiência para a mídia impressa. A Starch mede anualmente os níveis de exposição e leitura de aproximadamente 1.000 edições de publicações para consumidores, comércio e indústria. São realizadas entrevistas pessoais com uma amostra de 100 a 200 entrevistados para cada propaganda testada.

É utilizado um método de reconhecimento no qual os entrevistados vêem anúncios em revistas recentemente publicadas. Cada indivíduo é questionado sobre cada anúncio. Com base nas respostas, o indivíduo é classificado em um de quatro níveis de reconhecimento: (1) Observador: aquele que se lembra de ter visto parte dos anúncios da edição; (2) Associador: aquele que tem visto os anúncios e reconhece a marca ou o nome das empresas; (3) Leu alguns anúncios: aquele que leu alguma coisa do texto da propaganda; e (4) Leu a maioria: aquele que leu 50% ou mais dos textos.

Os dados são resumidos para cada anúncio em cada revista. Dessas estatísticas, a Starch consegue gerar porcentagens gerais de leitura, leitura por dólar de propaganda (com base nas taxas publicitárias atuais) e classificação da propaganda dentro das categorias de produtos. Esses tipos de dados podem ser usados para comparar as propagandas entre as edições atuais e passadas, assim como compará-las com as médias para as categorias de produtos. As informações são bastante úteis para empresas que anunciam assiduamente na mídia impressa, como American Airlines, Gucci e GM, avaliarem a eficácia de sua propaganda.[3]

A avaliação da eficácia do comercial é ainda mais crítica no caso da propaganda televisiva. Os comerciais de TV são avaliados pelo método da audiência recrutada ou pelo método de observação em casa. No método em que a audiência é recrutada, os entrevistados são levados a um teatro ou a um laboratório móvel. Após assistirem a uma série de comerciais, eles são questionados a respeito do conhecimento em relação ao produto, de atitudes e preferências, além das reações à propaganda.

No método em que as pessoas vêem em casa, os consumidores avaliam os comerciais em seus ambientes normais de assistir televisão. Os novos comerciais podem ser pré-testados em nível de rede ou nos mercados locais. A reação da audiência à propaganda é registrada juntamente com os dados demográficos dos entrevistados.

Levantamentos de campo gerais

Os levantamentos de campo também são realizados para uma variedade de outros propósitos, incluindo o exame do comportamento de compra e de consumo. A Gallup Organization estuda 15.000 domicílios anualmente sobre hábitos de compra de produtos de consumo. O National Menu Census, realizado pela Marketing Research Corporation of America, pergunta sobre o consumo de produtos alimentícios no lar. São fornecidos dados sobre refeições, itens para petiscar, alimentos para viagem etc. A Trendex estuda 15.000 domicílios trimestralmente sobre propriedade e aquisição de bens de consumo duráveis.

Usos dos levantamentos de campo

Os levantamentos de campo destinados a coletar dados psicográficos e de estilos de vida podem ser usados para segmentação de mercado, para estabelecer perfis dos consumidores ou para determinar as preferências dos consumidores, como roupa casual no caso de abertura. Os levantamentos de campo também são úteis para determinar a imagem ou posicionamento do produto e para conduzir a análise da percepção de preço e pesquisa de propaganda.

*E*xemplo

CORES COLOREM A ESCOLHA DO CONSUMIDOR

As previsões da preferência de cores dos consumidores são tradicionalmente baseadas na tendência de vendas passadas. O Cooper Marketing Group, de Oak Park, Illinois, desenvolveu um método de previsão da preferência dos consumidores. Trabalhando com a Market Facts em Arlington Heights, Illinois, o Cooper Marketing realiza um estudo nacional de preferência de cor do consumidor todos os anos e vende os resultados aos fabricantes e varejistas de móveis e roupas e aos principais fabricantes de carros.

Os participantes do estudo são os 400.000 domicílios que constam do Painel de Mala-Direta de Consumo da Market Facts. A Market Facts mantém o perfil demográfico dos 400.000 integrantes, que representam um apanhado da população dos Estados Unidos. Todos os anos, uma amostra de 5.000 participantes do painel é pesquisada pelo correio para indicar sua preferência de cores para produtos automotivos, para o lar e para roupas. Juntamente com um questionário, os entrevistados recebem dois cartões coloridos, um com 37 cores automotivas e outro com 100 cores para roupas e móveis para o lar. As cores são cuidadosamente selecionadas para representar as mais vendidas no passado, as mais vendidas atualmente e as cores previstas para o futuro.

Para os produtos de consumo, em que a seleção de cores é parte importante da decisão de compra, é pedido que os entrevistados identifiquem suas cores mais e menos preferidas, as cores dos produtos que atualmente possuem e as cores dos produtos que prevêem comprar no futuro. Para as cores automotivas, o questionário é dividido por tipo de veículo: econômico, de preço médio, de luxo, van, veículo utilitário esportivo, caminhonete pequena e caminhonete grande. Os entrevistados são instruídos a responder apenas sobre os veículos que já possuem ou provavelmente comprarão.

Com mais de 30 montadoras de carro no mundo empenhando-se para chegar aos olhos dos consumidores, uma nova cor de tinta surpreendente é um meio relativamente barato de diferenciar um novo modelo ou dar vida nova a um modelo antigo. Os fabricantes de carros tentam usar a cor para estabelecer o caráter da marca ou realçá-la entre seus primos e concorrentes. Assim, a Ford tem usado a cor para diferenciar a linha Taurus da linha Sable, que partilham uma série de características.[4]

Vantagens e desvantagens dos levantamentos de campo

Os levantamentos de campo são as fontes primárias de obtenção de informações sobre os motivos, as atitudes e as preferências dos consumidores. A flexibilidade dos levantamentos de campo é refletida numa variedade de questões que é possível propor e em outros auxílios visuais, embalagens, produtos ou incentivos que podem ser usados durante as entrevistas. Adicionalmente, o processo de amostra permite atingir os entrevistados com características bastante específicas.

Em razão de os pesquisadores de levantamentos de campo dependerem principalmente daquilo que os entrevistados declaram, pode haver sérias limitações à coleta de dados desse modo. O que as pessoas dizem nem sempre é o que realmente fazem. Os erros podem ocorrer porque os entrevistados não se lembram corretamente ou se sentem pressionados para darem a resposta 'certa'. Além disso, as amostras podem ser tendenciosas e as perguntas pobremente elaboradas, os entrevistadores podem não ser treinados e supervisionados apropriadamente e os resultados podem ser interpretados erroneamente.

Embora os levantamentos de campo continuem sendo muito utilizados para a pesquisa primária e secundária, os painéis diários funcionam melhor para rastrear o comportamento do consumidor.

PAINÉIS DIÁRIOS DO CONSUMIDOR

Um painel diário é composto de um grupo de indivíduos, domicílios ou organizações que registram suas compras e comportamento em um diário. Domicílios são continuamente recrutados e adicionados ao painel à medida que os entrevistados saem do estudo ou são removidos para proporcionar a rotatividade do painel. A composição do painel é elaborada para ser representativa da população em termos demográficos.

Os painéis diários são diferentes dos levantamentos de campo, pois é pedido que os entrevistados registrem o comportamento à medida que ele ocorre, e não que se lembrem do comportamento passado ou especulem sobre o comportamento futuro. Isso faz com que as informações sejam mais precisas. Os membros dos painéis são compensados pela participação com presentes, cupons, informações ou dinheiro. O uso da mídia (por exemplo, audiência televisiva ou leitura de jornais) pode ser medido por esse mesmo método.

Os principais fornecedores de dados de painel diário são Nielsen e Ibope. Com base no conteúdo das informações registradas, os painéis diários podem ser classificados como de compras ou de mídia.

Painéis diários de compras

Freqüentemente, os dados de levantamentos de campo podem ser complementados com os dados obtidos dos **painéis diários de compras,** nos quais os entrevistados registram suas compras em um diário. Os entrevistados fornecem informações detalhadas a respeito da marca e da quantidade comprada, do preço pago, se houve ou não alguma oferta especial, da loja onde foi feita a compra e da intenção de uso. Embora ainda existam institutos que mantenham painéis diários, eles estão sendo rapidamente substituídos pelos painéis on-line. As informações fornecidas pelo Painel Diário de Compras Nacional são utilizadas pelas empresas de refrigerante como a Coca-Cola para determinar lealdade à marca, mudança de marca e para obter o perfil dos usuários assíduos de várias marcas.

Os painéis de compras especiais, que focalizam categorias específicas de produto, também são mantidos.

Painéis diários de mídia

Nos **painéis diários de mídia,** aparelhos eletrônicos (peoplemeter) registram automaticamente o comportamento da audiência, suplementando assim um diário. Talvez o painel diário de mídia mais familiar seja o Nielsen Television Index (NTI), da Nielsen Media Research. O NTI consiste de uma amostra representativa de aproximadamente 5.000 domicílios. Cada um tem um aparelho eletrônico, chamado de audímetro instantâneo, conectado ao televisor. O audímetro monitora continuamente o comportamento da audiência televisiva, inclusive quando o televisor é ligado, quais canais são vistos e por quanto tempo. Esses dados são armazenados no audímetro e transmitidos via linha telefônica para um computador central. Os dados coletados pelo audímetro são suplementados com registros de painéis diários, chamados de audilogs. O audilog contém informações sobre quem estava assistindo a cada programa, de forma que o tamanho e as características demográficas possam ser calculados.[5] O NTI (*www.nielsenmedia.com*) é útil para empresas que procuram mídias de propaganda que estejam atingindo seu mercado-alvo.

Outro índice da mesma empresa é o Nielsen Homevideo Index® (NHI). O NHI foi estabelecido em 1980 e fornece uma medida de TVs a cabo, cabos pagos, videocassetes, DVDs, antenas parabólicas e novas tecnologias para a televisão. Os dados são coletados por audímetros, medidores de quando os aparelhos são sintonizados e diários de papel.

Dada a popularidade crescente da Internet, os serviços padronizados também são voltados para essa mídia. A NetRatings, Inc. (*www.netratings.com*) rastreia e coleta o uso da Internet em tempo real de mais de 50.000 domicílios e usuários no trabalho. Ela registra o site e a atividade de comércio eletrônico: número de visitas às propriedades, domínios e sites únicos; classificação por site e por categoria; estatísticas de tempo e freqüência; padrões de tráfego; e transações no e-commerce. Ela também registra os banners de propaganda, resposta da audiência aos banners, conteúdo criativo, freqüência e colocação de sites. Esse serviço foi lançado em colaboração com a AC Nielsen, que o introduziu internacionalmente como ACNielsen eRatings.com (*www.acnielsen.com*).

Os serviços padronizados também coletam o mesmo tipo de dado de audiência para o rádio. As estatísticas de audiência de rádio são em geral coletadas por diários de duas a quatro vezes por ano.

Usos dos painéis diários

Os painéis diários de compras proporcionam informações úteis para previsão de vendas, estimativa de participação no mercado, avaliação de lealdade à marca e comportamento de troca de marca, estabelecimento de perfis de grupos específicos de usuários, medida da eficácia promocional e realização de testes controlados de lojas. Os painéis diários de mídia proporcionam informações úteis para o estabelecimento de índices de propaganda pelas redes de rádio e TV, a seleção da programação apropriada e a definição do perfil dos subgrupos de telespectadores ou ouvintes. Os anunciantes, os planejadores de mídia e os compradores acham que os painéis diários de informações são particularmente úteis.

Vantagens e desvantagens dos painéis diários

As vantagens dos dados dos painéis sobre os dados de levantamentos de campo se relacionam à precisão e à geração de dados contínuos. A medida repetida das mesmas variáveis do mesmo grupo de entrevistados classifica-se como uma forma de dados contínuos. Os dados contínuos permitem que os fabricantes meçam as mudanças na lealdade à marca, o uso e a sensibilidade ao preço com o tempo. O envolvimento em um painel diário representa o compromisso por parte do entrevistado. Acredita-se que esse compromisso realce a precisão e conseqüentemente a qualidade dos dados do painel. Os painéis diários, que registram as informações na hora da compra, também eliminam os erros de memória. As informações registradas pelos aparelhos eletrônicos são ainda mais precisas, porque os aparelhos eliminam os erros humanos.

As desvantagens dos dados do painel incluem a falta de representatividade dos membros do painel e o aumento nos erros de resposta associados exclusivamente ao processo de manutenção de um diário. Entretanto, os dados tendem a representar erroneamente certos grupos, como as minorias e aqueles com baixo nível de escolaridade. O compromisso de tempo, necessário para a participação nos painéis, contribui para o nível relativamente alto das taxas de recusa e abandono. Além disso, é possível que ocorram tendências nas respostas pelo simples fato de que estar no painel pode alterar o comportamento. Uma vez que os dados de compras e mídia são colocados à mão, também podem ocorrer os erros de registro.

SERVIÇOS DE ESCANEAMENTO ELETRÔNICO

Os **dados de escaneamento** são obtidos por scanners eletrônicos nas caixas registradoras que lêem o código de barras das compras dos consumidores. Entre as maiores empresas fornecedoras de dados padronizados que se especializam nesse tipo de coleta de dados estão a Nielsen, a IMS e a Information Resources. Essas empresas compilam e vendem dados que dizem aos assinantes quão bem seus produtos estão vendendo em relação à concorrência. A análise pode ser conduzida para cada item com um código de barras único, isto é, marca, sabor e tamanho da embalagem. As empresas que se baseiam no escaneamento representam uma concorrência formidável para os painéis diários e para os serviços físicos de auditoria. A precisão e a velocidade com que o produto se movimenta em nível de varejo podem ser registradas com o uso do escaneamento eletrônico, que está revolucionando a pesquisa de marketing.

Estão disponíveis três tipos de dados de escaneamento: dados de rastreamento do volume, painéis diários de escaneamento e painéis diários de escaneamento com TV a cabo. Os **dados de rastreamento do volume** são coletados rotineiramente por supermercados e outras lojas com caixas registradoras eletrônicas. Quando as compras dos consumidores são escaneadas, os dados vão automaticamente para a memória de um computador. Esses dados fornecem informações sobre as compras por marca, tamanho, preço e sabor ou fórmula, com base nos dados de vendas coletados das bobinas de escaneamento das caixas registradoras. Entretanto, as informações não podem ser conectadas às características pessoais dos consumidores, uma vez que a identidade não é registrada quando as compras são escaneadas. Essas informações são coletadas nacionalmente de uma amostra de supermercados com scanners eletrônicos. Os serviços de escaneamento que fornecem os dados de rastreamento de volume incluem Scantrack (AC Nielsen) e InfoScan (Information Resources, Inc.). O serviço de rastreamento da InfoScan monitora 266 categorias de supermercados, 207 de farmácias, 199 de mercadorias em massa e 199 de canais múltiplos.

Nos **painéis diários de escaneamento**, cada membro do domicílio recebe um cartão de fidelidade que pode ser lido por scanner eletrônico nas caixas registradoras. Os membros do painel de escaneamento simplesmente apresentam o cartão de fidelidade no caixa cada vez que fazem compras. Desse modo, a identidade do consumidor está ligada aos produtos comprados, assim como à hora e ao dia da compra, e a empresa pode construir um registro de compras para aquele indivíduo.

Alternativamente, algumas empresas fornecem scanners portáteis aos membros do painel, que escaneiam suas compras quando chegam em casa. O painel de consumidores AC Nielsen é utilizado para registrar as compras de aproximadamente 125.000 domicílios por todo o mundo (*www.acnielsen.com*). O consumidor escaneia os códigos de barra das compras com o scanner portátil, que registra o preço, as promoções e a quantidade de cada item. A informação no scanner portátil é então transmitida à AC Nielsen via linha telefônica. A AC Nielsen usa as informações do scanner e as informações adicionais obtidas dos consumidores para determinar, por exemplo, dados demográficos do consumidor, quantidade e freqüência de compras, porcentagem de compras domiciliares, ida às compras e gastos, preço pago e informações de uso. Os fabricantes e varejistas usam essas informações para entender melhor os hábitos de compra dos consumidores.

Um uso ainda mais avançado da tecnologia de escaneamento, os **painéis diários de escaneamento com TV a cabo** combinam painéis diários com novas tecnologias que estão surgindo com a indústria da TV a cabo. Nesses painéis, os domicílios assinam um dos sistemas de TV a cabo. Por uma 'divisão' da TV a cabo, o pesquisador introduz vários comerciais nos domicílios dos membros do painel. Por exemplo, metade dos domicílios poderá ver o teste do comercial A durante o noticiário das 18 horas, enquanto a outra metade assiste ao comercial B. Esses painéis permitem que os pesquisadores conduzam experiências razoavelmente controláveis em um ambiente relativamente natural.

Foi desenvolvida uma tecnologia que permite a transmissão de propaganda nos domicílios participantes sem o uso do sistema de TV a cabo. Como os painéis podem ser selecionados de todos os domicílios com TV disponíveis, não apenas aquelas com TV a cabo, a restrição em relação ao teste somente de domicílios com cabo é eliminada. Utilizando esse tipo de sistema, a General Mills, por exemplo, pode verificar qual dos quatro comerciais de teste para o cereal Total resulta em maior venda. São selecionados quatro grupos de membros dos painéis e cada um recebe um comercial de teste diferente. Esses domicílios são monitorados via dados por escaneamento para determinar qual grupo comprou mais o cereal Total. Como podemos ver, os serviços de escaneamento incorporam tecnologia avançada de pesquisa de marketing, o que resulta em algumas vantagens sobre os dados de levantamentos de campo e de painéis diários.

Usos dos dados de escaneamento

Os dados de escaneamento são úteis para uma variedade de propósitos. Os dados nacionais de rastreamento de volume podem ser usados para o rastreamento de vendas, preços, distribuição, modelagem e análise dos sinais iniciais de perigo. Os painéis diários de escaneamento com TV a cabo podem ser usados para testar novos produtos, reposicionamento de produtos, análise de mix promocional e tomadas de decisão de propaganda e preço. Esses painéis proporcionam aos pesquisadores de marketing ambientes controlados únicos para a manipulação das variáveis de marketing.

Vantagens e desvantagens dos dados de escaneamento

Pelo fato de as grandes redes de supermercado terem completado, na maior parte, a conversão para o escaneamento eletrônico e as drogarias estarem seguindo o mesmo passo, a coleta de dados eletrônicos provavelmente continuará a crescer. O feedback imediato sobre a atividade do produto no ponto-de-venda permite que os gerentes avaliem os programas existentes de marketing e formulem novos programas.

Os dados de escaneamento não apenas estão disponíveis mais rapidamente, mas também no geral são mais precisos que os dados coletados por levantamentos de campo ou painéis diários. As respostas tendenciosas que perturbam a coleta manual de dados diminuem porque os entrevistados estão menos conscientes de seu papel como membros de um painel de escaneamento. Erros causados por falhas de memória também são eliminados com a coleta de dados eletrônicos.

Outra vantagem é que as variáveis na loja, como preço, promoções e displays, também são registradas. Por último, um painel de escaneamento com TV a cabo proporciona um ambiente de teste altamente controlado para as mensagens promocionais alternadas.

Um dos pontos fracos dos dados coletados por escaneamento é a falta de representatividade. Apenas os varejistas com scanners estão incluídos na pesquisa. Categorias varejistas inteiras podem ser excluídas. Do mesmo modo, pode haver indisponibilidade dos scanners em certas áreas geográficas.

A qualidade dos dados por escaneamento é tão boa quanto o próprio processo de escaneamento e pode ser limitada por vários fatores. É possível que não se escaneiem todos os produtos. Por exemplo, um caixa pode registrar um item pesado para evitar levantá-lo. Se um item não for escaneado na primeira tentativa, o caixa digita o preço e ignora o código de barras. Algumas vezes o consumidor compra muitos sabores do mesmo item, mas o caixa escaneia apenas uma embalagem e o número de itens comprados. Assim, a transação é registrada erroneamente.

A respeito dos painéis de escaneamento, a tecnologia disponível permite o monitoramento de apenas um televisor por domicílio. Assim, há uma distorção embutida se o domicílio tiver um segundo ou terceiro televisor, porque a audiência desses televisores adicionais não é considerada. Além disso, o sistema proporciona informações sobre os televisores em uso, e não sobre o comportamento real da audiência. O televisor pode estar ligado e as pessoas não estarem prestando atenção nele. Embora os dados de escaneamento proporcionem informações sobre o comportamento e as vendas, não fornecem indicação das atitudes, das preferências e das razões básicas para as escolhas específicas.

DADOS PADRONIZADOS INSTITUCIONAIS E EMPRESARIAIS

Já discutimos os dados padronizados coletados dos consumidores e dos domicílios. Sistemas eletrônicos e manuais paralelos também são usados para coletar dados institucionais e industriais. Como mostra a Figura 5.6, os dados padronizados estão disponíveis para varejistas e atacadistas, assim como para as empresas industriais.

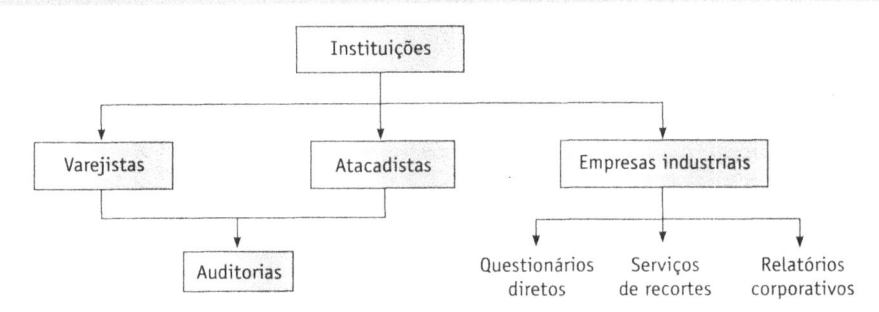

Figura 5.6 Uma classificação de serviços padronizados: instituições

```
                        Instituições
          ┌─────────────────┼─────────────────┐
      Varejistas        Atacadistas      Empresas industriais
          │                          ┌────────┼────────┐
      Auditorias              Questionários  Serviços  Relatórios
                                 diretos    de recortes corporativos
```

Auditorias de varejistas e atacadistas

A coleta de dados de movimentação do produto para atacadistas e varejistas é chamada de auditoria. Essas auditorias periódicas podem ser uma contagem física do inventário ou ser administradas por uma conexão com o processo de escaneamento.

Uma auditoria **física** é o exame formal e a verificação da movimentação do produto mediante a análise dos registros físicos ou do inventário. Tais auditorias rastreiam o fluxo do inventário, seus níveis atuais e o impacto de programas promocionais ou de preço sobre esses níveis do inventário.

Um dos principais provedores desses serviços é a Audits and Surveys Worldwide (ASW) (*www.surveys.com*). O Censo Nacional Varejista da ASW é uma fonte completa de informações sobre o número e o tipo de lojas nos Estados Unidos que vendem várias categorias de produtos e marcas específicas. Ele proporciona aos fabricantes medidas da penetração de sua marca e das de seus concorrentes em todos os tipos de lojas varejistas que tenham sua categoria de produto. O Censo Nacional Varejista é baseado numa amostra nacional representativa de 35.000 lojas de todos os tipos em mais de 800 áreas geográficas de todo o país. Os dados são agrupados pelas visitas pessoais ou pelos registros de entrada das lojas. Por exemplo, imagine que a Colgate Palmolive esteja estudando o lançamento de uma nova marca de pasta de dentes. Uma auditoria varejista ajuda a determinar o tamanho total do mercado e a distribuição de vendas por tipo de loja e por regiões diferentes.

Os serviços de auditoria atacadista, o oposto das auditorias varejistas, monitoram as retiradas dos armazéns. Os operadores participantes, incluindo as redes de supermercado, atacadistas e lojas de alimentos congelados, geralmente são responsáveis por mais de 80% do volume na área.

USOS DOS DADOS DE AUDITORIAS Relatórios padronizados, e também personalizados, estão disponíveis para ajudar os assinantes a gerenciar suas marcas. Esses relatórios proporcionam informações que podem ser usadas para (1) determinar o tamanho do mercado e a participação para categorias e marcas por tipo de loja, região ou cidade; (2) avaliar a atividade da concorrência; (3) identificar os problemas de distribuição, incluindo a alocação de espaço nas prateleiras e as questões de inventário; (4) desenvolver o potencial de vendas e as previsões; e (5) desenvolver e monitorar alocações promocionais baseadas no volume de vendas. Os scanners agora são usados para coletar dados que cruzam os níveis atacadistas, varejistas e de consumo. As informações que oferecem têm um impacto profundo no processo de marketing.

VANTAGENS E DESVANTAGENS DOS DADOS DE AUDITORIAS As auditorias proporcionam informações relativamente precisas sobre a movimentação de muitos produtos em nível de atacado e varejo. Além disso, essas informações podem ser divididas em múltiplas variáveis importantes, como marca, tipo de loja e tamanho do mercado.

No entanto, uma das grandes desvantagens das auditorias físicas é a cobertura limitada do varejo, além do atraso associado com a compilação e o relatório dos dados do inventário. Em geral, há uma lacuna de dois meses entre a finalização do ciclo de auditoria e a publicação dos relatórios. Outra desvantagem das auditorias físicas é que, diferentemente dos dados por escaneamento, seus dados não podem ser ligados às características do consumidor. De fato, é possível até mesmo haver problema em relacionar os dados de auditoria aos gastos com propaganda ou outros esforços de marketing.

Serviços de pesquisas industriais

Os **serviços da indústria** proporcionam dados padronizados sobre as empresas industriais, de comércio e outras instituições. Dados financeiros, operacionais e de emprego também são coletados por esses serviços de pesquisa padronizados para quase toda a categoria industrial. Esses dados são coletados por questionários diretos, por serviços de clipping de jornais, jornalismo ou a radiodifusão e por relatórios corporativos. A extensão e as fontes de dados padronizados disponíveis para as empresas de produtos industriais são mais limitadas do que as disponíveis para as empresas de bens de consumo. Os serviços disponíveis incluem aqueles fornecidos pela Dun and Bradstreet (D&B®).

O International Business Locator da D&B® (*www.dnb.com*) proporciona acesso direto a mais de 28 milhões de empresas públicas e privadas em mais de 200 países. Após localizar uma empresa, o Locator fornecerá dados comerciais importantes, incluindo informações sobre endereço completo, detalhes sobre o NAIC/linha de comércio, tamanho do negócio (vendas, patrimônio líquido, funcionários), nomes das pessoas-chave e identificação da localização da matriz, da empresa controladora doméstica e/ou da empresa controladora global.

Esses dados são muito úteis no desenvolvimento de planos de vendas de empresa para empresa e de listas de marketing direto, na estimativa do potencial de mercado e de participação dentro das indústrias, e no desenvolvimento de estratégias de mercado em geral. As estatísticas comerciais relacionadas às vendas anuais, à cobertura geográfica, ao relacionamento com os fornecedores e aos canais de distribuição são apenas algumas das categorias de informação disponíveis para os planejadores de mercado de empresa para empresa. Essas fontes secundárias também servem como fonte para as estruturas de amostra quando se estiver conduzindo uma pesquisa de empresa para empresa.

USOS DOS SERVIÇOS DE PESQUISAS INDUSTRIAIS As informações fornecidas pelos serviços industriais são úteis para as decisões de administração de vendas, incluindo a identificação de possíveis clientes, a definição dos territórios, o estabelecimento de cotas e a medida do potencial de mercado por área geográfica. Também pode auxiliar nas decisões de propaganda, como atingir os possíveis clientes, alocar os orçamentos de publicidade, selecionar a mídia e medir a eficácia da propaganda. Além disso, esse tipo de informação é útil para segmentar o mercado e desenvolver produtos e serviços personalizados para os segmentos escolhidos como mercado-alvo.

VANTAGENS E DESVANTAGENS DOS SERVIÇOS DE PESQUISAS INDUSTRIAIS As informações industriais publicadas proporcionam uma etapa inicial valiosa no marketing de empresa para empresa. Entretanto, elas são normalmente limitadas às empresas negociadas publicamente, além de a disseminação dos dados ser em geral controlada pela própria empresa relatora. Um pesquisador tem de estar ciente da totalidade dos dados relatados, assim como das tendências introduzidas por essa forma de auto-relatório do entrevistado. Esses dados são limitados em natureza, conteúdo, quantidade e qualidade de informações.

COMBINANDO INFORMAÇÕES DE UMA VARIEDADE DE FONTES: DADOS DE FONTE ÚNICA

Como discutimos no Capítulo 4, a combinação de dados de fontes diferentes realça o valor dos dados secundários. Essa prática nos serviços padronizados é conhecida como pesquisa de fonte única. Ela rastreia o processo de marketing por completo, da comunicação inicial da propaganda até a compra do produto. O processo liga as informações demográficas e psicográficas de uma pessoa com os hábitos televisivos, de leitura e de compras. Uma combinação de levantamentos de campo, diários e scanners eletrônicos é usada para integrar essas informações. As atividades de preço e promoção dos fabricantes são sobrepostas nesses dados de consumo. Assim, os **dados de fonte única** fornecem informações integradas sobre as variáveis domiciliares, incluindo consumo de mídia e compras, e variáveis de marketing, como venda dos produtos, preço, propaganda, promoção e esforço de marketing na loja. O exemplo seguinte ilustra a aplicação de dados de fonte única da Campbell Soup Company.

Exemplo

NOVELAS SERVEM DE GUIA PARA O CONSUMO DO SUCO V8

A Campbell Soup Company usou os dados de fonte única para reestruturar sua propaganda do suco V8. Ela descobriu que audiências de TV demograficamente similares consomem grandes quantidades do suco V8. Por exemplo, o segmento dominante dos telespectadores de *General Hospital* tinha o mesmo perfil demográfico dos consumidores assíduos de V8 (mulheres de 25 a 54 anos de idade). Entretanto, os dados de fonte única indicaram que o consumo de V8 entre essa audiência estava abaixo da média. Por outro lado, a audiência do *Guiding Light* tinha um consumo acima da média. Com base nesses dados, a Campbell mudou sua propaganda na TV do *General Hospital* para *Guiding Light*. Assim, usando as informações dos dados de fonte única, a Campbell Soup conseguiu suplementar a demografia conhecida de consumidores com telespectadores-padrão para melhorar a eficácia de sua propaganda em atingir os usuários atuais e potenciais do suco V8.[6]

ILUSTRAÇÃO RESUMIDA USANDO O CASO DE ABERTURA

As empresas de pesquisas padronizadas especializam-se em desenvolver sistemas de pesquisa que coletam dados de interesse comercial para usuários múltiplos. Isso foi visto no caso de abertura, no qual os resultados do estudo do NPD foram usados por várias empresas na mesma indústria: Haggar, Marshall Field's e Levi Strauss.

As fontes padronizadas podem ser classificadas com base na unidade de medição (domicílios/consumidores ou instituições). Os dados padronizados dos domicílios podem ser obtidos por levantamentos de campo, painéis diários ou sistemas de escaneamento eletrônico. Embora tenha sido utilizado um levantamento de campo no caso de abertura, os dados sobre as compras de roupas de negócio casuais podem também ser coletados por painéis diários e scanners eletrônicos (ou sistemas similares) instalados nas lojas de departamentos. Quando as instituições são a unidade de medição, os dados podem ser obtidos das empresas varejistas, atacadistas ou industriais. Por exemplo, os dados dos consumidores sobre as roupas de negócio casuais poderiam ser complementados pelos dados dos comerciantes desses produtos, como a Haggar, a Marshall Field's e a Levi Strauss. É desejável combinar as informações obtidas de fontes secundárias para ter um quadro mais completo do mercado. Assim, poderíamos combinar os dados sobre roupas casuais obtidos dos consumidores com os dados dos varejistas (Macy's, Sears etc.) e fabricantes (Haggar e Levi Strauss) para entender melhor o mercado de roupas casuais.

PESQUISA DE MARKETING E TQM

Os dados padronizados são diretamente conectados ao conceito de TQM. Eles podem auxiliar uma empresa na melhoria contínua e ajudá-la a colocar a qualidade em primeiro lugar. As empresas terão lucros aumentados e custos reduzidos e podem fazer continuamente melhorias na qualidade dos produtos e dos serviços que oferecem aos consumidores.

Os serviços padronizados oferecem dados psicográficos e de estilo de vida que podem ajudar o pesquisador de marketing a determinar o que constitui qualidade para os diversos segmentos de mercado. Esses segmentos podem definir qualidade de forma diferente, com base no que eles valorizam. Similarmente, as informações dos painéis diários de compras e dos painéis de escaneamento podem ser muito úteis para determinar as diferenças entre os compradores de marcas de alta e de baixa qualidade, e para identificar as características dos usuários assíduos das marcas de qualidade. Os dados de fonte única proporcionam informações sobre os hábitos de consumo da mídia dos consumidores conscientes com a qualidade, permitindo que a gerência os atinja eficazmente.

Exemplo

EM CASA COM QUALIDADE VIA HOMESCAN

A Kellogg Company usa o painel de escaneamento Homescan, da AC Nielsen, discutido anteriormente neste capítulo, para responder a uma série de perguntas:

- Em quais áreas do país os cereais da Kellogg são comprados com mais freqüência?
- Quais promoções foram oferecidas na época da compra?
- Quais são o número e o tamanho das caixas de cereais que o consumidor típico compra?
- Quais são as características demográficas dos usuários assíduos de cereais?

A Kellogg utiliza essas informações para melhor direcionar seus produtos aos consumidores. As informações também são usadas para desenvolver as promoções de vendas, como os cupons e as amostras no ponto-de-venda, para satisfazer as necessidades dos consumidores. Por exemplo, famílias grandes de origem hispânica, na Califórnia, tendem a ser usuárias assíduas do Corn Flakes da Kellogg. A Kellogg tentou cultivar e reter a clientela desses usuários direcionando-lhes as ofertas de cupons e as promoções. Assim, a qualidade do marketing da Kellog é bastante aumentada, atingindo um foco maior nas necessidades dos consumidores via Homescan.[7]

TECNOLOGIA E PESQUISA DE MARKETING

À medida que a tecnologia se desenvolve, as empresas fornecedoras de dados padronizados estabelecem novos tipos de painéis, usando métodos sofisticados de coleta de dados. Uma possibilidade distinta no futuro próximo são os painéis baseados em TV bidirecional, TV interativa e serviços de vídeo. Na realidade, essa tecnologia já foi desenvolvida e está sendo refinada e testada.

Desde 1995, a Verizon Communications conduziu duas tentativas no mercado de serviços interativos de vídeo: o sistema Stargazer de vídeo, em demanda no norte da Virgínia e em Toms River, Nova Jersey. Os comerciantes que participaram da primeira fase de testes do Stargazer incluíram Lands' End, Nordstrom, JCPenney, Nissan Motor Cars USA e Visa International. O porta-voz dos Serviços de Vídeo da Verizon alertou os pesquisadores de marketing de que estejam preparados, porque a TV interativa chegará antes do que as pessoas esperam. "Os líderes se estabelecerão rapidamente", declarou. "O resto terá dificuldades em alcançá-los."[8]

Além disso, a tecnologia usada nos painéis existentes, como os scanners e os painéis de mídia, está sendo continuamente refinada. Em 1987, a Nielsen Media Research lançou o peoplemeter original. Esse sistema registra qual membro da família está assistindo à TV em um certo momento. Ele também mantém um registro de qual programa está sendo visto. O problema com o sistema original é que os telespectadores precisam inserir as informações manualmente, por um teclado, toda vez que começam assistir à televisão ou quando acabam de fazê-lo. Muitos deles nem sempre fazem o log-in ou o log-out, porque o sistema pode tornar-se enfadonho. Outros, especialmente as crianças, simplesmente se esquecem de fazer o log-in/log-out.

Para lidar com esse problema, a Nielsen e seu principal concorrente, Arbitron, desenvolveram novos 'medidores passivos de pessoas'. A única coisa que se requisita dos telespectadores sob esse sistema é que liguem ou desliguem seus televisores. Utilizando a tecnologia de 'reconhecimento de imagem por computador', que é uma versão mais avançada da tecnologia de scanner dos supermercados, os 'audímetros passivos' escaneiam a sala para identificar todos os telespectadores pré-programados. O novo sistema também detecta se os telespectadores estão ou não olhando para a televisão ou se estão olhando para algum outro lugar da sala.

O novo sistema passivo permite que os pesquisadores monitorem famílias a uma taxa muito mais barata do que seria possível com a tecnologia anterior. Os medidores antigos envolvem um custo de milhares de dólares para monitorar uma única família. É esperado que o custo diminua para centenas de dólares. Com essa redução dramática no custo médio por domicílio, os pesquisadores conseguem aumentar o tamanho das amostras e, conseqüentemente, a precisão dos dados, ao mesmo tempo que mantêm os custos gerais em um nível constante.[9]

ÉTICA NA PESQUISA DE MARKETING

As questões éticas na formulação de um modelo de pesquisa, como discutido no Capítulo 3, também são relevantes na coleta de dados padronizados. Os direitos do entrevistado, especialmente sua privacidade, são outra questão saliente. Obter dados do entrevistado sem seu conhecimento ou consentimento total é uma invasão de privacidade. Considere, por exemplo, os cartões de consumidores assíduos que os supermercados emitem. Tais cartões proporcionam uma variedade de serviços para os possuidores, como descontar cheques, notificações especiais de vendas e descontos em dinheiro ou devoluções, sem um custo aparente. Embora isso possa parecer um bom negócio, muitos possuidores de cartão não estão cientes dos custos embutidos.

Quando está preenchendo o formulário para um cartão, cada consumidor proporciona dados sobre variáveis relacionadas à demografia e às compras e recebe um código de barras. Esse código é escaneado primeiro, antes que sejam escaneadas as compras. Assim, as compras estão ligadas aos dados demográficos e aos outros que foram coletados na época em que o cliente estava preenchendo o formulário para o cartão. Essas informações resultam em um banco que contém dados ricos sobre o consumidor, incluindo um perfil demográfico completo, quando faz compras, quanto gasta, como paga pelas compras e quais os produtos que compra. Como discutido no Capítulo 4, esse banco de dados pode ser usado para focalizar consumidores e formular estratégias de marketing eficazes. Geralmente, os dados são vendidos para as empresas fornecedoras de dados padronizados, que por sua vez os revendem para vários clientes, resultando em uma disseminação e um uso mais amplo. Entretanto, a maioria dos consumidores não está ciente de que o supermercado tem toda informação sobre eles pelo simples fato de possuir um cartão.

Os supermercados e outras empresas que se envolvem nessa prática de coleta de dados sem conhecimento ou consentimento do entrevistado estão violando os princípios éticos de consentimento informado. De acordo com esse princípio, os pesquisadores têm a responsabilidade ética de evitar a participação não-informada e mal-informada dos entrevistados nos projetos de pesquisa de marketing. O lado positivo é que as empresas fornecedoras de dados padronizados estão tendo um papel significativo na pesquisa das questões éticas e estão sensibilizando as empresas de marketing, a indústria e o público em geral sobre essas questões.

APLICAÇÕES NA INTERNET

Para as fontes padronizadas de informações, a pessoa pode visitar as páginas de várias empresas de pesquisa de mercado e provedores de informações padronizadas. A página da AC Nielsen (*www.acnielsen.com*) é uma excelente fonte. Além disso, na página de Dunn and Bradstreet (*www.dnb.com*) estão disponíveis serviços comerciais e informações padronizadas, como os CD-ROMs e os diretórios da D&B Business Reference.

A *Information Resources* (IRI) é o maior provedor de soluções baseadas no escaneamento do código de barras para a indústria de bens de consumo embalados (CPG) dos Estados Unidos. A IRI obtém dados dos scanners no ponto-de-venda, integra-os com outros dados proprietários e os guarda em banco de dados. Os dados são então usados para fornecer aos fabricantes de CPG, corretores, varejistas e atacadistas uma variedade de serviços críticos às suas operações de vendas, de marketing e de logística. A seguir, um exemplo do tipo de informação disponível na IRI.

Exemplo

ALIMENTOS, ALIMENTOS EM TODOS OS LUGARES

O Times & Trends, da Information Resources (www.infores.com), disponível no site da empresa, realça a revisão de fim do ano na indústria de bens de consumo embalados (CPG). O Times & Trends é um relatório valioso para os executivos ocupados que precisam de informações resumidas sobre as condições econômicas de hoje e de negócios em geral e também de informações detalhadas sobre as tendências da CPG e as condições de marketing do varejo.

Por exemplo, a revisão de fim de ano de 1999 dizia que o consumo de alimentos para 1999 atingiu um pico para a década, aumentando 3,7% em relação a 1998, chegando a um aumento de 9,3% no último trimestre de 1999. A alimentação fora de casa registrou um ganho de 12,4% e os gastos com alimentação em casa tiveram um aumento de 7,6% no último trimestre de 1999. Essas informações são úteis não apenas para restaurantes como o McDonald's, que enfatizam a alimentação longe de casa, mas também para os supermercados como o Kroger, que faz seus planos de marketing considerando o gasto com alimentação em casa.

Resumo

As empresas de pesquisas padronizadas especializam-se no desenvolvimento de sistemas de pesquisa que coletem dados de interesse comercial para vários usuários. A coleta de dados para servir a um propósito comercial conhecido é um dos diferenciadores primários quando se comparam os serviços padronizados a outros tipos de dados secundários (discutido no Capítulo 4). Os dados padronizados são oportunos e redutores de custos. Dada a necessidade de um monitoramento imparcial das tendências de todo o mercado, assim como das reações ou comportamento dos consumidores, os pesquisadores padronizados fornecerão um serviço único e valioso.

As fontes padronizadas podem ser classificadas com base na unidade de medição (domicílios/consumidores ou instituições). Os dados padronizados dos domicílios podem ser obtidos por levantamentos de campo, painéis diários ou sistemas de escaneamento eletrônico. Quando as instituições são as unidades de medição, os dados podem ser conseguidos de empresas varejistas, atacadistas ou industriais. É desejável combinar as informações de fontes diferentes.

Os serviços padronizados oferecem dados psicográficos e de estilo de vida que podem ajudar as empresas com TQM a determinar o que constitui qualidade para os diversos segmentos de mercado. As empresas de pesquisas padronizadas são uma fonte importante de informações sobre os consumidores e os mercados industriais no exterior. À medida que a tecnologia se desenvolve, as empresas padronizadas estabelecem novos tipos de painéis que coletam dados dos membros usando métodos sofisticados. Uma possibilidade distinta num futuro próximo é o painel baseado em TV bidirecional, a TV interativa e os serviços de vídeo. Uma das principais questões éticas na coleta de dados padronizados é a invasão de privacidade do entrevistado mediante a obtenção de dados sem seu conhecimento ou consentimento total. A Internet serve como fonte importante de informações sobre as empresas padronizadas e seus serviços.

Exercícios

1. Quais são as diferenças entre dados padronizados e dados disponíveis de outras fontes secundárias?
2. Liste e descreva as várias fontes padronizadas de dados secundários.
3. Qual é a natureza das informações coletadas pelos levantamentos de campo?
4. Como os levantamentos de campo podem ser classificados?
5. Explique o que é um painel diário. Qual a diferença entre os painéis diários de compras e os painéis diários de mídia?
6. Quais são as vantagens relativas dos painéis diários sobre os levantamentos de campo?
7. Quais tipos de dados podem ser coletados pelos serviços de escaneamento eletrônico?
8. Descreva os usos dos dados por escaneamento.
9. O que é uma auditoria? Discuta os usos, vantagens e desvantagens das auditorias.
10. Descreva as informações fornecidas pelos serviços industriais.
11. Por que é desejável usar fontes múltiplas de dados secundários?
12. Explique o que significam dados de fonte única.

Problema

1. Selecione uma indústria de sua escolha. Contate uma empresa fornecedora de dados padronizados para obter as vendas da indústria e das principais empresas dessa indústria no último ano. Faça uma estimativa da participação no mercado de cada empresa principal. De uma fonte publicada, obtenha informações sobre a participação no mercado dessas mesmas empresas. As duas estimativas concordam?

Atividades

DRAMATIZAÇÃO

1. Você é o gerente de produto do grupo para a Procter & Gamble responsável pelo sabão em pó. Como usaria as informações disponíveis da auditoria de uma loja? Peça a outro aluno para fazer o papel de vice-presidente de marketing. Explique a seu chefe o valor das informações de auditoria da loja relacionadas ao sabão em pó.

TRABALHO DE CAMPO

1. Vá até o supermercado local. Peça ao gerente da loja que lhe explique como os dados de escaneamento coletados nas caixas registradoras são processados. Escreva um relatório explicando como você usaria os dados de escaneamento para um projeto de pesquisa de marketing avaliando a participação no mercado para diversas marcas de margarina. Por favor, seja específico.

DISCUSSÃO EM GRUPO

1. Discuta como as classificações de TV da Nielsen podem afetar o preço que os anunciantes pagam pela transmissão de um comercial por um tempo específico.

Notas

1. Jennifer Boyde, "Casual day goes every day", *Business Journal Serving Charlotte and the Metropolitan Area*, 15, 13, 30 jun. 2000, p. 29; "Casual wear: dressing for success or for stress?", *news.cnet.com.*, 10 jun. 2000; Elisa Biecher, Paul N. Keaton e A. William Pollman, "Casual dress at work", *SAM Advanced Management Journal* 64, 1, inverno 1999, p. 17-20, e Cyndee Miller, "A casual affair: clothesmaker responds to dress-down trend with new lines, consumer education programs", *Marketing News*, 29, 6, 13 mar. 1995, p. 1-2.

2. Stephanie Thompson, "Oscar Mayer hams it up for new lunch meat lione", *Advertising Age*, 71, 32, 31 jul. 2000, p. 14; Richard Merli, "Top five meatless brands see sales rise by 53,4%", *Frozen Food Age*, 47, 11, jun. 1999, p. 24, e "1995 Edison Best New Products awards winners", *Marketing News*, 30, 10, 6 maio 1996, p. E4-E11.
3. *Starch readership report: scope, method, and use.* Mamaroneck, NY: Starch INRA Hooper, sem data, e *http://www.roper.com*.
4. Arrol Gellner, "Bias tints debates over color", *San Francisco Chronicle*, 22 mar. 2000, p. Home 1; Joan H. Walker, "Forecasters see 'boom time' 1998 colors", *Modern Paint & Coatings*, 88, 1, jan. 1998, p. 64, e "Research probes how consumers rely on color for their purchases", *Marketing News*, 29, 18, 28 ago. 1995, p. 1, 39.
5. Rick Wartzman, "Nielsen ratings spark a battle over just who speaks spanish", *Wall Street Journal*, 25 fev. 2000, p. B1; Megan Larson, "Nielsen does full cable book", *Mediaweek*, 9, 15, 12 abr. 1999, p. 16, e Steve McClellan, "Nielsen's digital display", *Broadcasting & Cable*, 127, 17, 21 abr. 1997, p. 37-38.
6. Stephanie Thompson, "Diet V8 splash carves niche in juice category for adults", *Advertising Age*, 71, 13, 27 mar. 2000, p. 24; Judann Pollack, "V8, tropicana pump spending for juices", *Advertising Age*, 68, 13, 18 ago. 1997, p. 30, e Joanne Lipman, "Single-source ad research heralds detailed look at household habits", *Wall Street Journal*, 16 fev. 1998, p. 39.
7. *www.acnielsen.com*.
8. Tim Greene, "Bell Atlantic expands beyond local data market", *Network World*, 17, 25, 19 jun. 2000, p. 48; "Bell Atlantic TV, mail push backs DirectTV", *Advertising Age*, 70, 13, 29 mar. 1999, p. 31; Richard Tedesco, "Bell Atlantic's ITV scorecard", *Broadcasting & Cable*, 126, 9, 26 fev. 1999, p. 52, e Williamson, Debra Aho, "Two-way, interactive TV panels", *Advertising Age*, 1º maio 1995, p. 26.
9. Katy Bachman, "U.S. advertisers following arbitron", *Mediaweek*, 9, 7, 15 fev. 1999, p. 16; Donna Petrozzello, "Arbitron moves to offer audio measuring", *Broadcasting & Cable*, 126, 36, 26 ago. 1996, p. 38, e Steve McClellan, "New Nielsen system is turning heads", *Broadcasting*, 18 maio 1992, p. 8.

CAPÍTULO 6
Concepção de Pesquisa Exploratória: Pesquisa Qualitativa

Neste capítulo abordamos as seguintes questões:

1. Qual a diferença entre pesquisa qualitativa e pesquisa quantitativa em termos de objetivos, amostra, coleta de dados, análise de dados e resultados? Quais são as vantagens e as desvantagens dos dados secundários?
2. Quais são as diversas formas de pesquisa qualitativa, incluindo os procedimentos diretos e indiretos?
3. Como as discussões em grupo (*focus groups*) são conduzidas? Quais são suas aplicações? Quais são suas vantagens e suas desvantagens?
4. Como as entrevistas de profundidade são diferentes das discussões em grupo? Quais são suas aplicações? Quais são suas vantagens e suas desvantagens?
5. O que significam *técnicas projetivas*? Quais são seus usos?
6. Qual o papel da pesquisa qualitativa na gestão da qualidade total?
7. Como a tecnologia facilita a pesquisa qualitativa?
8. Quais questões éticas estão envolvidas na condução da pesquisa qualitativa?
9. Como a Internet pode ser usada para realizar a pesquisa qualitativa?

GILLETTE APÓIA DIREITO IGUAL PARA AS MULHERES: LIVROU-SE DO FRACASSO POR UM TRIZ

Em outubro de 2000, a Gillette anunciou o lançamento de um aparelho para depilação destinado às mulheres que continha as características especiais encontradas nos populares aparelhos de barbear para homens Mach3. O nome do aparelho, Venus, foi revelado numa conferência à imprensa em Nova York e tornou-se disponível para os consumidores em abril de 2001. Embora as vendas da Gillette tenham declinado constantemente nos últimos anos, a empresa estava confiante em que esse novo aparelho destinado às mulheres, com três lâminas ('com um cabo não convencional') ajudaria a recuperar o crescimento das vendas e os clientes. Essa nova idéia de produto foi inspirada no bem-sucedido lançamento anterior do Sensor para Mulheres.

Como o Sensor para Mulheres foi desenvolvido? Depois de receber a incumbência de redesenhar o aparelho feminino da Gillette, Jill Shutleff contava muito com a pesquisa qualitativa. Ela utilizou entrevistas de profundidade com 30 mulheres escolhidas com base em seu julgamento de segmentos diferentes do mercado-alvo em potencial. Entrevistas de profundidade foram selecionadas sobre discussões em grupo (*focus groups*) porque a depilação é uma experiência pessoal para as mulheres. Essa técnica permite uma investigação extensa dos sentimentos das entrevistadas em um ambiente mais pessoal, proporcionando percepções mais profundas na experiência de depilação.

As entrevistas de profundidade mostraram que as mulheres se depilam de uma forma muito diferente da dos homens. A mulher norte-americana depila uma área muito maior que a do homem, mas apenas duas ou três vezes por semana. Ela muda de lâmina aproximadamente uma vez por mês. Os homens costumam se barbear em frente a um espelho bem iluminado, ao passo que as mulheres preferem se depilar durante o banho, geralmente com pouca iluminação, e precisam raspar áreas que elas não conseguem enxergar bem, como as axilas ou a parte de trás das pernas. A pesquisa indicou que a depilação era uma experiência pessoal para as mulheres que provocava sentimentos de antecipação e aceitação.

Essa pesquisa também mostrou que a maioria das mulheres não gostava dos aparelhos femininos e optava pelos aparelhos para homens ou os descartáveis. Elas preferiam aparelhos que fossem firmes para segurar e que proporcionassem uma depilação limpa e suave. Geralmente os aparelhos masculinos têm uma lâmina muito mais afiada. Embora o risco de as mulheres se cortarem aumentasse com o uso dos aparelhos para homens, a qualidade da depilação era muito melhor do que com a dos aparelhos tradicionais femininos. Essas descobertas foram substanciadas em um estudo que realizou entrevistas pessoais domiciliares. Uma amostra de 500 mulheres foi selecionada para esse propósito.

Com essas informações sobre a situação, Shurtleff começou o desenho de seu produto. Primeiramente eliminou o desenho em formato de T usado para os aparelhos masculinos, que dá aos homens o controle sensível de que eles precisam, mas representa risco para as mulheres por causa das mudanças no ângulo das lâminas. Shurtleff resolveu usar um desenho para o cabo que parecesse uma hóstia – branco com uma inserção aquosa no centro. As cores eram diferentes da tradicional cor-de-rosa dos aparelhos femininos e provocavam um sentimento limpo e aquoso. A inserção aquosa era de plástico transparente e tinha sulcos ondulados para evitar que escorregasse. A cabeça do aparelho assemelhava-se à do Sensor (aparelho masculino) e angulada em 46 graus, com uma acomodação entre os ângulos ideais de depilação das axilas e das pernas.

O toque final foi o nome. Lady Sensor foi rejeitado porque parecia quase condescendente e muitas mulheres não gostaram dele. A empresa concordou com o nome Sensor para Mulheres por ser direto, honesto e evocar as respostas mais favoráveis em um teste de associação de palavras que examinou vários nomes possíveis.

A pesquisa qualitativa ajudou a desenvolver um produto verdadeiramente bem-sucedido. O Sensor para Mulheres substituiu rápida e facilmente o líder de mercado, o Personal Touch, e acumulou 60% de participação no mercado.[1]

VISÃO GERAL

No Capítulo 3 classificamos a pesquisa de marketing como exploratória ou conclusiva. A análise dos dados secundários, discutida nos capítulos 4 e 5, é um dos aspectos da pesquisa exploratória. A outra principal técnica exploratória, a pesquisa qualitativa, é o assunto deste capítulo. A Figura 6.1 explica brevemente o enfoque do capítulo, seu relacionamento com os capítulos anteriores e as etapas do processo de pesquisa de marketing nas quais ele se concentra. Como pode ser visto na figura, a pesquisa qualitativa é parte do processo de pesquisa de marketing apresentado no Capítulo 1, uma das tarefas envolvidas na definição do problema e no desenvolvimento de uma abordagem levada em consideração no Capítulo 2 e uma das técnicas de modelo de pesquisa exploratória discutida no Capítulo 3.

Freqüentemente a pesquisa qualitativa segue uma revisão das fontes internas e externas de dados secundários. Ela é geralmente usada para definir o problema com mais precisão, formular hipóteses, identificar ou esclarecer as variáveis-chave a serem investigadas na fase quantitativa. Nosso caso de abertura ilustrou esses conceitos. As descobertas das entrevistas de profundidade a respeito de como as mulheres se depilam foram investigadas mais a fundo numa entrevista pessoal em casa (pesquisa quantitativa).

Diferentemente dos dados secundários, que são gerados para outros fins além do problema de pesquisa de marketing em questão, a pesquisa qualitativa produz dados primários. A definição do problema da pesquisa de marketing e a abordagem direcionam a coleta de dados qualitativos.

Neste capítulo discutimos as diferenças entre pesquisa qualitativa e pesquisa quantitativa e o papel de cada uma delas no projeto de pesquisa de marketing. Apresentamos uma classificação das técnicas de pesquisa qualitativa e fornecemos uma visão geral das principais técnicas qualitativas utilizadas na indústria. Elas incluem as discussões em grupo, as entrevistas de profundidade e as técnicas projetivas. Mantendo a ênfase deste livro, discutimos a aplicação da pesquisa qualitativa à gestão da qualidade total (TQM), assim como o impacto da tecnologia, a ética e o uso da Internet. A Figura 6.2 proporciona uma visão geral dos tópicos discutidos neste capítulo e como eles fluem de um para outro.

Figura 6.1 Relação da pesquisa qualitativa com os capítulos anteriores e com o processo de pesquisa de marketing

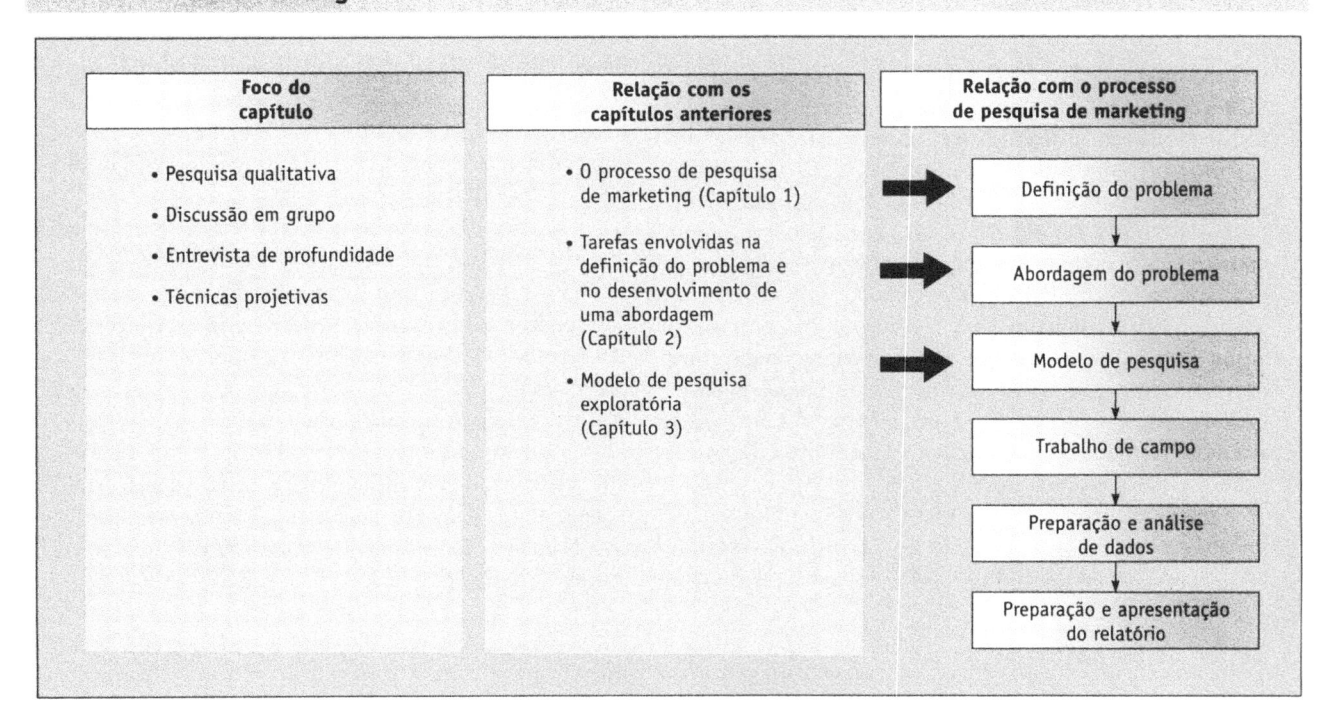

Foco do capítulo	Relação com os capítulos anteriores	Relação com o processo de pesquisa de marketing
• Pesquisa qualitativa • Discussão em grupo • Entrevista de profundidade • Técnicas projetivas	• O processo de pesquisa de marketing (Capítulo 1) • Tarefas envolvidas na definição do problema e no desenvolvimento de uma abordagem (Capítulo 2) • Modelo de pesquisa exploratória (Capítulo 3)	Definição do problema ↓ Abordagem do problema ↓ Modelo de pesquisa ↓ Trabalho de campo ↓ Preparação e análise de dados ↓ Preparação e apresentação do relatório

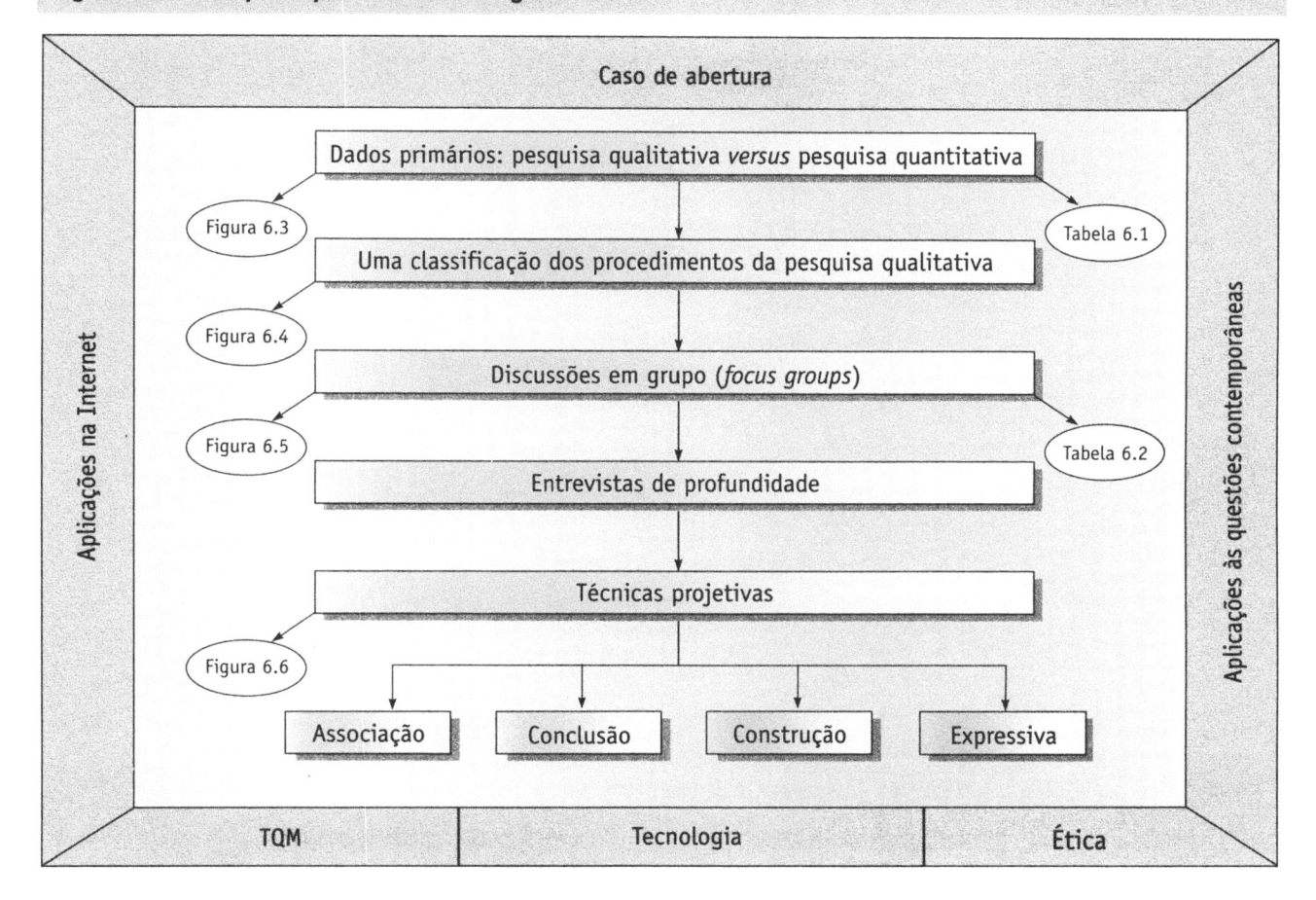

Figura 6.2 Pesquisa qualitativa: visão geral

```
Caso de abertura
    Dados primários: pesquisa qualitativa versus pesquisa quantitativa
         (Figura 6.3)                                    (Tabela 6.1)
    Uma classificação dos procedimentos da pesquisa qualitativa
         (Figura 6.4)
    Discussões em grupo (focus groups)
         (Figura 6.5)                                    (Tabela 6.2)
    Entrevistas de profundidade
    Técnicas projetivas
         (Figura 6.6)
    Associação | Conclusão | Construção | Expressiva

Aplicações na Internet                 Aplicações às questões contemporâneas
TQM | Tecnologia | Ética
```

DADOS PRIMÁRIOS: PESQUISA QUALITATIVA VERSUS PESQUISA QUANTITATIVA

Como foi mencionado anteriormente, embora a pesquisa qualitativa seja exploratória por natureza, ela resulta em dados primários porque é realizada com o propósito específico de levantar o problema em pauta. Assim, tanto a pesquisa qualitativa quanto a quantitativa podem gerar dados primários, como mostra a Figura 6.3. A distinção entre pesquisa qualitativa e quantitativa assemelha-se à existente entre pesquisa exploratória e conclusiva, conforme se discutiu no Capítulo 3. As diferenças entre as duas metodologias de pesquisa estão resumidas na Tabela 6.1.

A **pesquisa qualitativa** proporciona melhor visão e compreensão do problema. Ela o explora com poucas idéias preconcebidas sobre o resultado dessa investigação. Além de definir o problema e desenvolver uma abordagem, a pesquisa qualitativa também é apropriada ao enfrentarmos uma situação de incerteza, como quando os resultados conclusivos diferem das expectativas. Ela pode fornecer julgamentos antes ou depois do fato. No caso de abertura, a Gillette usou a pesquisa qualitativa no início do projeto para entender melhor as necessidades de depilação das mulheres. A pesquisa qualitativa é baseada em amostras pequenas e não-representativas, e os dados não são analisados estatisticamente. No caso da Gillette, o pesquisador escolheu uma amostra de 30 pessoas para poder entrevistar mulheres de vários segmentos do mercado-alvo.

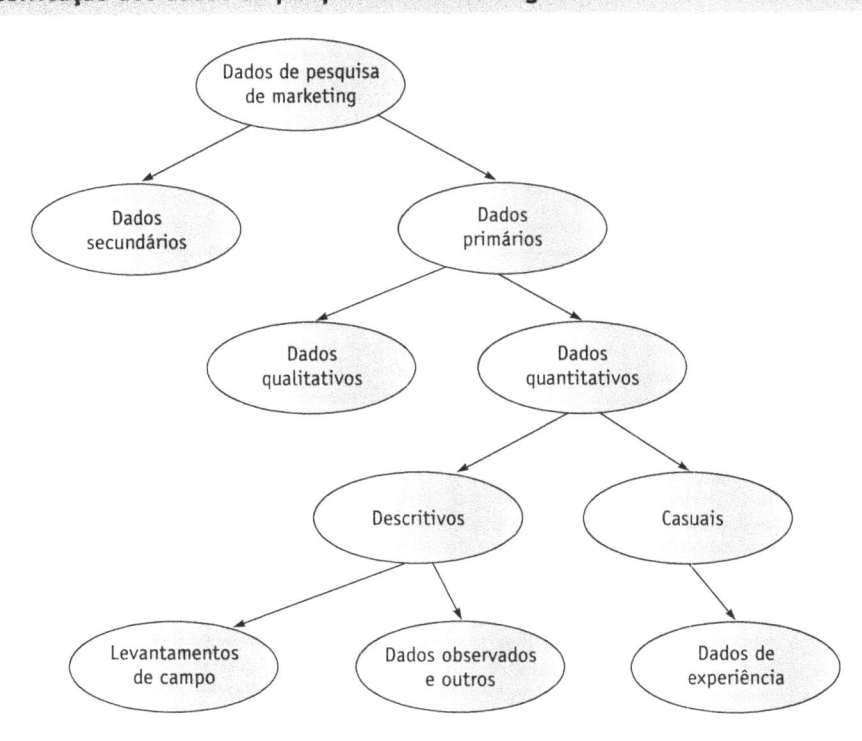

Figura 6.3 Classificação dos dados de pesquisa de marketing

```
                    Dados de pesquisa
                       de marketing
                      /            \
                     /              \
                Dados            Dados
              secundários        primários
                                /        \
                               /          \
                          Dados         Dados
                        qualitativos  quantitativos
                                      /        \
                                     /          \
                              Descritivos      Casuais
                              /        \            \
                             /          \            \
                     Levantamentos   Dados observados   Dados de
                       de campo       e outros         experiência
```

Tabela 6.1 Pesquisa qualitativa *versus* pesquisa quantitativa

	PESQUISA QUALITATIVA	PESQUISA QUANTITATIVA
Objetivo	Obter uma compreensão qualitativa das razões e dos motivos básicos	Quantificar os dados e generalizar os resultados das amostras para a população de interesse
Amostra	Número pequeno de casos não-representativos	Número grande de casos representativos
Coleta de dados	Não-estruturada	Estruturada
Análise de dados	Não-estatística	Estatística
Resultado	Desenvolver uma compreensão inicial	Recomendar um curso de ação final

Por outro lado, a **pesquisa quantitativa** procura quantificar os dados. Ela busca uma evidência conclusiva, que é baseada em amostras grandes e representativas e, de alguma forma, aplica análise estatística. Contrastando com a pesquisa qualitativa, as descobertas da pesquisa quantitativa podem ser tratadas como conclusivas e utilizadas para recomendar um curso de ação final. Vimos isso no caso de abertura, no qual a Gillette usou a pesquisa quantitativa (levantamento de campo) para substanciar as descobertas da pesquisa qualitativa (entrevistas de profundidade).

A abordagem da coleta de dados pode variar por toda uma série, de altamente estruturada para completamente desestruturada. Em uma abordagem altamente estruturada, o pesquisador predetermina as perguntas feitas e a amplitude de respostas disponíveis. Assim, ele tem compreensão total da amplitude de possíveis opções de resposta. Uma pergunta de múltipla escolha é um exemplo de uma pergunta altamente estruturada. Em geral, é utilizado um questionário formal. Isso contrasta com a abordagem da coleta de dados não-estruturada, na qual nem as questões nem as respostas possíveis são predeterminadas. O entrevistado é encorajado a falar livremente sobre seu assunto de interesse. A pesquisa qualitativa ou exploratória está na parte não-estruturada dessa série, enquanto a pesquisa quantitativa é altamente estruturada.

Sempre que um novo problema de pesquisa de marketing é levantado, a pesquisa quantitativa precisa ser precedida da pesquisa qualitativa apropriada, como fez a Gillette. Às vezes a pesquisa qualitativa é realizada para explicar as descobertas obtidas pela pesquisa quantitativa. Entretanto, as descobertas da pesquisa qualitativa são utilizadas erroneamente quando consideradas como conclusivas e empregadas para fazer generalizações para a população de interesse. Por exemplo, se 20 das 30 mulheres nas entrevistas de profundidade dissessem preferir o aparelho masculino ao feminino, não seria adequado concluir que 66,7% das mulheres na população em geral têm a mesma preferência. Os dados quantitativos devem ser coletados por um levantamento de campo, como no caso de abertura, se os resultados das amostras forem projetados para a população. Esse é um princípio sólido da pesquisa de marketing, ver a pesquisa qualitativa e quantitativa como partes complementares, e não concorrentes do processo de pesquisa.

O perigo em ignorar a pesquisa qualitativa quando o problema de pesquisa não é totalmente entendido e dirigido para a pesquisa quantitativa é ilustrado pela decisão da Coca-Cola em mudar a Coke para a New Coke em 1985. A determinação de alterar a fórmula do carro-chefe da marca foi baseada em amplos testes quantitativos de sabor, sem o benefício da pesquisa qualitativa apropriada. Os resultados indicaram claramente que os consumidores preferiam o sabor da nova fórmula. Entretanto, quando a mudança foi feita e a New Coke substituiu a Coke, houve um forte recuo no consumo. Os usuários assíduos da Coca reagiram porque a bebida favorita deles havia sido adulterada. A pesquisa quantitativa foi mal elaborada, pois trabalhava perguntas erradas. Os pesquisadores estavam se concentrando no sabor, e não na ligação emocional que os consumidores haviam formado com a marca, que na realidade era uma variável mais significativa para direcionar a preferência e a lealdade pela marca do que o sabor.

Esses tipos de erro podem ser evitados com a pesquisa qualitativa. Se os pesquisadores tivessem utilizado as técnicas qualitativas para explorar por que as pessoas compravam Coca, em vez de presumir que soubessem por quê, a pesquisa quantitativa teria levado a gerência a uma decisão diferente. Esse erro clássico de marketing também mostra que o pesquisador precisa obter uma compreensão adequada do problema antes de formular um modelo de pesquisa.

UMA CLASSIFICAÇÃO DOS PROCEDIMENTOS DA PESQUISA QUALITATIVA

Uma classificação dos procedimentos da pesquisa qualitativa é apresentada na Figura 6.4. Esses procedimentos são classificados como diretos ou indiretos, com base na consciência que os entrevistados têm sobre o verdadeiro propósito do projeto. Uma **abordagem direta** não é disfarçada. O propósito do projeto é revelado ao entrevistado ou se torna óbvio pelas próprias perguntas feitas. A discussão em grupo e a entrevista de profundidade são as principais técnicas diretas. Em contraste, a pesquisa que assume uma **abordagem indireta** disfarça o verdadeiro propósito do projeto. A técnica projetiva é a abordagem indireta mais comumente usada. A seguir, um debate sobre cada uma dessas técnicas, começando com a discussão em grupo.

DISCUSSÕES EM GRUPO (FOCUS GROUPS)

A discussão em grupo é uma entrevista com um pequeno grupo realizada por um moderador treinado, que leva a discussão de maneira não-estruturada e natural. O principal objetivo da discussão em grupo é obter percepção das questões de interesse do pesquisador, contemplando um grupo de pessoas do mercado-alvo apropriado. O valor das técnicas está nas ricas descobertas que podem ser obtidas por uma discussão em grupo que flui livremente.

As discussões em grupo são os mais importantes procedimentos da pesquisa qualitativa. São tão populares que muitos praticantes da pesquisa de marketing consideram a técnica como sinônimo de pesquisa qualitativa. Milhares de locais ao redor do mundo agora conduzem grupos de discussão várias vezes por se-

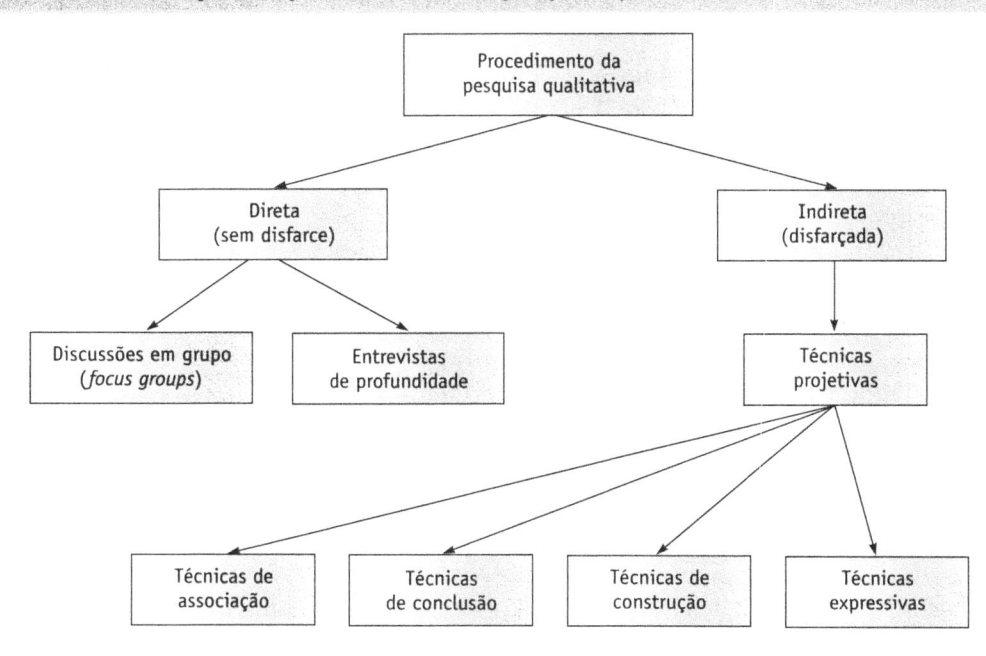

Figura 6.4 Uma classificação dos procedimentos da pesquisa qualitativa

```
                    Procedimento da
                    pesquisa qualitativa
                    /              \
              Direta              Indireta
          (sem disfarce)        (disfarçada)
           /        \                |
  Discussões    Entrevistas      Técnicas
  em grupo     de profundidade   projetivas
  (focus groups)                 /   |   |   \
                        Técnicas  Técnicas  Técnicas  Técnicas
                        de        de        de        expressivas
                        associação conclusão construção
```

mana. Em vista de sua importância e popularidade, descrevemos o procedimento para conduzir as discussões em grupo em detalhes.

Conduzindo uma discussão em grupo

O processo para conduzir uma discussão em grupo, assim como qualquer esforço de pesquisa, envolve um cuidadoso planejamento. Vamos discutir as considerações relacionadas ao ambiente para as discussões em grupo, a seleção dos participantes e o moderador. Também vamos cobrir o desenvolvimento de um roteiro para a discussão, a condução da entrevista em grupo e o formato para resumir os resultados (Figura 6.5).

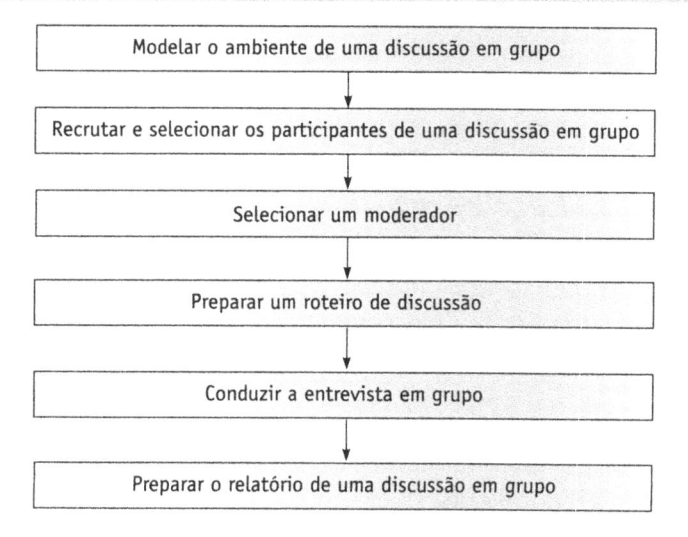

Figura 6.5 Procedimentos para conduzir uma discussão em grupo (focus group)

- Modelar o ambiente de uma discussão em grupo
- Recrutar e selecionar os participantes de uma discussão em grupo
- Selecionar um moderador
- Preparar um roteiro de discussão
- Conduzir a entrevista em grupo
- Preparar o relatório de uma discussão em grupo

MODELANDO O AMBIENTE As sessões da discussão em grupo costumam ser realizadas em locais especialmente equipados para acomodar e registrar uma discussão em grupo. O ambiente é geralmente uma sala de conferência informal, equipada com um espelho unidirecional e microfones por toda a sala. Atrás do espelho há uma sala onde a gerência fica observando.

A maior parte das discussões em grupo está programada para levar de uma a três horas. Tal duração é necessária para estabelecer harmonia entre os participantes e explorar em profundidade suas crenças, sentimentos, idéias, atitudes e percepções a respeito dos tópicos de interesse. As discussões em grupo são gravadas em fita cassete ou em vídeo a fim de preservar os comentários para análise posterior. A gravação em vídeo tem a vantagem de registrar as expressões faciais e a linguagem corporal dos participantes, mas também pode aumentar significativamente os custos. Na maior parte das vezes os clientes observam as sessões de uma sala adjacente, através de um espelho unidirecional. A tecnologia de transmissão em vídeo também permite que eles as observem ao vivo de um local remoto.

RECRUTANDO E SELECIONANDO OS PARTICIPANTES DA DISCUSSÃO EM GRUPO As principais características de uma discussão em grupo estão resumidas na Tabela 6.2. Ela geralmente é composta de 8 a 12 membros. As vantagens que surgem das dinâmicas em grupo são freqüentemente perdidas quando os grupos são maiores do que isso. Às vezes podem ser usados minigrupos, de quatro ou cinco entrevistados, se a sessão for altamente exploratória e se for necessária uma investigação ampla e não-estruturada.

Uma discussão em grupo deve ser homogênea em termos das características demográficas e socioeconômicas. Essa igualdade entre os membros do grupo evita interações e conflitos nas questões paralelas. Suponha que seja conduzida uma discussão em grupo para avaliar o atrativo de uma linha de alimentos congelados. Não é desejável incluir mulheres que trabalham e donas-de-casa em um mesmo grupo. Está claro que esses dois subgrupos têm fortes diferenças de opinião em relação ao papel da mulher na família. Se forem incluídas no mesmo grupo, a conversa poderá ser desviada para o papel da mulher na família, em vez de uma linha de alimentos congelados. Se isso ocorrer, o pesquisador não fará nenhum julgamento relevante para o objetivo de avaliar o atrativo básico do produto.

O grupo não somente deve ser homogêneo em termos de características demográficas e socioeconômicas como ter uma base comum de experiência e envolvimento com o objeto ou com o assunto que se está discutindo. Assim, os usuários assíduos e os não-usuários do produto não devem ser incluídos no mesmo grupo. Por último, as pessoas que participam de várias discussões em grupo se tornam familiarizadas com o processo, a ponto de as respostas serem tendenciosas em virtude de sua exposição à técnica. Esses entrevistados 'profissionais' devem ser retirados do grupo. Para que os integrantes sejam homogêneos em termos de experiência, demografia e outras variáveis importantes, deve-se pré-selecionar os potenciais entrevistados. Um questionário que cobre as características demográficas, atitudes, usos do produto e experiência do participante é desenvolvido e aplicado aos potenciais entrevistados.

SELECIONANDO O MODERADOR O moderador tem função importante e deve ser bem treinado. Na maioria das discussões em grupo, as habilidades administrativas sobre grupos em geral, assim como experiência em psicologia e marketing, geralmente são suficientes. O moderador deve ser capaz de estabelecer harmonia com os participantes, manter sempre adiante a discussão e questionar os entrevistados para extrair per-

Tabela 6.2 Características da discussão em grupo	
Número de pessoas no grupo	8 a 12
Formação do grupo	Homogêneo; entrevistados pré-selecionados
Ambiente físico	Informal
Duração	1 a 3 horas
Registro	Áudio e vídeo
Moderador	É fundamental ter capacidade de observação, de relacionamento interpessoal e de comunicação

cepções. Além disso, precisa ter papel central na análise e na interpretação dos dados. Assim, o moderador deve possuir um conhecimento do assunto em pauta e a compreensão da natureza da dinâmica em grupo para poder interpretar apropriadamente as respostas da sessão.

Apesar da importância do moderador de discussões em grupo, não existe um treinamento específico que o habilite para isso. A falta de padronização nas qualificações é um dos problemas a ser superado nesse tipo de pesquisa. Essa limitação pode ser minimizada preparando um roteiro de discussão detalhado para o moderador.

PREPARANDO O ROTEIRO DE DISCUSSÃO Independentemente das habilidades ou das qualificações do moderador, qualquer discussão em grupo virá abaixo sem um esboço dos tópicos a serem cobertos. O roteiro de discussão deve refletir os objetivos da pesquisa qualitativa. Os objetivos, por sua vez, devem ser derivados da definição do problema de pesquisa de marketing, da abordagem e do modelo de pesquisa adotado. O roteiro de discussão para o moderador pode reduzir alguns dos problemas de confiabilidade inerentes à discussão em grupo, como a falta de consistência nos tópicos cobertos de grupo para grupo.

A maioria das discussões em grupo pode ser dividida em três fases. A primeira é uma introdução para estabelecer a harmonia, relaxar o grupo e descrever o processo. Grande parte da sessão em grupo gira ao redor da discussão do tópico da pesquisa. Na última fase, o moderador resume os comentários e tenta obter uma leitura final sobre o ponto forte do compromisso do grupo em relação às declarações feitas. Para isso, pede-se que os entrevistados expressem seu grau de concordância ou discordância com as declarações. As questões são mantidas razoavelmente genéricas para permitir que o moderador prossiga com as idéias importantes quando os participantes as mencionarem. Para ser eficaz, o moderador precisa entender o negócio do cliente, os objetivos da discussão em grupo e como as descobertas serão usadas.

CONDUZINDO A ENTREVISTA EM GRUPO Durante a entrevista, o moderador deve (1) estabelecer harmonia com o grupo; (2) declarar as regras de interação do grupo; (3) estabelecer objetivos; (4) instigar os entrevistados e provocar intensa discussão nas áreas relevantes; e (5) tentar resumir a resposta do grupo para determinar a extensão do acordo.

O número de discussões em grupo conduzidas depende (1) da natureza da questão, (2) do número de segmentos de mercados distintos, (3) do número de idéias geradas pelo grupo sucessivo e (4) do tempo e custo. De forma ideal, os grupos devem ser conduzidos até que o moderador se torne suficientemente familiarizado com a amplitude das respostas e possa antecipar o que será dito. Isso geralmente ocorre depois de três ou quatro grupos. É recomendado que seja conduzido um mínimo de dois grupos.[2]

PREPARANDO O RELATÓRIO DA DISCUSSÃO EM GRUPO Após a sessão da discussão em grupo, o moderador e os gerentes que assistiram à sessão geralmente se engajam em uma interpretação instantânea. Há um certo valor nessa troca livre, pois ela capta as impressões do grupo e pode ser uma excelente fonte de informações para outro debate livre. Entretanto, o perigo é que o caráter emocional dos comentários do grupo embace pontos importantes, que podem ser perdidos até que seja efetuada uma revisão detalhada das fitas gravadas das sessões. Conseqüentemente não se deve tirar nenhuma conclusão até que o moderador ou o analista revejam e analisem os resultados e preparem um relatório completo.

Em vista do pequeno número de participantes, a freqüência e a porcentagem geralmente não são relatadas em um resumo da discussão em grupo. Em vez disso, os relatórios incluem expressões do tipo "a maioria dos participantes acha que" ou "os participantes estavam divididos nessa questão". Eles não devem apenas apresentar as descobertas baseadas nos comentários verbais, mas também analisar as respostas consistentes, as novas idéias e as preocupações sugeridas pelas expressões faciais e pela linguagem do corpo. A documentação meticulosa e a interpretação da sessão estabelecem a base para a etapa final: tomar uma atitude. Isso geralmente significa fazer pesquisas adicionais.

Vantagens e desvantagens das discussões em grupo

As discussões em grupo são populares por causa de suas muitas vantagens. A imediação e a riqueza dos comentários, que vêm de consumidores reais, fazem com que essa técnica seja altamente útil. A interação do grupo produz uma gama mais ampla de informações, percepções e idéias do que as entrevistas de profundidade. Os comentários de uma pessoa podem dar início a reações inesperadas das outras, levando a um efeito bola-de-neve, com os participantes respondendo aos comentários dos outros. As respostas são geralmente espontâneas e claras, proporcionando julgamentos valiosos. É mais provável que as idéias surjam do nada em um grupo do que em uma entrevista individual, e provavelmente serão únicas e potencialmente criativas.[3]

Entretanto, algumas das qualidades que tornam as discussões em grupo tão fortes também criam sérias limitações. As desvantagens não devem passar despercebidas. A clareza e a convicção com que os membros do grupo geralmente falam levam à tendência de os pesquisadores e gerentes considerarem as descobertas conclusivas, e não exploratórias. As discussões em grupo também são difíceis de mediar. A qualidade dos resultados depende, em grande parte, das habilidades do moderador. Infelizmente, o moderador que possui todas as habilidades desejáveis é raro. Além disso, a natureza não-estruturada das respostas faz com que a codificação, a análise e a interpretação sejam difíceis.

Aplicações das discussões em grupo

As discussões em grupo podem ser usadas praticamente em qualquer situação que requeira compreensão preliminar ou percepção do problema. A amplitude dos tópicos de pesquisa relevantes para a investigação da discussão em grupo inclui a pesquisa destinada a:

1. Entender as percepções, as preferências e o comportamento do consumidor em relação a uma categoria de produto.
2. Obter impressões de conceitos de produtos novos.
3. Gerar novas idéias sobre os produtos mais antigos.
4. Desenvolver conceitos criativos e copiar materiais para propaganda.
5. Assegurar as impressões de preço.
6. Obter uma reação preliminar do consumidor aos programas específicos de marketing.
7. Interpretar os resultados quantitativos obtidos previamente.

Apesar da ampla aplicabilidade, as discussões em grupo são apenas uma das técnicas de entrevista pessoal usadas para coletar dados qualitativos. Voltaremos a nossa discussão agora para as entrevistas de profundidade.

ENTREVISTAS DE PROFUNDIDADE

As **entrevistas de profundidade** são conversas levemente estruturadas com indivíduos escolhidos do público-alvo. Assim como as discussões em grupo, as entrevistas de profundidade não são um meio estruturado e direto de obter informações. Porém, diferentemente daquelas, as entrevistas de profundidade são conduzidas uma a uma. Elas duram, em geral, de 30 minutos a mais de uma hora e tentam descobrir os motivos básicos, os preconceitos e as atitudes em relação a questões delicadas.

Conduzindo entrevistas de profundidade

Da mesma forma que nas discussões em grupo, o entrevistador prepara o esboço de uma discussão para dirigir a entrevista. Entretanto, o propósito das entrevistas de profundidade é descobrir as questões implícitas que podem não ser compartilhadas em um ambiente grupal. Assim, é feita uma investigação substancial para trazer à tona os motivos básicos, as crenças e as atitudes. Isso foi ilustrado no caso de abertura, no qual a Gillette utilizou as entrevistas de profundidade para entender os motivos básicos e a atitude das mulheres em relação à depilação. As entrevistas de profundidade mostraram que as mulheres depilam uma superfície muito maior que a dos homens, mas o fazem apenas duas ou três vezes por semana, e geralmente se depilam no banho, com pouca iluminação, e precisam raspar áreas que não enxergam. Além disso, a depilação é uma experiência pessoal para as mulheres, que evoca sentimentos de antecipação e aceitação. A investigação é necessária para entender essas descobertas e esses sentimentos, e é feita mediante perguntas do tipo "Por que você diz isso?", "Isso é interessante, você pode falar mais a respeito?" ou "Você gostaria de acrescentar mais alguma coisa?". À medida que a entrevista progride, o tipo de pergunta, as investigações usadas e o palavreado das questões dependem das respostas recebidas.

Depois de fazer a pergunta inicial, o rumo da entrevista é determinado pela resposta do entrevistado. Para ilustrar a técnica, suponha que o entrevistador esteja conduzindo entrevistas de profundidade com homens e mulheres que trabalham e que geralmente compram por catálogo. O objetivo é entender como esses compradores vêem a experiência de compra por catálogo. A entrevista pode ser mais ou menos assim:

Entrevistador: "O que você acha das compras por catálogo?" O entrevistador então encoraja o sujeito a falar livremente sobre as atitudes e os sentimentos das compras por catálogo.

Entrevistado: "Às vezes eu gosto de relaxar tomando uma xícara de café e folheando um catálogo no fim do dia. É divertido e relaxante."

Entrevistador: "Por que é divertido e relaxante?" Se a resposta não revelar muito ("Não preciso pensar muito"), o entrevistador pode fazer perguntas investigativas adicionais, como "Por que é divertido não pensar em nada?".

Entrevistado: "Eu tenho de pensar com lógica o dia todo. Quando me sento folheando um catálogo, posso fantasiar sobre como eu pareceria com uma certa roupa ou como minha sala de estar ficaria com um móvel novo. E não sou pressionado a fazer algo."

Entrevistador: "Por que é importante não ser pressionado a fazer algo?"

Entrevistado: "O dia todo é uma pressão só. No trabalho eu tenho de reagir à pressão que alguém esteja colocando sobre mim constantemente. Em casa é o lugar onde posso controlar a pressão, até mesmo eliminá-la."

Como indica esse exemplo, a investigação é eficaz na descoberta de informações básicas ou implícitas. Neste caso, o entrevistado acha que a compra por catálogo é relaxante e é uma forma de escapar do estresse (a necessidade de não se sentir "pressionado a fazer algo").

Assim como na discussão em grupo, o sucesso das entrevistas de profundidade está na habilidade do entrevistador. Ele deve (1) evitar parecer superior e deixar o entrevistado à vontade; (2) ser imparcial e direto, ainda assim pessoal; (3) fazer perguntas de maneira informativa; (4) não aceitar respostas monossilábicas como "sim" ou "não"; e (5) investigar o entrevistado.

As entrevistas de profundidade podem ser usadas para criar um ambiente que adote uma discussão mais clara e mais completa de um assunto que pode ser feita em grupo. Os dados resultantes proporcionam percepção das motivações, crenças, atitudes e consequências percebidas do comportamento. E também, pelo fato de as entrevistas de profundidade serem conduzidas uma a uma, os comentários podem ser traçados diretamente para os entrevistados individuais. Isso é especialmente relevante na pesquisa de empresa para empresa, na qual os comentários do tomador de decisões podem ser avaliados dentro da experiência pessoal e corporativa daquele indivíduo.

Vantagens das entrevistas de profundidade

As entrevistas de profundidade podem descobrir percepções mais profundas do que as discussões em grupo. Também atribuem as respostas diretamente ao entrevistado, ao contrário das discussões em grupo, nas quais geralmente é difícil identificar que entrevistado específico deu determinada resposta. As entrevistas de profundidade resultam em uma troca livre de informações que pode não ser possível nas discussões em grupo, nas quais, às vezes, há certa pressão social para a unanimidade. Como resultado da investigação, é possível chegar a assuntos reais quando o tópico é complexo. Isso foi ilustrado no caso de abertura, em que a Gillette utilizou as entrevistas de profundidade para entender as necessidades de depilação das mulheres.

Desvantagens das entrevistas de profundidade

As desvantagens das discussões em grupo são aumentadas nas entrevistas de profundidade. Os entrevistadores habilidosos, capazes de conduzir entrevistas de profundidade, são caros e difíceis de achar. A falta de estrutura faz com que os resultados sejam suscetíveis à influência do entrevistador, de cuja habilidade dependem a qualidade e a integridade dos resultados. Os dados obtidos são difíceis de analisar e interpretar e geralmente se necessita dos serviços de psicólogos habilidosos para esse propósito. A duração da entrevista, combinada com alto custo, significa que em um projeto pode ser conduzido apenas um número pequeno de entrevistas de profundidade.

Apesar dessas desvantagens, as entrevistas de profundidade têm aplicações, especialmente no marketing de empresa para empresa, no qual geralmente é difícil juntar um grupo de executivos para uma discussão em grupo. Elas também são úteis na pesquisa de publicidade, quando é importante entender os sentimentos e as emoções que a propaganda evoca.

Aplicações das entrevistas de profundidade

Assim como as discussões em grupo, o uso primário das entrevistas de profundidade é para que a pesquisa exploratória ganhe visão e compreensão. Entretanto, ao contrário das discussões em grupo, as entrevistas de profundidade não são freqüentemente usadas na pesquisa de marketing e podem ser eficazmente empregadas em situações especiais, como aquelas que requerem:

1. Investigação detalhada do entrevistado (compra de automóvel).
2. Discussão de tópicos confidenciais, delicados ou embaraçosos (finanças pessoais).
3. Situações em que existem rígidas normas sociais e o entrevistado pode ser facilmente influenciado pela resposta do grupo (atitude dos universitários em relação aos esportes).
4. Compreensão detalhada de comportamento complicado (compra em lojas de departamentos).
5. Entrevistas com profissionais (pesquisa de marketing industrial).
6. Entrevistas com concorrentes, que provavelmente não revelarão as informações em um ambiente grupal (as percepções de agentes de viagem sobre os programas de pacotes de viagem das empresas aéreas).
7. Situações em que a experiência de consumo do produto é, por natureza, sensorial, afetando estado de humor e emoções (como a experiência com depilação no caso de abertura).

Exemplo

MISSÃO PARA MARTE (MARS)

A maioria das crianças tem uma vida muito ativa e de fantasias coloridas. Ao reconhecer essas características em seu público-alvo, a M&M/Mars decidiu usar entrevistas de profundidade para descobrir as fantasias de infância que pudessem ser relevantes aos esforços promocionais da empresa. A Mars conduziu entrevistas de profundidade com crianças em idade escolar e descobriu que a maioria dessas fantasias gira em torno de seres extraterrestres, guerras e ações emocionantes. Anteriormente, o fabricante de barras de chocolate nunca havia desenvolvido completamente suas imagens de extraterrestres, embora elas pareçam naturais, como atestam os nomes de produtos como Mars (Marte) e Milky Way (Via Láctea). Entretanto, em resposta às descobertas nas entrevistas de profundidade, a empresa decidiu lançar personagens extraterrestres do planeta Marte.

Foi desenvolvida uma história imaginária envolvendo o Ministro da Barra de Chocolate de Marte. Ele enviou quatro marcianos para que trouxessem de volta "a melhor barra de chocolate do universo", para poder eliminar o sofrimento que havia muito tempo os marcianos estavam passando. Além disso, essa propaganda estava ligada a uma campanha promocional que incluía sorteios na volta às aulas que ofereciam um prêmio de 100 mil dólares e 50 viagens para Disney World, além de outros prêmios. Os quatro heróis extraterrestres apareciam nos shoppings e nos hospitais de todo o país. Essa campanha bem-sucedida de muitos milhões de dólares foi formulada nas fantasias das crianças, descobertas com o uso das entrevistas de profundidade.[4]

A pesquisa com crianças é um exemplo no qual as entrevistas individuais podem ser produtivas. A M&M/Mars utilizou as entrevistas de profundidade para descobrir uma abordagem publicitária eficaz.

O exemplo acima ilustra o valor das entrevistas de profundidade na descoberta de respostas implícitas que se encontram por trás de clichês (por exemplo: "É bom; eu gosto") extraídos de questionamentos comuns.

TÉCNICAS PROJETIVAS

As discussões em grupo e as entrevistas de profundidade são abordagens diretas nas quais o verdadeiro propósito da pesquisa é revelado ao entrevistado ou é óbvio para ele. As **técnicas projetivas** delas diferem na medida em que tentam disfarçar o propósito da pesquisa. Elas são usadas nas situações de pesquisa de mercado em que o entrevistado não consegue, ou não está disposto, a responder à questão diretamente. Para solucionar esse problema, o entrevistador apresenta ao entrevistado uma série de quadros, declarações e cenários vagos ou incompletos. A suposição básica é que quando o indivíduo tiver de responder a essas dicas ele estará revelando informações pessoais que talvez sejam mantidas subconscientemente.

As técnicas projetivas são formas não-estruturadas e indiretas de questionamento que encorajam o entrevistado a projetar suas motivações, suas crenças, suas atitudes ou seus sentimentos básicos a respeito dos assuntos em questão, respondendo às situações vagas e ambíguas de estímulo. Ao descrever essas situações, o entrevistado indiretamente projeta as próprias motivações, crenças, atitudes ou sentimentos na situação. As informações básicas sobre o entrevistado são descobertas com a análise de suas respostas.

Como exemplo, pede-se ao entrevistado que interprete o comportamento de outros em vez de descrever o seu próprio. Ao fazer isso, o entrevistado projeta indiretamente as próprias motivações, crenças, atitudes ou sentimentos na situação. Em um estudo histórico, o Serviço Postal dos Estados Unidos (USPS) usou essa técnica para determinar por que a maioria dos meninos de 8 a 13 anos não colecionava selos como hobby. Foi exibida a um grupo de garotos uma foto, em uma tela, de um menino de 10 anos colando selos num álbum e foi-lhes pedido que descrevessem a cena e caracterizassem o menino. A maioria dos entrevistados descreveu o menino na foto como 'maricas'. Depois disso, o USPS empreendeu uma campanha publicitária bem-sucedida, direcionada aos meninos de 8 a 13 anos, para eliminar a crença de que colecionar selos era coisa de 'maricas'.

As técnicas projetivas usadas na pesquisa de marketing podem ser classificadas como de associação, de conclusão, de construção e de expressão.

Técnicas de associação

Nas **técnicas de associação**, é apresentada ao indivíduo uma lista de palavras ou imagens e se pede que diga a primeira palavra que lhe venha à mente. A **associação de palavras** é a mais conhecida dessas técnicas. Nela, o entrevistado recebe uma lista de palavras, uma por vez, e lhe é pedido que responda a cada uma delas com a primeira palavra que lhe vier à mente. As palavras de interesse, chamadas de palavras de teste, são intercaladas por toda a lista, que também contém algumas palavras neutras, ou suplentes, para disfarçar o propósito da pesquisa. Por exemplo, em um estudo para o varejo, algumas das palavras de teste podem ser: *localização, estacionamento, compras, qualidade* e *preço*. A resposta do indivíduo a cada uma dessas palavras é gravada literalmente e as respostas são cronometradas. Os entrevistados que hesitam ou raciocinam (levam mais que três segundos para responder) são identificados. Ao analisar esses dados, o pesquisador considera a freqüência com que cada resposta é dada, o grau de hesitação antes de responder e o número de vezes em que não há resposta. O padrão e o tempo de resposta são analisados. Geralmente é possível classificar as associações como favoráveis, desfavoráveis ou neutras. Quanto mais um indivíduo hesitar em responder, mais alto será o nível presumido de envolvimento com o assunto. Acredita-se que a falta de resposta indique o nível mais alto de envolvimento emocional, pois tal pessoa está muito envolvida para conseguir responder em um curto período de tempo. A Gillette usou a associação de palavras para ajudá-la a nomear o aparelho Sensor para Mulheres (caso de abertura). Apresentou-se a um grupo de mulheres uma lista de nomes para o novo aparelho feminino, incluindo Sensor para Mulheres e Lady Sensor, sendo pedido que escrevessem o primeiro nome que lhes viesse à mente. Por ter obtido as respostas mais favoráveis, o Sensor para Mulheres foi o nome escolhido.

Técnicas de conclusão

As **técnicas de conclusão** são uma extensão natural das técnicas de associação, gerando mais detalhes sobre as crenças e os sentimentos básicos do indivíduo. É pedido que o entrevistado complete uma sentença, um parágrafo ou uma história. Na **conclusão**, o entrevistado recebe sentenças que precisa completar. Geralmente se pede que use a primeira palavra ou frase que lhe venha à mente, como no exemplo abaixo.

Uma variação da conclusão da sentença é a conclusão do parágrafo, na qual o entrevistado completa um parágrafo começando com uma frase de estímulo. Uma versão mais expandida da conclusão da sentença e da conclusão do parágrafo é a **conclusão da história**: o entrevistado recebe parte de uma história, o suficiente para dirigir a atenção para um tópico específico, mas não o suficiente para ter uma dica do final. Pede-se que ele conclua com as próprias palavras.

Exemplo

TOMMY HILFIGER VOA ALTO COM AS CAMISAS MASCULINAS

Para poder determinar as atitudes básicas dos homens em relação às camisas Tommy Hilfiger, a conclusão da sentença pode ser usada da seguinte maneira:

Uma pessoa que usa uma camisa Tommy Hilfiger é
_____

Quando comparadas com as camisas Polo, Gant e Eddie Bauer, as camisas Tommy Hilfiger são
_____

As camisas Tommy Hilfiger são as preferidas dos
_____

Quando penso nas camisas Tommy Hilfiger, eu
_____

Utilizando essas técnicas, a Tommy Hilfiger descobriu que os homens optavam por camisas que fossem menos formais, mas com corte tradicional. Eles preferiam comprá-las em lojas de departamentos de luxo, como o Macy's. Essas descobertas, depois de terem sido confirmadas por um levantamento de campo, formaram a plataforma para a estratégia de marketing bem-sucedida da Tommy Hilfiger.

Técnicas de construção

As **técnicas de construção** seguem a mesma lógica que as outras técnicas projetivas, exigindo que o entrevistado elabore respostas para fotos ou quadrinhos. Essas técnicas proporcionam ainda menos estrutura inicial que as técnicas de associação verbalmente orientadas ou de conclusão. Nas **técnicas de resposta às fotos**, pessoas ou objetos são retratados e pede-se que o entrevistado escreva uma história descritiva, um diálogo ou uma descrição. A análise das respostas tenta identificar temas que reflitam a interpretação perceptual do indivíduo sobre as fotos. Em uma variação dessa técnica, recentemente proposta pelo professor Gerald Zaltman, da Universidade de Harvard, pede-se que o entrevistado traga de 12 a 15 fotos para a entrevista e depois descreva o conteúdo de cada foto. A descrição das fotos revela os valores básicos, as atitudes e as crenças do entrevistado.

Nos **testes de quadrinhos**, desenhos livres, altamente estilizados, são usados para eliminar referências a roupas, expressões faciais e até mesmo o sexo dos personagens. Pede-se que o entrevistado complete os diálogos que atribuiria aos personagens dos quadrinhos. Essas técnicas geralmente pedem respostas verbais dos personagens dos quadrinhos e pensamentos não falados. Isso tende a maximizar a natureza pura da resposta. Em razão de os testes de quadrinhos serem mais fáceis de administrar e analisar que as técnicas de resposta às fotos, eles são as técnicas de construção mais comumente usadas. A Figura 6.6 mostra um exemplo.

Nas aplicações da pesquisa de marketing, as técnicas de construção são usadas para avaliar as atitudes em relação ao tópico estudado e para construir o perfil psicológico do entrevistado, como ilustrado pela Porsche.

Figura 6.6 Um teste de quadrinhos

Exemplo

TAXONOMIA DE UM COMPRADOR DE PORSCHE

A Porsche vende carros esportivos, sendo que a unidade de preço mais baixo custa 40 mil dólares. A demografia do proprietário de um Porsche é bem conhecida: homem, na faixa dos 40, formado, com ganhos médios acima de 200 mil dólares por ano. A propaganda tradicional focava o desempenho do carro e como ele fazia o proprietário se sentir bem.

Sem saber dessas motivações e do perfil psicológico, a Porsche contratou um grupo de pesquisadores para descobrir por que seus clientes compravam o carro. Entre outras técnicas, os pesquisadores utilizaram respostas com quadros. Fotos de proprietários com seus Porsche foram mostradas aos compradores atuais e potenciais, sendo-lhes solicitado que descrevessem os proprietários. Os resultados foram surpreendentes e revelaram que a Porsche estava empregando a abordagem publicitária errada.

De acordo com os resultados, a maioria dos proprietários de Porsche não se importava nem um pouco com o modo como as pessoas os viam em seus carros Porsche. Para que a propaganda pudesse ser mais bem direcionada aos potenciais compradores, os pesquisadores produziram cinco perfis psicográficos: (1) 'Ases' – tipos impulsivos e ambiciosos. Poder e controle importam para essas pessoas e elas esperam ser vistas; (2) 'Elitistas' – dinheiro de herança, sangue azul. Para eles, um carro é apenas um carro, não uma extensão da personalidade; (3) 'Clientes orgulhosos' – o carro é um troféu obtido com trabalho árduo, e eles não se preocupam em ser ou não vistos; (4) 'Bon vivants' – viajantes em busca de aventuras. O carro adiciona emoção a uma vida apaixonante; e (5) 'Fantasiosos' – o carro é uma válvula de escape fantasiosa. Eles não estão tentando impressionar ninguém e de fato se sentem um tanto desconcertados por possuir um Porsche.

Depois que o levantamento de campo confirmou essas descobertas, o marketing e a publicidade foram direcionados para esses segmentos psicográficos. Como resultado da pesquisa, depois de anos de quedas, as vendas da Porsche nos Estados Unidos aumentaram 48% e continuaram a ser altas por todo o ano 2000.[5]

Técnicas expressivas

Nas **técnicas expressivas**, o entrevistado é apresentado a uma situação verbal ou visual e é solicitado a relacionar não seus próprios sentimentos e suas atitudes, mas os sentimentos e as atitudes de outros. As duas principais técnicas expressivas são a dramatização e a técnica da terceira pessoa. Na **dramatização**, pede-se que o entrevistado assuma o papel ou o comportamento de outra pessoa. O pesquisador presume que o entrevistado projetará seus sentimentos no papel que está representando.

Na **técnica da terceira pessoa**, o entrevistado é colocado diante de uma situação verbal ou visual e solicitado a relacionar as crenças e as atitudes de uma terceira pessoa, não expressando diretamente suas crenças e suas atitudes pessoais. Essa terceira pessoa pode ser um amigo, um vizinho, um colega ou uma pessoa 'típica'. Novamente o pesquisador presume que o entrevistado revelará suas crenças e suas atitudes pessoais ao mesmo tempo em que descrever as reações de uma terceira pessoa. Pedir ao indivíduo que responda na terceira pessoa reduz a pressão social em dar uma resposta aceitável, como mostra o exemplo seguinte.

Exemplo

O QUE DIRÃO OS VIZINHOS?

Uma empresa aérea comercial realizou um estudo para entender por que algumas pessoas não andam de avião. Quando foi perguntado aos entrevistados "Você tem medo de viajar de avião?", poucos disseram que sim. Os principais motivos citados foram custo, inconveniência e atrasos causados pelo mau tempo. Entretanto, suspeita-se que as pessoas foram fortemente influenciadas pela necessidade de dar respostas soci-

> almente aceitáveis. Assim, foi feito um estudo posterior utilizando a técnica da terceira pessoa. No segundo estudo, foi perguntado aos entrevistados: "Você acha que seu vizinho tem medo de viajar de avião?". As respostas indicaram que a maioria dos vizinhos que viajavam por outros meios de transporte tinha medo de andar de avião. Assim, a técnica da terceira pessoa conseguiu descobrir o verdadeiro motivo de não viajarem de avião: medo de avião.[6]

Observe que fazer a pergunta na primeira pessoa ("Você tem medo de viajar de avião?") não extrai a verdadeira resposta. Refazer a mesma pergunta na terceira pessoa ("Você acha que seu vizinho tem medo de viajar de avião?") baixou a defesa dos entrevistados e resultou em respostas verdadeiras. Em outra versão popular da técnica da terceira pessoa, o pesquisador apresenta ao entrevistado a descrição de uma lista de compras e pede-lhe a caracterização do indivíduo, obtendo assim dados sobre o comportamento do comprador.

Suponha que o pesquisador esteja interessado em determinar as atitudes em relação a refeições prontas. Serão preparadas duas listas de compras idênticas, mas uma lista conterá refeições prontas. Será pedido aos entrevistados que caracterizem os compradores identificados por cada lista. As diferenças nas características dos dois compradores revelarão então as atitudes em relação a refeições prontas. Por exemplo, quando comparado com o outro comprador, o de refeições prontas poderá ser descrito como preguiçoso e desorganizado. Isso revelaria que os entrevistados acham que as pessoas preguiçosas e desorganizadas compram refeições prontas.

Concluímos nossa discussão sobre as técnicas projetivas descrevendo suas vantagens, suas desvantagens e suas aplicações.

Vantagens das técnicas projetivas

As técnicas projetivas têm uma grande vantagem sobre as técnicas diretas não-estruturadas (discussões em grupo e entrevistas de profundidade): elas extraem respostas que os sujeitos não estão dispostos a dar ou não conseguiriam dar se soubessem o propósito do estudo. Às vezes, no questionamento direto, o entrevistado pode, intencionalmente ou não, entender, interpretar ou guiar erroneamente o pesquisador. Nesses casos, as técnicas projetivas aumentam a validade das respostas, disfarçando o propósito. Isso é especialmente verdadeiro quando os tópicos a serem levantados são pessoais, delicados ou sujeitos às normas sociais. As técnicas projetivas também são úteis quando as motivações, as crenças e as atitudes básicas estão operando em um nível subconsciente.

Desvantagens das técnicas projetivas

As técnicas projetivas sofrem de muitas das desvantagens das técnicas diretas não-estruturadas, porém com mais intensidade. Elas geralmente requerem entrevistas pessoais com pesquisadores altamente treinados e requerem intérpretes habilidosos para analisar as respostas. Conseqüentemente, tendem a ser mais caras. Além disso, há o sério risco de interpretação tendenciosa. Com exceção da associação de palavras, todas as técnicas estão abertas, tornando a análise e a interpretação difíceis e subjetivas.

Algumas técnicas projetivas, como a dramatização, exigem que os entrevistados se envolvam em um comportamento incomum. Por exemplo, para avaliar a imagem de uma empresa, eles são solicitados a representar o papel de uma pessoa que descreva melhor a empresa. É possível que os entrevistados que concordem em participar sejam eles mesmos, de certa maneira, incomuns. Assim, podem não ser representativos da população de interesse. Como resultado, é desejável comparar as descobertas geradas pelas técnicas projetivas com as descobertas de outras técnicas que permitam uma amostra mais representativa.

Aplicação das técnicas projetivas

Com exceção da associação de palavras, as técnicas projetivas são usadas menos freqüentemente que as discussões em grupo ou as entrevistas de profundidade. A associação de palavras é comumente empregada para testar os nomes das marcas e ocasionalmente para medir as atitudes sobre produtos específicos, marcas, embalagens ou propaganda. Como mostrou o exemplo, as técnicas projetivas podem ser usadas em uma variedade de situações. A utilidade dessas técnicas é realçada quando as seguintes diretrizes são observadas:

1. As técnicas projetivas são usadas quando a sensibilidade do assunto é tamanha que os entrevistados podem não estar dispostos ou não conseguir responder às questões diretas honestamente.
2. As técnicas projetivas também são empregadas para descobrir os motivos, as crenças e os valores subconscientes, fornecendo percepção e visão mais profundas como parte da pesquisa exploratória.
3. As técnicas projetivas são administradas e interpretadas por entrevistadores treinados que entendem suas vantagens e suas limitações.

Com essas diretrizes, as técnicas projetivas, juntamente com outras técnicas qualitativas, podem resultar em informações valiosas.

ILUSTRAÇÃO RESUMIDA USANDO O CASO DE ABERTURA

A pesquisa qualitativa é apropriada quando uma empresa enfrenta situação incerta ou depara com resultados conclusivos que diferem das expectativas. Esse tipo de pesquisa pode proporcionar percepções antes ou depois do fato. Os métodos da pesquisa qualitativa tendem a ser muito menos estruturados que os métodos quantitativos e são baseados em amostras pequenas e não-representativas. No caso de abertura, a Gillette empregou a pesquisa qualitativa no início do projeto para entender as necessidades de depilação das mulheres.

Por outro lado, a pesquisa quantitativa procura evidências conclusivas baseadas em amostras grandes e representativas e aplica algumas formas de análise estatística. Isso foi visto no caso de abertura, no qual a Gillette utilizou a pesquisa quantitativa envolvendo o estudo de uma amostra representativa de 500 mulheres para fundamentar as descobertas da pesquisa qualitativa (entrevistas de profundidade).

A discussão em grupo é a técnica qualitativa mais freqüentemente usada e é conduzida em um ambiente de grupo, ao passo que as entrevistas de profundidade são de pessoa para pessoa. No caso de abertura, a Gillette optou por entrevistas de profundidade, em vez de discussões em grupo, porque a depilação é uma experiência bastante pessoal para as mulheres, e seus sentimentos pessoais poderiam ser mais bem extraídos em um ambiente individual do que em grupo.

As técnicas projetivas objetivam representar as motivações, as crenças, as atitudes e os sentimentos dos entrevistados para situações ambíguas. As técnicas projetivas podem ser classificadas como de associação, de conclusão, de construção e de expressão. A Gillette utilizou a associação de palavras para selecionar um nome apropriado ao novo aparelho de depilação. O uso da associação de palavras para selecionar nomes para novos produtos é bastante comum.

PESQUISA DE MARKETING E TQM

A pesquisa qualitativa ajuda a determinar quais as características que os clientes valorizam e como eles formam as percepções de qualidade. As discussões em grupo e as entrevistas de profundidade ajudam a definir os componentes do pacote de valores do cliente e a medir as expectativas de qualidade. A Orquestra Sinfônica de São Francisco, por exemplo, utilizou discussões em grupo para descobrir o que os principais doadores valorizam em seu relacionamento com a orquestra. Essa pesquisa qualitativa revelou que eles queriam mais oportunidades de interagir com os membros da sinfônica para que pudessem sentir-se parte dessa extensa família de músicos. Os doadores mediam a qualidade de suas experiências em termos de oportunidade de se relacionar com os membros da orquestra em um ambiente familiar. Isso levou a Orquestra Sinfônica de São Francisco a convidar os principais doadores a passar mais tempo com os membros da orquestra nos bastidores, depois de apresentações selecionadas em um ambiente informal e familiar.

TECNOLOGIA E PESQUISA DE MARKETING

Os pesquisadores estão empregando técnicas remotas de coleta de dados para a pesquisa qualitativa. A disponibilidade de videoconferências, câmeras de controle remoto e equipamentos de transmissão digital tem impulsionado a pesquisa que pode ser conduzida a longa distância. A indústria de videoconferência anunciou receitas crescentes nos últimos sete anos. Embora a videoconferência possa nunca vir a substituir a interação direta das discussões em grupo, ela oferece uma alternativa que economiza nos custos para a condução da pesquisa qualitativa.

Outro desenvolvimento interessante é o serviço de multimídia 800 da AT&T. Um cliente do serviço financeiro poderia ligar no número 800 da empresa e ver e falar com o agente com quem quer negociar. O agente poderia agir como se ele/ela estivesse em uma conversa de pessoa para pessoa, face a face, apontando para gráficos e mapas quando necessário, talvez mostrando os recursos dos serviços analíticos e financeiros que a empresa poderia disponibilizar para servir ao cliente. Esses sistemas podem também ser usados para conduzir discussões em grupo e entrevistas de profundidade a longa distância.

ÉTICA NA PESQUISA DE MARKETING

Os direitos e os privilégios dos entrevistados precisam ser respeitados quando se realiza a pesquisa qualitativa. Algumas questões éticas relevantes estão relacionadas à desorientação ou à decepção dos entrevistados, não se mantendo o anonimato deles, enganando-os ou prejudicando-os. Uma questão adicional, com ramificações mais amplas, relaciona-se ao uso dos resultados da pesquisa de maneira não ética.

Alguns pesquisadores qualitativos permitem que seus clientes estejam presentes nas discussões em grupo, introduzindo-os como co-pesquisadores. Entretanto, muitos participantes conseguem perceber que o co-pesquisador é, de fato, o cliente. Essa decepção levanta questões éticas e gera falta de confiança que tem um impacto adverso na qualidade dos dados e na integridade da pesquisa de marketing.

Como foi mencionado anteriormente, as discussões em grupo são freqüentemente gravadas por câmeras de vídeo ocultas. Se no início da discussão lhes foi dito ou não sobre as câmeras ocultas, no fim da reunião os entrevistados devem ser informados sobre a gravação. O propósito do vídeo, incluindo quem poderá vê-lo, deve ser revelado. Em especial, os entrevistados também precisam saber se o cliente terá acesso a ele. Cada entrevistado tem de assinar uma declaração por escrito autorizando a permissão de uso da gravação. Os participantes devem ter a oportunidade de recusar a assinatura. Nesse caso, os vídeos são editados para omitir completamente a identidade e os comentários dos entrevistados que se recusam a assinar.

O pesquisador tem a obrigação de fazer com que os entrevistados se sintam confortáveis. Se um entrevistado estiver experimentando desconforto ou estresse, o entrevistador tem de mostrar prudência e não deve mais investigar agressivamente. No fim da entrevista, os entrevistados devem ter permissão de refletir sobre tudo o que eles disseram e ter permissão de fazer perguntas. Isso ajuda a reduzir o estresse e os leva de volta ao estado emocional anterior ao da entrevista.

APLICAÇÕES NA INTERNET

A Internet é especialmente útil em montar grupos homogêneos em termos de características demográficas e socioeconômicas. Por exemplo, ela permite que os indivíduos que moram muito longe participem de uma discussão em grupo. A Internet também possibilita que a interação da discussão em grupo seja gravada imediatamente, com a ajuda dos indicadores eletrônicos de emoção. Usar e gravar as emoções eletrônicas reduz o custo das discussões em grupo, porque a gravação em vídeo não é necessária. Entretanto, as emoções eletrônicas obviamente não captam tão completamente a amplitude da emoção quanto a gravação em vídeo.

Muitos provedores de pesquisa de marketing na Internet, como a SurveySite, conduzem pesquisa de discussão em grupo on-line.

Quando comparadas com seus similares convencionais, as discussões em grupo on-line são mais rápidas, menos custosas e dão acesso a indivíduos que caso contrário seria difícil recrutar (por exemplo, executivos comerciais) ou que estão geograficamente dispersos. Ainda assim, a base dos entrevistados é limitada àqueles que usam a Internet. A eficácia das discussões em grupo na Internet para estimular a dinâmica em grupo e gerar descobertas válidas ainda não foi totalmente estabelecida.

Assim como as discussão em grupo, as entrevistas de profundidade também podem ser conduzidas pela Internet. Virtualmente, todas as técnicas projetivas que discutimos podem ser implementadas via Internet. Por exemplo, várias empresas e pesquisadores de mercado estão usando eficazmente a técnica de resposta a uma foto. A Coca-Cola pode fornecer uma foto no site da Web e pedir que os entrevistados escrevam uma história sobre ela. Os dados demográficos da pessoa emparelhada com a história podem fornecer percepções valiosas sobre o perfil psicográfico e o padrão de consumo do entrevistado. O sucesso da condução da pesquisa qualitativa pela Internet está condicionado ao fato de os entrevistados terem acesso e estarem familiarizados com a Internet.

Resumo

A pesquisa qualitativa e quantitativa deve ser vista como complementar. Os métodos de pesquisa qualitativa tendem a ser bem menos estruturados e são baseados em amostras pequenas e não-representativas. As várias opções qualitativas variam em termos de quão diretamente são feitas as perguntas ao entrevistado. Os métodos diretos, como as discussões em grupo (*focus groups*) e as entrevistas de profundidade, não tentam disfarçar o propósito da pesquisa. As discussões em grupo, a técnica qualitativa mais freqüentemente usada, são conduzidas em um ambiente grupal, onde as entrevistas de profundidade são feitas de pessoa para pessoa.

As técnicas indiretas fazem uma tentativa deliberada de disfarçar o verdadeiro propósito da pesquisa. Elas são chamadas de técnicas projetivas, pois objetivam projetar as motivações, crenças, atitudes e sentimentos do entrevistado em situações ambíguas. As técnicas projetivas podem ser classificadas como técnicas de associação, de conclusão, de construção e de expressão. As técnicas projetivas são particularmente úteis quando o entrevistado não está disposto ou não consegue fornecer as informações requeridas através dos métodos diretos.

As discussões em grupo e as entrevistas de profundidade ajudam a definir os componentes do pacote de valor do cliente. Os avanços tecnológicos, como a disponibilidade das videoconferências, das câmeras de controle remoto e dos equipamentos de transmissão digital, impulsionaram a quantidade de pesquisas que podem ser conduzidas de longa distância. As questões éticas na pesquisa qualitativa se relacionam em respeito aos direitos e aos privilégios dos entrevistados. As discussões em grupo e outros procedimentos qualitativos podem ser conduzidos pela Internet.

Exercícios

1. Quais são as principais diferenças entre as técnicas de pesquisa qualitativa e quantitativa?
2. O que é pesquisa qualitativa e como é conduzida?
3. Quais são as diferenças entre a pesquisa qualitativa direta e a indireta? Dê um exemplo de cada uma delas.
4. Por que a discussão em grupo (*focus group*) é a técnica de pesquisa qualitativa mais popular?
5. Por que o moderador da discussão em grupo é tão importante para obter resultados de qualidade?
6. Quais são algumas das principais qualificações do moderador das discussões em grupo?
7. Por que as pessoas devem proteger-se dos entrevistados profissionais?
8. Quais são as duas maneiras em que as discussões em grupo podem ser usadas incorretamente?
9. O que é uma entrevista de profundidade? Sob quais circunstâncias ela é preferível à discussão em grupo?
10. Quais são as principais vantagens das entrevistas de profundidade?
11. O que é técnica projetiva? Quais são os quatro tipos de técnica projetiva?
12. O que é técnica de associação de palavras? Dê um exemplo de uma situação em que essa técnica é especialmente útil.
13. Quando as técnicas projetivas devem ser empregadas?

Problemas

1. Seguindo os métodos esboçados neste texto, desenvolva um plano para a condução de uma discussão em grupo (*focus group*) para determinar as atitudes e as preferências dos consumidores em relação a automóveis importados. Especifique os objetivos da discussão em grupo e faça um questionário de filtragem.

2. Suponha que a Parmalat queira saber por que algumas pessoas não consomem sorvete regularmente. Desenvolva um teste de quadrinhos para esse propósito.

Atividades

DRAMATIZAÇÃO

1. Você é o consultor de pesquisa de marketing contratado para organizar discussões em grupo (*focus groups*) para um restaurante inovador de fast-food no estilo alemão. Que tipo de pessoa você selecionaria para participar das discussões em grupo? Quais os critérios de filtragem que você usaria? Que perguntas você faria?

2. Como um pesquisador de marketing, convença seu chefe (um colega de classe) a não ignorar a pesquisa quantitativa, uma vez que a pesquisa qualitativa tenha sido conduzida em um projeto procurando determinar como os consumidores selecionam um hotel para estadia pessoal.

TRABALHO DE CAMPO

1. O grêmio esportivo está tentando determinar por que mais alunos não usam suas instalações. Conduza uma série de discussões em grupo (*focus groups*) para determinar o que poderia ser feito para atrair mais estudantes ao grêmio. Com base nos resultados da discussão em grupo, gere hipóteses relevantes.

2. Uma empresa de cosméticos gostaria de aumentar sua participação no mercado feminino de estudantes universitárias. A empresa o emprega como consultor para obter visão e percepção preliminar das atitudes, compras e uso de cosméticos das estudantes. Conduza pelo menos cinco entrevistas de profundidade. Prepare um relatório que resuma suas descobertas.

DISCUSSÃO EM GRUPO

1. Em um grupo de cinco ou seis pessoas, discuta se a pesquisa qualitativa é científica.

2. Discuta esta declaração em um grupo pequeno: se as descobertas das discussões em grupo (*focus groups*) confirmarem as expectativas anteriores, o cliente deve dispensar a pesquisa quantitativa.

3. Discuta esta declaração em um grupo pequeno: a pesquisa quantitativa é mais importante que a pesquisa qualitativa porque resulta em informações estatísticas e descobertas conclusivas.

Notas

1. "Gillette CEO looks to women's razor for sales", *Bloomberg Forum*, www.cnetinvestor.com, 24 out. 2000; "A woman's touch", *Discount Merchandiser*, 39, 5, maio 1999, p. 104; Suzanne Oliver, "Happy birthday from Gillette", *Forbes*, 157, 8, 22 abr. 1996, p. 37-38, e M. Maremont, "A new equal right: the close shave", *Business Week*, 29 mar. 1993, p. 58.

2. Judith Langer, "'On' and 'offline' focus groups: claims, questions", *Marketing News*, 34, 12, 5 jun. 2000, p. H38; Richard Cook, "Focus group have to evolve if they are to survive", *Campaign-London*, 9 jul. 1999, p.14, e Howard Furmansky, "Debunking the myths about focus group", *Marketing News*, 31, 13, 23 jun. 1997, p. 22.

3. Janis Mara, "Staying in focus", *Adweek*, 41, 30, 24 jul. 2000, p. 40-41; Lynn Vincent, "7 deadly sins of focus groups", *Bank Marketing*, 31, 5, maio 1999, p. 36-39, e John M. Hess e R. I. King (orgs.), "Group interviewing", *New Science of Planning*. Chicago, American Marketing Association, 1968, p. 4.

4. Stephanie Thompson, "M&M/Mars gives new snickers $40 mil kickoff", *Advertising Age*, 71, 34, 14 ago. 2000, p. 1-2; "M&M's aims for the millennium", *Retail World*, 52, 4, 1º a 12 mar. 1999, p. 24; Carol Kennedy, "The chocolate wars: inside the secret worlds of Mars and Hershey", *Director*, 52, 9, abr. 1999, p. 80, e Judann Pollack, "Mars says milky way lite eating up the competition", *Advertising Age*, 67, 40, 30 set. 1996, p. 28.
5. "Porsche Boxter", *Consumer Reports*, 65, 4, abr. 2000, p. 58; Lucy Barrett, "Porsche looks to agencies to fulfill integrated strategy", *Marketing*, 3 jun. 1999, p. 3, e Alex Taylor III, "Porsche slices up its buyers", *Fortune*, 131, 1, 16 jan. 1995, p. 24.
6. Debbie Seamen, "Conquer your fear of flying", *Success*, 46, 2, fev. 1999, p. 27, e "Fear of flying", *The Economist*, 339, 7966, 18 maio 1996, p. 30.

CAPÍTULO 7

Modelo de Pesquisa Descritiva: Levantamento de Campo e por Observação

Neste capítulo abordamos as seguintes questões:

1. Quais são os métodos de levantamento de campo disponíveis ao pesquisador de marketing e como esses métodos podem ser classificados?
2. Quais são os critérios para avaliação dos métodos de levantamento de campo? Como comparar os diferentes métodos e avaliar qual é o mais adequado para um determinado projeto de pesquisa?
3. Como podem ser melhorados os índices de resposta obtidos nos levantamentos de campo?
4. Quais são as diferenças entre o método por observação e o método de levantamento de campo? Quais os procedimentos disponíveis para observar pessoas e objetos?
5. Quais são as vantagens e as desvantagens relativas dos métodos por observação em comparação aos métodos de levantamento de campo?
6. Como os métodos de levantamento de campo podem ser usados na implementação de programas de gestão da qualidade total?
7. Como a tecnologia pode melhorar os métodos de levantamento de campo e por observação?
8. Quais as questões éticas que estão envolvidas na condução da pesquisa de levantamento de campo e por observação?
9. Qual é o papel da Internet na implementação dos métodos de levantamento de campo e por observação?

A NOVA PLATAFORMA DE MARKETING DA PROCTER & GAMBLE: PBTD E EM

Como parte de sua pesquisa contínua de marketing, a Procter & Gamble (P&G) analisa rotineiramente dados de scanners e conduz levantamentos de campo com consumidores. Dados de painel de scanners da AC Nielsen revelaram que uma família típica fiel à marca gastava 725 dólares por ano com produtos da P&G. Comparativamente, uma família que comprava produtos similares com marca própria ou marcas de preços baixos gastava menos de 500 dólares. Numa época em que dominava a consciência do valor, essa estratégia de preço representava um problema para a P&G, o que a levou a criar uma nova plataforma de marketing para seus produtos.

A base dessa plataforma era o conceito de valor. Foi elaborada para reconhecer plenamente que a P&G havia cobrado mais por muitos de seus produtos, inclusive o detergente Ariel, o creme dental Crest, as fraldas descartáveis Pampers, o xarope Vick e o xampu Head & Shoulders. Discussões em grupo e entrevistas de profundidade conduzidas pela P&G revelaram que os clientes não estavam mais dispostos a pagar por custos que não agregavam valor. Além disso, os levantamentos de campo que usavam painéis de correio indicavam que clientes fiéis à P&G preferiam preços permanentemente baixos, em vez de descontos e ofertas especiais. Um levantamento computadorizado por telefone de uma amostra representativa, escolhida aleatoriamente, resultou em descobertas similares sobre a população em geral. O conceito elaborado com base nessas descobertas é conhecido como PBTD: Preços Baixos Todos os Dias. Tal conceito foi exatamente o oposto da plataforma anterior da P&G, que era manter os preços listados altos, compensados mediante descontos freqüentes e irregulares.

Outro problema que levou a P&G a reformular sua plataforma referia-se ao desenvolvimento de produtos. A pesquisa anterior indicou que as marcas da P&G desfrutavam um prestígio considerável, sendo bem conhecidas e preferidas por um grande segmento de mercado. Isso levou à estratégia de extensão de marcas (EM), a prática de usar o nome de uma marca bem-sucedida para lançar um produto novo ou modificado – por exemplo, o sabonete Oil of Olay é uma extensão da loção Oil of Olay. O sabonete foi desenvolvido em resposta à crescente demanda dos consumidores por um produto que mantivesse a pele macia e jovem não apenas do rosto, mas de todo o corpo. O sabonete foi criado especialmente com um sistema de limpeza sintético e hidratantes suaves da Oil of Olay que ajudam a manter a pele mais hidratada do que com um sabonete comum. Além da fórmula especial, o sabonete foi projetado para conservar-se sólido durante o uso, sem derreter como a maioria dos sabonetes.

Antes de seu lançamento, o sabonete Oil of Olay foi testado em entrevistas de intercepção em shoppings, nas quais os entrevistados lavavam as mãos e o rosto com o sabonete em uma área de teste, localizada no shopping, antes de responder a um levantamento de campo. Como os resultados dessas entrevistas mostraram-se bastante positivos, foram lançados três tipos de sabonete: cor-de-rosa e branco, com fragrâncias diferentes, e uma versão hipoalergênica sem perfume para pele sensível. O sabonete tem sido um sucesso e ganhou um dos prêmios de melhores novos produtos da Marketing News' Edison.

A P&G está ganhando impulso tanto nos Estados Unidos quanto no exterior. O volume de unidades e a participação no mercado doméstico estão novamente aumentando em 22 de 32 categorias. As estratégias de PBTD e EM continuam a render dividendos à empresa. Em março de 1999, a P&G fez outra extensão de marca ao lançar a linha de cosméticos Olay.[1]

VISÃO GERAL

O processo de pesquisa de marketing começa com a definição do problema de pesquisa e depois trata da formulação de uma abordagem e de um modelo de pesquisa. Como discutimos no Capítulo 3, os principais tipos de modelo de pesquisa são o exploratório e o conclusivo. Os modelos exploratórios dependem principalmente da análise de dados secundários (capítulos 4 e 5) e de pesquisa qualitativa (Capítulo 6). Os modelos de pesquisa conclusiva podem ser classificados como causais ou descritivos. Os modelos causais são explicados no Capítulo 8. Neste capítulo abordam-se os métodos de levantamento de campo e por observação e as técnicas quantitativas geralmente utilizadas para coletar dados de pesquisa descritiva. A Figura 7.1 explica resumidamente o foco do capítulo, o relacionamento com os anteriores e as etapas do processo de pesquisa de marketing em que o capítulo se concentra.

Dados de levantamento de campo fazem muito mais do que meramente relatar o comportamento. Os levantamentos de campo podem proporcionar a análise de quem são os consumidores, como eles se comportam e por que o fazem de determinadas maneiras. Os relatos dos entrevistados sobre seus motivos, valores ou crenças oferecem alguma compreensão sobre o comportamento do consumidor.

Em termos de coleta de dados, os levantamentos de campo podem ser assim classificados: entrevistas por telefone, entrevistas por telefone assistidas por computador, entrevistas domiciliares, entrevistas de abordagem em shoppings, entrevistas pessoais com auxílio de computador, entrevistas pelo correio, painéis do correio e levantamentos de campo eletrônicos (correio eletrônico e Internet). Neste capítulo descrevemos cada um desses métodos e discutimos os critérios utilizados para escolher um método apropriado para um projeto específico.

Vamos considerar os principais métodos por observação – a observação pessoal e a observação mecânica – e discutir as vantagens e as desvantagens da observação sobre os métodos de levantamento de campo, assim como o papel dos métodos de levantamento de campo e por observação na gestão da qualidade total (TQM). Também vamos discutir o impacto da tecnologia e das aplicações na Internet e identificar várias questões éticas que surgem nas pesquisas de levantamento de campo e nos métodos por observação. A Figura 7.2 oferece uma visão geral dos tópicos discutidos neste capítulo e como eles fluem de um para outro.

MÉTODOS DE LEVANTAMENTO DE CAMPO

O **método de levantamento de campo** para obtenção de informações baseia-se no questionamento dos entrevistados. Levantamentos de campo são utilizados quando a pesquisa envolve entrevistas com um

Figura 7.1 A relação do levantamento de campo e por observação com os capítulos anteriores e com o processo de pesquisa de marketing

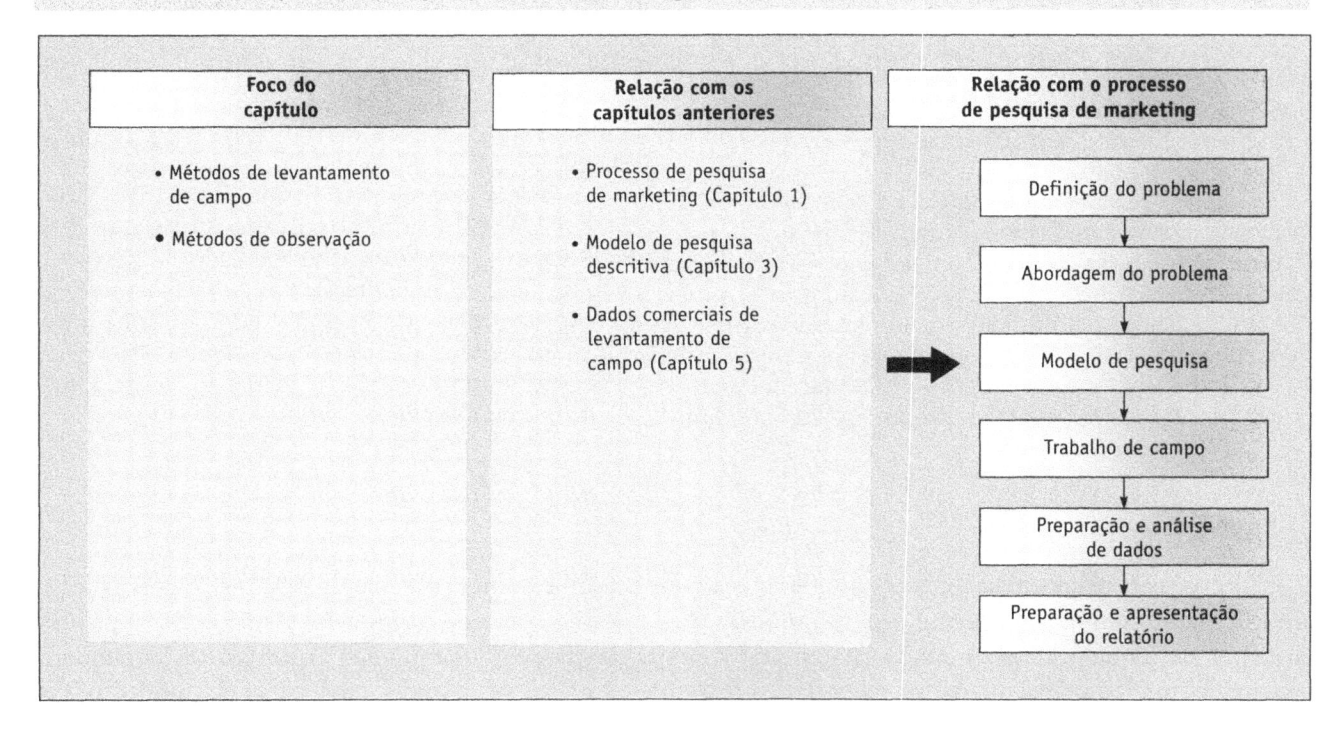

Foco do capítulo	Relação com os capítulos anteriores	Relação com o processo de pesquisa de marketing
• Métodos de levantamento de campo • Métodos de observação	• Processo de pesquisa de marketing (Capítulo 1) • Modelo de pesquisa descritiva (Capítulo 3) • Dados comerciais de levantamento de campo (Capítulo 5)	Definição do problema ↓ Abordagem do problema ↓ Modelo de pesquisa ↓ Trabalho de campo ↓ Preparação e análise de dados ↓ Preparação e apresentação do relatório

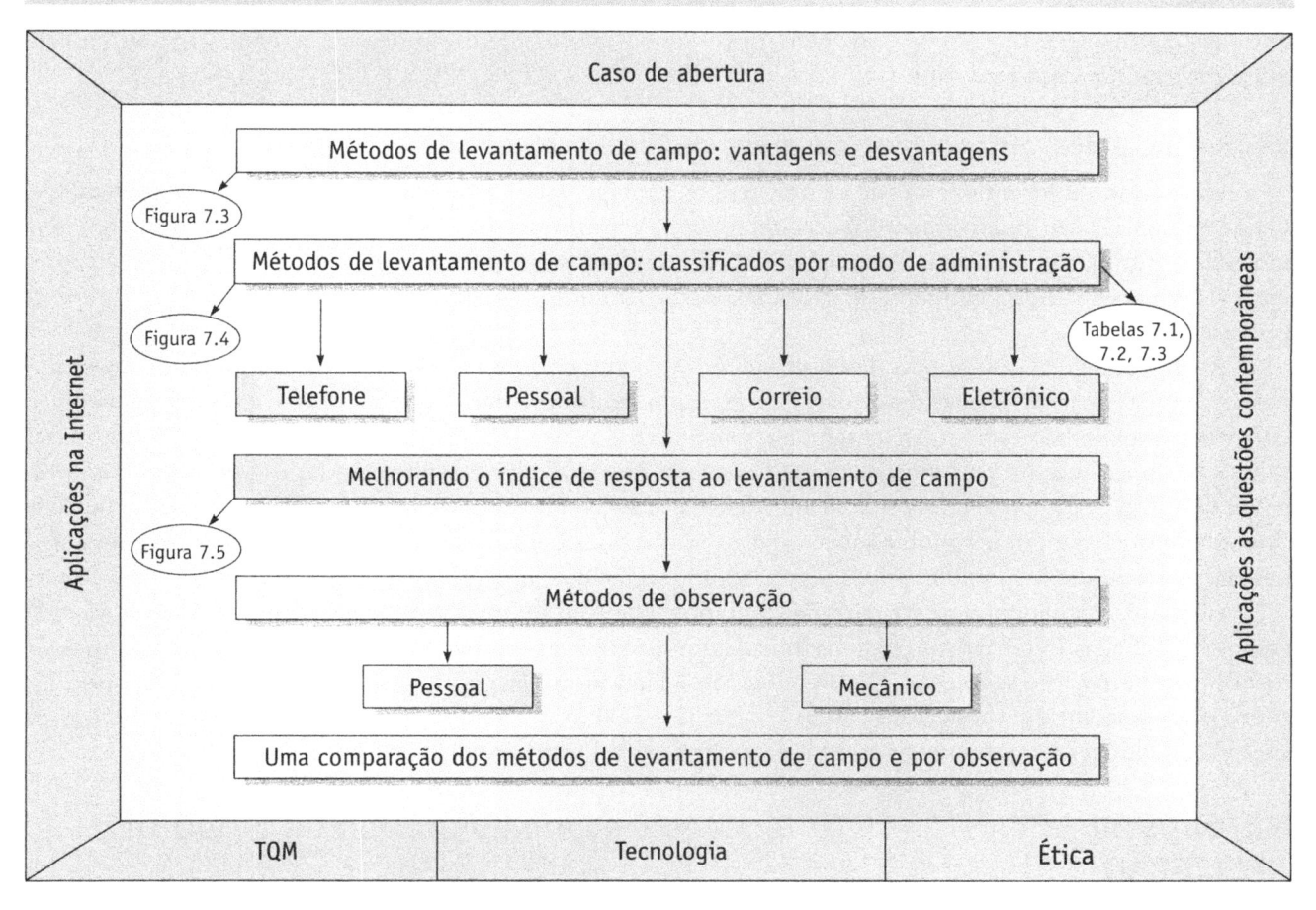

Figura 7.2 Levantamento de campo e observação: visão geral

Caso de abertura

- Métodos de levantamento de campo: vantagens e desvantagens (Figura 7.3)
- Métodos de levantamento de campo: classificados por modo de administração (Figura 7.4) (Tabelas 7.1, 7.2, 7.3)
  - Telefone
  - Pessoal
  - Correio
  - Eletrônico
- Melhorando o índice de resposta ao levantamento de campo (Figura 7.5)
- Métodos de observação
  - Pessoal
  - Mecânico
- Uma comparação dos métodos de levantamento de campo e por observação

Aplicações na Internet | Aplicações às questões contemporâneas

TQM | Tecnologia | Ética

---

grande número de pessoas e são aplicadas a elas uma série de perguntas (Figura 7.3). Levantamentos de campo podem ser conduzidos pessoalmente, por telefone, por um questionário enviado pelo correio ou eletronicamente pelo computador. Talvez a maior questão que o pesquisador enfrente seja como motivar o entrevistado a responder a suas perguntas claramente. A intrusão em domicílios por indivíduos de telemarketing e de marketing direto, sem serem convidados, resultou em um número cada vez maior de consumidores batendo a porta na cara de qualquer pessoa que tente fazer contato. Discutimos os desafios de controlar o problema de não-resposta mais adiante neste capítulo.

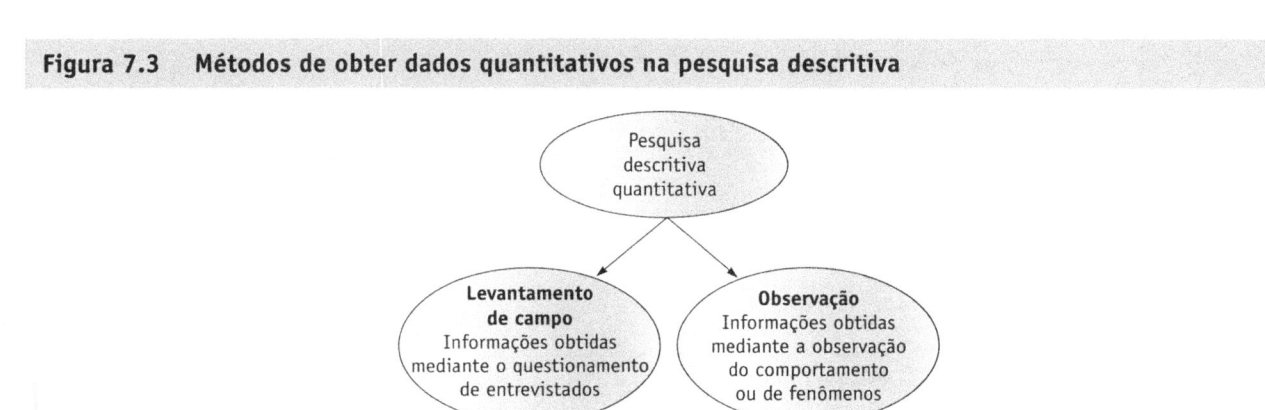

Figura 7.3 Métodos de obter dados quantitativos na pesquisa descritiva

- Pesquisa descritiva quantitativa
  - **Levantamento de campo**
    Informações obtidas mediante o questionamento de entrevistados
  - **Observação**
    Informações obtidas mediante a observação do comportamento ou de fenômenos

O grande número de dados que podem ser obtidos pelo levantamento de campo é tão variado quanto os problemas de pesquisa que as empresas enfrentam. Perguntas com relação a comportamento, intenções, atitudes, consciência, motivações, características demográficas e de estilo de vida podem ser úteis na pesquisa de levantamento de campo.

Vantagens e desvantagens da pesquisa de levantamento de campo

O método de levantamento de campo tem as vantagens de facilidade, confiabilidade e simplicidade. Os questionários são relativamente fáceis de aplicar. A utilização de perguntas com alternativas predeterminadas (múltipla escolha) reduz a variabilidade de resultados que pode ser causada por diferenças entre os entrevistadores e realça a confiabilidade das respostas, simplificando ainda a codificação, a análise e a interpretação dos dados.

As desvantagens do método de levantamento de campo são a relutância ou a incapacidade do entrevistado em dar as informações desejadas. Por exemplo, considere perguntas sobre fatores motivacionais. O entrevistado pode não estar conscientemente convicto das reais razões de preferir uma marca à outra. A natureza subconsciente de seus motivos pode fazer com que seja impossível responder às perguntas com precisão. O entrevistado pode ainda relutar na resposta se as informações requisitadas forem de cunho pessoal. Por exemplo, considere perguntar sobre crenças religiosas. O entrevistado pode ver esse tópico como algo pessoal e relutar em responder a quaisquer perguntas relacionadas a ele.

Além disso, uma **coleta estruturada de dados** envolvendo um questionário com perguntas contendo respostas fechadas (alternativas predeterminadas) pode resultar em perda de validade para certos tipos de dados, como crenças e sensações. Finalmente, não é fácil formular perguntas adequadamente (Capítulo 11, sobre o modelo do questionário). Porém, apesar dessas desvantagens, a abordagem por levantamento de campo é, de longe, o método mais comum de coleta de dados primários na pesquisa de marketing.

MÉTODOS DE LEVANTAMENTO DE CAMPO CLASSIFICADOS POR MODO DE APLICAÇÃO

A Figura 7.4 ilustra os vários métodos de coletar dados por meio de levantamentos de campo, amplamente classificados como entrevistas por telefone, pessoais, pelo correio ou eletrônicas. As entrevistas telefônicas podem ser classificadas como tradicionais ou assistidas por computador. As pessoais podem ser realizadas em domicílio, por abordagem nos shoppings ou pessoalmente com auxílio de computador (EPACs). O terceiro método, as entrevistas pelo correio, assume a forma de levantamentos de campo comuns feitos pelo correio ou por meio de painéis de correio. Entrevistas eletrônicas são geralmente aplica-

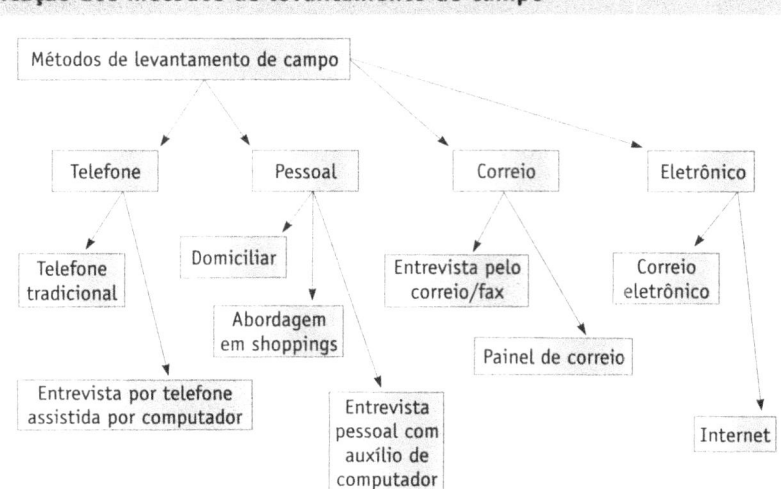

Figura 7.4 Classificação dos métodos de levantamento de campo

das pela Internet ou mediante o uso de correio eletrônico (e-mail). De todos esses métodos, o de entrevistas por telefone é o mais conhecido, seguido pelas entrevistas pessoais. A utilização de levantamentos de campo por método eletrônico está aumentando rapidamente. A entrevista pelo correio é o método menos empregado.

Métodos por telefone

Como afirmamos anteriormente, as entrevistas telefônicas variam em termos do grau de auxílio do computador que apóia a entrevista.

ENTREVISTAS TELEFÔNICAS TRADICIONAIS A entrevista telefônica tradicional consiste em escolher uma amostra de pessoas e fazer uma série de perguntas a essas pessoas. O entrevistador usa um questionário em um formulário e registra as respostas a lápis. Entrevistas por telefone são geralmente realizadas de instalações de pesquisa centralizadas. Centros de pesquisa por telefone são especificamente equipados para acomodar um grupo grande de entrevistadores. Linhas telefônicas de baixo custo deram um caráter prático às entrevistas por telefone a partir de uma localização central para todo o país.

Além disso, os supervisores de campo podem monitorar de perto as conversações por telefone. Esse monitoramento ajuda a controlar a tendenciosidade do entrevistador que pode resultar em uma variação na maneira como as perguntas são aplicadas e as respostas registradas. A qualidade dos dados também é realçada com uma análise dos questionários completados no local. Finalmente o orçamento da pesquisa, tanto em termos de custo da mão-de-obra quanto de restrição de tempo, pode ser mais facilmente gerenciado quando os entrevistadores são agrupados em um só local.

ENTREVISTAS TELEFÔNICAS ASSISTIDAS POR COMPUTADOR Entrevistas telefônicas assistidas por computador (ETACs), de um local central, agora são mais conhecidas que o método telefônico tradicional. Mais de 90% de todas as entrevistas telefônicas são realizadas por um sistema ETACs. Elas utilizam um questionário computadorizado, aplicado aos entrevistados por telefone, que pode ser gerado por um computador central, um minicomputador ou um computador pessoal. O entrevistador senta-se em frente ao monitor e usa minifone de ouvido. O monitor substitui questionário de papel e lápis, e o telefone é substituído pelo minifone de ouvido.

A um comando, o computador disca o número do telefone a ser chamado. Quando é feito o contato telefônico, o entrevistador lê as perguntas formuladas na tela e registra as respostas do entrevistado diretamente no computador. O sistema ETACs combina a entrevista com as etapas de edição e de entrada de dados para produzir um processo altamente eficiente e preciso de levantamento de campo. Como as respostas são introduzidas diretamente no computador, relatórios internos e atualizados podem ser compilados instantaneamente enquanto os dados estão sendo coletados.

O software para ETACs tem uma lógica embutida, que também realça a precisão dos dados. O programa irá personalizar as perguntas e controlar as respostas incorretas, como respostas em percentuais cuja soma não chega a 100%. O software tem uma lógica de ramificação que pula perguntas que não são aplicáveis ou investiga com mais detalhes quando necessário. Por exemplo, se um entrevistado respondesse de forma positiva à pergunta "Você já comprou tênis da Nike?", uma série completa de perguntas relacionadas à sua experiência com calçados da Nike viria a seguir. No entanto, se o entrevistado tivesse respondido negativamente, aquela série de perguntas seria eliminada.

Vantagens e desvantagens das entrevistas por telefone

A entrevista por telefone, realizada com formulário e caneta ou em um formato assistido por computador, ainda é um dos métodos mais conhecidos de pesquisa. Esse conhecimento pode ser rastreado para vários fatores. A entrevista pode ser completada com rapidez, já que o tempo de viagem, agregado à entrevista pessoal, fica completamente eliminado. O **controle da amostra** ou a habilidade de chegar até as unidades especificadas na amostra é alto quando os procedimentos apropriados de amostragem e de chamadas de retorno são obedecidos. O controle da equipe de campo é útil porque os entrevistadores podem ser supervisionados de uma central. O controle é ainda melhor com o sistema ETACs, já que este permite que o supervisor monitore uma entrevista sem que o entrevistador ou o entrevistado estejam cientes disso. O **índice de resposta** – a porcentagem de entrevistas totais tentadas que são completadas – é bom. Além do mais, levantamentos de campo por telefone não são muito caros.

Porém, existem algumas desvantagens inerentes (Tabela 7.1). As perguntas são restritas à palavra falada. O entrevistador não pode usar estímulos físicos como ilustrações visuais ou demonstrações de produtos. Além disso, não pode fazer perguntas complexas, o que limita a aplicabilidade das técnicas por telefone a certos tipos de pesquisa, como sobre produtos novos ou de propaganda.

Comunicação pessoal e comprometimento são difíceis de estabelecer por causa da falta de interação pessoal entre o entrevistador e o entrevistado. Este pode facilmente escapar do processo de entrevista cortando-a pela metade ou simplesmente desligando o telefone. Isso resulta em menos tolerância para entrevistas longas por telefone e limita a quantidade de dados que podem ser coletados.

*E*xemplo

CHAMADAS POR TELEFONE TORNAM A PIZZA HUT LÍDER

A Pizza Hut, que iniciou o levantamento de satisfação do cliente em janeiro de 1995, atualmente conduz 50 mil entrevistas por semana. Os dados são coletados mediante um levantamento de campo por telefone para fora (o que significa que a Pizza Hut inicia a chamada). Clientes selecionados do banco de dados de entrega e de 'viagem' da Pizza Hut são chamados dentro do período de 24 horas de sua compra. As entrevistas da empresa para fora são limitadas em quatro minutos, e os clientes recebem um 'descanso' de 60 dias antes de serem chamados novamente.

A empresa também tem um levantamento de campo interativo de fora para dentro com uma linha gratuita para clientes escolhidos aleatoriamente e que freqüentam o restaurante (o cliente é quem inicia a chamada). Um de cada 20 ou 30 clientes que comem no restaurante recebe um cupom na parte inferior do recibo e um número DDG para ligar e participar do levantamento de campo interativo. Os resultados de rastreamento mostram que 67% dos levantamentos de campo são completados dentro de um dia da visita, satisfazendo o desejo da gerência para que a pesquisa de fora para dentro tenha resultados atuais.

O levantamento de campo foca somente questões que os gerentes de unidade podem controlar. As perguntas lidam com o serviço, a comida e os problemas durante a última visita do cliente. Os dados do levantamento de campo têm sido muito úteis. Por exemplo, os clientes correram para comprar a nova Pizza de Borda Recheada, mas não houve nenhum aumento subseqüente em lealdade. Os resultados da pesquisa mostraram que, por causa de problemas de serviço, os clientes novos não estavam efetuando compras repetidas. O levantamento de campo ajudou a Pizza Hut a identificar problemas, e agora ela tem uma melhor compreensão de como lidar com o próximo grande lançamento de produtos. Metade do bônus trimestral do gerente da unidade está atrelada aos resultados dos levantamentos de campo. Como resultado, a satisfação do cliente está no auge.

Métodos de entrevistas pessoais

Os métodos de entrevistas pessoais podem ser categorizados como domiciliares, por abordagem em shoppings ou assistidos por computador.

ENTREVISTAS PESSOAIS DOMICILIARES Nas entrevistas pessoais domiciliares, o entrevistado é abordado pessoalmente em casa. A tarefa do entrevistador é contatar o entrevistado, fazer as perguntas e registrar as respostas. Nos últimos anos, o uso de entrevistas pessoais domiciliares tem diminuído. Mesmo assim ainda são utilizadas, especialmente por empresas comerciais (Capítulo 5).

VANTAGENS E DESVANTAGENS DAS ENTREVISTAS DOMICILIARES As entrevistas domiciliares oferecem muitas vantagens. Possibilitam que o entrevistador forneça esclarecimentos ao entrevistado pelo uso de perguntas complexas. Permitem o uso de estímulos físicos – como auxílios visuais, diagramas e mapas – e que o entrevistador mostre ou demonstre o produto. Também proporcionam um controle muito bom da amostra, uma vez que os domicílios podem ser selecionados sem gerar uma lista de todos em determinada área. Os domicílios podem ser selecionados instruindo-se o entrevistador a começar em um dado ponto, viajar para determinada direção e escolher cada n domicílio (por exemplo, o oitavo). Uma grande quantidade de dados pode ser coletada porque o entrevistado é abordado em seu domicílio e, portanto, está mais disposto a participar por um período mais longo. O índice de resposta é muito bom, principalmente se o entrevistado for notificado de antemão.

As entrevistas domiciliares perderam um pouco o brilho em razão de fatores sociais, de mão-de-obra e de controle. Mudanças na família, especialmente pela tendência atual de os casais trabalharem, fazem com que haja menos pessoas nos domicílios durante o dia. A supervisão e o controle de entrevistadores são difíceis, uma vez que eles estão andando de porta em porta. Conseqüentemente, é mais difícil detectar e corrigir problemas com o questionário ou com o estilo do entrevistador. A **premência social**, a tendência do entrevistado de dar respostas que são socialmente desejáveis, porém incorretas, é alta quando há contato pessoal entre o entrevistador e o entrevistado. Esse fator também leva a um alto índice de **tendenciosidade do entrevistador**. Ele pode influenciar as respostas mediante expressões faciais, entonações ou simplesmente pela maneira como faz as perguntas. Esse também é o método mais caro.

Apesar de sua importância, as entrevistas domiciliares estão sendo substituídas pela abordagem em shoppings.

Tabela 7.1 Vantagens relativas de métodos diferentes de levantamento de campo

MÉTODOS	VANTAGENS	DESVANTAGENS
Telefone	Rápido	Nenhum uso de estímulo físico
	Alto controle da amostra	Limitado a perguntas simples
	Bom controle da equipe de campo	Baixa quantidade de dados
	Bom índice de resposta	
	Custo moderado	
Em domicílios	Perguntas complexas podem ser feitas	Baixo controle da equipe de campo
	Bom para estímulos físicos	Alta premência social
	Controle muito bom da amostra	Potencial por tendenciosidade do entrevistador
	Quantidade grande de dados	O mais caro
	Índice muito bom de respostas	
Abordagem em shoppings	Perguntas complexas podem ser feitas	Alta premência social
	Muito bom para estímulos físicos	Potencial por tendenciosidade do entrevistador
	Controle muito bom do ambiente	Quantidade moderada de dados
	Índice muito bom de respostas	Alto custo
EPAC	Perguntas complexas podem ser feitas	Alta premência social
	Muito bom para estímulos físicos	Quantidade moderada de dados
	Controle muito bom do ambiente	Alto custo
	Índice muito bom de respostas	

Tabela 7.1 Vantagens relativas de métodos diferentes de levantamento de campo (*continuação*)

MÉTODOS	VANTAGENS	DESVANTAGENS
	Baixo potencial por tendenciosidade do entrevistador	
Correio	Nenhum problema com a equipe de campo	Limitado a perguntas simples
	Nenhuma tendenciosidade do entrevistador	Baixo controle da amostra
	Quantidade moderada/alta de dados	Nenhum controle do ambiente
	Baixa premência social	Baixo índice de resposta
	Custo baixo/moderado	Baixa velocidade
Eletrônico	Nenhum problema com equipe de campo	Limitado a perguntas simples
	Nenhuma tendenciosidade do entrevistador	Baixo controle da amostra
	Custo baixo	Nenhum controle do ambiente
	Baixa premência social	Baixo índice de resposta
	Alta velocidade	Quantidade moderada de dados

ENTREVISTAS PESSOAIS POR ABORDAGEM EM SHOPPINGS Nas entrevistas pessoais por abordagem em shoppings o processo envolve parar o comprador, fazer uma triagem para ver se o indivíduo é apropriado, aplicar o levantamento no local ou convidar a pessoa para uma instalação de pesquisa no shopping a fim de completar a entrevista. Por exemplo, em um levantamento de campo para um fabricante de telefones celulares, o consumidor é abordado e questionado sobre idade, nível de escolaridade e renda. Se essas características combinarem com as da população-alvo do cliente, o indivíduo é então questionado sobre o uso do produto. Esse tópico é pré-requisito para ser incluído na amostra. Apenas aqueles que têm experiência com celulares são convidados para uma instalação de pesquisa localizada no shopping a fim de avaliar vários novos designs que estão sendo estudados.

Embora a amostra seja composta apenas de indivíduos que fazem compras naquele shopping de varejo, não se trata de uma limitação séria. Mesmo não sendo representativos da população em geral, os consumidores de shoppings realmente constituem uma fatia grande de mercado para muitos produtos. No Brasil, as pesquisas, na maioria dos shoppings, não são permitidas para não incomodar o cliente.

VANTAGENS E DESVANTAGENS DA ABORDAGEM EM SHOPPINGS Uma das principais vantagens das entrevistas de abordagem em shoppings é que se torna mais eficiente para o entrevistado vir até o entrevistador do que o contrário. A popularidade desse método é evidenciada pelas centenas de instalações de pesquisa permanentes nos shoppings dos Estados Unidos. Perguntas complexas podem ser feitas quando há contato pessoal. A abordagem nos shoppings é especialmente apropriada quando o entrevistado precisa ver, manusear ou consumir o produto antes que possa fornecer informações úteis. O pesquisador tem ótimo controle do ambiente no qual os dados são coletados, e o índice de resposta é muito bom.

As principais desvantagens são o potencial por premência social e a tendenciosidade do entrevistador em razão do contato pessoal no processo de entrevista. A quantidade de dados que podem ser coletados é apenas moderada porque as pessoas geralmente estão com pressa enquanto fazem compras. O custo das entrevistas por abordagem em shoppings é elevado.

Exemplo

AH! OS OREO O'S!

Em julho de 1998, a Post lançou o cereal matinal Oreo O's com rodelas redondas e salpicadas com o mesmo sabor de Oreo's (Negresco) que os norte-americanos adoram há anos. O desenvolvimento do cereal

Oreo O's foi guiado pelo fato de que os norte-americanos adoram as bolachas Oreo, e a Post acreditava que esse cereal seria um tremendo sucesso entre as famílias. A Post conduziu um levantamento de campo por abordagem em shoppings para determinar a percepção do sabor pelo cliente e a probabilidade de compra desse novo produto. Consumidores recrutados em locais específicos nos shoppings foram levados a uma instalação de entrevista localizada no shopping onde podiam saborear o cereal Oreo O's e depois responder a um questionário aplicado por um entrevistador. Os resultados do levantamento de campo revelaram que nove de cada dez pessoas que experimentaram o cereal disseram que ele tinha o sabor da bolacha original, e três quartos dessas pessoas afirmaram que comprariam o novo produto. Com base nesses resultados, a Post tomou a decisão de lançar o Oreo O's nacionalmente. A Post gastou quase 45 milhões de dólares em anúncios impressos e na TV para lançar o novo cereal, que tem sido um grande sucesso.[2]

ENTREVISTAS PESSOAIS ASSISTIDAS POR COMPUTADOR (EPACs) Nas entrevistas pessoais assistidas por computador, a terceira forma de entrevista pessoal, o entrevistado senta-se em frente a um terminal de computador e responde a um questionário na tela utilizando o teclado, um mouse ou uma tela de toque. Há vários pacotes eletrônicos acessíveis aos usuários, auxiliando a elaborar perguntas fáceis e compreensíveis. Telas de auxílio e mensagens de erro também são fornecidas. A tela colorida e os estímulos 'on' e 'off' aumentam o interesse e o envolvimento do entrevistado. Esse método tem sido classificado como uma técnica de entrevista pessoal, uma vez que o entrevistador está sempre presente para servir de anfitrião e para orientar o entrevistado quando necessário.

Essa abordagem é usada em shoppings, precedida do processo de abordagem e de triagem que descrevemos anteriormente. Ela também é utilizada para conduzir pesquisas de negócios, feiras ou convenções. O processo para interagir com o computador é simplificado para minimizar o esforço e o estresse do entrevistado. Assim, o uso de perguntas abertas que requerem longas respostas tecladas é minimizado.

VANTAGENS E DESVANTAGENS DAS EPACs Essas pesquisas parecem manter o interesse do entrevistado e têm várias vantagens. Perguntas complexas podem ser feitas, o computador realiza automaticamente as configurações para pular perguntas e conduz checagens de lógica. A tendenciosidade do entrevistador é reduzida, uma vez que o computador administra a entrevista. Como a abordagem em shoppings, as EPACs podem ser úteis quando o levantamento de campo necessita do uso de estímulos físicos. Também oferecem um controle muito bom do ambiente de coleta de dados e resultam em um índice muito bom de respostas.

Suas principais desvantagens, compartilhadas com a abordagem em shoppings, são a alta premência social, a quantidade moderada de dados e o custo alto.

Métodos pelo correio

As entrevistas pelo correio, a terceira principal forma de aplicação de levantamento de campo, podem ser conduzidas com listas de correio compiladas independentemente ou pelo uso de um painel de correio.

ENTREVISTAS PELO CORREIO A entrevista tradicional pelo correio é um levantamento de campo enviado para indivíduos que possuam um perfil demográfico específico, mas que não foram contatados anteriormente para participar. Um pacote típico de entrevistas pelo correio consiste de envelope para postagem, carta de apresentação, questionário, envelope com postagem paga e, eventualmente, um incentivo. O entrevistado preenche e devolve o questionário. Não há nenhuma interação verbal entre o pesquisador e o entrevistado. Indivíduos são escolhidos para o levantamento de campo por mailing que o cliente mantém internamente ou compra comercialmente. Mailings comerciais geralmente contêm algumas informações demográficas e psicográficas que auxiliam no processo de escolha do público-alvo.

A Tabela 7.2 ilustra a variedade de mailings oferecida por uma empresa, o número aproximado de nomes por lista e os respectivos preços. Independentemente de sua fonte, um mailing deve ser atual e muito pertinente à população de interesse.

Tabela 7.2 Amostras de mailings

TÍTULO DA LISTA	NÚMERO NA LISTA	PREÇO[a]
Agências de publicidade	3.892	US$ 62/M
Bancos/escritórios principais	11.089	US$ 85/M
Proprietários de barcos	4.289.601	US$ 100/M
Câmaras de comércio	6.959	US$ 62/M
Proprietários de computadores pessoais	2.218.672	Pergunte
Famílias	76.000.000	Pergunte
Atacadistas de hardware	7.378	US$ 62/M
Revistas de consumidores	4.119	Pergunte
Retratos fotográficos	33.742	US$ 62/M[a]

[a] Preço mostrado é por 1.000 nomes (M), exceto onde especificado.
Fonte: Best Mailing Lists Inc., Catálogo de 2001 (800-692-2378).

O pesquisador também precisa tomar decisões sobre os vários elementos do pacote de entrevistas por correio (Tabela 7.3). O tipo de envelope, a carta de apresentação, o tamanho do questionário e o incentivo, se algum for oferecido, afetam os índices de resposta.

O tempo envolvido e o índice de resposta podem ser melhorados com o envio do questionário por fax em vez do correio. Essa opção é atraente quando se estiver pesquisando entrevistados institucionais e de negócios.

PAINÉIS DE CORREIO Em contraste com as entrevistas pelo correio, os **painéis de correio** consistem de uma amostra grande e nacionalmente representativa de indivíduos que concordaram em participar de pesquisas periódicas de levantamento de campo (capítulos 3 e 5). Incentivos em forma de dinheiro ou presentes são muitas vezes oferecidos aos indivíduos que concordam em participar. Uma vez que eles são admitidos no painel, dados detalhados de demografia e estilo de vida são coletados sobre cada lar. O pesquisador usa essas informações para selecionar 'listas-alvo' de correio dentro do painel com base nas necessidades do cliente.

O NFO World Group (*www.nfow.com*) e o grupo NPD (*www.npd.com*) são organizações que mantêm painéis de correio. Eles podem ser usados para atingir tanto uma amostra geral como uma amostra-alvo.

VANTAGENS E DESVANTAGENS DOS PAINÉIS DE CORREIO Os levantamentos de campo pelo correio são uma maneira econômica e eficiente de chegar até os consumidores. Os problemas de tendenciosidade do entrevistador e de despesas da gerência da equipe de campo são eliminados. Os levantamentos de campo pelo correio têm um custo ligeiramente mais baixo que o de painéis de correio. A premência social é baixa porque não há contato pessoal com o entrevistado durante a coleta de dados. Uma quantidade moderada de dados pode ser coletada com levantamento de campo pelo correio, ao passo que os painéis de correio permitem quantidade bem maior.

No entanto, essas vantagens claras têm a contrapartida de problemas de falta de controle do processo da entrevista. Diferentemente das entrevistas por telefone e das pessoais, não há nenhum contato pessoal, e o entrevistado pode se sentir menos compelido a participar ou a completar claramente o questionário. Esse problema é especialmente marcante com entrevistas pelo correio. Há pouco controle sobre quem responde ao questionário, como responde a ele e com que rapidez o devolve. Isso resulta em baixo controle da amostra, baixa velocidade e nenhum controle sobre o ambiente de coleta de dados. Assim, é difícil avaliar a qualidade e a validade dos dados.

Tabela 7.3 Algumas decisões relacionadas ao pacote de entrevistas pelo correio

ENVELOPE PARA POSTAGEM

Envelope para postagem: tamanho, cor, endereço do remetente

Postagem

Método de endereçamento

CARTA DE APRESENTAÇÃO

Patrocínio	Assinatura
Personalização	Pós-escrito
Tipo de apelo	

QUESTIONÁRIO

Comprimento	Layout
Conteúdo	Cor
Tamanho	Formato
Reprodução	Anonimato do entrevistado

ENVELOPE COM POSTAGEM PAGA

Tipo de envelope

Postagem

INCENTIVOS

Monetário *versus* Não-monetário

Pré-pago *versus* Quantia prometida

Finalmente os índices de resposta ao levantamento de campo pelo correio são baixos e a não-resposta introduz uma séria tendenciosidade nos dados. Os indivíduos que escolhem não participar das entrevistas pelo correio podem ter perfis demográficos e psicográficos muito diferentes daqueles que respondem, resultando em **tendenciosidade da não-resposta**. Indivíduos com renda e grau de instrução mais altos ou indivíduos sem experiência ou sem interesse no tópico da pesquisa tendem a ter índices mais baixos de resposta. Os painéis de correio são bem-sucedidos ao elevar os índices de resposta, com o problema da não-resposta também reduzido.

Apesar de suas falhas, a relativa facilidade e o custo baixo da entrevista pelo correio continuam a fazer dela uma opção viável de pesquisa.

*E*xemplo

ESQUEÇA DA LATA, ISTO É, DA SOPA EM LATA

Em um levantamento de campo pelo correio, os entrevistados foram solicitados a fazer sopas enlatadas ou desidratadas em casa e depois responder a um questionário. Foi indicado um forte desejo por uma nova alternativa às sopas enlatadas e desidratadas. Impulsionada por esses resultados, a Stockton Soups de Redmond, Washington, desenvolveu o Concentrado de Sopas Clássicas Stockton. Embaladas em sacos que podem ser fechados, essas sopas são vendidas nas prateleiras refrigeradas de laticínios como alternativa às sopas enlatadas e às desidratadas. Cada saco de 283 gramas faz quatro pratos de sopa caseira, com ingredientes como legumes frescos, laticínios, carnes e frutos do mar de qualidade. Esse novo produto tem sido um sucesso porque nasceu de um desejo dos consumidores descoberto mediante levantamento de campo pelo correio.[3]

Métodos eletrônicos

Os levantamentos de campo eletrônicos podem ser conduzidos via correio eletrônico (e-mail) se forem conhecidos os endereços dos entrevistados ou ao postar o levantamento de campo em um site. Se os endereços forem conhecidos, o levantamento de campo pode simplesmente ser enviado eletronicamente para entrevistados pertencentes à amostra. O uso do correio eletrônico nos Estados Unidos é muito grande, especialmente nas empresas em que quase todos os funcionários têm acesso a ele. Utilizando o correio eletrônico em lotes, o pesquisador envia levantamentos de campo para o entrevistado em potencial, usuário do correio eletrônico. O entrevistado digita suas respostas e as envia. Alternativamente, usando correio eletrônico interativo, o pesquisador pode enviar um correio eletrônico ao entrevistado em potencial pedindo que acesse um endereço na Internet que contém o levantamento de campo interativo. O entrevistado acessa o levantamento de campo e digita suas respostas. Ou então o levantamento de campo pode ser postado em um site na Internet. Os visitantes daquele site terão então a opção de participar.

Ambos os métodos sofrem de tendenciosidade na seleção do entrevistado, uma vez que somente as pessoas com acesso ao correio eletrônico ou à Internet podem ser incluídas na estrutura da amostragem. A tendenciosidade é ainda mais acentuada pelo fato de os usuários assíduos dessas mídias terem uma probabilidade mais alta de realmente ser incluídos na amostra. Esses indivíduos podem diferir da população-alvo na maneira como podem gerar uma séria tendenciosidade nos resultados. Até o uso da mídia eletrônica se tornar mais difundido, esses métodos podem ser mais apropriados para aplicações especializadas, como a IBM pesquisando os usuários assíduos de computador.

O método eletrônico compartilha muitas das vantagens do método pelo correio: nenhum problema com a equipe de campo, nenhuma tendenciosidade do entrevistador, baixa premência social e baixo custo. Além disso, os dados podem ser coletados e analisados em velocidade muito alta por causa do uso de computador.

Esse método também compartilha muitas das desvantagens dos levantamentos de campo pelo correio: somente perguntas simples podem ser feitas, há baixo controle da amostra e nenhum controle do ambiente de coleta de dados, e ainda um índice baixo de respostas. Apenas quantidades moderadas de dados podem ser obtidas. Embora essas desvantagens realmente existam, a Internet continua sendo muito promissora.

Exemplo

SOBRE O FUTURO DA INTERNET

Michael Naples, presidente da *Advertising Research Foundation* (ARF), acredita que a Internet tem muito futuro.

"Muitas coisas estão acontecendo. Estamos em um período de transição. Vai haver muita oportunidade para a pesquisa com a abordagem da Internet. Nós, pesquisadores dos velhos tempos, somos céticos quanto à extensão em que se pode usar uma amostra auto-selecionada e conseguir fazer algo com ela. Mas estamos todos cientes do fato de que qualquer nova capacidade carrega com ela algo menor do que a satisfação completa, como a entrevista por telefone quando ela começou a ser usada. Com o tempo, a entrevista por telefone tornou-se não apenas importante, mas dominante, por causa de suas capacidades inerentes. A Internet tem o potencial de, uma vez atingida a massa crítica, se tornar um veículo para certos tipos de pesquisa."[4]

Critérios para a escolha de um método de levantamento de campo

Quando se avaliarem os vários métodos de levantamento de campo dentro do contexto de um projeto específico de pesquisa, é preciso considerar os fatores relevantes à coleta de dados. Muitas vezes, certos fatores são dominantes, levando a um método específico de levantamento de campo como escolha natural. Por exemplo, se um novo produto alimentício perecível precisa ser testado, o entrevistado terá de saborear o produto antes de responder ao questionário. Isso envolveria entrevistas em locais centrais, levando a uma abordagem em shoppings ou a uma entrevista pessoal assistida por computador (EPAC) como escolha natural. Se nenhum método for claramente superior, a escolha precisa ser baseada em uma consideração geral das vantagens e das desvantagens dos vários métodos.

Com freqüência, esses métodos são combinados para realçar a qualidade dos dados de forma eficaz no custo, provavelmente quando o projeto de pesquisa tiver escopo bem definido.

Exemplo

COISAS BOAS VÊM EM PACOTES PEQUENOS – E EM DISQUETES

A Compaq Computer Corporation estava analisando as opções de levantamento de campo para identificar o melhor método de conduzir a pesquisa do produto. A complexidade das perguntas eliminou a entrevista por telefone como opção. As entrevistas pessoais teriam sido ideais, mas os custos eram proibitivos. Os índices de resposta historicamente baixos, associados com os levantamentos de campo pelo correio, também geraram preocupações sobre aquela técnica. A Compaq sabia que poderia aumentar os índices de resposta mediante incentivos, mas a tendenciosidade da resposta associada à técnica, assim como o custo, eram uma preocupação. Como a amostra era composta inteiramente de usuários de computador, eles adotaram a opção inovadora de entrevistas por computador pelo correio e enviaram o questionário em disquete. A opção eletrônica não foi utilizada porque os endereços eletrônicos não eram conhecidos e acreditava-se que o acesso dos entrevistados à Internet seria limitado.

Utilizando um sistema de entrevista por computador, os pesquisadores converteram o levantamento de campo em uma série de perguntas relacionadas a vários cenários de produtos, os quais retratavam diversos benefícios dos produtos. Eles enviaram o questionário pelo correio, em disquete, ao grupo de entrevistados. Os pesquisadores consideraram que esse conceito único de enviar um questionário em disquete motivaria esse grupo-alvo, eliminando a necessidade de incentivos monetários custosos. Em vez disso, um porta-disquete de plástico serviu como incentivo barato.

Para agradável surpresa dos pesquisadores, o índice de resposta excedeu 55%, mais alto que qualquer levantamento de campo por correio já conduzido pela Compaq. A Compaq obteve as informações relevantes a um custo baixo e foi capaz de desenhar um produto novo e bem-sucedido.[5]

Melhorando os índices de resposta de levantamento de campo

Independentemente do método de pesquisa utilizado, o pesquisador deve tentar melhorar os índices de resposta. Isso pode ser feito mediante notificação anterior, incentivos, acompanhamento e implementação de outros facilitadores de resposta (Figura 7.5).

NOTIFICAÇÃO ANTERIOR A notificação anterior consiste no envio de uma carta ou um correio eletrônico, ou uma chamada telefônica para o entrevistado em potencial, notificando-o do levantamento de campo expedido pelo correio, por telefone, por contato pessoal ou por meio eletrônico. A notificação anterior aumenta os índices de resposta para amostras do público geral, porque reduz a surpresa e a incerteza, e cria um ambiente mais cooperativo.

INCENTIVOS A oferta de incentivos monetários, assim como não-monetários, para o entrevistado em potencial pode aumentar os índices de resposta. Incentivos monetários podem ser pré-pagos ou prometidos. O **incentivo pré-pago** é incluído com o levantamento de campo ou o questionário. O **incentivo prometido** é enviado somente para os entrevistados que completam o levantamento de campo. Os incentivos não-monetários mais comumente usados são prêmios e recompensas como canetas, lápis, livros e ofertas de resultados do levantamento de campo.

Figura 7.5 Melhorando os índices de resposta

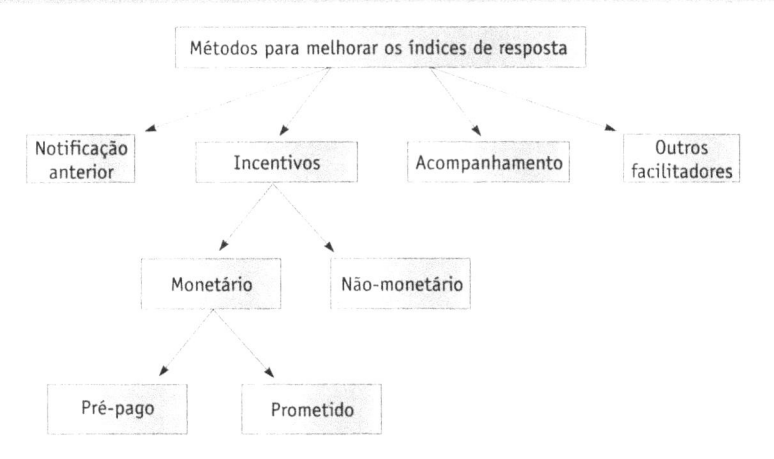

```
              Métodos para melhorar os índices de resposta
         ┌──────────────┬──────────────┬──────────────┐
    Notificação      Incentivos    Acompanhamento   Outros
     anterior                                      facilitadores
                   ┌─────┴─────┐
                Monetário   Não-monetário
                ┌────┴────┐
             Pré-pago  Prometido
```

Incentivos pré-pagos já demonstraram aumentar os índices de resposta mais freqüentemente que os incentivos prometidos. A quantidade de incentivo tem um relacionamento positivo com o índice de resposta, mas o custo de grandes incentivos monetários pode ser maior que o valor das informações adicionais obtidas.

ACOMPANHAMENTO O acompanhamento, ou o contato dos não-entrevistados periódicos após o contato inicial, é especialmente eficaz para reduzir a recusa nos levantamentos pelo correio. O pesquisador pode enviar um cartão-postal ou uma carta para sugerir aos não-entrevistados periódicos que completem e devolvam o questionário. São necessárias duas ou três postagens além da original. Com um acompanhamento apropriado, o índice de resposta em levantamentos de campo pelo correio pode ser aumentado em 80% ou mais. O acompanhamento também pode ser feito por telefone, por correio eletrônico ou mediante contato pessoal.

OUTROS FACILITADORES DE RESPOSTA A personalização, ou o envio de cartas a indivíduos específicos, é eficaz para aumentar os índices de resposta. O exemplo a seguir descreve o procedimento que a revista *Bicycling* utiliza para aumentar seu índice de resposta.

Exemplo

O PROCEDIMENTO DA REVISTA *BICYCLING* PARA AUMENTAR O ÍNDICE DE RESPOSTA DO LEVANTAMENTO DE CAMPO PELO CORREIO

A revista *Bicycling* conduz o levantamento de campo semestral de comerciantes individuais de bicicletas em todos os Estados Unidos. O procedimento a seguir é usado para aumentar a resposta para o levantamento de campo:

1. Uma carta de 'aviso' é enviada para avisar o entrevistado que um questionário está chegando.
2. Um pacote com o questionário é enviado cinco dias após a carta de aviso. O pacote contém uma carta de apresentação, um questionário de cinco páginas, uma nota nova de 1 dólar e um envelope com postagem paga para devolver o questionário.
3. Um segundo pacote, contendo um lembrete, um questionário e um envelope com postagem paga, é enviado cinco dias após o primeiro pacote.
4. Um cartão-postal de acompanhamento é enviado uma semana após o segundo pacote.
5. Um segundo cartão-postal de acompanhamento é enviado uma semana após o primeiro.

Em um levantamento de campo recente, 1.000 questionários foram enviados para comerciantes de bicicletas e 68% desses foram devolvidos após o acompanhamento. Isso representa um bom índice de resposta para um levantamento de campo pelo correio.

MÉTODOS DE OBSERVAÇÃO

Os métodos de observação são o segundo tipo de metodologia usada em pesquisas descritivas. A **observação** envolve o registro de padrões de comportamento de pessoas, assim como dados sobre objetos e eventos de forma sistemática, para obter informações sobre o fenômeno de interesse. O observador não interroga nem se comunica com as pessoas que estão sendo observadas. As informações podem ser registradas à medida que os eventos ocorrem ou a partir de registros de eventos passados. Os principais métodos são a observação pessoal e a observação mecânica.

Observação pessoal

Na **observação pessoal**, um observador treinado registra o comportamento exatamente quando ele ocorre. O observador não tenta controlar nem manipular o fenômeno que está sendo observado, mas simplesmente registra o que ocorre. Por exemplo, um pesquisador pode registrar a contagem de tráfego e observar os fluxos de tráfego em uma loja de departamentos. Essas informações poderiam ajudar a planejar o layout da loja e a determinar a localização de departamentos, prateleiras e mostruários de mercadorias.

A principal vantagem da observação pessoal é que se trata de um método extremamente flexível, uma vez que o observador pode registrar uma ampla variedade de fenômenos (Tabela 7.4). Ela também é muito adequada para ser utilizada em ambientes naturais. Por exemplo, o gerente de vendas da General Motors pode observar as atitudes de comerciantes quanto a uma nova política de inventário em uma das reuniões regulares de vendas.

A principal desvantagem é que o método não é estruturado, uma vez que geralmente não é usada uma forma de observação para registrar o comportamento enquanto ele ocorre. Em vez disso, o observador registrará o fenômeno após completar a observação em um formato livre e não-estruturado. Isso leva a um alto índice de tendenciosidade do observador. Além disso, os dados e sua interpretação são extremamente subjetivos, acarretando um alto grau de tendenciosidade na análise.

Exemplo

UM SELO DE APROVAÇÃO PARA O CORREIO: "NÓS ENTREGAMOS"

Pesquisadores da Young & Rubicam utilizaram a observação pessoal para desenvolver uma campanha bem-sucedida de marketing para o sistema de correio dos Estados Unidos. Esse método foi usado porque os pesquisadores acharam que precisavam superar o estigma do correio dos Estados Unidos, que historicamente era percebido como uma organização do governo negligente com o público. Os pesquisadores seguiram os carteiros ao longo de suas rotas por dias para observar o sentimento do consumidor quanto ao correio. Embora a organização fosse malvista, a pesquisa mostrou que as pessoas se relacionavam de forma muito positiva com seus carteiros, já que os conhecem pessoalmente e entram em contato direto com eles diariamente. Margaret Mark, a diretora de análise do consumidor, disse: "Aquele cara era um amigo deles, um membro da comunidade".

A Young & Rubicam usou estas informações para elaborar sua bem-sucedida campanha chamada "Nós entregamos". A campanha apresentava o correio dos Estados Unidos como um conglomerado de membros individuais da comunidade que trabalham para o correio e que coletivamente servem à comunidade. Essa campanha resultou em uma melhoria marcante na atitude das pessoas quanto ao correio dos Estados Unidos.[6]

Tabela 7.4	Vantagens relativas de métodos de observação	
MÉTODOS	**VANTAGENS**	**DESVANTAGENS**
Observação pessoal	Mais flexível Extremamente adequada em ambientes naturais	Alto grau de tendenciosidade na observação Alto grau de tendenciosidade na análise
Observação mecânica	Baixo grau de tendenciosidade na observação Baixo a médio grau de tendenciosidade na análise	Pode ser intrusiva Nem sempre adequada em ambientes naturais

Observação mecânica

Como era de esperar, a **observação mecânica** envolve o uso de dispositivos mecânicos para registrar o comportamento. Esses dispositivos podem ou não necessitar da participação direta do entrevistado. Eles são especialmente úteis para o registro de comportamento contínuo, como o fluxo de clientela em um supermercado. O peoplemeter da AC Nielsen (Capítulo 5) é um exemplo de dispositivos de observação indiretos em uso hoje em dia. O entrevistado não precisa mudar nem um pouco seu comportamento para ser envolvido nesse tipo de estudo de observação. O peoplemeter é afixado à TV para registrar continuamente não apenas os canais nos quais o aparelho está sintonizado, mas também quem está assistindo.

Outros exemplos comuns de observação mecânica indireta incluem catracas que registram o número de pessoas que entram ou saem de um prédio e contadores de tráfego colocados em ruas para indicar o número de veículos que passam por certos locais. Câmeras (de fotos, filmes ou vídeos) vêm sendo cada vez mais usadas por varejistas para avaliar o impacto de desenhos de embalagens, de espaço na gôndola, de mostruários no piso e de padrões de fluxo de tráfego. O código de barras teve forte impacto sobre a observação mecânica. Para aqueles varejistas equipados com scanners ópticos, o sistema de código de barras permite a coleta automática de informações de compras do consumidor, classificando-as por categoria de produto, marca, tipo de loja, preço e quantidade (Capítulo 5).

Quando o assunto é a elaboração de novos produtos, algumas empresas espertas, como a Compaq, a Motorola e a Steelcase, estão observando seus clientes em vez de apenas escutar o que dizem. A pesquisa tradicional, que depende exclusivamente de perguntas, pode produzir produtos sem força. A New Coke foi muito bem nos testes de mercado, porém foi um enorme fracasso. As pessoas queriam hambúrgueres de baixa caloria, mas não compravam o McLean da McDonald's. Eis por que é importante combinar as perguntas com métodos de observação e por que a observação mecânica está ganhando terreno.

Exemplo

STEELCASE E O CASO A FAVOR DA OBSERVAÇÃO MECÂNICA

A Steelcase, um grande fabricante nacional de móveis, utilizou a observação mecânica quando projetou uma linha de móveis para equipes de trabalho. Ela instalou câmeras de vídeo ocultas em várias empresas para observar o que realmente acontece durante um dia de trabalho, buscando informações sobre o comportamento e a rotina que talvez as pessoas nem soubessem que exibiam.

A empresa descobriu que as equipes funcionam melhor quando os membros podem trabalhar coletivamente parte do tempo e independentemente em outra parte. Os resultados desse estudo levaram ao lançamento muito bem-sucedido de móveis modulares para escritório chamados Personal Harbor (Refúgio Pessoal). Esses móveis podem ser rápida e facilmente montados ou remontados para permitir que os colegas de escritório trabalhem em uma grande área comum ou em espaços individuais de trabalho.[7]

Embora esse estudo não tenha exigido envolvimento direto dos participantes, muitos dispositivos mecânicos de observação necessitam dele. Respostas físicas a cenas, sons, cheiros ou qualquer estímulo sensorial são uma área importante da pesquisa por observação. Propagandas ou outras mudanças promocionais como liquidações especiais podem evocar uma resposta física nos consumidores que não é possível observar meramente olhando para eles. Equipamentos especializados projetados para monitorar as taxas de batimento cardíaco e da respiração, da temperatura da pele e outras mudanças fisiológicas são usados nessas situações. Como essas medidas custam mais do que relatórios verbais da reação do entrevistado, elas são utilizadas somente quando se presume que o entrevistado não pode responder, ou não responderá precisamente, ao questionamento. Todos os dispositivos de medição fisiológica operam na suposição de que as respostas cognitivas e emocionais aos estímulos evocam diferenças previsíveis na resposta física. No entanto, essa suposição ainda não foi claramente demonstrada.

A principal vantagem da observação mecânica é o baixo grau de tendenciosidade por observação, uma vez que o comportamento é registrado mecanicamente, e não por um observador. Da mesma forma, os dados são analisados de acordo com normas e diretrizes pré-especificadas, resultando em um grau de tendenciosidade de análise que vai de baixo a médio. As principais desvantagens são que alguns desses métodos podem ser intrusivos ou caros e não apropriados em ambientes naturais como o mercado.

UMA COMPARAÇÃO DOS MÉTODOS DE LEVANTAMENTO DE CAMPO E POR OBSERVAÇÃO

Com exceção de dados de scanner, a pesquisa de marketing raramente é conduzida apenas com métodos por observação. Todavia, existem algumas vantagens únicas para a coleta de dados dessa forma. Quando combinada com técnicas de levantamento de campo, a observação pode obter excelentes resultados.

Vantagens relativas da observação

Há muitas vantagens no uso de métodos por observação para a coleta de dados. Primeiramente, eles não precisam da participação consciente do entrevistado, o que minimiza os erros de não-resposta. Embora existam questões éticas relativas à prática de observação sem consentimento, mesmo a participação consciente necessita de menos esforço do entrevistado do que o exigido em outras técnicas de pesquisa.

A tendenciosidade do entrevistador, que resulta da interação com o entrevistado ou da interpretação subjetiva do questionário, é minimizada porque o observador precisa apenas registrar o que está ocorrendo. Além disso, os erros inerentes ao comportamento auto-relatado são eliminados, já que o observador registra somente o comportamento real, sem fazer pergunta alguma ao entrevistado.

Dados relativos a preferências por produtos ou reações aos materiais de marketing de crianças ou animais domésticos podem ser mais bem coletados com o uso de técnicas de observação. A observação também é útil em situações que investigam padrões inconscientes de comportamento ou comportamentos que os indivíduos podem estar indispostos a discutir honestamente.

Técnicas de observação são mais bem aplicadas a fenômenos que ocorrem freqüentemente ou que têm curta duração. Nesses tipos de aplicação, os métodos de observação podem custar menos e ser mais rápidos que os métodos de levantamento de campo.

Desvantagens relativas da observação

Dados de observação proporcionam percepção sobre qual comportamento está ocorrendo, mas não por quê. Atitudes, motivações e valores são todos perdidos com o método por observação. Além disso, comportamentos altamente pessoais relacionados com higiene pessoal ou interações íntimas de família não estão disponíveis para observação.

Os indivíduos têm a tendência de apenas observar o que querem, e isso pode fazer com que um observador deixe passar despercebidos aspectos importantes de comportamento. Essa diferença de percepção entre observadores ameaça a integridade da abordagem.

Finalmente, as técnicas de observação podem ser adotadas apenas para comportamentos freqüentes de curta duração. Comportamentos que não ocorrem freqüentemente, ou que transpõem longos períodos de tempo, são muito caros para serem registrados por essa técnica.

Em resumo, a observação tem o potencial de proporcionar informações valiosas quando usada corretamente. De um ponto de vista prático, é melhor ver a observação como complemento aos métodos de levantamento de campo em vez de concorrente para os mesmos.

*E*xemplo

SACOS COM FECHO DA HEFTY: A SATISFAÇÃO DO CLIENTE ESTÁ NO SACO

A observação mecânica juntamente com a entrevista de abordagem em shoppings proporcionaram informações valiosas sobre as necessidades dos consumidores com relação a sacos plásticos de armazenamento de comida. Os compradores abordados nos shoppings foram levados a uma instalação de observação nos mesmos. Foi solicitado que usassem sacos de armazenamento de comida, sendo seu comportamento registrado por câmeras de vídeo. Depois foi administrado um levantamento de campo em uma sala adjacente. Essa metodologia proporcionou resultados valiosos quanto às necessidades dos consumidores, como o desejo por sacos que podem ser facilmente fechados e de forma mais segura.

Esse resultado impulsionou o desenvolvimento dos sacos para freezer e para armazenamento de comidas OneZip, da Hefty. Com uma aparência mais parecida com um zíper de verdade do que os fechos na maioria dos sacos com zíper, o OneZip Slider prometeu eliminar as tarefas cansativas de alinhar, beliscar e checar duas vezes, que são necessárias para fechar sacos convencionais com zíperes.

No primeiro trimestre de 1995, a Hefty OneZip tinha em média uma participação em dólares de 21% nos segmentos de armazenamento e de freezer do mercado de sacos com zíperes, em que estavam disponíveis. Com o reconhecimento do nome Hefty, uma distribuição mais ampla e uma campanha agressiva de propaganda e de amostras, a popularidade da OneZip cresceu até atingir os meses de pico para esse tipo de saco, o verão.

O produto se tornou o saco vice-líder nos Estados Unidos em junho de 1995, e desde então tem mantido essa posição. Centenas de cumprimentos de clientes agradecendo à empresa por fazer sua vida "um pouco mais fácil" fizeram com que a Hefty se sentisse tranqüila com relação à satisfação do cliente.[8]

PESQUISA DE MARKETING E TQM

O Prêmio Malcolm Baldrige de qualidade tem uma seção para classificar empresas por foco e por satisfação do cliente. Essa seção tem mais peso do que qualquer outra categoria, representando 30% do total de pontos. É pela pesquisa descritiva que uma empresa pode determinar até que ponto suas ofertas de produtos estão satisfazendo as necessidades dos clientes. Companhias enfocadas na melhoria da qualidade utilizam muitos métodos tradicionais de levantamento de campo e por observação para coletar dados, assim como algumas maneiras inovadoras de definir o cliente e suas necessidades.

A Great Plains Software conduz levantamento de campo por telefone com empresas que compram seus pacotes de software para contabilidade. Para aumentar os índices de resposta (e para garantir que todos os produtos estejam registrados), o programa contábil tem um código que bloqueia o uso após serem feitas 50 transações. Para o software poder voltar a funcionar, o cliente precisa chamar a Great Plains para obter uma 'chave'. Quando ele chama, a Great Plains faz 20 perguntas de pesquisa de marketing e algumas sobre a empresa, incluindo a localização, o tamanho e a indústria. A Great Plains tem usado essas informações para criar um banco de dados de perfis de empresas que a ajuda a determinar melhor as necessidades de seus clientes.

TECNOLOGIA E PESQUISA DE MARKETING

Novas tecnologias de informação continuarão a revolucionar a maneira como os dados primários e secundários são coletados. Nos capítulos anteriores, falamos sobre o papel dos bancos de dados automatizados na pesquisa secundária. A coleta e a análise de dados primários também estão mudando em decorrência dos avanços na tecnologia da informação. O pesquisador pode utilizar um computador para discar automaticamente os números de telefone de fax dos entrevistados em potencial e enviar o levantamento de campo eletronicamente. Um novo software permite que o fax leia e armazene o texto e os dados que estejam entrando pelo uso de uma tecnologia de 'reconhecimento óptico de caracteres'. Isso faz com que seja possível conduzir e tabular o levantamento de campo em um computador. Essa tecnologia poderia substituir o levantamento de campo tradicional por correio, especialmente na pesquisa de clientes de negócios, uma vez que pode coletar os mesmos tipos de informação com velocidade muito maior. Num futuro próximo, os trabalhadores de campo juntarão informações em vários locais com a ajuda de notebooks. Esses computadores terão modems embutidos e sem fio que permitirão a transmissão de dados virtualmente de e para qualquer lugar do mundo. Outra inovação tecnológica é o uso de quiosques interativos para coletar dados em locações centrais conduzidas em shoppings e feiras.

Agora pesquisadores de marketing têm acesso a uma nova forma de dados de levantamento de campo: a tecnologia de telefones interativos. Esses sistemas são chamados de levantamentos de campo por telefone totalmente automatizados (ETTAs) e evitam a necessidade de haver um entrevistador humano. O sistema ETTAs usa tecnologia interativa de resposta à voz para conduzir entrevistas. A voz gravada de um entrevistador profissional faz a pergunta. O indivíduo simplesmente tecla no botão para registrar a resposta do entrevistado. Para os levantamentos de campo que necessitam de respostas mais detalhadas de consumidores, as respostas individuais podem ser gravadas e transcritas depois. Isso pode ser muito benéfico porque os gerentes não apenas captam o que os clientes disseram, mas também ouvem como disseram.

Os sistemas ETTAs podem ter formato de dentro para fora ou vice-versa. Com o formato de dentro para fora, um computador disca de uma amostra de números de telefone, a voz interativa faz as perguntas, e as respostas são automaticamente gravadas. Esse método não é muito bem-sucedido porque é muito fácil para o entrevistado desligar o telefone, mesmo antes de o entrevistador ter a chance de dizer alô. O formato de fora para dentro tem melhores resultados porque o consumidor inicia a chamada, portanto a probabilidade de haver uma chamada completada é muito maior. Geralmente, algum incentivo adicional é incluído para induzir o indivíduo a participar. Códigos de identificação podem servir para limitar chamadas múltiplas (na tentativa de abocanhar os incentivos). Esses códigos também podem ajudar a determinar as características do indivíduo que faz a chamada (se o cartão/carta de incentivo for enviado pelo correio, o código pode ser usado como uma etiqueta para a localização da pessoa, seu sexo, sua renda e assim por diante), o que auxilia na análise dos dados.[9]

Todas essas inovações, assim como os futuros avanços na tecnologia da informação, continuarão a melhorar a maneira como os pesquisadores coletam os dados.

ÉTICA NA PESQUISA DE MARKETING

Muitas vezes levantamentos de campo são usados como disfarce para um esforço-alvo de vendas. O propósito real não é obter informações para levantar um problema de pesquisa de marketing, mas para vender algum produto. Esta prática – chamada de 'sugar' – é antiética. Outra prática antiética envolve angariar fundos sob a falsa aparência de pesquisa. Para ilustrar, você recebe uma chamada de uma empresa que diz que está conduzindo uma pesquisa sobre atitudes do consumidor. Após fazer algumas perguntas de diagnóstico, a empresa tenta vender-lhe um de seus produtos ou pede uma doação.

O anonimato dos entrevistados, discutido no contexto de pesquisa qualitativa no Capítulo 6, é uma questão importante tanto na pesquisa de levantamento de campo quanto naquela por observação. Os pesquisadores têm a obrigação ética de não revelar a identidade dos entrevistados a qualquer pessoa fora da organização da pesquisa, incluindo o cliente. Somente quando os pesquisadores notificam os entrevistados de antemão e obtêm seu consentimento antes de administrar o levantamento de campo é que pode ser feita uma exceção, e a identidade dos entrevistados pode ser revelada ao cliente. Mesmo em tais casos, antes de revelar informações sobre a identificação, o pesquisador deve obter a garantia do cliente de que a confiança dos entrevistados será mantida e sua identidade não será utilizada para um esforço de vendas nem para alguma outra forma imprópria. Lapsos éticos a esse respeito dos pesquisadores e dos profissionais de marketing inescrupulosos resultaram em um recuo sério para a pesquisa de marketing.

O pesquisador tem a responsabilidade de usar um método apropriado de levantamento de campo de forma ética e legal.

Muitas vezes, os pesquisadores observam o comportamento das pessoas sem seu consentimento, argumentando que informar os entrevistados poderá alterar seu comportamento. No entanto, isso pode ser considerado uma invasão de privacidade dos entrevistados. Uma diretriz proposta para resolver esse problema é que a observação de pesquisas deve ser conduzida somente em locais onde as pessoas esperariam ser observadas pelo público. Locais públicos como shoppings ou corredores de supermercados, onde as pessoas observam outras pessoas rotineiramente, são válidos. Todavia, avisos declarando que essas áreas estão sob observação para propósitos de pesquisas de marketing devem ser afixados nos locais. E, após observar o comportamento, o pesquisador ainda precisa obter a permissão necessária dos entrevistados.[10]

APLICAÇÕES NA INTERNET

O uso de levantamentos de campo via Internet foi discutido em todo o capítulo. Esses levantamentos estão ganhando popularidade. Uma das razões é que o custo, na maioria dos casos, é menor que o de levantamentos de campo por telefone e correio ou entrevistas pessoais. Além disso, o levantamento de campo via Internet não é tão inconveniente quanto uma chamada telefônica no meio do jantar. O levantamento de campo on-line pode ser completado na hora e no local em que a pessoa desejar. Rapidez de resposta é outra vantagem citada pelos que fazem levantamento de campo on-line. Uma terceira vantagem da pesquisa de mercado na Internet é a habilidade de direcioná-la a públicos específicos.

No entanto, os levantamentos de campo eletrônicos têm suas limitações. Usuários da Internet ou do correio eletrônico não são representativos da população em geral. É difícil verificar quem está realmente respondendo ao levantamento de campo. Outras áreas de preocupação são a segurança e a privacidade. A empresa de pesquisa pode receber mensagens que expressam raiva ou ira de pessoas que consideram receber um levantamento de campo on-line uma invasão de sua privacidade.

O exemplo a seguir mostra como a CompuServe conduziu o levantamento de campo via Internet no Reino Unido para descobrir o que os profissionais de negócios buscavam em um serviço de Internet.

*E*xemplo

LEVANTAMENTOS DE CAMPO VIA INTERNET AJUDAM A COMPUSERVE A SERVIR O MERCADO NO REINO UNIDO

Antes de lançar seu serviço de Internet no Reino Unido, a CompuServe (*www.compuserve.com*) fez uma parceria com a Nua (*www.nua.ie*) para ajudar a pesquisar e desenvolver sua estratégia interativa. A Nua é uma empresa de pesquisa e consultoria na Internet com base na Irlanda.

O primeiro passo nesse projeto envolveu uma análise de dados secundários para desenvolver uma base extensiva de conhecimento sobre o uso da Internet no Reino Unido. Esse passo foi seguido por um levantamento de campo na Internet. O principal objetivo do levantamento de campo foi ajudar a CompuServe a pesquisar o grupo-alvo – profissionais de negócios – e determinar quais as características que eles desejavam em um serviço da Internet. Os entrevistados de negócios foram recrutados via correio, telefone e anúncios de banners na Internet e dirigidos até o levantamento de campo postado em um site protegido com senha. O levantamento de campo na Internet revelou que funções básicas relacionadas ao serviço, como nenhum desligamento sem aviso, conexões de alta velocidade, resposta rápida a perguntas e proteção antivírus, eram consideradas requisitos fundamentais.

Com base nesses resultados, a CompuServe foi capaz de desenvolver o nível apropriado de serviço para construir uma forte presença no novo mercado. Logo após o lançamento de seus serviços, a empresa se tornou o servidor líder no Reino Unido. Desde então, a CompuServe continua a utilizar os levantamentos de campo na Internet para se manter a par das necessidades do mercado.

A Internet pode ser uma fonte muito boa para observação e proporcionar informações valiosas. Podem ser feitas observações do número de vezes em que uma página é visitada e do tempo passado naquela página. A análise dos links de onde o site da empresa está sendo abordado por indivíduos fornecerá informações importantes sobre os interesses dos consumidores. Suponha que um indivíduo visite um site de serviços financeiros, *www.fidelity.com*, por exemplo, antes de visitar um site de uma companhia de seguros. Obviamente, esse indivíduo está interessado em serviços financeiros além de seguros. E mais, o pesquisador pode fornecer vários outros links na página da Internet e observar quais são acessados com mais freqüência.

Resumo

Os levantamentos de campo e por observação são os dois principais métodos para conduzir uma pesquisa quantitativa e descritiva. Os levantamentos de campo envolvem entrevistas diretas com os entrevistados, ao passo que, na observação, o comportamento do entrevistado é simplesmente registrado.

Os levantamentos de campo envolvem a administração de um questionário e podem ser classificados, com base no método ou no modo de administração, como entrevistas tradicionais por telefone, entrevistas por telefone com auxílio de computadores (ETACs), entrevistas pessoais domiciliares, entrevistas por abordagem em shoppings, entrevistas pessoais com auxílio de computadores (EPACs), levantamentos de campo pelo correio, painéis de correio e levantamentos de campo eletrônicos aplicados pelo correio eletrônico ou pela Internet. Desses métodos, as entrevistas tradicionais por telefone e as ETACs são os mais conhecidos. No entanto, cada método tem algumas vantagens e desvantagens gerais. Embora esses métodos de coleta de dados sejam normalmente vistos como distintos e competitivos, eles não devem ser considerados mutuamente excludentes. É possível empregá-los juntos de forma produtiva.

Os principais métodos por observação são a observação pessoal e a observação mecânica. Em comparação ao levantamento de campo, as vantagens relativas dos métodos por observação são: (1) permitem a medida do comportamento real; (2) não há tendenciosidade de relato; e (3) há menos potencial por tendenciosidade do entrevistador. Além disso, a melhor, se não a única, forma de obter certos tipos de dados é com a observação. As desvantagens relativas da observação são: (1) muito pouco pode ser inferido sobre motivos, crenças, atitudes e preferências; (2) há potencial para tendenciosidade do observador; (3) a maioria dos métodos consome muito tempo e é cara; (4) é difícil observar algumas formas de comportamento; (5) e há o potencial por comportamento antiético. Com a exceção de dados do scanner, a observação raramente é usada como único método de obter dados primários, mas ela pode ser utilmente empregada em combinação com métodos de levantamento de campo.

Dados sobre foco e satisfação do consumidor, necessários para melhorias na qualidade e para o Prêmio Baldrige, podem ser obtidos da melhor forma mediante o uso de métodos de levantamento de campo e por observação. Novas tecnologias, como o fax computadorizado e os levantamentos de campo por telefone totalmente automatizados (ETTAs), estão revolucionando a administração de levantamentos de campo. O uso impróprio de levantamento de campo como disfarce para vender, a falha de manter o anonimato dos entrevistados e a observação do comportamento sem conhecimento ou consentimento do entrevistado são importantes questões éticas na implementação dos métodos de levantamento de campo e por observação. Finalmente, levantamentos via Internet estão se tornando cada vez mais conhecidos – uma tendência que provavelmente continuará a crescer.

Exercícios

1. Explique brevemente como os tópicos cobertos neste capítulo se encaixam na estrutura do processo de pesquisa de marketing.
2. Nomeie os quatro modos principais de obter informações via levantamentos de campo.
3. Quais são os fatores relevantes para avaliar o método de levantamento de campo mais apropriado para um projeto de pesquisa específico?
4. Qual seria o método de pesquisa mais apropriado em que o controle da força no campo e o custo são fatores críticos?
5. Nomeie os tipos de observação mecânica e explique como eles funcionam.
6. Quais são as vantagens e as desvantagens relativas da observação?

Problemas

1. Descreva um problema de pesquisa de marketing em que ambos os métodos – levantamento de campo e observação – poderiam ser usados para obter as informações necessárias.
2. O serviço de refeições do campus gostaria de determinar quantas pessoas comem no restaurante da faculdade. Liste os meios de se obter essa informação. Qual método é o melhor?

Atividades

DRAMATIZAÇÃO

1. Você trabalha para uma empresa de alta tecnologia e lhe pedem que faça um estudo das respostas das pessoas à sua propaganda. Seu chefe quer saber, especificamente, que propagandas em uma série são especialmente atraentes ou interessantes para os consumidores. Suas recomendações serão usadas para determinar o mix de cópia do produto. Explique como você obterá essa informação. Quais métodos você usará e por quê? Seja específico.
2. Você foi contratado pela livraria do campus para determinar como os estudantes tomam suas decisões ao fazer compras. É para você usar o método de observação pessoal. Disfarce-se como um consumidor e observe o comportamento de outros estudantes na livraria. Escreva um relatório sobre os resultados.

TRABALHO DE CAMPO

1. Visite uma empresa de pesquisa de marketing local envolvida em pesquisa de levantamento de campo. Conheça suas instalações de ETAC. Escreva um relatório descrevendo como essa empresa conduz a ETAC.
2. Contate uma empresa de pesquisa de marketing com instalações de entrevistas de abordagem em shoppings. Marque uma visita nessas instalações quando as entrevistas de abordagem em shoppings estiverem sendo conduzidas. Escreva um relatório sobre sua experiência.

DISCUSSÃO EM GRUPO

1. Em um grupo pequeno, discuta as questões éticas envolvidas na observação disfarçada. Como essas questões podem ser levantadas?
2. Com os avanços da tecnologia, os métodos de observação provavelmente se tornarão mais conhecidos. Discuta, em um grupo pequeno, essa declaração.

Notas

1. Baseado em Jack Neff, "P&G steps up licensing for brands, technology", *Advertising Age*, 71, 30, 17 jul. 2000, p. 16-17; Mercedes Cardona, "P&G ads support oil of olay brand extension", *Advertising Age*, 70, 10, 8 mar. 1999, p. 22; Bill Saporito, "Behind the tumult at P&G", *Fortune*, 7 mar. 1994, p. 74-82, e "1993 Edison Best New Products awards winners", *Marketing News*, 25 abr. 1994, p. E5.
2. Stephanie Thompson, "The O's have it", *Brandweek*, 39, 13, 30 mar. 1998, p. 1, 6; Stephanie Thompson, "A buyer's market: cereal", *Brandweek*, 39, 20, 18 maio 1998, p. U28, e *www.postcereal.com*.
3. Baseado em Stephanie Thompson, "Campbell can latest soup effort", *Advertising Age*, 71, 32, 31 jul. 2000, p. 1-2; "Campbell Soup's stockpot makes appointments to its sales teams", *Nation's Restaurant News*, 33, 5, 1º fev. 1999, p. 48, e "1996 saw record number of new products", *Quirk's Marketing Research Review*, 11, 2, fev. 1997, p. 27-30.
4. Diane K. Bowers, "The new research tool", *Marketing Research: A Magazine of Management & Applications*, 10, 3, outono 1998, p. 34, 38, e "Marketing research: on the threshold of opportunity? A roundtable discussion on the past, present and future of research", *Quirk's Magazine Research*, mar. 1996.
5. Paul Edwards, "Can internet sales save Compaq UK?", *Marketing Week*, 22, 14, 6 maio 1999, p. 25-26; John Lonwell, "Compaq earns crown", *Computer Reseller News*, 17 jun. 1996, p. 17-21, e *Quirk's Marketing Research Review*, abr. 1998, p. 20.
6. Leslie Beyer, "A stamp of approval for the post office", *Credit Card Management*, 12, 1, abr. 1999, p. 121-124, e Rebecca Piirto, "Socks, ties and videotape", *American Demographics*, set. 1991.
7. Lillian Chaney, "Making U.S. teams work", *Super Vision*, 61, 1, jan. 2000, p. 6-8; Anne Marie Moss, "The challenges of the future", *FDM, Furniture, Design & Manufacturing*, 71, 5, abr. 1999, p. 108-115; Anne Marie Moss, "The office of the future", *FDM, Furniture, Design & Manufacturing*, 69, 8, ago. 1997, p. 36-42; e "Ignore your customers", *Fortune*, 1º maio 1995, p. 121-122, 124, 126.
8. Baseado em "1998 Edison Best New Products awards winners", *Marketing News*, 33, 7, 29 mar. 1999, p. E4, E13+, e "1995 Edison Best New Products awards winners", *Marketing News*, 30, 10, 6 maio 1996, p. E4, E11.
9. Gordon A. Wyner, "Collaborative filtering: research or IT?", *Marketing Research: A Magazine of Management & Applications*, 10, 3, outono 1998, p. 35-37; Tim Powell, "Information technology helps reengineer research", *Marketing News*, 28 fev. 1994, p. 11, 14; Peter J. DePaulo e Rick Weitzer, "Interactive phone technology delivers survey data quickly", *Marketing News*, 6 jun. 1994, p. H33-H34.
10. Diane K. Bowers, "Connecting with consumers", *Marketing Research*, 11, 4, inverno 1999/primavera 2000, p. 36-37; Lou E. Pelton, Jhinuk Chowdry e Scott J. Vitell, Jr. "A framework for the examination of relational ethics: an interactionist perspective", *Journal of Business Ethics*, 19, 3, parte 2, abr. 1999, p. 241-253; Betsy Peterson, "Ethics revisited", *Marketing Research: A Magazine of Management & Applications*, 8, 4, inverno 1996, p. 47-48, e Marla Royne Stafford e Thomas F. Stafford, "Participant observation and the pursuit of truth: methodological and ethnical considerations", *Journal of the Market Research Society*, 35, jan. 1993, p. 63-76.

CAPÍTULO 8
Modelo de Pesquisa Causal: Experimentos

Neste capítulo abordamos as seguintes questões:

1. Como o conceito de causalidade é definido na pesquisa de marketing, e como nós diferenciamos entre o significado comum e o significado científico da causalidade?
2. Quais são as condições para a causalidade? Uma relação causal pode ser demonstrada conclusivamente?
3. Como definimos e diferenciamos os dois tipos de validade, a interna e a externa?
4. Quais são os vários tipos de modelos experimentais e quais são as diferenças entre modelos pré-experimentais, verdadeiramente experimentais, quase experimentais e estatísticos?
5. Como podemos comparar e contrastar o uso de experimento em laboratório *versus* experimento de campo e o uso de modelos experimentais *versus* não-experimentais na pesquisa de marketing?
6. O que é teste de mercado e como ele envolve a experimentação?
7. A experimentação tem um papel significativo na gestão da qualidade total?
8. Como a tecnologia facilita a pesquisa causal?
9. Quais as questões éticas envolvidas na condução da pesquisa causal e como a interrogação pode levantar algumas dessas questões?
10. Como a Internet pode ser usada para conduzir a pesquisa causal?

MUZAK: UM REMÉDIO INCOMUM PARA RESFRIADO COMUM

Antes chamada de 'música ambiente', a Muzak agora é conhecida como 'arquitetura de áudio' no mundo dos negócios. A companhia tem fornecido produtos para mais de 300 mil empresas e atualmente gera perto de 200 milhões de dólares em receita. Oferece música, sistema de som, vídeos e mensagens em 200 locais de venda e serviços nos Estados Unidos.

A Muzak agora está entrando no mercado de áudio em supermercados. Em uma época de concorrência elevada, mais publicidade da loja no ponto-de-venda é exatamente do que se necessita. As pesquisas mostram que poucos clientes entram no supermercado com uma marca específica em mente. Os consumidores, em sua maioria, sabem de que itens precisam e escolhem a marca ou o tamanho quando chegam à loja. Assim, a propaganda em áudio, como a fornecida pela Muzak, parece promissora.

Desenvolveu-se uma experiência para testar a eficácia da propaganda da Muzak. Vinte supermercados, escolhidos aleatoriamente, foram divididos em dois grupos, denominados grupo experimental e grupo de controle. A publicidade da Muzak para os produtos selecionados esteve nos supermercados do grupo experimental por dez semanas. Essa publicidade informava os consumidores dos benefícios desses produtos. O preço e outros fatores (como o espaço na gôndola), que afetam a venda desses itens, foram mantidos nas lojas de ambos os grupos. As vendas para os produtos anunciados foram monitoradas para os dois grupos. Os resultados mostraram aumento nas vendas dos itens anunciados, sendo que os produtos para resfriado/alergia/sinusite registraram o aumento mais alto, de 29,8%. Assim, pode ser que haja um mercado em expansão para a Muzak no futuro próximo.[1]

PRODUTO	PORCENTAGEM DE AUMENTO DE VENDA NAS LOJAS EXPERIMENTAIS
Batatas fritas	3,5
Leite condensado	7,1
Chá	13,7
Cereais	12,2
Sucos	14,5
Detergente em pó	27,4
Creme dental	28,9
Antialérgicos/antigripais	29,8

VISÃO GERAL

No Capítulo 3 introduzimos as duas categorias amplas de pesquisa conclusiva: modelos de pesquisa causal e descritiva. Discutimos os modelos descritivos no Capítulo 7. Neste Capítulo 8 concentramos nossa discussão nos modelos de pesquisa causal. A Figura 8.1 explica resumidamente o foco do capítulo, a relação com os capítulos anteriores e as etapas do processo de pesquisa de marketing nas quais este capítulo se concentra. A experimentação é o método primário empregado para coletar dados nos modelos de pesquisa causal.

Discutimos agora a experimentação em detalhes. Explicamos o conceito de validade da pesquisa e o que pode depreciar essa validade. Apresentamos a classificação dos modelos experimentais e consideramos os modelos específicos, juntamente com os méritos relativos das experiências em laboratório *versus* experiências de campo. Consideramos as aplicações no teste de mercado, na gestão da qualidade total (TQM) e no modelo de pesquisa internacional. Por último, discutimos o impacto da tecnologia e das questões éticas

Figura 8.1 Relação da experimentação com os capítulos anteriores e com o processo de pesquisa de marketing

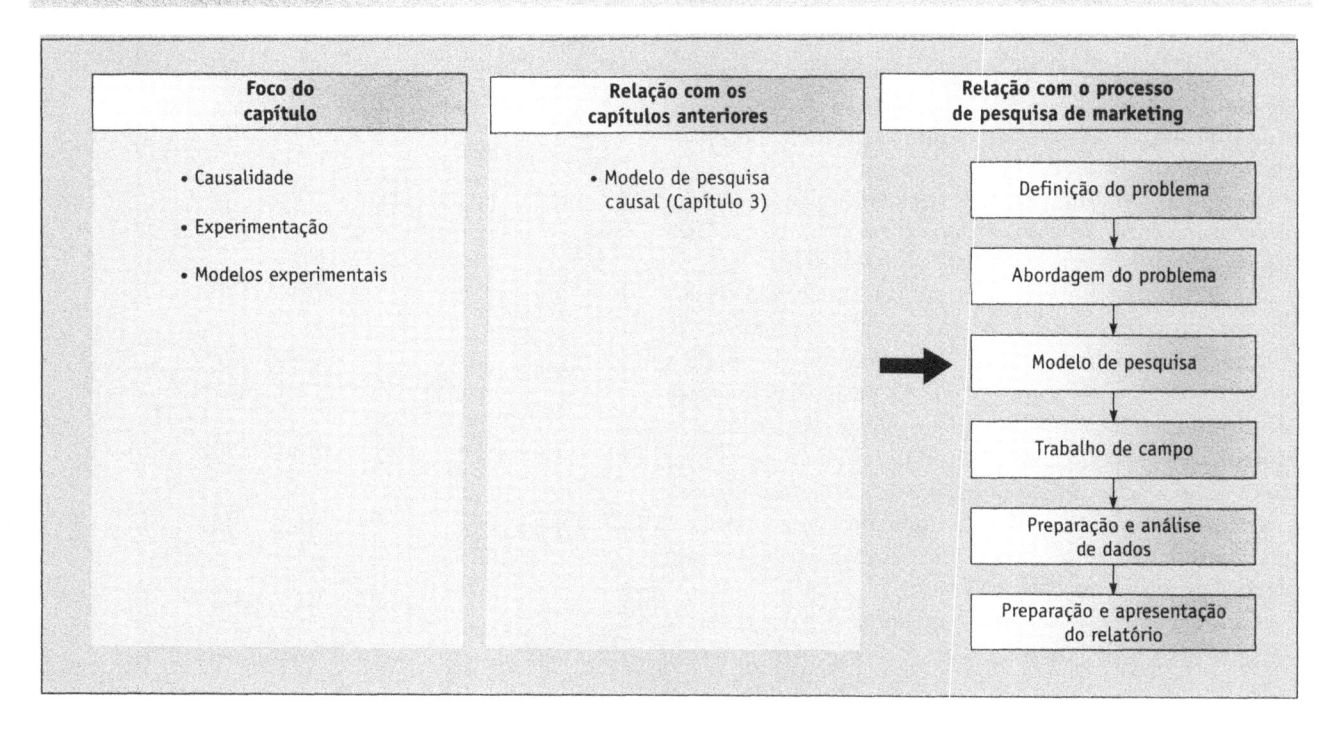

Foco do capítulo
- Causalidade
- Experimentação
- Modelos experimentais

Relação com os capítulos anteriores
- Modelo de pesquisa causal (Capítulo 3)

Relação com o processo de pesquisa de marketing
- Definição do problema
- Abordagem do problema
- → Modelo de pesquisa
- Trabalho de campo
- Preparação e análise de dados
- Preparação e apresentação do relatório

na experimentação, assim como as aplicações na Internet. A Figura 8.2 nos proporciona uma visão geral dos tópicos discutidos neste capítulo e como eles fluem de um para outro.

CONCEITO DE CAUSALIDADE

Uma inferência causal é relativa a uma mudança em uma variável de marketing que produz uma mudança em outra variável. O gerente de marketing geralmente enfrenta decisões nas quais tenta inferir relações causais. Por exemplo, uma redução de 10% no preço de determinada marca resultará em um aumento nas vendas em um nível que pelo menos cubra as receitas perdidas em razão da redução no preço? Ao avaliar essa questão, o gerente de marketing está extraindo a inferência causal de que o preço influencia as vendas desta marca. **Causalidade** significa uma coisa para uma pessoa média na rua e outra bastante diferente para um cientista. Pegue, por exemplo, a declaração "X causa Y".

SIGNIFICADO COMUM	SIGNIFICADO CIENTÍFICO
X é a única causa de Y.	X é apenas uma de um número de causas possíveis de Y.
X deve sempre levar a Y.	A ocorrência de X faz com que a ocorrência de Y seja mais provável.
(X é uma causa determinista de Y.)	(X é uma causa probabilística de Y.)
É possível provar que X seja uma causa de Y.	Você nunca prova que X é uma causa de Y. No máximo, podemos inferir que X seja uma causa de Y.

O significado científico de causalidade é mais apropriado para a pesquisa de marketing porque ele é sensível às limitações que cercam nosso processo de coleta de dados e às inferências causais que podemos legitimamente concluir.

Figura 8.2 Experimentação: visão geral

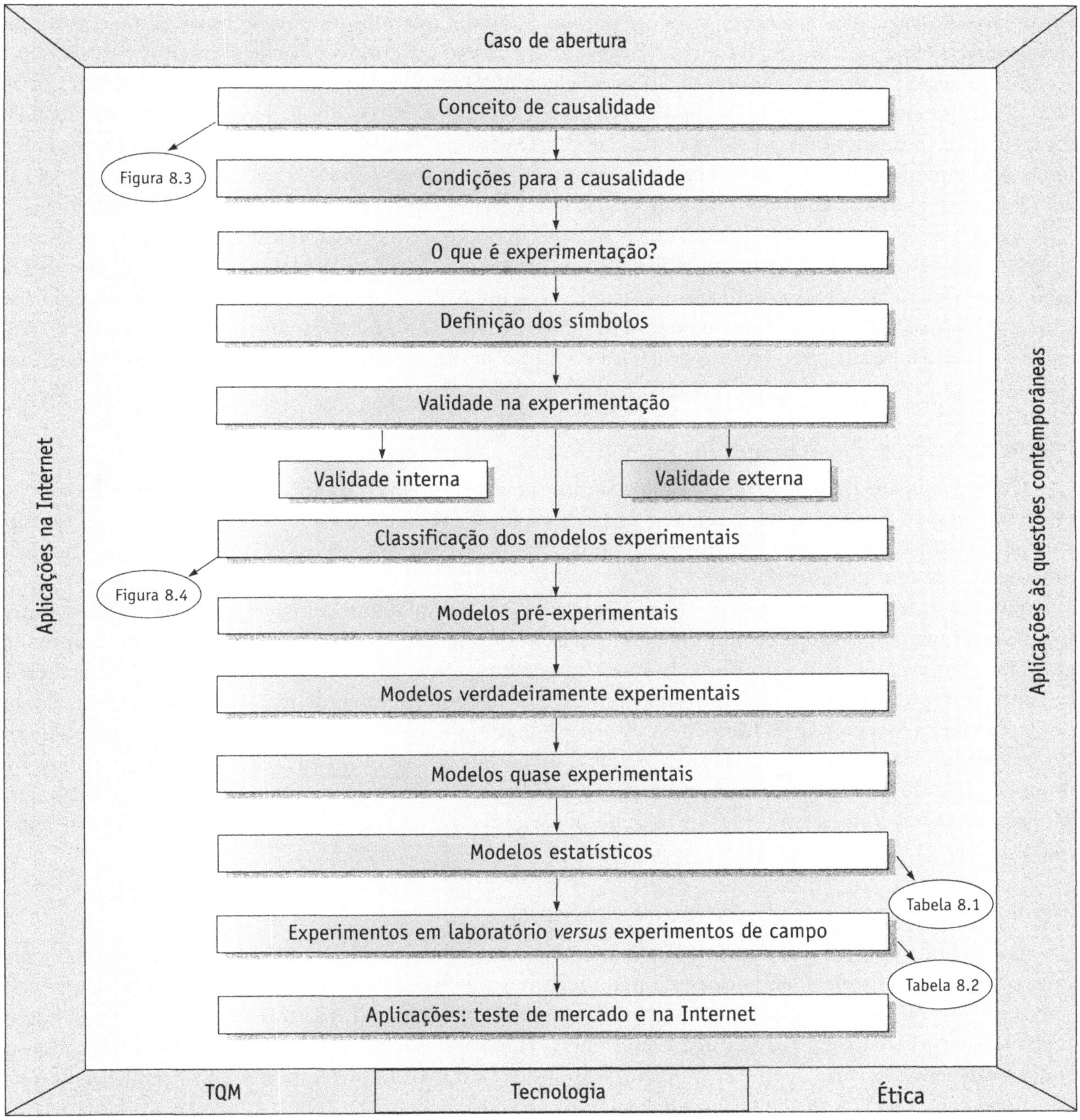

```
Caso de abertura
    Conceito de causalidade
    Condições para a causalidade    [Figura 8.3]
    O que é experimentação?
    Definição dos símbolos
    Validade na experimentação
        Validade interna    Validade externa
    Classificação dos modelos experimentais
    Modelos pré-experimentais    [Figura 8.4]
    Modelos verdadeiramente experimentais
    Modelos quase experimentais
    Modelos estatísticos
    Experimentos em laboratório versus experimentos de campo    [Tabela 8.1]
    Aplicações: teste de mercado e na Internet    [Tabela 8.2]

Aplicações na Internet | Aplicações às questões contemporâneas
TQM | Tecnologia | Ética
```

CONDIÇÕES PARA A CAUSALIDADE

Pelo menos três condições devem ser satisfeitas para justificar a inferência de uma relação causal entre duas variáveis: (1) variação concomitante; (2) ordem de tempo da ocorrência das variáveis; e (3) ausência de outros possíveis fatores causais. Essas condições são necessárias, mas não o suficiente para demonstrar causalidade. Com isso queremos dizer que elas precisam ser satisfeitas para justificar uma inferência causal; entretanto, sua presença não garante que tenhamos isolado as verdadeiras variáveis responsáveis pelos efeitos que estamos observando. Essas condições são explicadas mais detalhadamente nas seções seguintes.

Variação concomitante

A **variação concomitante** ocorre quando a causa presumida (X) e o efeito presumido (Y) estão presentes e ambos variam como nossa hipótese previu. Suponha que um gerente regional de marketing para um restaurante de fast-food queira identificar as causas da variação nas vendas de alimentos em todas as 20 lojas de sua região. Depois de visitar as 20 lojas, ele concluiu que as notas mensais de desempenho da loja (X) – que refletem fatores como média de tempo de espera durante as horas de pico, limpeza e qualidade da comida – têm impacto direto sobre as vendas (Y). Dada essa hipótese, as lojas com notas altas nas medidas de desempenho deveriam estar registrando níveis mais altos de vendas. Essa análise indica que a relação, de fato, se mantém. Ela pode concluir que as notas altas de desempenho "causam" as vendas altas?

A resposta a essa questão é não. Muitos outros fatores podem estar afetando as vendas. Por exemplo, o local da loja, a presença da concorrência e a concentração da área residencial ao redor podem ter um impacto sobre as vendas, embora não sejam incluídos nas notas de desempenho da loja. Esse exemplo ilustra as limitações associadas com a tomada de inferências causais. Não podemos concluir que tenhamos identificado a causa das vendas das lojas de fast-food com essa pesquisa. Tudo o que podemos dizer é que existe uma associação entre as notas de desempenho e as vendas.

Ordem de tempo da ocorrência das variáveis

Outro requisito para determinar uma relação causal refere-se ao momento em que as variáveis ocorrem, isto é, quando ocorre a causa presumida em relação ao efeito presumido. Para que uma variável hipoteticamente cause outra, ela deve preceder ou ocorrer simultaneamente com o efeito. Isso é conhecido como ordem de tempo das variáveis.

Embora a ordem de tempo das variáveis pareça ser um requisito intuitivamente óbvio, nem sempre é fácil determinar a ordem de tempo em uma situação de marketing. Por exemplo, os consumidores que compram com freqüência em uma loja de departamentos provavelmente terão cartão de crédito daquela loja. Também os consumidores que possuem um cartão de débito da loja de departamentos provavelmente comprarão nessa loja com mais freqüência. A ordem de tempo dessas variáveis – posse de um cartão de crédito e compras freqüentes – não é óbvia. A posse do cartão de crédito precedeu a compra freqüente ou a compra freqüente precedeu a posse do cartão de crédito? É necessário um entendimento dos fenômenos básicos associados com as compras em lojas de departamentos para identificar, com precisão, a ordem de tempo.

Ausência de outros possíveis fatores causais

Como podemos ver nos exemplos acima, ambas as condições, ordem de tempo e variação concomitante, podem ser satisfeitas, embora ainda não tenhamos identificado a relação relevante de causa e efeito. A presença de variáveis adicionais ou extrínsecas que causam impacto na variável do efeito (dependente) precisa ser controlada para que se tomem inferências causais. O serviço na loja pode ser uma das causas das vendas se tivermos certeza de que as mudanças em todos os outros fatores que afetam as vendas, como preço, propaganda, nível de distribuição, qualidade do produto, concorrência etc., foram mantidas constantes ou, de outra maneira, controladas. Não considerar outros possíveis fatores causais raramente é uma tarefa fácil. O exemplo seguinte ilustra a dificuldade de estabelecer uma relação causal.

*E*xemplo

COMPRAS NOS PONTOS-DE-VENDA

Dados estatísticos recentes mostram que os consumidores tomam aproximadamente 80% de suas decisões de compra no ponto-de-venda (PDV). As decisões de compras no PDV aumentaram simultaneamente com

> o aumento nos esforços de propaganda das lojas, que incluem propaganda no rádio, nos carrinhos de supermercado, nos corredores, nas sacolas plásticas ou nos sacos de papel, nos anúncios no teto e na exposição sobre as prateleiras. É difícil separar causa e efeito da propaganda no PDV e das compras no PDV. É possível que ambas as variáveis sejam causa e efeito nessa relação. Em outras palavras, há mais propaganda no PDV porque há mais compras no PDV, e há mais compras no PDV porque há mais propaganda no PDV.[2]

Se, como indica o exemplo acima, é difícil estabelecer relações de causa e efeito, qual é o papel da evidência obtida na experimentação?

Papel da evidência

A combinação de evidência da causalidade na forma de variação concomitante, ordem de tempo de ocorrência das variáveis e eliminação de outros possíveis fatores causais não garante a existência de uma relação causal. Entretanto, um acúmulo de evidências consistentes aumenta nossa confiança de que exista uma relação causal. Os experimentos controlados proporcionam fortes evidências sobre as três condições.

O QUE É EXPERIMENTAÇÃO

Experimentação é a técnica de pesquisa usada na pesquisa causal (Figura 8.3). Os experimentos podem ser descritos em termos de variáveis independentes, dependentes e extrínsecas, unidades de teste e atribuição aleatória aos grupos experimentais e de controle. Para conduzir um **experimento**, o pesquisador manipula e controla uma ou mais variáveis independentes e, em seguida, observa os efeitos que essas variáveis manipuladas têm sobre as variáveis dependentes enquanto controlam a influência de variáveis externas ou extrínsecas. Nesta seção definimos esses conceitos.

Variáveis independentes

Variáveis independentes são variáveis ou alternativas manipuladas (isto é, o pesquisador muda os níveis dessas variáveis) cujos efeitos são medidos e comparados. Essas variáveis, também conhecidas como tratamentos, podem incluir os níveis de preço, o design das embalagens e os temas das propagandas.

Unidades de teste

Unidades de teste são indivíduos, organizações ou outras entidades cujas respostas às variáveis independentes ou tratamentos estão sendo examinadas. Incluem consumidores, lojas e áreas geográficas.

Variáveis dependentes

Variáveis dependentes são as que medem o efeito das variáveis independentes nas unidades de teste. Incluem vendas, lucros e participação no mercado.

Variáveis extrínsecas

Variáveis extrínsecas são todas as outras variáveis, além das independentes, que afetam as respostas das unidades de teste. Podem confundir as medidas das variáveis dependentes de maneira a enfraquecer ou invalidar os resultados do experimento. As variáveis extrínsecas incluem o tamanho e a localização da loja e o esforço competitivo.

Atribuição aleatória aos grupos experimentais e de controle

Atribuição aleatória é uma das técnicas mais comuns para controlar o efeito das variáveis extrínsecas sobre a variável dependente. A atribuição aleatória aos grupos experimentais e de controle tenta minimizar

Figura 8.3 Experimentação como pesquisa conclusiva

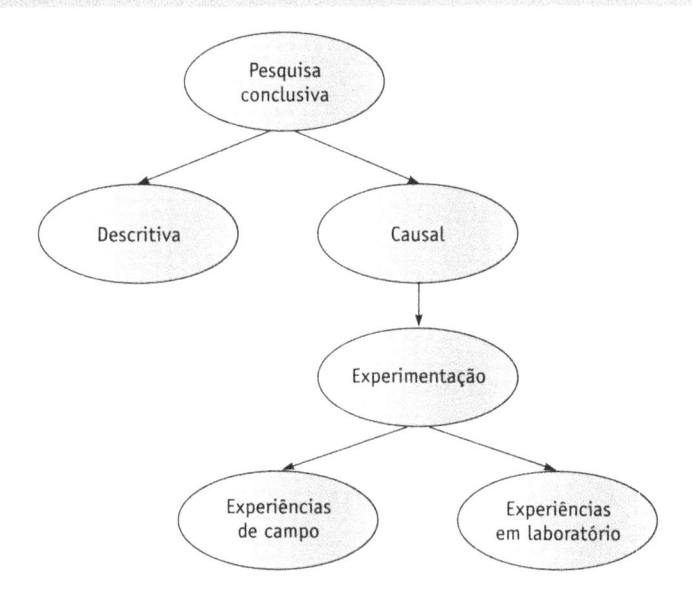

```
           Pesquisa
          conclusiva
           /      \
      Descritiva   Causal
                     |
               Experimentação
                /         \
        Experiências    Experiências
         de campo      em laboratório
```

a influência dos fatores extrínsecos, como idade, renda ou preferência por marca, distribuindo-os igualmente pelos grupos sob estudo.

Quando está sendo conduzido um experimento, pelo menos um grupo será exposto à variável independente manipulada. É chamado de **grupo experimental**. Os resultados desse grupo experimental podem ser comparados a outro grupo experimental em um nível diferente de manipulação, ou a um grupo de controle. O **grupo de controle** não é exposto à manipulação da variável independente. Ele proporciona um ponto de comparação quando se examinam os efeitos dessas manipulações sobre a variável dependente.

Modelo experimental

Um **modelo experimental** é um conjunto de procedimentos que especificam: (1) as unidades de teste e como elas serão divididas em amostras menores; (2) quais variáveis independentes ou tratamentos serão manipulados; (3) quais variáveis dependentes serão medidas; e (4) como as variáveis extrínsecas serão controladas.

Para uma ilustração adicional dessas definições, considere o exemplo seguinte.

*E*xemplo

RESGATANDO CUPONS PELO VALOR NOMINAL

Foi conduzido um experimento para testar o efeito do valor dos cupons no resgate. Realizaram-se entrevistas pessoais em Nova York com 280 pessoas que estavam entrando ou saindo de um supermercado. Utilizaram-se dois níveis da variável independente (valor do cupom), um oferecendo desconto de 15 centavos e o outro de 50 centavos. Os compradores foram atribuídos aleatoriamente a esses dois níveis de valor de cupom.

Presumiu-se que o uso da marca era uma variável extrínseca. Foram utilizadas quatro marcas – lava-roupas Tide, cereal de milho Kellogg's, pasta de dentes Aim e lava-louças Joy. Os entrevistados responderam a questões sobre que marcas eles usaram para que o efeito dessa variável extrínseca pudesse ser controlado durante a análise. Também se perguntou qual a probabilidade de eles resgatarem os cupons monetários no valor nominal da próxima vez que fizessem compras. Uma descoberta interessante foi que os cupons com valor nominal mais alto produziram uma probabilidade maior de resgate entre os compradores não freqüentes ou não compradores da marca promovida, mas tiveram pouco efeito sobre os compradores regulares.[3]

No experimento relatado, a variável independente manipulada foi o valor do cupom (15 centavos *versus* 50 centavos). A variável dependente foi a probabilidade de resgatar o cupom. A variável extrínseca controlada foi o uso da marca. O modelo experimental necessitou da atribuição aleatória de pessoas aos dois grupos experimentais. Não foi usado um grupo de controle nesse modelo.

DEFINIÇÃO DOS SÍMBOLOS

Para auxiliar na discussão das variáveis extrínsecas e dos modelos experimentais específicos, adotaremos um conjunto de símbolos comumente usados na pesquisa de marketing:

X = A exposição de um grupo a uma variável independente, tratamento ou evento, da qual os efeitos serão determinados.
O = O processo de observação ou medida da variável dependente sobre as unidades de teste ou os grupos de unidades.
R = A atribuição aleatória das unidades de teste ou dos grupos aos tratamentos separados.

Além disso, foram utilizadas as seguintes convenções:
- Movimentação da esquerda para a direita significa movimentação pelo tempo.
- Alinhamento horizontal dos símbolos significa que eles se referem a um grupo de tratamento específico.
- Alinhamento vertical dos símbolos significa que eles se referem às atividades ou aos eventos que ocorrem simultaneamente.

Por exemplo, o arranjo simbólico

$$X \quad O_1 \quad O_2$$

significa que um certo grupo de unidades de teste foi exposto à variável de tratamento (X) e a resposta foi medida em dois pontos diferentes no tempo: O_1 e O_2.

Do mesmo modo, o arranjo simbólico

$$R \quad X_1 \quad O_1$$
$$R \quad X_2 \quad O_2$$

significa que os dois grupos de unidades de teste foram atribuídos aleatoriamente (R) a dois grupos de tratamento diferentes (X_1 e X_2) e a variável dependente foi medida nos dois grupos simultaneamente (O_1 e O_2).

VALIDADE NA EXPERIMENTAÇÃO

Ao conduzir um experimento, o pesquisador tem dois objetivos. O primeiro é tirar conclusões válidas sobre o efeito das variáveis independentes sobre as dependentes. Esse efeito é conhecido como validade interna. O segundo objetivo é fazer generalizações válidas do ambiente experimental específico para uma população maior. Esse objetivo se consegue quando a validade externa é alcançada.

Validade interna

A **validade interna** se refere ao fato de a manipulação das variáveis independentes ou tratamentos, na realidade, ter causado ou não os efeitos observados sobre as variáveis dependentes. A validade interna pode sofrer depreciação quando as influências das variáveis extrínsecas estão misturadas com as variáveis independentes. Sem o controle adequado das variáveis extrínsecas, o pesquisador não consegue isolar o efeito da variável independente nem, conseqüentemente, estabelecer a validade interna.

Validade externa

A **validade externa** se refere ao fato de as relações de causa e efeito, encontradas no experimento, permanecerem as mesmas quando replicadas para uma população maior. Em outras palavras, os resultados podem ser generalizados além da situação experimental? Em caso positivo, para quais populações, ambientes, tempos, variáveis independentes e variáveis dependentes os resultados podem ser projetados?

A depreciação da validade externa pode surgir quando o experimento é conduzido de maneira irreal, limitando a habilidade de generalizar. Isso ocorre quando as condições experimentais não consideram os fatores que provavelmente serão encontrados no mundo real. É mais provável que os experimentos conduzidos em um ambiente de laboratório não tenham validade externa tanto quanto os experimentos de campo, isso porque os experimentos em laboratório foram conduzidos em ambientes artificiais, altamente controlados.

Muitas vezes os pesquisadores de mercado precisam tomar a decisão de substituir uma forma de validade para poder obter outra. Contudo, a validade interna precisa ser protegida para poder produzir resultados que sejam suficientemente significativos para generalizar, como ilustrado no exemplo seguinte.

Exemplo

EXPERIMENTANDO NOVOS PRODUTOS

O mercado de testes eletrônicos de distribuição controlada é cada vez mais utilizado para conduzir pesquisas experimentais sobre novos produtos. Todo o projeto de teste de mercado é conduzido por um fornecedor de pesquisa externo. A empresa de pesquisa distribui o verdadeiro produto novo nas lojas que representam uma porcentagem predeterminada do mercado. Os arranjos com as lojas selecionadas permitem um alto grau de controle à empresa de pesquisa sobre como o produto é vendido nessas lojas. Assim, esse método torna possível o controle de vários fatores extrínsecos que afetam o desempenho do novo produto e manipulam as variáveis de interesse. É possível certificar-se de que um novo produto (1) obtenha o nível certo de aceitação e distribuição na loja; (2) esteja posicionado no corredor correto em cada loja; (3) receba o número correto de placas na prateleira; (4) tenha o preço certo todos os dias; (5) nunca fique sem reposição; e (6) obtenha o nível planejado de promoção de comercialização, exposição e características de preço no tempo programado desejado. Assim, é possível alcançar um alto grau de validade interna.

A Procter & Gamble (P&G) usa esse método para testar novos produtos antes de introduzi-los no mercado nacional. Por exemplo, o sabonete de beleza Oil of Olay foi testado no mercado dessa maneira. Os resultados do teste de mercado eletrônico indicaram resposta favorável do consumidor ao Oil of Olay e, conseqüentemente, o produto foi lançado nacionalmente.

Embora consideremos o teste de mercado mais detalhadamente adiante no capítulo, os exemplos anteriores mostram que os testes eletrônicos de distribuição controlada também podem ser eficazes no controle de variáveis extrínsecas específicas. As variáveis extrínsecas podem também ser controladas com a adoção de modelos experimentais específicos, como descrito na próxima seção.

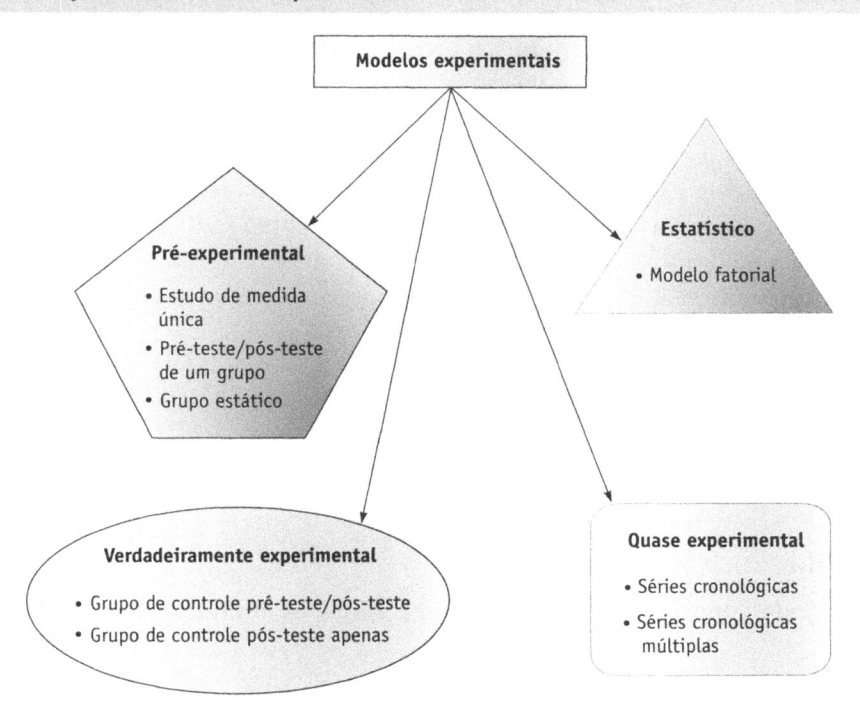

Figura 8.4   Classificação dos modelos experimentais

```
                    Modelos experimentais
           ┌─────────────┬──────────┬──────────┐
           │                                    │
    Pré-experimental                      Estatístico
    • Estudo de medida                    • Modelo fatorial
      única
    • Pré-teste/pós-teste
      de um grupo
    • Grupo estático

    Verdadeiramente experimental          Quase experimental
    • Grupo de controle pré-teste/pós-teste  • Séries cronológicas
    • Grupo de controle pós-teste apenas     • Séries cronológicas
                                               múltiplas
```

CLASSIFICAÇÃO DOS MODELOS EXPERIMENTAIS

Existem quatro categorias amplas de modelos experimentais: modelos pré-experimentais, verdadeiramente experimentais, quase experimentais e estatísticos (Figura 8.4). Os **modelos pré-experimentais** não usam a aleatoriedade para controlar os fatores extrínsecos. Dessa forma, eles podem sofrer depreciação das validades interna e externa. Entretanto, com a observação adequada de suas limitações, é possível que adicionem valor quando usados de maneira exploratória. Os três exemplos desse modelo são o estudo de medida única, o modelo de pré-teste/pós-teste de um grupo e o grupo estático. Esses modelos, juntamente com os outros fatores que seguem, são discutidos em detalhes mais adiante.

Nos **modelos verdadeiramente experimentais** o pesquisador pode escolher sujeitos e grupos experimentais aleatoriamente. Assim, esses modelos proporcionam um grau mais alto de controle sobre as variáveis extrínsecas. Estão nessa categoria o modelo de grupo de controle pré-teste e pós-teste e o modelo de grupo de controle de pós-teste apenas.

Já nos **modelos quase experimentais** o pesquisador não consegue manipular completamente as variáveis independentes ou os tratamentos, mas ainda consegue aplicar parte do aparato da verdadeira experimentação. Esses modelos são em geral empregados em ambientes naturais, permitindo um certo grau de controle experimental em um cenário natural. Esses dois modelos são séries cronológicas e séries cronológicas múltiplas.

Um **modelo estatístico** é uma série de experimentos básicos que permite o controle estatístico e a análise das variáveis externas. São classificados com base em suas características e seu uso. Os modelos estatísticos importantes incluem os modelos fatoriais.

A seguir ilustramos os vários modelos experimentais no contexto de medida da eficácia da propaganda da PepsiCo. A Pepsi faz uso assíduo de celebridades em suas propagandas. Para captar o mercado de adolescentes, as propagandas da Pepsi realçaram as estrelas Michael Jackson e Lionel Richie com o tema "Escolha de uma nova geração". Outras estrelas da 'nova geração' caracterizadas na Pepsi incluíam Don Johnson (de *Miami Vice*), Michael J. Fox (estrela de *De Volta Para o Futuro*) e o comediante Billy Crystal. O cantor Ray Charles estrelou a campanha da Diet Pepsi "You've got the right thing baby, uh huh!". Em março de 1999, a Pepsi acertou na mosca quando lançou a bastante elogiada campanha 'Joy of Cola', estrelada por Hallie Eisenberg, a menina das 'covinhas', e pelo apresentador de TV Tom Green.

A Pepsi deve continuar a mostrar celebridades em suas propagandas? Esse tipo de propaganda é eficaz? A pesquisa experimental medindo a eficácia da propaganda pode fornecer informações úteis. Começamos a discussão com os modelos pré-experimentais.

MODELOS PRÉ-EXPERIMENTAIS

Os modelos pré-experimentais são caracterizados pela falta de aleatoriedade. Descrevemos aqui três modelos específicos: estudo de medida única; modelo de pré-teste/pós-teste de um grupo; e grupo estático.

O estudo de medida única

Também conhecido como modelo 'só depois', **o estudo de medida única** pode ser simbolicamente representado como:

$$X \quad O_1$$

Um grupo simples de sujeitos é exposto a um tratamento (X) e, em seguida, é tirada uma medida única da variável dependente (O_1). Esse tipo de modelo é construído usando um processo de amostras não-aleatórias em que os sujeitos são auto-selecionados ou selecionados arbitrariamente pelo pesquisador. Sem a aleatoriedade, as variáveis dependentes observadas estão sujeitas às numerosas variáveis extrínsecas.

Além disso, o modelo não tem um grupo de controle, sem o qual não há ponto de comparação para os resultados. Em razão da falta de aleatoriedade e da ausência de um grupo de controle, esse modelo é claramente fraco em termos de validade interna. Por esses motivos, o estudo de medida única é mais apropriado para a pesquisa exploratória que para a pesquisa conclusiva.

Exemplo

UMA ÚNICA TENTATIVA NA PROPAGANDA DA PEPSI

Para avaliar a eficácia das propagandas da Pepsi estreladas por celebridades, foram conduzidas entrevistas por telefone com telespectadores que disseram ter assistido ao programa específico de TV em que o comercial foi ao ar na noite anterior (X). As variáveis dependentes (Os) são as lembranças sem ajuda e com ajuda, atitudes para com a propaganda, a marca e a celebridade. Primeiro, as lembranças sem ajuda eram medidas perguntando-se aos entrevistados se eles se lembravam de ter visto um comercial para refrigerantes. Se eles se lembrassem do comercial da Pepsi, seriam solicitados detalhes sobre o conteúdo e a execução do comercial. Aos entrevistados que não se lembravam de ter visto um comercial, seria perguntado se eles haviam visto um comercial da Pepsi (lembrança ajudada). Para aqueles que têm lembrança sem ajuda ou com ajuda, seriam medidas as atitudes em relação ao comercial, à marca anunciada e à celebridade apresentada. Os resultados dessas medidas experimentais podem ser comparados às notas normais para esses tipos de questão para avaliar a eficácia da propaganda e da celebridade apresentada.

Modelo de pré-teste/pós-teste de um grupo

O **modelo de pré-teste/pós-teste de um grupo** pode ser simbolizado como:

$O_1 \quad X \quad O_2$

Nesse modelo, um grupo de pessoas é medido uma vez antes do tratamento experimental (O_1) e outra vez depois (O_2). Novamente não há um grupo de controle para comparação. O efeito do tratamento é computado como $O_2 - O_1$. Embora esse modelo seja considerado melhor que um estudo de caso, a validade das conclusões é questionável, uma vez que as variáveis extrínsecas são largamente incontroladas por causa da falta de aleatoriedade e de um grupo de controle. O exemplo seguinte mostra como esse modelo é usado.

*E*xemplo

A PEPSI CONSEGUE BOM DESEMPENHO NUM TEATRO?

No modelo pré-teste/pós-teste de um grupo para medir a eficácia dos comerciais de teste, os entrevistados são recrutados em teatros centrais de várias cidades. Os entrevistados são analisados, e suas atitudes em relação à propaganda da Pepsi, à marca e à celebridade (O_1) são medidas. Em seguida assistem a um programa na TV que contém o comercial da Pepsi (X) e outros comerciais. Após assistirem ao programa na TV, eles são novamente entrevistados a respeito de suas atitudes em relação à propaganda da Pepsi, à marca e à celebridade (O_2). A eficácia do comercial de teste é determinada pela diferença entre O_2 e O_1.

Modelo do grupo estático

O **grupo estático** é um modelo experimental de dois grupos, em que cada um age como se fosse um grupo de controle (GC). Apenas um deles, o grupo experimental (GE), recebe o tratamento experimental. As pessoas não são escolhidas aleatoriamente e as medidas são feitas em ambos os grupos, seguindo o tratamento (pós-teste). Esse modelo é expresso simbolicamente como:

GE: $\quad X \quad O_1$
GC: $\quad \quad \quad O_2$

O efeito do tratamento seria medido como a diferença entre o grupo de controle e o grupo experimental ($O_1 - O_2$). A falta de aleatoriedade deixa o experimento aberto a alguns efeitos extrínsecos. Os dois grupos podem diferir antes do tratamento, o que leva à tendenciosidade na seleção.

Na prática, o grupo de controle é geralmente definido como o que recebe o nível atual da atividade de marketing, e não como um grupo que não recebe nenhum tratamento. Em muitos casos, é impossível reduzir a entrada de marketing para zero.

*E*xemplo

A PROPAGANDA DA PEPSI É ESTÁTICA?

A comparação de um grupo estático para medir a eficácia de um comercial da Pepsi seria conduzida como segue. Dois grupos de entrevistados seriam recrutados com base na conveniência. Apenas o grupo experimental seria exposto ao programa de TV contendo o comercial da Pepsi (X). As atitudes em relação à propaganda da Pepsi, à marca e à celebridade seriam então medidas em ambos os grupos, o experimental (O_1) e o de controle (O_2). A eficácia do comercial da Pepsi seria medida como a diferença entre o grupo de teste e o de controle ($O_1 - O_2$).

MODELOS VERDADEIRAMENTE EXPERIMENTAIS

Os modelos verdadeiramente experimentais são diferenciados dos modelos pré-experimentais pelo fato de que as pessoas são atribuídas aleatoriamente aos grupos, da mesma forma que as condições de tratamento. Por exemplo, os entrevistados são atribuídos aleatoriamente a um dos três grupos experimentais. Uma das três versões de um comercial de teste, aleatoriamente selecionada, é administrada a cada grupo. Como resultado da atribuição aleatória, os fatores extrínsecos podem ser representados igualmente em cada grupo ou condição de tratamento. **Aleatoriedade** é o procedimento preferido para garantir a igualdade anterior dos grupos experimentais. Entretanto, a aleatoriedade pode não ser eficaz quando o tamanho da amostra é pequeno porque ela simplesmente produz grupos que são iguais na média. É possível, no entanto, checar se a aleatoriedade tem sido eficaz medindo as variáveis extrínsecas e comparando-as entre os grupos experimentais e de controle.

Os modelos verdadeiramente experimentais incluem o modelo de grupo de controle pré-teste/pós-teste e o modelo de grupo de controle pós-teste apenas.

Modelo de grupo de controle pré-teste/pós-teste

No **modelo de grupo de controle pré-teste/pós-teste** as pessoas são atribuídas aleatoriamente ao grupo experimental ou ao grupo de controle. É tirada uma medida pré-tratamento de cada grupo. Assim, cada grupo é medido antes de administrar o tratamento ao grupo experimental. Esse modelo é simbolizado como:

GE: R O_1 X O_2
GC: R O_3 O_4

O efeito do tratamento (ET) é medido como:

$(O_2 - O_1) - (O_4 - O_3)$

A aleatoriedade desse modelo controla a maioria das variáveis extrínsecas. Presume-se que os efeitos extrínsecos sejam igualmente representados em ambos os grupos, experimental e de controle. Acredita-se que a diferença entre o grupo de controle e o experimental reflita apenas o tratamento. Com o uso de uma medida pré-teste nesse modelo, a medida pós-teste está sujeita aos **efeitos de testes interativos**, o que significa que uma medida anterior afeta a resposta da unidade de teste à variável independente.

Exemplo

PEPSI ANTES E DEPOIS DA MORTE

Um experimento para medir a eficácia da propaganda da Pepsi utilizando um modelo de grupo de controle pré-teste/pós-teste seria como segue. Uma amostra aleatória de entrevistados seria distribuída em dois grupos iguais. Um grupo, selecionado aleatoriamente, seria o grupo experimental, e o outro seria o de controle. Um questionário pré-teste seria administrado aos entrevistados em ambos os grupos para obter uma medida sobre as atitudes em relação à propaganda da Pepsi, à marca e à celebridade. Apenas os entrevistados no grupo experimental seriam expostos ao programa de TV que contém a propaganda da Pepsi. Em seguida, seria administrado um questionário aos entrevistados em ambos os grupos para obter medidas pós-teste das atitudes em relação à Pepsi, à marca e à celebridade.

Como mostra esse exemplo, o modelo de grupo de controle pré-teste/pós-teste envolve dois grupos e duas medidas em cada um deles. Um modelo mais simples é o grupo de controle pós-teste apenas.

Modelo de grupo de controle pós-teste apenas

O **modelo de grupo de controle pós-teste apenas** não envolve nenhuma pré-medida. Ele pode ser simbolizado como:

GE: R X O_1
GC: R O_2

O efeito do tratamento é a diferença entre as medidas do grupo experimental e de controle.

ET: $O_1 - O_2$

Uma vantagem significativa desse modelo sobre o grupo de controle pré-teste/pós-teste é a eliminação do efeito de teste interativo que surge com o pré-teste. Além disso, a simplicidade desse modelo oferece vantagens de tempo, custo e tamanho da amostra. Por esses motivos, ele é o modelo experimental mais conhecido na pesquisa de marketing.

No entanto, esse modelo também tem suas limitações. Embora a aleatoriedade seja usada para igualar os grupos, sem um pré-teste não há um meio de verificar a similaridade do grupo. Sem um pré-teste os pesquisadores não conseguem examinar as mudanças nos indivíduos durante o curso do estudo. Observe que, com exceção da pré-medida, a implementação desse modelo é similar à do modelo de grupo de controle pré-teste/pós-teste.

MODELOS QUASE EXPERIMENTAIS

Os modelos quase experimentais são apropriados quando os pesquisadores estão enfrentando situações em que não conseguem escolher aleatoriamente nem controlar a programação de tratamentos experimentais. Os experimentadores podem, no entanto, ser capazes de controlar quando e de quem as medições experimentais são obtidas. Os modelos quase experimentais são mais rápidos e menos caros que outros modelos experimentais, e em alguns ambientes naturais de pesquisa eles podem ser a única via aberta para a coleta de dados. Entretanto, por estar faltando controle experimental total, os pesquisadores precisam considerar as variáveis específicas que não são controladas. As formas mais conhecidas de modelos quase experimentais são modelos de séries cronológicas e de séries cronológicas múltiplas.

Modelo de séries cronológicas

O **modelo de séries cronológicas** envolve o uso de medidas periódicas de um grupo ou de indivíduos. Em um certo ponto durante a medida, uma manipulação experimental ocorre naturalmente ou é artificialmente introduzida. Medidas adicionais seguem. Um experimento de uma série cronológica pode ser simbolizado como:

$O_1\ O_2\ O_3\ O_4\ O_5\ X\ O_6\ O_7\ O_8\ O_9\ O_{10}$

Esse é um quase experimento por causa da falta de controle que o pesquisador tem da aleatoriedade das pessoas após o tratamento. Adicionalmente, o pesquisador pode não ter controle sobre o momento oportuno da apresentação do tratamento, assim como sobre quais pessoas são expostas ao tratamento. Medida múltipla pode criar um efeito de teste interativo, causando mudança no comportamento medido, simplesmente porque os entrevistados sabem que estão sendo medidos. Todavia, os modelos de séries cronológicas são úteis, especialmente quando se avalia o comportamento que esteja ocorrendo em um ambiente natural.

Exemplo

O TEMPO DIRÁ SOBRE A EFICÁCIA DA PROPAGANDA DA PEPSI: MODELO DE SÉRIES CRONOLÓGICAS

A eficácia do comercial da Pepsi (X) poderá ser examinada levando-o ao ar em uma série de mercados e em um número predeterminado de vezes. As unidades de teste ou os entrevistados são membros de um painel. Embora a pessoa de marketing possa controlar a programação do comercial de teste, este não pode ser controlado quando e se os membros do painel forem expostos a ele. A pessoa de marketing examinará as atitudes dos membros do painel em relação à propaganda da Pepsi, à marca e à celebridade, assim como as compras antes, durante e depois da campanha, para determinar se o comercial de teste teve um efeito de curto prazo, longo prazo ou não teve efeito nenhum.

O **modelo de séries cronológicas múltiplas** é similar ao de séries cronológicas, exceto que ele adiciona um grupo de controle que também é repetidamente medido. Esse grupo não está sujeito ao tratamento experimental. Se o grupo de controle for cuidadosamente selecionado, esse modelo pode ser melhorado durante o experimento simples de séries cronológicas.

MODELOS ESTATÍSTICOS

Os modelos estatísticos consistem de uma série de experimentos básicos que permitem o controle estatístico e a análise das variáveis externas. Em outras palavras, vários experimentos básicos são conduzidos simultaneamente. Assim, os modelos estatísticos são influenciados pelas mesmas fontes de invalidade que afetam os modelos básicos que estão sendo usados. Os modelos estatísticos oferecem as seguintes vantagens:

1. Os efeitos de mais de uma variável independente podem ser medidos.
2. As variáveis extrínsecas específicas podem ser estatisticamente controladas.
3. Os modelos econômicos podem ser formulados quando cada sujeito é medido mais de uma vez.

Os modelos estatísticos mais comuns são os fatoriais.

Modelo fatorial

Um **modelo fatorial** é utilizado para medir os efeitos de duas ou mais variáveis independentes em vários níveis. Ele permite a medida de interações entre as variáveis. Uma interação acontece quando o efeito simultâneo de duas ou mais variáveis é diferente da soma de seus efeitos separados. Por exemplo, a bebida favorita de um indivíduo pode ser café e o nível de temperatura ideal da bebida ser frio, mas esse indivíduo pode não preferir café gelado, o que leva a uma interação.

Um modelo fatorial pode também ser visto como uma tabela. Em um modelo de dois fatores, cada nível de uma variável representa uma fileira e cada nível de uma outra variável representa uma coluna. Os modelos fatoriais envolvem uma célula para cada combinação possível de variáveis de tratamento, como no exemplo seguinte.

Exemplo

SOMANDO HUMOR E INFORMAÇÕES NOS COMERCIAIS DA PEPSI

Suponha que no caso da Pepsi o pesquisador esteja interessado em examinar o efeito do humor e de vários níveis de informação da marca sobre a eficácia da propaganda. Serão examinados três níveis de humor (sem humor, humor médio e bastante humor). Do mesmo modo, as informações da marca serão manipuladas em três níveis (baixo, médio e alto). A tabela resultante seria de três fileiras (níveis de informação) por três colunas (níveis de humor), produzindo nove combinações possíveis ou células, como dispostas na Tabela 8.1.

Os entrevistados seriam atribuídos aleatoriamente para uma das nove células. Os entrevistados em cada célula receberiam uma combinação específica de tratamento. Por exemplo, os entrevistados no canto esquerdo superior veriam um comercial que não tivesse humor e baixas informações sobre a marca. Depois da exposição a uma combinação de tratamento, as medidas seriam obtidas nas atitudes em relação à propaganda da Pepsi, à marca e à celebridade dos entrevistados em cada célula.

Tabela 8.1 Exemplo de um modelo fatorial

QUANTIA DE INFORMAÇÃO DA MARCA	QUANTIA DE HUMOR		
	Sem humor	Humor médio	Bastante humor
Baixo			
Médio			
Alto			

Os procedimentos estatísticos, como a análise das variâncias (Capítulo 16), são usados para analisar os efeitos de tratamento e as interações. A principal desvantagem de um modelo fatorial é que o número de combinações de tratamento aumenta multiplicadamente com o aumento no número de variáveis ou níveis. No entanto, essa normalmente não é uma limitação séria, pois o pesquisador pode controlar o número de variáveis e os níveis.

SELECIONANDO UM MODELO EXPERIMENTAL

A seleção de um modelo experimental comumente envolve uma substituição em termos de controle. Os modelos que oferecem os graus mais altos de validade interna em geral são conduzidos em ambientes altamente artificiais que podem depreciar a generalização ou a validade externa dos resultados experimentais.

Uma solução para encontrar a combinação ótima de validade interna e externa pode ser usar modelos experimentais diferentes em diferentes pontos do estudo. Por exemplo, modelos que ofereçam validade interna apertada podem ser usados durante os estágios iniciais do esforço de pesquisa. Desse modo, poderá ser assegurada uma medida mais confiável do verdadeiro efeito do tratamento. Durante os estágios mais avançados do estudo poderão ser utilizados ambientes mais naturais para permitir a generalização dos resultados.

Na seção seguinte discutimos a distinção entre experiência em laboratório e de campo com mais detalhes.

EXPERIMENTOS EM LABORATÓRIO VERSUS EXPERIMENTOS DE CAMPO

Um **ambiente de laboratório** é um ambiente artificial que suporta a maior quantidade de controle durante os fatores cruciais envolvidos no estudo. O teste da propaganda em teatros centrais e as cozinhas de teste são exemplos de experimentos em laboratório usados na pesquisa de marketing. Como os ambientes são altamente planejados, surgem as questões de validade externa. Quando comparados com os experimentos no campo, a natureza artificial dos ambientes de laboratório pode causar erros reativos, nos quais os entrevistados reagem às situações em si e não à variável independente. Os ambientes de laboratório também podem causar **artefatos de demanda**, um fenômeno em que os entrevistados tentam adivinhar o propósito do experimento, mudando suas respostas por conveniência. No lado positivo, os experimentos em laboratório permitem modelos mais complexos que os experimentos de campo. Assim, o pesquisador pode controlar mais fatores ou variáveis no ambiente de laboratório, o que aumenta a validade interna.

Um **ambiente de campo** envolve a medida do comportamento, das atitudes ou das percepções no ambiente em que eles ocorrem. O pesquisador tem muito menos controle sobre as variáveis extrínsecas que podem afetar a validade interna. Entretanto, se a validade interna pode ser mantida, os resultados podem generalizar-se mais facilmente do que aqueles obtidos em um ambiente de laboratório. As diferenças entre os dois ambientes estão resumidas na Tabela 8.2.

LIMITAÇÕES DA EXPERIMENTAÇÃO

Embora a experimentação esteja se tornando cada vez mais importante na pesquisa de marketing, ela tem suas limitações: tempo, custo e administração de um experimento.

Tempo

Muitos tipos de experimento de campo se tornam cada vez mais precisos com o tempo. Para observar o efeito de longo prazo de uma campanha promocional ou a introdução de um novo produto, por exemplo, o comportamento de compra deve ser observado por vários ciclos de compras. A precisão das informações comportamentais tende a aumentar com a passagem do tempo. Essa precisão adicionada tem de ser pesada contra os custos de retardar a exibição de um produto ou o lançamento de uma nova campanha publicitária.

Custo

A pesquisa de um novo produto em ambiente de campo pode ser extremamente dispendiosa. Custa muito mais que os experimentos em laboratório, que em geral ocorrem em uma escala pequena e utilizam um número limitado de pessoas. Para teste de campo de um novo produto, a gerência precisa considerar mais que os custos diretos da coleta e da análise de dados. A produção deve ser iniciada em uma escala limitada; as campanhas promocionais nos pontos-de-venda, assim como as propagandas, precisam ser desenvolvidas e introduzidas limitadamente. Os canais de distribuição limitada também terão de ser abertos. Os experimentos no mercado-teste podem facilmente custar milhões de dólares.

Administração

Controlar os efeitos das variáveis extrínsecas é um aspecto essencial da pesquisa experimental. Alcançar o nível desejado de controle torna-se cada vez mais difícil à medida que a pesquisa vai do laboratório para o ambiente de campo. Os experimentos de campo geralmente interferem nas operações contínuas de

Tabela 8.2 Experimentos em laboratório versus experimentos de campo

FATOR	LABORATÓRIO	DE CAMPO
Ambiente	Artificial	Realista
Controle	Alto	Baixo
Erro reativo	Alto	Baixo
Artefatos de demanda	Altos	Baixos
Validade interna	Alta	Baixa
Validade externa	Baixa	Alta
Tempo	Curto	Longo
Número de unidades	Pequeno	Grande
Facilidade de implementação	Alta	Baixa
Custo	Baixo	Alto

uma empresa, e pode ser difícil obter a cooperação dos varejistas, dos atacadistas e de outros envolvidos. Por último, os concorrentes podem deliberadamente contaminar os resultados de um experimento de campo.

APLICAÇÕES: TESTE DE MERCADO

O **teste de mercado** é um exemplo de experimento controlado de campo, conduzido em partes limitadas, porém representativas, de um mercado. Os locais de pesquisa são chamados de **mercados-teste**. Em um experimento no mercado-teste, um programa nacional de marketing é replicado em uma escala menor. Os dois principais objetivos do teste de mercado são: (1) determinar a aceitação no mercado do produto; e (2) testar os níveis alternativos de variáveis do mix de mercado. As variáveis independentes, que estão sendo manipuladas nesses estudos, em geral incluem elementos do mix de mercado. Os investimentos promocionais, a precificação, as modificações do produto ou os elementos de distribuição são todos fatores que o pesquisador pode manipular. As reações observadas do consumidor representam as variáveis dependentes, medidas em termos do comportamento de compra (vendas) e/ou atitudes ou reações para as manipulações de marketing que estão sendo estudadas.

Desenvolver um teste de mercado padrão envolve decidir quais critérios usar na seleção dos mercados-teste, quantos mercados-teste usar e a duração do teste. Entre todos os critérios considerados na seleção de um mercado-teste, a representação do mercado talvez seja a mais importante. As informações agrupadas do teste de um novo produto, por exemplo, podem ser usadas para prever a aceitação máxima no mercado daquele produto e determinarão a decisão de "vai/não vai" a respeito da exibição por completo no mercado. O mercado-teste também precisa ser auto-suficiente em termos de cobertura de mídia se estiver planejada a propaganda do mercado em massa para sustentar o teste. Isso evita o desperdício de dólares em promoções. Adicionalmente, a propaganda de novos produtos que estão disponíveis apenas em uma área limitada pode criar uma reação negativa no consumidor em relação a exibições futuras.

O teste de mercado corre o risco de revelar estratégias, desenvolvimento de novos produtos ou posicionamento de produtos modificados para a concorrência. Assim, a força da concorrência, em um local específico de teste, é outra consideração importante.

No geral, quanto mais mercados-teste puderem ser usados, melhor. Se os recursos são limitados, pelo menos dois mercados-teste têm de ser utilizados para cada variação do programa a ser testado. Entretanto, devem ser pelo menos quatro quando a validade externa é importante.

Apesar da limitação em termos de demanda de tempo, de custos e de respostas da concorrência, o teste de mercado pode ser bastante benéfico para a introdução bem-sucedida de um produto, como demonstra o exemplo seguinte.

Exemplo

VITRINE DA CHRYSLER: O MOSTRUÁRIO PARA OS COMPRADORES DE CARROS

Uma pesquisa feita pela Plymouth indicou que muitos clientes não estavam felizes com o processo de compra de um carro. Em resposta a essa descoberta, a empresa criou o Plymouth Place, um local onde as pessoas poderiam aprender sobre a Plymouth sem a pressão das vendas. O conceito do Plymouth Place era simples: por que não disponibilizar um local para as pessoas visitarem que fosse confortável, conveniente, acessível e sem estresse, e ao mesmo tempo proporcionar a informação de que elas precisam? Por que não levar a Plymouth para fora da concessionária, para onde o mercado-alvo já está: nos shoppings regionais?

Fisicamente, o Plymouth Place é geralmente um espaço de 400 metros quadrados em um shopping regional que fica aberto enquanto o shopping funcionar. Ele abriga os modelos Voyager, Breeze e Neon, com portas, porta-malas, capôs abertos e acessíveis o tempo todo, comunicando ao visitante que ele está convidado a explorar. Um consultor responde às perguntas, fala sobre o Plymouth Place e geralmente tenta ser útil aos consumidores, mas não pode vender um carro.

O conceito do Plymouth Place foi testado em dois mercados-teste: Portland (Oregon) e Milwaukee (Wisconsin). Os resultados foram encorajadores. Vendas significativas sinalizaram uma grande melhoria no processo de compra. Comparadas à média nacional, que serviu como nível de controle, as vendas em Portland aumentaram 16% e as de Milwaukee, 36%. Esses resultados apenas confirmaram o que o pessoal de marketing já sabia muito tempo antes: fazer o cliente feliz resulta em melhores vendas, aumento de lucros e, talvez mais importante, em relacionamento duradouro com o cliente.[4]

Baseado nos resultados do teste de mercado, o conceito do Plymouth Place foi expandido para incluir outros modelos e recebeu um novo nome: Vitrine da Chrysler. Em operação desde 1995, está atualmente em 35 mercados do país.

PESQUISA DE MARKETING E TQM

Os experimentos podem ser realizados para determinar quais características do produto têm impacto sobre a qualidade do produto na opinião do consumidor. Podemos manipular muitas variáveis usando um modelo fatorial. O CitiBank talvez queira medir o efeito de mudança nos níveis de contas-correntes para o saldo mínimo, a taxa de juros e uma cobrança mensal. Uma quantia alta, média e baixa pode ser selecionada para cada um deles e usado um modelo fatorial de três-por-três-por-três. Haveria três fatores (saldo mínimo, taxa de juros e cobrança mensal) e três níveis (alto, médio e baixo). Esse experimento ajudaria a determinar qual combinação de níveis e fatores tem a classificação de qualidade mais alta para o consumidor. Isso auxiliaria o CitiBank na determinação dos níveis em que ele deve fixar esses fatores para poder ser visto por seus clientes como um banco que oferece um produto de qualidade.

Como ilustra o exemplo seguinte, as empresas usaram o teste de mercado para testar a qualidade percebida de seus produtos antes da exibição nacional.

Exemplo

QUALIDADE RESULTA EM SINAL VERDE PARA AS PÁGINAS AMARELAS

As listas das Páginas Amarelas atingem 98% dos lares americanos. Em seus esforços contínuos para a melhoria da qualidade (CMQ), a Associação de Editores das Páginas Amarelas conduziu um experimento em laboratório para determinar por que as pessoas escolhem uma propaganda em vez de outra nas Páginas Amarelas. Dados sobre a movimentação dos olhos foram coletados enquanto os consumidores escolhiam empresas das listas telefônicas.

Cores, gráficos, tipos de informação, fontes e tamanho do anúncio foram sistematicamente variados de acordo com um modelo estatístico complexo. Foram criadas novamente 32 páginas da lista para controlar os efeitos de layout e design, ao mesmo tempo mantendo o realismo. Cada página representava um sortimento típico de anúncios e foi montada em uma porta-página especial na tela do computador na frente do usuário. O Sistema de Fixação dos Olhos registrava as movimentações dos olhos da pessoa.

Os resultados do experimento indicaram que era mais provável os usuários das Páginas Amarelas perceberem os anúncios coloridos antes de qualquer outro tipo de anúncio. Eles também percebiam os anúncios maiores e aqueles com gráficos. O tempo de fixação aumentava à medida que o número de tipos de informação (preço, localização etc.) aumentava de zero para três, e depois diminuía com qualquer aumento adicional nas informações.

A Associação de Editores das Páginas Amarelas utilizou esses resultados para melhorar a eficácia da propaganda formulando diretrizes para os anunciantes. Por essas técnicas de realce da qualidade, a Associação dos Editores das Páginas Amarelas obteve vantagem sobre a concorrência ao atrair os dólares de propaganda.[5]

TECNOLOGIA E PESQUISA DE MARKETING

A Realidade Virtual (RV) é um ambiente em tempo real, em 3D, feito para representar a realidade ou um ambiente proveniente da imaginação de alguém. Esses ambientes são criados por sistemas de computador de alta potência. Assim como muitas das inovações tecnológicas usadas na pesquisa de marketing, a RV não foi desenvolvida especificamente com a pesquisa em mente. Mas a RV, não obstante, está encontrando seu caminho no campo de pesquisa de marketing e parece ser promissora para a condução da pesquisa causal. Com o uso da RV, o pesquisador pode criar um ambiente que representa o campo (mercado) e ainda exercitar o grau de controle possível apenas em um ambiente de laboratório.

A MarketWare Simulation Services, uma empresa de Norcross, Geórgia, desenvolveu um programa, Visionary Shopper, que permite que o entrevistado faça compras em uma loja de RV. O objetivo do programa é proporcionar ao usuário a experiência mais verossímil possível, parecida com a vida real. Ele não usa todos os equipamentos de 'era espacial' normalmente associados com a RV. O entrevistado não precisa usar capacete nem luvas e não é ligado a uma máquina com um número absurdo de fios. O sistema utiliza uma tela de vídeo de alta resolução, cor e imagens em 3D. A tela mostra ao usuário uma prateleira repleta de produtos, assim como ele veria nas lojas reais. A imagem é completada com nomes de marca, etiquetas de preço e exposições especiais.

O entrevistado usa um mouse de bolinha ou uma tecnologia mais avançada de toque na tela para ir às 'compras' na loja da RV. Ele é capaz de escolher o corredor e a categoria de produto. Por exemplo, pode "andar" pelo corredor de cereais e ver uma variedade de escolhas que seriam estocadas em qualquer loja, incluindo Corn Flakes, Sucrilhos e Musli. O consumidor seleciona um item específico, que é exposto mais proeminentemente na tela. Pode então virar a caixa e ler quaisquer dos rótulos sobre o produto. O preço de um item também é mostrado quando selecionado. Depois que o consumidor acabou de ver o item, pode colocá-lo de volta na prateleira ou no carrinho para ser "comprado".

O Visionary Shopper permite que o pesquisador de marketing manipule quase qualquer variável que conseguiria mudar na loja do mundo real. Ele pode fazer experiências com preços, exposições especiais, etiquetas, localização na prateleira e/ou embalagem. O sistema permite até mesmo que o pesquisador teste conceitos de novos produtos. Esses itens novos podem ser colocados perto de outros que o pesquisador acredita ser o principal concorrente, se e quando o item for lançado. Mais uma vez, os "Quatro P" de marketing – produto, preço, promoção e praça – podem ser testados para surgir como a melhor alternativa para o conceito.

O sistema está sendo usado nos shoppings por todo o país. Os entrevistados são selecionados como em qualquer outra pesquisa feita nos shoppings. Cada voluntário participa de uma sessão que dura 20 minutos. Contrastando com o levantamento de campo por meio de questionário, que geralmente é bastante amedrontador, esse novo método de pesquisa de produtos de consumo é descrito como prazeroso ou divertido. Além disso, é muito mais realista.[6]

ÉTICA NA PESQUISA DE MARKETING

Nas experimentações geralmente há uma tentativa deliberada do pesquisador em disfarçar o propósito da pesquisa, argumentando que o disfarce é necessário para produzir resultados válidos. Considere o exemplo anterior de determinar a eficácia dos comerciais da Pepsi. Os entrevistados foram recrutados e trazidos para um local central. Foi-lhes dito que iriam assistir a um programa de televisão sobre alimentos e que depois lhes seriam feitas algumas perguntas. No programa estão espalhados o comercial para a Pepsi (comercial de teste) e comerciais de outros produtos (comerciais suplentes). Depois de verem o programa e os comerciais, os entrevistados recebem um questionário, que obtém avaliações sobre o conteúdo do programa, o comercial de teste e alguns dos comerciais suplentes. As avaliações sobre o conteúdo do programa e os comerciais suplentes não são de interesse, mas obtidas para reforçar a natureza do disfarce. Se os entrevistados soubessem que o verdadeiro propósito era determinar a eficácia do comercial da Pepsi, suas respostas poderiam ser tendenciosas. No entanto, disfarçar o propósito da pesquisa não precisa, e não deve, levar à trapaça.

Uma solução para esse problema seria dizer aos entrevistados que existe a possibilidade de trapaça no início do experimento e permitir que eles questionem isso na conclusão do experimento. Assim, no início, o pesquisador deve explicar a natureza geral do experimento, que o propósito dele será disfarçado mas que será totalmente explicado no final, além do papel dos entrevistados. Estes devem saber que estão livres para interromper o experimento a qualquer hora e retirar as informações que proporcionaram.

A explicação dos propósitos e dos detalhes na conclusão do experimento é chamada de **interrogação**. Ela deve incluir os procedimentos para reduzir o estresse do experimento. No exemplo da Pepsi, os entrevistados achariam desinteressante gastar seu tempo avaliando um comercial de refrigerante. O pesquisador deve endereçar essa questão e aliviar o desconforto do entrevistado explicando o verdadeiro propósito e a importância, assim como os procedimentos, do experimento.

Por último, é responsabilidade do pesquisador utilizar o modelo experimental mais apropriado para o problema atual. Ele deve revelar ao cliente quaisquer problemas que surjam durante o curso do experimento, ao passo que a empresa de pesquisa e o cliente devem encontrar, em conjunto, uma solução, como no exemplo seguinte.

Exemplo

PROPAGANDA DA PEPSI DIET: DISPENSANDO A 'ESTRELA'

Suponha que a eficácia da propaganda da Diet Pepsi apresentando Ray Charles seja investigada usando um modelo pré-teste/pós-teste de um único grupo. As atitudes dos entrevistados em relação às propagandas da Pepsi e da Diet Pepsi e a Ray Charles são obtidas antes de os entrevistados serem expostos ao programa de alimentos e a vários comerciais, incluindo aquele da Diet Pepsi. As atitudes são novamente medidas depois de os entrevistados terem visto o programa e os comerciais. Ao observar as primeiras pessoas, descobriu-se que as atitudes anteriores fortemente mantidas sobre Ray Charles estão afetando a medida das atitudes em relação à propaganda da Pepsi e da Diet Pepsi. Esse problema precisa ser revelado imediatamente para o cliente, e a ação corretiva deve ser tomada em conjunto. Por exemplo, o cliente e o pesquisador podem decidir que seja necessário um modelo estatístico mais sofisticado que controle explicitamente as atitudes em relação a Ray Charles. Se o pesquisador escolher ignorar esse problema e continuar com o experimento, ocorre uma séria transgressão ética. Nesse caso, o pesquisador descobre que o modelo de pesquisa adotado é inadequado, mas esse conhecimento é sonegado ao cliente.

APLICAÇÕES NA INTERNET

A Internet pode proporcionar um mecanismo para a experimentação controlada em um ambiente tipo laboratório. Vamos continuar com o exemplo de testar a eficácia da propaganda da Pepsi. Vários comerciais e propagandas da Pepsi podem ser postados em diversos sites da Web. Entrevistados combinados ou selecionados aleatoriamente são recrutados para visitar esses sites, com cada grupo visitando apenas um site. Se for necessário obter quaisquer medidas antes do tratamento, os entrevistados respondem a um questionário postado no site. Eles são então expostos à propaganda ou ao comercial específico da Pepsi naquele site. Depois de ver a propaganda ou o comercial, os entrevistados respondem a questões adicionais, fornecendo medidas após o tratamento. Os grupos de controle podem ser implementados de maneira similar. Assim, todos os tipos de modelo experimental que consideramos podem ser implementados dessa maneira.

*E*xemplo

COOLSAVINGS.COM: UM MEIO FÁCIL PARA A EXPERIMENTAÇÃO NA INTERNET

A Super Coups, uma subsidiária da ADVO, a empresa líder em cupom por mala-direta, e a CoolSavings®, um destino líder para economia do consumidor e uma empresa pioneira no serviço de marketing direto para anunciantes, lançaram um site-alvo na Web de cupons locais e de marcas conjuntas. Esse site *www.coolsavings.com* fornece aos consumidores acesso on-line conveniente a cupons dos comerciantes locais e provedores de serviços de todo o país.

O objetivo do site é ligar o tráfego existente da CoolSavings e as empresas servidas pela Super Coups. Essa ligação concede às empresas acesso a um extenso banco de dados para membros de compradores em potencial e a capacidade de rastreamento para medir com precisão o sucesso das ofertas que eles postaram. A CoolSavings faz uso extensivo de modelos de grupos de controle pós-teste apenas para medir a eficácia de vários cupons para usuários demograficamente diferentes.

Em um experimento, lares selecionados aleatoriamente e de tamanhos diferentes serviram como grupos experimentais, enquanto uma amostra representativa de lares serviu como um grupo de controle. Cupons de cereal foram distribuídos eletronicamente para os membros do grupo experimental. O resgate dos cupons foi rastreado eletronicamente para todos os grupos. Os resultados mostraram que domicílios maiores eram os que tinham maior probabilidade de resgatar os cupons eletrônicos. Essas informações podem ser bastante úteis para os comerciantes de cereais, como a General Mills, que podem focar em famílias grandes para a distribuição de cupons para cereal.

*R*esumo

A noção científica de causalidade significa que nunca podemos provar que X causa Y. No máximo, podemos apenas inferir que X é uma das causas de Y, em que ele torna provável a ocorrência de Y. Três condições precisam ser satisfeitas antes que as inferências causais possam ser feitas: (1) variação concomitante, que implica que X e Y precisam variar juntas de maneira hipotética; (2) ordem de tempo de ocorrência das variáveis, que significa que X deve preceder Y; e (3) eliminação de outros possíveis fatores causais, o que significa que as explanações da concorrência precisam ser excluídas. Os experimentos proporcionam a evidência mais convincente das três condições. Um experimento é formado quando o pesquisador manipula ou controla uma ou mais variáveis independentes e mede seus efeitos em uma ou mais variáveis dependentes.

Ao desenvolver um experimento, é importante considerar as validades interna e externa. A validade interna se refere ao fato de a manipulação das variáveis independentes realmente causar os efeitos sobre as variáveis dependentes. A validade externa refere-se à generalização dos resultados experimentais. Para que o experimento seja válido, o pesquisador precisa controlar a depreciação que as variáveis extrínsecas possam apresentar.

Os modelos experimentais podem ser classificados em modelos pré-experimentais, verdadeiramente experimentais, quase-experimentais e estatísticos. Um experimento pode ser conduzido em um ambiente de laboratório ou sob condições reais de mercado em um cenário na vida real.

Embora os experimentos tenham limitações em termos de tempo, custo e administração, estão se tornando cada vez mais conhecidos em marketing. O teste de mercado é uma aplicação importante do modelo experimental. A pesquisa causal pode ser usada para testar se as mudanças nos atributos de um produto aumentam a qualidade dele na opinião do consumidor. Utilizando avanços tecnológicos, como a realidade virtual, o pesquisador pode criar um ambiente que representa o campo (mercado) e ainda assim exercitar o grau de controle possível apenas em um ambiente de laboratório. Disfarçar o propósito da pesquisa não deve levar à trapaça, e a interrogação deve ser usada para reduzir o estresse experimental. A Internet proporciona um meio conveniente para conduzir experimentos com certos tipos de estímulos, como as propagandas ou os comerciais na TV.

Exercícios

1. Quais são os requisitos para inferir um relacionamento causal entre duas variáveis?
2. Diferencie a validade interna da externa.
3. Qual característica principal diferencia os modelos verdadeiramente experimentais dos modelos pré-experimentais?
4. Liste as etapas envolvidas na implementação do modelo de grupo de controle pós-teste apenas. Descreva o modelo simbolicamente.
5. O que é um experimento de série cronológica? Quando ele é usado?
6. Como um modelo de série cronológica múltipla é diferente de um modelo de série cronológica básico?
7. Quais vantagens os modelos estatísticos têm sobre os modelos básicos?
8. Compare a experimentação em laboratório com a de campo.
9. O que é teste de mercado?

Problemas

1. Um grupo pró-vida quer testar a eficácia de um comercial contra o aborto. São recrutadas em Chicago duas amostras aleatórias, cada uma de 250 entrevistados. A um dos grupos é mostrado o comercial contra o aborto. Em seguida, as atitudes em relação ao aborto são medidas para os entrevistados nos dois grupos.
   a. Identifique as variáveis independentes e dependentes nesse experimento.
   b. Que tipo de modelo foi usado?
2. No experimento que acabamos de descrever, suponha que os entrevistados tenham sido selecionados por conveniência, e não aleatoriamente. Que tipo de modelo resultaria?
3. Declare o tipo de experimento que está sendo conduzido nas seguintes situações:
   a. Um grande distribuidor de equipamentos para escritório está considerando um novo programa de apresentação de vendas para seus vendedores. O maior território de vendas é selecionado, o novo programa é implementado e o efeito sobre as vendas é medido.
   b. A Procter & Gamble quer determinar se um novo design na embalagem para o lava-roupas Tide é mais eficaz que o atual. São selecionados aleatoriamente 12 supermercados em Denver. Em seis deles o produto é vendido na nova embalagem. Nos outros seis, o lava-roupas é vendido na embalagem antiga. As vendas para ambos os grupos de supermercados são monitoradas por três meses.
4. Descreva uma situação específica para a qual cada um dos modelos experimentais seguintes é apropriado. Defenda seu raciocínio.
   a. Modelo pré-teste/pós-teste de um grupo.
   b. Modelo de grupo de controle pré-teste/pós-teste.
   c. Modelo de grupo de controle de pós-teste apenas.
   d. Modelo de série cronológica.
   e. Modelo fatorial.

Atividades

DRAMATIZAÇÃO

1. Você é o gerente de marketing para a Coca-Cola Company. A empresa gostaria de determinar se ela deveria aumentar, diminuir ou manter o nível atual de investimento em propaganda com a Coca Classic. Desenvolva um experimento de campo para endereçar essa questão.
2. Quais dificuldades em potencial você vê na condução do experimento que acabamos de descrever? Que assistência você exigiria da gerência da Coca-Cola para superar essas dificuldades?

TRABALHO DE CAMPO

1. Selecione dois anúncios diferentes de perfume para qualquer marca de perfume. Desenvolva e conduza um experimento para determinar qual propaganda é mais eficaz. Use uma mostra com dez alunos sendo expostos a cada propaganda (condição de tratamento). Desenvolva suas próprias medidas da eficácia da propaganda nesse contexto.

Discussão em grupo

1. "Já que ninguém consegue provar uma relação causal conduzindo um experimento, a experimentação não é científica para examinar as relações de causa e efeito." Em grupos pequenos, discuta essa declaração.

Notas

1. "Muzak history and corporate profile 2000", *http://www.muzak.com.*; Rebecca Ganzel, Michele Picard e David Stamps, "Muzak to their ears", *Training*, 35, 4, abr. 1998, p. 14; Ed Rubinstein, "New system puts snap, crackle and pop into static menus", *Nation's Restaurant News*, 31, 20, 19 maio 1997, p. 112, e D. Yang, "Hear the muzak buy the ketchup", *Business Week*, 28 jun. 1993, p. 70-72.
2. David Murphy, "Taking your ads in-store", *Marketing*, 18 mar. 1999, p. 35-36; Ken Gofton, "Pop moves ups the charts", *Marketing*, 17 abr., 1997, p. XI.
3. Alisa Priddle, "King of coupons", *Printing Impressions*, 42, 11, abr. 2000, p. 26-28; John Yarbrough, "Still clipping away", *Sales & Marketing Management*, 149, 3, mar. 1997, p. 74-75, e Robert W. Shoemaker e Vikas Tibrewala, "Relating coupon redemption rates to past purchasing of the brand", *Journal of Advertising Research*, 25, out./nov. 1985, p. 40-47.
4. Joan Muller, David Welch e Kathleen Kerwin, "The merger that can't get in gear: DaimlerChrysler must now rim costs, just when Chrysler needs to spiff up its fleet", *Business Week*, 3692, 31 jul. 2000, p. 46; Jean Halliday, "Chrysler gives prospects 3 avenues for response", *Advertising Age*, 70, 3, 18 jan. 1999, p. 40, e Steven D. Bruyn, "The Plymouth renaissance", *Marketing Management*, 5, 2, verão 1996, p. 56-59.
5. Adams Hudson, "How to make yellow pages ads pull more leads", *Air Conditioning*, 210, 13, 24 jul. 2000, p. 14-15, e Gerald. L. Lohse, "Consumer eye movement patterns on yellow pages advertising", *Journal of Advertising*, 26, primavera 1997, p. 61-73.
6. "Business: virtual advertising", *The Economist*, 354, 8153, 15 jan. 2000, p. 68; Robyn Lawrence, "Virtual advertising becomes a reality", *Campaign-London*, 2 jul. 1999, p. 26; Laurence N. Gold, "Virtual reality now a research reality", *Marketing Research*, outono 1993, p. 50-51, e Howard Schlossberg, "Shoppers virtually stroll through store aisles to examine packages", *Marketing News*, 7 jun. 1993, p. 2.

CAPÍTULO 9

Medição e Escalonamento: Fundamentos e Graduações Comparativas

Neste capítulo abordamos as seguintes questões:

1. O que significam medição e escalonamento? O escalonamento pode ser considerado uma parte da medição?
2. Quais são as escalas primárias de medição e como as diferenciamos?
3. Como as técnicas de escalonamento podem ser classificadas e quais são as várias técnicas de escalonamento comparativas?
4. Como a medição e o escalonamento se relacionam com as várias etapas do processo de pesquisa de marketing?
5. Por que a medição e o escalonamento são importantes para a gestão da qualidade total?
6. Como a tecnologia melhora a medição e o escalonamento?
7. Quais questões éticas estão envolvidas na seleção de escalas de medição?
8. Como a Internet pode ser usada para construir escalas primárias de medição?

ESCALANDO AS OLIMPÍADAS

Os Jogos Olímpicos têm uma audiência muito alta entre os jovens. Na realidade, são o evento esportivo televisionado mais popular (classificado como número um) entre os meninos (71%) e meninas (62%) adolescentes, de acordo com o The New World Teen Study. O BrainWaves Group, uma empresa de tendências e consultoria global de Nova York, conduziu esse estudo com 6.500 adolescentes em 26 países. Elissa Moses, diretora administrativa do BrainWaves Group, diz: "As Olimpíadas são o pacote favorito dos jovens porque na cultura adolescente global o esporte é um tema dominante, sendo que os meninos e as meninas são participantes e telespectadores ativos".

Globalmente, as Olimpíadas desfrutam sua mais alta popularidade no Oriente Médio, onde é o evento esportivo mais televisionado, favorito de 85% de meninos e meninas. Na Austrália, anfitriã dos Jogos Olímpicos de 2000, os jogos vêm em terceiro na lista, favoritos de 84% dos adolescentes e de 80% das adolescentes. Os Estados Unidos estão abaixo na classificação: apenas 71% das meninas e 68% dos meninos citaram as Olimpíadas como sua competição esportiva favorita televisionada.

Entretanto, qualquer similaridade entre os gostos dos meninos e das meninas adolescentes acaba com as Olimpíadas. A maioria dos meninos adolescentes (63%) citou o basquete como seu esporte favorito, seguido do futebol (58%). As meninas adolescentes votaram na ginástica como seu esporte mais popular (57%), seguido do basquete (51%). Apenas 17% dos meninos citaram a ginástica como esporte preferido. Na realidade, de maneira global, o esporte favorito dos adolescentes é o basquete.

O BrainWaves Group desenvolveu uma classificação completa da popularidade de todos os esportes em termos de porcentagem de adolescentes que indicaram seus favoritos. Informações desse tipo podem ser usadas pelos comerciantes de marcas globais, como a Levi, na tentativa de penetrar o segmento dos adolescentes. Para abarcar o universo adolescente masculino, a Levi poderia levar ao ar comerciais durante os jogos televisionados de basquete ou futebol. Porém, para alcançar o universo feminino, deveria substituir o futebol pela ginástica.[1]

VISÃO GERAL

Depois de desenvolver o tipo de modelo (capítulo 3 ao 8), o pesquisador está pronto para a próxima fase. Ele precisa decidir como medir as informações e que tipos de escala usar. No caso de abertura, as escalas tiveram de ser desenvolvidas para medir a popularidade de vários esportes e eventos esportivos.

Este capítulo descreve os conceitos de escalonamento e medição. A Figura 9.1 explica brevemente o foco do capítulo, a relação com os capítulos anteriores e as etapas do processo de pesquisa de marketing em que se concentra. Neste capítulo revemos as quatro escalas primárias de medição: nominal, ordinal, por intervalo e de proporção. Em seguida discutimos as técnicas de escalonamento comparativas e não-comparativas e explicamos as técnicas comparativas em detalhes. (As técnicas não-comparativas são discutidas com mais detalhes no Capítulo 10.) Discutimos as aplicações das escalas primárias e o escalonamento comparativo na gestão da qualidade total (TQM), assim como o impacto da tecnologia no escalonamento e as questões éticas que surgem na medição e no escalonamento. A Figura 9.2 proporciona uma visão geral dos tópicos discutidos neste capítulo e como eles fluem de um capítulo para outro.

MEDIÇÃO E ESCALONAMENTO

Mensurar significa atribuir números ou outros símbolos às características dos objetos que estão sendo medidos, de acordo com regras predeterminadas. Estamos medindo as características do item, não o item diretamente. Assim, não medimos os consumidores – apenas suas percepções, suas atitudes, suas preferências ou outras características relevantes. No caso de abertura, medimos a preferência dos adolescentes por vários esportes e eventos esportivos.

Introdução à Pesquisa de Marketing

Figura 9.1 Relação do escalonamento com os capítulos anteriores e o processo de pesquisa de marketing

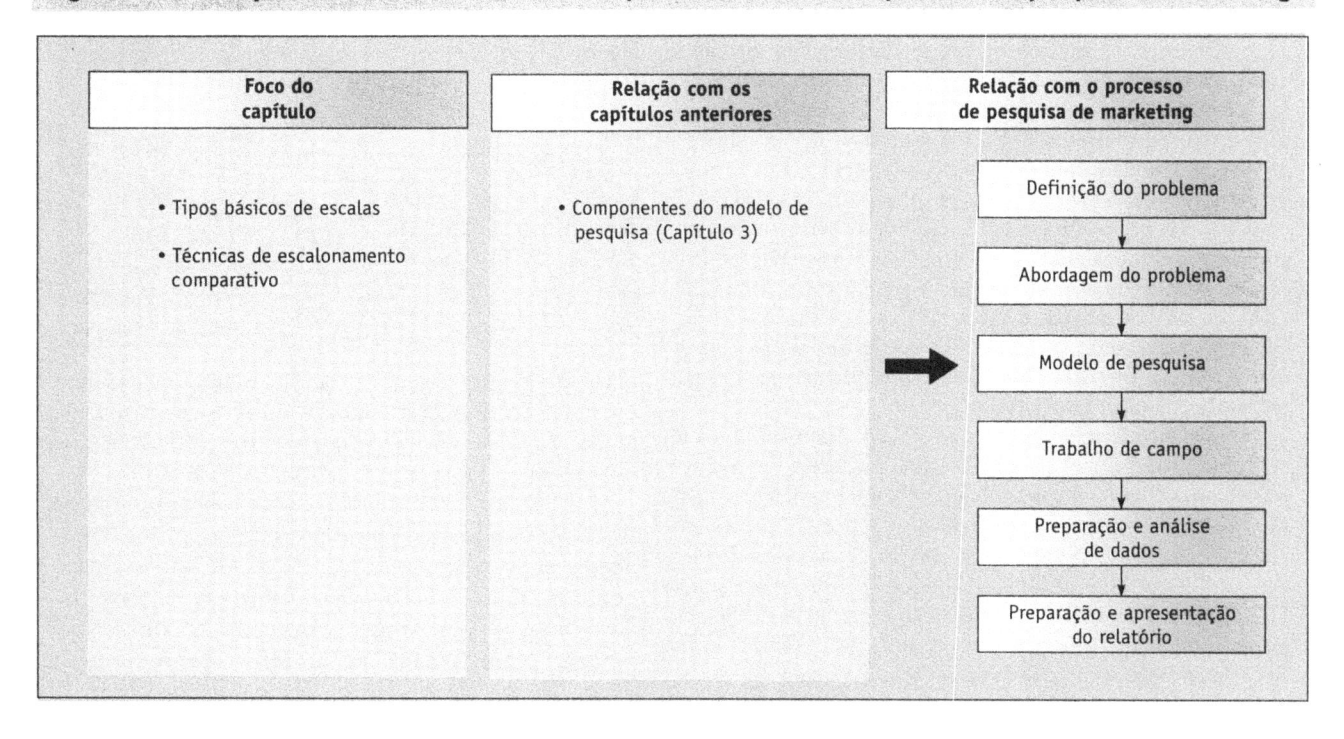

Foco do capítulo	Relação com os capítulos anteriores	Relação com o processo de pesquisa de marketing
• Tipos básicos de escalas • Técnicas de escalonamento comparativo	• Componentes do modelo de pesquisa (Capítulo 3)	Definição do problema ↓ Abordagem do problema ↓ Modelo de pesquisa ↓ Trabalho de campo ↓ Preparação e análise de dados ↓ Preparação e apresentação do relatório

Figura 9.2 Fundamentos e escalonamento comparativo: visão geral

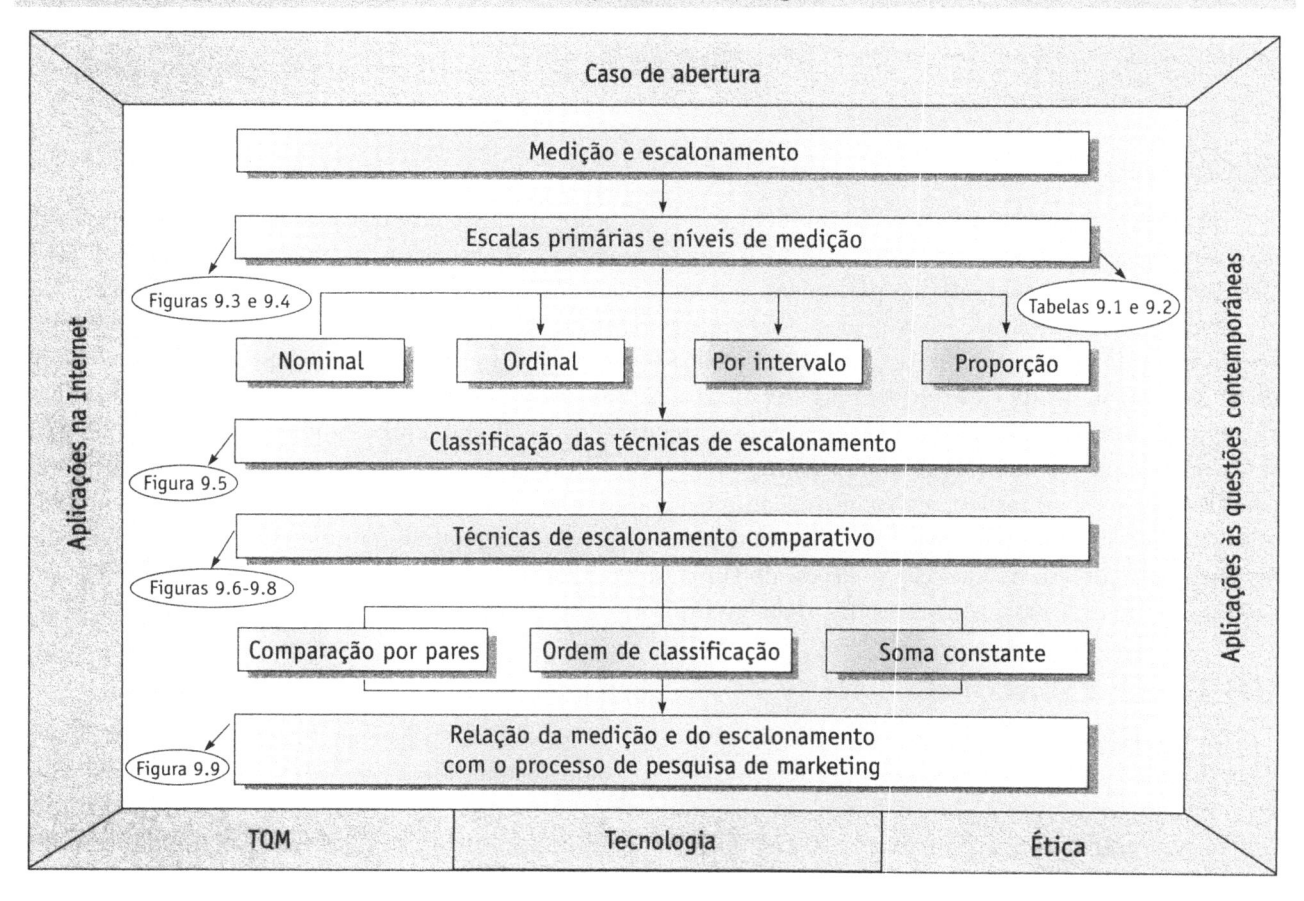

Caso de abertura

Medição e escalonamento
↓
Escalas primárias e níveis de medição

(Figuras 9.3 e 9.4)   (Tabelas 9.1 e 9.2)

- Nominal
- Ordinal
- Por intervalo
- Proporção

Classificação das técnicas de escalonamento
(Figura 9.5)
↓
Técnicas de escalonamento comparativo
(Figuras 9.6-9.8)

- Comparação por pares
- Ordem de classificação
- Soma constante

Relação da medição e do escalonamento com o processo de pesquisa de marketing
(Figura 9.9)

Aplicações na Internet — Aplicações às questões contemporâneas

TQM | Tecnologia | Ética

Na pesquisa de marketing, números são geralmente atribuídos por um destes motivos:
1. Os números permitem a análise estatística dos dados gerados.
2. Os números ajudam a comunicar as informações sobre os resultados.

O aspecto mais importante da medição é decidir como atribuir números às características que estão sendo estudadas. No caso de abertura, números tiveram de ser atribuídos para medir a popularidade de esportes diferentes em termos de porcentagem de entrevistados que mencionaram cada esporte como seu favorito. No desenvolvimento do processo de atribuição, deve haver uma correspondência de um para um entre os números e as características que estão sendo medidas. Apenas então os números podem ser associados às características específicas do objeto que está sendo medido. Por exemplo, os mesmos números em dólares são atribuídos aos produtos com o mesmo preço. Além disso, as regras para atribuir números devem ser aplicadas de maneira padronizada. Elas não podem mudar com o objeto ou com o tempo.

O **escalonamento** pode ser considerado parte da medição. As escalas colocam os objetos que estão sendo medidos ao longo de um continuum. Para ilustrar, suponha que queiramos medir os consumidores em termos de atitude em relação à goma de mascar Wrigley. Com base nas respostas, cada consumidor receberia um número indicando uma atitude desfavorável (medido como 1), uma atitude neutra (medido como 2) ou uma atitude favorável (medido como 3). A medição é a atribuição real de 1, 2 e 3 para cada entrevistado usando uma escala que foi de 1 a 3. Nesse exemplo, o escalonamento é o processo de colocar a resposta do consumidor ao longo de um continuum de atitude de desfavorável neutra e favorável. A escala é o conjunto de valores que vão de 1 a 3. No caso de abertura, o escalonamento foi o processo de colocar cada esporte ao longo de um continuum de preferência, de 0 a 100%.

ESCALAS PRIMÁRIAS E NÍVEIS DE MEDIÇÃO

A palavra *primário* significa básico ou fundamental. As quatro escalas primárias de medição são: nominal, ordinal, por intervalo e de proporção (Figura 9.3). A escala nominal é a mais básica ou limitada, seguida pela ordinal, por intervalo e de proporção. À medida que o nível de medição aumenta de nominal para o de proporção, aumenta a complexidade da escala. Para os entrevistados, a escala nominal é a mais simples de usar, ao passo que a escala de proporção é a mais complexa. Essas escalas estão ilustradas na Figura 9.4. Suas propriedades são resumidas na Tabela 9.1 e são discutidas nas seções seguintes.

Um exemplo comum de escala nominal são os números atribuídos aos jogadores

Figura 9.3   Escalas primárias de medição

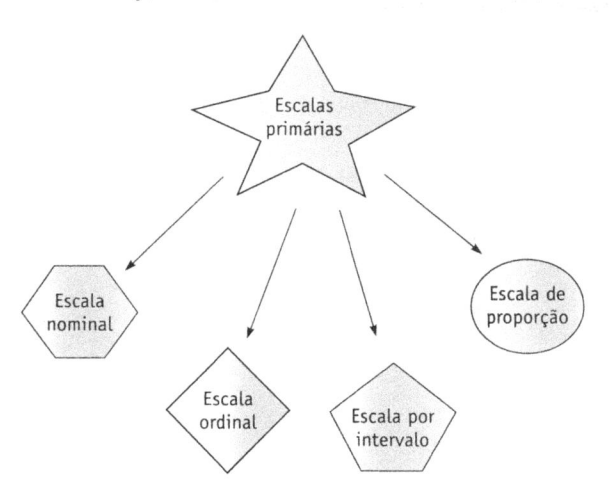

Figura 9.4 Escalas primárias de medição

Escala					
Nominal	Números atribuídos aos corredores	17	21	13	Chegada
Ordinal	Ordem de classificação dos vencedores	Terceiro lugar	Segundo lugar	Primeiro lugar	
Por intervalo	Classificação do desempenho numa escala de 0 a 100	74	90	97	
De proporção	Tempo de chegada, em segundos	16,1	14,0	13,2	

Escala nominal

Uma **escala nominal** utiliza números como etiquetas ou rótulos para identificar e classificar os objetos. Por exemplo, cada um dos adolescentes participantes do estudo dos esportes discutido no caso de abertura recebe um número. Esse número seria uma escala nominal. Quando é usada uma escala nominal para identificação, há uma correspondência restrita de um para um entre o número que está sendo atribuído e os objetos medidos. Cada número é atribuído a apenas um objeto, e cada objeto tem apenas um número atribuído a ele. Os exemplos comuns incluem os números do Seguro Social e os números atribuídos aos jo-

Tabela 9.1 Escalas primárias de medição

ESCALA PRIMÁRIA	CARACTERÍSTICAS BÁSICAS	EXEMPLOS COMUNS	EXEMPLOS DE MARKETING	ESTATÍSTICAS ADMISSÍVEIS
Nominal	Números identificam e classificam os objetos	Números do Seguro Social, numeração dos jogadores de futebol	Números das marcas, tipos de loja, classificação por sexo	Porcentagens, modo
Ordinal	Números indicam as posições relativas dos objetos, mas não a importância das diferenças entre eles	Classificações de qualidade, classificações das equipes em um torneio	Classificações de preferências, posição no mercado, classe social	Percentil, média
Por intervalo	As diferenças entre os objetos podem ser comparadas; ponto zero é arbitrário	Temperatura (Fahrenheit, Celsius)	Atitudes, opiniões, números de proporções	Amplitude, meio, desvio-padrão
De proporção	Ponto zero é fixo; os valores das proporções das escalas podem ser computados	Comprimento, peso	Idade, renda, custos, vendas, participação no mercado	Média geométrica (todas)

gadores de futebol, usados nas camisas. Na pesquisa de marketing, as escalas nominais são utilizadas para identificar os participantes em um estudo, as marcas, os atributos, as lojas e outros objetos. No caso de abertura, números poderiam ser usados para denotar os vários esportes assistidos: 1) tênis; 2) hóquei; 3) futebol; 4) basquete, e daí em diante, resultando em uma escala nominal.

As escalas nominais são usadas para fins de classificação. Elas servem como rótulos/etiquetas para as classes ou as categorias. As classes são mutuamente exclusivas e coletivamente exaustivas. *Mutuamente exclusiva* significa que não há uma sobreposição entre as classes; cada objeto sendo medido se encaixa em apenas uma classe. Os objetos em cada classe são vistos como equivalentes em termos de características representadas pela escala nominal. Todos os objetos na mesma classe têm o mesmo número, e duas classes não têm o mesmo número. *Coletivamente exaustiva* significa que todos os objetos se encaixam em uma das classes. Por exemplo, os números 1 e 2 podem ser usados para classificar os entrevistados do estudo baseado em sexo ou gênero, sendo 1 para feminino e 2 para masculino. Cada entrevistado se encaixará em uma dessas duas categorias.

Os números atribuídos em uma escala nominal não refletem as quantidades relativas das características sendo medidas. Por exemplo, um número alto do Seguro Social não significa que a pessoa seja, de certo modo, superior àquelas com número mais baixo ou vice-versa. O mesmo se aplica aos números atribuídos às classes. Ao atribuir 1 para feminino e 2 para masculino, não estamos querendo dizer que, de alguma forma, um sexo é superior ao outro. Os números em uma escala nominal podem apenas ser contados. Portanto, as únicas estatísticas úteis, quando se utiliza uma escala nominal, são aquelas baseadas nas contagens de freqüência. Elas incluem as porcentagens, os modos e o qui-quadrado (Capítulo 15). Não é significativo computar a média de um número do Seguro Social ou a média de sexo dos entrevistados em um estudo. O exemplo seguinte ilustra essa limitação.

*E*xemplo

ESCALA NOMINAL

Em um estudo para medir a preferência dos consumidores por jeans, os números de 1 a 10 foram atribuídos às dez marcas que estavam sendo consideradas (Tabela 9.2). Assim, a marca número 9 se referia à Old Navy. O número de marca 6 foi atribuído à Jordache. Isso não significa que a Old Navy era, de certa maneira, superior à Jordache. Qualquer redistribuição dos números, como trocar os números dados à Old Navy e à Jordache, não teria efeito sobre os resultados. Os números não refletem quaisquer características das marcas.

É significativo fazer declarações do tipo "35% dos entrevistados haviam comprado jeans Levi". O modo, definido como o número com a freqüência mais alta, denota a marca preferida pelo maior número de entrevistados, por exemplo, Guess?. Entretanto, embora a média de todos os números atribuídos, de 1 a 10, seja 5,5, não é significativo declarar que o número da marca média de jeans seja 5,5.

Escala ordinal

Uma **escala ordinal** é uma escala de classificação. Nela, os números são atribuídos aos objetos, o que permite que o pesquisador determine se um objeto tem mais ou menos características que outro. No entanto, com esse tipo de escala, não é possível determinar a quantidade de características (mais ou menos) que um objeto tem em relação a outro. Os objetos classificados primeiro têm mais das características que estão sendo medidas que os objetos classificados em segundo, mas não temos como saber se o objeto classificado em segundo é um segundo próximo ou um segundo distante. Os exemplos comuns de escalas ordinais incluem as classificações de qualidade, as classificações das equipes em um torneio e os níveis educacionais (menos que colegial, colegial, certas faculdades e daí em diante).

Tabela 9.2 Ilustração das escalas primárias de medição

ESCALA NOMINAL	ESCALA DE PROPORÇÃO ORDINAL		ESCALA POR INTERVALO		ESCALA DE PROPORÇÃO
Nº marca de jeans	Classificações de preferência		Classificações de preferência 1-7 11-7		Preço em dólares
1. Bugle Boy	7	79	5	15	30
2. Calvin Klein	2	25	7	17	48
3. Diesel	8	82	7	17	27
4. Gap	3	30	6	16	32
5. Guess?	1	10	7	17	34
6. Jordache	5	53	5	15	35
7. Lee	9	95	4	14	30
8. Levi	6	61	5	15	33
9. Old Navy	4	45	6	16	29
10. Wrangler	10	115	2	12	24

Na pesquisa de marketing, as escalas ordinais são utilizadas para medir as atitudes, as opiniões, as percepções e as preferências relativas. A medição desse tipo pede que os entrevistados façam julgamentos "maior do que" ou "menor do que". Pedir aos entrevistados que coloquem em ordem de classificação os vários esportes em termos de preferência, como no caso de abertura, é um exemplo de escala ordinal.

As escalas ordinais são como as nominais, em que os objetos equivalentes recebem a mesma classificação. Quaisquer séries de números podem ser atribuídas, contanto que preservem as relações ordenadas entre os objetos. Em virtude dessa qualidade, as escalas ordinais podem ser transformadas de qualquer maneira, observando que a ordem básica dos objetos seja mantida. Nas escalas ordinais, os números diferem apenas em termos de ordem, não de importância (exemplo a seguir). Por esses motivos, além da operação de contagem permitida para as escalas nominais, as escalas ordinais também permitem o uso de estatísticas baseadas em centis. Isso significa que é válido calcular percentil, média e outras estatísticas resumidas dos dados ordinais (Capítulo 15).

Exemplo

ESCALA ORDINAL

A Tabela 9.2 dá as classificações de preferência de um entrevistado. Os entrevistados classificaram dez marcas de jeans em ordem de preferência, atribuindo 1 à marca mais preferida, 2 à segunda marca mais preferida etc. Observe que a Guess? (classificada em primeiro) é preferida à Calvin Klein (classificada em segundo). No entanto, não temos como saber quanto mais ela é preferida. Também não é necessário que atribuamos números de 1 a 10 para obter uma classificação de preferência. A segunda escala ordinal, que atribui um número 10 para a Guess?, 25 para a Calvin Klein, 30 para a Gap, e daí em diante, é uma escala equivalente. As duas escalas resultam na mesma ordenação das marcas de acordo com a preferência. Isso ilustra uma propriedade importante das escalas ordinais: quaisquer séries de números podem ser atribuídas, contanto que preservem as relações ordenadas entre os objetos.

Observe que a escala ordinal não substitui a escala nominal, mas simplesmente a suplementa. Poderíamos dizer que a marca número 5 recebeu a mais alta classificação de preferência – classificação em primeiro na escala ordinal – e identificá-la como Guess?.

Escala por intervalo

Em uma **escala por intervalo**, as distâncias numericamente iguais na escala representam valores iguais na característica sendo medida. Uma escala por intervalo contém todas as informações de uma escala ordinal. Além disso, ela permite que se comparem as diferenças entre objetos. A diferença entre 1 e 2 é a mesma que a diferença entre 2 e 3, que é a mesma da diferença entre 5 e 6. Na pesquisa de marketing, os dados sobre atitudes (por exemplo, atitude em relação a esportes) obtidos das escalas de classificação (1 = não gosto de jeito nenhum, 7 = gosto muito) são geralmente tratados como dados por intervalo. No caso de abertura, os dados por intervalo seriam obtidos se fosse pedido que os entrevistados classificassem cada esporte em termos de preferência usando uma escala de 7 pontos, sendo 1 = nem um pouco preferido e 7 = bastante preferido. Observe que, em uma escala por intervalo, dois objetos podem receber o mesmo número se contiverem a característica sendo medida até o mesmo ponto. As escalas desse tipo são discutidas no Capítulo 10, no escalonamento não-comparativo.

Todas as quatro escalas primárias podem ser usadas na pesquisa de marketing relacionada aos jeans

Em uma escala por intervalo, a localização do ponto zero não é fixa. Ambos, o ponto zero e as unidades de medida, são arbitrários. Isso é ilustrado na medição da temperatura. A escala Fahrenheit usa pontos zero diferentes e unidades de medida menores que a escala Celsius. Entretanto, ambas são usadas para medir a mesma qualidade: temperatura. Qualquer transformação linear positiva da forma $y = a + bx$ preservará as propriedades da escala. Aqui, x é o valor original na escala, y é o valor transformado na escala, b é uma constante positiva e a é qualquer constante. Duas escalas por intervalo que classificam as marcas de bolsa de mulher Coach, Dooney and Bourke, Vende e Gucci como 1, 3, 3, e 5, ou como 22, 26, 26, e 30, são equivalentes. Observe que a última escala pode ser derivada da primeira usando a = 20 e b = 2 na equação de transformação. A equivalência delas pode ser vista como segue:

```
Ruim    1     2     3     4     5    excelente
       22    24    26    28    30
```

Pelo fato de o ponto zero não ser fixo, não é importante tomar as proporções dos valores da escala. Assim, não é significativo dizer que está 1,5 vez mais quente em Phoenix (temperatura = 90 graus Fahrenheit) que em Buffalo (temperatura = 60 graus Fahrenheit). Observe que essa proporção muda na escala em Celsius. No exemplo da bolsa, a proporção da Gucci para a Dooney and Bourke é de 5:3 usando a primeira escala. Ele passa a ser 15:13 quando a escala é transformada.

Todas as técnicas e medidas estatísticas de tendência central (modo e média) que se aplicam aos dados nominais e ordinais também podem ser aplicadas aos dados da escala por intervalo. Além disso, são permitidos o meio aritmético, o desvio-padrão (Capítulo 15) e outras estatísticas comumente usadas na pesquisa de marketing. Entretanto, certas estatísticas especializadas, como a média geométrica, não são significativas nos dados de escala por intervalo. O exemplo do jeans proporciona uma ilustração adicional de uma escala por intervalo.

*E*xemplo

ESCALA POR INTERVALO

Na Tabela 9.2, as preferências de um entrevistado pelas dez marcas no estudo dos jeans são expressas em uma escala de classificação de 7 pontos. Podemos ver que, embora a Gap tenha recebido uma classificação de preferência de 6 e a Wrangler uma classificação de 2, isso não significa que a Gap seja três vezes mais preferida que a Wrangler. Quando são transformadas para uma escala equivalente de 11 para 17 (próxima coluna), as classificações para essas marcas passam a ser 16 e 12, e a proporção não é mais de 3 por 1. Esse exemplo se torna mais claro quando se percebe que uma escala por intervalo tem uma origem ou um ponto zero arbitrários.

Escala de proporção

Uma **escala de proporção** possui todas as propriedades das escalas nominais, ordinais e por intervalo. Além disso, é especificado um ponto zero absoluto, isto é, a origem da escala é fixa. Quando a medição é feita usando as escalas de proporção, podemos identificar ou classificar objetos, graduá-los e comparar os intervalos ou as diferenças. Diferentemente dos dados por intervalo, é significativo computar as proporções dos valores da escala. Não apenas a diferença entre 2 e 5 é a mesma que a diferença entre 14 e 17, mas 14 é sete vezes maior que 2 em um sentido absoluto. Os exemplos comuns de escalas de proporção incluem altura, peso, idade e renda. Em marketing, as vendas, os custos, as participações no mercado e o número de consumidores são variáveis medidas em uma escala de proporção. No caso de abertura, os dados de proporção seriam obtidos se fosse pedido que os adolescentes declarassem o tempo que gastaram assistindo a cada esporte na TV durante as Olimpíadas.

As escalas de proporção podem ser transformadas usando proporções. A fórmula de transformação é $y = bx$, onde b é uma constante positiva. Observe que aqui está faltando o a da fórmula de transformação da escala por intervalo. A pessoa não pode transformar uma escala de proporção adicionando uma constante arbitrária (a), como no caso de uma escala por intervalo. Um exemplo de uma transformação por proporção é fornecido pela conversão de jardas para pés ($b = 3$). As comparações entre as medições são idênticas, sejam elas feitas em jardas ou em pés.

Todas as técnicas estatísticas podem ser aplicadas aos dados de proporção. Elas incluem estatísticas especializadas, como a média geométrica. A seguir, uma ilustração do uso de escala de proporção no contexto do exemplo do jeans.

*E*xemplo

ESCALA DE PROPORÇÃO

A escala de proporção ilustrada na Tabela 9.2 traz o preço das dez marcas de jeans. Observe que, uma vez que o preço da Calvin Klein é de 48 dólares e o da Wrangler é de 24 dólares, a Calvin Klein custa, para o consumidor, duas vezes mais que a Wrangler. Em termos monetários, o ponto zero é fixo. Um preço zerado significa que o item é grátis. Adicionalmente, multiplicar esses preços por 100, para converter os dólares em centavos, resulta em uma escala equivalente, assim ilustrando o fato de que a escala de proporção tem um zero absoluto ou uma origem fixa.

CLASSIFICAÇÃO DAS TÉCNICAS DE ESCALONAMENTO

As técnicas de escalonamento comumente usadas na pesquisa de marketing podem ser classificadas em escalas comparativas e não-comparativas (Figura 9.5). As **escalas comparativas** envolvem a comparação direta de dois ou mais objetos. Por exemplo, pergunta-se aos entrevistados se eles preferem Coca ou Pepsi. Uma escala comparativa concede ao comerciante dados que medem as diferenças relativas. Ela tem apenas propriedades ordinais ou de ordem de classificação.

O escalonamento comparativo é algumas vezes chamado de escalonamento não-métrico. O caso de abertura apresentou um exemplo de escalonamento comparativo, quando os esportes diferentes foram classificados em termos da porcentagem de entrevistados mencionando cada esporte como seu favorito. A escala resultante mostrou uma comparação relativa de todos os esportes. Como ilustra a Figura 9.5, as escalas comparativas incluem as comparações por pares, a ordem de classificação e as escalas de soma constante.

A principal vantagem do escalonamento comparativo é que as pequenas diferenças entre os objetos sob estudo podem ser detectadas. O processo de comparação força o entrevistado a escolher entre dois objetos. Quando se pede que desempenhe uma tarefa de classificação, ele traz o mesmo ponto de referência para a tarefa. Isso faz com que as escalas comparativas sejam fáceis de entender e aplicar. Elas também tendem a reduzir os efeitos halo ou de transporte, em que os julgamentos iniciais influenciam os finais. A principal desvantagem do escalonamento comparativo é a limitação em termos de análise dos dados ordinais. Também não conseguimos generalizar além dos objetos sob estudo. Por exemplo, digamos que foi feito um estudo para comparar a Coca e a Pepsi. Se mais tarde essas marcas forem comparadas com a RC Cola, o pesquisador terá de fazer um novo estudo. Essas desvantagens são substancialmente superadas pelas técnicas de escalonamento não-comparativas.

Em **escalas não-comparativas**, também conhecidas como escalas métricas ou monádicas, os objetos são escalados independentemente dos outros. Presume-se que os dados resultantes sejam escalados por intervalo. Por exemplo, pede-se que os entrevistados avaliem a Coca em uma escala de preferência de 1 a 7 (1 = nem um pouco preferida, 7 = bastante preferida). Avaliações similares seriam obtidas para a Pepsi e a RC Cola. No caso de abertura, o uso de escalonamento não-comparativo envolve o entrevistado classificando cada esporte, individualmente, numa escala de preferência de 1 a 7. Como mostra a Figura 9.5, as escalas não-comparativas incluem as escalas de classificação contínua ou as escalas de classificação discriminada. Estas podem ser classificadas em escalas Likert, diferencial semântico ou Stapel.

O escalonamento não-comparativo é a técnica de escalonamento mais amplamente usada na pesquisa de marketing. Dada sua importância, o Capítulo 10 é inteiramente dedicado a ele. O resto deste capítulo focaliza as técnicas de escalonamento comparativo.

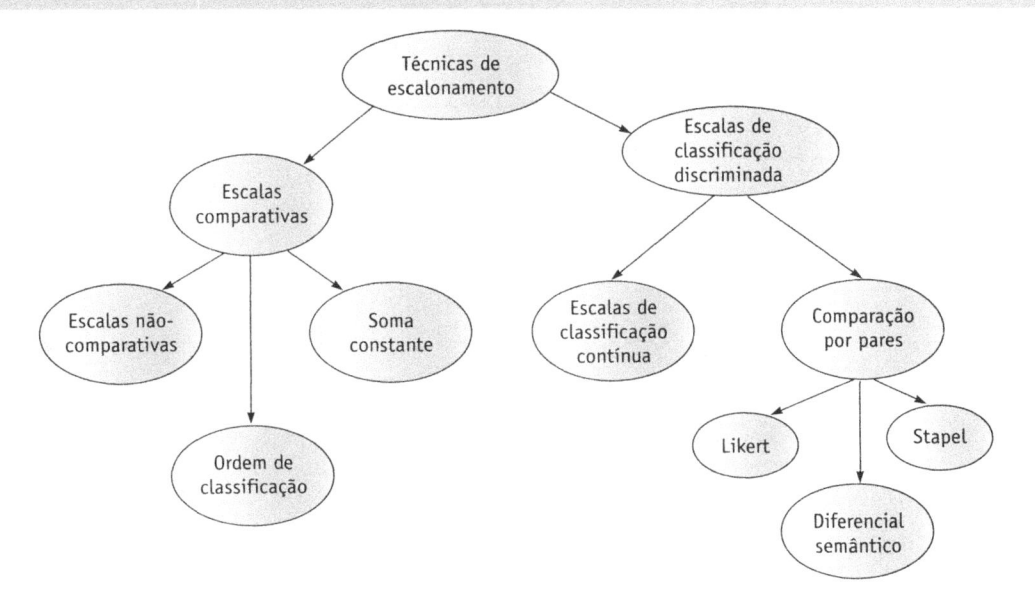

Figura 9.5 Classificação das técnicas de escalonamento

TÉCNICAS DE ESCALONAMENTO COMPARATIVO

Escalonamento de comparação por pares

Como o nome indica, em um **escalonamento de comparação por pares** é apresentado um par de alternativas a um entrevistado e lhe é pedido que selecione uma delas de acordo com certos critérios. Os dados obtidos dessa forma são, por natureza, ordinais. Um consumidor envolvido em um estudo de comparação por pares poderá declarar que compra mais nas lojas da JCPenney do que nas lojas da Sears, prefere o cereal Total ao Product 19 da Kellogg ou gosta mais do creme dental Crest do que do Colgate. As escalas de comparação por pares são freqüentemente usadas quando a pesquisa envolve produtos físicos. A Coca-Cola conduziu mais de 190 mil comparações por pares antes de introduzir a New Coke. O escalonamento de comparação por pares é a técnica de escalonamento comparativo mais amplamente utilizada (Figura 9.6).

O escalonamento de comparação por pares é útil quando o número de marcas sob consideração está limitado a não mais que cinco. Quando é envolvido um número grande de marcas, as comparações se tornam difíceis de manejar. Por exemplo, a avaliação das dez marcas de jeans na Tabela 9.2 envolveria 45 comparações por pares. A ordem em que as alternativas são apresentadas pode influir nos resultados. Também problemático é o fato de que as comparações por pares pouco se assemelham à situação do mercado, que envolve a seleção de alternativas múltiplas. Os entrevistados podem preferir uma alternativa à outra, mas isso não significa, em absoluto, que eles gostem dessa alternativa. O exemplo seguinte proporciona avaliações adicionais ao escalonamento de comparação por pares.

Figura 9.6 Escalonamento de comparação por pares

Instruções
Vamos apresentar dez pares de marcas de xampu. Para cada par, indique qual das marcas de xampu no par você preferiria para uso pessoal.

Forma de registro

	Jhirmack	Finesse	Vidal Sassoon	Head & Shoulders	Pert
Jhirmack		0	0	1	0
Finesse	1[a]		0	1	0
Vidal Sassoon	1	1		1	0
Head & Shoulders	0	0	0		0
Pert	1	1	0	1	
Número de vezes preferida	3[b]	2	0	4	1

[a] 1 em um box específico significa que a marca nessa coluna teve preferência sobre a marca na fileira correspondente do entrevistado. Um 0 significa que a marca da fileira teve preferência sobre a marca da coluna.
[b] O número de vezes que uma marca teve preferência é obtido somando o 1 de cada coluna.

Exemplo

TESTE DE SABOR DE COMPARAÇÃO POR PARES: FALTA DE GOSTO PELO MERCADO?

O método mais comum de teste de sabor é a comparação por pares. É pedido que o consumidor prove dois produtos e selecione aquele que tenha o sabor mais atraente. O teste é feito às cegas, sendo que as marcas comparadas não são identificadas. Esse tipo de teste é feito de modo privado, nos domicílios ou em locais convenientemente centralizados. Um mínimo de mil respostas é considerado um tamanho de amostra adequado.

Entretanto, um teste cego de um refrigerante pode não ser bom indicador do desempenho no mercado. Imagens, lealdade e reputação da marca são fatores muito importantes na decisão de compra do consumidor, mas não são captados em um teste de comparação emparelhado às cegas. A introdução da New Coke ilustra esse ponto. A New Coke foi fortemente favorecida nos testes de sabor de comparação por pares. No entanto, sua introdução não foi tão bem-sucedida, porque a imagem e a lealdade têm um papel principal na compra da Coca.[2]

Escalonamento por ordem de classificação

Depois da comparação por pares, a técnica de escalonamento comparativo mais popular é o **escalonamento por ordem de classificação**, no qual são apresentadas várias alternativas simultaneamente ao entrevistado e se pede que ele classifique as marcas de jeans de acordo com a preferência geral, como na Tabela 9.2. Essas classificações são geralmente obtidas pedindo ao entrevistado que atribua 1 para a marca mais preferida, 2 para a segunda mais preferida e daí em diante, até que cada alternativa seja classificada até

Figura 9.7 Escalonamento por ordem de classificação

Instruções

Classifique as várias marcas de creme dental em ordem de preferência. Comece escolhendo a marca que você mais gosta e atribua a ela o número 1. Em seguida, encontre sua segunda marca preferida e atribua a ela o número 2. Continue com esse procedimento até que tenha classificado todas as marcas de creme dental em ordem de preferência. A marca menos preferida deve receber uma classificação de 10.

Duas marcas não devem receber o mesmo número de classificação.

Os critérios de preferência são totalmente seus. Não existe resposta certa ou errada. Apenas tente ser consistente.

Marca	Ordem de classificação
1. Crest	_____
2. Colgate	_____
3. Aim	_____
4. Mentadent	_____
5. Macleans	_____
6. Ultra Brite	_____
7. Close Up	_____
8. Pepsodent	_____
9. Plus White	_____
10. Stripe	_____

a marca menos preferida. Assim como a comparação por pares, essa abordagem também é comparativa por natureza. Entretanto, é possível que mesmo a marca classificada como 1 não seja, de maneira absoluta, aquela de que o entrevistado goste mais; isto é, ela pode ser a que ele menos desgosta. O escalonamento por ordem de classificação também resulta em dados ordinais, como na Tabela 9.2, que usa os dados de ordem de classificação para derivar uma escala ordinal.

O escalonamento por ordem de classificação é comumente usado para medir a preferência entre as marcas, assim como entre os atributos da marca. O escalonamento por ordem de classificação força o entrevistado a discriminar entre as alternativas. Esse tipo de processo de escalonamento se parece com o ambiente de um shopping. Ele também leva menos tempo que as comparações por pares. Outra vantagem é que ela é facilmente entendida e os resultados são fáceis de comunicar. O caso de abertura mostrou que os Jogos Olímpicos são o evento esportivo mais popular (classificado como 1) entre meninos e meninas adolescentes e que o basquete é o esporte favorito dos espectadores adolescentes em geral. Esses resultados são fáceis de comunicar. A principal desvantagem dessa técnica é que ela produz apenas dados de nível ordinal.

*E*xemplo

VOTOS VENCEDORES COM A PESQUISA DE MARKETING

Desde seu nascimento, em 1939, a Gallup tem perguntado aos norte-americanos qual é o problema mais importante que o país enfrenta. A Gallup baseou seus resultados mais recentes nas entrevistas por telefone de mais de 1.000 adultos acima de 18 anos. Essa pergunta direta não tem respostas predefinidas (livres), o que significa que os participantes declaram a resposta que tiverem na mente. Depois de coletar todos os resultados, a Gallup coloca as respostas similares em categorias amplas. De acordo com um estudo do ano 2000, os cinco assuntos mais importantes, em ordem de importância, são: (1) ética/desonestidade; (2) educação; (3) crime/violência; (4) insatisfação com o governo; e (5) combate às drogas. Essa ordem de importância revela uma escala por ordem de classificação. Esses assuntos acabaram se tornando cruciais na eleição presidencial de 2000 e foram calorosamente debatidos pelos candidatos republicano e democrata. Ao enfocar a ética presidencial passada dos democratas e ao desenvolver o que parecia ser uma forte lei educacional e uma plataforma para um país mais seguro, George W. Bush conseguiu ganhar votos suficientes para chegar à Casa Branca.[3]

Escalonamento de soma constante

No **escalonamento de soma constante**, o entrevistado distribui uma soma constante de unidades, como pontos, dólares ou chips, entre um conjunto de alternativas segundo algum critério específico. Pode ser pedido, por exemplo, que o entrevistado aloque 100 pontos para oito atributos de um sabonete (Figura 9.8). Os pontos são repartidos para representar a importância conferida a cada atributo. Se um atributo não é importante, o entrevistado não atribui nenhum ponto. Se um atributo é duas vezes mais importante que outros atributos, o entrevistado atribui a ele duas vezes mais pontos. Todos os pontos que um entrevistado atribui devem totalizar 100. Daí o nome da escala: soma constante. Uma escala de soma constante também resulta quando as porcentagens são calculadas, como no caso de abertura.

O escalonamento de soma constante pode ser utilizado para determinar a importância relativa dos sabonetes

Capítulo 9: Medição e Escalonamento: Fundamentos e Graduações Comparativas

Figura 9.8 Escalonamento de soma constante

Instruções

Abaixo estão oito atributos de um sabonete. Reparta 100 pontos entre os atributos, de modo que sua divisão reflita a importância relativa que você confere a cada atributo. Quanto mais pontos um atributo receber, mais importante será. Se um atributo não for importante, não lhe dê nenhum ponto. Se um atributo for duas vezes mais importante que outro, ele deverá receber duas vezes mais pontos.

Forma

MÉDIA DE RESPOSTA DOS TRÊS SEGMENTOS

Atributo	Segmento I	Segmento II	Segmento III
1. Suavidade	8	2	4
2. Espuma	2	4	17
3. Redução	3	9	7
4. Preço	53	17	9
5. Fragrância	9	0	19
6. Embalagem	7	5	9
7. Hidratante	5	3	20
8. Poder de limpeza	13	60	15
Soma	100	100	100

Observe que a escala de soma constante tem um zero absoluto – 10 pontos são duas vezes mais que 5 pontos, e a diferença entre 5 e 2 pontos é a mesma que a diferença entre 57 e 54 pontos. Por esse motivo, os dados da escala de soma constante são algumas vezes tratados como métricos. Embora isso possa ser apropriado no contexto limitado dos objetos graduados, os resultados não são generalizáveis nem aplicáveis a outros objetos não incluídos no estudo. Desse modo, rigorosamente falando, a soma constante deve ser considerada uma escala ordinal.

As principais vantagens da soma constante são que ela permite a discriminação precisa entre as alternativas e não requer muito tempo. No entanto, há uma grande desvantagem. Os entrevistados podem distribuir mais ou menos unidades que aquelas especificadas. Por exemplo, um entrevistado pode distribuir 108 ou 94 pontos. Se isso ocorrer, o pesquisador precisa ajustar os dados para somar 100 pontos ou eliminar aquele entrevistado da análise.

As escalas de soma constante na forma de porcentagem são freqüentemente usadas para apresentar resultados de pesquisas. No caso de abertura, a popularidade de um esporte foi medida em termos de porcentagem de entrevistados que o declararam como favorito. Como outro exemplo, considere o seguinte.

Exemplo

OS SHOPPINGS DA AMÉRICA

De acordo com uma recente pesquisa da Maritz Ameri-Poll, a visita aos shoppings locais se tornou parte do estilo de vida norte-americano. Os resultados dessa pesquisa indicaram que, em média, 40% dos adultos fazem compras em um shopping uma ou duas vezes por mês. Outros 20% fazem compra no shopping de três a quatro vezes por mês, enquanto 10% vão ao shopping de cinco a sete vezes. 'Nasceu para fazer compras' é a descrição aplicada às pessoas que vão ao shopping de oito a dez vezes por mês. De acordo com essa pesquisa, 7% da população 'Nasceu para fazer compras'.

As informações comunicadas como porcentagem são ilustração de uma escala de soma constante. As redes de lojas de departamentos utilizam esse tipo de informação ao planejar a localização de lojas nos shoppings. Os 23% que vão ao shopping menos de uma vez por mês representam um segmento que precisa ser penetrado.[4]

RELAÇÃO DA MEDIÇÃO E DO ESCALONAMENTO COM O PROCESSO DE PESQUISA DE MARKETING

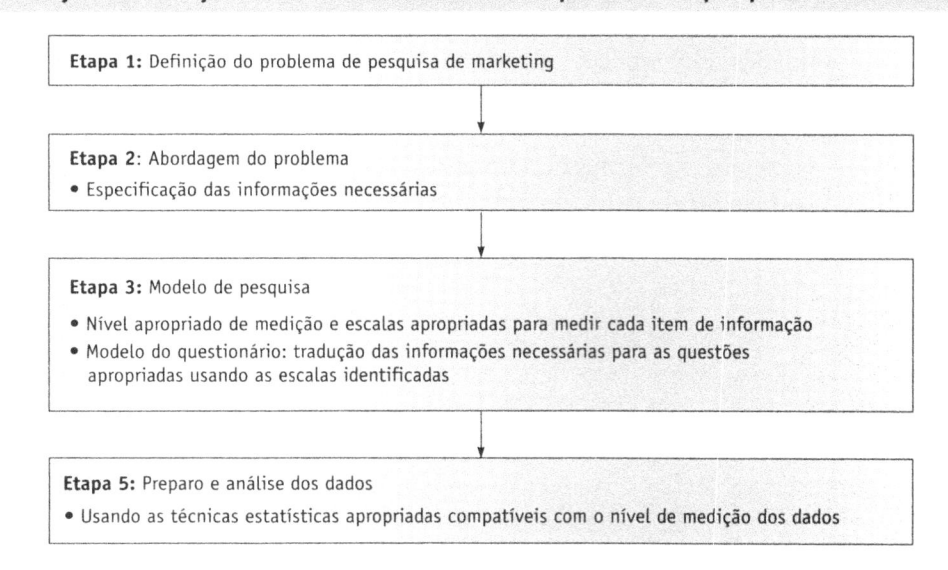

A relação da medição e do escalonamento com as etapas anteriores e subseqüentes do processo de pesquisa de marketing é descrita na Figura 9.9. O problema de pesquisa de marketing é definido na etapa 1. Com base nessa definição, é desenvolvida uma abordagem para o problema (etapa 2). Um componente importante da abordagem é especificar as informações necessárias para levantar o problema da pesquisa de marketing. A medição e o escalonamento são parte do modelo de pesquisa (etapa 3). O pesquisador precisa identificar um nível apropriado de medição (nominal, ordinal, por intervalo ou de proporção) para cada item de informação necessária. Se o nível de medição for ordinal, ele geralmente seleciona uma das técnicas comparativas (comparação por pares, ordem de classificação ou soma constante). Se os dados são por intervalo, o pesquisador seleciona uma das técnicas não-comparativas (escala de classificação contínua ou discriminada: Likert, diferencial semântico ou Stapel).

Do mesmo modo, o pesquisador precisa selecionar uma escala apropriada para um item de informação que seja medido em nível nominal ou de proporção. Na elaboração de um questionário, o que também faz parte do modelo de pesquisa, o pesquisador deve traduzir as informações necessárias para as questões apropriadas usando as escalas identificadas. Quando analisa os dados (etapa 5), o pesquisador precisa utilizar apenas aquelas técnicas estatísticas que sejam compatíveis com o nível de medição dos dados. Por exemplo, a análise de regressão, apresentada no Capítulo 17, presume que a variável dependente seja medi-

Figura 9.9 Relação da medição e do escalonamento com o processo de pesquisa de marketing

Etapa 1: Definição do problema de pesquisa de marketing

Etapa 2: Abordagem do problema
- Especificação das informações necessárias

Etapa 3: Modelo de pesquisa
- Nível apropriado de medição e escalas apropriadas para medir cada item de informação
- Modelo do questionário: tradução das informações necessárias para as questões apropriadas usando as escalas identificadas

Etapa 5: Preparo e análise dos dados
- Usando as técnicas estatísticas apropriadas compatíveis com o nível de medição dos dados

da usando uma escala por intervalo ou de proporção. Assim, a análise de regressão não deve ser utilizada quando os dados foram medidos em um nível ordinal.

ILUSTRAÇÃO RESUMIDA USANDO O CASO DE ABERTURA

As quatro escalas primárias de medição são: nominal, ordinal, por intervalo e de proporção. A escala nominal é a mais básica. Os números são usados para identificar ou classificar os objetos sob estudo. No caso de abertura, os números poderiam ter sido utilizados para denotar os vários esportes: 1) tênis; 2) hóquei; 3) futebol; 4) basquete, e daí em diante. O fato de o futebol ter sido identificado com o número 3 não significa que ele seja mais ou menos preferido que o basquete. Na escala ordinal, os números indicam a posição relativa dos objetos, mas não a importância da diferença entre eles. A classificação dos vários esportes, com o basquete no topo, constitui uma escala ordinal. A escala por intervalo permite uma comparação das diferenças entre os objetos. No entanto, tem um ponto arbitrário de zero. Assim, não é significativo calcular os índices dos valores em uma escala por intervalo. A classificação de preferência para os vários esportes em uma escala de 7 pontos (1 = não tão preferido, 7 = bastante preferido) seria uma escala de intervalo.

Alternativamente, essa escala de preferência poderia ir de –3 para +3. A última escala pode ser derivada da primeira subtraindo 4 de cada unidade da escala. A escala de proporção, em que o ponto zero é fixo, representa o nível mais alto de medição. O pesquisador pode computar índices dos valores usando essa escala. A escala de proporção incorpora todas as propriedades das escalas de nível mais baixo: nominal, ordinal e por intervalo. O tempo e o dinheiro gastos assistindo a cada esporte seriam exemplos de escalas de proporção.

As técnicas de escalonamento podem ser classificadas como comparativas e não-comparativas. O escalonamento comparativo envolve uma comparação direta das alternativas. O caso de abertura apresentou um exemplo de escalonamento comparativo de esportes classificados em termos da porcentagem de entrevistados que mencionaram os favoritos. A escala resultante apresentou uma comparação relativa de todos os esportes. No escalonamento não-comparativo, os objetos são avaliados individualmente, um por vez. No caso de abertura, o uso de escalonamento não-comparativo envolveria os entrevistados classificando cada esporte, individualmente, em uma escala de preferência de 1 a 7. As escalas comparativas incluem a comparação por pares, a ordem de classificação e a soma constante. Os dados obtidos com esses procedimentos têm propriedades apenas ordinais. O caso de abertura ilustra a utilização do escalonamento por ordem de classificação com o basquete em primeiro lugar. Os entrevistados indicam qual é seu esporte preferido. A partir desses dados, podemos derivar a porcentagem de entrevistados indicando cada esporte como favorito, o que seria uma escala de soma constante.

PESQUISA DE MARKETING E TQM

O escalonamento comparativo pode render informações vitais para a melhoria da qualidade. As empresas podem determinar como estão em relação à concorrência e quais são os atributos mais importantes para os consumidores. A mais simples das escalas de comparação, por pares, rende informações sobre a posição da empresa em relação à concorrência. Se a Wendy's quiser saber como está em relação ao Burger King, ela conduz comparações por pares.

Uma ordem de classificação também rende informações às empresas de qualidade. É pedido que os consumidores classifiquem os produtos por ordem de qualidade. Por exemplo, eles podem classificar uma seleção de restaurantes de fast-food dessa maneira. O Steak and Ale, que compete nacionalmente com o Longhorn Steaks, o Outback Steakhouse e o Sizzler, pode

O Steak and Ale pode fazer uso do escalonamento por ordem de classificação e do escalonamento de soma constante para determinar a percepção dos clientes sobre a qualidade do restaurante

querer determinar como eles estão classificados em comparação à concorrência. Com base na qualidade, é pedido aos entrevistados que classifiquem por ordem esses quatro restaurantes, para ajudar o Steak and Ale a determinar sua qualidade em relação à concorrência.

O método de escala comparativa de soma constante também pode ser usado para determinar quais atributos são importantes quando se faz julgamento sobre a qualidade. Seria pedido que os entrevistados conferissem 100 pontos a atributos como serviço rápido, serviço amigável, qualidade da comida, atmosfera e disponibilidade de área para não-fumantes, baseados em sua importância na determinação da qualidade de um restaurante. Isso ajudaria a descobrir quais atributos são importantes para determinar a qualidade do Steak and Ale.

Uma empresa precisa estar comprometida com a TQM para poder dominar seu mercado, como ilustrado pela Coca-Cola.

Exemplo

QUALIDADE EM PRIMEIRO LUGAR FAZ DA COCA A NÚMERO UM

Toda empresa quer ser classificada como a número um. Isso é especialmente importante na ferozmente competitiva indústria de bebidas. As 100 principais empresas de 1998 foram classificadas em termos de dólares em vendas. Depois, foram colocadas em seqüência, indo do número 1 (a de mais dólares em vendas) ao número 100. As cinco primeiras colocadas foram: Coca-Cola, Nestlé, Diageo, PepsiCo e Anheuser-Busch.

Por ser a maior empresa de bebidas do mundo, a Coca-Cola está comprometida em criar valor para a empresa, seus parceiros de envasamento, os acionistas e os consumidores. Um foco consistente sobre os vários grupos de clientes e um desejo intenso de satisfazer suas necessidades formaram a espinha dorsal do programa de TQM da Coca-Cola. A pesquisa de marketing tem tido um papel central no monitoramento e na identificação das necessidades do mercado. A qualidade é medida usando escalas ordinais (por exemplo, classificação de qualidade), por intervalo (por exemplo, índice de qualidade) e de proporção (por exemplo, número de serviços defeituosos). A Coca-Cola desenvolveu um índice de qualidade para classificar todos os seus envasadores em uma escala interna de 0 a 100. Esse índice permite que a empresa monitore continuamente a qualidade de seus envasadores para implementar melhorias contínuas da qualidade (MCQ).

Em virtude da TQM que implementa, a Coca tem a marca registrada mais reconhecida e o sistema de distribuição mais eficaz do mundo. Ela tem orgulho de sua dedicação à qualidade por toda parte medida por pesquisas de marketing, e é esse compromisso que faz dela uma figura dominante na indústria de bebidas.[5]

TECNOLOGIA E PESQUISA DE MARKETING

Os gerentes dos bancos de dados permitem que os pesquisadores desenvolvam e testem várias escalas para determinar sua adequação para uma aplicação específica. Por exemplo, o autor desenvolveu e testou configurações de escalas ordinais, por intervalo e de proporção usando dBASE. Vários programas estão disponíveis para desenvolver e administrar escalas de comparação por pares. O EzPair, de Barry Cohen, pode desenvolver escala de comparação por pares e testes de produtos de comparação por pares usando técnicas estatísticas de controle de qualidade. O EzPair permite que o teste acabe cedo, sem comprometer sua confiabilidade, se um produto estiver claramente ganhando. O Pulse/MPC, da Pulse Analytics, permite análises de comparação por pares múltiplos. Ele projeta dados de comparação por pares em uma escala de ordem de preferência. Mais de 30 marcas ou variáveis podem ser analisadas simultaneamente. Computadores também podem ser usados para elaborar e administrar escalas de ordem de classificação, de soma constante e de proporção para determinar a preferência dos consumidores entre as alternativas concorrentes.

Utilizando as escalas de proporção administradas por um computador, o International Data Group (IDG) descobriu um meio de calcular a porcentagem de consumidores de tecnologia de informação que ficam indecisos, ou seja, um grupo ou categoria de consumidores que parece ser fiel ao produto, mas na realidade não tem um grau alto de fidelidade com aquele produto. Esses consumidores seriam vulneráveis às marcas competitivas. A pesquisa também indicou os tipos de produtos que exibem uma alta probabilidade daqueles que ficam indecisos.

Os consumidores de software de apresentação gráfica foram os menos leais à marca, sendo que apenas 33% indicaram que comprariam a mesma marca novamente. Os consumidores de notebooks portáteis também exibiram uma baixa lealdade à marca: apenas 36% dos entrevistados sinalizaram que adquiririam a mesma mercadoria. Os compradores de sistemas operacionais para notebooks e impressoras a laser foram os mais leais, com 61% deles indicando que comprariam a mesma marca novamente. A pesquisa pode ser bastante útil para empresas ambiciosas que estão tentando ganhar participação no mercado de tecnologia.[6]

ÉTICA NA PESQUISA DE MARKETING

É responsabilidade do pesquisador utilizar as escalas apropriadas para obter os dados necessários para responder às questões de pesquisa e testar as hipóteses. Pegue, por exemplo, um estudo que a IBM iniciou para medir e explicar a preferência dos consumidores por marcas de computadores (IBM, Packard Bell, Acer, Gateway, NEC, Apple, Compaq e Dell). Um meio de obter informações sobre a preferência desses consumidores seria dar a cada entrevistado vários cartões, cada um com uma marca de computador. O entrevistado classificaria as marcas (cartões) em ordem de preferência. Primeiro, selecionaria o cartão para a marca mais preferida, seguido pelo cartão da segunda marca mais preferida, a terceira mais preferida, e daí em diante, até que, por último, seja selecionado o cartão para a marca menos preferida. Isso resulta em dados ordinais. Embora isso proporcione avaliações valiosas sobre a preferência da marca, permitindo que o entrevistado compare os cartões, embaralhe-os, compare outra vez e novamente os embaralhe, esses dados não podem ser analisados com técnicas estatísticas populares. Para explicar a preferência pelas marcas de computadores em termos de atributos relevantes, são necessários dados da escala por intervalo.

O uso consciente de escalas inadequadas levanta questões éticas. É obrigação do pesquisador obter os dados que são mais apropriados para as questões da pesquisa, como ilustra o exemplo a seguir.

Exemplo

ESCALANDO OS DILEMAS ÉTICOS

Em um estudo destinado a medir os julgamentos éticos dos pesquisadores de marketing do sexo feminino e do sexo masculino, foram usados itens de uma escala previamente desenvolvida e testada. No entanto, depois que foi conduzido um pré-teste em uma amostra de conveniência de 65 profissionais de marketing, tornou-se aparente que alguns itens da escala original foram expressos de modo que não refletiam o uso atual. Assim, esses itens foram atualizados. Por exemplo, um item que era específico ao gênero, como "Ele atentou para o fato de que...", foi alterado para "O gerente do projeto atentou para o fato de que...".

Pediu-se aos entrevistados que mostrassem aprovação ou desaprovação da ação declarada acima de um diretor de pesquisa de marketing a respeito de cenários específicos. Percebendo-se que uma escala binária ou dicotômica seria muito restrita, a aprovação ou a desaprovação foram indicadas para que os entrevistados suprissem dados, em nível de intervalo, com escalas de 5 pontos com rótulos descritivos de 1 = desaprovo, 2 = desaprovo um pouco, 3 = não aprovo nem desaprovo, 4 = aprovo um pouco e 5 = aprovo. Os resultados trouxeram algumas diferenças, uma das quais mostrando que as pesquisadoras de marketing eram mais éticas que seus colegas do sexo masculino. Essas diferenças provavelmente não teriam sido descobertas se a escala dicotômica original (aprovo, desaprovo) tivesse sido usada. Entretanto, a pequena discriminação sentida pela escala por intervalo de 5 pontos permitiu que o pesquisador descobrisse essas diferenças. Esse exemplo ilustra a utilização de técnicas de escalonamento apropriadas em examinar as questões de ética na pesquisa de marketing.[7]

APLICAÇÕES NA INTERNET

Todas as escalas primárias de medição que consideramos podem ser implementadas na Internet, da mesma forma que as escalas comparativas comumente usadas. As comparações por pares que envolvem comparações verbais, visuais ou auditivas podem ser implementadas com facilidade, ao contrário das comparações de paladar, olfato e tato. Procurar na Internet escalas similares que foram implementadas por outros pesquisadores pode facilitar o processo de aplicação das escalas comparativas.

Exemplo

ESCALAS PRIMÁRIAS NOS LEVANTAMENTOS DE CAMPO ON-LINE

O Custominsight.com (*http://www.custominsight.com*) é um serviço de hospedagem e provedor de software usado para fazer levantamentos de campo on-line. É fornecido a qualquer pessoa que precise administrar um levantamento de campo pela Internet. O software da empresa, o Survey Administrator, guia os usuários pela criação de levantamentos e permite o uso de todas as escalas de medição. Os levantamentos de campo podem ser facilmente desenvolvidos para satisfação dos funcionários e do cliente, feedback do grupo, eficácia organizacional e várias outras aplicações.

Uma amostra do levantamento de campo de satisfação do funcionário inclui as questões que usam as seguintes escalas de medição:

1. Função de trabalho – escala nominal
2. Nível do empregado – escala nominal
3. Anos de serviço – escala de proporção
4. Avaliação da contribuição – escala por intervalo
5. Avaliação da compensação – escala por intervalo
6. Classificação da eficácia da gerência – escala ordinal

Levantamentos de campo desse tipo têm sido usados para desenvolver programas de recursos humanos para atrair e reter os melhores funcionários.

Resumo

A medição é a atribuição de números ou outros símbolos às características dos objetos de acordo com regras determinadas. O escalonamento envolve a geração de um continuum em que os objetos medidos estão localizados. As quatro escalas primárias de medição são: nominal, ordinal, por intervalo e de proporção. A escala nominal é a mais básica. Os números são usados apenas para identificar ou classificar os objetos em estudo. Na escala ordinal, os números indicam a posição relativa dos objetos, não a importância da diferença entre eles. A escala de intervalo permite uma comparação das diferenças entre os objetos. No entanto, por ter um ponto arbitrário de zero, não é significativo calcular os índices dos valores em uma escala por intervalo. A escala de proporção, em que o ponto zero é fixo, representa o nível mais alto de medição. O pesquisador pode computar índices de valores usando essa escala, que incorpora todas as propriedades das escalas de nível mais baixo.

As técnicas de escalonamento podem ser classificadas como comparativas e não-comparativas. O escalonamento comparativo envolve uma comparação direta de alternativas. As escalas comparativas incluem as comparações por pares, por ordem de classificação e de soma constante. Os dados obtidos por esses procedimentos têm apenas propriedades ordinais.

O escalonamento comparativo pode render informações vitais para a melhoria da qualidade e para determinar quais atributos tiveram maior impacto sobre a qualidade. Nos países desenvolvidos, os entrevistados estão bastante acostumados a fornecer respostas nas escalas por intervalo e de proporção. Entretanto, nos países em desenvolvimento as respostas podem ser mais bem medidas com o uso de escalas ordinais simples. Softwares estão disponíveis para permitir que os pesquisadores elaborem uma variedade de escalas comparativas. As considerações éticas requerem que os tipos apropriados de escala sejam usados para obter os dados necessários para responder às questões de pesquisa e testar as hipóteses. Todas as escalas primárias podem ser implementadas na Internet.

Exercícios

1. O que é medição?
2. Quais são as escalas primárias de medição?
3. Descreva as diferenças entre uma escala nominal e uma escala ordinal.
4. Quais são as implicações em ter um ponto arbitrário de zero em uma escala por intervalo?
5. Quais são as vantagens de uma escala de proporção sobre uma escala por intervalo? Essas vantagens são significativas?
6. O que é uma escala de classificação comparativa?
7. O que é uma comparação por pares?
8. Quais são as vantagens e as desvantagens de um escalonamento de comparação por pares?
9. Descreva a escala de soma constante. Como ela é diferente das outras escalas de classificação comparativas?

Problemas

1. Identifique o tipo de escala (nominal, ordinal, por intervalo ou de proporção) que está sendo usada em cada um dos seguintes exemplos. Por favor, explique seu raciocínio.
    a. Eu gosto de fazer palavras cruzadas.
       Concordo   Discordo
          1   2   3   4   5
    b. Quantos anos você tem?_____
    c. Classifique as atividades seguintes em termos de preferência atribuindo classificações de 1 a 5.
       i. Leitura de revistas   _____
       ii. Assistir à televisão   _____
       iii. Namorar   _____
       iv. Fazer compras   _____
       v. Comer fora   _____
    d. Qual o número de seu Seguro Social? _____
    e. Em um dia de semana comum, quanto tempo você gasta fazendo sua tarefa e seus trabalhos de classe?
       i. Menos de 15 minutos   _____
       ii. 15 a 30 minutos   _____
       iii. 31 a 60 minutos   _____
       iv. 61 a 120 minutos   _____
       v. Mais de 120 minutos   _____
    f. Quanto dinheiro você gastou em entretenimento no mês passado? _____
2. Mostre como as intenções de compra de quatro marcas de refrigerante (Coca, Pepsi, Dr. Pepper e 7-Up) podem ser medidas usando escalas ordinais, por intervalo e de proporção.

Atividades

DRAMATIZAÇÃO

1. Você é o analista de pesquisa de marketing da Coca-Cola Company. Após o equívoco de mudar a fórmula da Coca, a gerência se conscientizou da importância dos testes de sabor. Pediram que você escrevesse um relatório técnico sobre o uso e a limitação dos testes de sabor e que fizesse uma recomendação se os testes de sabor devem ou não ser usados nas pesquisas futuras conduzidas pela Coca-Cola Company. Apresente seu relatório para um grupo de estudantes representando a gerência da Coca-Cola.

TRABALHO DE CAMPO

1. Desenvolva três escalas comparativas (comparação por pares, por ordem de classificação e por soma constante) para medir as atitudes em relação às cinco marcas mais populares de creme dental (Crest, Colgate, Aim, Pepsodent e Ultra Brite). Aplique cada escala a cinco estudantes. A nenhum estudante deve ser aplicada mais de uma escala. Observe quanto tempo cada estudante leva para responder. Qual escala foi mais fácil de aplicar? Qual escala levou menos tempo?

2. Desenvolva uma escala de soma constante para determinar a preferência por restaurantes. Aplique essa escala a uma amostra-piloto de 20 estudantes para determinar suas preferências por alguns dos restaurantes populares de sua cidade. Com base no estudo-piloto, qual restaurante é o mais preferido?

DISCUSSÃO EM GRUPO

1. "Uma marca poderia receber a média de classificação mais alta em uma escala por ordem de classificação de todas as marcas consideradas e ainda assim ter vendas inferiores." Discuta.
2. Selecione uma das leituras das notas deste capítulo e lidere uma discussão em classe.

Notas

1. "U.S. women claim fourth olympic hoops gold", *http://www.nbcolympics.com.*, 30 set. 2000; Marianne Bhonslay, "Gender gap", *Sporting Goods Business*, 30, 3, 10 fev. 1997, p. 56, e "Olympics big with teens around the world", *Quirk's Marketing Research Review*, mar. 1996.
2. Gerry Khermouck, "New coke gets ready to enter a new age", *Brandweek*, 41, 10, 6 mar. 2000, p. 28; Joan Voight, "Coke to break first ads for citra", *Brandweek*, 38, 13, 31 mar. 1997, p. 6, e Noreen O'Leary, "Taste test", *Adweek*, 34, 910, 8 mar. 1993, p. 20-24.
3. Frank Newport, "Morality, education, crime, dissatisfaction with government head list of most important problems facing country today", *http://www.gallup.com/poll/releases/pr010205.asp*, 5 fev. 2001.
4. Tony Seideman, "Retailers, malls place growing Importance on store traffic statistics", *Stores*, 82, 4, abr. 2000, p. 96; Stephanie Thompson, "Tired of shopping? ESPN gives men mallside sports op", *Brandweek*, 40, 16, 9 abr. 1999, p. 28; Warren Shoulberg, "Mall people", *Home Textile Today*, 18, 49, 18 ago. 1997, p. 16, e "The malling of America", *Quirk's Marketing Research Review*, maio 1990, p. 15.
5. Kent Steinriede, "Beverage industry top 100", *Beverage Industry*, 91, 6, jun. 2000, p. 32-36, e Kent Steinriede, "Top 100 beverage companies of 1998", *Beverage Industry*, 89, jun. 1998, p. 31-36.
6. Deborah Schwab, "International data group", *Folio: The Magazine for Magazine Management*, 29, 5, 15 abr. 2000, p. 55; Bradley Johnson, "IDG to launch giant tech site", *Advertising Age*, 68, 23, 9 jun. 1997, p. 38, e Tim Clark, "IDG research helps identify key prospects", *Business Marketing*, 78, 11, nov. 1993, p. 18.
7. Diana J. Wong-Mingji, "Women's studies and business ethics: toward a new conversation", *Journal of Organizational Behavior*, 21, 1, fev. 2000, p. 119; James Hoffman, "Are women really more ethical than men? Maybe it depends on the situation", *Journal of Managerial Issues*, 10, 1, primavera 1998, p. 60-73; Cheryl MacLellan e John Dobson, "Women, ethics, and MBAs", *Journal of Business Ethics*, 16, 11, ago. 1997, p. 1201-1209; e Ishmael Akaak, "Differences in research ethics judgments between male and female marketing professionals", *Journal of Business Ethics*, 8, 1989, p. 375-381.

CAPÍTULO 10

Medição e Escalonamento: Técnicas de Escalonamento Não-Comparativas

Neste capítulo abordamos as seguintes questões:

1. Como as técnicas de escalonamento não-comparativas se diferenciam do escalonamento comparativo e qual a distinção entre escalas de classificação contínua e por itens?
2. Quais são as diferenças entre as escalas do tipo Likert, de diferencial semântico e de Stapel?
3. Quais são as decisões envolvidas na construção de escalas por itens e quais as opções que devem ser consideradas?
4. Como são avaliadas as escalas e qual é a relação entre confiabilidade e validade?
5. Como o escalonamento não-comparativo pode contribuir para a gestão da qualidade total?
6. Como a tecnologia afeta o escalonamento não-comparativo?
7. Quais as questões éticas envolvidas na elaboração de escalas não-comparativas?
8. Como a Internet pode ser usada para construir escalas não-comparativas?

TÉCNICAS DE ESCALONAMENTO NÃO-COMPARATIVAS RESULTAM EM UM SUCESSO INCOMPARÁVEL DO CINEMA

A indústria de entretenimento conduz pesquisas de mercado regularmente para determinar a resposta do público a suas novas ofertas. Por exemplo, os estúdios de cinema realizam rotineiramente exibições de pré-lançamento para medir a reação do público. Um método para mensurar a reação da audiência é a medição eletrônica contínua. Cada membro do público recebe um indicador e é solicitado a classificar continuamente sua reação ao filme enquanto estiver assistindo a ele. O espectador simplesmente gira o indicador de positivo para negativo para registrar sua reação. Como o registro é contínuo, a reação do público pode ser mensurada em todas as cenas. Esse método é especialmente útil quando a platéia está abaixo de 100 pessoas, ou seja, quando o tamanho da amostra é relativamente baixo.

Se o público é grande, um questionário de levantamento é aplicado no fim de cada segmento do filme. Esses levantamentos geralmente empregam escalas do tipo Likert, que são escalas de 5 pontos destinadas a medir o grau de concordância/discordância dos entrevistados em relação às afirmações especificadas. Por exemplo, aqui está uma afirmação elaborada para medir a resposta às cenas finais:

	Concordo muito	Discordo	Não concordo nem discordo	Concordo	Concordo muito
Gostei muito da maneira como o filme terminou	1	2	3	4	5

As escalas são equilibradas de modo a ter um número igual de categorias de concordância e de discordância. Além do mais, possuem um número ímpar de categorias, geralmente cinco, para permitir respostas neutras, como "Não concordo nem discordo", uma vez que muitos entrevistados podem não gostar nem desgostar de cenas específicas. Todas as categorias de escala são formuladas para reduzir a ambigüidade. Uma opção de 'nenhuma opinião' não é oferecida, pois se acredita que todos os entrevistados devam ser capazes de expressar uma opinião, pois acabaram de assistir ao filme. Às vezes são usadas a medição eletrônica contínua e a escala do tipo Likert para permitir uma avaliação da validade das escalas ao comparar as respostas dos dois métodos.

A reação e a resposta do público ao final original do filme *Atração fatal* foram a principal razão para a mudança do mesmo. Embora o público tenha gostado do filme no geral, as respostas da medição eletrônica contínua e do levantamento indicaram que o final foi mal recebido. Com as mudanças, o filme acabou sendo um dos maiores sucessos das duas últimas décadas. Como foi mudado o final?

Atração fatal entrou para a história como um dos grandes thrillers de romance e terror. Michael Douglas brilha como um bom marido e pai que tem um caso breve com uma colega de trabalho (Glenn Close). Douglas não dá muita importância ao caso, mas Close fica obcecada por ele e acaba se tornando psicótica. O final original do filme tinha Douglas como vilão e Close como vítima. No entanto, o público testado detestou de tal forma a personagem de Close que a Paramount gastou 1,3 milhão de dólares para mudar o final do filme e transformar Close em vilã e Douglas em vítima.[1]

VISÃO GERAL

Como vimos no Capítulo 9, as técnicas de escalonamento são classificadas como comparativas ou não-comparativas. As técnicas comparativas discutidas no capítulo anterior consistiam em escalonamento de comparação por pares, ordem de classificação e soma constante. O assunto deste capítulo são as técnicas não-comparativas. A Figura 10.1 explica resumidamente o foco do capítulo, a relação com os capítulos anteriores e as etapas do processo de pesquisa de marketing nas quais este capítulo se concentra.

Como discutido no Capítulo 9, as escalas não-comparativas são amplamente classificadas como contínuas ou por itens. As escalas por itens mais populares são a de Likert, a de diferencial semântico e a de Stapel (Figura 9.5). O caso de abertura ilustrou o uso de escalas de classificação, contínua e por itens, para medir a resposta do público aos filmes antes do lançamento. O escalonamento contínuo foi ilustrado pelo uso de indicadores manuais que os entrevistados giravam continuamente enquanto assistiam ao filme. A escala de Likert de 5 pontos, usada para medir a resposta ao final do filme, foi um exemplo de uma escala por itens.

O capítulo descreve resumidamente escalas de classificação por itens múltiplos e a importância e o significado da confiabilidade e da validade de uma escala. Debate as aplicações dessas técnicas de escalonamento na gestão da qualidade total, identifica o impacto da tecnologia e de várias questões éticas que surgem na construção de escalas de classificação e discute as aplicações na Internet. A Figura 10.2 oferece uma visão geral dos tópicos discutidos neste capítulo e como eles fluem de um capítulo para outro.

TÉCNICAS DE ESCALONAMENTO NÃO-COMPARATIVAS

As técnicas de escalonamento não-comparativas são muitas vezes chamadas de *escalas monádicas* porque apenas um objeto é avaliado por vez. Não há nenhuma comparação com outro objeto ou com algum ideal especificado, como 'a marca perfeita'. Entrevistados usando uma escala não-comparativa aplicam seu próprio padrão de classificação. Isso foi ilustrado no caso de abertura, em que o filme *Atração fatal* foi avaliado sozinho, sem nenhuma comparação com outro filme. A amplitude das técnicas não-comparativas e a relação entre elas estão ilustradas na Figura 10.3. As características básicas de cada escala estão resumidas na Tabela 10.1 e discutidas nas seções a seguir.

Figura 10.1 Relação do escalonamento não-comparativo com os capítulos anteriores e com o processo de pesquisa de marketing

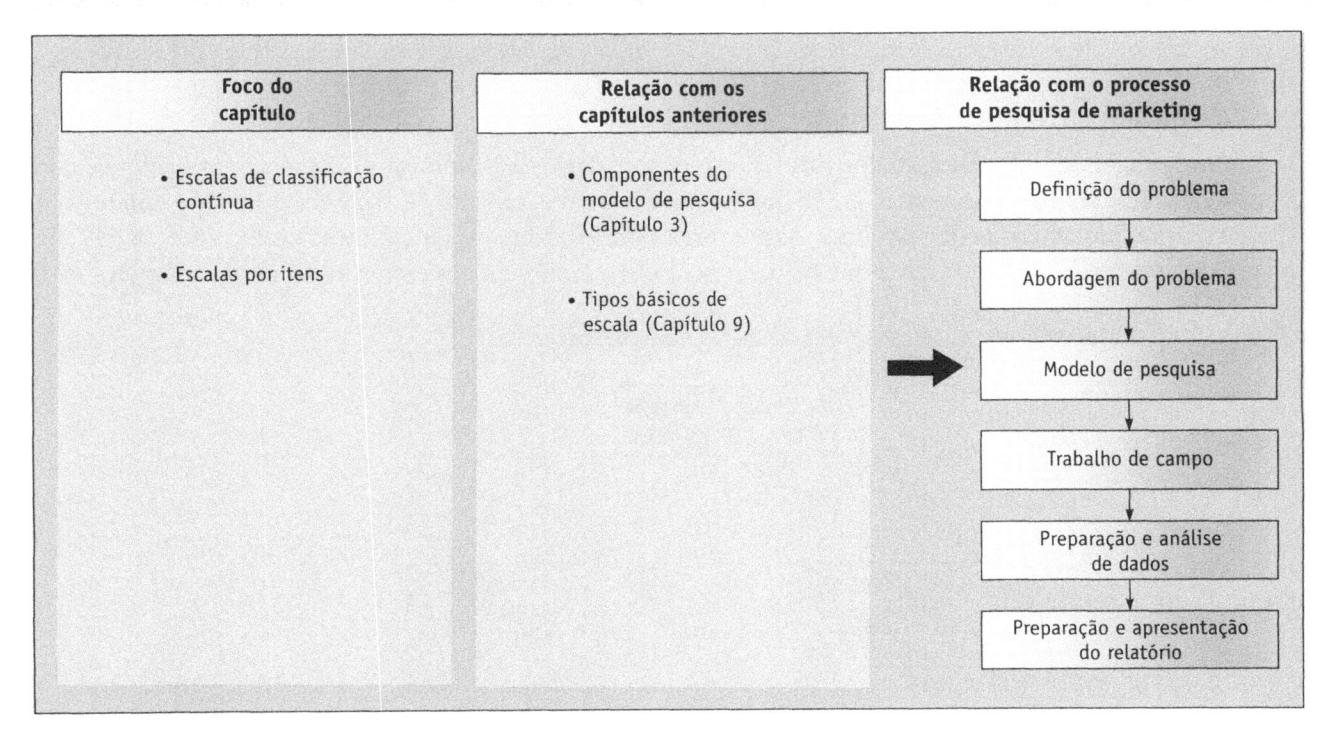

Foco do capítulo	Relação com os capítulos anteriores	Relação com o processo de pesquisa de marketing
• Escalas de classificação contínua • Escalas por itens	• Componentes do modelo de pesquisa (Capítulo 3) • Tipos básicos de escala (Capítulo 9)	Definição do problema ↓ Abordagem do problema ↓ → Modelo de pesquisa ↓ Trabalho de campo ↓ Preparação e análise de dados ↓ Preparação e apresentação do relatório

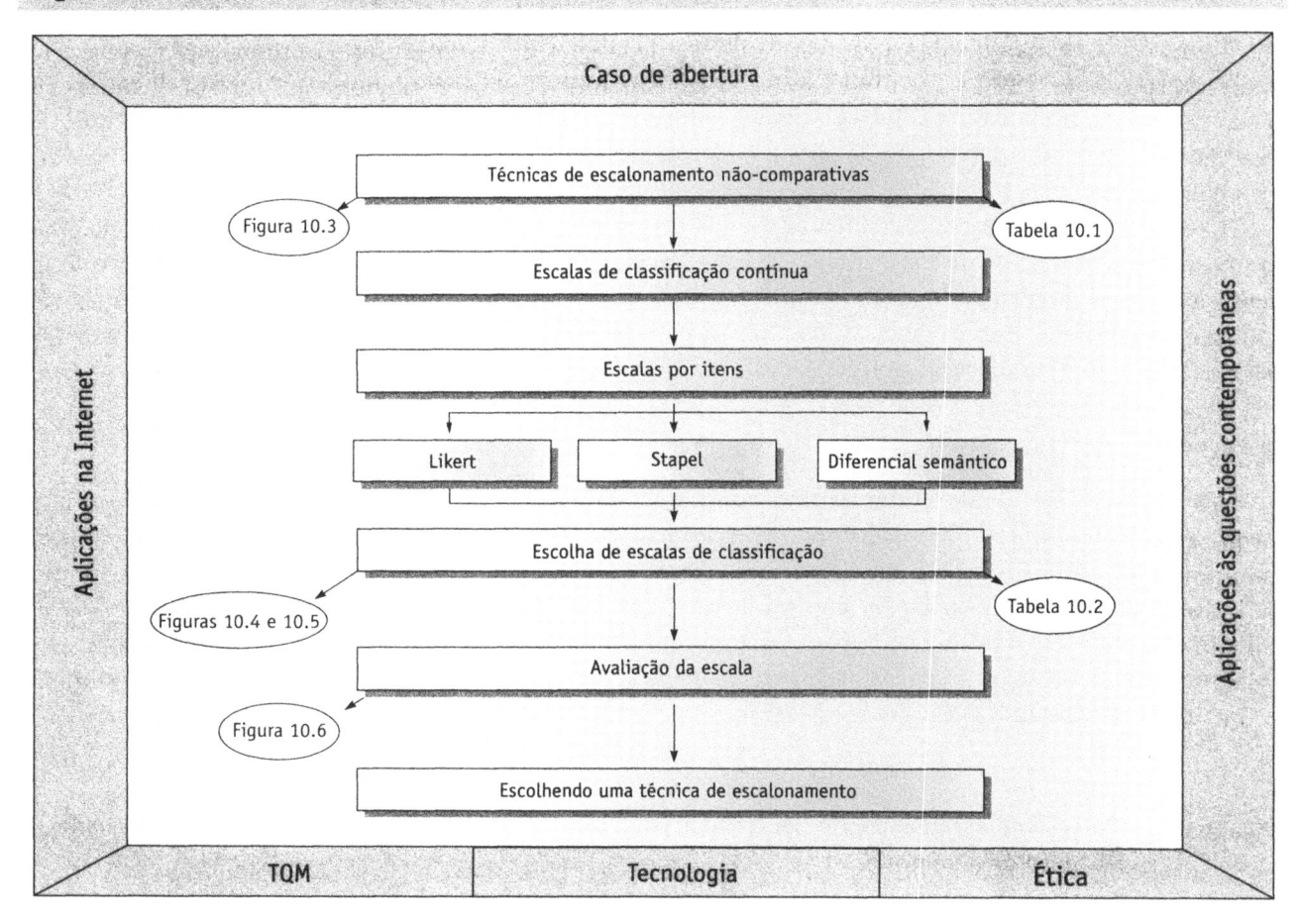

Figura 10.2 Técnicas de escalonamento não-comparativas: visão geral

Caso de abertura

- Técnicas de escalonamento não-comparativas (Figura 10.3) (Tabela 10.1)
- Escalas de classificação contínua
- Escalas por itens
  - Likert
  - Stapel
  - Diferencial semântico
- Escolha de escalas de classificação (Figuras 10.4 e 10.5) (Tabela 10.2)
- Avaliação da escala (Figura 10.6)
- Escolhendo uma técnica de escalonamento

Aplicações na Internet | Aplicações às questões contemporâneas

TQM | Tecnologia | Ética

Escalas de classificação contínua

Uma **escala de classificação contínua** permite ao entrevistado colocar uma marca em qualquer ponto ao longo de uma linha que corre entre dois pontos extremos em vez de escolher entre um conjunto de categorias predeterminadas de respostas. Assim, uma nota em uma escala contínua poderia ser 28,637, enquanto uma escala por item exigiria que o entrevistado fizesse um círculo em volta de um dos números (1, 5,

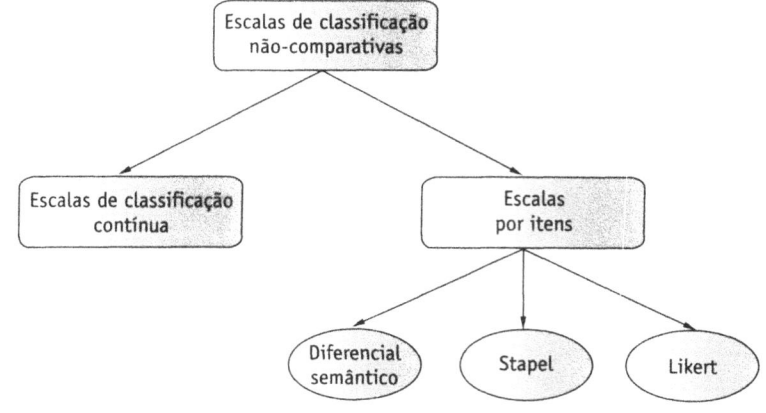

Figura 10.3 Categorias de escalas de classificação não-comparativas

Escalas de classificação não-comparativas
- Escalas de classificação contínua
- Escalas por itens
  - Diferencial semântico
  - Stapel
  - Likert

10, 15 e assim por diante, até 100). A forma da escala contínua pode ser vertical ou horizontal. Os pontos na escala podem ser descrições breves ou números. Escalas de classificação contínua às vezes são chamadas de escalas de classificação gráfica. Três versões de uma escala de classificação contínua são ilustradas abaixo.

Pergunta do levantamento: como você classificaria a marca Dial de sabonete? O cursor ou a marca podem ser colocados em qualquer ponto ao longo da linha.

Versão 1
Muito ruim----------I--Muito bom
Versão 2
Muito ruim------------I--Muito bom
               0 10 20 30 40 50 60 70 80 90 100
Versão 3
               Ruim   Nem bom nem ruim   Bom
Muito ruim----------I--Muito bom
               0 10 20 30 40 50 60 70 80 90 100

Quando o entrevistado fornece as classificações ou as marcas na linha contínua, o pesquisador divide a linha em tantas categorias quanto desejar e atribui notas com base nas categorias nas quais as classificações caíram. Como a distância entre as categorias é constante e o ponto zero é arbitrário, esse tipo de escala produziria dados intervalares.

Escalas contínuas são fáceis de construir. No entanto, pontuá-las pode ser difícil e não confiável, a não ser que sejam apresentadas em um monitor de computador, como nas entrevistas pessoais com auxílio de computador mostradas no Capítulo 7, ou que se esteja usando equipamento computadorizado, como no caso de abertura (Tabela 10.1). No entanto, elas estão sendo utilizadas com maior freqüência com o emprego

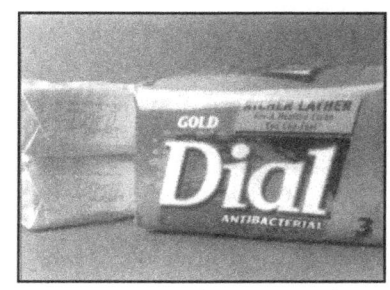

Escalas de classificação contínua podem ser usadas para medir as avaliações de consumidores sobre o sabonete Dial

Tabela 10.1 Escalas não-comparativas básicas				
ESCALA	**CARACTERÍSTICAS BÁSICAS**	**EXEMPLOS**	**VANTAGENS**	**DESVANTAGENS**
Escala de classificação contínua	Colocar uma marca em uma linha contínua	Reação à propaganda na TV	Fácil de construir	A pontuação pode ser trabalhosa, a não ser que se use um computador
ESCALAS POR ITENS				
Escala de Likert	Grau de concordância em uma escala de 1 (discordo muito) a 5 (concordo muito)	Medição de atitudes	Fácil de construir, aplicar e compreender	Consome mais tempo
Diferencial semântico	Escala de 7 pontos com rótulos opostos	Imagens de marca, produto e empresa	Versátil	Difícil de encontrar adjetivos opostos apropriados
Escala de Stapel	Escala unipolar de 10 pontos, -5 a +5, sem um ponto neutro (zero)	Medição de atitudes e imagens	Fácil de construir, aplicada pelo telefone	Confusa e difícil de aplicar

cada vez maior de computadores e de outras tecnologias em levantamentos, como retrata o caso de abertura. Escalas contínuas são especialmente úteis para avaliar continuamente filmes e propaganda na TV durante certo tempo. Você já viu um exemplo de avaliação de um filme; segue um exemplo de propaganda.

Exemplo

MEDIDA DE AGRADABILIDADE CONTÍNUA

O Analisador de Percepção (*www.perceptionanalyzer.com*) da MSInteractive é um sistema de feedback interativo com auxílio de computador composto de indicadores portáteis com ou sem fio para cada participante, um console (interface de computador) e software especial que edita perguntas, coleta dados e analisa respostas dos participantes. Membros de discussões em grupo usam o analisador para registrar sua resposta emocional às propagandas na TV instantânea e continuamente. Cada participante recebe um indicador e é instruído a registrar continuamente sua reação ao material que está sendo testado. Quando os entrevistados giram os indicadores, as informações são transferidas para um computador. Assim, o pesquisador pode determinar a resposta dos entrevistados de segundo em segundo durante a propaganda. Além disso, essa resposta pode ser sobreposta ao comercial para ver a reação dos entrevistados aos vários quadros e partes da propaganda.

O analisador foi utilizado recentemente para medir respostas a uma série de propagandas de 'partes da história' do McDonald's. Os pesquisadores descobriram que mães e filhas deram respostas diferentes aos vários aspectos da propaganda. Usando os dados de resposta emocional, eles puderam determinar qual propaganda teve o apelo mais emocional entre os segmentos de mãe e de filha.[2]

ESCALAS POR ITENS

Uma **escala por itens** tem um número ou uma descrição breve associada a cada categoria de resposta. As categorias são ordenadas geralmente em alguma ordem lógica, e os entrevistados precisam escolher as que melhor descrevem suas reações ao que está sendo classificado, como retrata o caso de abertura. As escalas por itens são as mais amplamente difundidas no marketing. Começaremos descrevendo as mais comumente usadas – as de Likert, de diferencial semântico e de Stapel – e depois examinaremos as principais questões que cercam seu uso.

Escala de Likert

A escala de Likert recebeu o nome de seu criador, Rensis Likert, e é uma das escalas por itens mais amplamente utilizadas. Os pontos extremos de uma **escala de Likert** são em geral "discordo muito" e "concordo muito". Os entrevistados são solicitados a indicar seu grau de concordância ao checar uma das cinco categorias de resposta. O exemplo a seguir mostra como uma escala de Likert foi usada em um estudo de varejo.

INSTRUÇÕES Abaixo temos uma lista de opiniões diferentes sobre a Macy's. Indique quanto você concorda com cada afirmação ou quanto você discorda dela colocando um X ao lado de um número de 1 a 5, em que:

1 = Discordo muito
2 = Discordo
3 = Não concordo nem discordo
4 = Concordo
5 = Concordo muito

FORMULÁRIO

	Discordo muito	Discordo	Não concordo nem discordo	Concordo	Concordo muito
1. A Macy's vende mercadorias de alta qualidade	1	2X	3	4	5
2. A Macy's tem atendimento ruim na loja	1	2X	3	4	5
3. Gosto de fazer compras na Macy's	1	2	3X	4	5
4. A Macy's não oferece um bom mix de marcas diferentes dentro de uma categoria de produtos	1	2	3	4X	5
5. As políticas de crediário na Macy's são horríveis	1	2	3	4X	5
6. A Macy's é onde a América faz as compras	1X	2	3	4	5
7. Não gosto da propaganda feita na Macy's	1	2	3	4X	5
8. A Macy's vende uma grande variedade de mercadorias	1	2	3	4X	5
9. A Macy's cobra preços justos	1	2X	3	4	5

Quando se usar essa abordagem para determinar a nota total para cada entrevistado em cada loja, é importante empregar um procedimento consistente de pontuação para que uma nota alta (ou baixa) reflita uma resposta favorável de maneira consistente. Isso requer que as categorias atribuídas pelos entrevistados às afirmações negativas sejam pontuadas ao se inverter escala. Observe que para uma afirmação negativa uma concordância reflete uma resposta desfavorável, enquanto para uma afirmação positiva uma concordância representa uma resposta favorável. Dessa forma, tanto uma resposta de "concordo muito" a uma afirmação favorável quanto uma resposta de "discordo muito" a uma afirmação desfavorável receberiam nota 5.

Na escala mostrada acima, se uma nota mais alta serve para denotar uma atitude mais favorável, a pontuação dos itens 2, 4, 5 e 7 será invertida. Isso pode ser facilmente realizado ao subtrair o valor original da escala de um número que é o valor mais alto da escala mais um. Assim, o segundo item será pontuado como (5 + 1) − 2 = 4. O entrevistado no nosso exemplo tem uma nota de atitude de 22. Isso é igual à soma de todos os nove itens após os pontos serem invertidos para os itens negativos. A nota total de cada entrevistado é calculada para cada loja. Um entrevistado terá a atitude mais favorável em relação à loja com a nota mais alta.

A escala de Likert tem várias vantagens (Tabela 10.1). É fácil para o pesquisador construí-la e aplicá-la, e é fácil para o entrevistado compreendê-la. Portanto, ela é adequada para entrevistas pelo correio, por telefone, pessoais ou eletrônicas. Diversas variantes da escala de Likert são comumente usadas em marketing, como variações no número de pontos na escala (por exemplo, 7 ou 9 pontos), assim como nos descritores (como importância, familiaridade) e em outras características que serão discutidas mais adiante. Por exemplo, considere uma escala de 7 pontos elaborada para medir a importância de atributos em que 1 = nem um pouco importante e 7 = muito importante.

A principal desvantagem da escala de Likert é que ela leva mais tempo para ser completada do que as outras escalas por itens. O entrevistado precisa ler todas as afirmações em vez de uma frase curta. O exemplo a seguir mostra outro uso de uma escala de Likert na pesquisa de marketing.

Exemplo

A FELICIDADE É UMA BMW?

A J. D. Power and Associates anunciou uma nova medida que avalia a satisfação do cliente: a felicidade do proprietário. Essa medida enfatiza o que aconteceu de certo, em vez do que aconteceu de errado. A empresa, que se tornou famosa ao classificar carros com base na irritação de motorista com as falhas, assumiu uma abordagem decididamente diferente com sua nova criação de medida.

O estudo da empresa sobre 'desempenho, execução e layout automotivo' classifica aproximadamente 200 carros e caminhonetes novos em sete categorias a partir de 100 respostas diferentes. O levantamento é conduzido usando 28.000 proprietários de carros novos. A seleção é baseada no registro de carros novos. Os fabricantes de automóveis usam os resultados do levantamento da J. D. Power na publicidade e para checar os próprios resultados de levantamentos de satisfação de consumidores, bem como os dos concorrentes. Assim, eles podem ter uma referência quanto ao seu desempenho.

As sete categorias incluem tópicos como estilo, conforto e conveniência, transmissão, desempenho e manuseio, assentos, sistema de som e layout do painel e agrupamento de instrumentos. Em um levantamento recente, a nota mais alta na classe de modelos de luxo foi para a BMW série 7. Na de carros esportivos, foi para o Chevrolet Corvette. Na classe de carros intermediários, a BMW 325 recebeu a maior nota. Entre os carros menores, a nota mais alta foi para o Volkswagen Golf. O Chevy Tahoe recebeu a maior nota na classe de SUVs. A Dodge Ram liderou a classe de caminhonetes. A Honda Odyssey ficou na frente na classe de vans.

A felicidade dos proprietários é medida por escalas do tipo Likert. A BMW série 7, que conseguiu a nota mais alta, obteve 841 pontos de um total possível de 1.000. A média para todos os veículos no levantamento foi de 682, com a nota mais baixa sendo de 544. A mensagem que a J. D. Power quer transmitir é que há muito a fazer para melhorar o desenho de carros e para "Tornar carros e caminhonetes mais atraentes para os que desejam ser proprietários".[3]

Escala de diferencial semântico

A escala de **diferencial semântico** é uma escala de classificação de 7 pontos na qual os pontos extremos são adjetivos que representam opostos. Quando se usa uma escala de diferencial semântico, o entrevistado é geralmente solicitado a classificar uma marca, uma loja ou algum outro objeto com adjetivos opostos, como *frio* e *caloroso*. Ilustramos essa escala ao apresentar uma avaliação de um entrevistado sobre a loja Macy's em relação a cinco atributos.

INSTRUÇÕES Esta parte do estudo mede o que certas lojas de departamentos significam para você. Queremos que avalie as lojas de departamentos em algumas questões. Cada questão é limitada por adjetivos opostos, com significados opostos. Assinale com um X o ponto ao longo da escala que melhor descreve o que a loja significa para você. Marque todas as escalas, não omita nenhuma delas.

FORMULÁRIO A Macy's é:

Forte —:—:—:—:-X-:—:—: Fraca
Não-confiável —:—:—:—:—:-X-:—: Confiável
Moderna —:—:—:—:—:—:-X-: Antiquada
Fria —:—:—:—:—:-X-:—: Calorosa
Cuidadosa —:-X-:—:—:—:—:—: Descuidada

As três escalas por itens podem ser usadas para medir a avaliação de consumidores sobre a loja Macy's

O entrevistado marca os espaços que melhor indicam como descreveria o objeto que está sendo classificado. Assim, em nosso exemplo, a Macy's é avaliada como um pouco fraca, confiável, antiquada, calorosa e cuidadosa. Para encorajar o exame cuidadoso de cada questão, o adjetivo ou a frase negativa às vezes aparece na esquerda da escala, às vezes na direita. Isso ajuda a controlar a tendência de alguns entrevistados, especialmente aqueles com atitudes extremamente positivas ou negativas, a marcar o lado da direita ou o da esquerda sem ler as legendas. Para uma discussão mais detalhada sobre a escolha de legendas para as escalas de diferencial semântico, consulte a obra citada do autor, que descreve a aplicação dessa técnica de escalonamento na medição de autoconceitos, conceitos sobre pessoas e conceitos sobre produtos. Essa escala está descrita no exemplo a seguir.[4]

Exemplo

UMA ESCALA DE DIFERENCIAL SEMÂNTICO PARA MEDIR AUTOCONCEITOS, CONCEITOS SOBRE PESSOAS E CONCEITOS SOBRE PRODUTOS

1. Robusto —:—:—:—:—:—:— : Delicado
2. Irascível —:—:—:—:—:—:— : Calmo
3. Desconfortável —:—:—:—:—:—:— : Confortável
4. Dominador —:—:—:—:—:—:— : Submisso
5. Econômico —:—:—:—:—:—:— : Perdulário
6. Agradável —:—:—:—:—:—:— : Desagradável
7. Contemporâneo —:—:—:—:—:—:— : Não-contemporâneo
8. Organizado —:—:—:—:—:—:— : Desorganizado
9. Racional —:—:—:—:—:—:— : Emocional
10. Jovem —:—:—:—:—:—:— : Maduro
11. Formal —:—:—:—:—:—:— : Informal
12. Ortodoxo —:—:—:—:—:—:— : Liberal
13. Complexo —:—:—:—:—:—:— : Simples
14. Incolor —:—:—:—:—:—:— : Colorido
15. Modesto —:—:—:—:—:—:— : Vaidoso

Por exemplo, a Pepsi pode fazer uso dessa escala para medir o autoconceito do público-alvo, o conceito ou a imagem de celebridades selecionadas, assim como o conceito ou a imagem da marca Pepsi (exemplos no Capítulo 8). Essa análise ajudará a Pepsi a determinar a imagem da marca que será mais atraente aos consumidores-alvo. Também ajudará a empresa a escolher as celebridades corretas para endossar a marca a fim de obter a imagem e o posicionamento desejados.

Itens individuais em uma escala de diferencial semântico podem ser classificados em uma escala de −3 a +3 ou de 1 a 7. Os dados resultantes são em geral tratados como dados intervalares e analisados usando-se uma análise de perfil. Nesta, valores médios para cada item são calculados, comparados e analisados estatisticamente. Ao comparar os resultados, o pesquisador pode ver diferenças e similaridades gerais entre os objetos medidos. Diferenças entre grupos de entrevistados também podem ser comparadas. Quando o pesquisador precisa de uma comparação geral de objetos, como para determinar preferência de loja, as notas de itens individuais também podem ser somadas para chegar a uma nota total.

A escala de diferencial semântico é muito conhecida na pesquisa de mercado por causa de sua versatilidade (Tabela 10.1). Ela é utilizada para comparar imagens de marca, de produto e de empresa para elaborar estratégias de publicidade e de promoção, além de estudos de desenvolvimento de produtos novos. A principal desvantagem é a dificuldade em determinar os adjetivos opostos apropriados para construir a escala. Várias modificações da escala básica já foram propostas.

Escala de Stapel

A **escala de Stapel**, que recebeu o nome de seu criador, Jan Stapel, é em geral apresentada verticalmente, com um adjetivo aparecendo no ponto do meio de uma escala de +5 a –5. Não é permitido que o entrevistado dê uma resposta neutra, uma vez que nenhum ponto zero é fornecido. O entrevistado é solicitado a indicar quão precisa ou imprecisamente cada termo descreve o objeto ao selecionar o número apropriado. Quanto mais alto o número, mais precisamente o adjetivo descreve o objeto. No estudo de varejo, as avaliações da loja Macy's seriam obtidas da maneira como segue.

INSTRUÇÕES Avalie quão precisamente cada palavra ou frase descreve cada uma das lojas de departamentos. Selecione um número positivo colocando um X ao lado para as frases que você achar que descrevem a loja com precisão. Quanto mais precisamente você achar que a frase descreve a loja, mais alto o número positivo que deve escolher. Você deve selecionar um número negativo para as frases que achar que não descrevem a loja com precisão. Um número negativo alto indica que a frase não descreve nem um pouco a loja. Você pode escolher qualquer número, de +5 para as frases que achar muito precisas a –5 para as frases que achar muito imprecisas.

FORMULÁRIO

Macy's

+5	+5	+5
+4	+4	+4X
+3	+3	+3
+2	+2	+2
+1	+1	+1
Alta qualidade	**Serviço ruim**	**Grande variedade**
-1	-1X	-1
-2X	-2	-2
-3	-3	-3
-4	-4	-4
-5	-5	-5

Os dados obtidos ao se usar a escala de Stapel também são tratados como dados intervalares, analisados de forma muito parecida à dos dados de diferencial semântico. O uso de apenas um adjetivo na escala de Stapel tem uma vantagem sobre as escalas de diferencial semântico, pois nenhum pré-teste é necessário para assegurar que os adjetivos escolhidos são realmente opostos. A simplicidade da escala também faz com que seja adequada para entrevistas por telefone. No entanto, alguns pesquisadores acham que a escala de Stapel é confusa e difícil de aplicar. Portanto, ela é menos usada do que as outras escalas por itens discutidas aqui (Tabela 10.1). As vantagens dessa escala permitem aplicações mais amplas do que tem ocorrido no passado. Por exemplo, ela poderia ser utilizada mais amplamente em entrevistas por telefone, atualmente o método mais empregado nos levantamentos junto aos consumidores.

ESCOLHA DE ESCALAS NÃO-COMPARATIVAS DE CLASSIFICAÇÃO POR ITENS

Uma das vantagens de usar escalas não-comparativas é a flexibilidade para adaptá-las a um projeto específico de pesquisa. Ao construir as escalas por itens discutidas neste capítulo, seis fatores podem ser ajustados. Esses fatores, junto com as diretrizes recomendadas, estão descritos na Tabela 10.2. Examinaremos esses fatores resumidamente aqui.

Tabela 10.2 Resumo de escolha de escalas por itens	
1. Número de categorias de escala	Enquanto não há nenhum único número ótimo, as diretrizes tradicionais sugerem que deve haver entre cinco e nove categorias.
2. Equilibrada versus não-equilibrada	Em geral, a escala deve ser equilibrada para obter dados objetivos.
3. Número ímpar ou par de categorias	Se for possível uma resposta de escala neutra ou indiferente pelo menos para alguns dos entrevistados, um número ímpar de categorias deve ser usado.
4. Escolha forçada versus escolha não-forçada	Em situações em que se espera que os entrevistados não tenham opinião, a precisão dos dados pode ser melhorada com o uso de uma escala não-forçada.
5. Natureza e grau de descrição verbal	Um argumento pode ser para rotular todas ou muitas das categorias de escala. As descrições da categoria devem ser localizadas tão próximo quanto possível das categorias de resposta.
6. Forma ou configuração física da escala	Várias opções devem ser testadas para se escolher a melhor.

Número de categorias de escala

Da perspectiva do pesquisador, quanto maior o número de categorias em uma escala, mais refinada é a discriminação entre as marcas, as alternativas ou outros objetos em estudo. No entanto, quanto maior o número de categorias, maiores as demandas de processamento de informações impostas aos entrevistados. Assim, o desejo por mais informações precisa ser equilibrado com as demandas do entrevistado. Há um limite com relação à quantidade de informação que um entrevistado pode processar ao responder a uma pergunta.

Outro fator importante é o método de coleta de dados. Entrevistas por telefone, nas quais o entrevistado não pode ver o questionário, podem se tornar muito confusas se o número de categorias de escala se tornar muito grande. As limitações de espaço no formulário do levantamento em si representam outra limitação.

Embora não haja nenhum número ótimo, o pesquisador deve se esforçar para equilibrar a necessidade por informações com a consideração das demandas colocadas ao entrevistado e a natureza da tarefa de coleta de dados. Diretrizes tradicionais sugerem que não menos de cinco e não mais de nove categorias de informação devem ser usadas. Com menos de cinco categorias de escala não obtemos informação suficiente para tornar a pesquisa útil. Acima de nove categorias os entrevistados se tornam confusos e cansados, o que prejudica a qualidade dos dados. O caso de abertura ilustrou o uso de escalas de cinco pontos para medir a reação a filmes novos.

Escala equilibrada versus não-equilibrada

Em uma **escala equilibrada**, o número de categorias ou pontos de escala favoráveis ou desfavoráveis é o mesmo; em uma escala não-equilibrada ele é diferente. Exemplos de escalas equilibradas e não-equilibradas são mostrados na Figura 10.4. Geralmente, as escalas equilibradas são desejáveis, de modo a garantir que os dados coletados sejam objetivos, como no caso de abertura. No entanto, se o pesquisador suspeitar que as respostas provavelmente serão enviesadas negativamente (isto é, que a maioria das respostas será negativa ou desfavorável) ou positivamente, uma escala não-equilibrada pode ser apropriada. Sob essas condições, mais categorias são incluídas no sentido de assimetria. Por exemplo, a satisfação do cliente é em geral enviesada positivamente porque a maioria dos clientes está satisfeita com a empresa e com seus produtos. Portanto, muitos pesquisadores preferem usar uma escala não-equilibrada com maior número de categorias de satisfação e menor número de categorias de insatisfação quando medem a reação do cliente. Quando são utilizadas escalas não-equilibradas, a natureza e o grau de desequilíbrio na escala precisam ser levados em conta na análise de dados.

Figura 10.4 Escalas equilibradas e não-equilibradas

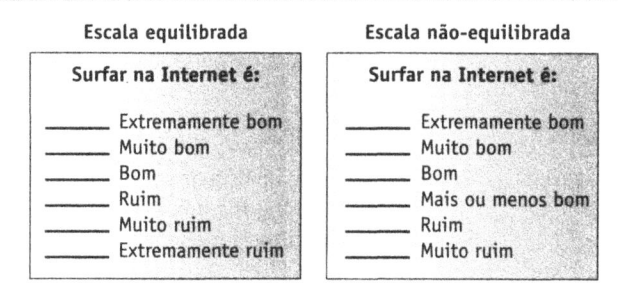

Escala equilibrada	Escala não-equilibrada
Surfar na Internet é:	**Surfar na Internet é:**
____ Extremamente bom	____ Extremamente bom
____ Muito bom	____ Muito bom
____ Bom	____ Bom
____ Ruim	____ Mais ou menos bom
____ Muito ruim	____ Ruim
____ Extremamente ruim	____ Muito ruim

Número ímpar ou número par de categorias

Quando um número ímpar de categorias é usado em uma escala, a posição intermediária em geral representa uma categoria neutra. A decisão de aplicar uma categoria neutra e seu rótulo terá uma influência significativa na resposta. A escala de Likert é um exemplo de escala equilibrada de classificação com um número ímpar de categorias e uma posição neutra.

A escala deve ter um número ímpar de categorias se o pesquisador tiver motivos para acreditar que uma parte da população de entrevistados é realmente neutra quanto a um assunto específico. Isso foi ilustrado no caso de abertura, em que se permitiu uma resposta neutra para medir a resposta do público. Foi reconhecido que muitos entrevistados podem não gostar ou não desgostar de cenas específicas em filmes. Por outro lado, se o pesquisador quiser forçar uma resposta, ou acreditar que não existe nenhuma resposta neutra ou indiferente, deve ser utilizada uma escala de classificação com um número par de categorias. Um ponto importante é se a escolha deve ser forçada ou não-forçada.

Escolha forçada versus não-forçada

Em uma **escala de classificação forçada**, os entrevistados são forçados ou requisitados a expressar uma opinião, pois uma opção 'sem opinião' não é fornecida. Quando escalas de classificação forçada são aplicadas em situações em que uma parte significativa dos entrevistados não tem uma opinião, existe a tendência a escolher uma opção no ponto intermediário da escala. A marcação de uma posição do meio, quando de fato a resposta desejada é 'nenhuma opinião', distorcerá as medidas de tendência e variância central. Em situações em que o entrevistado não tem opinião em vez de simplesmente estar relutante em revelá-la, uma escala não-forçada que inclui uma categoria de 'nenhuma opinião' pode melhorar a precisão dos dados. Caso contrário, deve ser evitado o uso de uma categoria de 'nenhuma opinião', como no caso de abertura. Enquanto o ponto neutro seria o ponto intermediário da escala, uma opção de 'nenhuma opinião' seria mais bem colocada na extrema direita ou na extrema esquerda da escala, como a seguir:

Discordo muito				Concordo muito	
1	2	3	4	5	Nenhuma opinião

Natureza e grau de descrição verbal

A maneira pela qual uma categoria de escala é descrita pode ter um reflexo considerável sobre a resposta. Categorias de escala podem ter descrições verbais, numéricas ou até ilustradas. Elas podem ser fornecidas para cada categoria ou somente nos pontos extremos da escala. Fornecer uma descrição verbal para cada categoria pode não melhorar a precisão ou a confiabilidade dos dados. Porém, um argumento pode ser usado para rotular todas ou muitas das categorias de escala a fim de reduzir a ambigüidade. As descrições ou os rótulos devem ser localizados tão próximos quanto possível das categorias de resposta (isto é, os números de pontuação da escala), como ilustrado pela escala de Likert no caso de abertura.

A força dos adjetivos usados para ancorar a escala também influencia as respostas. Suponha que seja solicitado ao entrevistado que indique seu grau de concordância/discordância com a afirmação "Os valores morais na América estão em declínio". Âncoras fortes (1 = discordo totalmente, 7 = concordo totalmente) resultam em mais respostas na área intermediária da escala, uma vez que entrevistados hesitam em checar respostas extremas (1 ou 7). Em contraste, âncoras fracas (1 = geralmente discordo, 7 = geralmente concordo) produzem distribuições uniformes ou achatadas. Nesses casos, os entrevistados se sentem mais confortáveis em checar os pontos extremos da escala (1 ou 7), porque essas respostas não são tão extremas. O conhecimento da distribuição da característica que está sendo medida junto com os objetivos do estudo pode ajudar o pesquisador a escolher âncoras apropriadas.

Forma ou configuração física da escala

A maneira como uma escala é apresentada pode variar bastante. As escalas podem ser apresentadas vertical ou horizontalmente. As categorias podem ser expressas com caixas, linhas discretas ou unidades contínuas, e terem ou não números atribuídos a elas. Se forem usados valores numéricos, eles podem ser positivos, negativos ou ambos. Várias configurações possíveis são apresentadas na Figura 10.5. Antes de escolher uma configuração, o pesquisador deve testar uma variedade de opções.

ESCALAS POR ITENS MÚLTIPLOS OU MULTIITENS

Uma **escala por itens múltiplos** consiste em múltiplos itens, em que um item é uma única pergunta ou afirmação a ser avaliada. A elaboração de escalas de classificação de itens múltiplos requer considerável experiência técnica. O pesquisador começa gerando um conjunto de itens de escala baseados em teoria, em análise de dados secundários e em pesquisa qualitativa. O grupo inicial é reduzido repetidamente usando-se experiência técnica e julgamento qualitativo do pesquisador. Se o conjunto reduzido de itens continuar

Figura 10.5 Configurações de escalas de classificação

Uma variedade de configurações de escala pode ser usada para medir o conforto dos tênis Nike. Alguns exemplos incluem:

Os calçados da Nike são:

1) Coloque um X em um dos espaços em branco

   Muito desconfortáveis _____ _____ _____ _____ _____ _____ _____ Muito confortáveis

2) Faça um círculo no número

   Muito desconfortáveis   1   2   3   4   5   6   7   Muito confortáveis

3) Coloque um X em um dos espaços em branco

   _____ Muito desconfortáveis
   _____
   _____
   _____
   _____ Nem desconfortáveis nem confortáveis
   _____
   _____
   _____
   _____ Confortáveis
   _____

4) _____   _____   _____   _____   _____   _____   _____

   Muito desconfortáveis | Desconfortáveis | Um pouco desconfortáveis | Nem confortáveis nem desconfortáveis | Um pouco confortáveis | Confortáveis | Muito confortáveis

5) −3   −2   −1   0   1   2   3

   Muito desconfortáveis | | | Nem confortáveis nem desconfortáveis | | | Muito confortáveis

sendo muito grande, técnicas quantitativas estão disponíveis para uma redução ainda maior. Como etapa final, o pesquisador avalia a escala purificada por confiabilidade e validade e escolhe um conjunto definitivo de itens de escala. As escalas de Likert, de diferencial semântico e de Stapel que foram apresentadas anteriormente para medir as atitudes quanto à loja da Macy's são exemplos de escalas por itens múltiplos. Observe que cada uma dessas escalas tem itens múltiplos.

AVALIAÇÃO DA ESCALA

Uma escala por itens múltiplos deve ser avaliada pela confiabilidade e pela validade, como mostra a Figura 10.6. Para compreender esses conceitos, é útil pensar no erro total de medição como a soma do erro sistemático e do erro aleatório. O **erro sistemático** afeta a medida de forma constante, ou seja, da mesma forma todas as vezes em que uma medida é tomada. O **erro aleatório**, por outro lado, surge de mudanças aleatórias e tem um efeito diferente cada vez que a medida é tomada. Assim,

$$\text{Erro total da medição} = \text{erro sistemático} + \text{erro aleatório}$$

Confiabilidade

A **confiabilidade** refere-se a quanto uma escala produz resultados consistentes se forem feitas medições repetidas. Portanto, a confiabilidade pode ser definida como o grau em que as medidas estão livres de erro aleatório.

A confiabilidade é determinada ao se medir repetidamente o constructo ou a variável de interesse. Quanto mais alto o grau de associação entre as notas dessa medição repetida, mais confiável é a escala. Abordagens populares para a avaliação da confiabilidade são os métodos de teste-reteste, formas alternativas e métodos de consistência interna.

Confiabilidade de teste-reteste

Na **confiabilidade de teste-reteste** são aplicadas escalas aos entrevistados em dois períodos diferentes de tempo sob condições tão equivalentes quanto possível. O reteste geralmente é aplicado de duas a

Figura 10.6 Avaliação da escala

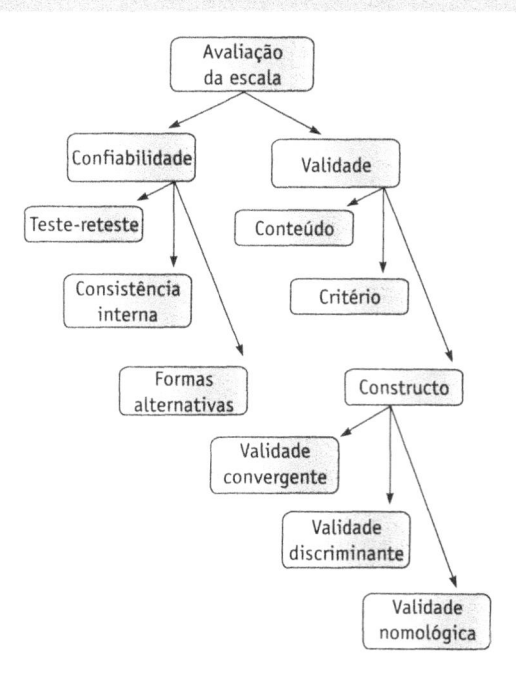

quatro semanas após a medição original. O grau de similaridade entre as duas medições é determinado ao se computar um coeficiente de correlação (Capítulo 17). Quanto mais alto o coeficiente de correlação, maior é a confiabilidade.

Confiabilidade de forma alternativa

Para testar a **confiabilidade de forma alternativa**, duas formas equivalentes da escala são construídas. Os mesmos entrevistados são medidos em dois períodos de tempo diferentes com formas de escalas alternativas. A correlação entre as respostas às duas formas equivalentes da escala fornece uma medida de confiabilidade.

Confiabilidade de consistência interna

A **confiabilidade de consistência interna** é usada para avaliar a confiabilidade de uma escala somada, ou subescala, em que as notas de vários itens são somadas para formar uma nota total para um constructo (por exemplo, atitude). Em uma escala desse tipo, cada item mede algum aspecto do constructo medido pela escala toda. Os itens devem ser consistentes sobre o que indicam em relação à característica. Essa medida de confiabilidade se refere à consistência com a qual cada item representa o constructo de interesse. Considere a escala de Likert de nove itens usada para medir a atitude com relação à Macy's, discutida anteriormente. Quão consistentemente itens como "A Macy's vende mercadorias de alta qualidade" ou "Gosto de fazer compras na Macy's" medem a atitude quanto à Macy's?

A medida mais simples de consistência interna é a **confiabilidade pela metade**. Na aplicação desse procedimento, os itens da escala são divididos aleatoriamente ao meio, e as notas pela metade, sendo os resultados correlacionados. Correlações altas entre as metades indicam um alto grau de consistência interna. A correlação entre as metades será afetada pela maneira como os grupos são divididos.

Uma abordagem popular para superar esse problema é usar o coeficiente alfa. O **coeficiente alfa**, ou alfa de Cronbach, é calculado pela média dos coeficientes que resultam de todas as combinações possíveis das metades divididas.[5] Esse coeficiente varia de 0 a 1, e um valor de 0,6 ou menos geralmente indica uma confiabilidade não satisfatória de consistência interna. A Beaumont Emotion Battery proporciona um exemplo.

Exemplo

BATERIAS CARREGADAS EMOCIONALMENTE

A Beaumont Emotion Battery, desenvolvida pela Beaumont Organization, Ltd., foi elaborada para medir a resposta emocional de um indivíduo à publicidade. Após a exibição de um anúncio, é feita ao entrevistado uma bateria de perguntas que cobrem a gama de emoções que ele pode ter sentido. Oito emoções primárias são incluídas: aceitação, medo, surpresa, tristeza, repulsa, raiva, antecipação e alegria. A consistência interna, medida em termos de alfa de Cronbach, é computada para cada uma das oito emoções. Para as emoções listadas, coeficientes de confiabilidade de 0,73, 0,66, 0,63, 0,75, 0,72, 0,81, 0,79 e 0,85 foram encontrados. Como valores de alfa acima de 0,6 são considerados satisfatórios, esses resultados indicam confiabilidade satisfatória de consistência interna para a bateria de emoções da Beaumont.[6]

Validade

A **validade** de uma escala pode ser definida como o ponto até onde as diferenças em notas observadas de escala refletem as verdadeiras diferenças no que está sendo medido, em vez de erro sistemático ou aleatório. Uma escala com validade perfeita não teria nenhuma medida de erro, ou seja, nenhum erro sistemático e nenhum erro aleatório. Os pesquisadores podem avaliar a validade de formas diferentes: validade do conteúdo, validade do critério ou validade do constructo.

VALIDADE DO CONTEÚDO A **validade do conteúdo** envolve uma avaliação sistemática, porém subjetiva, de quão bem uma escala mede o constructo ou a variável de interesse. Para uma escala ter validade de conteúdo, ela precisa abranger todo domínio do constructo. Esta é uma avaliação de senso comum da escala. Por exemplo, uma escala elaborada para medir o constructo da imagem da loja seria considerada inadequada se omitisse qualquer uma das principais dimensões de imagem (qualidade, variedade e sortimento de mercadoria etc.). A validade do conteúdo não é por si uma medida suficiente da validade de uma escala. Ela precisa ser suplementada com uma avaliação mais formal da validade da escala ou, mais especificamente, da validade do critério e da validade do constructo.

VALIDADE DO CRITÉRIO A **validade do critério** reflete se uma escala tem um desempenho esperado em vista das outras variáveis consideradas relevantes ao constructo. Essas variáveis são chamadas de variáveis de critério. Elas podem incluir características demográficas e psicográficas, medidas de atitude e de comportamento ou notas obtidas de outras escalas. Por exemplo, o pesquisador pode medir atitudes com relação a marcas de cereal matinal usando uma escala de itens múltiplos administrada para membros de um painel escaneado. Com base nos níveis de atitude, são previstas compras futuras de cereais (variável de critério). Dados do escaneador são usados para rastrear as compras reais de cereal dos membros do painel. As compras previstas e reais são comparadas para avaliar a validade do critério da escala de atitude.

VALIDADE DO CONSTRUCTO A **validade do constructo** aborda a questão de qual constructo ou característica a escala está, de fato, medindo. Para avaliar a validade do constructo, o pesquisador precisa ter uma excelente compreensão da teoria que proporcionou a base para a construção da escala. O pesquisador usa a teoria para explicar por que a escala funciona e quais deduções podem ser tiradas dela. Como mostra a Figura 10.6, a validade do constructo inclui validade convergente, discriminante e nomológica. A **validade convergente** indica até que ponto a escala se correlaciona positivamente com outras medidas do mesmo constructo. A **validade discriminante** é o ponto até onde uma medida não se correlaciona com outros constructos dos quais deveria diferir. A **validade nomológica** é o ponto até onde a escala se correlaciona de forma teoricamente prevista com medidas de constructos diferentes, mas relacionados.

No caso de abertura, a validade do constructo é avaliada ao se medir a reação do público mediante a medição contínua usando um indicador e escalas de Likert e correlacionando as medidas para examinar a validade convergente. Ilustramos a validade do constructo no contexto de uma escala de itens múltiplos elaborada para medir o autoconceito, isto é, a imagem que os consumidores têm de si mesmos. Esse constructo é de interesse dos profissionais de marketing, porque os consumidores preferem produtos e marcas que são consistentes com seu autoconceito e que o reforçam.

Exemplo

SEJA VERDADEIRO CONSIGO MESMO

A seguir estão resultados que proporcionam provas de validade para uma escala de itens múltiplos para medir o autoconceito.

- Três experts concordam que todos os itens na escala são relevantes para medir o autoconceito (validade do conteúdo).
- Correlações altas entre escalas elaboradas para medir avaliações de autoconceito e de personalidade, da mesma pessoa, efetuadas por seus amigos (validade do critério).
- Correlações altas com outras escalas projetadas para medir autoconceitos (validade convergente).
- Correlações baixas com constructos não relacionados de lealdade à marca e busca de variedade (validade discriminante).
- Marcas congruentes com o autoconceito do indivíduo são preferidas, como postulado pela teoria (validade nomológica).
- Um alto nível de confiabilidade.

Observe que um alto nível de confiabilidade foi incluído como prova de validade do constructo nesse exemplo. Isso ilustra o relacionamento entre confiabilidade e validade.

Relação entre confiabilidade e validade

Se uma medida for perfeitamente válida, ela também é perfeitamente confiável. Nesse caso, nem o erro sistemático nem o erro aleatório estão presentes. Assim, a validade perfeita implica confiabilidade perfeita. (Nenhum erro de medição implica nenhum erro aleatório.) Se uma medida não for confiável, ela não pode ser perfeitamente válida, uma vez que no mínimo o erro aleatório estará presente. (Se o erro aleatório estiver presente, um erro de medição também estará presente.) Além do mais, o erro sistemático também pode estar presente. Assim, a não-confiabilidade implica a invalidade. Se uma medida for perfeitamente confiável, ela pode ou não ser perfeitamente válida, porque o erro sistemático ainda pode estar presente. (Se não houver erro aleatório, o erro de medição ainda pode estar presente por causa do erro sistemático.) Enquanto a falta de confiabilidade constitui prova negativa para a validade, a confiabilidade em si não implica validade. A confiabilidade é uma condição necessária, porém não suficiente, para a validade.

ESCOLHENDO UMA TÉCNICA DE ESCALONAMENTO

Além das considerações teóricas e da avaliação de confiabilidade e validade, o pesquisador deve considerar certos fatores práticos na escolha de técnicas de escalonamento para um problema específico de pesquisa de marketing. Esses fatores incluem o nível de medição desejada (nominal, ordinal, por intervalar ou de proporção), a experiência dos entrevistados com o tópico de pesquisa, a dificuldade de aplicar as escalas e o contexto.

Como regra geral, a técnica de escalonamento usada deve ser aquela que render o nível mais alto de medição viável. Uma técnica de escalonamento desse tipo permitirá maior flexibilidade na análise estatística dos dados. Além disso, o uso de itens múltiplos de escala para medir a mesma característica melhorará a precisão dos resultados. Em muitas situações, é aconselhável utilizar mais de uma técnica de escalonamento, como ilustrado no caso de abertura.

ILUSTRAÇÃO RESUMIDA USANDO O CASO DE ABERTURA

Escalas não-comparativas de classificação podem ser contínuas ou por itens. Ambos os tipos foram ilustrados no caso de abertura. Os membros do público que assistem ao filme recebem um indicador e são solicitados a classificar continuamente suas reações, de positivo para negativo, ao girar o indicador na direção desejada, registrando assim sua resposta em uma escala contínua. Além disso, as escalas por itens são classificadas como escalas de Likert, de diferencial semântico e de Stapel. Levantamentos realizados em grande escala, para avaliar as reações dos entrevistados aos filmes, fazem uso de escalas de Likert.

Quando usar escalas não-comparativas de classificação por itens, o pesquisador precisa decidir sobre o número de categorias de escala, escalas equilibradas versus não-equilibradas, número ímpar ou par de categorias, escalas forçadas versus não-forçadas, natureza e grau de descrição verbal, além da forma ou configuração física. A escala de Likert no caso de abertura utilizou cinco categorias seguindo as diretrizes tradicionais e é equilibrada para evitar tendenciosidade em qualquer direção. Uma resposta neutra (3) é permitida, uma vez que é reconhecido que muitos entrevistados podem não gostar ou desgostar de cenas específicas em filmes. Todas as categorias da escala são rotuladas para poder reduzir a ambigüidade. Uma escala forçada é usada, sem uma categoria de 'nenhuma opinião', pois as pessoas geralmente expressam opiniões sobre filmes a que assistiram.

Escalas por itens múltiplos consistem em um número de itens de escala de classificação. Essas escalas devem ser avaliadas em termos de confiabilidade e validade. A confiabilidade refere-se ao ponto em que uma escala produz resultados consistentes se medições repetidas forem feitas. Abordagens para a avaliação de confiabilidade incluem o teste-reteste, a forma alternativa e a consistência interna. A validade, ou precisão de medição, pode ser conferida ao se avaliarem a validade do conteúdo, a validade do critério e a validade do constructo. No caso de abertura, a validade do constructo é avaliada ao se medir a reação do público usando métodos diferentes – a medição contínua com um indicador e escalas de Likert – e depois correlacionando as medidas para examinar a validade convergente.

A escolha de técnicas específicas de escalonamento em uma dada situação deve ser baseada nas considerações teóricas e práticas. Como regra geral, a técnica de escalonamento usada deve ser aquela que render o nível mais alto de medição viável. Além disso, medidas múltiplas devem ser obtidas, como no caso de abertura.

PESQUISA DE MARKETING E TQM

As técnicas de escalonamento discutidas neste capítulo foram usadas para elaborar várias escalas para medir a qualidade. Por exemplo, a Servqual, uma escala não-comparativa por itens múltiplos, foi desenvolvida para medir a qualidade do serviço. A Servqual original propôs dez dimensões segundo as quais a qualidade do serviço foi classificada: confiabilidade, atenção, competência, acesso, cortesia, comunicação, credibilidade, segurança, compreensão/entendimento do consumidor e tato. Essas dez dimensões são posteriormente combinadas em cinco: tato, confiabilidade, atenção, confiança e empatia. A Servqual pode ser dividida em duas seções. A primeira seção coleta dados sobre os sentimentos dos entrevistados com relação a empresas de qualidade que possuem certos aspectos ou atributos. A segunda seção pede aos entrevistados que classifiquem até que ponto acreditam que uma empresa tem certos atributos. As respostas da primeira seção dão uma medida das expectativas de um consumidor quanto a certos atributos para uma empresa de qualidade. A segunda seção mede as percepções de consumidores em relação a uma dada empresa sobre os mesmos atributos. A Servqual usa a diferença entre as medidas de percepção e de expectativa como uma medida da qualidade.[7] Instrumentos similares podem ser desenvolvidos para medir a qualidade em produtos de forma não-comparativa, como ilustrado pela Winn-Dixie.

Exemplo

A QUALIDADE ESTÁ SEMPRE BROTANDO

A Winn-Dixie, uma rede de supermercados, queria melhorar a qualidade de seu departamento de flores. Os departamentos de flores das lojas concorrentes variavam de serviço limitado sem nenhum trabalho feito sob encomenda nem entregas até serviço completo, capacitado para pedidos especiais, atendimento de eventos e entregas. Apenas cerca de metade dos departamentos de flores da Winn-Dixie tinha os recursos para lidar com eventos especiais, como casamentos. A Winn-Dixie usou escalas de Likert, como veremos no quadro a seguir, para compreender melhor como seus clientes se sentiam a respeito do departamento de flores.

Estão listadas as afirmações sobre o centro de flores da Winn-Dixie. Faça um círculo em volta do número que melhor descreve como você se sente em relação a cada afirmação.

	DISCORDO MUITO	DISCORDO	NÃO CONCORDO NEM DISCORDO	CONCORDO	CONCORDO MUITO
1. O centro de flores da Winn-Dixie tem alta qualidade.	1	2	3	4	5
2. O centro de flores não tem uma grande variedade de flores.	1	2	3	4	5
3. O centro de flores fornece todos os serviços de que eu já precisei.	1	2	3	4	5

Capítulo 10: Medição e Escalonamento: Técnicas de Escalonamento Não-Comparativas 219

	DISCORDO MUITO	DISCORDO	NÃO CONCORDO NEM DISCORDO	CONCORDO	CONCORDO MUITO
4. O centro de flores cobra preços justos.	1	2	3	4	5
5. O pessoal do centro de flores não é atencioso.	1	2	3	4	5

Os resultados desse levantamento mostraram que os departamentos de flores em várias lojas não foram avaliados favoravelmente. Em vista disso, a Winn-Dixie preparou um plano para melhorar seus departamentos de flores em todo o país. A qualidade é vital para a sobrevivência da Winn-Dixie na indústria competitiva de supermercados. Seu compromisso em descobrir o que os clientes querem tem ajudado a alcançar a gestão de qualidade total nos departamentos de flores e em toda a loja.[8]

TECNOLOGIA E PESQUISA DE MARKETING

Gerentes de bancos de dados, como o dBase, permitem que pesquisadores desenvolvam escalas e testem sua adequação a uma aplicação específica. Programas especializados, como o programa Escalas de Atitude da Persimmon Software, constrói uma variedade de escalas de classificação para medir atitudes em pesquisas de marketing e de opinião. O Ezwriter, da Computers for Marketing Corporation (CfMC), de São Francisco, pode personalizar escalas para questionários impressos ou para uso de entrevistadores por telefone em monitores de computador em uma fração do tempo que levariam sem a automação.

Para cada escala nova, ao pesquisador seria apresentada uma tela pedindo informações sobre a escala pretendida. Por exemplo, se for uma pergunta graduada de forma não-comparativa, o pesquisador indicaria que está buscando uma resposta 'numérica'. Ele então indicaria a gama válida dos números. Depois disso, uma segunda tela permitiria formatar a escala na tela da forma que os entrevistadores a veriam durante a coleta de dados.

Outro desenvolvimento tecnológico são os instrumentos 'espertos', que podem monitorar constantemente sua própria condição e a qualidade das informações que eles proporcionam. Eles também podem 'falar' diretamente com os outros componentes do processo de medição, fazendo com que a integração e o processamento de informações se tornem rápidos e confiáveis. A Option Technologies, em Minnesota, tem um instrumento desses, chamado Option Finder. Esse sistema permite o feedback instantâneo. Ele é projetado para uso na coleta de informações de grupos em vez de indivíduos isolados e pode ser usado em grupos de até 250 pessoas. O entrevistado lê uma pergunta, depois insere sua resposta no sistema usando um teclado. Como o teclado é o método de entrada de dados, as perguntas são limitadas a uma resposta fixa, incluindo comparações por pares, escalas do tipo Likert e pontos discretamente rotulados. O feedback do Option Finder é imediato. As respostas às perguntas são somadas e processadas em forma gráfica enquanto os entrevistados as inserem.

ÉTICA NA PESQUISA DE MARKETING

Como a construção da escala pode influenciar as respostas e, em conseqüência, os resultados do estudo, várias questões éticas são pertinentes. A preocupação especial é a tentativa do pesquisador de deliberadamente enviesar os resultados ao construir essa tendenciosidade nas escalas não-comparativas. Isso pode ser feito, por exemplo, com o uso de descritores de escala que podem ser manipulados para enviesar resul-

O uso de descritores não apropriados de escala pode influenciar as avaliações da Lexus, gerando assim questões éticas

tados para um lado desejado –, por exemplo, para gerar uma opinião positiva da marca do cliente ou uma opinião negativa de uma marca do concorrente. Para projetar a marca do cliente favoravelmente, os entrevistados podem ser solicitados a indicar sua opinião sobre a marca em vários atributos usando escalas de 7 pontos ancoradas pelos descritores 'extremamente ruim' a 'bom'. Observe que essa escala tem outro extremamente negativo e um descritor levemente positivo. Os entrevistados ficarão relutantes em classificar o produto de forma extremamente negativa ao defini-lo como 'extremamente ruim'. De fato, os entrevistados que acreditam que o produto seja apenas medíocre acabarão respondendo favoravelmente. Tente isso você mesmo. Como classificaria os automóveis da Lexus nos seguintes atributos?

Confiabilidade:	Horrível	1	2	3	4	5	6	7	Bom
Desempenho:	Muito ruim	1	2	3	4	5	6	7	Bom
Qualidade:	Um dos piores	1	2	3	4	5	6	7	Bom
Prestígio:	Muito baixo	1	2	3	4	5	6	7	Bom

Você se viu classificando os carros da Lexus de forma positiva? A mesma técnica pode ser usada para influenciar negativamente a avaliação de produtos dos concorrentes ao oferecer um descritor levemente negativo contra um descritor extremamente positivo.

Assim, vemos quão importante é usar escalas com descritores positivos e negativos equivalentes. Esse problema enfatiza a necessidade de estabelecer a confiabilidade e a validade das escalas adequadamente para que possamos ficar confiantes em que as variáveis foram medidas com precisão. O pesquisador tem a responsabilidade com o cliente e com o entrevistado de assegurar a aplicabilidade e a utilidade da escala, como veremos no exemplo a seguir.

Exemplo

UMA ESCALA ÉTICA PARA MENSURAR A ÉTICA

A teoria da filosofia moral foi usada para desenvolver uma escala para medir avaliações éticas das atividades de marketing. A escala resultante tinha 29 itens bipolares de 7 pontos que iam de justo a injusto e de eficiente a ineficiente. Avaliações dessa escala, por meio do uso nas avaliações de vários cenários éticos, indicaram um alto grau de confiabilidade na consistência interna (medida via alfa de Cronbach) e um forte grau de validade de constructo (convergente, discriminante e nomológica). Assim, essa escala tem sido útil em uma variedade de contextos para investigar questões éticas no marketing. Em um estudo recente, essa escala foi usada para classificar as empresas como éticas ou antiéticas e para examinar as variáveis que diferenciaram os dois grupos. Foi descoberto que, nas primeiras empresas, a ética era considerada mais importante, a liderança tinha um compromisso com práticas éticas e os códigos de conduta ética eram aplicados. Além disso, empresas menores tinham a tendência de ser mais éticas que as empresas maiores.[9]

APLICAÇÕES NA INTERNET

Escalas de classificação contínua podem ser facilmente implementadas na Internet. O cursor pode ser movimentado na tela de forma contínua para escolher a posição na escala que melhor descreve a avaliação do entrevistado. O computador pode automaticamente marcar os valores da escala, aumentando a velocidade e a precisão de processamento dos dados.

Da mesma forma, também é fácil implementar as três escalas por itens (Likert, diferencial semântico e Stapel) na Internet. Além do mais, com a Internet pode-se buscar e localizar escalas similares usadas por outros pesquisadores. Também é possível que estes tenham relatado avaliações de confiabilidade e validade para escalas por itens múltiplos. Antes de gerar novas escalas, um pesquisador deve primeiro examinar escalas similares usadas por outros pesquisadores e aplicá-las se elas satisfizerem os objetivos da medição.

Exemplo

ESCALAS NÃO-EQUILIBRADAS AJUDAM A ADVANCED MICRO DEVICES A OBTER EQUILÍBRIO NA SATISFAÇÃO DO CLIENTE

A CustomerSat.com (*www.customersat.com*) é um dos principais fornecedores de serviços de pesquisa por levantamento na Internet. Ela conduziu um levantamento de satisfação do cliente com base na Internet para a Advanced Micro Devices (AMD), fabricante líder de circuitos integrados. Vários tipos de escala por itens foram empregados. A importância de atributos usados para avaliar a AMD foi medida em escalas equilibradas de 5 pontos (muito importante, importante, neutro, não importante, não muito importante). No entanto, a satisfação foi medida utilizando escalas não-equilibradas de 5 pontos (excelente, muito bom, bom, razoável, ruim). O uso de escalas não-equilibradas para medir a satisfação foi justificado, porque os níveis de satisfação tendem a ser positivamente enviesados.

Além disso, uma opção de 'não-aplicável (N/A)' também foi permitida quando a satisfação com a AMD foi medida em atributos específicos, uma vez que nem todos os atributos podem ser relevantes para um entrevistado específico. Os resultados desse levantamento ajudaram a AMD a identificar preocupações de clientes que afetam os níveis de satisfação e a tomar as medidas corretivas. Por exemplo, preencher os pedidos com precisão e de forma rápida tinha um impacto muito importante na satisfação do cliente. Porém, essa era uma área na qual a AMD não estava equilibrada. Dessa forma, a AMD reorganizou essa função, resultando em melhora no desempenho e aumento da satisfação do cliente.

Resumo

No escalonamento não-comparativo cada objeto é graduado independentemente dos outros objetos no conjunto de estímulo. Escalas de classificação não-comparativas podem ser contínuas ou por itens. As escalas por itens são ainda classificadas como escalas de Likert, de diferencial semântico e de Stapel. Quando usar escalas não-comparativas de classificação por itens, o pesquisador precisa decidir sobre o número de categorias de escala, escalas equilibradas ou não-equilibradas, número ímpar ou par de categorias, escalas forçadas e não-forçadas, natureza e grau de descrição verbal e a forma ou configuração física.

Escalas por itens múltiplos consistem de vários itens de classificação. Essas escalas devem ser avaliadas em termos de confiabilidade e validade. A confiabilidade refere-se ao ponto até onde uma escala produz resultados consistentes se forem tomadas medidas repetidas. Abordagens para a avaliação da confiabilidade incluem o teste-reteste, a forma alternativa e a consistência interna.

A validade, ou a precisão da medição, pode ser conferida ao se avaliarem a validade do conteúdo, a validade do critério e a validade do constructo.

A escolha de técnicas específicas de escalonamento em uma dada situação deve ser baseada nas considerações teóricas e práticas. Como regra geral, devem ser tomadas medidas múltiplas, com técnicas que proporcionam o grau mais alto de informação viável.

Escalas especializadas, como a Servqual, foram elaboradas para medir a qualidade do serviço. Existem softwares para a elaboração e o teste de escalas contínuas e de classificação por itens, especialmente escalas por itens múltiplos. O mau uso de descritores de escala também gera sérias preocupações éticas. Eticamente, o pesquisador tem a responsabilidade com o cliente e com os entrevistados de assegurar a aplicabilidade, a utilidade e a honestidade das escalas. Escalas contínuas e de classificação por itens podem ser facilmente implementadas na Internet.

Favor classificar seu representante de vendas nas seguintes características:

	Excelente	Muito Bom	Bom	Razoável	Ruim
Utilidade	❏	❏	❏	❏	❏
Prontidão	❏	❏	❏	❏	❏
Conhecimento do produto	❏	❏	❏	❏	❏

Favor classificar a importância das seguintes características de produto:

	Importante				Não importante
Confiabilidade	1	2	3	4	5
Preço	1	2	3	4	5
Gama de Opções	1	2	3	4	5

Exercícios

1. O que é uma escala de diferencial semântico? Para quais propósitos essa escala é usada? Dê um exemplo.
2. Descreva a escala de Likert. Dê um exemplo.
3. Quais são as diferenças entre a escala de Stapel e a escala de diferencial semântico? Qual das escalas é a mais popular?
4. Quais são as principais decisões envolvidas na construção de uma escala por itens?
5. Quantas categorias de escala devem ser usadas em uma escala por itens? Por quê?
6. Qual é a diferença entre escalas equilibradas e não-equilibradas? Dê um exemplo de cada.
7. Em uma escala por itens, deve-se usar um número ímpar ou par de categorias? Por quê? Quando?
8. Qual é a diferença entre escalas forçadas e não-forçadas? Dê um exemplo de cada.
9. Como a natureza e o grau de descrição verbal afetam a resposta às escalas por itens?
10. O que são escalas por itens múltiplos? Dê um exemplo.
11. O que é confiabilidade?
12. Quais são as diferenças entre a confiabilidade de teste-reteste e a de forma alternativa?
13. Descreva a noção de confiabilidade de consistência interna.
14. O que é validade?
15. O que é validade do critério? Como ela é avaliada?
16. Qual é a relação entre confiabilidade e validade?
17. Como você escolheria uma técnica específica de escalonamento?

Problemas

1. Elabore escalas de Likert, de diferencial semântico e de Stapel para medir lealdade a uma loja.
2. Elabore uma escala por itens múltiplos para medir a atitude de alunos quanto à internacionalização do currículo de administração de empresas. Como você avaliaria a confiabilidade e a validade dessa escala?
3. Construa uma escala de Likert para medir o uso da Internet. Mostre como as decisões sobre a escala de classificação foram tomadas.

Atividades

DRAMATIZAÇÃO

1. Você trabalha no departamento de marketing de uma empresa especializada no desenvolvimento de sistemas de apoio às decisões (SADs) para o setor da saúde. Sua empresa gostaria de medir a atitude de administradores de hospitais com relação aos SADs. As entrevistas seriam conduzidas pelo telefone. Você foi solicitado a elaborar uma escala apropriada para esse propósito. A administração gostaria que você explicasse e justificasse seu raciocínio para a construção dessa escala.

TRABALHO DE CAMPO

1. Elabore uma escala de diferencial semântico para medir a imagem de duas grandes linhas aéreas que voam para sua cidade. Aplique essa escala a uma amostra-piloto de 20 alunos. Com base no estudo-piloto, qual linha aérea tem a imagem mais favorável?
2. Elabore uma escala de Likert para medir a imagem de dois grandes bancos na sua cidade. Aplique essa escala a uma amostra-piloto de 20 alunos. Com base no estudo-piloto, qual banco tem a melhor imagem?
3. Elabore uma escala de Stapel para medir a imagem de dois supermercados na sua cidade. Aplique essa escala a uma amostra-piloto de 20 alunos. Com base no estudo-piloto, qual supermercado tem a melhor imagem?

DISCUSSÃO EM GRUPO

1. "Na verdade, não importa qual técnica de escalonamento você use. Contanto que sua medida seja confiável, você obterá os resultados corretos." Discuta essa declaração em um grupo pequeno.
2. "Não é preciso se preocupar com confiabilidade e validade na pesquisa de marketing aplicada." Discuta essa afirmação em um grupo pequeno.
3. Em um grupo pequeno, ou classe, discuta um dos artigos listados nas notas para este capítulo.

Notas

1. Matthew Gwyther, "The big box office bet", *Management Today*, mar. 1999, p. 48-54; Shannon Dortch, "Going to the movies", *American Demographics*, 18, 12, dez. 1996, p. 4-7, e Joe Rapolla, "Music finds an audience if you know how to look", *Marketing News*, 29, 18, 28 ago. 1995, p. 17.
2. William Murphy e Sidney Tang, "Continuous likeability measurement", *Marketing Research: A Magazine of Management & Applications*, 10, 2, verão 1998, p. 28-35, e Ian Fenwick e Marshal D. Rice, "Reliability of continuous measurement copy-testing methods", *Journal of Advertising Research*, 31, 1, fev./mar. 1991, p. 23-29.
3. David Zoia, "Wanna buy BMW?", *Ward's Auto World*, 35, 4, abr. 1999, p. 28-33, e "J. D. power releases new ranking: owner happiness", *Marketing News*, 6 nov. 1995.
4. Naresh K. Malhotra, "A scale to measure self-concepts, person concepts and product concepts", *Journal of Marketing Research*, 18, nov. 1981, p. 456-464. Veja também A. Bem Oumil e Orhan Erddem, "Self-concept by gender: a focus on male-female consumers", *Journal of Marketing Theory & Practice*, 5, 1, inverno 1997, p. 7-14.
5. Kenneth O. Doyle, "Research note: reliability and dimensionality of stimulus ratings", *Journal of Advertising Research*, 38, 2, mar./abr. 1998, p. 45-50, e Robert A. Peterson, "A meta-analysis of Chronbach's coefficient alpha", *Journal of Consumer Research*, 21, set. 1994, p. 381-391.

6. Joanna S. Bers, "Forge an emotional bond," *Success*, 46, 4, abr. 1999, p. 6; Martha I. Stone, "Survey finds increasing emphasis on emotion in ads", *Advertising Age's Business Marketing*, 82, 8, set. 1997, p. 3, 65; David J. Moore, William D. Harris e Hong. C. Chen, "Affects intensity: an individual difference response to advertising appeals", *Journal of Consumer Research*, 22, 2, set. 1995, p. 154-164, e David M. Zeitlin e Richard A. Westwood, "Measuring emotional response", *Journal of Advertising Research*, out./nov. 1986, p. 34-44.

7. Alison M. Dean, "The applicability of SERVQUAL in different health care environments", *Health Marketing Quarterly*, 16, 3, 1999, p. 1-21; Simon S.K. Lam, "Measuring service quality: a test-retest reliability investigation of SERVQUAL", *Journal of the Market Research Society*, 39, 2, abr. 1997, p. 381-396.

8. "Service industries mustn't take customers for granted", *Marketing News*, 33, 10, 10 maio 1999, p. 29-30, e Stephen Bennett, "Flower power", *Progressive Grocer*, 73, 11, nov. 1994, p. 105-110.

9. Saul Klein, "Marketing norms measurement: an international validation and comparison", *Journal of Business Ethics*, 18, 1, jan. 1999, p. 65-72; Anusorn Singhapakdi, Scott J. Vitell, Kumar C. Rallapalli e Kenneth L. Kraft, "The perceived role of ethics and social responsibility: a scale development", *Journal of Business Ethics*, 15, 11, nov. 1996, p. 1131-1140, e Reidenbach, R. Eric e Donald P. Robin, "A response to on measuring ethical judgments", *Journal of Business Ethics*, 14, fev. 1995, p. 159-162.

CAPÍTULO 11

Elaboração de Questionário e de Formulário

Neste capítulo abordamos as seguintes questões:

1. Qual o propósito de um questionário e quais são seus objetivos?
2. Qual é o processo de elaboração de um questionário, quais etapas estão envolvidas e quais são as diretrizes para cada uma delas?
3. Como são elaborados os formulários de observação para observar o comportamento mais efetivamente?
4. Que papel a elaboração do questionário tem na implementação da gestão da qualidade total?
5. Como a tecnologia se conecta com a elaboração do questionário?
6. Quais perguntas éticas estão envolvidas na elaboração do questionário?
7. Que papel a Internet pode ter no processo de elaboração do questionário?

A WORLD VISION CONFERE AOS DOADORES UMA VISÃO PARA A CARIDADE

A World Vision (WV), uma das 100 principais instituições de caridade em 2001, é uma organização cristã que ajuda a aliviar as vítimas e as crianças necessitadas em quase 100 países. A WV precisava de pelo menos 800 mil dólares para continuar cuidando de crianças que não eram patrocinadas nos países em desenvolvimento. As crianças, que necessitavam de alimentos, moradia e cuidados médicos, nunca tinham sido patrocinadas ou haviam perdido seus patrocínios por várias razões. A World Vision desenvolveu um questionário para determinar as motivações dos doadores para doar. As informações foram obtidas na seguinte ordem:

1. Prioridades e motivações para doar
2. Conhecimento da organização (WV)
3. Percepção da organização
4. Comunicação com os doadores
5. Informações demográficas

Para aumentar a disposição dos doadores e dos doadores em potencial em participar e completar o questionário, os pesquisadores tornaram claro o contexto do levantamento e minimizaram os esforços necessários dos entrevistados ao fazer perguntas fáceis de responder. Foram feitas apenas perguntas indispensáveis, e as perguntas combinadas foram evitadas. A maior parte delas era estruturada; os entrevistados simplesmente tinham de fazer um círculo em um número na escala. Entretanto foram incluídas algumas perguntas sem estrutura e abertas nos casos em que se detectou que os entrevistados precisavam de liberdade para expressar os motivos básicos para doar.

Na elaboração do texto das perguntas, foram usadas palavras com significado inequívoco mas familiares aos doadores. Houve empenho em criar um questionário objetivo para não haver tendenciosidade nas respostas em nenhum sentido. O questionário foi mantido simples e detalhado, e as instruções dadas eram claras, uma vez que ele seria enviado pelo correio. O questionário foi dividido em partes, com cada uma destinada a cada tipo de informação procurada. O nome e o endereço dos entrevistados eram opcionais e obtidos no final do questionário, o qual foi profissionalmente reproduzido para ter uma aparência limpa e foi totalmente pré-testado.

Os resultados dos levantamentos pelo cor- reio mostraram que os fatores mais importantes que motivam os doadores a patrocinar uma criança eram os sentimentos de calor e contato com a criança que estavam patrocinando. Com base nesses resultados, a instituição de caridade decidiu direcionar seu alvo para a própria lista doméstica de patrocinadores atuais para ver se eles subvencionariam mais crianças. Para motivar os que já eram generosos patrocinadores, a World Vision desenvolveu um pacote caloroso e interativo, enviado pelo correio, com o objetivo de aumentar o envolvimento dos doadores com a organização. O pacote incluía uma carta do presidente da World Vision, Robert Seiple, um decalque com o nome da criança patrocinada e um caderno pequeno. Na carta, Seiple explicava que nos países em desenvolvimento o papel para as crianças na escola é extremamente escasso. Ele pedia ao doador que pregasse o decalque na capa do caderno, assinasse o verso da capa e enviasse o caderno de volta em um envelope com postagem pré-paga. A organização então entregaria o caderno para a criança patrocinada, juntamente com outra raridade – um lápis.

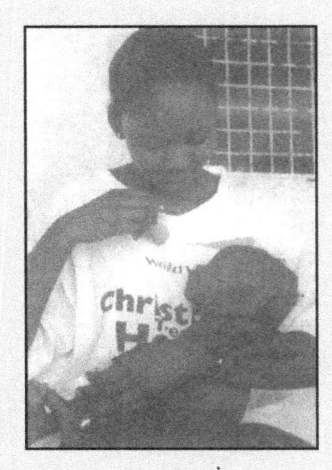

Com um orçamento total de 105.500 dólares, a World Vision enviou 240.893 malas-diretas. O retorno das respostas, em termos de doações recebidas, foi de 46,1%, batendo a campanha anterior em 25,95%. O custo por resposta foi de 0,95 dólar. A renda total excedeu o objetivo em 197 mil dólares (23%). Além dos 46,1% que responderam fazendo uma doação, mais de 80% dos entrevistados devolveram os cadernos, o que significou um nível muito mais alto de envolvimento do doador do que o sugerido pelas doações.[1]

VISÃO GERAL

O caso de abertura ilustra a importância do questionário para o processo de pesquisa. Os resultados obtidos ao se usar um questionário podem ajudar na formulação de estratégias eficazes de marketing. Um questionário bem elaborado permitiu que a World Vision descobrisse os motivos básicos dos doadores e desenvolvesse uma campanha bem-sucedida para solicitar fundos para crianças nos países em desenvolvimento.

A elaboração de um questionário ou de um formulário de observação segue a definição do problema e a abordagem (Capítulo 2), a especificação do tipo de modelo de pesquisa (capítulos 3 a 8) e a seleção dos procedimentos de escalonamento (capítulos 9 e 10). A Figura 11.1 explica resumidamente o foco do capítulo, a relação com os anteriores e as etapas do processo de pesquisa de marketing nas quais este capítulo se concentra.

O capítulo descreve a importância de um questionário e apresenta o processo para a elaboração de questionários e formulários de observação. Oferecemos diretrizes para a elaboração do questionário em cada estágio do processo. Também discutimos as aplicações à gestão da qualidade total e tratamos de perguntas relacionadas à tecnologia, à ética e à Internet. A Figura 11.2 nos proporciona uma visão geral dos tópicos discutidos neste capítulo e como eles fluem de um capítulo para outro.

IMPORTÂNCIA DO QUESTIONÁRIO

Como foi discutido no Capítulo 6, o pesquisador coleta dados primários quantitativos para a pesquisa descritiva usando levantamentos de campo ou observações. A padronização do processo de coleta de dados é essencial para garantir dados internamente consistentes e coerentes para análise. Imagine como seria difícil analisar os resultados de um levantamento nacional, conduzido por 40 entrevistadores diferentes, se as perguntas não fossem feitas de maneira padronizada, isto é, se os entrevistadores fizessem perguntas com texto e ordem diferentes. Um questionário garante a padronização e a comparação dos dados entre os entrevistadores, aumenta a velocidade e a precisão dos registros e facilita o processamento dos dados. Como ilustrado no caso de abertura, um questionário também garante que o pesquisador colete as informações relevantes necessárias para lidar com o problema de decisão da gerência.

Figura 11.1 Relação do modelo de questionário com os capítulos anteriores e com o processo de pesquisa de marketing

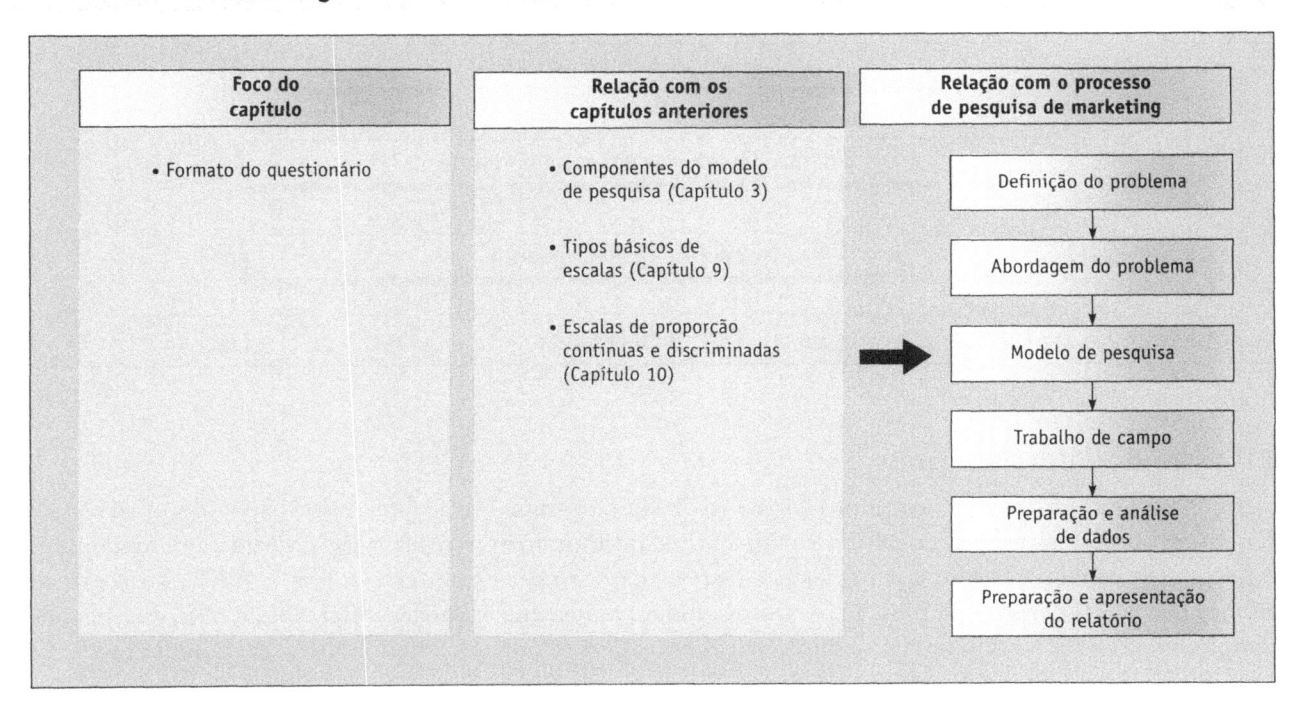

Foco do capítulo	Relação com os capítulos anteriores	Relação com o processo de pesquisa de marketing
• Formato do questionário	• Componentes do modelo de pesquisa (Capítulo 3) • Tipos básicos de escalas (Capítulo 9) • Escalas de proporção contínuas e discriminadas (Capítulo 10)	Definição do problema ↓ Abordagem do problema ↓ Modelo de pesquisa ↓ Trabalho de campo ↓ Preparação e análise de dados ↓ Preparação e apresentação do relatório

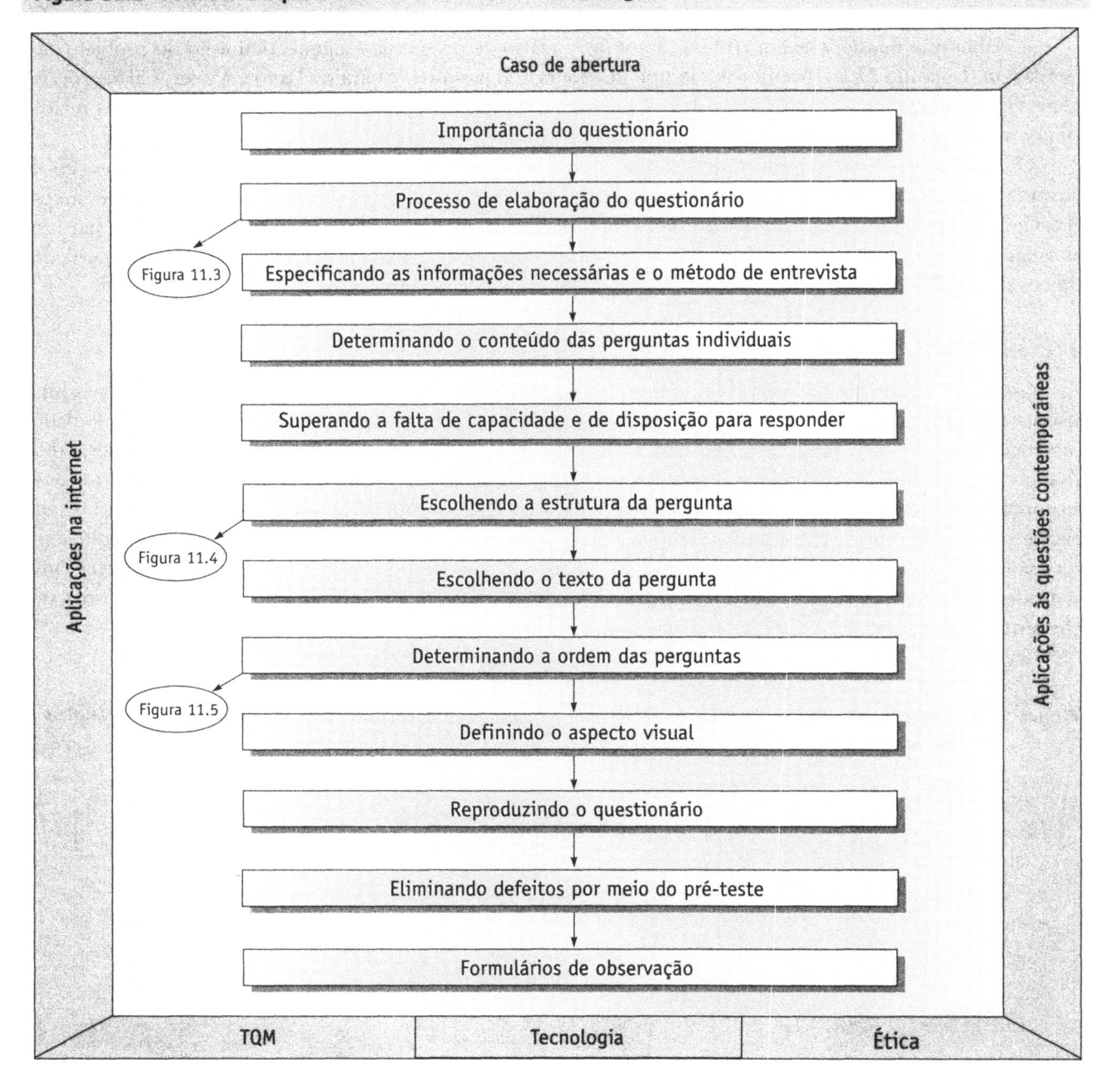

Figura 11.2 Formato de questionário e de formulário: visão geral

Caso de abertura

- Importância do questionário
- Processo de elaboração do questionário
- Especificando as informações necessárias e o método de entrevista (Figura 11.3)
- Determinando o conteúdo das perguntas individuais
- Superando a falta de capacidade e de disposição para responder
- Escolhendo a estrutura da pergunta (Figura 11.4)
- Escolhendo o texto da pergunta
- Determinando a ordem das perguntas (Figura 11.5)
- Definindo o aspecto visual
- Reproduzindo o questionário
- Eliminando defeitos por meio do pré-teste
- Formulários de observação

Aplicações na internet | Aplicações às questões contemporâneas

TQM | Tecnologia | Ética

Definição do questionário

Um **questionário** é um conjunto formalizado de perguntas para obter informaçõe do entrevistado. Ele tem três objetivos específicos. Em primeiro lugar, deve traduzir a informação desejada em um conjunto de perguntas específicas que o entrevistado esteja disposto a responder e tenha condições de fazê-lo. Embora isso possa parecer simples, as perguntas podem apresentar respostas diferentes e não previstas. Por exemplo, como você responderia à seguinte pergunta: "Qual é o maior estado, Nova York ou Texas?". Você responderia baseado na população ou na área?

Em segundo lugar, ele tem de ser elaborado de maneira a minimizar as exigências impostas ao entrevistado. O questionário deve motivá-lo a participar de toda a entrevista, sem tendenciosidade nas respostas.

As entrevistas incompletas têm utilidade limitada, se usadas. Para manter o entrevistado envolvido durante todo o questionário o pesquisador deve tentar minimizar o cansaço e o tédio.

Em terceiro lugar, um questionário deve minimizar os erros na resposta. Os erros podem surgir quando o entrevistado dá respostas imprecisas ou quando elas são registradas ou analisadas incorretamente. Minimizar os erros gerados pelo questionário em si é um objetivo importante da sua elaboração. O exemplo seguinte revela como os questionários podem ser elaborados para atingir esses objetivos.

Exemplo

UMA ABORDAGEM À MODA ANTIGA COM ENTREVISTADOS JOVENS

A Youth Research (YR) (*www.youthresearch.com*), da Teenage Research Unlimited (*www.teenresearch.com*), pesquisa duas faixas etárias de crianças – 6 a 8 anos e 9 a 12 anos – trimestralmente. O objetivo é registrar as opiniões das crianças sobre comidas favoritas, programas de televisão, comerciais, rádio, revistas, palavras da moda e filmes. As entrevistas um-a-um realizadas nos shoppings são em geral curtas, de apenas oito minutos.

A YR tenta fazer as perguntas mais claras e significativas possíveis, para que as crianças possam entender e responder a elas. Isso se dá por meio da definição de um contexto para as perguntas. A presidente da YR, Karen Forcade, diz: "Por exemplo, quando perguntamos sobre seus hábitos ao ouvir o rádio, nós dizemos 'E quando você está no carro de sua mãe, você ouve o rádio?' em vez de 'Com que freqüência você ouve o rádio? Mais de uma vez por dia, uma vez por dia, mais de uma vez por semana?' Essas são perguntas longas para crianças pequenas".

Houve um equilíbrio entre a tentativa de cobrir todas as áreas de interesse possíveis em um estudo e de garantir que a informação mais importante seja de alta qualidade. Por causa do tempo de atenção limitado das crianças, minimizar o tédio e ser sensível ao cansaço torna-se mais importante do que fazer todas as perguntas possíveis. Assim, a YR motiva as crianças a completar o questionário.

Karen Forcade observa também que alguns clientes tentam satisfazer todos os seus objetivos de pesquisa com um estudo. "Os questionários vão passando pelo processo de aprovação e as pessoas vão adicionando perguntas: 'Bem, vamos fazer essa pergunta, vamos adicionar aquela pergunta. E por que não falamos sobre isso também?' E assim você acaba segurando as crianças por 25 minutos em um local central no shopping, e elas começam a ficar impacientes." O erro de resposta aumenta e a qualidade dos dados é afetada. Ao manter o questionário curto e claro, a YR tenta reduzir os erros de resposta. Embora realizar pesquisa com crianças não seja fácil, a YR tem tido sucesso em desenvolver questionários que satisfazem seus objetivos relatados.[2]

PROCESSO DE ELABORAÇÃO DO QUESTIONÁRIO

Nenhum princípio científico garante um questionário ótimo ou ideal. O formato do questionário é ao mesmo tempo uma arte e uma ciência. A criatividade, o talento e a experiência do pesquisador têm papel importante na elaboração final. No entanto, várias diretrizes estão disponíveis para auxiliar o pesquisador no processo de elaboração do questionário e para ajudá-lo a evitar grandes erros.

As diretrizes para sustentar o formato do questionário são apresentadas como uma série de dez etapas (Figura 11.3): (1) especificar as informações necessárias; (2) especificar o tipo de método de entrevista; (3) determinar o conteúdo de cada pergunta; (4) elaborar perguntas para superar a falta de capacidade e de disposição dos entrevistado em responder; (5) decidir sobre a estrutura das perguntas; (6) determinar o texto das perguntas; (7) colocar as perguntas na ordem apropriada; (8) identificar o aspecto visual; (9) reproduzir o questionário; e (10) fazer um pré-teste. Na prática, o formato do questionário é interativo em vez de se-

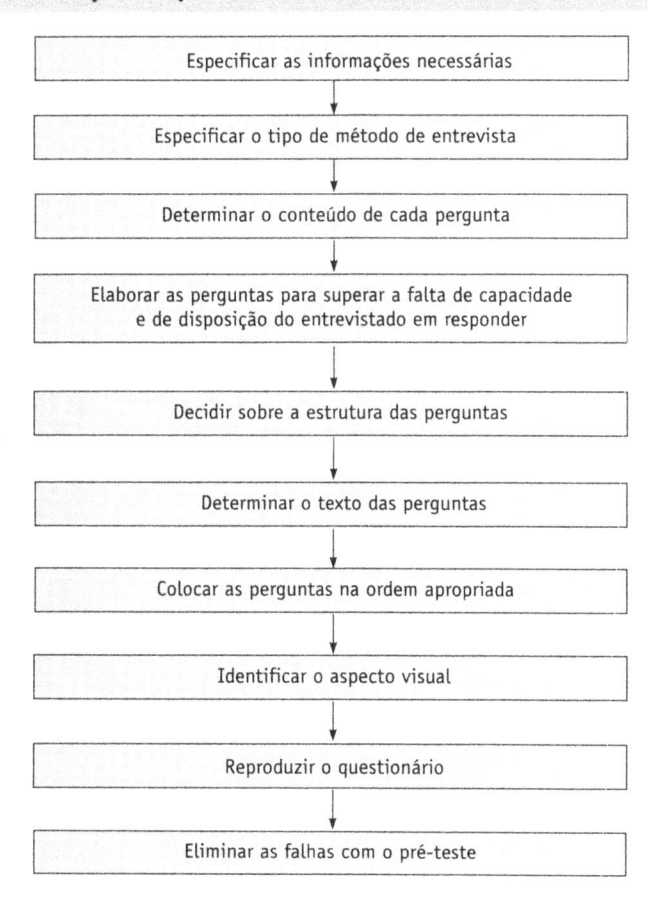

Figura 11.3 Processo de elaboração do questionário

```
Especificar as informações necessárias
            ↓
Especificar o tipo de método de entrevista
            ↓
Determinar o conteúdo de cada pergunta
            ↓
Elaborar as perguntas para superar a falta de capacidade
e de disposição do entrevistado em responder
            ↓
Decidir sobre a estrutura das perguntas
            ↓
Determinar o texto das perguntas
            ↓
Colocar as perguntas na ordem apropriada
            ↓
Identificar o aspecto visual
            ↓
Reproduzir o questionário
            ↓
Eliminar as falhas com o pré-teste
```

qüencial. Por exemplo, pré-testar uma pergunta pode revelar que os entrevistados não entenderam o texto, levando o pesquisador de volta a uma etapa inicial.

ESPECIFICAR AS INFORMAÇÕES NECESSÁRIAS

A primeira etapa na elaboração do questionário é especificar as informações necessárias. Uma revisão contínua dos objetivos iniciais do projeto de pesquisa, principalmente os componentes específicos do problema, das perguntas de pesquisa e das hipóteses, ajudará a manter o questionário focado. Isso foi ilustrado no estudo da World Vision relatado no caso de abertura, que especificou de forma clara as informações que o questionário deveria obter.

Os questionários também devem ser elaborados tendo em mente o público-alvo, considerando seus níveis educacionais e sua experiência. A linguagem usada e o contexto das perguntas precisam ser familiares aos entrevistados. Perguntas apropriadas para universitários podem não sê-lo para aqueles que apenas completaram o colegial. Os questionários mal compreendidos levam a uma incidência mais alta de respostas 'incertas' ou 'nulas'.

ESPECIFICAR O TIPO DE MÉTODO DE ENTREVISTA

Outra consideração importante na elaboração do questionário diz respeito à forma de coletar os dados. Um entendimento dos vários métodos de condução de entrevistas proporciona uma diretriz para a elaboração do questionário (Capítulo 7). Por exemplo, as entrevistas pessoais usam a interação face a face com o entrevistador. Em vista da possibilidade de haver feedback e esclarecimento, os questionários podem ser extensos e complexos e incorporar auxílios visuais. Como um entrevistado não consegue ver o questionário nas entrevistas por telefone, as perguntas devem ser curtas e simples.

Qualquer tipo de questionário aplicado pessoalmente deve ser escrito em um estilo coloquial. Os questionários enviados pelo correio e os eletrônicos são auto-aplicados, não envolvendo interação pessoal entre o pesquisador e o entrevistado. Assim, as perguntas e as instruções precisam ser simples e completas, como no estudo da World Vision no caso de abertura. Em uma entrevista auxiliada pelo computador (ETAC, EPAC ou Internet; Capítulo 7), o computador guia o entrevistado por complexos modelos alternados e pode incorporar a aleatoriedade das perguntas para eliminar a tendenciosidade na ordem. O impacto do tipo de método de entrevista sobre a natureza das perguntas é ilustrado no contexto para obter a preferência dos consumidores por carros de luxo.

*E*xemplo

EFEITO DO MÉTODO DE ENTREVISTA NA ELABORAÇÃO DO QUESTIONÁRIO

Questionário pelo correio, por e-mail ou em site da Web

Classifique os carros de luxo na ordem de sua preferência. Comece escolhendo a marca de que você mais gosta e atribua a ela um número 1. Em seguida, escolha a segunda marca preferida e dê-lhe o número 2. Continue com esse procedimento até que tenha classificado todos os carros em ordem de preferência. A marca de que você menos gosta deve receber o número 7. Duas marcas não podem receber o mesmo número de classificação. Tente ser coerente.

MARCA DE CARRO	ORDEM DE CLASSIFICAÇÃO
1. Acura	_____
2. Cadillac	_____
3. Lexus	_____
4. Lincoln	_____
5. Infiniti	_____
6. Mercedes	_____
7. BMW	_____

Questionário por telefone

Vou ler o nome de alguns carros de luxo. Classifique-os em termos de preferência. Use uma escala de 6 pontos, na qual 1 indica a marca não tão preferida e 6 denota aquela de que você mais gosta. Números entre 1 e 6 refletem os graus intermediários de preferência. Mais uma vez, lembre-se de que quanto mais alto o número, maior o grau de preferência. Agora diga-me sua preferência por... (LEIA UMA MARCA DE CARRO POR VEZ).

MARCA DE CARRO	NÃO TÃO PREFERIDA				MUITO PREFERIDA	
1. Acura	1	2	3	4	5	6
2. Cadillac	1	2	3	4	5	6
3. Lexus	1	2	3	4	5	6
4. Lincoln	1	2	3	4	5	6
5. Infiniti	1	2	3	4	5	6
6. Mercedes	1	2	3	4	5	6
7. BMW	1	2	3	4	5	6

Questionário pessoal

(ENTREGUE CARTÕES COM AS MARCAS DOS CARROS PARA O ENTREVISTADO.) Aqui está um conjunto de nomes de carros, cada um deles escrito em um cartão separado. Examine os cartões cuidadosamente. (DÊ UM TEMPO AO ENTREVISTADO.) Agora examine os cartões novamente e tire aquele que tenha o nome da marca de carro de que você mais gosta, isto é, seu carro preferido. (REGISTRE O NOME DO CARRO E GUARDE O CARTÃO COM VOCÊ.) Finalmente, examine os seis cartões restantes. Desses seis nomes, qual é sua marca de carro preferida? (REPITA O PROCEDIMENTO SEQÜENCIALMENTE ATÉ QUE O ENTREVISTADO TENHA APENAS UM CARTÃO SOBRANDO.)

CLASSIFICAÇÃO DO CARRO	NOME DO CARRO
1. _____ 1 _____	_____
2. _____ 2 _____	_____
3. _____ 3 _____	_____
4. _____ 4 _____	_____
5. _____ 5 _____	_____
6. _____ 6 _____	_____
7. _____ 7 _____	_____

No exemplo do carro de luxo, você pode ver como uma pergunta de classificação muda à medida que o método de entrevista se modifica. Classificar sete marcas de carro é uma tarefa muito complexa para ser feita por telefone. Assim, foi usada a tarefa de classificação mais simples em que as marcas são classificadas uma por vez. Na entrevista pessoal, a tarefa de classificação pode ser simplificada, dando-se ao entrevistado cartões impressos com o nome da marca do carro e cuidando-se para que o entrevistador receba instruções especiais (em letras maiúsculas). O tipo do método de entrevista também influencia o conteúdo das perguntas individuais.

DETERMINAR O CONTEÚDO DE CADA PERGUNTA

Definida a informação necessária e o tipo de método de entrevista, a próxima etapa é determinar o conteúdo da questão. Em outras palavras, o pesquisador precisa definir o que deve ser incluído em cada questão. Nessa etapa, dois tipos de pergunta devem ser feitos.

É necessário fazer mais de uma pergunta para medir a avaliação dos entrevistados sobre a Nike Town

A pergunta é necessária?

Antes de incluir uma pergunta, o pesquisador deve indagar: "Como usarei esses dados?". As perguntas que não apresentem resultados que interessem diretamente ao problema da pesquisa devem ser eliminadas. Existem exceções a essa regra. Perguntas neutras podem ser adicionadas para disfarçar o propósito ou o patrocínio do projeto. Por exemplo, nos estudos de marca, um pesquisador pode incluir perguntas sobre a amplitude total das marcas concorrentes para que os entrevistados não saibam quem está patrocinando o estudo. Logo no início do processo de entrevista, quando o pesquisador está tentando manter contato com os entrevistados e captar a atenção deles, algumas perguntas neutras e fáceis de responder podem ser úteis. Às vezes, certas perguntas podem ser repetidas com o propósito de avaliar a confiabilidade ou a validade.

São necessárias várias perguntas em vez de uma?

Em alguns casos, fazer duas perguntas é melhor do que fazer apenas uma. Entretanto, combinar duas perguntas em uma não é a solução. Considere a seguinte pergunta:

Você acha que a Nike Town oferece variedade e preços melhores do que as outras lojas da Nike?

(Incorreto)

Uma resposta 'sim' será, presumivelmente, clara, mas e se a resposta for 'não'? Isso significa que o entrevistado acha que a Nike Town não oferece uma variedade melhor, que ela não oferece preços melhores ou que não oferece nem preços melhores nem uma variedade melhor? Esse tipo de pergunta é chamado de **pergunta de duplo efeito** porque duas ou mais perguntas são combinadas em uma. Para evitar confusão, elas devem ser feitas separadamente:

Você acha que a Nike Town oferece uma variedade melhor do que as outras lojas da Nike?
Você acha que a Nike Town oferece preços melhores do que as outras lojas da Nike?

(Correto)

ELABORAR AS PERGUNTAS PARA SUPERAR A DIFICULDADE EM RESPONDER

O entrevistado nem sempre consegue responder às perguntas que lhe são apresentadas. O pesquisador pode ajudá-lo a superar essa limitação tendo em mente as razões pelas quais as pessoas não conseguem responder a uma questão: elas podem não ser informadas, podem não se lembrar ou podem não ser capazes de articular certos tipos de resposta.

O entrevistado é informado?

Geralmente, pede-se que o entrevistado responda a perguntas a respeito das quais não está devidamente informado. Um marido pode não estar informado sobre as despesas mensais de alimentos nos supermercados e nas lojas se for a esposa que costuma fazer essas compras, e vice-versa. Apesar do fato de estarem desinformados, os entrevistados podem fornecer respostas, como mostra o exemplo seguinte.

Exemplo

PERGUNTAS DESCONHECIDAS INDUZEM RESPOSTAS CONHECIDAS

Em um estudo, pediu-se aos entrevistados que expressassem seu grau de concordância ou de discordância em relação à afirmação: "O Bureau Nacional de Proteção ao Consumidor fornece meios eficiente para que os consumidores que compraram um produto defeituoso possam obter substituição". Mesmo com uma opção disponível de "não sei", 51,9% dos advogados e 75% do público ainda expressaram uma opinião sobre o Bureau Nacional de Proteção ao Consumidor. Por que esses altos índices de resposta podem ser problemáticos? Porque não existe uma entidade como o Bureau Nacional de Proteção ao Consumidor![3]

Em situações em que nem todos os entrevistados tenham informação ou conhecimento, **perguntas-filtro**, que medem a familiaridade com o produto, seu uso e a experiência prévia, devem ser formuladas antes das perguntas sobre os tópicos em si. As perguntas-filtro permitem que o pesquisador elimine da análise aqueles entrevistados que não estão adequadamente informados.

Além das perguntas-filtro, é útil a opção "não sei" para uma questão. Foi descoberto que essa opção reduz o número de respostas desinformadas, sem reduzir o índice de respostas em geral. Se houver suspeita de que muitos entrevistados podem estar desinformados sobre o tópico, a opção "não sei" deve ser acrescentada à lista de alternativas de respostas.

O entrevistado consegue se lembrar?

Muitas experiências comuns ou práticas são difíceis de lembrar. Você consegue se lembrar da marca da camisa que está usando, do que você comeu no almoço uma semana atrás ou do que estava fazendo no mês passado? Além disso, sabe quantos litros de refrigerante consumiu durante as últimas quatro semanas? Quando fazem estimativas sobre o nível de consumo de produtos, mais especificamente, a pesquisa descobriu que os consumidores exageram drasticamente o uso.

Temos a tendência a nos lembrar de eventos que são pessoalmente relevantes ou raros ou que ocorrem freqüentemente. As pessoas se lembram do dia de seu casamento ou do dia em que a princesa Diana morreu. Do mesmo modo, quanto mais recentemente um evento tiver ocorrido, mais prontamente será lembrado. Por exemplo, é provável que você se lembre mais das compras que fez em sua última ida ao supermercado do que das que fez algumas semanas atrás.

As perguntas podem ser elaboradas para ajudar a lembrança ou podem gerar respostas espontâneas, dependendo dos objetivos da pesquisa. Por exemplo, a lembrança sem ajuda de comerciais de refrigerantes pode ser medida com perguntas do tipo "Quais marcas de refrigerantes você se lembra de ter visto anunciadas na TV ontem à noite?". Um dos riscos de apresentar estímulos é que eles podem ser tendenciosos e fazer com que o entrevistado fique excessivamente sensível ao tópico, distorcendo assim suas respostas.

O entrevistado consegue articular respostas?

O entrevistado pode não ser capaz de articular certos tipos de resposta. Isso não significa, no entanto, que não tenha uma opinião sobre o assunto. Por exemplo, é difícil descrever a atmosfera ideal de uma loja de departamentos. Por outro lado, se o entrevistado receber descrições alternativas da atmosfera da loja, conseguirá indicar de qual departamento gosta mais. Quando solicitado a fornecer respostas difíceis de articular, provavelmente irá ignorar a pergunta e se recusar a completar o questionário. Auxílios visuais na forma de figuras, diagramas ou mapas, assim como descrições verbais, podem ajudá-lo a articular respostas.

ELABORAR AS PERGUNTAS PARA SUPERAR A RELUTÂNCIA DO ENTREVISTADO EM RESPONDER

Mesmo que o entrevistado consiga responder a uma pergunta específica, ele pode não querer fazê-lo. Essa recusa em responder a uma pergunta pode ser causada por várias circunstâncias. O entrevistado pode achar simplesmente que há muito esforço envolvido ou que a pergunta não serve para nenhum propósito legítimo ou, ainda, que a informação exigida é muito delicada.

Esforço exigido do entrevistado

Embora muitos indivíduos estejam dispostos a participar de um levantamento de campo, esse senso de cooperação desaparece se as perguntas exigirem muito esforço para ser respondidas. Suponha que o pesquisador esteja interessado em determinar em quais departamentos de uma loja o entrevistado comprou mercadorias na visita mais recente. Essa informação pode ser obtida no mínimo de duas maneiras. O pesquisador pode pedir ao entrevistado que faça uma lista de todos os itens comprados na visita mais recente à loja ou pode fornecer-lhe uma lista de departamentos e pedir que indique os departamentos apropriados.

Liste todos os departamentos em que você comprou mercadorias em sua ida mais recente à loja de departamentos.

(Incorreto)

Na lista a seguir, indique todos os departamentos em que comprou mercadorias em sua ida mais recente à loja de departamentos.

1. Vestidos para mulheres _____
2. Roupas para homens _____
3. Roupas para crianças _____
4. Cosméticos _____
5. Jóias _____
6. Outros (favor especificar) _____

(Correto)

A segunda opção é preferível porque exige menos esforço do entrevistado.

Propósito legítimo

O entrevistado também reluta diante de perguntas que não parecem atender a um propósito legítimo. Por que uma empresa de comércio de cereais quer saber sua idade, sua renda e sua ocupação? O pesquisador deve antecipar esses tipos de objeção e tentar superá-los explicando por que os dados são necessários. Uma declaração do tipo "Para determinar como o consumo de cereais e a preferência pelas marcas variam entre as pessoas de idade, renda e ocupação diferentes, precisamos de informações sobre..." pode fazer com que o pedido pelas informações pareça legítimo. Além disso, o contexto do levantamento deve ser claramente explicado, como no projeto da World Vision.

Informações delicadas

As informações de natureza pessoal ou altamente delicada podem ser difíceis de obter do entrevistado. Exemplos de temas delicados incluem dinheiro, vida familiar, crenças políticas, religião e envolvimento em acidentes ou crimes. O entrevistado pode ficar constrangido em responder a essas perguntas porque as respostas certas podem ameaçar seu prestígio ou sua auto-imagem. Para aumentar a probabilidade de obter informações delicadas, esses tópicos devem ser colocados no final do questionário. Até lá, terá sido criada uma harmonia e a legitimidade do projeto terá sido estabelecida, fazendo com que o entrevistado esteja mais disposto a dar informações. Quando apropriado, as informações delicadas devem ser colocadas na forma de categorias de resposta, em vez de pedir números exatos. Embora o entrevistado possa se recusar a responder à seguinte questão:

Qual é a renda anual exata de sua residência?

(Incorreto)

ele pode estar disposto a indicar a categoria certa de renda. Um jeito melhor de obter informações sobre renda é perguntar:

Quais das categorias seguintes descreve melhor a renda anual de sua residência?

1. Abaixo de 25.000 dólares_____   3. 50.001-75.000 dólares_____
2. 25.001-50.000 dólares_____   4. Acima de 75.000 dólares_____

(Correto)

Figura 11.4 Tipos de pergunta

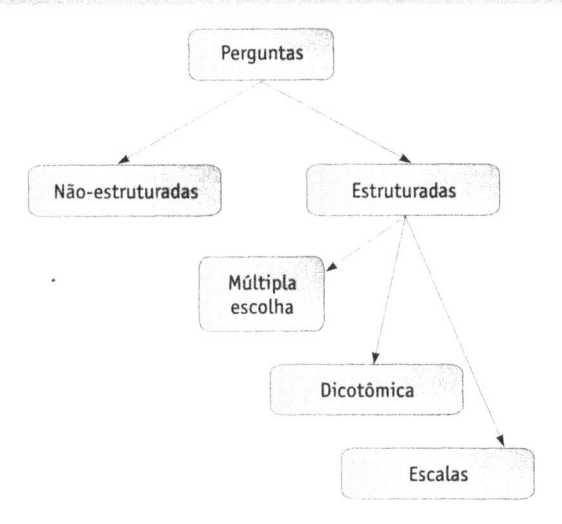

```
                    Perguntas
                   /         \
          Não-estruturadas   Estruturadas
                            /     |     \
                    Múltipla   Dicotômica  Escalas
                    escolha
```

DECIDIR SOBRE A ESTRUTURA DAS PERGUNTAS

Uma pergunta pode ser não-estruturada ou estruturada. Nas seções a seguir definimos as perguntas não-estruturadas e discutimos suas vantagens e suas limitações. Em seguida, abordamos os principais tipos de perguntas estruturadas: múltipla escolha, dicotômica e escalas (Figura 11.4).

Perguntas não-estruturadas

As **perguntas não-estruturadas** são perguntas abertas às quais o entrevistado responde com suas próprias palavras. São conhecidas também como perguntas de resposta livre. Exemplo de perguntas não-estruturadas:

- Qual é seu passatempo favorito?
- Como você descreveria o usuário típico dos veículos utilitários esportivos Land Rover?

As perguntas abertas são boas como primeiras perguntas sobre um tópico. Permitem que o entrevistado expresse atitudes e opiniões gerais que podem ajudar o pesquisador a interpretar suas respostas às perguntas estruturadas. As perguntas abertas permitem que o entrevistado expresse suas atitudes e opiniões sem a tendenciosidade associada a respostas restritas às alternativas predeterminadas. Assim, as perguntas abertas podem ser úteis na identificação de motivações, crenças e atitudes básicas, como no caso da World Vision. A análise dos comentários textuais fornece um contexto rico para a interpretação das perguntas posteriores. As perguntas não-estruturadas são úteis na pesquisa exploratória.

Exemplo

PERGUNTAS ABERTAS ABREM O CAMINHO PARA UMA NOVA OPORTUNIDADE PARA A NABISCO

Em um levantamento exploratório, a Nabisco Biscuit Company fez uma série de perguntas abertas relacionadas aos biscoitos com a intenção de satisfazer quaisquer necessidades dos consumidores que não estivessem sendo satisfeitas adequadamente. No levantamento estavam incluídas perguntas como essas: "Do que você gosta nos biscoitos?", "Do que você não gosta nos biscoitos?", "Quais os benefícios dos biscoitos para a saúde?", "Quais são as desvantagens dos biscoitos para a saúde?"

Os resultados revelaram que as necessidades de um subconjunto de consumidores de biscoitos especiais não estavam sendo satisfeitas com as 'ofertas de biscoitos para dietas especiais' existentes que oferecem benefícios para a saúde. Esses consumidores queriam um sabor ótimo combinado com os benefícios para a saúde a fim de desfrutar dos biscoitos sem se sentirem culpados. Aproveitando a oportunidade, a Nabisco e a ConAgra se uniram para criar e comercializar o Healthy Choice, um biscoito especial para adultos com um perfil tolerante, porém saudável. Os biscoitos Healthy Choice ficaram entre os 100 primeiros na categoria de biscoito/cracker especiais. O Raspberry Tart ficou no 33º lugar e o Apricot Tart no 92º lugar. De acordo com a Nabisco, ambos estavam vendendo mais do que todos os biscoitos especiais do principal concorrente, Pepperidge Farms, pouco depois de seu lançamento. Esse sucesso foi atribuído ao foco nas necessidades não satisfeitas dos consumidores, identificadas por meio de perguntas abertas.[4]

As desvantagens das perguntas não-estruturadas estão relacionadas aos erros de registro, à codificação dos dados e à maior complexidade da análise. Nas entrevistas pessoais ou por telefone, registrar os comentários textuais com sucesso depende inteiramente das habilidades de registro do entrevistador. A tendenciosidade do entrevistador é introduzida à medida que são tomadas decisões quanto a registrar as respostas textuais ou anotar apenas os pontos principais. Devem ser usados gravadores se o registro textual for importante.

Classificar os comentários registrados às perguntas abertas introduz uma segunda fonte de tendenciosidade e uma outra grande desvantagem. Implicitamente, as perguntas não-estruturadas ou abertas dão um peso extra ao entrevistado que é mais falante ou articulado. O processo de resumir os comentários em um formato que possa ser analisado leva tempo e é caro. As perguntas não-estruturadas também têm um valor limitado nos questionários auto-aplicados (por correio, EPAC ou eletrônico) porque o entrevistado tende a ser mais breve na escrita do que na fala.

Em geral, as perguntas abertas são úteis na pesquisa exploratória e como perguntas que iniciam o questionário. Entretanto, em um levantamento grande, a complexidade de registrar, tabular e analisar pesa mais do que as vantagens.

Perguntas estruturadas

As **perguntas estruturadas** especificam o conjunto de respostas alternativas, assim como seus formatos. Uma pergunta estruturada pode ser de múltipla escolha, de apenas duas escolhas (questão dicotômica) ou de escala (Figura 11.4).

PERGUNTAS DE MÚLTIPLA ESCOLHA Nas perguntas de múltipla escolha, o pesquisador oferece uma série de alternativas de respostas e pede que o entrevistado selecione uma ou mais das alternativas fornecidas. Considere a seguinte pergunta:

Você pretende viajar para o exterior nos próximos seis meses?

1. Definitivamente não viajarei _____
2. Provavelmente não viajarei _____
3. Não decidi _____
4. Provavelmente viajarei _____
5. Definitivamente viajarei _____

Muitas das perguntas associadas à construção de escalas de classificação por itens (Capítulo 10) também se aplicam às respostas de múltipla escolha. Duas preocupações adicionais na elaboração de perguntas de múltipla escolha são (1) o número de alternativas que devem ser incluídas e (2) a tendenciosidade na ordem ou na posição.

As perguntas de múltipla escolha devem incluir o conjunto de todas as alternativas possíveis. Estas devem ser mutuamente exclusivas ou coletivamente exaustivas. Uma categoria de 'outro (especifique)' deve ser incluída quando for o caso. As instruções devem indicar claramente se é para o entrevistado escolher apenas uma alternativa ou selecionar todas que se aplicam. (Por exemplo: "Indique todas as marcas de refrigerante que você consumiu na última semana".) À medida que a lista de escolha aumenta, as perguntas se tornam mais difíceis de responder. Quando a lista de alternativas se torna longa, o pesquisador deve considerar o uso de mais de uma pergunta para simplificar a carga de trabalho do entrevistado.

Tendenciosidade na ordem ou na posição é a tendência do entrevistado de marcar uma alternativa simplesmente porque ela ocupa uma certa posição na lista. As alternativas que aparecem no início e, em menor grau, no final da lista tendem a ser selecionadas com mais freqüência. Quando as perguntas se relacionam a valores numéricos (quantidades ou preços), há uma tendência de selecionar o valor central na lista. A tendenciosidade na ordem pode ser controlada preparando-se vários formatos de questionários com mudanças na ordem das alternativas de formulário para formulário. Cada alternativa deve aparecer uma vez em cada uma das posições extremas, uma vez no meio e uma vez em um lugar entre elas.

As perguntas de múltipla escolha são mais fáceis para o entrevistado responder. Elas também são mais fáceis de analisar e de tabular que as perguntas abertas. A tendenciosidade do entrevistador também é reduzida, uma vez que esses tipos de pergunta funcionam muito bem em condições auto-aplicadas. A cooperação do entrevistado geralmente é melhor se a maioria das perguntas for estruturada.

As perguntas de múltipla escolha também têm suas desvantagens. É difícil desenvolver opções eficazes de múltipla escolha. Freqüentemente, a pesquisa exploratória precisa ser conduzida usando perguntas abertas para identificar as alternativas apropriadas de resposta. Quando numerosos entrevistados indicam a categoria 'outros (especifique)' significa que a lista de alternativas pode estar com sérias falhas. A lista de alternativas de resposta em si também introduz a tendenciosidade.

PERGUNTAS DICOTÔMICAS Uma **pergunta dicotômica** tem apenas duas alternativas de resposta: sim ou não, concordo ou discordo, e assim por diante. Algumas vezes, as perguntas de múltipla escolha podem ser estruturadas como dicotômicas, como na pergunta sobre a viagem ao exterior feita antes:

Você pretende viajar para o exterior nos próximos seis meses?

1. Sim _____
2. Não _____

As perguntas dicotômicas devem ser usadas quando o pesquisador tem motivos para acreditar que o entrevistado pensa sobre o tópico em termos de sim/não. Quando o entrevistado está muito envolvido em um assunto ou tem bastante conhecimento relacionado ao tópico, uma pergunta de múltipla escolha ou de escala pode ser mais apropriada.

As vantagens e as desvantagens das perguntas dicotômicas são muito semelhantes às das perguntas de múltipla escolha. Elas constituem o tipo mais fácil de pergunta para codificar e analisar. No entanto têm um defeito sério. O sentido do texto da pergunta pode ter um efeito significativo nas respostas dadas. Para ilustrar, a afirmação "Os indivíduos são mais culpados do que as condições sociais pelo crime e pela falta de lei no país" gerou a concordância de 59,6% dos entrevistados. No entanto, em uma amostra combinada que respondeu à afirmação contrária "As condições sociais são mais culpadas do que os indivíduos pelo crime e pela falta de lei no país", 43,2% (em oposição a 40,4%) concordaram. Para superar o problema, a pergunta deve ser estruturada de uma forma em metade dos questionários e de forma oposta na outra metade. Isso é chamado de técnica da votação dividida.

ESCALAS As escalas foram discutidas em detalhe nos capítulos 9 e 10. Algumas vezes, as perguntas de múltipla escolha podem ser alternativamente estruturadas como escalas, como no exemplo anterior da pergunta da viagem ao exterior:

Você pretende viajar para o exterior nos próximos seis meses?

Definitivamente não viajarei	Provavelmente não viajarei	Não decidi	Provavelmente viajarei	Definitivamente viajarei
1	2	3	4	5

As perguntas que usam escalas são fáceis de responder, como no caso de abertura da World Vision.

DETERMINAR O TEXTO DAS PERGUNTAS

Traduzir as informações necessárias em perguntas claramente redigidas, que sejam fáceis de entender, é o aspecto mais difícil da elaboração do questionário. Perguntas com texto pobre podem confundir ou enganar o entrevistado, levando a uma não-resposta ou a um erro de resposta. Elas também podem frustrar o entrevistado a ponto de este se recusar a responder às perguntas ou aos itens. Esses são conhecidos como itens de não-resposta e levam a erros de não-resposta. Se o entrevistado interpretar as perguntas diferentemente do que era esperado pelo pesquisador, pode ocorrer séria tendenciosidade, levando ao erro de resposta.

Para evitar problemas no texto das perguntas, oferecemos cinco diretrizes: (1) defina o assunto; (2) use palavras comuns; (3) evite palavras ambíguas; (4) evite perguntas que conduzam a uma resposta; e (5) use declarações positivas e negativas.

Uma pergunta bem definida é necessária para determinar qual marca de creme dental uma pessoa usa.

Defina o assunto

As perguntas devem sempre definir claramente o assunto que está sendo abordado. Os jornalistas iniciantes são aconselhados a definir o assunto em termos de quem, o quê, quando, onde, como e por quê. Essas expressões – especialmente quem, o quê, quando e onde – podem também servir como diretrizes para definir o assunto em uma pergunta. Considere a seguinte pergunta:

Qual marca de creme dental você usa?

(Incorreto)

Superficialmente, essa parece ser uma pergunta bem definida, mas podemos chegar a uma conclusão diferente quando a examinamos sob a ótica de quem, o quê, quando e onde.

O "QUÊ"	DEFINE A PERGUNTA
Quem	O entrevistado
	Não está claro se essa pergunta se relaciona ao entrevistado ou à família do entrevistado
O quê	A marca de creme dental
	Não está claro como o entrevistado deve responder a essa pergunta se for usada mais de uma marca
Quando	Não está claro
	O espaço de tempo não é especificado na pergunta. O entrevistado poderia interpretá-la como se quisesse dizer o creme dental que usou hoje pela manhã, nesta semana ou no último ano
Onde	Não especificado
	Em casa, na escola, na viagem?

Uma pergunta mais claramente definida deve ser:

Qual marca ou marcas de creme dental você usou em casa durante o último mês? Caso haja mais de uma marca, por favor, liste todas as marcas.

(Correto)

Use palavras simples e comuns

No questionário devem ser usadas palavras simples e comuns, que estejam de acordo com o nível de vocabulário do entrevistado. A simplicidade nas palavras e o empenho consciente para evitar o jargão técnico devem direcionar a elaboração do questionário. É importante lembrar que a maioria dos entrevistados não entende a terminologia de marketing. Por exemplo, em vez de perguntar:

A distribuição de alimentos para o lanche da tarde é adequada?
(Incorreto)

pergunte:

Os alimentos para o lanche da tarde estão logo disponíveis quando você quer comprá-los?
(Correto)

Use palavras que não sejam ambíguas

As palavras selecionadas para elaboração de um questionário devem ter significado único e conhecido do entrevistado. Essa não é uma tarefa fácil, pois várias palavras que parecem não ser ambíguas podem ter outro significado para pessoas diferentes. Entre elas se incluem *usualmente*, *normalmente*, *freqüentemente*, *muitas vezes*, *regularmente*, *ocasionalmente* e *algumas vezes*. Considere a seguinte pergunta:

Em um mês, com que freqüência você vai ao cinema?
1. Nunca _____
2. Ocasionalmente _____
3. Algumas vezes _____
4. Muitas vezes _____
5. Regularmente _____

(Incorreto)

As categorias nessa pergunta de múltipla escolha podem ter significado diverso para pessoas diferentes, levando a respostas tendenciosas. Três entrevistados que vão ao cinema uma vez por mês podem marcar três categorias diferentes: ocasionalmente, algumas vezes e muitas vezes. A seguir, uma pergunta com um texto muito melhor:

Em um mês, com que freqüência você vai ao cinema assistir a um filme?
1. Menos de 1 vez _____
2. 1 a 2 vezes _____
3. 3 a 4 vezes _____
4. Mais de 4 vezes _____

(Correto)

Essa pergunta é menos ambígua porque cada entrevistado a responde a partir de uma estrutura de referência consistente. As categorias de resposta foram objetivamente definidas e os entrevistados não estão mais livres para interpretá-las à sua maneira.

Evite criar perguntas que induzam respostas ou que sejam tendenciosas

Uma **pergunta que induz** é aquela que dá pistas ao entrevistado de como a resposta deve ser, como a seguinte:

Você acha que a América deve fornecer auxílio aos países estrangeiros pobres quando isso não é nossa responsabilidade?
1. Sim _____
2. Não _____
3. Não sei _____

(Incorreto)

Essa pergunta induz o entrevistado a responder 'Não'. A resposta seria indevidamente tendenciosa pela frase "Isso não é nossa responsabilidade". Assim, a pergunta não ajudaria a determinar a preferência dos americanos em fornecer auxílio aos países pobres. Uma pergunta melhor seria:

Você acha que a América deveria fornecer auxílio aos países pobres?
1. Sim   _____
2. Não   _____
3. Não sei _____

(Correto)

As palavras podem conduzir o entrevistado a uma direção específica. A identificação do patrocinador da pesquisa pode ter o mesmo efeito. Quando o entrevistado sabe quem é o patrocinador, tende a responder às perguntas sobre o mesmo de maneira positiva. A pergunta

A Colgate é seu creme dental favorito?

(Incorreto)

provavelmente terá respostas tendenciosas em favor da Colgate. Um meio menos tendencioso de obter essa informação seria perguntar

Qual é seu creme dental favorito?

(Correto)

Do mesmo modo, a menção de um nome de prestígio ou sem prestígio pode levar a respostas tendenciosas, como em "Você concorda com a Associação Americana de Odontologia quanto à Colgate ser mais eficaz na prevenção de cáries?". O texto da pergunta deve ser objetivo, como no caso de abertura da World Vision.

Equilibre declarações duplas

Muitas perguntas, especialmente as que medem atitude e estilo de vida, são redigidas como declarações com as quais o entrevistado indica seu grau de concordância ou de discordância usando as escalas Likert. As declarações nesse tipo de pergunta podem ser redigidas positiva ou negativamente. Evidências mostram que as respostas obtidas geralmente dependem do sentido do texto das perguntas – se elas são declaradas positiva ou negativamente. As perguntas desse tipo devem ser equilibradas usando-se declarações duplas, sendo algumas positivas e outras negativas. Dois questionários diferentes, que revertem o sentido das perguntas, podem também ser utilizados para controlar qualquer tendenciosidade introduzida pela natureza negativa ou positiva das declarações. Um exemplo de declarações duplas foi fornecido na escala somada de Likert no Capítulo 10 que foi elaborada para medir as atitudes em relação à Macy's.

COLOCAR AS PERGUNTAS NA ORDEM APROPRIADA

Ao dispor as perguntas em uma ordem apropriada, o pesquisador deve considerar as perguntas de abertura, os tipos de informação buscados, as perguntas difíceis e o efeito nas perguntas subseqüentes. As perguntas devem ser arranjadas em uma ordem lógica, organizadas ao redor das áreas do tópico.

Perguntas de abertura

As perguntas de abertura preparam o cenário para o restante do questionário. Elas servem para uma variedade de propósitos. Podem introduzir o tópico, tentar ganhar a confiança e a cooperação dos entrevistados ou estabelecer a legitimidade do estudo. As perguntas de abertura devem ser interessantes, simples e não intimidadoras. Perguntas que pedem que o entrevistado dê suas opiniões são sempre boas na abertura porque a maioria das pessoas gosta de expressar seu ponto de vista.

Algumas vezes, as perguntas de abertura podem ser feitas simplesmente para estabelecer uma harmonia. Alguns estudos requerem uma triagem dos entrevistados para garantir que estejam aptos a participar da entrevista. Nesses casos, as perguntas de qualificação são usadas como perguntas de abertura.

E*xemplo*

> **ENTREVISTADOS QUALIFICADOS LEVAM AO SUCESSO ABSOLUTO DA KELLOGG'S**
>
> Procurando expandir sua participação na categoria de cereais prontos para consumo, a Kellogg's realizou uma pesquisa por telefone com os usuários. Os não-usuários de cereais prontos para consumo não foram relevantes para esse estudo e, conseqüentemente, não faziam parte do público-alvo. A primeira pergunta foi:
>
> Com que freqüência você consome cereais prontos no café-da-manhã?
>
> Menos de duas vezes por semana _____
> Duas ou três vezes por semana _____
> Quatro ou cinco vezes por semana _____
> Mais de cinco vezes por semana _____
>
> Se a resposta fosse "menos de duas vezes por semana", agradecia-se ao entrevistado e encerrava-se a entrevista. Esses entrevistados eram operacionalmente classificados como não-usuários e excluídos do estudo.
>
> Os resultados do levantamento indicaram que os consumidores estavam procurando um cereal crocante, saboroso, mas que fosse de baixa caloria e saudável. Com base nos resultados do levantamento, a Kellogg's introduziu o Honey Crunch Corn Flakes. Os flocos tostados no forno são 20% mais grossos que os demais, oferecendo uma textura mais crocante. Tem baixas calorias, é livre de colesterol e fonte de nove vitaminas e minerais essenciais. A embalagem de cor amarelo-brilhante traz Cornelius, o galo que aparece nas caixas dos Corn Flakes da Kellogg's desde 1957. Para apoiar o lançamento do produto, a Kellogg's exibiu um comercial na TV norte-americana enfatizando o 'sabor de mel, coração de ouro' do cereal. Essa nova marca tem sido um grande sucesso em um mercado de cereais bastante competitivo.[5]

Tipos de informação

Três tipos de informação são obtidos com um questionário: (1) informações básicas, (2) informações de classificação e (3) informações de identificação. As **informações básicas** estão diretamente relacionadas ao problema de pesquisa. As **informações de classificação** consistem em características socioeconômicas e demográficas. São usadas para classificar os entrevistados de modo a tornar possível a análise dos resultados entre os diferentes grupos. As **informações de identificação** incluem nome, endereço e número de telefone. As informações de identificação podem ser obtidas para uma variedade de propósitos, incluindo a verificação de que os entrevistados foram realmente entrevistados, a remessa dos incentivos prometidos e assim por diante. Como são o aspecto mais importante de um estudo, as informações básicas devem ser obtidas primeiro, seguidas pelas informações de classificação e depois pelas de identificação. As informações de classificação e de identificação são de natureza mais pessoal. Os entrevistados podem resistir a responder a uma série de perguntas pessoais. Assim, esse tipo de pergunta deve aparecer no final do questionário, como no caso da World Vision.

Perguntas difíceis

O entrevistado pode achar as perguntas difíceis por uma variedade de motivos. Elas podem estar relacionadas a assuntos delicados ou ser constrangedoras, complexas ou maçantes. As perguntas que podem ser percebidas como difíceis devem ser colocadas mais adiante na seqüência, depois de estabelecido o contato, e de o entrevistado estar envolvido no processo. A última pergunta da seção de classificação é a que busca informações sobre a renda; pelos mesmos motivos, o número do telefone do entrevistado é o item final na seção de identificação.

Efeito sobre perguntas subseqüentes

As perguntas de abertura podem influenciar aquelas feitas mais tarde em um questionário. Como regra, uma série de perguntas deve começar com uma introdução geral a um tópico, seguida pelas perguntas específicas relacionadas ao tópico. Isso evita que perguntas específicas tenham respostas tendenciosas para as perguntas em geral. Considere a seguinte seqüência de perguntas:

P1: Ao selecionar uma loja de departamentos, quão importante é a conveniência da localização?
P2: Quais considerações são importantes para você ao selecionar uma loja de departamentos?

(Incorreto)

A primeira questão é específica no que diz respeito a um fator específico (conveniência da localização), ao passo que a segunda é geral. Pela ordem das perguntas, o entrevistado mais provavelmente citará mais a conveniência da localização como resposta para a pergunta geral. Isso seria uma resposta tendenciosa para a pergunta geral. Para evitar tendenciosidade, a pergunta geral deve ser feita primeiro, seguida pela pergunta específica.

P1: Quais considerações são importantes para você ao selecionar uma loja de departamentos?
P2: Ao selecionar uma loja de departamentos, quão importante é a conveniência da localização?

(Correto)

Ir do geral ao específico é chamado de **abordagem tipo funil** porque você começa com perguntas mais amplas (mais gerais) e vai para perguntas mais afuniladas (mais específicas), refletindo o formato de um funil (Figura 11.5).[6] A abordagem afunilada foi ilustrada no caso de abertura, quando as informações gerais sobre as motivações para a doação foram obtidas antes de se medirem o conhecimento e a percepção da World Vision.

Ordem lógica

As perguntas devem ser feitas em uma ordem lógica, organizada em torno das áreas do tópico. Isso foi ilustrado no caso da World Vision. A ordem das perguntas foi a seguinte: (1) prioridades e motivações para doarem; (2) conhecimento da organização (WV); (3) percepções sobre a organização; (4) comunicação com os doadores; e (5) informações demográficas. Quando há mudança de tópicos, frases ou breves sentenças de transição devem ser usadas para ajudar os entrevistados a mudar sua linha de pensamento. Por exemplo: "Nesta seção faremos perguntas relacionadas à compra de um carro novo nos últimos seis meses".

Figura 11.5 A abordagem tipo funil para a ordem das perguntas

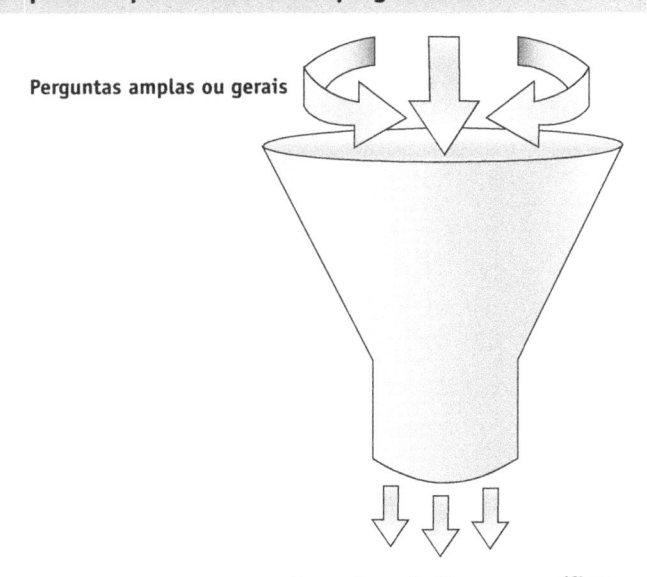

Perguntas amplas ou gerais

Perguntas estreitas ou específicas

As **perguntas encadeadas** levam o entrevistado a locais diferentes no questionário com base nas respostas à pergunta em questão. Para evitar confusão, elas devem ser elaboradas cuidadosamente. Aqui está um exemplo de pergunta bem elaborada: "Se a resposta para a pergunta 4 (Você comprou um carro novo nos últimos seis meses?) for 'Não', vá para a pergunta 10; pule as perguntas de 5 a 9 relacionadas à compra de um novo carro". As ramificações permitem que o entrevistado pule as perguntas irrelevantes ou se detenha mais nas áreas de interesse específico. Os modelos alternados podem se tornar bastante complexos a ponto de serem mais bem aplicados em ambientes de entrevistas auxiliadas por computador (ETAC, EPAC ou Internet; Capítulo 7).

IDENTIFICAR O ASPECTO VISUAL DO QUESTIONÁRIO – FORMATO E LAYOUT

As características físicas de um questionário, como formato, espaçamento e posicionamento, podem ter efeito significativo nos resultados. Isso é especialmente importante nos questionários auto-aplicados. Experimentos sobre os questionários pelo correio para os Censos de 1990 e 2000 revelaram que as perguntas no topo da página receberam mais atenção do que aquelas no final da página. Instruções impressas em vermelho fizeram pouca diferença, a não ser pelo fato de tornarem o questionário aparentemente mais complicado para os entrevistados.

Dividir o questionário em seções, com áreas de tópicos separadas para cada uma, é uma boa prática, como ilustrado no projeto da World Vision. Podem ser necessárias várias partes para as perguntas relativas às informações básicas. As perguntas em cada parte devem ser numeradas, especialmente quando são usadas perguntas de ramificação. A numeração também facilita a codificação das respostas. Os questionários devem ser, de preferência, pré-codificados. Na **pré-codificação**, os códigos para uso no computador estão impressos no questionário. Em geral, o código identifica o número da linha e os números das colunas em que uma resposta específica será inserida. Observe que, quando se usam o ETAC ou EPAC, a pré-codificação é construída no software. A codificação de questionários é explicada mais detalhadamente no Capítulo 14, no preparo dos dados, mas um exemplo do processo em um questionário é mostrado abaixo.

Exemplo

PRÉ-CODIFICANDO UM QUESTIONÁRIO

LEVANTAMENTO SOBRE CARPETES RESIDENCIAIS

(1-3)

(Ignore os números ao longo das respostas. Eles servem apenas para ajudar no processamento de dados)
Responda às seguintes perguntas relativas ao carpete residencial seguindo as orientações especificadas.

Parte A

P1: Sua residência tem carpete?

1. Sim_____
2. Não_____ (5)

(SE SIM, VÁ PARA A PERGUNTA P2; SE NÃO, VÁ PARA A PERGUNTA P7)

P2: Quais dos seguintes estilos de carpete você tem em casa? Marque todas as que se aplicam.

1. Uma cor; estilo tradicional _____ (6)
2. Multicolorido; estilo tradicional _____ (7)
3. Uma cor; estilo da moda _____ (8)
4. Multicolorido; estilo da moda _____ (9)
5. Outro _____ (10)

> Favor indicar a concordância com cada uma das seguintes declarações (P3 a P6)
>
> P3. O carpete é uma parte importante de minha casa.
>
> | Discordo plenamente | | | Neutro | | Concordo plenamente | |
> |---|---|---|---|---|---|---|
> | 1 | 2 | 3 | 4 | 5 | 6 | 7 |
>
> (11)
>
> P4. O carpete é um item da moda para a casa.
>
> Discordo plenamente   Neutro   Concordo plenamente

No exemplo anterior, o primeiro valor de pré-codificação (1-3) indica que as primeiras três colunas são usadas para a identificação (ID) do questionário. Em geral, os questionários devem ser numerados em série, pois isso realça seu controle no trabalho de campo, assim como a codificação e a análise. Esse sistema de numeração alerta o pesquisador caso a resposta seja colocada em lugar errado ou seja perdida. Uma exceção possível a essa regra são os questionários pelo correio. Garante-se anonimato aos entrevistados, mas a presença de um identificador de questionário é uma quebra dessa promessa. Alguns entrevistados podem se recusar a participar ou a responder se acreditarem que as respostas podem ser rastreadas chegando até eles. Entretanto, uma pesquisa recente sugere que essa perda de anonimato tem pouca, ou nenhuma, influência sobre os resultados.

REPRODUZIR O QUESTIONÁRIO

A qualidade do papel e o processo de impressão usado para o questionário também influenciam as respostas. Por exemplo, se o questionário é reproduzido em papel de baixa qualidade ou que pareça gasto, o entrevistado concluirá que o projeto não é importante, e essa percepção se refletirá na qualidade das respostas. Assim, o questionário deve ser reproduzido em papel de boa qualidade e ter uma aparência profissional, como ilustrado no estudo da World Vision. O questionário com várias páginas deve ser apresentado na forma de livreto, em vez de simplesmente grampeado. Esse formato é mais fácil para o entrevistador manusear e também realça a aparência geral.

As perguntas não devem passar de uma página para outra. Em outras palavras, o pesquisador deve evitar quebrar uma pergunta, inclusive suas categorias de resposta. O entrevistado pode se enganar acreditando que uma pergunta dividida acabou no final de uma página e basear suas respostas em uma pergunta incompleta.

A tendência de superpor as perguntas para fazer parecer que o questionário é mais curto deve ser evitada. Esse recurso deixa pouco espaço para as respostas, o que resulta em respostas mais curtas. Também aumenta os erros na transcrição dos dados. Além disso, o questionário superposto parece mais complexo, resultando em taxas de cooperação e de conclusão mais baixas. Embora o questionário mais curto seja preferível ao mais longo, a redução em tamanho não deve ser obtida à custa desse procedimento.

PRÉ-TESTE DO QUESTIONÁRIO

O **pré-teste** consiste em testar o questionário em uma amostra pequena de entrevistados, geralmente de 15 a 30, para identificar e eliminar possíveis problemas. Mesmo o melhor questionário pode ser aperfeiçoado com o pré-teste. Como regra geral, o questionário não pode ser usado no estudo de campo sem um pré-teste extensivo, como no caso da World Vision. Todos os aspectos do questionário, incluindo o conteúdo das perguntas, o texto, a seqüência, o formato e o layout, a dificuldade das perguntas e as instruções, devem ser testados. Adicionalmente, o pré-teste deve ser conduzido com um subconjunto do grupo entrepo entrevistado. Os grupos de pré-teste devem ser similares aos de entrevistados em termos de características passadas, familiaridade com o tópico e atitudes e comportamentos de interesse.[7]

Os pré-testes são mais bem conduzidos por meio das entrevistas pessoais, mesmo que a pesquisa real seja feita por telefone, por correio ou eletronicamente, para que o entrevistador possa observar as reações e as atitudes do entrevistado. Após terem sido feitas as mudanças necessárias, outro pré-teste poderá ser aplicado usando-se a abordagem real de coleta de dados se esta for por correio, por telefone ou eletrônica. Esse estágio do pré-teste revelará quaisquer problemas em potencial no método de entrevista a ser empregado na pesquisa real. O pré-teste deve ser realizado em ambiente e contexto similares aos da pesquisa real.

Com base no feedback dos pré-testes, o questionário deve ser editado, com a correção dos problemas identificados. Depois de cada revisão significativa do questionário, outro pré-teste deve ser conduzido, usando-se uma amostra diferente de entrevistados. O pré-teste deve continuar até que não sejam necessárias mais mudanças. Como etapa final, as respostas obtidas durante o pré-teste devem ser codificadas e analisadas. A análise das respostas do pré-teste pode servir como checagem da adequação da definição do problema e oferecer um novo ângulo sobre a natureza dos dados, assim como das técnicas analíticas necessárias. A Tabela 11.1 faz um esboço do processo de modelo de questionário na forma de checklist.

FORMULÁRIOS DE OBSERVAÇÃO

Os formulários de observação são elaborados para registrar a reação do entrevistado aos novos produtos, comerciais, embalagens ou algum outro estímulo de marketing. Uma vez que não haja questionamento dos entrevistados, o pesquisador não precisa se preocupar com o impacto psicológico das perguntas nem como elas são feitas. Os formulários de observação são elaborados primariamente para o trabalho de campo e para a fase de tabulação, servindo como guia para registrar as informações com precisão e para simplificar a codificação, a entrada e a análise dos dados.

Os formulários de observação devem especificar quem, o quê, quando, onde, como e por quê o comportamento será observado. Suponha que o McDonald's queira observar a reação dos consumidores dos sanduíches de luxo que estão sendo preparados para um possível lançamento nacional. Um formulário de observação para registrar a reação do consumidor incluiria espaço para todas as seguintes informações:

OS SANDUÍCHES DE LUXO DO MCDONALD'S SÃO REALMENTE DE LUXO?

Quem: Compradores, adultos, pais com filhos, adolescentes

O quê: Sanduíches de luxo, outros sanduíches e itens considerados/comprados no menu, influência das crianças e de outros membros da família

Quando: Dia, hora e data da observação

Onde: No caixa, dentro da loja na área de refeições, fora da loja na saída

Como: Observador pessoal disfarçado de atendente, observador pessoal não-disfarçado, câmeras escondidas ou equipamento mecânico indiscreto

Por quê: Influência de promoções ou de membros da família sobre a compra

As mesmas considerações de modelo físico do layout e de reprodução se aplicam aos questionários e aos formulários de observação. Um formulário bem desenvolvido leva o observador a registrar adequadamente os detalhes da observação, em vez de simplesmente resumi-los. Por último, assim como os questionários, os formulários de observação também requerem pré-teste apropriado.

Tabela 11.1 Checklist do modelo de questionário

ETAPA 1 ESPECIFICAR AS INFORMAÇÕES NECESSÁRIAS

1. Certifique-se de que as informações obtidas atendam completamente a todos os componentes do problema.

2. Tenha uma idéia clara do público-alvo.

ETAPA 2 TIPO DE MÉTODO DE ENTREVISTA

1. Reveja o tipo de método de entrevista determinado com base nas considerações discutidas no Capítulo 7.

ETAPA 3 CONTEÚDO DA PERGUNTA INDIVIDUAL

1. A pergunta é necessária?

2. São necessárias várias perguntas em vez de uma para obter as informações desejadas de maneira não ambígua?

3. Não use perguntas de duplo efeito.

ETAPA 4 SUPERAR A INCAPACIDADE E A INDISPOSIÇÃO DO ENTREVISTADO EM RESPONDER

1. O entrevistado é informado?

2. Se for provável que o entrevistado não seja informado, as perguntas-filtro, que medem a familiaridade, o uso do produto e a experiência passada, devem ser feitas antes das perguntas sobre os tópicos em si.

3. O entrevistado consegue se lembrar?

4. Perguntas que não proporcionam dicas para o entrevistado podem subestimar a ocorrência real de um evento.

5. O entrevistado consegue articular respostas?

6. Minimize o esforço esperado do entrevistado.

7. Faça com que o pedido por informações pareça legítimo.

8. A informação é sensível?

ETAPA 5 ESCOLHER A ESTRUTURA DA PERGUNTA

1. Perguntas abertas são úteis na pesquisa exploratória e como perguntas de abertura.

2. Use perguntas estruturadas sempre que possível.

3. Nas perguntas de múltipla escolha, as alternativas de resposta devem incluir um conjunto de todas as escolhas possíveis e ser mutuamente exclusivas.

4. Em uma pergunta dicotômica, caso se espere que uma proporção substancial dos entrevistados seja neutra, inclua uma alternativa neutra.

5. Considere o uso da técnica da votação dividida para reduzir a tendenciosidade na ordem das perguntas dicotômicas e de múltipla escolha.

6. Se as alternativas de resposta são numerosas, considere a possibilidade de usar mais de uma pergunta.

ETAPA 6 ESCOLHER O TEXTO DA PERGUNTA

1. Defina o assunto em termos de quem, o quê, quando, onde, como e por quê.

2. Use palavras comuns. As palavras devem combinar com o nível de vocabulário do entrevistado.

3. Evite palavras ambíguas: *usualmente, normalmente, freqüentemente, muitas vezes, regularmente, ocasionalmente, algumas vezes* e daí por diante.

4. Evite perguntas que induzam, que dêem pistas ao entrevistado sobre qual deve ser a resposta.

5. Evite alternativas implícitas que não são explicitamente expressas nas opções.

6. Evite suposições implícitas.

7. O entrevistado não deve precisar fazer generalizações ou computar as estimativas.

8. Use declarações positivas e negativas.

ETAPA 7	DETERMINAR A ORDEM DAS PERGUNTAS

1. As perguntas de abertura devem ser interessantes, simples e não-intimidadoras.

2. As perguntas de qualificação devem servir como perguntas de abertura.

3. As informações básicas devem ser obtidas primeiro, seguidas pelas informações de classificação e, por último, pelas de identificação.

4. Perguntas difíceis, delicadas e complexas devem ser colocadas mais adiante na seqüência.

5. As perguntas gerais devem preceder as perguntas específicas.

6. As perguntas devem ser feitas em uma ordem lógica.

ETAPA 8	FORMATO E LAYOUT

1. Divida o questionário em várias partes.

2. Numere as perguntas em cada parte.

3. Pré-codifique o questionário.

4. Numere em série os questionários.

ETAPA 9	REPRODUÇÃO DO QUESTIONÁRIO

1. O questionário deve ter uma aparência profissional.

2. Use o formato de livreto para os questionários longos.

3. Reproduza cada pergunta em uma única página (ou em página dupla).

4. Evite a tendência de amontoar as perguntas para fazer com que o questionário pareça mais curto.

5. Coloque as orientações ou as instruções para as perguntas individuais o mais próximo possível das perguntas.

ETAPA 10	PRÉ-TESTE

1. Sempre faça o pré-teste.

2. Teste todos os aspectos do questionário, incluindo conteúdo das perguntas, do texto, da seqüência, do formato e layout, da dificuldade das perguntas e das instruções.

3. No pré-teste, use entrevistados que sejam similares aos que serão incluídos no levantamento real.

4. Comece o pré-teste com entrevistas pessoais.

5. Realize o pré-teste pelo correio, por telefone ou eletronicamente se esses métodos forem usados no levantamento real.

6. Utilize vários entrevistadores para o pré-teste.

7. A amostra de pré-teste deve ser pequena, variando de 15 a 30 entrevistados para o teste inicial.

8. Depois de cada revisão significativa do questionário, realize outro pré-teste com uma amostra diferente de entrevistados.

9. Codifique e analise as respostas obtidas do pré-teste.

ILUSTRAÇÃO RESUMIDA USANDO O CASO DE ABERTURA

Resumimos e ilustramos o processo do modelo de questionário retornando ao caso de abertura. Observe que as informações obtidas para a World Vision e a ordem delas foram claramente especificadas. O questionário foi mantido simples e as instruções detalhadas foram fornecidas porque ele teve de ser aplicado pelo correio. Foram feitas apenas as perguntas necessárias e evitaram-se as perguntas combinadas. Para aumentar a disposição dos doadores e dos doadores em potencial de participar e de completar o questionário, o contexto do levantamento foi claro e o esforço esperado dos entrevistados foi minimizado.

Na maior parte, as perguntas eram estruturadas, exigindo que o entrevistado simplesmente fizesse um círculo em um número na escala. Entretanto, algumas perguntas não-estruturadas ou abertas foram incluídas quando se sentiu que o entrevistado precisava de liberdade para expressar os motivos básicos para fazer doações.

Foram usadas palavras com significados inequívocos, familiares aos doadores. Foi feito um esforço especial para não ser tendencioso nas respostas em nenhum sentido. A ordem das perguntas foi lógica, e a abordagem do afunilamento foi usada. As perguntas gerais sobre prioridades e motivações para a doação foram feitas primeiro; as perguntas sobre o conhecimento e as percepções da World Vision vieram a seguir. O questionário foi dividido em partes, com uma parte separada dedicada a cada tipo de informação buscado. As informações sobre nome e endereço eram opcionais e foram colocadas no final do questionário. O questionário foi profissionalmente reproduzido e totalmente pré-testado.

PESQUISA DE MARKETING E TQM

A pesquisa baseada na aplicação de questionários pode ajudar as empresas a medir as classificações de qualidade, assim como a estabelecer áreas e objetivos de melhoria. Geralmente as perguntas são formuladas e as escalas específicas são selecionadas levando-se em conta como a gerência gostaria de ouvir os entrevistados articularem atitudes em vez das próprias descrições dos consumidores sobre esses sentimentos. Se o objetivo de uma empresa for '100% de satisfação', pode haver uma tendência de ela perguntar aos clientes sobre sua satisfação usando esse texto exato na caixa superior (categoria mais alta) com as outras categorias sendo 75%, 50% e 25% (ou menos) de satisfação. O problema é que os clientes poderão marcar a caixa superior, mesmo que não estejam 100% satisfeitos, porque é o mais próximo ao que eles sentem. Assim, um cliente que esteja 90% satisfeito marcará '100% de satisfação', em vez de 75%, o que irá gerar tendenciosidade nos resultados. Essa tendenciosidade pode ser evitada com vários tipos de pergunta, incluindo perguntas abertas que permitam ao entrevistado se expressar com suas próprias palavras.

Além disso, os questionários devem ser bem elaborados e cobrir todos os aspectos relevantes de qualidade e de satisfação do cliente, como demonstrado pela Best Western.

Exemplo

HOTÉIS BEST WESTERN PERCEBERAM QUE NÃO PODEM SER OS MELHORES SEM QUALIDADE

Um projeto de pesquisa global realizado pela PricewaterhouseCoopers indicou que os hotéis Best Western não estavam satisfazendo as expectativas de qualidade dos consumidores e dos agentes de viagem. Como resultado, a Best Western percebeu a necessidade de uma dedicação em toda a rede à TQM e à melhoria da qualidade. A empresa decidiu que uma boa maneira de começar seria ouvir diretamente os consumidores e agrupar suas idéias sobre como a rede poderia melhorar a qualidade geral e elevar sua imagem.

Assim, o departamento de pesquisa de marketing desenvolveu e aplicou um questionário em vários hotéis/motéis pelo país. Os questionários foram impressos em pequenos cartões e colocados nos quartos de modo que ficassem bem visíveis para os consumidores. Estes tinham a escolha de responder ao levantamento e deixá-lo no quarto do hotel ou levá-lo consigo e depois enviá-lo pelo correio à Best Western quando lhes fosse conveniente. A seguir, mostramos parte do questionário que lida com a avaliação do hotel.

Levantamento com hóspedes dos hotéis Best Western

Classifique as seguintes declarações com '1' se você discorda bastante, com '2' se você discorda, com '3' se você for neutro, com '4' se você concorda e com '5' se você concorda bastante.

	Concordo bastante				Discordo bastante
1. Fui recebido com cortesia pelos funcionários ao chegar	1	2	3	4	5
2. A aparência do hotel não foi satisfatória	1	2	3	4	5
3. Meu quarto estava bem preparado	1	2	3	4	5
4. O banheiro estava limpo	1	2	3	4	5
5. A seleção de canais de televisão era inapropriada	1	2	3	4	5
6. O serviço telefônico era adequado	1	2	3	4	5
7. O checkout foi inconveniente	1	2	3	4	5
8. Minha experiência geral com a Best Western foi de qualidade e satisfatória	1	2	3	4	5

Quaisquer outros comentários ou sugestões concernentes a como sua experiência com a Best Western pode ser melhorada são bem-vindos. _____
_____

Os resultados desse levantamento mostraram que a falta de padronização entre os hotéis da rede era uma das principais razões que fizeram diminuir a procura. Embora muitos hotéis Best Western tenham atingido e superado os padrões de alta qualidade, alguns não o fizeram, e isso arruinou a imagem de toda a rede. Com o uso do levantamento de campo, a Best Western tem conseguido fortalecer seu compromisso com a TQM para toda a empresa e usa a voz do consumidor para elevar a qualidade geral e a rentabilidade de cada uma das propriedades por toda sua vasta rede de hotéis.[8]

TECNOLOGIA E PESQUISA DE MARKETING

Os pacotes de software comerciais permitem que o pesquisador elabore e administre questionários usando microcomputadores e unidades centrais de processamento. Isso elimina o pesadelo dos cartões de índices, rotinas alternadas complicadas e tarefas repetitivas tediosas envolvidas na elaboração manual de questionários. O modelo de questionário eletrônico permite que o pesquisador use qualquer tipo de formato de pergunta e elimine as tarefas de entrada de dados e de verificação. Além disso, o resultado é automaticamente registrado e pode ser importado diretamente para a maioria dos pacotes estatísticos para análise.

Muitos pacotes de modelos de questionário estão disponíveis, especialmente para microcomputadores. Um dos pacotes mais conhecidos é o Ci3 (*www.sawtooth.com*). Outro lançamento recente, o Survent, da Computer for Marketing Corporation (*www.cfmc.com*), também pode criar, testar e preparar questionários e transferi-los para os sistemas de entrevistas compatíveis com o trabalho de campo. O Survent também consegue criar cópias impressas para as entrevistas.

ÉTICA NA PESQUISA DE MARKETING

A aplicação do questionário é uma intrusão substancial feita pelo pesquisador. Assim, surgem várias perguntas éticas relativas ao contato pesquisador/entrevistado. Essas perguntas também precisam ser abordadas.

Em consideração aos entrevistados, perguntas confusas, que excedam a capacidade do entrevistado, que sejam difíceis ou que tenham um texto inadequado devem ser evitadas. Ao fazer perguntas delicadas, o pesquisador deve tentar minimizar o desconforto do entrevistado. Deve ficar claro, desde o começo do questionário, que ele não é obrigado a responder a nenhuma pergunta que faça com que se sinta desconfortável. Da mesma forma, os questionários extremamente longos devem ser evitados. Como diretriz geral, o que vem a seguir é considerado extremamente longo: uma entrevista pessoal na residência que dure mais de

60 minutos, uma entrevista por telefone de mais de 30 minutos, uma entrevista de abordagem em shopping de mais de 30 minutos ou uma entrevista pelo correio ou eletrônica de mais de 30 minutos. Os questionários longos são incômodos para os entrevistados e afetam negativamente a qualidade das respostas.

Por último, o pesquisador tem a responsabilidade ética de elaborar um questionário que obtenha os dados necessários de maneira não-ambígua. Criar tendenciosidade deliberadamente no questionário em determinado sentido – por exemplo, fazendo perguntas que induzam – não pode ser tolerado. Ao se decidir a estrutura da pergunta, deve ser adotada a opção mais apropriada, em vez da mais conveniente. Se um questionário não for totalmente pré-testado, ocorre uma ruptura ética.

APLICAÇÕES NA INTERNET

O processo de modelo de questionário esboçado neste capítulo também se aplica aos questionários na Internet. Várias empresas fornecem software e serviços para elaborar questionários na Internet. Esses questionários compartilham muitas das características dos questionários EPAC. O questionário pode ser elaborado usando-se uma ampla variedade de estímulos, como gráficos, quadros, propaganda, animações, clipes sonoros e vídeos. Além disso, o pesquisador pode controlar o tempo que os estímulos ficam disponíveis para os entrevistados e o número de vezes que um entrevistado pode acessar cada estímulo. Isso aumenta bastante a amplitude e a complexidade dos questionários que podem ser aplicados pela Internet. Como no caso da ETAC e da EPAC, os modelos alternados complicados podem ser programados no questionário. As perguntas podem ser personalizadas e as respostas das perguntas anteriores podem ser inseridas nas perguntas subseqüentes.

O exemplo a seguir ilustra as diretrizes que uma empresa de pesquisa de marketing segue para elaborar bons questionários on-line.

Exemplo

ELABORANDO QUESTIONÁRIOS DE LEVANTAMENTO NA INTERNET: O ESTILO DA DSS RESEARCH

A DSS Research (*www.dssresearch.com*), empresa de pesquisa de marketing de serviço completo, especializada em pesquisas que utilizam a Internet, desenvolveu as seguintes diretrizes para elaborar bons questionários on-line.

- Para se certificar de que os questionários proporcionam as informações necessárias para as tomadas de decisão, a DSS inclui os gerentes responsáveis no processo de elaboração e também requer que eles, no final, assinem embaixo.
- Os questionários são especificamente elaborados para os entrevistados pretendidos. Assim, não são usados os jargões de marketing e a terminologia comercial que os entrevistados possam não entender.
- A DSS usa as capacidades de multimídia da Internet para elaborar um questionário que seja atraente e interessante para os entrevistados.
- O questionário é personalizado para cada entrevistado com a inserção do nome e das respostas às perguntas anteriores, quando apropriado. Isso aumenta o envolvimento do entrevistado.

Resumo

Para coletar dados primários quantitativos, um pesquisador precisa desenvolver um questionário ou um formulário de observação. Um questionário tem três objetivos. Ele precisa (1) traduzir as informações necessárias em um conjunto de perguntas específicas, (2) motivar os entrevistados a completar a entrevista e (3) minimizar os erros de resposta.

Elaborar um questionário, além de ser uma arte, é uma ciência. Podemos fornecer diretrizes para a elaboração, mas nenhum modelo de questionário ótimo satisfaz a necessidade de toda pesquisa. O processo começa com a especificação das informações necessárias e do tipo de método de entrevista. A etapa seguinte é decidir sobre o conteúdo das perguntas individuais.

As perguntas podem ser escritas para superar a incapacidade do entrevistado em responder. Os entrevistados podem não ser capazes de responder se não são informados, não conseguem se lembrar ou não são capazes de articular a resposta. Quando for necessário muito esforço, ou quando o contexto da pesquisa parecer inapropriado, os entrevistados não estarão dispostos a participar. As perguntas que tentam coletar informações delicadas também podem encontrar resistência. As perguntas podem ser não-estruturadas (abertas) ou estruturadas até certo ponto. As perguntas estruturadas incluem múltipla escolha, perguntas dicotômicas e escalas.

Determinar o texto de cada pergunta envolve a definição do assunto, o uso de palavras comuns, de palavras não-ambíguas e de declarações duplas. O tópico deve ser claramente definido em termos de pelo menos quem, o quê, quando e onde. Palavras comuns e não-ambíguas devem ser usadas. O pesquisador deve evitar perguntas que induzam as respostas. Uma vez elaboradas as perguntas, deve-se decidir a ordem em que aparecerão no questionário. Atenção especial deve ser dada às perguntas de abertura, ao tipo de informação, às perguntas difíceis e ao efeito sobre perguntas subseqüentes. As perguntas devem ser dispostas em uma ordem lógica.

O cenário agora está montado para determinar o formato e o layout da pergunta. As considerações no que se refere à reprodução física do questionário incluem: aparência, uso de livretos, encaixar toda a pergunta em uma página, formato da categoria de resposta, evitar a superposição, colocação das instruções, codificação por cores e custo. A eficácia de todas essas decisões de elaboração deve ser avaliada no pré-teste.

A elaboração de formulários de observação requer decisões explícitas sobre o que é para ser observado e como esse comportamento deve ser registrado. É útil especificar quem, o quê, quando, onde, como e por quê em relação ao comportamento observado.

A elaboração e a aplicação do questionário são partes importantes de qualquer esforço para melhorar a qualidade. O questionário ou o instrumento de pesquisa deve ser adaptado ao ambiente cultural específico e não deve ser tendencioso em termos da cultura dos outros. Vários pacotes de software estão disponíveis para facilitar o modelo de questionário. Em consideração aos entrevistados, os questionários extremamente longos ou as perguntas que excedam a disposição ou a capacidade dos entrevistados de responder devem ser evitados. O questionário deve ser elaborado para a obtenção de informações de maneira não tendenciosa. Várias empresas fornecem software e serviços para elaborar questionários na Internet.

Exercícios

1. Qual é o propósito dos questionários e dos formulários de observação?
2. Explique como o modo de aplicação afeta a elaboração do questionário.
3. Como você determinaria se uma pergunta específica deve ser incluída em um questionário?
4. O que é uma pergunta de duplo efeito?
5. Quais são os motivos de o entrevistado não ser capaz de responder às perguntas feitas?
6. Explique os conceitos de lembrança ajudada e não-ajudada.
7. Quais são os motivos de o entrevistado não estar disposto a responder perguntas específicas?
8. O que um pesquisador pode fazer para que o pedido por informações pareça legítimo?
9. Quais são as vantagens e as desvantagens das perguntas não-estruturadas?
10. Quais são as questões envolvidas na elaboração de perguntas de múltipla escolha?
11. Quais são as diretrizes disponíveis para decidir sobre o texto das perguntas?
12. O que é uma pergunta que induz? Dê um exemplo.
13. Qual é a ordem apropriada para as perguntas que pretendam obter informações básicas, de classificação e de identificação?
14. Quais diretrizes estão disponíveis para decidir sobre o formato e o layout de um questionário?
15. Descreva as perguntas envolvidas no pré-teste de um questionário.
16. Quais são as principais decisões envolvidas na elaboração dos formulários de observação?

Problemas

1. Desenvolva três perguntas de duplo efeito relacionadas à preferência dos passageiros por vôos e por empresas aéreas. Desenvolva também versões corrigidas de cada pergunta.
2. Liste pelo menos dez palavras ambíguas que não devem ser usadas na estruturação das perguntas.
3. As perguntas seguintes definem o tópico? Explique por quê, tanto em caso afirmativo quanto negativo.
    a. Qual é sua marca favorita de xampu?
    b. Com que freqüência você sai de férias?
    c. Você consome suco de laranja?
       1. Sim   2. Não
4. Desenvolva uma pergunta aberta para determinar se as famílias se envolvem com jardinagem. Desenvolva também uma pergunta de múltipla escolha e outra dicotômica para obter as mesmas informações. Qual formato é mais desejável?
5. Formule cinco perguntas que pedem aos entrevistados para proporcionar generalizações ou estimativas.
6. Foi pedido a um recém-formado, empregado pelo departamento de pesquisa de marketing de uma grande empresa telefônica, que preparasse um questionário para determinar as preferências dos domicílios pelos cartões de chamadas telefônicas. O questionário é para ser aplicado nas entrevistas de abordagem em shopping. Usando os princípios do modelo de questionário, avalie criticamente esse questionário.

LEVANTAMENTO DE CARTÃO DE CHAMADA TELEFÔNICA DOMICILIAR

1. Seu nome_____
2. Idade_____
3. Estado civil_____
4. Renda_____
5. Qual dos seguintes cartões telefônicos você tem?
   1. AT&T____   2. MCI/WorldCom____   3. US Sprint____   4. Outros____
6. Com que freqüência você usa os cartões de chamadas telefônicas?

   Não freqüentemente   Muito freqüentemente
         1   2   3   4   5   6   7
7. O que você acha do cartão de chamada telefônica oferecido pela AT&T?
   _____

8. Suponha que sua família fosse escolher um cartão de chamada telefônica. Classifique a importância dos seguintes fatores na seleção de um cartão.

	Não importante			Muito importante	
a. Custo por chamada	1	2	3	4	5
b. Facilidade de uso	1	2	3	4	5
c. Cobranças de ligações locais e de longa distância incluídas na mesma conta	1	2	3	4	5
d. Promoções e descontos em todas as chamadas	1	2	3	4	5
e. Qualidade do serviço telefônico	1	2	3	4	5
f. Qualidade do atendimento ao cliente	1	2	3	4	5

9. Quão importante é para uma empresa telefônica oferecer um cartão de chamadas?

   Não importante   Muito importante
         1   2   3   4   5   6   7
10. Você tem filhos que moram em casa?_____

               Obrigado pela colaboração!

Atividades

DRAMATIZAÇÃO

1. Você acabou de ser contratado como gerente em treinamento por uma empresa que fabrica aparelhos eletrodomésticos. Seu chefe lhe pediu que desenvolvesse um questionário para determinar como os domicílios planejam, compram e usam os principais eletrodomésticos. Este questionário é para ser usado em um estudo nacional. No entanto, você acredita não ter conhecimento nem experiência para elaborar um questionário tão complexo. Explique isso ao seu chefe (papel interpretado por um colega de classe).
2. Você está trabalhando como gerente assistente de pesquisa de marketing em uma rede nacional de lojas de departamentos. A gerência, representada por um grupo de estudantes, está preocupada com a quantidade de furtos por parte dos funcionários. Você é incumbido de desenvolver um questionário para determinar a extensão desses furtos. O questionário seria enviado pelo correio a todos os funcionários. Explique para a gerência sua abordagem para desenvolver o questionário.

TRABALHO DE CAMPO

1. Desenvolva um questionário para determinar como os alunos selecionam restaurantes. Faça um pré-teste do questionário aplicando-o a dez alunos por meio de entrevistas pessoais. Como você modificaria o questionário com base no pré-teste?
2. Desenvolva um questionário para determinar a preferência das famílias pelas marcas populares de cereais. Aplique o questionário a dez donas-de-casa usando entrevistas pessoais. Como você modificaria o questionário se ele fosse aplicado por telefone? Quais mudanças seriam necessárias se fosse aplicado pelo correio?

DISCUSSÃO EM GRUPO

1. "Uma vez que a elaboração de um questionário é uma arte, não faz sentido seguir um conjunto rígido de diretrizes. Em vez disso, o processo deve ficar totalmente por conta da criatividade e da inventividade do pesquisador." Em um grupo pequeno, discuta a declaração.
2. Em um grupo pequeno, discuta o papel do modelo de questionário para minimizar o erro total de pesquisa.
3. Discuta a importância do formato e do layout na elaboração do questionário.

Notas

1. Baseado em "Aussies targeted for world vision", *www.worldvision.org*., 20 out. 2000; Alicia Orr, "Raising commitment", *Target Marketing*, 22, 8, ago. 1999, p. 58-59, e Greg Gattuso, Elaine Santoro e George R. Reis, "Notebooks open hearts of sponsors", *Fund Raising Management*, 27, 10, dez. 1966, p. 10-11.
2. Baseado em Ken Gronbach, "Generation Y – not just 'kids' ", *Direct Marketing* 63, 4, ago. 2000, p. 36-38; Tom McGee, "Getting inside kids' heads", *American Demographics*, 19, 1, jan. 1997, p. 52-55, e Joseph Rydholm, "Omnibus study talks to kids", *Quirk's Marketing Research Review*, 5, 6, jun./jul. 1991, p. 41-42.
3. Baseado em Alan Rosenspan, "Making an offer they can't refuse", *Direct Marketing*, 61, 7, nov. 1998, p. 46-50; Kenneth C. Schneider e James C. Johnson, "Link between response-inducing strategies and uniformed response", *Marketing Intelligence & Planning*, 12, 1, 1994, p. 29-36, e Del J. Hawkins e Kenneth A. Concy, "Uninformed response error in survey research", *Journal of Marketing Research*, ago. 1981, p. 373.
4. Baseado em Kenneth Naughton, "Bring on the junk food", *Newsweek*, 136, 2, 10 jul. 2000, p. 44; Stephanie Thompson, "Was it meals or was it the miles?", *Brandweek*, 40, 10, 8 mar. 1999, p. 44, e "Edison, American Marketing Association, Best New Products Awards", *Marketing News*, 31, 6, 17 mar. 1997, p. E5.
5. Baseado em Christine Bannister, "Taste not sacrificed in low fat", *Retail World*, 53, 6, 3-14 abr. 2000, p. 14; Judann Pollack e Beth Snyder, "Kellog shifts two JWT brands to burnett in rift", *Advertising Age*, 70, 5, 1º fev. 1999, p. 3, 44, e "Edison, American Marketing Association, Best New Products Awards".
6. Classificar uma marca nos atributos específicos no início de um estudo pode afetar as respostas para uma avaliação geral posterior da marca. Por exemplo, veja Harry Seymour, "Conducting and using customer surveys", *Marketing News*, 31, 12, 9 jun. 1997, p. H24, H39, e Barbara A. Bickart, "Carryover and backfire effects in marketing research, *Journal of Marketing Research*, 30, fev. 1993, p. 52-62.

7. Elizabeth Martin e Anne E. Polivka, "Diagnostics for redesigning survey questionnaires", *Public Opinion Quarterly*, 59, 4, inverno 1995, p. 547-567, e A. Diamantopoulos, Bodo B. Schlegelmilch e Nina Reynolds, "Pretesting in questionnaire design: the impact of respondent characteristics on error detection", *Journal of the Market Research Society*, 36, out. 1994, p. 295-314.
8. Jeff Higley, "Best western governors support changes", *Hotel and Motel Management*, 215, 4, 6 mar. 2000, p. 3-4, e Jeff Higley, "Quality issue concerns best western", *Hotel and Motel Management*, 213, 21, 14 dez. 1998, p. 4, 42.

CAPÍTULO 12
Amostragem: Modelo e Procedimentos

Neste capítulo abordamos as seguintes questões:

1. Como diferenciamos uma amostra de um censo e quais condições favorecem o uso de uma amostra em comparação com um censo?
2. Quais etapas estão envolvidas no processo de determinação da amostragem?
3. Como podemos classificar as técnicas de amostragem e qual é a diferença entre técnicas de amostragem probabilística e não-probabilística?
4. Quais são as várias técnicas de amostragem não-probabilística e quando são usadas?
5. Quais são as várias técnicas de amostragem probabilística e quando são usadas?
6. Quais as condições que favorecem o uso da amostragem não-probabilística em comparação à amostragem probabilística?
7. Qual é o papel da amostragem na gestão da qualidade total?
8. Como são usadas as técnicas de amostragem na pesquisa de marketing internacional?
9. Qual é o papel da Internet no processo de determinação da amostragem?

O CLEAR STICK DA GILLETTE LIMPA O CAMINHO PARA O CRESCIMENTO NO MERCADO DE DESODORANTES

Em agosto de 2000, a unidade de papelaria da Gillette, a Paper Mate, que estava em dificuldades, foi vendida para a Newell Rubbermaid, Inc. Uma das razões pelas quais a Gillette vendeu a unidade foi para ter condições de se concentrar em três áreas de produtos – lâminas e aparelhos de barbear, produtos para cuidar dos cabelos e as pilhas Duracell –, de modo a cortar custos e aumentar os lucros. O desenvolvimento e o lançamento de produtos sempre têm sido a espinha dorsal da estratégia de marketing da Gillette, como ilustrado com o lançamento do desodorante Clear Stick.

Após gastar mais de 30 milhões de dólares para desenvolver a tecnologia do Clear Stick, a Gillette empreendeu a pesquisa com o consumidor para lançar um novo antitranspirante/desodorante de sucesso com base nessa tecnologia. Os procedimentos de determinação da amostragem tiveram um papel crítico no sentido de revelar descobertas importantes que guiaram o desenvolvimento e o lançamento do produto. A empresa definiu a população de interesse, que é a população-alvo, como sendo os homens chefes de família. Depois desenvolveu um questionário para medir as preferências por desodorantes em bastão em relação a outras formas, como spray e roll-on, e para comparar o bastão transparente com os bastões convencionais.

Dado o tamanho da população-alvo e o tempo e o dinheiro limitados, ficava claro que não era viável entrevistar toda a população, ou seja, fazer um censo. Então uma amostra foi tirada e um subgrupo da população foi escolhido para participar da pesquisa. A unidade básica da qual se tirou a amostra foram domicílios – e, nos domicílios selecionados, os homens chefes de família. A amostragem probabilística, em que cada elemento da população tem uma chance conhecida de ser escolhido, foi adotada porque era necessário poder generalizar os resultados, ou seja, projetar os resultados para todos os homens chefes de família nos Estados Unidos. Uma amostragem aleatória simples foi usada para selecionar 1.000 lares. Esse tamanho de amostra foi escolhido com base nas considerações qualitativas, como a importância da decisão, a natureza da pesquisa, as análises estatísticas que seriam necessárias, as limita- ções dos recursos e os tamanhos de amostras usados em estudos similares que a Gillette havia realizado sobre o desenvolvimento de produtos. A técnica de amostragem aleatória simples foi usada porque programas eficientes de computador estavam disponíveis para gerar aleatoriamente números de telefones residenciais e, assim, minimizar o desperdício com números não existentes. Os entrevistados foram recrutados por telefone após promessa de incentivo monetário e depois o pacote do questionário do levantamento lhes foi enviado pelo correio. Uma amostra do novo desodorante em bastão transparente foi incluída.

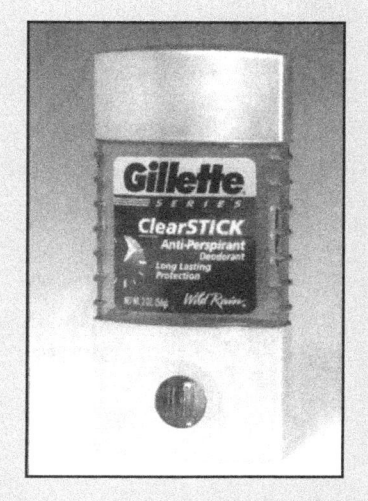

Os resultados indicaram que 56% dos homens preferiam desodorantes em bastão. Além disso, os bastões transparentes foram preferidos em relação aos bastões convencionais em uma variedade de atributos: por deslizar sem arrastar, pela facilidade de aplicação e por nenhum resíduo branco ficar na pele ou na roupa. Com base nesses resultados, a Gillette lançou o Clear Stick. A embalagem do produto foi desenhada para criar um sistema que dispensa alta tecnologia. Inspirados no mouse que existe na maioria dos computadores pessoais, os projetistas da Gillette criaram uma powerball para substituir o mecanismo do disco encontrado nos bastões e nos sólidos convencionais. O lançamento foi um sucesso, e o Clear Stick acelerou o crescimento do valor de varejo de todo o mercado de antitranspirantes/desodorantes. Os procedimentos bem fundamentados de amostragem adotados na pesquisa resultaram em descobertas claras que ajudaram no desenvolvimento e no lançamento de um produto bem-sucedido.[1]

VISÃO GERAL

Questões sobre o modelo de amostragem fazem parte do processo de elaboração da pesquisa. Nesse ponto do processo de pesquisa, o pesquisador já terá identificado as necessidades de informação do estudo, assim como a natureza do modelo de pesquisa (exploratório, descritivo ou causal) (capítulos 3 a 8). Além disso, o pesquisador já terá especificado os procedimentos de escalonamento e de medição (capítulos 9 e

Figura 12.1 Relação do modelo de amostragem com os capítulos anteriores e com o processo de pesquisa de marketing

Foco do capítulo	Relação com os capítulos anteriores	Relação com o processo de pesquisa de marketing
• Processo de elaboração da amostragem • Técnicas de amostragem não-probabilística • Técnicas de amostragem probabilística	• Componentes do modelo de pesquisa (Capítulo 3)	Definição do problema ↓ Abordagem do problema ↓ **→** Modelo de pesquisa ↓ Trabalho de campo ↓ Preparação e análise de dados ↓ Preparação e apresentação do relatório

10), e elaborado o questionário (Capítulo 11). O próximo passo é elaborar procedimentos adequados de amostragem. A Figura 12.1 explica resumidamente o foco do capítulo, o relacionamento com os capítulos anteriores e as etapas do processo de pesquisa de marketing nas quais este capítulo se concentra.

Cinco perguntas básicas são abordadas na fase de elaboração da amostra: (1) uma amostra deve ser obtida?; (2) em caso positivo, qual processo deve ser seguido?; (3) que tipo de amostra deve ser obtida?; (4) que tamanho ela deve ter?; (5) o que pode ser feito para ajustá-la por incidência – o índice de ocorrência de entrevistados elegíveis – e pelos índices que a completam?

O capítulo aborda as três primeiras perguntas do modelo de amostra. (O Capítulo 13 trata das duas últimas perguntas.) Discutimos a amostragem em termos das considerações qualificativas fundamentais ao processo de sua elaboração. Primeiro, examinamos a questão de obter ou não uma amostra e descrevemos as etapas envolvidas na amostragem. Depois apresentamos técnicas de amostragem probabilística e não-probabilística. Essas questões foram introduzidas no caso de abertura, no qual a Gillette usou um plano de amostragem probabilística para selecionar os entrevistados. Em seguida, debatemos o uso de técnicas de amostragem na gestão da qualidade total e na pesquisa de marketing internacional. Finalmente, discutimos a interface da tecnologia com a amostragem e identificamos as aplicações na Internet. A Figura 12.2 mostra uma visão geral dos tópicos discutidos neste capítulo e como eles fluem de um capítulo para outro.

AMOSTRA OU CENSO

Na amostragem, um **elemento** é o objeto (ou pessoa) sobre o qual, ou do qual, a informação é desejada. Na pesquisa por levantamento de campo, o elemento é normalmente o entrevistado. Uma **população** é o total de elementos que compartilham algum conjunto comum de características. Cada projeto de pesquisa de marketing tem uma população singularmente definida, que é descrita em termos de parâmetros. O objetivo da maioria dos projetos de pesquisa de marketing é obter informações sobre as características ou os parâmetros de uma população. A proporção de consumidores leais a uma marca específica de creme dental é um exemplo de parâmetro de população.

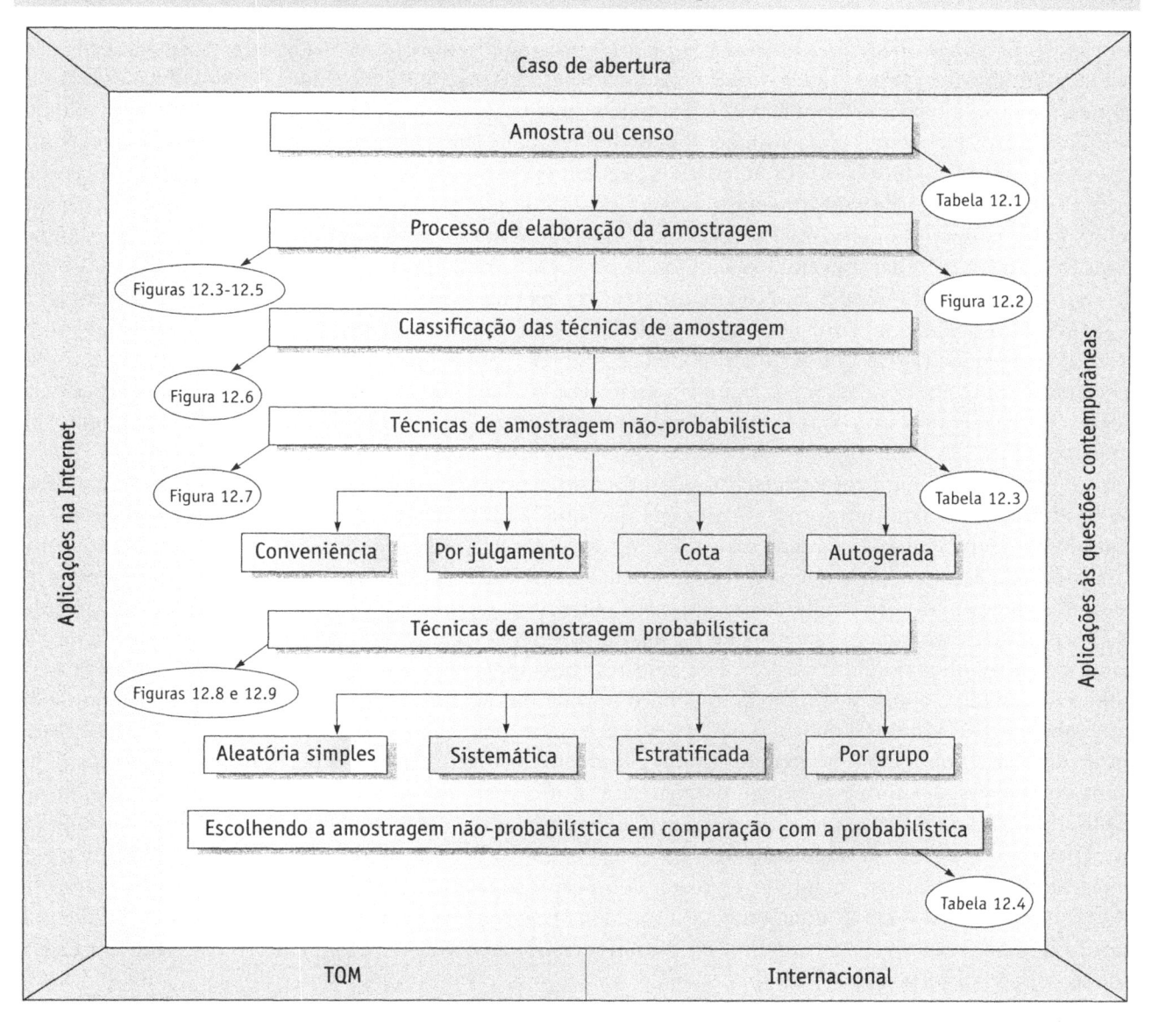

Figura 12.2 Procedimentos de elaboração da amostragem: visão geral

```
Caso de abertura
    │
    ▼
Amostra ou censo ──────────► (Tabela 12.1)
    │
    ▼
(Figuras 12.3-12.5) ◄── Processo de elaboração da amostragem ──► (Figura 12.2)
    │
    ▼
Classificação das técnicas de amostragem
    │
(Figura 12.6)
    │
    ▼
(Figura 12.7) ◄── Técnicas de amostragem não-probabilística ──► (Tabela 12.3)
    │
    ├──────────┬──────────┬──────────┐
    ▼          ▼          ▼          ▼
Conveniência  Por julgamento  Cota  Autogerada

Técnicas de amostragem probabilística
    │
(Figuras 12.8 e 12.9)
    │
    ├──────────┬──────────┬──────────┐
    ▼          ▼          ▼          ▼
Aleatória simples  Sistemática  Estratificada  Por grupo

Escolhendo a amostragem não-probabilística em comparação com a probabilística
                                                    │
                                                    ▼
                                               (Tabela 12.4)
```

Aplicações na Internet | Aplicações às questões contemporâneas
TQM | Internacional

O pesquisador pode obter informações sobre parâmetros de populações utilizando um censo ou uma amostra. Um **censo** envolve uma contagem completa de cada elemento de uma população. Já uma **amostra** é um subgrupo da população. No caso de abertura, a porcentagem de homens chefes de família que preferiram um desodorante em bastão foi um parâmetro de população. Esse parâmetro foi estimado por meio da amostragem em 56%.

A Tabela 12.1 resume as condições que favorecem o uso de uma amostra em comparação com um censo. As considerações primárias que favorecem uma amostra são as limitações orçamentárias e de tempo. Um censo é custoso e consome tempo para ser completado. Em estudos de pesquisa que envolvem populações grandes, como usuários de produtos de consumo, geralmente não é viável fazer um censo, como mostra o caso de abertura. Portanto, uma amostra é a única opção viável. Por outro lado, a pesquisa de empresa para empresa relacionada a produtos industriais costuma envolver uma população muito menor. Um censo se torna não apenas possível mas também desejável em muitas situações desse tipo. Na investigação do uso de certas máquinas operatrizes por fabricantes de automóveis nos Estados Unidos, um censo seria preferível a uma amostra, uma vez que a população de fabricantes de automóveis é pequena. Um censo também se torna bastante atraente quando existem grandes variações na população. Por exemplo, diferenças acentuadas no uso de máquinas operatrizes entre a Ford e a Honda sugeririam a necessidade de se fazer um censo em vez de uma amostra. Nesse caso, se fosse tirada uma amostra, seria improvável que ela fosse representativa da população porque o uso de ferramentas de máquinas operatrizes dos fabricantes de automóveis não incluídos na amostra provavelmente seria substancialmente diferente do que aquele da amostra. Populações pequenas, que variam muito em termos das características de interesse para o pesquisador, são próprias para um censo.

O custo do erro de amostragem (como a omissão de um grande fabricante como a Ford no estudo acima sobre máquinas operatrizes) precisa ser ponderado contra o erro de não-amostragem (por exemplo, erros de entrevistadores). Em muitos estudos de empresa para empresa, preocupações em relação ao erro de amostragem pedem um censo. No entanto, na maioria dos outros estudos, os erros de não-amostragem acabam sendo o principal fator no total de erros. Enquanto um censo elimina os erros de amostragem, os erros de não-amostragem que resultam podem aumentar a ponto de o total de erros no estudo se tornar inaceitavelmente alto. Nesses casos, a amostragem seria melhor que um censo. Essa é uma das razões pelas quais o Escritório do Censo dos Estados Unidos checa a precisão de seu censo realizando levantamentos de amostras.[2]

A amostragem também é preferível se o processo de medição resultar na inutilização ou no consumo do produto. Nesse caso, um censo significaria que uma grande quantidade do produto seria utilizada ou consumida, aumentando em muito o custo. Um exemplo seria os testes de uso que resultam no consumo do produto, como uma nova marca de cereal matinal. A amostragem também pode ser necessária para concentrar a atenção em casos individuais, como em entrevistas de profundidade. Finalmente, outras considerações pragmáticas, como a necessidade de manter o estudo secreto (um fator importante para empresas como a Coca-Cola), podem favorecer uma amostra em comparação com um censo. No caso de abertura, a Gillette escolheu a amostragem e não um censo porque o tamanho da população de homens chefes de família nos Estados Unidos é muito grande para que o censo seja viável, especialmente se considerar os limites de dinheiro e de tempo. Além disso, como geralmente ocorre na pesquisa de consumidores, o custo dos erros de amostragem foi pequeno em comparação com o custo dos erros de não-amostragem. Como foi explicado no Capítulo 3, o erro de amostragem é decorrente de a amostra específica escolhida ser uma representação imperfeita da população de interesse. Por outro lado, erros de não-amostragem resultam de uma variedade de causas, incluindo erros na definição do problema, abordagem, escalas, elaboração do questionário, métodos de levantamento, técnicas de entrevista, preparação e análise dos dados. A evidência mostra que na pesquisa do consumidor o custo do erro de amostragem é pequeno se comparado ao custo do erro de não-amostragem.

Tabela 12.1 Amostra versus censo

	CONDIÇÕES QUE FAVORECEM O USO DE	
	Amostra	Censo
1. Orçamento	Pequeno	Grande
2. Tempo disponível	Curto	Longo
3. Tamanho da população	Grande	Pequeno
4. Variação na característica	Pequena	Grande
5. Custo do erro de amostragem	Baixo	Alto
6. Custo do erro de não-amostragem	Alto	Baixo
7. Natureza da medição	Destrutiva	Não-destrutiva
8. Atenção a casos individuais	Sim	Não

O PROCESSO DE ELABORAÇÃO DA AMOSTRAGEM

O processo de elaboração da amostragem inclui cinco etapas, mostradas seqüencialmente na Figura 12.3. Cada etapa está muito relacionada com todos os aspectos do projeto de pesquisa de marketing, da definição do problema à apresentação dos resultados. Portanto, decisões sobre a elaboração da amostra devem ser integradas a todas as outras decisões em um projeto de pesquisa.

Definir a população-alvo

A elaboração da amostragem começa com a especificação da população-alvo. A **população-alvo** é a coleção de elementos ou objetos que possuem a informação que o pesquisador está buscando. É essencial que seja definida a população-alvo com precisão caso deseje que os dados gerados se dirijam para o problema de pesquisa de marketing. A definição da população-alvo envolve traduzir o problema da pesquisa em uma declaração exata de quem deve e de quem não deve ser incluído na amostra. No caso de abertura, a população-alvo foi definida como sendo os homens chefes de família nos Estados Unidos.

A população-alvo deve ser definida em termos de elementos, unidades de amostragem, extensão e período de tempo. Como foi afirmado anteriormente, um elemento é o objeto (ou a pessoa) sobre o qual, ou do qual, se deseja a informação – por exemplo, o entrevistado. Uma **unidade de amostragem** pode ser o elemento em si ou uma entidade mais prontamente disponível que contenha o elemento. Suponha que a Revlon pretenda avaliar a resposta do consumidor a uma nova linha de batons e queira obter uma amostra de mulheres acima dos 18 anos de idade. Nesse estudo, o elemento de amostragem da Revlon seria mulheres acima dos 18 anos. Seria possível obter uma amostra delas diretamente, e então a unidade de amostragem seria a mesma que o elemento. Mais provável seria a Revlon usar uma unidade de amostragem como domicílios, entrevistando uma mulher acima dos 18 anos de idade em cada domicílio selecionado. Nesse caso, a unidade de amostragem e o elemento da população são diferentes. Novamente como ilustração, no caso de abertura, o elemento de amostragem foi o homem chefe de família e a unidade de amostragem foi um domicílio.

A extensão se refere aos limites geográficos. No nosso exemplo, a Revlon está interessada somente no mercado doméstico dos Estados Unidos. O período de tempo é o período de interesse. A Revlon pode estar interessada em estudar a demanda por batom para o mercado do próximo verão. Essa população-alvo está definida na Figura 12.4.

Figura 12.3 Processo de elaboração da amostragem

```
Definir a população
        ↓
Determinar a estrutura de amostragem
        ↓
Escolher as técnicas de amostragem
        ↓
Determinar o tamanho da amostra
        ↓
Executar o processo de amostragem
```

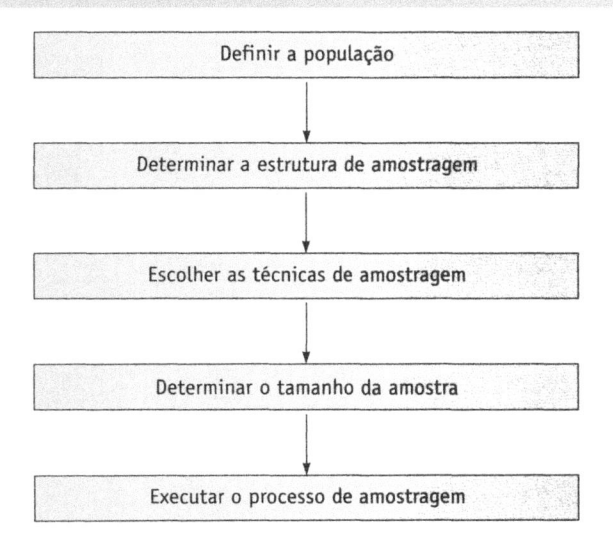

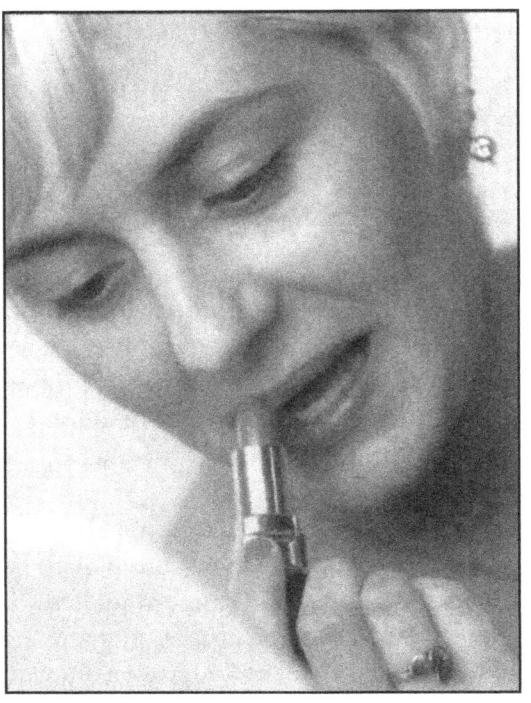

Determinar a estrutura de amostragem

Uma **estrutura de amostragem** é uma representação dos elementos da população-alvo. Ela consiste em uma lista ou conjunto de instruções para definir a população-alvo. Uma estrutura de amostragem pode vir da lista telefônica, de um programa de computador capaz de gerar números telefônicos, de um diretório de associações que lista as empresas em uma indústria, de uma lista de endereços comprada de uma organização comercial, de um diretório da cidade ou de um mapa. Se uma listagem não estiver prontamente disponível, ela precisa ser compilada. Instruções específicas para identificar a população-alvo devem ser elaboradas, como os procedimentos para gerar aleatoriamente números de telefone residenciais, mencionados no caso de abertura.

O processo de compilar uma lista dos elementos da população é muitas vezes difícil e imperfeito, levando ao erro de estrutura de amostragem. Elementos podem ser omitidos, ou a lista pode conter mais do que a população desejada (Figura 12.5). Por exemplo, a lista telefônica é freqüentemente usada como uma estrutura de amostragem para levantamentos por telefone. No entanto, no mínimo três fontes de erro de estrutura de amostragem estão presentes na lista telefônica: (1) ela não contém os números não-listados; (2) ela não traz os números das pessoas que se mudaram para a área após sua publicação; e (3) ela contém os números inativos de pessoas que se mudaram da área desde sua publicação. As pequenas diferenças entre a estrutura da amostra e a população podem ser ignoradas. No en-

A população-alvo deve ser claramente definida se a Revlon quiser avaliar a resposta da consumidora a uma nova linha de batons

Figura 12.4 Definindo a população-alvo

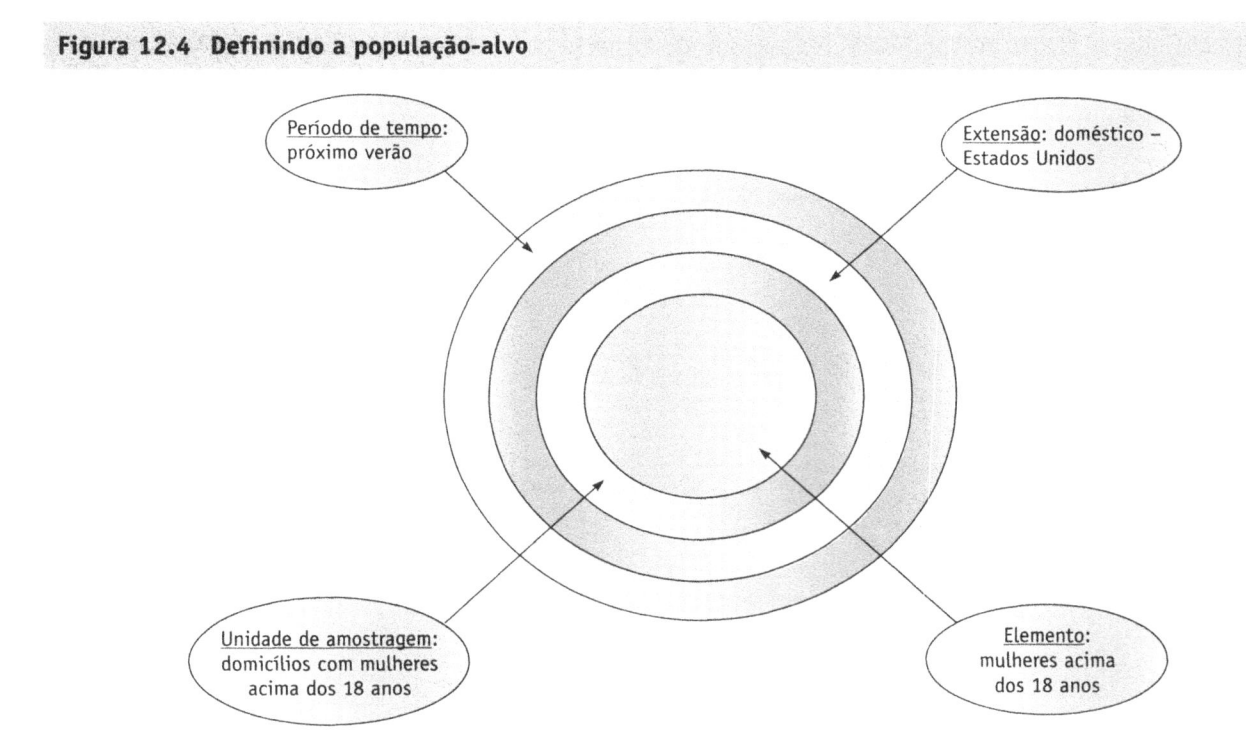

- Período de tempo: próximo verão
- Extensão: doméstico – Estados Unidos
- Unidade de amostragem: domicílios com mulheres acima dos 18 anos
- Elemento: mulheres acima dos 18 anos

Figura 12.5 Erro de estrutura de amostragem

População-alvo: domicílios de pais solteiros em Chicago

Erro de estrutura de amostragem

Estrutura de amostragem: lista fornecida por um fornecedor comercial

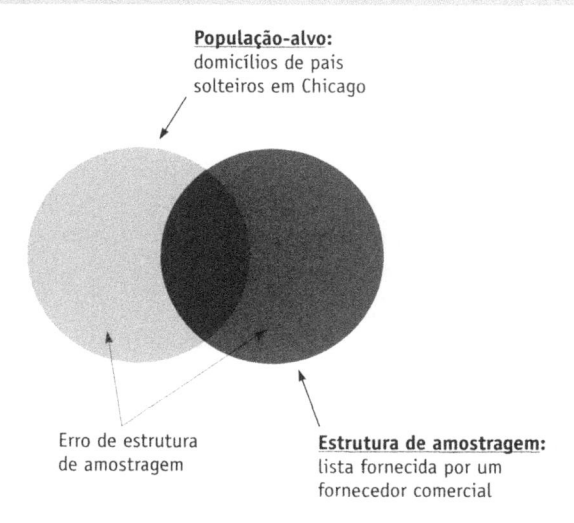

tanto, na maioria dos casos, o pesquisador deve reconhecer e tratar o erro de estrutura de amostragem. Ele tem três opções:

1. A população pode ser redefinida em termos de estrutura de amostragem. Quando a lista telefônica é usada como estrutura de amostragem, a população pode ser definida como domicílios com uma listagem correta na lista telefônica de uma certa área. Essa abordagem é bastante simples e elimina qualquer interpretação equivocada da definição da população sob estudo.
2. A representatividade da estrutura de pesquisa pode ser verificada durante o processo de coleta de dados. Informações básicas de demografia, familiaridade com o produto, uso do produto e outras informações relevantes podem ser coletadas para assegurar que os elementos da estrutura de amostragem satisfaçam os critérios para a população-alvo. Ainda que elementos não apropriados possam ser identificados e eliminados da amostra dessa forma, esse procedimento não corrige os elementos que foram omitidos.
3. Os dados podem ser estatisticamente ajustados ponderando-se segmentos representados para mais ou para menos para conseguir uma amostra mais representativa. Embora o erro de estrutura de amostragem possa ser minimizado mediante esse tipo de ajuste, ele supõe que o pesquisador tenha conhecimento preciso da composição da população-alvo.

O pesquisador pode adotar qualquer combinação desses ajustes. O essencial é reconhecer e tentar eliminar o erro de estrutura de amostragem para que conclusões não apropriadas sobre a população possam ser evitadas.

Escolher uma técnica de amostragem

A seleção de uma técnica de amostragem envolve a amostragem não-probabilística ou a probabilística (Figura 12.6). A **amostragem não-probabilística** depende do julgamento pessoal do pesquisador, em vez do acaso, na escolha dos elementos da amostra. Ele pode selecionar a amostra arbitrariamente, com base na

Figura 12.6 Classificação das técnicas de amostragem

Técnicas de amostragem
├── Técnicas de amostragem não-probabilística
└── Técnicas de amostragem probabilística

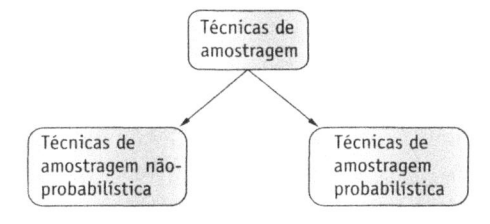

conveniência, ou tomar uma decisão consciente sobre quais elementos incluir na amostra. Exemplos de amostragem probabilística incluem entrevistas com pessoas nas ruas, em lojas de varejo e nos shoppings. Ainda que a amostragem não-probabilística produza boas estimativas sobre a característica da população, essas técnicas são limitadas. Não há como avaliar a **precisão** dos resultados da amostra objetivamente. A precisão se refere ao nível de incerteza sobre a característica que está sendo medida. Suponha que o pesquisador queira determinar quanto um lar médio gasta em compras para o Natal e fez levantamentos nos shoppings. Por causa da natureza de conveniência da amostra, não haveria como saber a precisão dos dados desse levantamento. Quanto maior a precisão, menor é o erro de amostragem. A probabilidade de escolher um elemento em vez de outro é desconhecida. Portanto, as estimativas obtidas não podem ser projetadas para a população com um nível especificado de confiança.

Na **amostragem probabilística**, os elementos são escolhidos por chance, ou seja, aleatoriamente. A probabilidade de selecionar cada amostra em potencial de uma população pode ser pré-especificada. Ainda que cada amostra em potencial não precise ter a mesma probabilidade de seleção, é possível especificar a probabilidade ao escolher uma amostra específica de um certo tamanho. Intervalos de confiança podem ser calculados em torno das estimativas de amostra, e é importante projetar estatisticamente os resultados da amostra para a população, ou seja, tirar conclusões em relação à população-alvo. Como a possibilidade de projetar os resultados da amostra para a população de todos os homens chefes de família era importante, a Gillette usou a probabilidade em vez da não-probabilidade no caso de abertura. Mais tarde examinaremos as várias técnicas de não-probabilidade e de probabilidade.

Determinar o tamanho da amostra

O **tamanho da amostra** refere-se ao número de elementos a serem incluídos no estudo. A determinação do tamanho da amostra envolve considerações qualitativas e quantitativas. Falaremos dos fatores qualitativos nesta seção e discutiremos os fatores quantitativos no Capítulo 13. Importantes fatores qualitativos que o pesquisador deve considerar para determinar o tamanho da amostra são: (1) a importância da decisão; (2) a natureza da pesquisa; (3) o número de variáveis; (4) a natureza da análise; (5) os tamanhos de amostras usados em estudos parecidos; e (6) as limitações de recursos.

Como regra geral, quanto mais importante for a decisão, mais precisas as informações devem ser. Isso implica a necessidade de maiores amostras. A necessidade de maior precisão deve ser ponderada levando em conta o aumento em custo com a coleta de informações de cada elemento adicional.

A natureza da pesquisa também tem impacto sobre o tamanho da amostra. A pesquisa exploratória, como uma discussão em grupo, emprega técnicas qualitativas que são em geral baseadas em amostras pequenas. A pesquisa conclusiva, como um levantamento descritivo, necessita de amostras grandes. Com o aumento no número de variáveis em um estudo, o tamanho da amostra precisa crescer proporcionalmente. Por exemplo, levantamentos de identificação de problemas que medem um grande número de variáveis comumente necessitam de amostras grandes de 1.000 a 2.500 (Tabela 12.2).

O tipo de análise planejado também influencia os requisitos de tamanho da amostra. Análises sofisticadas dos dados usando técnicas avançadas ou análises no âmbito do subgrupo em vez da população total requerem amostras maiores, como no caso da Gillette relatado na abertura.

Estudos anteriores podem servir como guia para estimar o tamanho da amostra. A Tabela 12.2 dá uma idéia de tamanhos de amostras usados em diferentes estudos de pesquisa de marketing. Eles foram determinados com base na experiência e podem servir como diretrizes aproximadas, especialmente quando se estiver usando técnicas de amostragem não-probabilística, mas devem ser aplicados com cautela. Finalmente as decisões sobre o tamanho da amostra são guiadas por limitações de dinheiro, de pessoal e de tempo. Em qualquer projeto de pesquisa de marketing, os recursos são limitados, o que, por sua vez, restringe o tamanho da amostra. No caso de abertura, o tamanho da amostra de 1.000 foi embasado nas seguintes considerações: a Gillette usaria os resultados para tomar uma decisão importante envolvendo o lançamento de desodorantes em bastões transparentes, a análise quantitativa seria realizada e esse tamanho de amostra havia sido adequado em estudos similares efetuados pela Gillette no passado.

Tabela 12.2 Tamanhos de amostras usados em estudos de pesquisa de marketing

TIPO DE ESTUDO	TAMANHO MÍNIMO	AMPLITUDE GERAL
Pesquisa de identificação de problemas (por exemplo, potencial de mercado)	500	1.000-2.500
Pesquisa de solução de problemas (por exemplo, precificação)	200	300-500
Testes de produtos	200	300-500
Estudos de marketing de testes	200	300-500
Publicidade TV/rádio/impresso (por propaganda ou anúncio testado)	150	200-300
Auditorias de mercados de teste	10 lojas	10-20 lojas
Discussões em grupo	6 grupos	10-15 grupos

Executar o processo de amostragem

A execução do processo de amostragem refere-se à implementação dos diversos detalhes do modelo de amostra. A população está definida, a estrutura da amostragem está compilada e as unidades de amostragem são tiradas usando-se a técnica apropriada de amostragem para obter o tamanho necessário de amostra. Se os domicílios forem a unidade de amostragem, é preciso ter uma definição operacional de um lar. Procedimentos devem ser especificados para domicílios que estão vazios e para rechamadas se não houver ninguém no local. Às vezes, é necessário qualificar os entrevistados em potencial para se certificar de que eles pertencem à população-alvo. Nesses casos, os critérios usados para qualificar os entrevistados devem ser especificados e as perguntas de qualificação devem ser feitas no início da entrevista (Capítulo 11). Por exemplo, em um levantamento de usuários assíduos de serviços on-line em casa é necessário ter um critério para identificar usuários assíduos (por exemplo, aqueles que usam serviço on-line por mais de 30 horas por semana em casa). Informações detalhadas precisam ser fornecidas em relação a todas as decisões concernentes ao modelo de amostra.

CLASSIFICAÇÃO DAS TÉCNICAS DE AMOSTRAGEM

As técnicas de amostragem podem ser classificadas amplamente como não-probabilística e probabilística (Figura 12.6). As técnicas de amostragem não-probabilística comumente usadas incluem as amostragens por conveniência, por julgamento, por cota e a autogerada (Figura 12.7). As técnicas importantes de amostragem probabilística são a aleatória simples, a sistemática, a estratificada e a em grupo.

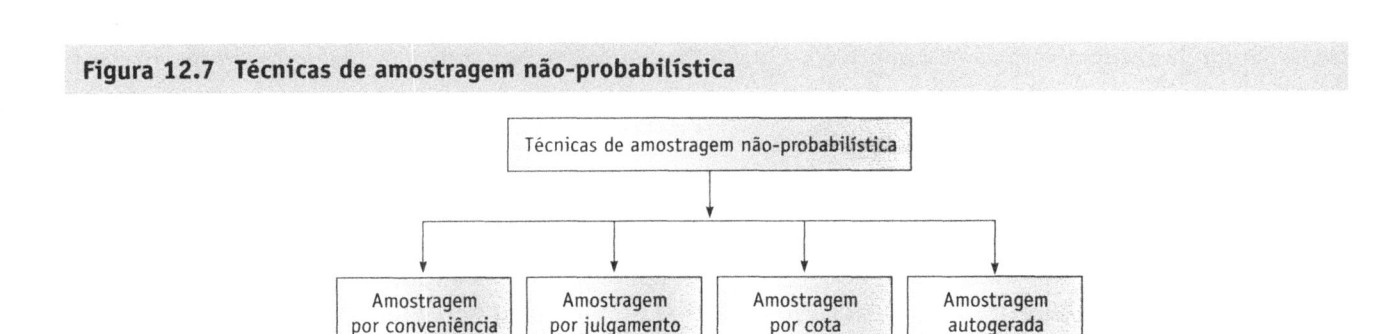

Figura 12.7 Técnicas de amostragem não-probabilística

Técnicas de amostragem não-probabilística
- Amostragem por conveniência
- Amostragem por julgamento
- Amostragem por cota
- Amostragem autogerada

TÉCNICAS DE AMOSTRAGEM NÃO-PROBABILÍSTICA

Amostragem por conveniência

A **amostragem por conveniência**, como se deduz pelo nome, tenta obter uma amostra de elementos com base na conveniência do pesquisador. A seleção de unidades de amostragem cabe principalmente ao entrevistador. Muitas vezes, os entrevistados são escolhidos porque estão no lugar certo, na hora certa. Exemplos de amostragem por conveniência são (1) o uso de alunos, grupos de igrejas e membros de organizações sociais; (2) entrevistas de abordagem em shoppings realizadas sem qualificar os entrevistados; (3) lojas de departamentos que usam listas de crediários; (4) questionários destacáveis incluídos em revistas; (5) entrevistas com pessoas na rua; e (6) surfistas da Internet.

A amostragem por conveniência tem a vantagem de ser barata e rápida. Além disso, as unidades de amostragem tendem a ser acessíveis, fáceis de medir e cooperativas. Apesar dessas vantagens, essa forma de amostragem tem sérias limitações. Uma das principais é o fato de que a amostra resultante não é representativa de nenhuma população-alvo definível. Esse processo de amostragem sofre de tendenciosidade de seleção, o que quer dizer que os indivíduos que participam de uma amostra por conveniência podem ter características que são sistematicamente diferentes daquelas que definem a população-alvo. Por causa dessas limitações, não é teoricamente importante generalizar para qualquer população usando uma amostra por conveniência.

Amostras por conveniência não são apropriadas para a pesquisa descritiva ou causal, em que o objetivo é obter conclusões sobre a população. No entanto, na pesquisa exploratória, em que o objetivo é gerar idéias, obter uma nova visão ou desenvolver hipóteses, as amostras por conveniência são úteis. Elas podem ser usadas para discussões em grupo, questionários de pré-teste ou estudos-piloto. Mesmo nesses casos, deve-se ter cautela na interpretação dos resultados. Apesar dessas limitações, a técnica às vezes é utilizada mesmo em grandes levantamentos.

Amostragem por julgamento

A **amostragem por julgamento** é uma forma de amostragem por conveniência na qual os elementos da população são escolhidos com base no julgamento do pesquisador. Este escolhe os elementos de amostragem porque acredita que representam a população de interesse. Exemplos comuns de amostragem por julgamento incluem (1) mercados de teste selecionados para determinar o potencial de um novo produto; (2) engenheiros de compras escolhidos na pesquisa de marketing industrial porque são considerados representativos da empresa; (3) zonas eleitorais indicadoras de tendências selecionadas na pesquisa de comportamento de votação; (4) testemunhas-chave usadas nos tribunais; e (5) lojas de departamentos escolhidas para testar um novo sistema de display de mercadoria.

A amostragem por julgamento é atraente porque não é cara e se mostra conveniente e rápida. No entanto, é subjetiva, dependendo em grande parte da perícia e da criatividade do pesquisador. Portanto, generalizações para uma população específica não podem ser feitas, porque em geral a população não é explicitamente definida. Essa técnica de amostragem é mais apropriada para pesquisas em que não são necessárias amplas generalizações da população. Uma extensão da amostragem por julgamento envolve o uso de cotas.

Amostragem por cota

A **amostragem por cota** introduz dois estágios no processo de amostragem por julgamento. O primeiro consiste no desenvolvimento de categorias de controle, ou cotas, dos elementos da população. Usando o julgamento para identificar categorias relevantes como idade, sexo e raça, o pesquisador estima a distribuição dessas características na população-alvo. Por exemplo, mulheres brancas de 18 a 35 anos podem ser consideradas categoria de controle relevante para um estudo que envolva compra de cosméticos. O pesquisador então estimaria a proporção da população-alvo que se encaixa nessa categoria com base em experiência passada ou em fontes de informação secundárias. A amostragem serviria então para assegurar que a proporção de mulheres brancas de 18 a 35 anos na população-alvo fosse refletida na amostra. Cotas são usadas para garantir que a composição da amostra seja a mesma da composição da população com respeito às características de interesse.

Uma vez atribuídas as cotas, ocorre o segundo estágio do processo de amostragem. Os elementos são selecionados usando-se um processo de conveniência ou de julgamento. Há considerável liberdade em escolher os elementos a serem incluídos na amostra. O único requisito é que os elementos selecionados se encaixem nas características de controle. Essa técnica é ilustrada no exemplo a seguir.

Exemplo

PERFIL DO LEITOR DA REVISTA *METROPOLITAN*

Foi feito um estudo de leitores para a revista *Metropolitan* usando uma amostra por cota. Mil adultos morando em uma área metropolitana de 500 mil habitantes foram selecionados. Idade, sexo e raça foram usados para definir a composição da amostra. Com base na composição da população adulta naquela comunidade, as cotas foram atribuídas da seguinte maneira:

CARACTERÍSTICA DE CONTROLE	COMPOSIÇÃO DA POPULAÇÃO PORCENTAGEM	COMPOSIÇÃO DA AMOSTRA PORCENTAGEM	NÚMERO
Sexo			
Masculino	48	48	480
Feminino	52	52	520
	100	100	1.000
Idade			
18-30	27	27	270
31-45	39	39	390
46-60	16	16	160
Acima de 60	18	18	180
	100	100	1.000
Raça			
Branca	59	59	590
Negra	35	35	350
Outra	6	6	60
	100	100	1.000

Ao impor cotas proporcionais à distribuição da população, o pesquisador pôde selecionar uma amostra que refletisse relativamente bem a composição da área metropolitana.

No exemplo acima, cotas proporcionais são atribuídas para que a composição da população na comunidade seja refletida na amostra. No entanto, em certas situações, é desejável obter amostras menores ou maiores de elementos com certas características. Por exemplo, pode-se obter maior quantidade de amostras de usuários assíduos de um produto para poder examinar seu comportamento mais detalhadamente. Ainda que esse tipo de amostra não seja representativo, pode mesmo assim ser bastante relevante.

Todavia, vários problemas em potencial são associados a essa técnica de amostragem. Características relevantes podem passar despercebidas no processo de estabelecimento da cota, resultando em uma amostra que não espelhe a população com relação às características relevantes de controle. Como os elementos dentro de cada cota são selecionados com base na conveniência ou no julgamento, muitas fontes de tendenciosidade de seleção estão potencialmente presentes. O entrevistador pode ficar tentado a escolher áreas nas quais acredita que terá sucesso em solicitar participantes. Ele pode evitar pessoas que tenham uma aparência pouco amigável, que não estejam bem-vestidas ou que morem em locais não desejáveis. A amostragem por quota também é limitada porque não permite uma avaliação do erro de amostragem.

Essa técnica de amostragem tenta obter amostras representativas a um custo relativamente baixo. Amostras por cota também são relativamente convenientes para obter. Com controles adequados, a amostragem por quota consegue resultados muito próximos àqueles da amostragem probabilística convencional.

Amostragem autogerada

Na **amostragem autogerada**, um grupo inicial de entrevistados é selecionado, normalmente de forma aleatória. Após serem entrevistados, pede-se que identifiquem outras pessoas pertencentes à população-alvo de interesse. Esse processo continua, resultando em efeito autogerado, já que uma referência é obtida de outra. Assim, o processo de referência efetivamente produz a estrutura de amostragem da qual os entrevistados são escolhidos. Apesar de essa técnica de amostragem começar com uma amostra probabilística, ela resulta em uma amostra não-probabilística. Isso se deve ao fato de que os entrevistados de referência tendem a ter características demográficas e psicográficas mais parecidas às da pessoa que os indicou do que poderia ocorrer ao acaso.

A amostragem autogerada é utilizada quando se estudam características relativamente raras ou difíceis de identificar na população. Por exemplo, os nomes de usuários de alguns serviços sociais ou do governo, como cheques alimentícios, são mantidos confidenciais. Grupos com características especiais, como viúvos abaixo dos 35 anos, ou membros de uma população espalhada de alguma minoria, podem ser impossíveis de localizar sem referências. Na pesquisa industrial, a amostragem autogerada é usada para identificar pares de consumidores/vendedores.

A principal vantagem da amostragem autogerada é que ela aumenta substancialmente a probabilidade de localizar as características desejadas na população. Também resulta em uma variação e custos relativamente baixos. A amostragem autogerada é ilustrada com o seguinte exemplo:

Exemplo

LEVANTAMENTO POR AMOSTRAGEM AUTOGERADA

Para estudar o perfil demográfico de entrevistadores de pesquisa de marketing em Ohio, uma amostra de entrevistadores foi gerada com uma variação da amostragem autogerada. Eles foram inicialmente contatados mediante a colocação de anúncios classificados nos jornais de sete principais áreas metropolitanas. Esses anúncios solicitavam que entrevistadores experientes em pesquisa de marketing dispostos a responder a 25 perguntas sobre seu trabalho escrevessem para o pesquisador. Essas respostas foram aumentadas mediante um sistema de indicação: solicitou-se a cada entrevistador que fornecesse nome e endereço de outros entrevistadores. No final, o processo identificou entrevistadores de muitas comunidades em todo o estado que não haviam visto os anúncios originais nos jornais. Somente 27% dos questionários devolvidos resultaram dos anúncios nos classificados; o restante poderia ser rastreado por referências e referências de referências.[4]

No exemplo, os grupos iniciais de entrevistados foram contatados com uma técnica de seleção não-aleatória, mediante anúncios de classificados. Nesse caso, o procedimento foi mais eficiente do que a seleção aleatória. Em outros, a seleção aleatória de entrevistados por meio de técnicas de amostragem probabilística é mais apropriada.

TÉCNICAS DE AMOSTRAGEM PROBABILÍSTICA

As técnicas de amostragem probabilística variam em termos de eficiência de amostragem. Eficiência de amostragem é um conceito que reflete uma troca entre o custo e a precisão da amostragem. No entanto, os custos aumentam com uma melhora na precisão. A troca entra em jogo à medida que os pesquisadores equilibram a necessidade de maior precisão com custos mais altos de amostragem. A eficiência de uma técnica de amostragem probabilística pode ser avaliada comparando-a com uma amostragem aleatória simples (Figura 12.8).

Amostragem aleatória simples

Na **amostragem aleatória simples** (AAS) cada elemento na população tem uma probabilidade de seleção conhecida e idêntica. Além disso, cada amostra possível de um dado tamanho (n) tem uma probabilidade conhecida e idêntica de ser a amostra realmente escolhida. A dedução de um procedimento de amostragem aleatória é que cada elemento é selecionado independentemente de todos os outros.

Colocar os nomes em um recipiente, chacoalhá-lo e escolher os nomes por sorteio no estilo da loteria é um exemplo de procedimento de amostragem aleatória. Para tirar uma amostra aleatória simples, a estrutura da pesquisa é compilada atribuindo-se a cada elemento um número singular de identificação. Depois, números aleatórios, gerados graças a uma rotina de computador ou a uma tabela de números aleatórios (Tabela 1 no site deste livro), são usados para determinar qual elemento escolher.

Em levantamentos por telefone, a técnica de **discagem de dígitos aleatórios** (DDA) é muitas vezes usada para gerar uma amostra aleatória de números de telefone. A DDA consiste em escolher aleatoriamente os dez dígitos de um número de telefone (código de área, prefixo e número). Embora nessa amostragem se dê a todos os domicílios com telefones uma chance aproximadamente igual de serem incluídos na amostra, nem todos os números gerados dessa forma são ativos. Várias modificações já foram propostas para identificar e eliminar os números inativos. Isso faz com que o uso da AAS em levantamentos por telefone seja bastante atraente, como foi ilustrado no caso de abertura com a Gillette.

A AAS tem muitos benefícios. Ela é facilmente entendida e tenta produzir dados que são representativos de uma população-alvo. A maioria das abordagens de dedução estatística presume que a amostragem aleatória foi usada. No entanto, a AAS sofre no mínimo de quatro limitações significativas: (1) a construção de uma estrutura de amostragem para a AAS é difícil; (2) a AAS pode ser cara e consumir muito tempo porque a estrutura de amostragem pode ser espalhada por uma área geográfica muito grande; (3) a AAS muitas vezes resulta em baixa precisão, produzindo amostras com grande padrão de erro; e (4) amostras geradas por essa técnica podem não ser representativas da população-alvo, especialmente se o tamanho da amostra for pequeno. Apesar de as amostras tiradas representarem bem a população em geral, uma dada amostra aleatória simples pode representar de forma extremamente equivocada a população-alvo. Por essas

Figura 12.8 Técnicas de amostragem probabilística

```
                    Técnicas de amostragem probabilística
                                    |
        ----------------------------------------------------
        |               |                  |               |
   Amostragem      Amostragem         Amostragem       Amostragem
  aleatória simples  sistemática      estratificada     por grupo
```

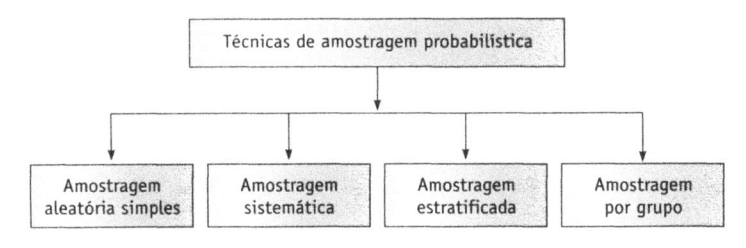

razões, a AAS não é amplamente usada na pesquisa de marketing. Procedimentos como a amostragem sistemática são mais populares.

Amostragem sistemática

Na **amostragem sistemática**, a amostra é escolhida selecionando-se um ponto de partida aleatório e depois escolhendo cada i elemento em sucessão da estrutura de amostragem. A freqüência com a qual os elementos são tirados, i, é chamada de intervalo de amostragem. Este é determinado ao se dividir o tamanho da população, N, pelo tamanho da amostra, n, arredondando para o número inteiro mais próximo. Por exemplo, suponha que haja 100 mil elementos na população e que seja desejada uma amostra de 1.000. Nesse caso, o intervalo de amostragem, i, é 100. Um número aleatório entre 1 e 100 é escolhido. Se, por exemplo, esse número for 23, a amostra consiste nos elementos 23, 123, 223, 323, 423, 523 e assim por diante.[5]

Os elementos da população usados na amostragem sistemática costumam ser organizados de alguma forma. Se a lista telefônica for usada como estrutura de amostragem, os elementos estarão organizados alfabeticamente. Em alguns casos, essa ordem pode estar relacionada a alguma característica de interesse do pesquisador. Por exemplo, clientes de cartões de crédito podem ser listados em ordem de saldo devedor, ou empresas de uma dada indústria podem ser classificadas de acordo com as vendas anuais. Quando os elementos da população são organizados de uma forma relacionada às características sob estudo, a amostragem sistemática pode produzir resultados bastante diferentes da AAS. A amostragem sistemática de uma lista de empresas industriais, organizadas em ordem ascendente por vendas, produzirá uma amostra que inclui empresas pequenas e grandes. Uma amostra aleatória simples pode ser menos representativa. Por exemplo, é possível que sejam tiradas apenas empresas pequenas ou um número desproporcional dessas empresas.

Por outro lado, quando as estruturas de amostragem são organizadas em um modelo cíclico, a amostragem sistemática tende a ser menos representativa. Como ilustração, considere o uso da amostragem sistemática para gerar uma amostra de vendas mensais de uma loja de departamentos de uma estrutura de amostragem que contenha vendas mensais para os últimos 60 meses. Se for escolhido um intervalo de amostragem de 12, a amostra resultante não refletirá a variação mês a mês das vendas.

A amostragem sistemática é menos custosa e mais fácil do que a AAS porque a seleção aleatória é feita apenas uma vez. Ela também pode ser aplicada sem o conhecimento da composição da estrutura de amostragem. Por exemplo, cada i pessoa que sair de uma loja de departamentos ou de um shopping pode ser abordada. Por essas razões, a amostragem sistemática é muitas vezes empregada em entrevistas pelo correio, por telefone e por abordagem em shoppings, como ilustra o exemplo a seguir.

Exemplo

A AMOSTRAGEM SISTEMÁTICA É UM ACE PARA A REVISTA *TENNIS*

A revista *Tennis* realizou um levantamento pelo correio de seus assinantes para obter uma melhor compreensão de seu mercado. Foi tirada uma amostragem sistemática da lista de assinantes para produzir uma amostra de 1.472 deles. A lista foi classificada de acordo com a duração da assinatura para garantir que tanto assinantes recentes quanto antigos fossem incluídos. Se supusermos que a lista de assinantes tinha 1.472.000 nomes, o intervalo de amostragem seria de 1.000 (1.472.000 / 1.472). Foi escolhido um ponto de partida entre 1 e 1.000. Suponha que tenha sido de 589. A amostra seria então coletada ao se selecionar cada 1.000^o assinante, ou seja, os assinantes número 589, 1.589, 2.589, 3.589 e assim por diante. A amostragem sistemática foi escolhida porque uma estrutura de amostragem estava convenientemente disponível e esse procedimento é mais fácil de implementar do que a AAS.

Um incentivo na forma de uma nota novinha de 1 dólar foi incluído no levantamento pelo correio para aumentar a participação no estudo. Os entrevistados receberam um cartão-postal de aviso uma semana antes do levantamento. Um segundo questionário de acompanhamento foi enviado para toda a amostra dez dias após o questionário inicial. Dos 1.472 questionários enviados, 76 foram devolvidos porque as pessoas haviam se mudado, portanto a postagem efetiva líquida foi de 1.396. Seis semanas após a primeira postagem, 778 questionários preenchidos já tinham sido devolvidos, rendendo um índice de resposta de 56%.[6]

Amostragem estratificada

A **amostragem estratificada** envolve um processo de amostragem em duas etapas, produzindo uma amostra probabilística em vez de uma amostra por conveniência ou por julgamento. Na primeira etapa, a população é dividida em subgrupos denominados camadas. Todo elemento da população deve ser distribuído para somente uma camada e nenhum elemento deve ser omitido. Na segunda etapa, os elementos de cada camada são então escolhidos de forma aleatória. De forma ideal, a AAS deve ser usada para escolher os elementos de cada camada. No entanto, na prática, a amostragem sistemática e outros procedimentos de amostragem probabilística podem ser usados.

Um dos principais objetivos da amostragem estratificada é aumentar a precisão sem elevar o custo. A população é dividida usando-se variáveis de estratificação. As camadas são formadas com base em quatro critérios: (1) homogeneidade; (2) heterogeneidade; (3) parentesco; e (4) custo. As seguintes diretrizes devem ser observadas:

- Os elementos nas camadas devem ser similares ou homogêneos.
- Elementos precisam ser diferentes ou heterogêneos entre as camadas.
- As variáveis de estratificação precisam ter alguma relação com a característica de interesse.
- O número de camadas normalmente varia entre duas e seis. Além de seis camadas, qualquer ganho em precisão é mais do que compensado pelo aumento em custos.

A estratificação oferece duas vantagens. A variação de amostragem é reduzida quando a pesquisa segue os critérios acima. Os custos de amostragem também podem ser reduzidos quando as variáveis de estratificação são escolhidas de tal forma que sejam fáceis de se medir e de se aplicar. Variáveis comumente usadas para estratificação incluem características demográficas, tipos de cliente, tamanho da empresa ou tipo de indústria. A amostragem estratificada melhora a precisão da AAS. Portanto, é uma técnica popular de amostragem, como mostra o levantamento para a BMW Série 5.

Exemplo

ESTRATIFICANDO O SUCESSO DA BMW SÉRIE 5

Uma pesquisa extensiva de mercado foi usada no design dos modelos recém-lançados da BMW Série 5. Quando foi realizado um levantamento entre os compradores de carros de luxo para projetar a preferência por aspectos específicos desse tipo de carro, usou-se a amostragem aleatória estratificada. Esse procedimento foi escolhido porque inclui todas as subpopulações importantes e resulta em boa precisão. As variáveis escolhidas para a estratificação foram idade e renda, ambas correlacionadas à compra de carros de luxo. Os resultados indicaram que os compradores de carros de luxo valorizam muito o desempenho, a dirigibilidade, a engenharia e, é claro, o luxo.

Com base nesse feedback, a Série 5 criou o conceito de um sedã de quatro portas que engloba desempenho, dirigibilidade fácil, engenharia ativa e passiva de segurança e luxo. Nos dois modelos para os Estados Unidos, o 528I de seis cilindros e o 540I de oito cilindros, o motor era maior, fornecendo mais torque para um desempenho com menos esforço. Pela primeira vez o controle automático de temperatura era padrão nos modelos da Série 5 oferecidos nos Estados Unidos. Havia inovações extensivas e novidades em virtualmente cada parte do veículo. Os resultados? Ambos os modelos foram um sucesso estrondoso.[7]

Amostragem por grupo

Na **amostragem por grupo**, primeiro a população-alvo é dividida em subpopulações mutuamente excludentes e coletivamente exaustivas, ou grupos. Depois uma amostra aleatória de grupos é escolhida com base em uma técnica de amostragem probabilística, como a AAS. Para cada grupo escolhido, todos os elementos são incluídos na amostra ou é tirada, de forma probabilística, uma amostra dos elementos. Se todos os elementos em cada grupo escolhido forem incluídos na amostra, o procedimento é chamado de amostragem por grupo de um estágio. Se for tirada uma amostra de elementos de forma probabilística de cada grupo selecionado, o procedimento é uma amostragem por grupo de dois estágios (Figura 12.9).

Existem várias diferenças-chave entre a amostragem por grupo e a estratificada. Elas estão resumidas na tabela a seguir.

AMOSTRAGEM POR GRUPO	AMOSTRAGEM ESTRATIFICADA
Apenas uma amostra das subpopulações (grupos) é selecionada para amostragem.	Todas as subpopulações (camadas) são selecionadas para amostragem.
Dentro de um grupo, os elementos devem ser diferentes (heterogêneos), ao passo que a homogeneidade ou a similaridade são mantidas entre os grupos diferentes.	Dentro de uma camada, os elementos devem ser homogêneos, com diferenças claras (heterogeneidade) entre as camadas.
Uma estrutura de amostragem é necessária somente para os grupos escolhidos para a amostra.	Uma estrutura completa de amostragem para todas as subpopulações estratificadas deve ser tirada.
Aumenta a eficiência da amostra ao se reduzir o custo.	Aumenta a precisão.

Uma forma comum de amostragem por grupo é a amostragem por área. A **amostragem por área** depende de agrupamentos baseados em áreas geográficas, como municípios, bairros ou quarteirões. A amostragem pode ser obtida usando um ou mais estágios. A de um único estágio envolve uma amostragem de todos os elementos dentro de um grupo específico. Por exemplo, se os quarteirões da cidade fossem usados como os grupos, então todos os domicílios dentro dos quarteirões selecionados seriam incluídos em uma amostragem de um único estágio. No caso de amostragem por grupo de dois estágios, uma amostra seria tirada de somente uma porcentagem dos domicílios dentro de cada quarteirão.

Figura 12.9 Tipos de amostragem por grupo

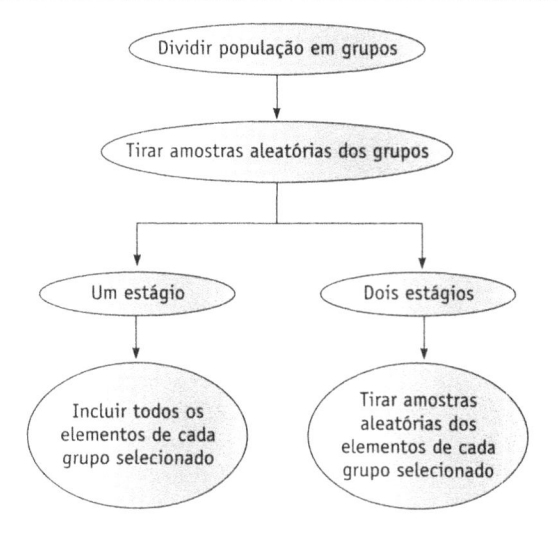

A amostragem por grupo tem duas grandes vantagens: a viabilidade e o baixo custo. Como as estruturas de amostragem estão freqüentemente disponíveis em termos de grupos em vez de elementos da população, essa técnica pode ser a única abordagem viável. Dados os recursos e as limitações do projeto de pesquisa, pode ser extremamente caro, talvez nem viável, compilar uma lista de todos os consumidores de uma população. No entanto, listas de áreas geográficas, de estações telefônicas e de outros grupos de consumidores podem ser elaboradas com relativa facilidade. É a técnica de amostragem probabilística mais eficaz em custo. Essa vantagem precisa ser ponderada contra várias limitações. A amostragem por grupo produz amostras imprecisas nas quais grupos distintos e heterogêneos são difíceis de formar. Por exemplo, domicílios em um quarteirão tendem a ser semelhantes em vez de o contrário. Pode ser difícil computar e interpretar estatísticas com base em grupos. Os pontos fortes e fracos da amostragem por grupo e as outras técnicas básicas de amostragem estão resumidos na Tabela 12.3.

Tabela 12.3 Pontos fortes e fracos das técnicas básicas de amostragem

TÉCNICA	PONTOS FORTES	PONTOS FRACOS
Amostragem não-probabilística		
Amostragem por conveniência	Menos cara, consome menos tempo, mais conveniente	Tendenciosidade de seleção, amostra não representativa, não recomendada para a pesquisa descritiva ou causal
Amostragem por julgamento	Não é cara, não consome muito tempo e é conveniente	Não permite a generalização, subjetiva
Amostragem por cota	Amostra pode ser controlada para certas características	Tendenciosidade de seleção, nenhuma garantia de representatividade
Amostragem autogerada	Consegue estimar características raras	Consome muito tempo
Amostragem probabilística		
Amostragem aleatória simples (AAS)	De fácil compreensão, resultados projetáveis	Difícil de construir a estrutura de amostragem, cara, baixa precisão, nenhuma garantia de representatividade
Amostragem sistemática	Pode aumentar a representatividade, mais fácil de implementar do que a AAS, estrutura de amostragem não é necessária	Pode diminuir a representatividade
Amostragem estratificada	Inclui todas as subpopulações importantes, precisão	Difícil de escolher variáveis relevantes de estratificação, não é viável estratificar com muitas variáveis, cara
Amostragem por grupo	Fácil de implementar, eficaz no custo	Imprecisa, difícil de computar e de interpretar os resultados

ESCOLHENDO A AMOSTRAGEM NÃO-PROBABILÍSTICA EM COMPARAÇÃO COM A PROBABILÍSTICA

A escolha entre amostras não-probabilísticas e probabilísticas é baseada em considerações como a natureza da pesquisa, a contribuição do erro pelo processo de amostragem em relação ao erro de não-amostragem, a variabilidade da população e as considerações estatísticas e operacionais (Tabela 12.4). Por exemplo, na pesquisa exploratória os resultados são tratados como preliminares, e o uso da amostragem probabilística pode não ser justificado. Por outro lado, na pesquisa conclusiva, em que o pesquisador deseja generalizar os resultados para a população-alvo, como na estimativa de participação no mercado, a amostragem probabilística é preferida. Amostras probabilísticas permitem uma projeção estatística dos resultados para uma população-alvo. Por essas razões, a Gillette decidiu usar a amostragem probabilística no caso de abertura.

Tabela 12.4 Escolhendo a amostragem não-probabilística em comparação com a probabilística

FATORES	CONDIÇÕES QUE FAVORECEM O USO DE	
	AMOSTRAGEM NÃO-PROBABILÍSTICA	AMOSTRAGEM PROBABILÍSTICA
Natureza da pesquisa	Exploratória	Conclusiva
Magnitude relativa dos erros de amostragem e de não-amostragem	Erros de não-amostragem são maiores	Erros de amostragem são maiores
Variabilidade da população	Homogênea (baixa)	Heterogênea (alta)
Considerações estatísticas	Desfavoráveis	Favoráveis
Considerações operacionais	Favoráveis	Desfavoráveis

Quando são necessários altos níveis de precisão de amostragem, como no caso em que são tomadas estimativas das características da população, a amostragem probabilística é preferida. Nessas situações, o pesquisador precisa eliminar a tendenciosidade de seleção e calcular o efeito do erro de amostragem. Para fazer isso, é necessária a amostragem probabilística. Mesmo com essa precisão adicional de amostragem, a amostragem probabilística nem sempre resultará em resultados mais precisos. Por exemplo, o erro de não-amostragem pode não ser controlado com a amostragem probabilística. Se esse erro vier a ser um problema, então técnicas de amostragem não-probabilística, como amostras por julgamento, podem ser preferíveis, permitindo maior controle do processo de amostragem.

Quando escolher entre técnicas de amostragem, o pesquisador também precisa considerar a similaridade ou a homogeneidade da população com respeito às características de interesse. Por exemplo, a amostragem probabilística é mais apropriada em populações altamente heterogêneas, nas quais se torna importante obter uma amostra representativa. A amostragem probabilística também é preferível de um ponto de vista estatístico, uma vez que é a base para as técnicas estatísticas mais comuns.

Embora a amostragem probabilística tenha muitas vantagens, ela é sofisticada e requer pesquisadores treinados em estatística. Geralmente custa mais e leva mais tempo do que a amostragem não-probabilística. Em muitos projetos de pesquisa de marketing, é difícil justificar o tempo e o dispêndio adicional. Portanto, na prática os objetivos do estudo ditam qual método de amostragem será usado, como mostra o exemplo a seguir.

Exemplo

O CHARME ENCANTADOR DO ALLURE

A Chanel, Inc. queria lançar uma grande fragrância em lojas de departamentos e de especialidades que atingiria e sustentaria ao menos o volume de vendas do Chanel nº 5. A população-alvo foi definida como sendo de mulheres acima dos 18 anos que apreciariam uma fragrância singular e de ampla aceitação. Ao se realizar um levantamento para determinar as preferências de mulheres por perfumes, um plano de amostragem não-probabilística que usava a amostragem por cota foi adotado junto com entrevistas de abordagem em shoppings. Foram atribuídas cotas para idade, renda e estado civil. Um plano de amostragem não-probabilística foi escolhido porque o objetivo principal dessa pesquisa exploratória era qualitativo: compreender do que era composta uma fragrância desejável e clássica, porém contemporânea, que as mulheres optariam por usar.

Os resultados do levantamento indicaram uma forte preferência por um perfume que fosse refrescante, limpo, acolhedor e sexy. Além disso, as mulheres estavam procurando um perfume que fosse capaz de permitir que elas se expressassem de forma singular. Com base nessas descobertas, a empresa lançou o Allure, com uma fragrância singular e inovadora criada pelo perfumista Sacques Polge, da Chanel – embalado em uma caixinha bege com assinatura e um frasco fino. Diversidade e individualidade foram comunicadas de forma bem-sucedida por meio de anúncios de imagens múltiplas em uma campanha revolucionária tanto impressa quanto na TV. Os anúncios retratavam muitas mulheres diferentes; porque cada uma expressa o Allure à própria maneira. Após o lançamento, o Allure obteve uma classificação entre os dez mais vendidos nas principais contas do varejo e um volume de vendas equivalente ao Chanel nº 5. O sucesso do Allure pode ser atribuído em grande parte aos procedimentos de amostragem cuidadosamente elaborados que resultaram em importantes descobertas de pesquisa, de acordo com as quais o novo perfume foi desenvolvido e comercializado.[8]

AMOSTRAGEM EM PESQUISA POLÍTICA: UM EXEMPLO DO CASO BRASILEIRO

Um exemplo bastante representativo de plano de seleção amostral no Brasil é o da amostragem em **pesquisa política**.

Com sua extensão e heterogeneidade demográfica e sociocultural, o Brasil representa um desafio para quem deseja construir amostras cientificamente representativas de seu eleitorado.

Um reflexo dessas características tão variadas é notado, por exemplo, no tamanho das amostras utilizadas nas pesquisas: enquanto nos Estados Unidos, na Inglaterra e na Espanha, somente para citar alguns casos, são elaboradas amostras do contingente eleitoral com 1.200 a 2.000 componentes, no Brasil esse valor normalmente é maior do que 3.600 pessoas, no caso das amostras dos grandes institutos de pesquisa.

Quanto à escolha dos participantes, os principais institutos seguem basicamente o fluxograma apresentado na Figura 12.10.

Pelo fluxograma apresentado, nota-se que a estratificação considera como característica básica o tamanho do eleitorado presente em cada subdivisão geográfica utilizada no processo (regiões, microrregiões, capitais e regiões metropolitanas, municípios, setores censitários, ruas e residências).

São empregadas técnicas de amostragem probabilística e não-probabilística. Por exemplo, na seleção das microrregiões e dos municípios, utiliza-se amostragem probabilística aleatória por conglomerados (grupos) e amostragem sistemática. Já no caso das capitais e regiões metropolitanas, a amostragem é intencional, uma vez que nessas cidades ocorre grande concentração de formadores de opinião e grande representatividade de segmentos populacionais. Também ocorre amostragem não-probabilística por cotas na divisão das entrevistas na rua e nos domicílios dos setores censitários.

Figura 12.10 Fluxograma da escolha dos participantes de pesquisas políticas.

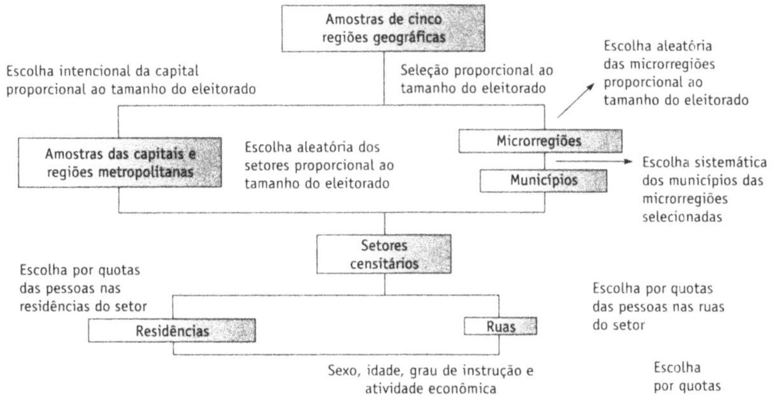

Os setores censitários, por sua vez, necessitam ser constantemente atualizados em vista da dinâmica das cidades (migrações internas, novos bairros ou ocupações territoriais, mudanças nos padrões socioeconômicos etc.).

Também as variáveis empregadas para a seleção final dos eleitores precisam ser constantemente observadas quanto a sua representatividade no sentido de caracterizar a opinião do eleitorado. Por exemplo, a variável sexo do eleitor, embora ainda seja um fator de discriminação, tem hoje menores diferenças nas respostas às questões dadas por homens e mulheres do que há uma década.

ILUSTRAÇÃO RESUMIDA USANDO O CASO DE ABERTURA

No levantamento para o antitranspirante/desodorante Clear Stick da Gillette, a população-alvo foi definida como sendo de homens chefes de família. Dado o grande tamanho da população-alvo e as limitações de tempo e dinheiro, a empresa decidiu tirar uma amostra em vez de fazer um censo. A unidade de amostragem foram os domicílios, e o elemento de amostragem, ou os entrevistados, foram os homens chefes de família. A estrutura de amostragem consistiu em números de telefone de todos os domicílios nos Estados Unidos, gerados aleatoriamente por programas eficientes de computador. Os pesquisadores escolheram a amostragem probabilística porque os resultados tinham de ser generalizados, ou seja, projetáveis para todos os homens chefes de família. A técnica de amostragem aleatória simples foi a preferida porque programas eficientes de computador estavam disponíveis para gerar números residenciais de telefone aleatoriamente e minimizar o desperdício decorrente de números não existentes. Os entrevistados foram recrutados por telefone mediante promessa de incentivo monetário e depois o pacote do questionário do levantamento lhes foi enviado pelo correio, junto com uma amostra do novo desodorante em bastão transparente. Assim, a amostragem aleatória simples foi usada para escolher 1.000 domicílios. Esse tamanho de amostra foi selecionado com base nas considerações qualitativas, como a importância da decisão, a natureza da pesquisa, as limitações de recursos e os tamanhos de amostras usados em estudos similares realizados pela Gillette.

PESQUISA DE MARKETING E TQM

Empresas que buscam realçar o valor do cliente devem implementar conceitos de amostragem, da definição da população-alvo à seleção de uma técnica específica de amostragem, ao levar em conta os objetivos específicos da pesquisa. Se a Levi Strauss quisesse avaliar a satisfação do cliente com relação a seus jeans, a população-alvo deveria ser definida como sendo de usuários de jeans Levi. Os não-usuários, até os de outras marcas, como Lee, Wrangler, Guess? etc., teriam de ser excluídos.

Da mesma forma, o método de amostragem deve se encaixar nas metas de pesquisa. A amostragem não-probabilística permite a pesquisa exploratória de questões relacionadas à qualidade e ao valor, mas não uma projeção confiável para a população. Com amostragem probabilística, os resultados podem ser projetados para a população com precisão conhecida e pode-se tirar conclusões sobre questões de qualidade e de valor. A amostragem aleatória estratificada pode ser atraente se, como no caso dos jeans, o uso variar com características demográficas conhecidas. Por outro lado, se uma estrutura adequada de amostragem estiver disponível internamente, como uma lista completa, a amostragem aleatória simples tem grande apelo.

PESQUISA DE MARKETING INTERNACIONAL

A implementação do processo do modelo de amostragem na pesquisa de marketing internacional raramente é uma tarefa fácil. Vários fatores devem ser considerados na definição da população-alvo. A identificação e o acesso aos elementos relevantes de amostragem podem variar muito entre os países. Além disso, uma estrutura confiável de amostragem pode não estar disponível. Em muitos estudos, o pesquisador está interessado em analisar a atitude e o comportamento do tomador de decisões. No entanto, o indivíduo responsável por tomar ou influenciar as decisões pode variar nos países. Por exemplo, nos Estados Unidos as crianças têm papel importante na escolha de cereais matinais. Porém, em países com práticas autoritárias de criação de filhos, a mãe pode ser a tomadora dominante de decisões. Para um pesquisador internacional, isso significa que a mãe, em vez da criança, seria o elemento de amostragem de interesse. Talvez seja necessário fazer a identificação do tomador de decisões e do entrevistado relevante de país para país.

A elaboração de uma estrutura apropriada de amostragem também é uma tarefa difícil. Nos Estados Unidos, o pesquisador pode depender de dados do Censo do governo ou de listas comercialmente disponíveis para suas estruturas de amostragem. No entanto, esses tipos de dados secundários de alta qualidade muitas vezes não estão disponíveis nos mercados internacionais. Dados do governo em muitos países em desenvolvimento podem não estar disponíveis ou ser muito tendenciosos. Listas populacionais podem não estar disponíveis comercialmente. Por exemplo, não existem eleições na Arábia Saudita e não há nenhum censo oficialmente reconhecido da população. Assim, não há registro de títulos de eleitor ou de mapas precisos dos centros populacionais. O tempo e o dinheiro necessários para compilar essas informações podem ser proibitivos. Técnicas alternativas de amostragem, como instruir o entrevistador a começar em pontos de partida especificados e a tirar uma amostra de cada *n* residência, podem ser usadas até se conseguir o número especificado de unidades para a amostra.

Dada a falta de estruturas adequadas de amostragem, a inacessibilidade de certos entrevistados, como as mulheres em algumas culturas, e o domínio de entrevistas pessoais sobre outros métodos de levantamento, as técnicas de amostragem probabilística são incomuns na pesquisa de marketing internacional. Essas limitações levam a uma dependência pela amostragem por cota para os levantamentos do consumidor e das indústrias.

Técnicas e procedimentos de amostragem variam na precisão, na confiabilidade e no custo de país para país. Se os mesmos procedimentos de amostragem forem usados em países diferentes, os resultados podem não ser comparáveis.[9] Para obter comparabilidade na composição e na representatividade da amostra, poderá ser aconselhável usar técnicas distintas de amostragem em cada país.

APLICAÇÕES NA INTERNET

Tirar amostras de entrevistados em potencial que estão surfando na Internet tem fundamento se a amostra gerada for representativa da população-alvo. Há cada vez mais indústrias atendendo a esse critério. Em software, computadores, redes, edição técnica, semicondutores e ensino de pós-graduação está ficando rapidamente viável usar a Internet para obter amostras de entrevistados para a pesquisa quantitativa, como levantamentos. Para levantamentos de clientes internos, em que os funcionários do cliente compartilham um sistema de correio eletrônico na empresa, um levantamento de intranet mostra-se prático mesmo se os funcionários não tiverem acesso à Internet externa. No entanto, a amostragem na Internet ainda não é prática para muitos produtos de consumo não voltados para o computador.

Para evitar erros de amostragem, o pesquisador precisa ser capaz de controlar o grupo no qual os entrevistados são escolhidos. Também é preciso garantir que os entrevistados não respondam a mais de uma vez. Esses requisitos são satisfeitos usando-se levantamentos por correio eletrônico, em que o pesquisador escolhe entrevistados específicos. Além do mais, os levantamentos podem ser codificados para combinar com os levantamentos devolvidos por meio do endereço eletrônico de saída. Isso também pode ser realizado com levantamentos na Web, enviando convites pelo correio eletrônico a entrevistados selecionados e solicitando que visitem o site no qual o levantamento está postado. Dessa forma, o levantamento é postado em algum local escondido na Web, protegido por uma senha. Assim, surfistas não convidados não têm condições de acessá-lo.

Técnicas de amostragem não-probabilísticas e probabilísticas podem ser implementadas na Internet. Além disso, os entrevistados podem ser pré-recrutados ou recrutados on-line enquanto surfam na rede. Os visitantes recrutados para um site na Web é um exemplo de amostragem por conveniência. Com base no julgamento do pesquisador, certos critérios de qualificação podem ser introduzidos para fazer uma triagem dos entrevistados. Até cotas podem ser impostas.

Da mesma forma, a amostragem aleatória simples é comumente usada. Várias outras formas de amostragem probabilística podem ser implementadas, como a amostragem aleatória sistemática, com relativa facilidade.

Ademais, a Internet pode ser utilizada para classificar e acessar amostras geradas por fornecedores de pesquisa de marketing.

Resumo

Pesquisadores podem obter informações sobre as características de uma população ao realizar uma amostra ou um censo. Amostras tendem a ser preferidas por causa de limitações orçamentárias ou de tempo, tamanho das populações e pequenas variações nas características de interesse. A amostragem também é preferida quando o custo do erro de amostragem é baixo, o custo do erro de não-amostragem é alto, a natureza da mensuração é destrutiva e a atenção precisa ser concentrada nos casos individuais. As condições opostas favorecem o uso de um censo.

A elaboração da amostragem começa ao se definir a população-alvo em termos de elementos, unidades de amostragem, extensão e tempo. Daí se determina a estrutura de amostragem, que é uma lista dos elementos da população-alvo. Instruções para a construção da estrutura de amostragem também podem ser incluídas. Técnicas de amostragem são aplicadas à estrutura para elaborar a amostra eventual. O tamanho da amostra é determinado com base nas considerações quantitativas e qualitativas. Finalmente, a execução do processo de amostragem requer especificações detalhadas para cada etapa do processo.

As técnicas de amostragem podem ser classificadas em técnicas não-probabilísticas e probabilísticas. As de amostragem não-probabilística dependem do julgamento do pesquisador. Conseqüentemente, elas não permitem uma avaliação objetiva da precisão dos resultados da amostra, e as estimativas obtidas não são estatisticamente projetáveis para a população. As técnicas de amostragem não-probabilística mais comumente usadas incluem a amostragem por conveniência, por julgamento, por cota e autogerada.

Nas técnicas de amostragem probabilística, as unidades de amostragem são escolhidas ao acaso. Cada unidade de amostragem tem uma chance não-zero de ser escolhida, e o pesquisador pode pré-especificar cada amostra em potencial de um dado tamanho que poderia ser tirada da população, assim como a probabilidade de selecionar cada amostra. Também é possível determinar a precisão das estimativas e das conclusões da amostra e fazer projeções para a população-alvo. As técnicas de amostragem probabilística incluem a amostragem aleatória simples, a amostragem sistemática, a amostragem estratificada e a amostragem por grupo. A escolha entre a amostragem probabilística e não-probabilística deve ser baseada na natureza da pesquisa, no grau de tolerância de erro, na relativa magnitude de erros de amostragem e de não-amostragem, na variabilidade da população e nas considerações estatísticas e operacionais.

Empresas que se concentram no valor do cliente adotam procedimentos e técnicas apropriados de amostragem quando coletam dados para iniciativas de qualidade. Ao conduzir pesquisa de marketing internacional, é desejável obter comparabilidade na composição e na representatividade da amostra, embora isso possa requerer o uso de técnicas diferentes de amostragem em países diferentes. Vários programas de computador estão disponíveis para a implementação de planos de amostragem não-probabilística e probabilística. É antiético e enganoso tratar amostras não-probabilísticas como amostras probabilísticas e projetar os resultados para uma população-alvo. Técnicas de amostragem não-probabilística e probabilística podem ser implementadas na Internet, com os entrevistados sendo pré-recrutados ou recrutados on-line.

Exercícios

1. Qual é a principal diferença entre uma amostra e um censo?
2. Sob quais condições uma amostra é preferível a um censo? E um censo é preferível a uma amostra?
3. Descreva o processo de elaboração de amostragem.
4. Como deve ser definida a população-alvo?
5. O que é uma unidade de amostragem? Em que ela difere do elemento da população?
6. Quais fatores qualitativos devem ser considerados para determinar o tamanho da amostra?
7. Como as técnicas de amostragem probabilística diferem das técnicas de amostragem não-probabilística?
8. Qual é a técnica de amostragem menos cara e que consome menos tempo? Quais são as principais limitações dessa técnica?
9. Qual é a principal diferença entre a amostragem por julgamento e a amostragem por conveniência?
10. Qual é a relação entre amostragem por cota e amostragem por julgamento?
11. Quais são as características distintivas da amostragem aleatória simples?
12. Descreva o procedimento para escolher uma amostra aleatória sistemática.
13. Descreva a amostragem estratificada. Quais são os critérios para seleção das variáveis de estratificação?
14. Descreva o procedimento de amostragem por grupo. Qual é a principal distinção entre amostragem por grupo e amostragem estratificada?
15. Quais fatores devem ser considerados na escolha entre amostragem não-probabilística e probabilística?

Problemas

1. Defina a população-alvo apropriada e a estrutura de amostragem em cada uma das seguintes situações:
   a. O fabricante de uma nova marca de cereal matinal quer realizar testes de consumo do produto nos domicílios de uma grande cidade.
   b. Uma rede nacional quer determinar o comportamento de compra de clientes que têm cartão de crédito da loja.
   c. Uma estação local de TV quer determinar o hábito de audiência e a preferência de programação.
2. Um fabricante gostaria de pesquisar usuários para determinar o potencial de demanda por uma nova prensa. A prensa tem uma capacidade de 500 toneladas e custa 225 mil dólares. Ela é usada para formar produtos de aço leve e pesado e pode ser empregada por fabricantes de automóveis, de equipamento de construção e de eletrodomésticos grandes.
   a. Identifique a população e a estrutura de amostragem que poderiam ser usadas.
   b. Descreva como uma amostra aleatória simples pode ser tirada com a estrutura de amostragem identificada.
   c. Uma amostra estratificada poderia ser usada? Em caso positivo, como?
   d. Uma amostra por grupo poderia ser usada? Em caso positivo, como?
   e. Qual técnica de amostragem que você recomendaria? Por quê?

Notas

1. Baseado em Judy Newman, "Newell rubbermaid buys pen plant in Janesville; Gillette decides to sell its stationery division to focus on it's more successful line of grooming products", *Madison Newspaper*, 23 ago. 2000, p. 1E; Alice Naude, "Men's toiletries in a new age", *Chemical Market Reporter*, 257, 19, 8 maio 2000, p. FR20-FR21; Martin Croft, "Men's toiletries come of age", *Marketing News*, 22916, 20 maio 1999, p. 40-41, e "Edison, American Marketing Association, Best New Products Awards", *Marketing News*, 31, 6, 17 mar. 1997.
2. Carol O. Rogers, "Census 2000 update", *Indiana Business Review*, 75, 1, primavera 2000, p. 12, e "Just a traditional census", *U.S. News & World Report*, 29 jul. 1991, p. 10.

3. Para o efeito de erro na estrutura da amostragem nos resultados da pesquisa, veja Seymour Sudman e Edward Blair, "Sampling in the twenty-first century", *Journal of the Academy of Marketing Science*, 27, 2, primavera 1999, p. 269-277, e Wayne Smith, Paul Mitchell, Karin Attebo e Stephen Leeder, "Selection bias from sampling frames: telephone directory and electoral roll compared with door-to-door population census: results from the blue mountain eye study", *Australian & New Zealand Journal of Public Health*, 21, 2, abr. 1997, p. 127-133.
4. Gary T. Henry, *Practical sampling*. Thousand Oaks, CA: Sage Publications, 1995, e Raymond F. Barker, "A demographic profile of marketing research interviewers", *Journal of the Market Research Society*, jul. 1987, p. 279-292.
5. Quando o intervalo da amostragem, i, não é um número inteiro, a solução mais fácil é usar como intervalo o número inteiro mais próximo, acima ou abaixo de i. Se o arredondamento tiver um grande efeito no tamanho da amostra, adicione ou subtraia os casos extras.
6. Lisa Granatstein, "Tennis moves to net readers", *Mediaweek*, 8, 44, 23 nov. 1998, p. 32, e "Readership survey serves tennis magazine's marketing needs", *Quirk's Marketing Research Review*, maio 1998, p. 75-76.
7. Baseado em David Welch, "Luxury cars get even more so; and price tags go up accordingly. here are autos that will draw all the envious glance you could ant", *Business Week*, 3678, 24 abr. 2000, p. 180, e "Edison, American Marketing Association, Best New Products Awards", *Marketing News*, 31, 6, 17 mar. 1997, p. E4.
8. Baseado em "Teens fragrances flourish", *Global Cosmetic Industry*, 166, 2, fev. 2000, p. 44, e "Edison, American Marketing Association, Best New Products Awards", *Marketing News*, 31, 6, 17 mar., 1997, p. E4.
9. Para o uso de técnicas de amostragem não probabilísticas e probabilísticas em pesquisas entre as culturas, veja Thomas Miller, "Cultural affinity, personal values factors in marketing", *Marketing News*, 33, 17, 16 ago. 1999, p. H22-H23; Humphrey Taylor, "The very different methods used to conduct telephone surveys of the public", *Journal of the Market Research Society*, 39, 3, jul. 1997, p. 421-432, e Saeed Samiee e Insik Jeong, "Cross-cultural research in advertising: an assessment of methodologies", *Journal of the Academy of Marketing Science*, 22, verão 1994, p. 205-215.

CAPÍTULO 13

Amostragem: Determinação do Tamanho Final e Inicial da Amostra

Neste capítulo abordamos as seguintes questões:

1. Quais conceitos-chave e símbolos são pertinentes à amostragem?
2. Como a distribuição da amostra, a inferência estatística e o erro-padrão são relevantes para a amostragem?
3. Qual é a abordagem estatística para determinar o tamanho da amostra com base em amostragem aleatória simples e na construção de intervalos de confiança?
4. Como podemos derivar as fórmulas para determinar, estatisticamente, o tamanho da amostra a fim de estimar as médias e as proporções?
5. Como o tamanho da amostra deve ser ajustado para considerar as taxas de incidência e de conclusão?
6. Os conceitos estatísticos de amostragem têm um papel na gestão da qualidade total?
7. Por que é difícil determinar estatisticamente o tamanho da amostra na pesquisa de marketing internacional?
8. Quais questões éticas se relacionam com a determinação do tamanho da amostra, especialmente a estimativa da variância da população?

AVALIANDO O PROBLEMA DO TAMANHO DA AMOSTRA

Um artigo no *Chicago Tribune* sugeriu que, assim como a televisão havia reduzido o público do cinema e do rádio, os serviços on-line reduziriam o público da televisão. Para apoiar essa alegação, o autor ofereceu dados de pesquisa sobre a America Online que mostraram que os usuários da Internet assistem menos à TV do que a média dos domicílios nos Estados Unidos. Um executivo da empresa de pesquisa que realizou o levantamento disse: "Não importa por que as pessoas assistem menos à televisão. O que importa é que elas o façam".

Os leitores em geral e os que trabalham com negócios podem ler esse artigo e ficar com a idéia de que, sem dúvida, o uso cada vez maior da Internet está diretamente relacionado com a queda na audiência da televisão. É possível imaginar o burburinho dessas discussões nas mesas de café-da-manhã, em torno do bebedouro ou nas caronas entre os colegas: "Sabe, acabei de ler no jornal hoje de manhã que...".

Um leitor mais cético questionaria grande parte dos resultados do levantamento e de suas aplicações às preferências de mídia do consumidor diário. Um exame mais profundo do relatório revela que o tamanho da amostra compreendia apenas 262 membros dos 30 milhões de assinantes de serviços on-line. Isso basta para atenuar o erro de amostragem aleatória? Essa amostra é suficientemente grande para gerar essas alegações audaciosas sobre a audiência televisiva? Para tomar decisões e estabelecer políticas e estratégias? O nível de confiança – o nível de certeza – não é relatado, apenas a margem de erro de 'provavelmente' 5 pontos percentuais. Foi mesmo de 5? Quão confiantes estamos de que essa conclusão seja precisa? Qual é o nível de confiança e qual é o intervalo de confiança – a amplitude que provavelmente conterá o verdadeiro parâmetro da população? Além disso, a taxa de conclusão não foi mencionada. Sem considerar as especificações apropriadas de amostragem, não é recomendável tirar conclusões da amostra sobre a população. Assim, com base nesse estudo, não é apropriado concluir que os usuários de serviços on-line, em geral, assistem menos à televisão.[1]

VISÃO GERAL

No Capítulo 12 consideramos o papel da amostragem na formulação do modelo de pesquisa, descrevemos o processo de amostragem e apresentamos as várias técnicas de amostragem não-probabilística e probabilística. Este capítulo se concentra na determinação do tamanho da amostra em uma amostragem aleatória simples. A Figura 13.1 explica resumidamente o foco do capítulo, a relação com os anteriores e a etapa do processo de pesquisa de marketing em que ele se concentra.

O caso de abertura ilustra a importância de determinar estatisticamente o tamanho da amostra e o erro de amostragem aleatória antes de generalizar os resultados da amostra para a população. Para poder entender e apreciar essas questões, definimos vários conceitos e símbolos, e discutimos as propriedades da distribuição de amostragem. Em seguida, descrevemos as abordagens estatísticas para a determinação do tamanho da amostra com base nos intervalos de confiança. Apresentamos as fórmulas para calcular o tamanho da amostra com essas abordagens e ilustramos seus usos.

O tamanho da amostra determinado estatisticamente é o tamanho final, ou líquido, da amostra que representa um número de entrevistas ou de observações que precisam ser completadas. Por exemplo, um tamanho de amostra de 1.000 para um levantamento por telefone significa que os entrevistadores precisam completar 1.000 entrevistas. No entanto, para se obter esse tamanho final da amostra, um número muito maior de entrevistados em potencial terá de ser contatado inicialmente. Assim, para completar 1.000 entre-

Figura 13.1 Relação da determinação do tamanho da amostra com os capítulos anteriores e com o processo de pesquisa de marketing

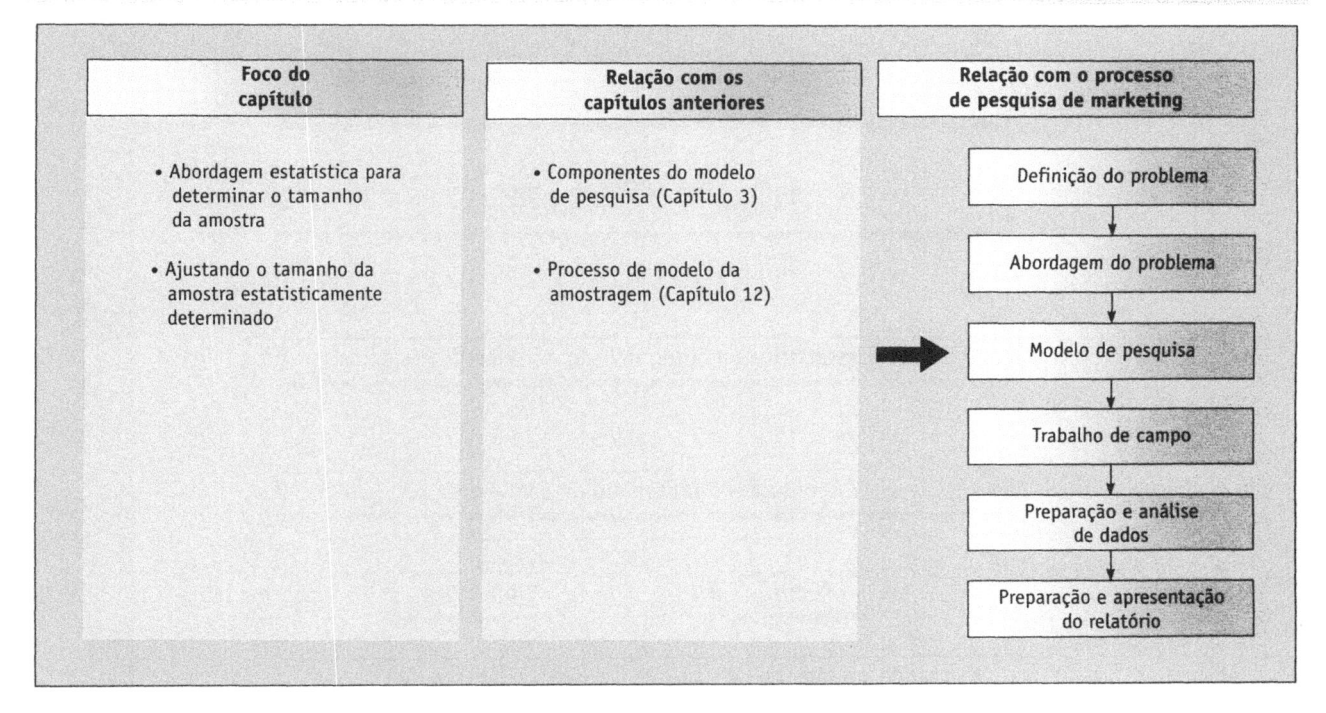

Foco do capítulo	Relação com os capítulos anteriores	Relação com o processo de pesquisa de marketing
• Abordagem estatística para determinar o tamanho da amostra • Ajustando o tamanho da amostra estatisticamente determinado	• Componentes do modelo de pesquisa (Capítulo 3) • Processo de modelo da amostragem (Capítulo 12)	Definição do problema → Abordagem do problema → **Modelo de pesquisa** → Trabalho de campo → Preparação e análise de dados → Preparação e apresentação do relatório

vistas pode ser que seja necessário contatar aproximadamente 3.000 entrevistados, uma vez que apenas alguns dos entrevistados em potencial se qualificam para participar; isto é, a taxa de incidência é geralmente menos de 100%. Além disso, alguns daqueles que se qualificam recusam-se a participar do levantamento ou a completá-lo; a taxa de conclusão é de menos de 100%. Este capítulo descreve os ajustes que precisam ser feitos no tamanho da amostra estatisticamente determinada para considerar as taxas de incidência e de conclusão e para calcular o tamanho inicial da amostra. Também discute o papel do tamanho da amostra na gestão da qualidade, a dificuldade de determinar estatisticamente o tamanho da amostra na pesquisa de marketing internacional e as questões éticas relevantes. A Figura 13.2 proporciona uma visão geral dos tópicos discutidos neste capítulo e como eles fluem de um capítulo para outro.

A determinação estatística do tamanho da amostra requer conhecimento da distribuição normal e do uso das tabelas de probabilidades normais. A **distribuição normal** tem o formato de um sino e é simétrica. Suas média, mediana e moda são idênticas (Capítulo 15). Você deve rever os livros didáticos de seu curso de estatística. Começamos com algumas definições e símbolos básicos.

DEFINIÇÕES E SÍMBOLOS

Os conceitos estatísticos usados na determinação do tamanho da amostra são definidos na seguinte lista.

Parâmetro: descrição resumida de uma característica fixa ou medida da população-alvo. Um parâmetro denota o valor verdadeiro que seria obtido se fosse empreendido um censo (estudo da população completa) em vez de uma amostra simples.

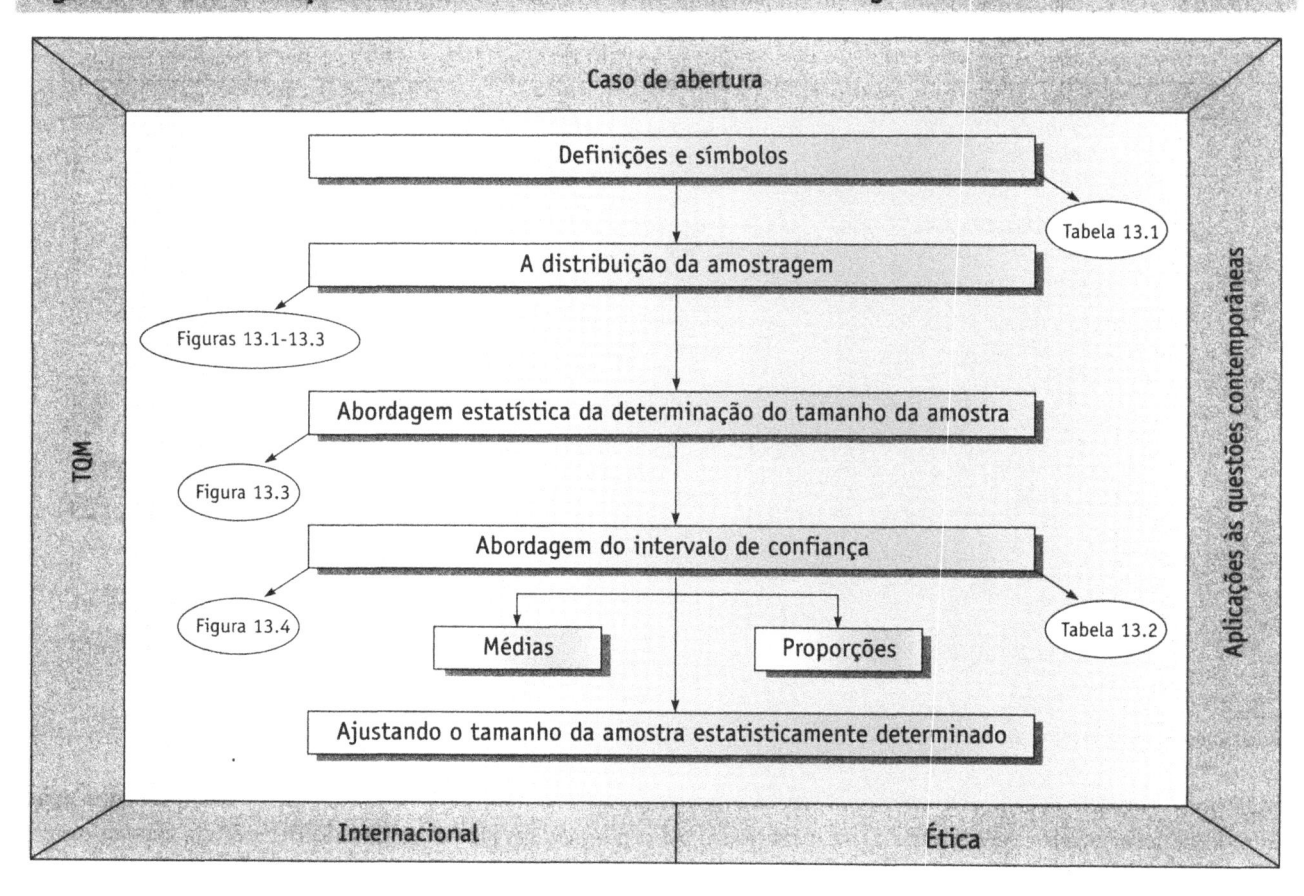

Figura 13.2 Determinação do tamanho final e inicial da amostra: visão geral

- Caso de abertura
- Definições e símbolos → Tabela 13.1
- A distribuição da amostragem
- Figuras 13.1-13.3
- Abordagem estatística da determinação do tamanho da amostra
- Figura 13.3
- Abordagem do intervalo de confiança
- Figura 13.4
- Médias
- Proporções
- Tabela 13.2
- Ajustando o tamanho da amostra estatisticamente determinado
- TQM
- Aplicações às questões contemporâneas
- Internacional
- Ética

Tabela 13.1 Símbolos para as variáveis de população e amostra

VARIÁVEL	POPULAÇÃO	AMOSTRA
Média	μ	$\overline{X}$
Proporção	π	P
Variância	σ^2	s^2
Desvio-padrão	σ	s
Tamanho	N	n
Erro-padrão da média	$\sigma_{\bar{x}}$	$S_{\bar{x}}$
Erro-padrão da proporção	σ_p	S_p
Variável padronizada (z)	$\dfrac{X-\mu}{\sigma}$	$\dfrac{X-\overline{X}}{s}$

Estatística: descrição resumida de uma característica ou de uma medida da amostra. A estatística da amostra é usada como estimativa do parâmetro da população.

Nível de precisão: quando se estima o parâmetro de uma população usando uma estatística da amostra, o nível de precisão é o tamanho desejado do intervalo estimativo. Essa é a diferença máxima permitida entre a estatística da amostra e o parâmetro da população.

Intervalo de confiança: a amplitude em que o verdadeiro parâmetro da população se encaixará, presumindo um dado nível de confiança.

Nível de confiança: a probabilidade de que um intervalo de confiança incluirá o parâmetro da população.

Erro de amostragem aleatória: o erro que resulta quando a amostra específica selecionada é uma representação imperfeita da população de interesse (Capítulo 3). Vale notar que isso é diferente do erro aleatório na medição discutido no Capítulo 10.

Os símbolos usados na notação estatística para descrever as características da população e da amostra estão resumidos na Tabela 13.1.

DISTRIBUIÇÃO DA AMOSTRAGEM

A **distribuição da amostragem** é a repartição dos valores de uma estatística de amostras, por exemplo, a média de amostras. Esses valores são computados para cada amostra possível de um certo tamanho. De um plano de amostragem especificado é possível tirar várias amostras diferentes de um certo tamanho da população-alvo.[2] A distribuição da amostra não deve ser confundida com a distribuição dos valores dos elementos em uma amostra. Suponha que uma amostra aleatória simples de cinco siderúrgicas seja tirada de um conjunto de 20 siderúrgicas. Existem $(20 \times 19 \times 18 \times 17 \times 16)/(1 \times 2 \times 3 \times 4 \times 5)$ 15.504 amostras diferentes de cinco siderúrgicas que podem ser tiradas desse conjunto. Se os valores das médias associadas essas 15.504 amostras fossem agrupados, eles formariam a distribuição de amostragem da média.

Várias amostras diferentes de cinco siderúrgicas podem ser retiradas de um conjunto de 20 siderúrgicas

Uma tarefa importante na pesquisa de marketing é calcular as estatísticas, como a média e a proporção de amostras, e depois usá-las para estimar os valores correspondentes da verdadeira população. Esse processo de generalização dos resultados das amostras para os resultados da população é conhecido como **inferência estatística**. Na prática, uma amostra única de tamanho predeterminado é selecionada e as estatísticas das amostras (como as médias e as proporções) são computadas. Estas tornam-se a base para fazer inferências sobre os valores da população. Esse processo é possível porque a distribuição da amostragem nos possibilita o uso da teoria da probabilidade para fazer inferências sobre os valores da população.

Descreveremos agora as propriedades importantes da distribuição de amostragem da média e as propriedades correspondentes para a proporção para amostras grandes (30 ou mais). A Tabela 13.1 contém uma definição dos símbolos usados nas fórmulas.

1. A distribuição de amostragem da média é uma distribuição normal. Estritamente falando, a distribuição de amostragem de uma proporção é um binômio que se aproxima da distribuição normal em grandes amostras ($n = 30$ ou mais).

2. O meio (a média) da distribuição de amostragem da média ($\overline{X} = \left(\sum_{i=1}^{n} X_i\right)/n$) ou da proporção ($p$) é igual ao valor do parâmetro da população correspondente, μ ou π, respectivamente.

3. O desvio-padrão da distribuição da amostragem é chamado de **erro-padrão** da média ou da proporção. Essa distinção é feita para esclarecer que estamos falando sobre a distribuição da amostragem da média ou da proporção, não sobre a distribuição de elementos em uma amostra ou uma população.

A fórmula de erro para a média é:

$$\sigma_{\bar{x}} = \frac{\sigma}{\sqrt{n}}$$

A fórmula de erro para a proporção é:

$$\sigma_p = \sqrt{\frac{\pi(1-\pi)}{n}}$$

4. Geralmente o desvio-padrão da população, σ, não é conhecido. Nesses casos, ele pode ser estimado a partir da amostra, com a seguinte fórmula:

$$s = \sqrt{\frac{\sum_{i=1}^{n}(X_i - \overline{X})^2}{n-1}}$$

ou

$$s = \sqrt{\frac{\sum_{i=1}^{n} X_i^2 - \frac{\left(\sum_{i=1}^{n} X_i\right)^2}{n}}{n-1}}$$

Nos casos em que σ é estimado pelo s, o erro-padrão da média passa a ser

$$\text{est. } \sigma_{\overline{X}} = \frac{s}{\sqrt{n}}$$

'est.' denota o fato de que s foi usado como uma estimativa de σ.

5. Do mesmo modo, o erro-padrão da proporção pode ser estimado usando-se a proporção de amostra p como estimativa da proporção da população, π, como:

$$\text{est. } s_p = \sqrt{\frac{p(1-p)}{n}}$$

6. A área sob a curva da distribuição de amostragem (distribuição normal) entre dois pontos quaisquer pode ser calculada em termos de valores z. O **valor** z para um ponto é o número de erros-padrão que apontam para fora da média. Os valores z podem ser computados da seguinte maneira:

$$z = \frac{\overline{X} - \mu}{\sigma_x}$$

Por exemplo, 34,13% da área sob um lado da curva está entre a média e um valor z de 1,0. A área da média para o valor z de 2,0 e 3,0 é igual a 0,4772 e 0,4986, respectivamente (Tabela 2 no site deste livro). As mesmas porcentagens da área sob a curva de distribuição da amostragem estão entre a média e os valores z de –1,0, –2,0 e –3,0. Isso porque a curva de distribuição da amostra é simétrica ao redor da média. No caso da proporção, a computação dos valores z é similar.

ABORDAGENS ESTATÍSTICAS PARA DETERMINAR O TAMANHO DA AMOSTRA

Além das considerações estatísticas, vários fatores qualitativos devem ser considerados para determinar o tamanho da amostra (Capítulo 12). Esses fatores incluem a importância da decisão, a natureza da pesquisa, o número de variáveis, a natureza da análise, o tamanho das amostras usadas em estudos similares, as taxas de incidência, as taxas de conclusão e as restrições de recursos. O tamanho da amostra estatisticamente determinado é o seu tamanho líquido ou final – a amostra que resta depois de eliminados os entrevistados em potencial que não se qualificam ou que não completam a entrevista. Dependendo das taxas de incidência e de conclusão, a amostra inicial poderá ser muito maior do que as amostras líquida ou final. Na pesquisa de marketing comercial, as limitações de tempo, dinheiro e recursos de perícia podem exercer influência determinante quanto ao tamanho da amostra.

Figura 13.3 Abordagem do intervalo de confiança e a determinação do tamanho da amostra

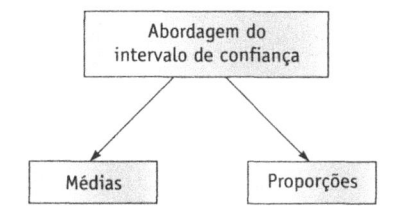

```
        Abordagem do
     intervalo de confiança
        /          \
    Médias       Proporções
```

A abordagem estatística para determinar o tamanho da amostra é baseada em inferências estatísticas tradicionais que usam as fórmulas (equações) apresentadas na seção anterior. Nessa abordagem, o nível de precisão é especificado antecipadamente. Ela é baseada na construção dos intervalos de confiança em torno das médias ou das proporções da amostra (Figura 13.3).

ABORDAGEM DO INTERVALO DE CONFIANÇA

Os intervalos de confiança em torno das médias e das proporções são estimados usando-se a fórmula do erro-padrão. Como exemplo, vamos supor que o pesquisador tenha tirado uma amostra aleatória simples de 300 domicílios para estimar as despesas mensais em compras em lojas de departamentos e tenha descoberto que a média da despesa mensal por domicílio para a amostra é de 182 dólares. Estudos anteriores indicam que o desvio-padrão da população σ pode ser presumido como sendo de 55 dólares.

Queremos descobrir um intervalo dentro do qual uma proporção fixa das médias das amostras se encaixaria. Suponha que queiramos determinar um intervalo ao redor da média da população que incluirá 95% das médias das amostras, com base nas amostras de 300 domicílios. Isto é, escolhemos 95% como o nível de confiança. Esses 95% podem ser divididos em duas partes iguais, metade abaixo e metade acima da média, como mostra a Figura 13.4. O cálculo do intervalo de confiança envolve a determinação da distância abaixo ($\overline{X}_L$) e acima ($\overline{X}_U$) da média da população ($\overline{X}$), que contém uma área especificada da curva normal.

Os valores z correspondentes a $\overline{X}_L$ e $\overline{X}_U$ podem ser calculados como:

$$z_L = \frac{\overline{X}_L - \mu}{\sigma_{\overline{x}}}$$

$$z_U = \frac{\overline{X}_U - \mu}{\sigma_{\overline{x}}}$$

onde $z_L = -z$ e $z_U = +z$. Assim, o valor inferior de $\overline{X}$ é

$$\overline{X}_L = \mu - z\sigma_{\overline{x}}$$

e o valor superior de $\overline{X}$ é

$$\overline{X}_U = \mu + z\sigma_{\overline{x}}$$

Observe que μ é estimado pelo $\overline{X}$. O intervalo de confiança é dado por

$$\overline{X} \pm z\sigma_{\overline{x}}$$

Agora podemos estabelecer um intervalo de confiança de 95% em torno da média da amostra de 182 dólares. Numa primeira etapa computamos o erro-padrão da média:

$$\sigma_{\overline{x}} = \frac{\sigma}{\sqrt{n}} = 55/\sqrt{300} = 3{,}18$$

Figura 13.4 95% de intervalo de confiança

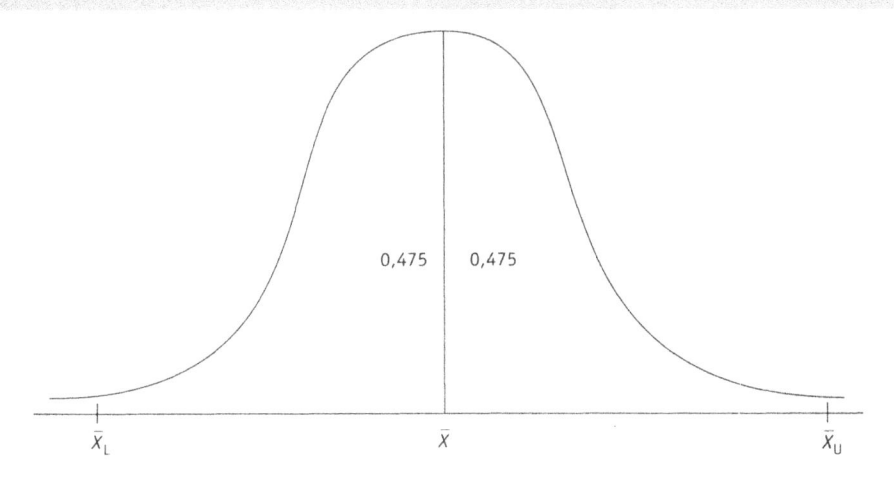

[Gráfico de distribuição normal com 0,475 em cada lado da média, mostrando $\bar{X}_L$, $\bar{X}$ e $\bar{X}_U$ no eixo horizontal]

As despesas mensais por família em compras em lojas de departamentos podem ser estimadas apenas com certo grau de confiança

Com base na Tabela 2 no site deste livro, podemos ver que os 95% centrais da distribuição normal estão entre ± 1,96 dos valores z. O intervalo de confiança de 95% é dado por

$$\bar{X} \pm 1,96\,\sigma_x$$
$$= 182,00 \pm 1,96\,(3,18)$$
$$= 182,00 \pm 6,23$$

Assim, o intervalo de confiança de 95% varia de 175,77 dólares para 188,23 dólares. A probabilidade de encontrar a verdadeira média da população dentro de 175,77 dólares e 188,23 dólares é de 95%. Se o intervalo de confiança não for relatado, ou não puder ser calculado com base na informação dada, não temos como saber quão precisas são as estimativas das amostras. Isso foi ilustrado no caso de abertura, no qual foi difícil avaliar a precisão dos resultados do levantamento da America Online. Os intervalos de confiança são geralmente associados com as escalas usadas para medir a satisfação dos clientes.

Determinação do tamanho da amostra: médias

As fórmulas de estimativa do intervalo de confiança podem ser usadas para determinar o tamanho da amostra que resultará em um intervalo de confiança desejado. Nesse caso, usaremos as mesmas fórmulas, mas teremos um *n* desconhecido e diferente, ou seja, o tamanho da amostra. Suponha que o pesquisador queira estimar as despesas mensais por domicílio em compras em lojas de departamentos para que a estimativa esteja dentro de ±5 dólares do verdadeiro valor da população. Qual deve ser o tamanho da amostra? As etapas seguintes, resumidas na Tabela 13.2, levarão a uma resposta.

1. **Especifique o nível de precisão.** Essa é a diferença máxima permitida (*D*) entre a média da amostra e a média da população. No nosso exemplo, *D* = ±5 dólares.
2. **Especifique o nível de confiança.** Suponha que seja desejado um nível de confiança de 95%.
3. **Determine o valor z associado com o nível de confiança usando a Tabela 2** no site deste livro. Para um nível de confiança de 95%, a probabilidade de que a média da população ficará fora de um lado do intervalo é de 0,025 (0,05/2), com um valor z associado de 1,96.

Tabela 13.2 Determinação do tamanho da amostra para médias e proporções		
ETAPAS	MÉDIAS	PROPORÇÕES
1. Especificar o nível de precisão	D = ± 5,00 dólares	D = p − π = ±0,05
2. Especificar o nível de confiança (NC)	NC = 95%	NC = 95%
3. Determinar o valor z associado ao nível de confiança	Valor de z é 1,96	Valor de z é 1,96
4. Determinar o desvio-padrão da população	σ estimado σ = 55	π estimado π = 0,64
5. Determinar o tamanho da amostra usando a fórmula do erro-padrão	$n = \dfrac{\sigma^2 z^2}{D^2}$ $n = \dfrac{55^2 (1,96)^2}{5^2}$ $= 465$	$n = \dfrac{\pi(1-\pi)z^2}{D^2}$ $n = \dfrac{0,64(1-0,64)(1,96)^2}{(0,05)^2}$ $= 355$
6. Se necessário, reavaliar o intervalo de confiança, empregando s para estimar σ	$= \overline{X} \pm zs_{\overline{x}}$	$p \pm z s_p$

4. **Determine o desvio-padrão da população.** O desvio-padrão da população pode estar disponível a partir de fontes secundárias, estimadas com base em dados de um estudo-piloto ou no discernimento do pesquisador. Por exemplo, a amplitude de uma variável normalmente distribuída é aproximadamente igual a mais ou menos três desvios-padrão. O desvio-padrão de dados de amostras pode, portanto, ser estimado pela divisão da amplitude desses dados por seis. Muitas vezes, o pesquisador pode estimar a amplitude com base no conhecimento do fenômeno ou no conhecimento da escala usada. Por exemplo, a escala tradicional de Likert tem uma amplitude de 4 (5-1).

5. **Determine o tamanho da amostra usando a fórmula para o erro-padrão da média.** Vamos usar a fórmula para z e derivar a fórmula para o tamanho da amostra, n. Lembre-se de que

$$z = \frac{\overline{X} - \mu}{\sigma_{\overline{x}}}$$

porque $D = \overline{X} - \mu$

$$z = \frac{D}{\sigma_{\overline{x}}}$$

Solucionando $\sigma_{\overline{x}}$

$$\sigma_{\overline{x}} = \frac{D}{z}$$

Mas $\sigma_{\overline{x}} = \dfrac{\sigma}{\sqrt{n}}$

Portanto,

$$\frac{\sigma}{\sqrt{n}} = \frac{D}{z}$$

Solucionando n

$$n = \frac{\sigma^2 z^2}{D^2}$$

No nosso exemplo,

$$n = \frac{55^2 (1,96)^2}{5^2}$$

$$= 464,83$$

$$= 465 \text{ (arredondado para o próximo número inteiro mais alto)}$$

Podemos ver pelas fórmulas acima que o tamanho da amostra é influenciado por três fatores. Ele aumenta à medida que a variabilidade da população aumenta, à medida que é necessário maior confiança (isto é, conforme o nível de confiança aumenta) e à medida que o nível de precisão requerido das estimativas aumenta.

6. **Se o desvio-padrão da população, σ, é desconhecido e for usada uma estimativa, ele deve ser estimado novamente quando a amostra for tirada.** O desvio-padrão da amostra, s, é usado como estimativa de σ. Um intervalo de confiança revisto deve então ser calculado para determinar o nível de precisão realmente obtido.

Suponha que o valor de 55,00 usado para σ foi uma estimativa porque o verdadeiro valor era desconhecido. Uma amostra do tamanho ($n =$) 465 é tirada, e essas observações geram uma média (X) de 180,00 e um desvio-padrão da amostra, s, de 50,00. O intervalo de confiança revisto então é

$$= X \pm z s_{\bar{x}}$$

$$= 180,00 \pm 1,96(50,0/\sqrt{465})$$

$$= 180,00 \pm 4,55$$

ou

$$175,45 \leq \mu \leq 184,55$$

Observe que o intervalo de confiança obtido é mais estreito do que o planejado porque o desvio-padrão da população foi superestimado em 55, comparado ao desvio-padrão da amostra de apenas 50.

É muito importante observar que o tamanho da população, N, não afeta diretamente o tamanho da amostra. Um exemplo deixará esse ponto mais claro. Suponha que todos os elementos da população sejam idênticos em uma característica de interesse. Um tamanho de amostra de um seria então suficiente para estimar a média perfeitamente. Isso seria verdade, independentemente de haver 50, 500, 5.000 ou 50.000 elementos na população. O tamanho da amostra é diretamente afetado pela variabilidade das características na população. Essa variabilidade entra nos cálculos do tamanho da amostra por meio da variância da população σ^2 ou da variância da amostra s^2.

Determinação do tamanho da amostra: proporções

As proporções são estimadas quando a escolha é dicotômica, significando que existem apenas duas categorias (por exemplo, sim ou não). O pesquisador examina a porcentagem de elementos que estão em uma das duas categorias. Se a estatística de interesse é uma proporção em vez de uma média, a abordagem da determinação do tamanho da amostra é similar. Suponha que o pesquisador esteja interessado em estimar a proporção de domicílios que possuem cartão de crédito de uma loja de departamentos. O pesquisador deve seguir estas seis etapas:

1. **Especifique o nível de precisão.** Suponha que a precisão desejada seja a de que o intervalo permitido seja estabelecido como D = p − π = ±0,05 (isto é, 5% expresso como o equivalente a um decimal).
2. **Especifique o nível de confiança.** Suponha que um nível de confiança de 95% seja desejado.
3. **Determine o valor de z associado com o nível de confiança.** Como explicado no caso da estimativa da média, este será $z = 1,96$.

4. **Estime a proporção da população, π.** Como explicado anteriormente, a proporção da população pode ser estimada a partir de fontes secundárias ou de um estudo-piloto ou baseada no julgamento do pesquisador. Suponha que, com base em dados secundários, o pesquisador estime que 64% dos domicílios na população-alvo possuam cartão de crédito de uma loja de departamentos. Nesse caso, $\pi = 0{,}64$.

5. **Determine o tamanho da amostra usando a fórmula para o erro-padrão da proporção.** A derivação da fórmula para o tamanho da amostra é similar àquela usada para as médias. Sabemos que

$$z = \frac{p - \pi}{\sigma_p}$$

Dessa forma,

$$\sigma_p = \frac{p - \pi}{z}$$

Substituindo D por $p - \pi$ temos

$$\sigma_p = \frac{D}{z}$$

Também sabemos que

$$\sigma_p = \sqrt{\frac{\pi(1-\pi)}{n}}$$

Assim sendo, estabelecendo que

$$\frac{D}{z} = \sqrt{\frac{\pi(1-\pi)}{v}}$$

e solucionando n, temos

$$n = \frac{\pi(1-\pi)z^2}{D^2}$$

No nosso exemplo,

$$n = \frac{0{,}64(1-0{,}64)(1{,}96)^2}{(0{,}05)^2}$$

$$= 354{,}04$$

$$= 355 \text{ (arredondado para o próximo número inteiro mais alto)}$$

6. **Se a estimativa de π for fraca, o intervalo de confiança será mais ou menos preciso que o desejado.** Suponha que, depois de tirada a amostra, a proporção p seja calculada com o valor de 0,55. O intervalo de confiança é então estimado novamente, empregando-se s_p para estimar o σ_p desconhecido como

$$p \pm z \, s_p$$

onde

$$s_p = \sqrt{\frac{p(1-p)}{n}}$$

No nosso exemplo,

$$s_p = \sqrt{\frac{0{,}55(1-0{,}55)}{355}}$$

$$= 0{,}0264$$

O intervalo de confiança é então

$$= 0,55 \pm 1,96 (0,0264)$$
$$= 0,55 \pm 0,052$$

o qual é mais amplo do que o especificado. Isso pode ser atribuído ao fato de que o desvio-padrão da amostra, determinado pela nossa amostra real, foi baseado em $p = 0,55$. Esta era maior do que nossa estimativa original do desvio-padrão da população determinado a partir de fontes secundárias e baseada em $\pi = 0,64$.

Se o intervalo de confiança resultante for muito amplo, o tamanho da amostra pode ser recalculado, usando-se a variação máxima possível na população. A variação máxima ocorre quando o produto $\pi (1 - \pi)$ está no máximo. Isso ocorre quando π é estabelecido em 0,5. Esse resultado pode ser visto intuitivamente. Se a população fosse igualmente dividida em termos de valor de uma característica, se necessitaria de mais evidência para obter uma inferência válida do que se a maioria da população possuísse essa característica. No nosso exemplo, isso leva a um tamanho de amostra de

$$n = \frac{0,5(0,5)(1,96)^2}{(0,05)^2}$$

$$= 384,16$$

$$= 385 \text{ (arredondado para o próximo número inteiro mais alto)}$$

Assim, no nosso caso de abertura, se a proporção de usuários on-line tiver de ser estimada com um intervalo de confiança de 95% e com uma margem de erro (intervalo permitido) que não exceda ±5%, o tamanho da amostra deveria ser de pelo menos 385. Entretanto, foi de apenas 262, ficando bem abaixo do tamanho necessário.

AJUSTANDO O TAMANHO DA AMOSTRA ESTATISTICAMENTE DETERMINADO

O tamanho da amostra especificada por esses métodos estatísticos é um tamanho final, ou líquido, de amostra. Ele representa o número de questionários pelo correio que foram devolvidos ou o número de entrevistas completadas. O excesso de amostragem inicial, em que um número muito maior de entrevistados é contatado, é necessário para alcançar a amostragem líquida desejada. Isso se deve a dois fatores: taxas de incidência e taxas de conclusão.

Taxa de incidência

A **taxa de incidência** refere-se à taxa de ocorrência. Ela é influenciada pela proporção de pessoas na população com as características sob estudo. Quando estuda uma característica com um índice baixo de incidência, o pesquisador tem de inicialmente contatar muito mais pessoas do que se a característica tivesse uma taxa de incidência alta, filtrando aqueles que não satisfazem os requisitos. Suponha que um estudo de jóias peça uma amostragem de mulheres chefes de família entre 25 e 55 anos. Das mulheres entre 20 e 60 que poderão ser abordadas para ver se são qualificadas, aproximadamente 75% são chefes de família entre 25 e 55 anos. Isto é, a taxa de incidência ou a taxa de ocorrência é de 0,75. Isso significa que a média de abordagem para obter uma entrevistada qualificada deve ser 1,33 (1/0,075).

Os critérios adicionais para qualificar as entrevistadas (por exemplo, elas precisam estar usando um produto ou uma marca específicos) diminuirão ainda mais a taxa de incidência e, portanto, aumentarão o número de contatos. Suponha que se decida que as entrevistadas tenham de ter usado jóias na última semana para ser elegíveis a participar do estudo. A estimativa afirma que 60% das mulheres contatadas satisfariam esse critério de uso de jóias. Então, a taxa de incidência cai de 75% para 45% (= 0,75 × 0,60). Para conseguir uma entrevistada qualificada para a amostra, 2,22 mulheres (1/0,45) precisam ser inicialmente contatadas.

Taxa de conclusão

O número de contatos iniciais precisa também ser aumentado em antecipação às recusas vindas de pessoas qualificadas para participar. A **taxa de conclusão** denota a porcentagem de entrevistados qualificados que completa a entrevista. Por exemplo, se o pesquisador espera uma taxa de conclusão da entrevista de 80% dos entrevistados elegíveis, o número de contatos deve ser aumentado com base num fator de 1,25 (= 1/0,8).

Ajuste combinado

A combinação das taxas de incidência e de conclusão esperadas resulta em uma amostra contatada que é de 2,22 × 1,25, ou 2,77 vezes a solicitação do tamanho final da amostra. No geral,

$$\text{Tamanho inicial da amostra} = \frac{\text{Tamanho final da amostra}}{\text{Taxa de incidência} \times \text{Taxa de conclusão}}$$

O número de unidades que terá de ser amostrado é igual ao tamanho inicial da amostra. O exemplo seguinte ilustra uma quantidade de variáveis que podem ser usadas para qualificar entrevistados em potencial. Ele também demonstra que, à medida que o número de variáveis para qualificação aumenta, a taxa de incidência cai.

Exemplo

NA MIRA DOS LÁBIOS FEMININOS

Quando a Lancôme Paris estava realizando uma pesquisa para determinar a preferência das mulheres pela cor dos lábios, ela definiu a amostra da população-alvo de maneira muito precisa. Os critérios de filtragem para uma entrevistada ser incluída na pesquisa foram: (1) mulher, (2) entre 25 e 55 anos e (3) renda residencial anual de pelo menos 30 mil dólares. Ter três fatores qualificadores resultou em uma amostra altamente almejada, embora ela tenha estimulado o tamanho inicial por causa de uma taxa de incidência muito mais baixa. Os resultados da pesquisa demonstraram que essas mulheres buscavam um batom que proporcionasse mais conforto umedecedor, aplicação e cobertura mais igualadas e menos empastamento e descamação.

Com base nesses resultados, a Lancôme desenvolveu e lançou o Rouge Idole. Ele foi o primeiro batom que não sai nem mancha quando a pessoa come, bebe ou beija, e preencheu uma grande lacuna nas necessidades de produto de consumo. O Rouge Idole foi posicionado para mulheres que querem um batom de longa duração com maior conforto. Seis meses depois do lançamento, esse batom era responsável por 50% do bem-sucedido negócio de batons da Lancôme.[3]

ILUSTRAÇÃO RESUMIDA USANDO O CASO DE ABERTURA

As abordagens estatísticas para determinar o tamanho da amostra, com base nos intervalos de confiança, podem envolver a estimativa da média (média de horas gastas assistindo à TV ou usando os serviços on-line) ou proporção (proporção dos entrevistados que usam os serviços on-line). O cálculo estatístico do tamanho da amostra exige a especificação do nível de precisão, do nível de confiança e do desvio-padrão da população. Apenas o nível de precisão foi revelado no caso de abertura, aproximadamente 5%. Assim, não pudemos determinar se o tamanho da amostra de 262 no levantamento da America Online era adequado e se a conclusão alcançada era garantida. No entanto, sabemos que o tamanho requerido da amostra para estimar uma proporção próxima de 0,5 com 95% de nível de confiança e 5% de nível de precisão é 385. O tamanho da amostra no caso de abertura fica bem abaixo dessa marca.

PESQUISA DE MARKETING E TQM

Freqüentemente, qualidade e valor são avaliados com a medição das percepções dos consumidores. Essas medidas são subjetivas por estarem influenciadas pela individualidade dos entrevistados. Isso se traduz em variâncias e desvios-padrão mais altos para as amostras. Em vista desses desvios-padrão altos, amostras grandes devem ser usadas. A Compaq, por exemplo, pode estar preocupada com a classificação de seus computadores pessoais (PCs) ou com certos atributos que realçam a qualidade da experiência para os usuários. Os intervalos de confiança poderiam ser estabelecidos para a classificação de qualidade com base nas pontuações médias e nos desvios-padrão. Para poder controlar a largura dos intervalos de confiança, o pesquisador pode determinar os tamanhos apropriados de amostra.

Na medida da qualidade das características objetivas do produto (por exemplo, no projeto e na manufatura), pode ser necessário um nível muito mais alto de precisão em comparação com a medida das percepções de qualidade do consumidor. Esta também pede um nível de confiança muito mais alto. Ambas a exigências envolverão a necessidade de um tamanho maior de amostra. Entretanto, a variabilidade poderá ser pequena por causa do apertado controle de produção, reduzindo assim o tamanho da amostragem.

PESQUISA DE MARKETING INTERNACIONAL

Quando se realiza uma pesquisa de marketing em países estrangeiros, a estimativa estatística do tamanho da amostra pode ser difícil, uma vez que as estimativas de variância da população podem não estar disponíveis. Desse modo, o tamanho da amostra é freqüentemente determinado pelas considerações qualitativas, como discutido no Capítulo 12. Quando é tentada a estimativa estatística do tamanho da amostra, as diferenças em estimativas da variância da população devem ser reconhecidas e fatoradas, se possível. Por exemplo, as preferências dos consumidores por certos produtos podem ser relativamente heterogêneas em mercados em que esses produtos acabaram de ser lançados. Assim, é um erro supor que a variância da população seja a mesma, ou usar o mesmo tamanho da amostra de um país para o outro.

ÉTICA NA PESQUISA DE MARKETING

O tamanho da amostra é um dos principais determinantes de custo em um projeto de pesquisa de marketing. Pode parecer que, se o tamanho da amostra for estatisticamente determinado, esse procedimento estará livre de conflitos éticos. No entanto isso não é verdade. Como vimos neste capítulo, o tamanho da amostra é diretamente proporcional à variância da variável. As estimativas da variância da população estão baseadas em pequenos estudos-piloto, em pesquisa relacionada e no discernimento do pesquisador. Pelo fato de o julgamento estar envolvido, o pesquisador tem a responsabilidade ética de não usar estimativas grandes da variância da população simplesmente para aumentar o custo do projeto, inflando o tamanho da amostra. Utilizando a fórmula do tamanho da amostra, podemos ver que aumentando o desvio-padrão em 20%, por exemplo, aumentaremos o tamanho da amostra em 44%. Esta prática é claramente antiética.

Além disso, o pesquisador pode ser confrontado com dilemas éticos quando o desvio-padrão da amostra variar bastante em relação ao desvio-padrão presumido. Nesse caso, o intervalo de confiança será maior do que o requerido se o desvio-padrão real da amostra acabar sendo muito maior do que o utilizado para estimar o tamanho desta. Se isso acontecer, o pesquisador deve revelar o intervalo de confiança maior ao cliente, para que ambos possam chegar juntos a uma ação corretiva. As ramificações éticas da falta de comunicação dos intervalos de confiança das estimativas de pesquisa, baseados em amostras estatísticas, são ressaltadas no caso de eleição política.

Resumo

As abordagens estatísticas para determinar o tamanho da amostra são baseadas nos intervalos de confiança. Essas abordagens podem envolver a estimativa da média e da proporção. Ao se estimar a média ou a proporção, a determinação do tamanho da amostra que usa a abordagem do intervalo de confiança requer a especificação do nível de precisão, do nível de confiança e do desvio-padrão da população. O tamanho da amostra estatisticamente determinado representa o tamanho final ou líquido da amostra que precisa ser alcançado. O tamanho inicial da amostra tem de ser muito maior para considerar as taxas de incidência e as taxas de conclusão de modo a se obter o tamanho final da amostra.

Na medida da qualidade das características objetivas do produto, pode ser necessário um nível muito mais alto de precisão em comparação à medida das percepções de qualidade do consumidor. A estimativa estatística do tamanho da amostra é até mais complicada na pesquisa de marketing internacional, pois a variância da população pode diferir de um país para outro. A estimativa preliminar da variância da população para o propósito de determinar o tamanho da amostra também tem ramificações éticas.

Exercícios

1. Defina a *distribuição da amostragem*.
2. O que é o erro-padrão da média?
3. Defina um *intervalo de confiança*.
4. Qual é o procedimento para construir um intervalo de confiança em torno de uma média?
5. Como o grau de confiança e o grau de precisão diferem?
6. Descreva o procedimento para determinar o tamanho da amostra necessário para estimar a média de uma população, dado o grau de precisão e de confiança e uma variância conhecida da população. Depois que a amostra é selecionada, como o intervalo de confiança é gerado?
7. Descreva o procedimento para determinar o tamanho da amostra necessário para estimar a média de uma população quando o grau de precisão e o grau de confiança são conhecidos, mas a variância da população é desconhecida. Depois que a amostra é selecionada, como o intervalo de confiança é gerado?
8. Como o tamanho da amostra é afetado quando a precisão absoluta com que a média da população é estimada é dobrada?
9. Como o tamanho da amostra é afetado quando o grau de confiança com que a média da população é estimada é aumentado de 95% para 99%?
10. Descreva o procedimento para determinar o tamanho da amostra necessário para estimar a proporção de uma população, dado o grau de precisão e de confiança. Depois que a amostra é selecionada, como o intervalo de confiança é gerado?
11. Como o pesquisador pode garantir que o intervalo de confiança gerado não será maior do que o intervalo desejado quando se estimar a proporção de uma população?

Problemas

1. Usando a Tabela 2 no site deste livro, calcule a probabilidade que:
    a. z seja menor do que 1,48
    b. z seja maior do que 1,90
    c. z esteja entre 1,48 e 1,90
    d. z esteja entre $-1,48$ e 1,90
2. Qual o valor de z se:
    a. 60% de todos os valores de z forem maiores?
    b. 10% de todos os valores de z forem maiores?
    c. 68,26% de todos os valores possíveis de z (simetricamente distribuídos em torno da média) estiverem contidos nesse intervalo?
3. A gerência de um restaurante local quer determinar a quantia média mensal gasta pelas famílias. Ela

quer estar 95% confiante em relação aos resultados e não quer que o erro exceda mais ou menos 5 dólares.
  a. Depois que o estudo foi realizado, descobriu-se que a média de gastos era de 90,30 dólares e que o desvio-padrão era de 45 dólares. Construa um intervalo de confiança de 95%.
  b. Qual tamanho da amostra teria resultado em um desvio-padrão de 45 dólares?
4. Para determinar a eficácia da campanha publicitária para um novo videocassete, a gerência gostaria de saber qual porcentagem de domicílios conhece a nova marca. A agência publicitária calcula que esse número seja tão alto quanto 70%. A gerência gostaria de um intervalo de confiança de 95% e de uma margem de erro de não mais que ±2%.
  a. Qual tamanho da amostra deve ser usado para esse estudo?
  b. Suponha que a gerência quisesse estar 99% confiante, mas tolerasse um erro de ±3%. Como o tamanho da amostra mudaria?
5. Presumindo que $n = 10$ e $\sigma = 5$, compute o erro-padrão da média.

Notas

1. Baseado em M. Shoukri e M. Demirkaya, "Sample size requirement to test the equality of rater's precision", *Journal of Applied Statistics*, 27, 4, maio 2000, p. 483-494; Phillip E. Pfeifer, "The economic selection of sample sizes for list testing", *Journal of Interactive Marketing*, 12, 3, verão 1998, p. 5-20, e "The infocritical eye", *Marketing Research: A Magazine of Management & Applications*, 9, 1, primavera 1997, p. 37-39.
2. Uma discussão sobre a distribuição de amostragem pode ser encontrada em qualquer livro didático de estatística. Por exemplo, veja Mark L. Berenson e David M. Levine, *Basic business statistics: concepts and applications*, 7ª ed. Upper Saddle River, NJ: Prentice Hall, 1999.
3. Baseado em Alexandra Jardine, "L'Oréal puts brands under one roof", *Marketing*, 27 maio 1999, p. 4; "Edison, American Marketing Association, Best New Products Awards", *Marketing News*, 31, 6, 17 mar. 1997, p. E6.

Parte Três: Coleta, Análise e Relatório de Dados

CAPÍTULO 14

Estratégia de Preparação e Análise de Dados

Neste capítulo abordamos as seguintes questões:

1. Qual é a natureza e o escopo da preparação de dados e como esse processo pode ser descrito?
2. O que está envolvido na verificação e na edição do questionário?
3. Como os questionários devem ser codificados para preparar os dados para análise?
4. Quais métodos estão disponíveis para filtrar os dados e tratar as respostas que estejam faltando?
5. Como escolhemos uma estratégia de análise de dados?
6. Qual é o papel da análise de dados na implementação de programas de gestão da qualidade?
7. Como devem ser preparados os dados coletados em projetos de pesquisa de marketing internacional?
8. Qual é o papel da tecnologia na facilitação da preparação de dados?
9. Quais questões éticas são importantes na preparação e na análise de dados?
10. Qual é o papel da Internet no processo de preparação de dados?

UM BANCO DE DADOS DESPERTA UM GIGANTE ADORMECIDO

Desde o início a Sears, Roebuck and Company tem sido um varejista líder em lojas de departamentos para vestuário, produtos do lar e produtos e serviços automotivos. No final dos anos 90, a Sears tentou abandonar a reputação de loja de 'ferragens e ferramentas' para criar uma imagem de loja mais moderna e atual para seus clientes. Depois de ser vista como exemplo de poderosa empresa que não conseguiu adaptar-se às exigências em constante mutação dos consumidores, a Sears, Roebuck and Company inovou no mundo varejista e promoveu uma reviravolta que lhe rendeu elogios até de seus críticos mais severos.

Um elemento crucial em seu sucesso foi a montagem de um banco de dados de alta qualidade sobre seus clientes e os clientes em potencial. Até o início de 2001, a Sears havia elaborado um grande banco de dados, de mais de dois terços dos domicílios norte-americanos. Esses dados foram coletados de várias fontes primárias e secundárias. Um marco foi o cuidado dispensado à preparação dos dados antes de eles serem incorporados. No caso de dados primários, os questionários preenchidos que vêm do trabalho de campo são cuidadosamente verificados e editados, detectando-se os que têm respostas incompletas (por exemplo, perguntas que não foram respondidas) ou respostas inconsistentes (por exemplo, um entrevistado relata que fez compras com o cartão de crédito da Sears, porém não o possui). Qualquer questionário com respostas insatisfatórias é simplesmente descartado, uma vez que a proporção de entrevistados desse tipo é pequena e o tamanho da amostra é grande. Os dados são codificados seguindo os procedimentos apropriados. Para garantir a uniformidade na codificação, a Sears preparou um livro de códigos que contém as instruções de codificação e as informações necessárias sobre as variáveis no conjunto de dados. Os dados são então transcritos dos questionários para o computador, usando-se tecnologia de ponta.

Verificações adicionais são realizadas nos dados para averiguar sua consistência e precisão. É feito um esforço para identificar dados que estão fora da amplitude (por exemplo, uma resposta de 8 em uma escala de 1 a 7), são logicamente inconsistentes (por exemplo, uma soma de porcentagens que ultrapassa os 100%) ou têm valores extremos (por exemplo, tamanho da família = 11). Procura-se reduzir ao mínimo os valores faltantes, por meio da seleção, do treinamento e da supervisão corretas dos trabalhadores de campo. Esses valores são tratados seguindo-se uma variedade de métodos para determinar o impacto sobre os resultados. Depois utiliza-se um processo similar para dados coletados de fontes secundárias.

Esse banco de dados superior permite que a Sears identifique as necessidades do mercado e direcione adequadamente seus esforços de marketing. Com base nesses resultados, a empresa gastou 4 bilhões de dólares na renovação de suas lojas. Ela melhorou muito o layout, o desenho, a limpeza e o mix de mercadorias de suas lojas. A mudança está claramente rendendo dividendos, com a empresa relatando vendas e receitas mais altas por metro quadrado de área de venda do que no século XX.[1]

VISÃO GERAL

Após o pesquisador ter definido o problema de pesquisa e elaborado uma abordagem adequada (Capítulo 2), formulado um projeto apropriado de pesquisa (capítulos 3 a 13) e conduzido o trabalho de campo, ele pode seguir com a preparação e a análise de dados, a quinta etapa do processo de pesquisa de marketing. A Figura 14.1 explica resumidamente o foco do capítulo, sua relação com os anteriores e a etapa do processo de pesquisa de marketing na qual ele se concentra.

Antes de os dados brutos contidos nos questionários poderem ser sujeitados à análise estatística, eles precisam ser convertidos em uma forma adequada. O cuidado exercido na fase de preparação de dados pode melhorar substancialmente a qualidade dos resultados, permitindo melhores decisões administrativas, como foi explicado no caso de abertura sobre a Sears. Por outro lado, uma atenção inadequada para a pre-

Figura 14.1 Relação da preparação de dados com os capítulos anteriores e com o processo de pesquisa de marketing

Foco do capítulo	Relação com os capítulos anteriores	Relação com o processo de pesquisa de marketing
• Preparando dados para análise	• Processo de pesquisa de marketing (Capítulo 1) • Componentes do projeto de pesquisa (Capítulo 3)	Definição do problema → Abordagem do problema → Modelo de pesquisa → Trabalho de campo → **Preparação e análise de dados** → Preparação e apresentação do relatório

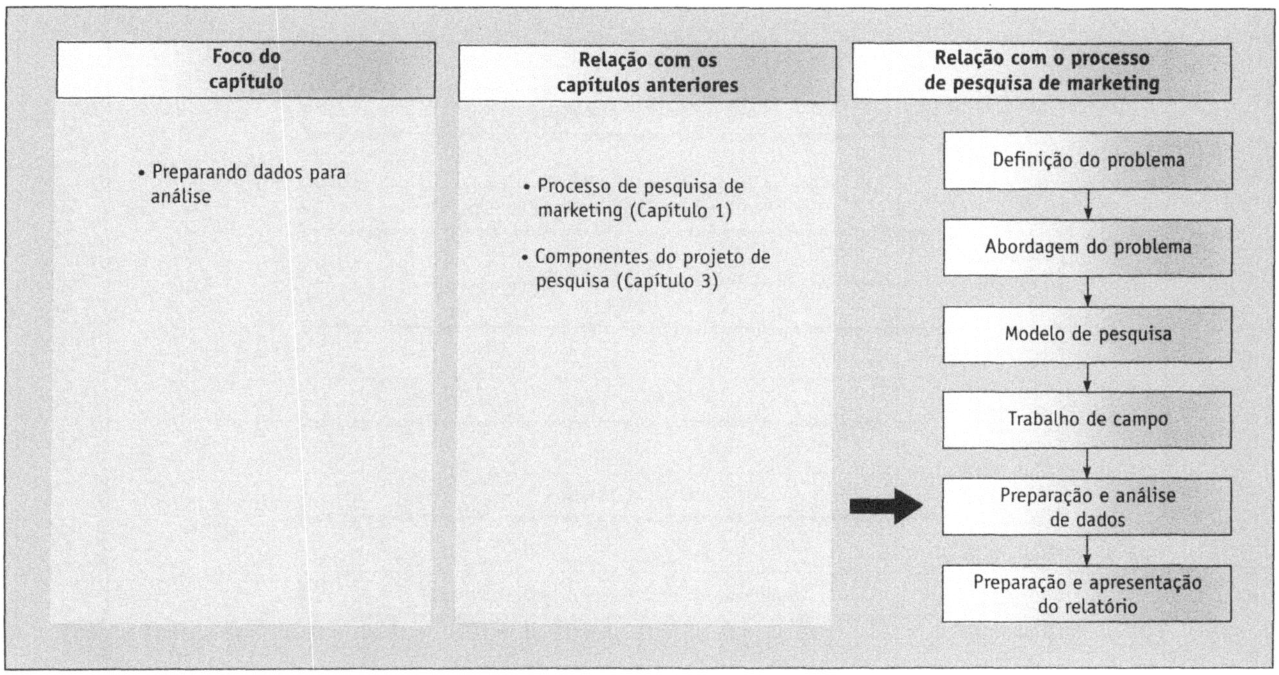

paração de dados pode comprometer seriamente os resultados estatísticos, levando a conclusões distorcidas e interpretações incorretas.

O capítulo descreve o processo de preparação de dados, que começa com a verificação dos questionários para ver se estão completos. Depois discutimos a edição de dados e proporcionamos diretrizes para lidar com respostas ilegíveis, incompletas, inconsistentes, ambíguas ou de alguma outra forma insatisfatórias. Também descrevemos a codificação, a transcrição e a limpeza dos dados, enfatizando o tratamento de respostas que estejam faltando. Finalmente debatemos a seleção de uma estratégia de análise de dados, questões sobre a preparação de dados na gestão da qualidade total e na pesquisa de marketing internacional, o papel da tecnologia e as questões éticas e as aplicações na Internet relativas ao processamento de dados. A Figura 14.2 oferece uma visão geral dos tópicos discutidos neste capítulo e como eles fluem de um capítulo para outro.

PROCESSO DE PREPARAÇÃO DE DADOS

O processo de preparação de dados é mostrado na Figura 14.3. A Sears seguiu um processo similar, como explica o caso de abertura. O processo todo é guiado pelo plano preliminar de análise de dados que foi formulado na fase do projeto de pesquisa (Capítulo 3). Como primeiro passo, o supervisor do trabalho de campo faz uma checagem em busca de questionários aceitáveis. Essa checagem é seguida pela edição, pela codificação e pela transcrição dos dados, tudo feito pela agência coletora de dados como parte do trabalho de campo. O pesquisador limpa os dados e depois efetua verificações adicionais de consistência e especifica como as respostas que estão faltando serão tratadas. O pesquisador então seleciona uma estratégia apropriada de análise de dados. A estratégia final de análise de dados difere do plano preliminar de análise de dados em vista das informações e da percepção obtida desde a formulação do plano preliminar. A preparação dos dados deve iniciar-se assim que o primeiro lote de questionários for recebido do campo, enquanto o trabalho de campo ainda está sendo realizado. Assim, se algum problema for detectado, o trabalho de campo pode ser modificado e incorporar uma medida corretiva.

Figura 14.2 Preparação de dados: visão geral

Caso de abertura

- Processo de preparação de dados (Figura 14.3)
- Verificação e edição do questionário (Figura 14.4)
- Codificação (Figura 14.5)
- Transcrição
- Limpeza de dados
- Escolhendo uma estratégia de análise de dados (Figura 14.6)

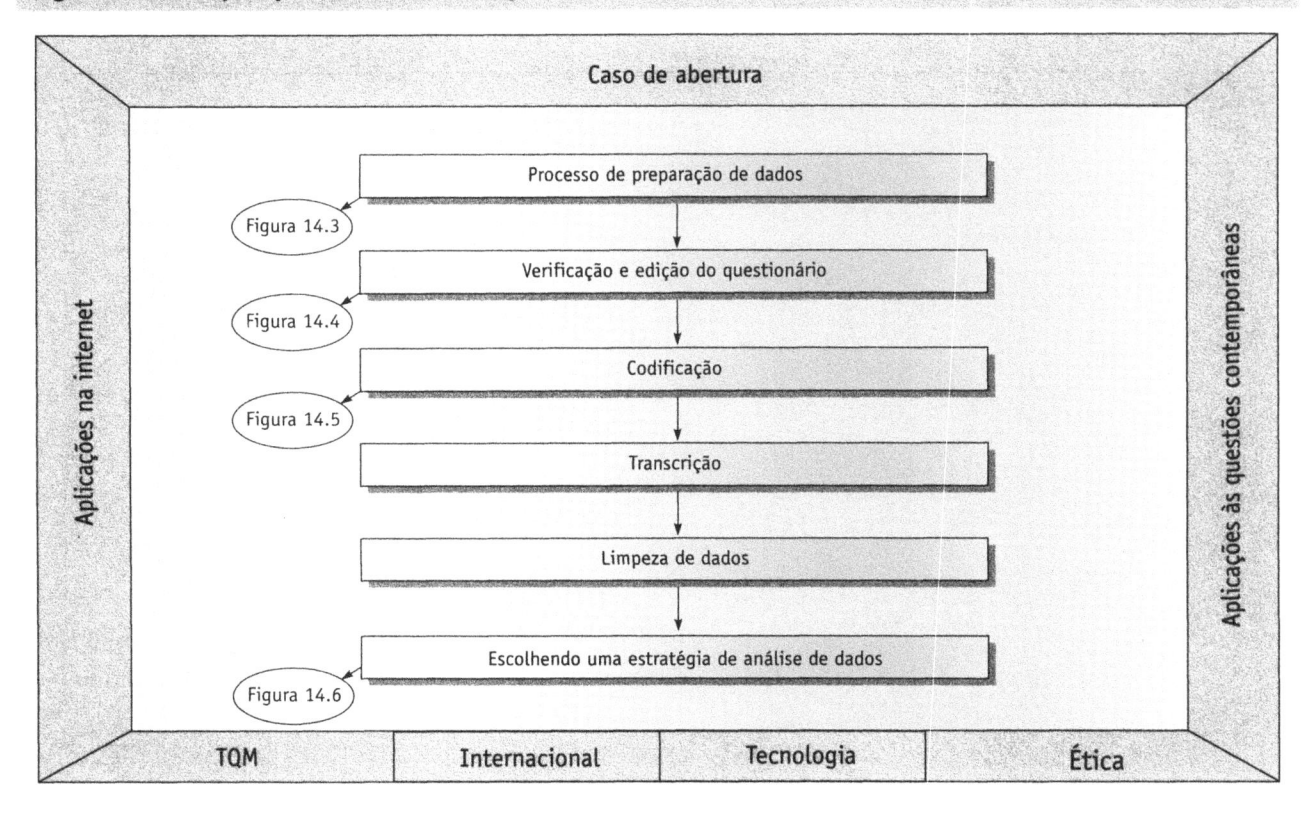

Aplicações na internet | Aplicações às questões contemporâneas

TQM | Internacional | Tecnologia | Ética

Figura 14.3 Processo de preparação de dados

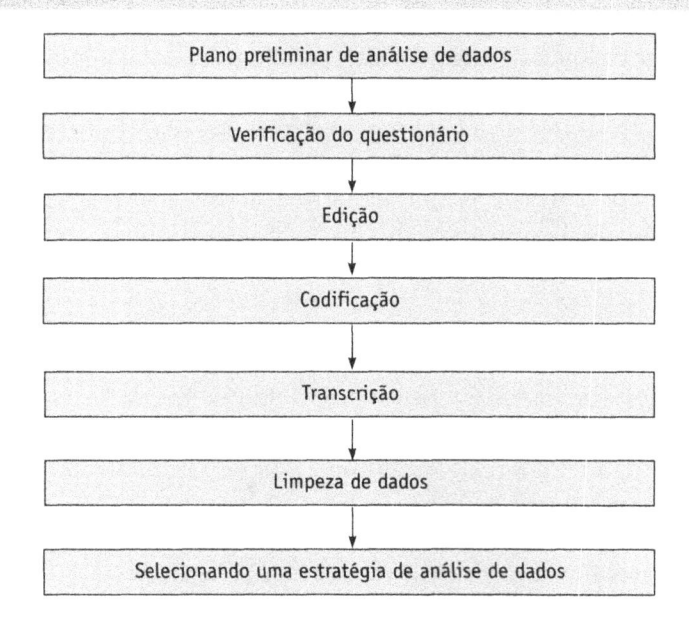

- Plano preliminar de análise de dados
- Verificação do questionário
- Edição
- Codificação
- Transcrição
- Limpeza de dados
- Selecionando uma estratégia de análise de dados

VERIFICAÇÃO DO QUESTIONÁRIO

O primeiro passo na verificação do questionário envolve a verificação da integridade e a qualidade da entrevista. Esse é um processo contínuo e começa assim que o primeiro conjunto de questionários é devolvido, embora o trabalho de campo ainda esteja em elaboração. Assim, qualquer problema pode ser detectado no início e uma medida corretiva pode ser tomada antes que muitos levantamentos tenham sido completados. Um questionário devolvido do campo pode ser inaceitável por várias razões. Por exemplo, partes dele podem estar incompletas, instruções de salto podem não ter sido obedecidas (Capítulo 11), uma ou mais páginas podem estar faltando e assim por diante.

Se foram impostos tamanhos de cotas ou de grupos de células (Capítulo 12), os questionários aceitáveis devem ser classificados e contados de acordo com isso. Qualquer problema em satisfazer os requisitos de amostragem deve ser identificado e uma medida corretiva deve ser tomada, como realizar entrevistas adicionais nas células representadas em menores quantidades.

EDIÇÃO

A **edição** envolve a revisão de questionários para aumentar a precisão e a exatidão. Ela consiste na triagem de questionários para identificar respostas ilegíveis, incompletas, inconsistentes ou ambíguas, como no caso de abertura.

É possível que as respostas estejam ilegíveis se foram mal registradas, como respostas para perguntas não-estruturadas ou abertas. Da mesma forma, podem existir questionários incompletos em vários graus. Poucas ou muitas perguntas podem estar sem resposta. Nesse estágio, o pesquisador faz uma checagem preliminar em termos de consistência. Certas inconsistências óbvias podem ser facilmente detectadas. Por exemplo, um entrevistado relata uma renda anual de menos de 20 mil dólares, porém diz comprar com freqüência em lojas de departamentos de prestígio e caras. Uma resposta é ambígua, por exemplo, se o entrevistado colocou um círculo em volta dos números 4 e 5 em uma escala de 7 pontos.

Respostas insatisfatórias são comumente tratadas ao se voltar para o campo para obter dados melhores, ao se atribuírem valores que estavam faltando ou ao se descartarem os entrevistados insatisfatórios (Figura 14.4). Os questionários com respostas insatisfatórias podem ser devolvidos para o campo, no qual os entrevistadores contatam os entrevistados novamente. Essa abordagem é especialmente atraente para levantamentos de marketing de empresas e indústrias, em que os tamanhos das amostras são pequenos e os entrevistados são facilmente identificáveis. Se não for viável retornar os questionários para o campo, o editor poderá atribuir valores que estão faltando às respostas insatisfatórias. Essa abordagem pode ser aconselhável se (1) o número de entrevistados com respostas insatisfatórias for pequeno; (2) se a proporção de respostas insatisfatórias para cada um desses entrevistados for pequena; ou (3) se as variáveis com respostas insatisfatórias não forem as variáveis-chave.

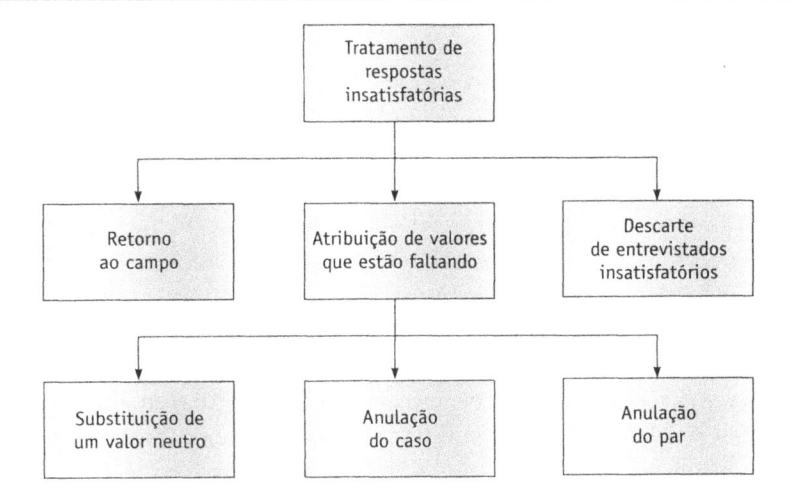

Figura 14.4 Tratamento de respostas insatisfatórias

Alternativamente, os entrevistados com respostas insatisfatórias são simplesmente descartados. Essa abordagem pode ser adequada quando (1) a proporção de entrevistados insatisfatórios for pequena (menos de 10%); (2) o tamanho da amostra for grande; (3) os entrevistados insatisfatórios não diferirem de forma óbvia dos entrevistados satisfatórios (por exemplo, demografia, características de consumo do produto); (4) a proporção de respostas insatisfatórias para cada um desses entrevistados for grande; ou (5) respostas sobre variáveis-chave estiverem faltando (caso de abertura). No entanto, entrevistados insatisfatórios podem diferir de entrevistados satisfatórios de forma sistemática, e a decisão de designar um entrevistado como insatisfatório pode ser subjetiva. Esses fatores relativos aos entrevistados insatisfatórios podem distorcer os resultados. Se o pesquisador decidir descartar entrevistados insatisfatórios, o procedimento adotado para identificar esses entrevistados e o seu número deve ser relatado pelo pesquisador no relatório do projeto, como no exemplo a seguir.

Exemplo

UMA QUEIXA CONTRA RECLAMAÇÕES DE CONSUMIDORES

Em um estudo que examinou reclamações de consumidores, 1.000 questionários foram enviados para domicílios a respeito de cada uma de três categorias de serviço: reparos automotivos, cuidados médicos e serviços bancários. As respostas recebidas foram: reparos automotivos, 155; cuidados médicos, 166; e serviços bancários, 172. Os questionários devolvidos foram cuidadosamente verificados e editados. Os entrevistados que não satisfizeram os critérios de qualificação (serem capazes de se lembrar de alguma experiência desagradável recente) e aqueles com grande número de valores faltando ou com valores faltantes em variáveis-chave foram descartados. As amostras utilizáveis que ficaram foram: reparos automotivos, 116; cuidados médicos, 125; e serviços bancários, 104.

Os pesquisadores reclamaram que um grande número de entrevistados tinha de ser descartado por causa de falhas em satisfazer os critérios de qualificação ou por uma alta incidência de valores faltantes. Essas reclamações são justificáveis porque descartar uma proporção tão alta de questionários devolvidos (25,2% para reparos automotivos, 24,7% para cuidados médicos e 39,5% para serviços bancários) não é uma boa prática de pesquisa. De acordo com as diretrizes gerais, não mais do que 10% dos questionários devolvidos devem ser descartados.[2]

CODIFICAÇÃO

A **codificação** significa a atribuição de um código, normalmente um número, a cada resposta possível a cada pergunta. O código inclui uma indicação da posição na coluna (campo) e o registro de dados que ele ocupará. Por exemplo, o sexo dos entrevistados pode ser codificado como 1 para mulheres e 2 para homens. Um campo representa um único item de dados como o sexo do entrevistado. Um registro consiste em campos relacionados, como sexo, estado civil, idade, tamanho da família, ocupação e assim por diante. Assim, cada registro pode ter várias colunas. Geralmente, todos os dados para um entrevistado serão armazenados em um único registro, embora diversos registros possam ser usados para cada entrevistado. Muitas vezes é útil preparar um **livro de códigos** que contenha as instruções de codificação e as informações necessárias sobre as variáveis no conjunto de dados (caso de abertura).

Os dados (todos os registros) para todos os entrevistados são armazenados em um arquivo de computador, como mostra a Tabela 14.1, na qual as colunas representam os campos e as filas representam os registros ou entrevistados, uma vez que existe um registro por entrevistado. Essa tabela apresenta dados codificados para parte do registro. Esses dados foram codificados de acordo com o plano de codificação es-

Tabela 14.1 Arquivo ilustrativo de computador: projeto de clientela de lojas de departamentos

ENTREVISTADO	Campos Números de colunas					
	1-3	4	5-6	7-8.......	26.........35	77
1	001	1	31	01	6544234553	5
2	002	1	31	01	5564435433	4
3	003	1	31	01	4655243324	4
4	004	1	31	01	5463244645	6
Registro nº 271	271	1	31	55	6652354435	5

pecificado na Figura 14.5. As colunas 1-3 representam um único campo e contêm os números codificados do entrevistado de 001 a 271. A Coluna 4 contém o número do registro. Essa coluna tem um valor de 1 para todas as filas, pois apenas um registro é usado para cada entrevistado. As colunas 5-6 contêm o código do projeto, que é 31. As duas colunas seguintes, 7-8, mostram o código do entrevistador, o qual varia de 01 a 55 para o número de entrevistado 271. As colunas 26-35, cada uma representando um campo, contêm classificações de familiaridade para as dez lojas, com valores que vão de 1 a 6. Finalmente, a coluna 77 representa a classificação da loja 10 em preços. Existem 271 fileiras, indicando que os dados para 271 entrevistados estão armazenados nesse arquivo. Uma planilha também pode ser usada para inserir os dados, uma

Figura 14.5 Trecho de um livro de códigos

Número da coluna	Número da variável	Nome da variável	Número da pergunta	Instruções de codificação
1-3	1	Identificação do entrevistado		001 a 890, adicione zeros na ponta quando necessário
4	2	Número do registro		1 (mesmo para todos os entrevistados)
5-6	3	Código do projeto		31 (mesmo para todos os entrevistados)
7-8	4	Código da entrevista		Como codificado no questionário
9-14	5	Código de data		Como codificado no questionário
15-20	6	Código de tempo		Como codificado no questionário
21-22	7	Código de validação		Como codificado no questionário
23-24		Em branco		Deixe estas colunas em branco
25	8	Quem compra	I	Chefe homem = 1 Chefe mulher = 2 Outro = 3 **Perfure o número circulado** Valores faltando = 9
26	9	Familiaridade com loja 1	IIa	Para pergunta II, partes de a, a j **Perfure o número circulado**
27	10	Familiaridade com loja 2	IIb	Não tão familiarizado = 1 Muito familiarizado = 6 Valores faltando = 9
28	11	Familiaridade com loja 3	IIc	
35	18	Familiaridade com loja 10	IIj	

vez que a maioria dos programas de análise pode importar dados de uma planilha. Nesse caso, os dados para cada entrevistado de cada campo formam uma célula.

Se o questionário contiver apenas perguntas estruturadas, ou poucas perguntas não-estruturadas, ele é pré-codificado. Isso significa que os códigos são atribuídos antes de o trabalho de campo ser realizado. Se contiver perguntas não-estruturadas, os códigos são atribuídos após os questionários serem devolvidos do campo (pós-codificação). Embora a pré-codificação tenha sido discutida resumidamente no Capítulo 11 sobre o modelo do questionário, fornecemos diretrizes adicionais na próxima seção.

Codificando perguntas

O código do entrevistado e o número do registro devem aparecer em cada registro nos dados. Os seguintes códigos adicionais devem ser incluídos para cada entrevistado: código do projeto, código do entrevistador, códigos de data e tempo e código de validação. **Códigos fixos do campo** são muito desejáveis. Isso significa que o número de registros para cada entrevistado é igual e os mesmos dados aparecem na mesma coluna para todos os entrevistados. Se possível, códigos-padrão devem ser usados para os dados que estejam faltando. Por exemplo, um código de 9 poderia ser utilizado para uma variável de coluna única (respostas codificadas em uma escala de 1 a 7), 99 para uma variável de coluna dupla (respostas codificadas em uma escala de 1 a 11) e assim por diante. Os códigos para os valores que estejam faltando devem ser distintos dos códigos atribuídos às respostas legítimas.

A codificação de perguntas estruturadas é relativamente simples, uma vez que as opções de resposta são predeterminadas. O pesquisador atribui um código a cada resposta, a cada pergunta, e especifica o registro e as colunas apropriadas em que os códigos de respostas devem aparecer. Por exemplo,

No último mês, você comprou um produto ou um serviço pela Internet?

1. Sim   2. Não   (94)

Para essa pergunta, uma resposta 'sim' é codificada como 1 e uma resposta 'não' recebe um 2. Os números em parênteses indicam que o código atribuído aparecerá na coluna 94 para esse entrevistado. Como somente uma resposta é permitida e existem apenas duas respostas possíveis (1 ou 2), uma coluna única é o suficiente. Em geral, uma coluna única é o suficiente para codificar uma pergunta estruturada com uma única resposta se existirem menos de nove respostas possíveis.

Em perguntas que permitam respostas múltiplas, cada opção possível de resposta deve receber uma coluna separada. Tais perguntas incluem aquelas sobre propriedade ou consumo de marcas, audiência de televisão e leitura de revistas, como no exemplo a seguir.

*E*xemplo

LEITURA DE REVISTAS

Quais revistas você leu nos últimos dois meses? (assinale com X todas aquelas que se aplicam)

Time	☐	(102)
Newsweek	☐	(103)
Business Week	☐	(104)
Forbes	☐	(105)
Fortune	☐	(106)
Economist	☐	(107)
Outras revistas	☐	(108)

Suponha que um entrevistado tenha assinalado *Time*, *Newsweek* e outras revistas. No registro desse entrevistado, um 1 será inserido nas colunas de número 102, 103 e 108. Todas as outras colunas (104, 105, 106, 107) receberão um 0.

A codificação de perguntas não-estruturadas ou abertas é mais complexa. Respostas literais de entrevistados são registradas no questionário. Códigos são, então, elaborados e atribuídos a essas respostas. As diretrizes a seguir são sugeridas para a codificação de perguntas não-estruturadas e questionários em geral.

Códigos de categoria devem ser mutuamente exclusivos e coletivamente exaustivos. As categorias são mutuamente exclusivas se cada resposta se encaixar em somente um código de categoria. Elas não devem ter sobreposição, sendo coletivamente exaustivas se todas as respostas se encaixarem em um dos códigos atribuídos da categoria. Isso pode ser alcançado ao se adicionar um código de categoria de 'outros' ou 'nenhum dos acima'. No entanto, somente alguns (10% ou menos) dos entrevistados devem cair nessa categoria. A grande maioria das respostas deve ser classificada em categorias significativas.

Os dados devem ser codificados para reter tanto detalhe quanto possível. Por exemplo, se dados sobre o número exato de viagens feitas em linhas aéreas comerciais por viajantes de negócios foram obtidos, eles devem ser codificados assim, em vez de agrupados em dois códigos de categorias de 'viajantes esporádicos' e 'viajantes freqüentes'. Obter informações sobre o número exato de viagens permite ao pesquisador, mais tarde, definir categorias de viajantes de negócios de várias formas (por exemplo, menos de 3 viagens por mês, 4 a 6 viagens por mês, 7 a 10 viagens por mês, 11 a 15 viagens por mês e mais de 15 viagens por mês). Se as categorias fossem predefinidas (por exemplo, viajantes esporádicos e viajantes freqüentes), a análise subseqüente de dados seria limitada por essas categorias.

TRANSCRIÇÃO

A transcrição de dados envolve a transferência de dados codificados dos questionários ou folhas de codificação para discos ou diretamente para computadores. Avanços tecnológicos resultaram em sistemas computadorizados de análise sensorial, os quais automatizam o processo de coleta de dados. As perguntas aparecem em uma grade computadorizada e as respostas são registradas diretamente no computador por um dispositivo sensorial.

LIMPEZA DE DADOS

A **limpeza de dados** inclui verificações de consistência e tratamento de respostas que estejam faltando. Embora tenham sido feitas verificações preliminares de consistência durante a edição, as verificações nesse estágio são mais completas e extensivas, uma vez que são realizadas por computador.

Verificações de consistência

As **verificações de consistência** identificam dados que estejam fora da amplitude, sejam logicamente inconsistentes ou tenham valores extremos (caso de abertura). Valores de dados fora da amplitude são inadmissíveis e precisam ser corrigidos. Por exemplo, pediu-se aos entrevistados que expressassem o grau de concordância com uma série de afirmações sobre estilo de vida em uma escala de 1 a 5. Supondo que 9 tenha sido designado para valores que estejam faltando, os valores de dados de 0, 6, 7 e 8 estão fora da amplitude. Essas respostas fora da amplitude podem surgir por causa de erros do entrevistado ou erros do entrevistador. Softwares como SPSS, SAS, Minitab e Excel podem ser programados para identificar valores fora da amplitude para cada variável e imprimir o código do entrevistado, o código da variável, o nome da variável, o número do registro, o número da coluna e o valor fora da amplitude.[3] Isso faz com que seja fácil checar cada variável sistematica-

Verificações de consistência são preciosas para identificar problemas com os dados

mente por valores fora da amplitude. As respostas corretas podem ser determinadas ao se voltar para o questionário editado e codificado.

As respostas podem ser logicamente inconsistentes de várias maneiras. Por exemplo, um entrevistado pode indicar que debita as chamadas interurbanas num cartão de chamadas, embora não tenha um cartão como esse. Ou pode relatar tanto uma falta de familiaridade com um produto quanto seu uso freqüente. As informações necessárias (código do entrevistado, código da variável, nome da variável, número do registro, número da coluna e valores inconsistentes) podem ser impressas para localizar essas respostas e tomar a medida corretiva.

Finalmente, valores extremos devem ser examinados de perto. Nem todos os valores extremos resultam de erros, mas podem apontar para problemas com os dados. Por exemplo, uma avaliação extremamente baixa de uma marca pode resultar do fato de o entrevistado circular indiscriminadamente o número 1 (em uma escala de classificação de 1 a 7) para todos os atributos dessa marca.

Tratamento de respostas que estejam faltando

As **respostas que estejam faltando** representam valores de uma variável que são desconhecidos, ou porque os entrevistados forneceram respostas ambíguas, ou porque suas respostas não foram registradas apropriadamente. A incidência de respostas que faltam deve ser minimizada mediante a seleção, o treinamento e a supervisão correta dos pesquisadores de campo, como ilustrado pela Sears no caso de abertura. O tratamento de respostas faltantes apresenta um problema, especialmente se a proporção dessas respostas for acima de 10%. As seguintes opções estão disponíveis para o tratamento de respostas que estejam faltando (Figura 14.4):

1. **Substitua um valor neutro.** Um valor neutro, em geral a resposta média para a variável, é substituído para as respostas que estejam faltando. Assim, a média da variável permanece inalterada e as outras estatísticas, como as correlações, podem não ser muito afetadas se a proporção de valores que estão faltando for pequena. Embora essa abordagem tenha algum mérito, a lógica de substituir um valor médio (digamos 4) para entrevistados que, se tivessem respondido, poderiam ter usado classificações mais altas (6 ou 7), ou classificações mais baixas (1 ou 2), é questionável.
2. **Anulação do caso.** Na anulação do caso, os casos ou os entrevistados com quaisquer respostas faltando são descartados da análise. Suponha que 20% dos entrevistados não respondam às perguntas sobre renda. Todos esses entrevistados serão excluídos da análise que envolve a variável de renda, reduzindo o tamanho da amostra em 20%. Se diversas variáveis estiverem envolvidas na análise (por exemplo, renda, ensino, ocupação), os entrevistados com valores faltando em qualquer uma dessas variáveis serão excluídos. Como muitos entrevistados podem ter respostas faltando em diversas variáveis, essa abordagem resultaria em uma amostra pequena. Jogar fora grandes quantidades de dados é indesejável porque é custoso e consome tempo coletá-los. Além disso, os entrevistados com respostas faltando poderiam diferir de entrevistados com respostas completas de forma sistemática. Se realizados, a anulação do caso poderia distorcer seriamente os resultados.
3. **Anulação do par.** Na **anulação do par**, em vez de descartar todos os casos com valores faltando, o pesquisador usa apenas os casos ou os entrevistados com respostas completas para cada cálculo. Suponha que o pesquisador esteja interessado em calcular correlações de pares (Capítulo 17) entre um conjunto de variáveis – digamos consciência, atitude, preferência e intenção de compra –, todas medidas em uma escala de 1 a 7. Depois, ao calcular a correlação entre atitude e preferência, todos os entrevistados com respostas legítimas nas duas variáveis serão incluídos na análise, mesmo que eles possam ter valores faltando nas outras duas variáveis – mais especificamente, consciência e intenção de compra. Em contraste, na anulação do caso, os entrevistados com valores faltando em qualquer uma das quatro variáveis seriam excluídos da análise.

A anulação do par pode ser apropriada quando (1) o tamanho da amostra é grande; (2) há poucas respostas faltando; e (3) as variáveis não são muito relacionadas. Porém, esse procedimento pode produzir resultados que não sejam atraentes nem viáveis, uma vez que cálculos diferentes em uma análise podem ser embasados em tamanhos diferentes de amostras. Por exemplo, a estatística, como correlações de pares, pode ser embasada em tamanhos diferentes de amostras, fazendo com que as comparações se tornem mais difíceis.

Os procedimentos diferentes para o tratamento de respostas que estejam faltando podem render resultados diferentes, em especial quando as respostas não estão faltando aleatoriamente e as variáveis são relacionadas. O pesquisador deve considerar as implicações dos vários procedimentos cuidadosamente antes de selecionar um método específico para o tratamento da não-resposta. Também é recomendado que os dados sejam analisados utilizando-se opções diferentes para lidar com respostas que estejam faltando para determinar o impacto sobre os resultados, como mostra o caso de abertura sobre a Sears.

SELECIONANDO UMA ESTRATÉGIA DE ANÁLISE DE DADOS

A escolha de uma estratégia de análise de dados deve ser baseada nas etapas anteriores do processo de pesquisa de marketing, nas características conhecidas dos dados, nas propriedades das técnicas estatísticas e no histórico e na filosofia do pesquisador (Figura 14.6).

Quando escolher uma estratégia de análise de dados, o pesquisador precisa começar considerando as etapas iniciais no processo: a definição do problema (etapa 1), o desenvolvimento de uma abordagem (etapa 2) e o modelo da pesquisa (etapa 3). Ele deve usar o plano preliminar de análise de dados que foi preparado como parte do projeto de pesquisa que serviu de ponto de partida. Poderá ser necessário fazer mudanças no plano preliminar à luz das informações adicionais geradas em estágios subseqüentes do processo de pesquisa.

A próxima etapa é considerar as características conhecidas dos dados. As escalas de medição usadas exercem forte influência sobre a escolha de técnicas estatísticas (Capítulo 9). Além disso, o modelo da pesquisa pode favorecer certas técnicas. A informação dos dados obtidos durante sua preparação pode ser valiosa na escolha de uma estratégia para análise.

Também é importante levar em conta as propriedades das técnicas estatísticas, especialmente seu propósito e as suposições prioritárias. Algumas técnicas estatísticas são apropriadas para examinar diferenças nas variáveis, outras para avaliar a magnitude dos relacionamentos entre as variáveis e outras, ainda, para fazer previsões (capítulos 15, 16 e 17). As técnicas também envolvem suposições diferentes e algumas podem suportar violações das suposições prioritárias melhor do que outras. As técnicas estatísticas podem ser amplamente classificadas como univariadas ou multivariadas. As **técnicas univariadas** são usadas para analisar dados quando há uma única medida de cada elemento ou unidade na amostra; se existirem várias medidas de cada elemento, cada variável é analisada isoladamente. Por outro lado, as utilizadas **técnicas multivariadas** são para analisar dados quando existem duas ou mais medidas de cada elemento e as variáveis são analisadas simultaneamente.

Figura 14.6 Escolhendo uma estratégia de análise de dados

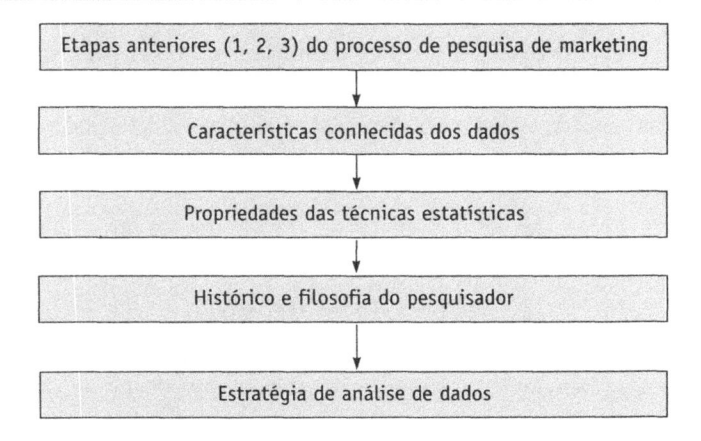

```
Etapas anteriores (1, 2, 3) do processo de pesquisa de marketing
                            ↓
         Características conhecidas dos dados
                            ↓
         Propriedades das técnicas estatísticas
                            ↓
         Histórico e filosofia do pesquisador
                            ↓
              Estratégia de análise de dados
```

Finalmente, o histórico e a filosofia do pesquisador afetam a escolha de uma estratégia de análise de dados. O pesquisador experiente e treinado em estatística empregará uma amplitude de técnicas.

ILUSTRAÇÃO RESUMIDA USANDO O CASO DE ABERTURA

Embora sejam usados para coletar dados primários, os questionários completados e devolvidos do campo são cuidadosamente verificados e editados levando-se em conta as respostas incompletas (por exemplo, perguntas saltadas incorretamente) ou inconsistentes (por exemplo, um entrevistado relata fazer compras usando o cartão de crédito da Sears, mas não possui o cartão). Qualquer entrevistado que dê respostas insatisfatórias é simplesmente descartado, uma vez que a proporção de entrevistados desse tipo é pequena, o tamanho da amostra é grande e a pesquisa da Sears tem mostrado que os entrevistados não-satisfatórios não diferem de entrevistados satisfatórios nas variáveis-chave. Os dados são codificados seguindo os procedimentos-padrão apresentados no livro de códigos da Sears. Depois são transcritos dos questionários para o computador usando tecnologia de ponta. Como parte da limpeza de dados, são realizadas verificações adicionais nos dados para averiguar sua consistência e exatidão. É feito um esforço para identificar dados que estão fora da amplitude (por exemplo, uma resposta de 8 em uma escala de 1 a 7) ou logicamente inconsistentes (por exemplo, uma soma das porcentagens que ultrapasse os 100%). Procura-se reduzir ao mínimo os valores faltantes mediante seleção, treinamento e supervisão corretas dos pesquisadores de campo. Além disso, os dados são analisados com procedimentos diferentes para tratar valores que estejam faltando, incluindo a anulação do caso e do par, para determinar o impacto nos resultados. Um processo similar é adotado para os dados coletados de fontes secundárias. Esse cuidado tomado na preparação dos dados tem resultado em um banco de dados de alta qualidade que permite à Sears identificar as necessidades do mercado e direcionar seus esforços de marketing com base nessas informações.

PESQUISA DE MARKETING E TQM

Dados precisam ser analisados para projetar, implementar e controlar os programas de gestão da qualidade. É extremamente importante que os procedimentos de preparação de dados descritos neste capítulo sejam seguidos para assegurar a qualidade dos dados. Essa qualidade deve ser verificada em cada estágio do processo de preparação dos dados: verificação, edição, codificação, transcrição e limpeza de dados do questionário. Empresas que seguem meticulosamente os procedimentos de preparação dos dados estão colhendo os benefícios de uma qualidade superior nos seus programas de gestão da qualidade.

PESQUISA DE MARKETING INTERNACIONAL

O pesquisador deve assegurar que os dados tenham sido preparados de forma comparável entre os países ou unidades culturais. Isso significa que procedimentos comparáveis precisam ser seguidos para verificar, editar e codificar questionários. Observe que os procedimentos devem ser comparáveis, embora o questionário em si, e portanto o plano de codificação, possa variar. Certos ajustes podem ser necessários para tornar os dados comparáveis entre os países. Por exemplo, pode ser preciso ajustar os dados para estabelecer equivalentes de moedas ou equivalentes métricos. Além disso, a transformação dos dados pode ser necessária para tornar úteis as comparações e obter resultados consistentes, como no exemplo a seguir.

Exemplo

ACER LANÇA UM ÁS

Em poucos anos, a Acer, de Taiwan, passou de fabricante de clones a sétima maior fabricante de computadores pessoais no mundo. A empresa, que criou o reconhecimento do nome de sua marca ao desenvolver computadores de estilo direcionados para o mercado residencial, estabeleceu metas altas. Ela queria tornar-se um dos cinco maiores fornecedores de PCs no mundo, superando 10 bilhões de dólares em receitas até 2001. Um fator crucial no sucesso da Acer foi o conhecimento da preferência dos consumidores em PCs obtido mediante a realização de levantamentos em vários países. Grandes esforços são despendidos no estágio de preparação de dados para assegurar que estes sejam comparáveis. Por exemplo, o preço de PCs em cada país é transformado em uma unidade comum. Essa transformação é necessária, uma vez que os preços são especificados em moedas locais diferentes, e deve haver uma base comum para a comparação entre países. Além disso, em cada país, o preço prêmio é definido em relação aos preços das marcas concorrentes.

Os cuidados tomados no estágio de preparação de dados resultaram em conclusões valiosas. Por exemplo, a Acer descobriu que, embora a importância relativa varie de país para país, oito atributos de produto contribuem para a preferência de marca para PCs no mundo todo: preço, facilidade de instalação e uso, serviço e apoio, características, desempenho, confiabilidade, escopo de uso e compatibilidade em uma rede. Esses resultados possibilitaram que a Acer lançasse estratégias globais de marketing sensíveis às variações nas preferências locais.[4]

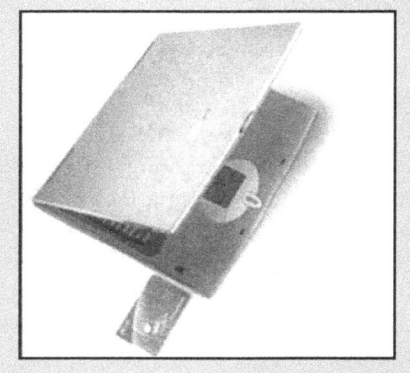

TECNOLOGIA E PESQUISA DE MARKETING

Avanços na tecnologia têm facilitado muito o processo de preparação de dados. Quando os dados são coletados usando-se entrevistas com auxílio de computadores (ETAC ou ETAP) ou levantamentos eletrônicos (Internet, correio eletrônico), várias checagens por erro podem ser programadas no processo de gestão do questionário, e os dados são transcritos diretamente para o computador.

Outros avanços também foram feitos. Por exemplo, a National Computer Systems (NCS), de Minneapolis, lançou sistema de captura de dados projetado para ler automaticamente as informações escritas à mão de documentos e de fax e processá-las para uma variedade de aplicações. Chamado de NCS Accra, o sistema verifica e corrige informações imprecisas e as armazena em mídia ótica. O NCS Accra tem scanners de alta resolução, mecanismos aprovados de reconhecimento para a captura precisa de dados, edição avançada de contexto, incluindo a correção e a validação de endereços, capacidades de entrada para fax remoto e opções robustas de armazenamento e recuperação de arquivos de imagens. O sistema pode ler dados escritos à mão, escritos por máquina e com código de barras, assim como marcas óticas, incluindo X e 'tiques' de documentos e imagens. Uma vez validados e verificados os dados, o registro ASCII é transferido para um banco de dados ou para um arquivo de aplicativo do usuário.[5]

ÉTICA NA PESQUISA DE MARKETING

Questões éticas podem surgir durante a etapa de apresentação e de análise de dados, especialmente em áreas nas quais o pesquisador precisa exercer juízo. Enquanto verifica, edita, codifica, transcreve e limpa, ele consegue ter uma idéia da qualidade dos dados. Às vezes é fácil identificar entrevistados que não levaram o questionário a sério ou que forneceram dados de qualidade questionável. Por exemplo, considere um entrevistado que marca a resposta "não concordo nem discordo" para todas as 30 respostas que medem atitudes em relação a esportes populares. Decisões sobre se esses entrevistados devem ser descartados, ou seja, não incluídos na análise, podem gerar preocupações éticas. Uma boa regra empírica é tomar essas decisões durante a fase de preparação de dados antes de realizar qualquer análise. Descartar entrevistados após a análise de dados gera preocupações éticas, especialmente se essas informações não forem totalmente reveladas no relatório escrito. Além disso, o procedimento usado para identificar entrevistados insatisfatórios e o número de entrevistados descartados deve ser revelado de forma clara, como no exemplo a seguir.

Exemplo

EDIÇÃO ÉTICA DE DADOS

Em um estudo de respostas de MBAs para dilemas éticos de marketing, os entrevistados precisavam responder a 14 perguntas sobre cenários eticamente ambíguos ao escreverem uma sentença simples com relação a que medida tomariam se fossem os gerentes naquela situação. As respostas foram analisadas para determinar se eram indicativas de comportamento ético. No entanto, na fase de preparação de dados, seis entrevistados de um total de 561 foram eliminados de uma análise posterior porque suas respostas indicaram que eles não seguiriam as instruções que os orientavam a declarar nitidamente sua escolha de ação. Esse é um exemplo de edição ética dos dados. O critério para respostas insatisfatórias está claramente anunciado, os entrevistados insatisfatórios são identificados antes da análise e o número de entrevistados eliminados é revelado.[6]

Outra preocupação ética é relativa à interpretação dos resultados, tirando conclusões e fazendo recomendações. Embora interpretações, conclusões e recomendações necessariamente envolvam uma percepção subjetiva do pesquisador, essa percepção precisa ser exercitada de forma honesta, sem quaisquer tendenciosidade nem planos pessoais do pesquisador ou do cliente. Suponha que um estudo revele que 31% dos entrevistados preferem a marca do cliente, ao passo que 30,8% preferem a marca do concorrente mais forte, com todas as outras marcas sendo preferidas por porcentagens muito mais baixas. Para o pesquisador, afirmar que a marca do cliente é a preferida no mercado, sem revelar que uma marca concorrente está em segundo lugar, colada na marca do cliente, pode ser enganoso se isso transmitir a falsa impressão de que a marca do cliente é a marca dominante.

APLICAÇÕES NA INTERNET

Grandes softwares estatísticos, como SPSS (*www.spss.com*), SAS (*www.sas.com*), Minitab (*www.minitab.com*) e Excel (*www.microsoft.com/office/excel*), têm sites na Internet que podem ser acessados para uma variedade de informações. Esses pacotes também contêm opções para lidar com respostas faltantes e para ajustar estatisticamente os dados. Além disso, diversos pacotes estatísticos podem agora ser encontrados na Internet. Embora alguns desses programas possam não oferecer análise e gestão integradas dos dados, eles podem mesmo assim ser úteis para conduzir análises estatísticas específicas.

Informações úteis para formular uma estratégia de análise de dados estão prontamente disponíveis na Internet. Muitas informações podem ser obtidas sobre a adequação do uso de certas técnicas estatísticas em ambientes específicos. É possível surfar na Internet para achar novas técnicas estatísticas ainda não disponíveis nos pacotes estatísticos mais comumente usados. Grupos de notícias e grupos de interesse especial são fontes úteis para uma variedade de informações estatísticas.

Resumo

A preparação de dados começa com a verificação preliminar de todos os questionários em relação à integridade e à qualidade de entrevistas. Depois, uma edição mais completa é realizada. A edição consiste em fazer uma triagem de questionários para identificar respostas incompletas, inconsistentes ou ambíguas. Pode-se lidar com tais respostas ao devolver questionários para o campo, atribuir valores que estejam faltando ou descartar os entrevistados insatisfatórios.

A próxima etapa é a codificação. Um código numérico ou alfanumérico é atribuído para representar uma resposta específica a uma pergunta específica, junto com a posição que esse código ocupará na coluna. Muitas vezes é útil preparar um livro de códigos com as instruções de codificação e as informações necessárias sobre as variáveis no conjunto de dados.

A limpeza dos dados requer verificações de consistência e tratamento de respostas que estejam faltando. As opções disponíveis para tratar as respostas faltantes incluem a substituição por um valor neutro, como a média, a anulação do caso e a anulação do par. A escolha de uma estratégia de análise de dados deve ser baseada nas etapas iniciais do processo de pesquisa de marketing, nas características conhecidas dos dados, nas propriedades das técnicas estatísticas, no histórico e na filosofia do pesquisador.

A preparação correta dos dados é essencial antes da análise dos dados para os programas de gestão da qualidade, como a satisfação do cliente. Ao analisar os dados na pesquisa de marketing internacional, o pesquisador deve certificar-se de que as unidades de medição são comparáveis entre países ou unidades culturais. Avanços tecnológicos resultam em novas maneiras de captar, editar, codificar e preparar dados. Várias questões éticas estão relacionadas ao processamento de dados, especialmente o descarte de entrevistados insatisfatórios e a avaliação e a interpretação de resultados. Grandes pacotes estatísticos, como SPSS, SAS, Minitab e Excel, têm sites na Internet que podem ser acessados para informações úteis.

Exercícios

1. Descreva o processo de preparação de dados.
2. Quais atividades estão envolvidas na verificação preliminar de questionários que foram devolvidos do campo?
3. O que significa editar um questionário?
4. Como são tratadas as respostas insatisfatórias descobertas na edição?
5. Qual é a diferença entre pré-codificação e pós-codificação?
6. Descreva as diretrizes para a codificação de perguntas não-estruturadas.
7. O que está envolvido na transcrição de dados?
8. Que tipos de verificações de consistência são feitos na limpeza dos dados?
9. Quais opções estão disponíveis para o tratamento de dados que estejam faltando?
10. Quais considerações estão envolvidas na escolha de uma estratégia de análise de dados?

Problemas

1. Abaixo está uma parte de um questionário usado para determinar a preferência do consumidor por máquinas fotográficas. Elabore um plano de codificação para estas três perguntas.

> 9. Classifique a importância das seguintes características que você consideraria quando comprasse uma máquina fotográfica.
>
> | | Não muito importante | | | | Muito importante |
> |---|---|---|---|---|---|
> | a. Ajuste de velocidade do filme DX | 1 | 2 | 3 | 4 | 5 |
> | b. Avanço automático do filme | 1 | 2 | 3 | 4 | 5 |
> | c. Foco automático | 1 | 2 | 3 | 4 | 5 |
> | d. Carregamento automático | 1 | 2 | 3 | 4 | 5 |
>
> 10. Se fosse comprar uma máquina fotográfica, quais das seguintes lojas você visitaria? Favor assinalar todas que se aplicam.
>   a. _____ Farmácia
>   b. _____ Loja de equipamento fotográfico
>   c. _____ Loja de desconto/comércio de massa
>   d. _____ Supermercado
>   e. _____ Outra

11. Onde você faz a maior parte de seu processamento fotográfico? Assinale apenas uma opção.
    a. _____ Farmácia
    b. _____ Minilaboratório
    c. _____ Lojas de equipamento fotográfico
    d. _____ Loja de desconto/comércio de massa
    e. _____ Supermercados
    f. _____ Pelo correio
    g. _____ Quiosque/outra

Notas

1. Baseado em "Sears joins forces with check free," *Home Textiles Today*, 22, 4, 22 set. 2000, p. 4; Aaron Baar, "Sears opts for unified tagline", *Adweek*, 40, 25, 21 jun. 1999, p. 6; Cyndee Miller, "Redux deluxe: Sears comeback an event most marketers would kill for", *Marketing News*, 30, 15, 15 jul. 1996, p. 1, 14.
2. David Lipton, "Now hear this... customer complaints are not bad if viewed as business-building occasions", *Nation's Restaurant News*, 34, 35, 28 ago. 2000, p. 30-31; Gordon A. Wyner, "Anticipating customer priorities", *Marketing Research: A Magazine of Management & Applications*, 11, 1, primavera 1999, p. 36-38, e Jagdip Singh e Robert E. Wilkes, "When consumers complain: a path analysis of the key antecedent of consumer complaint response estimates", *Journal of the Academy of Marketing Science*, 24, outono 1996, p. 350-365.
3. Veja os manuais de SPSS, SAS, Minitab e Excel disponíveis para microcomputadores e computadores de grande porte.
4. Baseado em Faith Hung, "Compaq signs major laptop deal with Taiwan's quanta", *Electronic Buyer's News*, 10 jul. 2000, p. 4; Jonathan Moore, "In Asia, thin margins could mean fat city", *Business Week*, 3626, 26 abr. 1999, p. 38, e Geoffrey James, "U.S. computer market: where East meets West", *Upside*, 8, 12, dez. 1996, p. 78-81.
5. Novo sistema de captura de dados da NCS, *Quirk's Marketing Research Review*, abr. 1996.
6. Barbara Libby, "Ethical decision making and the law", *Journal of Business Ethics*, 26, 3, ago. 2000, p. 223-232; Frederick Greenman e John Sherman, "Business school ethics: an overlooked topic", *Business & Society Review*, 104, 2, verão 1999, p. 171-177; Cheryl MacLellan e John Dobson, "Women, ethics and MBAs", *Journal of Business Ethics*, 16, 11, ago. 1997, p. 1201-1209, e G. M. Zinkhan, M. Bisesi e M. J. Saxton, "MBAs changing attitudes toward marketing dilemmas: 1981-1987", *Journal of Business Ethics*, 8, 1989, p. 963-974.

CAPÍTULO 15

Distribuição de Freqüência, Teste de Hipóteses e Tabulações Cruzadas

Neste capítulo abordamos as seguintes questões:

1. Por que a análise preliminar dos dados é importante e quais informações podem ser obtidas com esse tipo de análise?
2. O que significa contagem de freqüência e quais medidas estão associadas a esse tipo de análise?
3. Qual é o procedimento geral para o teste de hipóteses e quais as etapas envolvidas?
4. Como a análise da tabulação cruzada deve ser realizada e quais são as estatísticas associadas?
5. Como se calcula a estatística do qui-quadrado e qual seu propósito? Quando e quais outras estatísticas são usadas para testar a associação entre duas variáveis?

CONSUMIDOR CONSOME CUPONS

Um recente estudo promocional de atitudes e práticas pesquisou 682 donas de casa que eram membros do Painel de Correio de Consumidores para Fatos do Mercado. Os dados do estudo foram analisados calculando-se as contagens de freqüência, as porcentagens e as médias. O estudo descobriu que 93% delas gostavam de cupons, 99% haviam usado cupons no último ano e 95% nos últimos 30 dias. O estudo também relatou que 642 (94%) disseram que os cupons foram úteis para reduzir o custo das compras, 593 (87%) usaram cupons para as marcas que elas normalmente compram e 212 (31%) utilizaram cupons para experimentar novos produtos. Apesar da crescente influência dos clubes de consumidores freqüentes, as contagens de freqüência indicaram que a maioria das entrevistadas não limitou as compras a uma única loja. Das 44% que eram membros do clube, 19% disseram que a associação faz com que elas comprem naquela loja, enquanto 51% fazem compras em outras lojas por causa das promoções. O número médio de lojas em que compram foi de 2,9 por domicílio.

Como está ilustrado aqui, os dados do estudo são freqüentemente analisados para obter contagem de freqüência (593 entrevistadas usaram cupons para as marcas que normalmente compram), porcentagens (95% haviam usado cupons nos últimos 30 dias) e médias (o número médio de lojas em que elas compram foi de 2,9 por domicílio). Uma tabulação cruzada do uso de cupons com a renda indicou que as famílias de todos os níveis estavam usando cupons. Além do mais, domicílios com renda mais baixa tinham maior uso de cupons quando comparados com domicílios de renda média e mais alta, e essa associação era estatisticamente significante. Os supermercados podem usar esses resultados para direcionar seus cupons e estratégias promocionais. Está claro que eles não podem depender exclusivamente dos clubes de consumidores freqüentes; os cupons e as promoções de preço têm um papel importante em atrair os consumidores.[1]

VISÃO GERAL

Depois que os dados foram preparados para análise (Capítulo 14), o pesquisador deve realizar algumas análises básicas. Muitas vezes, isso envolve a computação das contagens de freqüência, porcentagens e médias, como no caso de abertura. Este capítulo descreve a análise básica dos dados, incluindo a distribuição de freqüência, o teste de hipóteses e a tabulação cruzada. A Figura 15.1 explica resumidamente o foco do capítulo, a relação com os anteriores e a etapa do processo de pesquisa de marketing em que ele se concentra.

Primeiro, descrevemos a distribuição de freqüência de uma única variável e explicamos como ela oferece uma indicação do número de valores fora de alcance, omitidos ou extremos, assim como uma visão sobre a tendência central e a variabilidade da distribuição básica. Em seguida, discutimos o teste de hipóteses e apresentamos um procedimento geral. Depois consideramos o uso de tabulação cruzada para entender as associações entre variáveis tiradas duas por vez. Embora a natureza da associação possa ser observada por tabelas, as estatísticas estão disponíveis para testar a importância e a força da associação. A Figura 15.2 apresenta uma visão geral dos tópicos discutidos neste capítulo e de como eles fluem de um capítulo para outro.

Capítulo 15: Distribuição de Freqüência, Teste de Hipóteses e Tabulações Cruzadas 315

Figura 15.1 Relação da distribuição de freqüência, do teste de hipóteses e da tabulação cruzada com os capítulos anteriores e com o processo de pesquisa de marketing

Foco do capítulo	Relação com os capítulos anteriores	Relação com o processo de pesquisa de marketing
• Freqüência • Procedimento geral para o teste de hipóteses • Tabulação cruzada • Qui-quadrado	• Perguntas de pesquisa e hipóteses (Capítulo 2) • Estratégia de análise dos dados (Capítulo 14)	Definição do problema ↓ Abordagem do problema ↓ Modelo de pesquisa ↓ Trabalho de campo ↓ → Preparação e análise de dados ↓ Preparação e apresentação do relatório

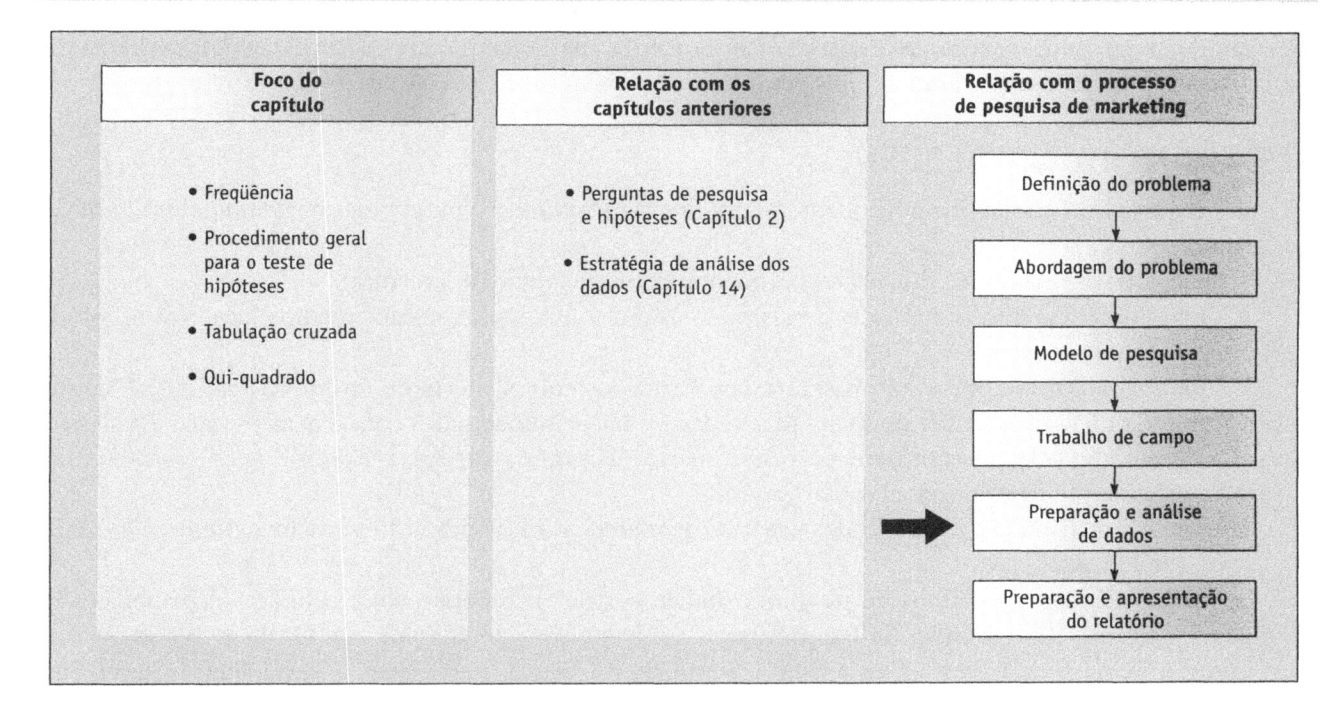

Figura 15.2 Distribuição de freqüência, teste de hipóteses e tabulação cruzada: visão geral

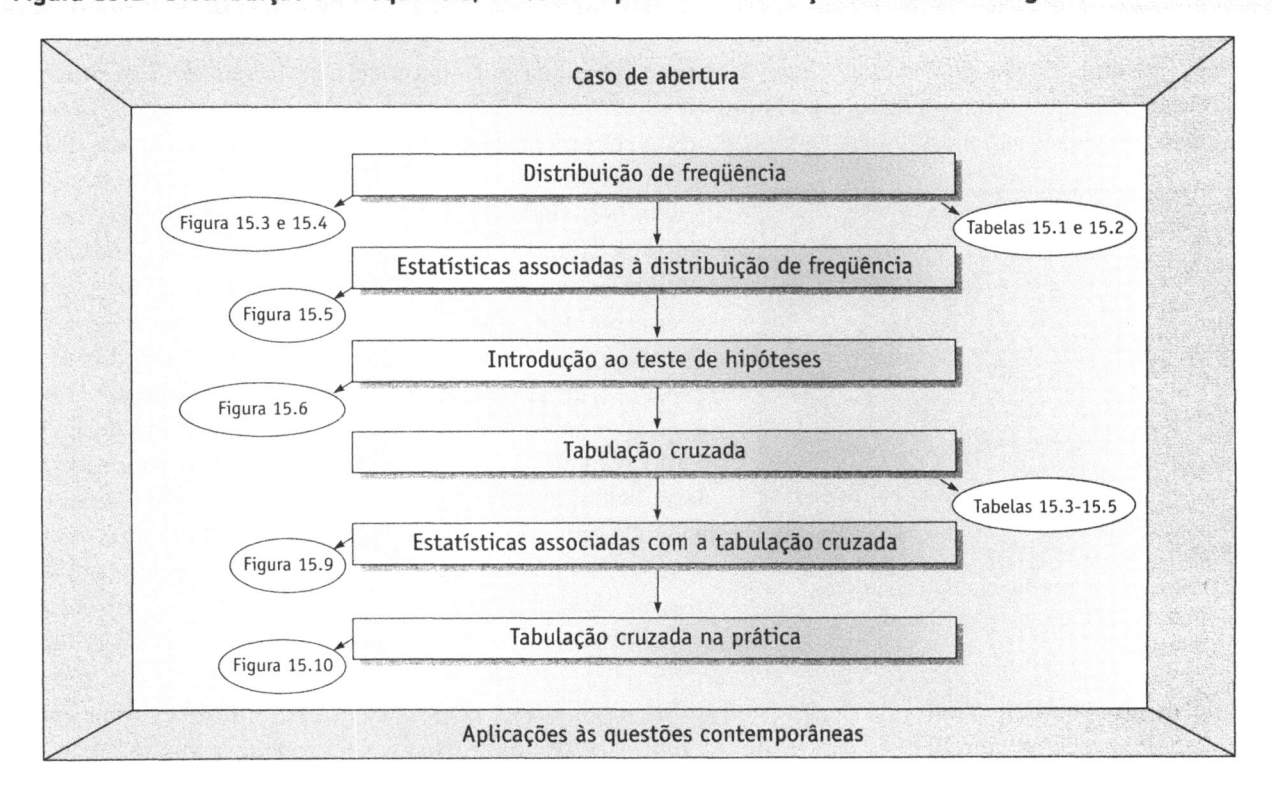

Caso de abertura

Distribuição de freqüência
(Figura 15.3 e 15.4) — (Tabelas 15.1 e 15.2)
↓
Estatísticas associadas à distribuição de freqüência
(Figura 15.5)
↓
Introdução ao teste de hipóteses
(Figura 15.6)
↓
Tabulação cruzada
— (Tabelas 15.3-15.5)
↓
Estatísticas associadas com a tabulação cruzada
(Figura 15.9)
↓
Tabulação cruzada na prática
(Figura 15.10)

Aplicações às questões contemporâneas

Muitos projetos de pesquisa de marketing comercial não vão além da análise dos dados básicos. Esses resultados são geralmente apresentados por meio de tabelas e gráficos, como podemos ver no Capítulo 18. Embora os resultados da análise básica sejam em si valiosos, as informações obtidas não têm valor na interpretação dos resultados de técnicas estatísticas mais sofisticadas. Assim, antes de realizar uma análise estatística mais avançada, é útil examinar a distribuição de freqüência das variáveis relevantes.

DISTRIBUIÇÃO DE FREQÜÊNCIA

O pesquisador de marketing freqüentemente precisa responder a perguntas sobre uma única variável. Por exemplo:

- Qual a porcentagem de donas de casa que usam cupons (caso de abertura)?
- Qual porcentagem do mercado consiste em usuários assíduos, usuários médios, usuários esporádicos ou não-usuários?
- Quantos consumidores estão bastante familiarizados com a oferta de um novo produto? Quantos estão familiarizados, um pouco familiarizados ou não-familiarizados com a marca? Qual é a classificação média sobre a familiaridade com a marca? Há muita variância a ponto de os consumidores estarem familiarizados com o novo produto?
- Qual é a distribuição de renda dos usuários da marca? Essa distribuição se inclina em direção à faixa de renda baixa?

As respostas para esses tipos de pergunta podem ser determinadas pelo exame das distribuições de freqüência. Em uma **distribuição de freqüência** a variável é considerada por vez. O objetivo é obter uma contagem do número de respostas associadas aos valores diferentes da variável. A ocorrência relativa ou a freqüência de valores diferentes da variável é expressa em porcentagens, como no caso de abertura. A distribuição de freqüência para uma variável produz uma tabela de contagens de freqüência, porcentagens e porcentagens cumulativas para todos os valores associados a essa variável.

As etapas envolvidas na realização da análise de freqüência são listadas na Figura 15.3. Ilustramos o procedimento de freqüência com os dados da Tabela 15.1, que mostra a atitude em relação à Nike, o uso e o gênero da amostra de usuários da Nike. A atitude é medida em uma escala de Likert de 7 pontos (1 = muito desfavorável, 7 = muito favorável). Os usuários foram codificados como 1, 2 e 3, representando usuários esporádicos, médios e assíduos. O gênero foi codificado como 1 para sexo feminino e 2 para sexo masculino.

A Tabela 15.2 apresenta a distribuição de freqüência da atitude. Na tabela, a primeira coluna contém os rótulos atribuídos às categorias diferentes da variável. A segunda indica o código ou o valor atribuído a cada rótulo ou categoria. A terceira coluna exibe o número de entrevistados para cada valor, incluindo-se o valor omitido. Por exemplo, dos 45 entrevistados que participaram do estudo, seis tiveram um valor de 2, denotando uma atitude desfavorável. Um entrevistado não respondeu e tem um valor omitido iniciado por 9. A quarta coluna mostra a porcentagem de entrevistados que assinalaram cada valor. Essas porcentagens são obtidas pela divisão das freqüências na coluna 3 por 45. A coluna seguinte mostra a porcentagem calculada excluindo os casos com valores omitidos, isto é, dividindo as freqüências na coluna 3 por 44 (= 45 – 1). Como pode ser visto, 8, ou 18,2%, têm um valor de atitude de 5. Se não houver valores omitidos, as colunas 4 e 5 são idênticas. A última coluna representa as porcentagens cumulativas depois de ser feito o ajuste para os casos omitidos. A porcentagem cumulativa correspondente ao valor de 5 é 70,5. Em outras palavras, 70,5% dos entrevistados têm um valor de 5 ou menos.

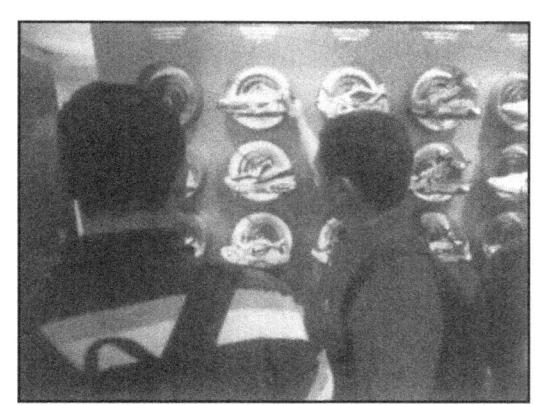

A distribuição de freqüência das respostas pode ajudar a compreender a atitude em relação à Nike

Figura 15.3 Realizando análise de freqüência

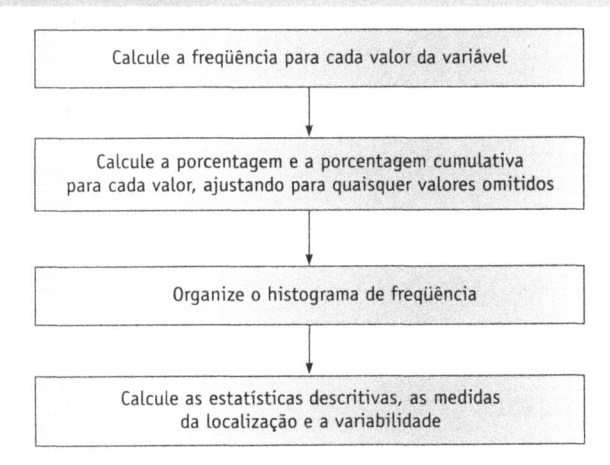

```
Calcule a freqüência para cada valor da variável
                    ↓
Calcule a porcentagem e a porcentagem cumulativa
para cada valor, ajustando para quaisquer valores omitidos
                    ↓
Organize o histograma de freqüência
                    ↓
Calcule as estatísticas descritivas, as medidas
da localização e a variabilidade
```

A distribuição de freqüência ajuda a determinar a extensão das respostas ilegítimas. Os valores de 0 e 8 seriam respostas ilegítimas, ou erros. Os casos com esses valores podem ser identificados e as ações corretivas tomadas. A presença de valores atípicos, ou casos com valores extremos, também pode ser detectada. No caso da distribuição de freqüência do tamanho dos domicílios, poucas famílias isoladas, com tamanho de domicílios de 9 ou mais, podem ser consideradas atípicas. A distribuição de freqüência também indica o formato da distribuição empírica da variável. Os dados de freqüência podem ser usados para construir um histograma ou um gráfico de barras verticais, em que os valores da variável são representados ao longo do eixo X e as freqüências relativas ou absolutas dos valores são colocadas ao longo do eixo Y.

Tabela 15.1 Uso e atitude em relação à Nike

NÚMERO	GRUPO DE USUÁRIOS	SEXO	ATITUDE
1	3,00	2,00	7,00
2	1,00	1,00	2,00
3	1,00	1,00	3,00
4	3,00	2,00	6,00
5	3,00	2,00	5,00
6	2,00	2,00	4,00
7	2,00	1,00	5,00
8	1,00	1,00	2,00
9	2,00	2,00	4,00
10	1,00	1,00	3,00
11	3,00	2,00	6,00
12	3,00	2,00	6,00
13	1,00	1,00	2,00
14	3,00	2,00	6,00
15	1,00	2,00	4,00
16	1,00	2,00	3,00
17	3,00	1,00	7,00
18	2,00	1,00	6,00
19	1,00	1,00	1,00
20	3,00	1,00	5,00

Tabela 15.1 Uso e atitude em relação à Nike (continuação)			
NÚMERO	GRUPO DE USUÁRIOS	SEXO	ATITUDE
21	3,00	2,00	6,00
22	2,00	2,00	2,00
23	1,00	1,00	1,00
24	3,00	1,00	6,00
25	1,00	2,00	3,00
26	2,00	2,00	5,00
27	3,00	2,00	7,00
28	2,00	1,00	5,00
29	1,00	1,00	9,00
30	2,00	2,00	5,00
31	1,00	2,00	1,00
32	1,00	2,00	4,00
33	2,00	1,00	3,00
34	2,00	1,00	4,00
35	3,00	1,00	5,00
36	3,00	1,00	6,00
37	3,00	2,00	6,00
38	3,00	2,00	5,00
38	3,00	2,00	7,00
40	1,00	1,00	4,00
41	1,00	1,00	2,00
42	1,00	1,00	1,00
43	1,00	1,00	2,00
44	1,00	1,00	3,00
45	1,00	1,00	1,00

Tabela 15.2 Distribuição de freqüência da atitude em relação à Nike					
RÓTULO DO VALOR	VALOR	FREQÜÊNCIA	PORCENTAGEM	PORCENTAGEM VÁLIDA	PORCENTAGEM CUMULATIVA
Muito desfavorável	1	5	11,1	11,4	11,4
	2	6	13,3	13,6	25,0
	3	6	13,3	13,6	38,6
	4	6	13,3	13,6	52,3
	5	8	17,8	18,2	70,5
	6	9	20,0	20,5	90,9
Muito favorável	7	4	8,9	9,1	100,0
	9	1	2,2	Omitido	
	Total	45	100,0	100,0	

A Figura 15.4 é um histograma dos dados de atitude da Tabela 15.2. Do histograma, podemos examinar se a distribuição observada é consistente com uma distribuição esperada ou presumida. Nesse caso, a

Capítulo 15: Distribuição de Freqüência, Teste de Hipóteses e Tabulações Cruzadas 319

distribuição observada não se parece com a distribuição normal padrão. Isso pode ser importante para determinar qual tipo de teste estatístico é apropriado. Para uma ilustração adicional, considere o exemplo seguinte.

Exemplo

SINAL VERDE PARA A PROPAGANDA DOS MÉDICOS NAS PÁGINAS AMARELAS

Foi realizado um censo de toda a listagem de médicos nas Páginas Amarelas em Atlanta, Chicago e Charlotte, e o conteúdo das listagens foi analisado para determinar os tipos de propaganda. Os vários tipos de propaganda nas Páginas Amarelas foram os seguintes:

TIPO DE PROPAGANDA NAS PÁGINAS AMARELAS	FREQÜÊNCIA	PORCENTAGEM
Listagem sem anúncio: tipo fino	5.454	46
Listagem sem anúncio: negrito	1.656	14
Propagandas com anúncio	4.694	40
Total de propagandas	11.804	100

Com base nas contagens de freqüência, o estudo concluiu que as listagens das Páginas Amarelas são uma forma de anúncio amplamente usada pelos médicos: 11.804 anúncios foram localizados nas três áreas. Entretanto, a maioria dos médicos (46 + 14 = 60%) estava utilizando listagens sem moldura (tipo fino/negrito), que eram mais apropriadas para médicos com consultórios estabelecidos que têm todos os pacientes que quiserem. Apenas 40% estavam usando anúncios maiores com moldura, que têm probabilidade muito maior de ser vistos pelos pacientes em potencial que consultam as Páginas Amarelas quando estão procurando um médico. Uma vez que a maioria dos médicos está procurando novos pacientes, o estudo concluiu que mais médicos deveriam usar anúncio com moldura, em vez do anúncio sem display, nas Páginas Amarelas.[2]

Observe que os números e as porcentagens no exemplo anterior indicam a extensão da propaganda. Uma vez que números estão envolvidos, uma distribuição de freqüência pode ser usada para calcular as estatísticas descritivas ou sumárias. Discutimos algumas dessas estatísticas associadas com a distribuição de freqüência na próxima seção.

Figura 15.4 Histograma de freqüência

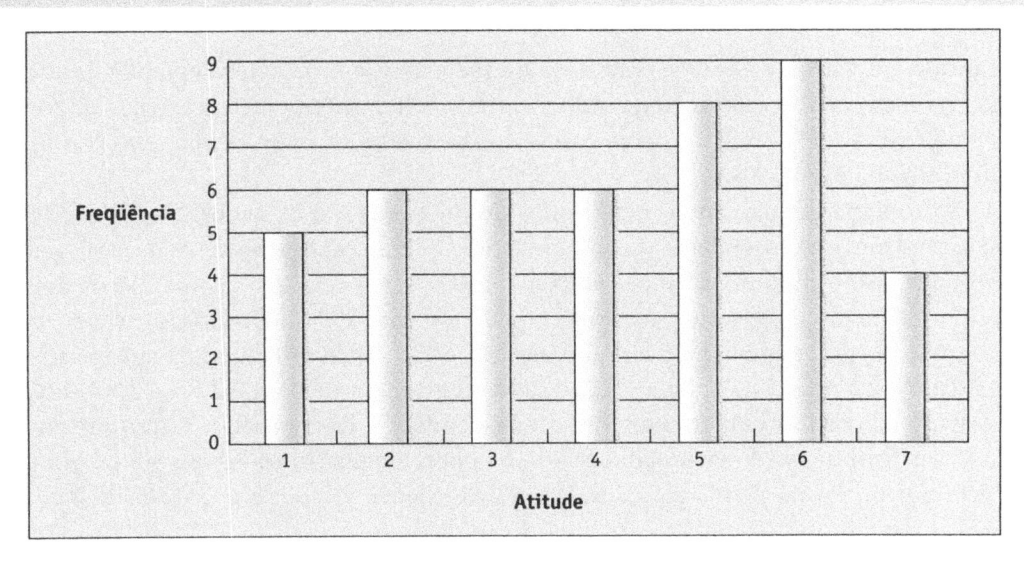

ESTATÍSTICAS ASSOCIADAS À DISTRIBUIÇÃO DE FREQÜÊNCIA

Como ilustrado na seção anterior, a distribuição de freqüência é um meio conveniente de olhar os valores de uma variável. Uma tabela de freqüência é fácil de ler e fornece informações básicas, mas algumas vezes essas informações podem ser muito detalhadas e o pesquisador precisa resumi-las pelo uso de estatísticas descritivas. A estatística mais comumente usada, associada com as freqüências, é a medida da localização (média, moda e mediana) e as medidas da variabilidade (amplitude e desvio-padrão).

Medidas de localização

As **medidas de localização** que discutimos são medidas da tendência central porque tendem a descrever o centro da distribuição (Capítulo 13). Se toda a amostra for mudada adicionando-se uma constante fixa para cada observação, então a média, a moda e a mediana mudam pela mesma quantidade fixada. Suponha que adicionemos o número 10 às classificações de atitude de todos os 44 (45 – 1) entrevistados que expressaram atitude em relação à Nike na Tabela 15.1. Então a média, a moda e a mediana aumentarão em 10.

MÉDIA A **média**, ou valor médio, é a medida mais comumente usada da tendência central, ou centro de uma distribuição (caso de abertura). Ela é empregada para estimar a média quando os dados foram coletados com uma escala de intervalo ou de razão (Capítulo 9). Os dados devem mostrar alguma tendência central, com a maioria das respostas distribuídas em torno da média.

A média, $\overline{X}$, é dada por

$$\overline{X} = \sum_{i=1}^{n} X_i / n$$

onde

X_i = valores observados da variável X
n = número de observações (tamanho da amostra)

Geralmente, a média é uma medida robusta e não muda muito à medida que os valores dos dados são adicionados ou eliminados. Para as contagens de freqüência na Tabela 15.2 o valor da média é calculado da seguinte maneira:

$$\overline{X} = (5 \times 1 + 6 \times 2 + 6 \times 3 + 6 \times 4 + 8 \times 5 + 9 \times 6 + 4 \times 7)/44$$
$$= (5 + 12 + 18 + 24 + 40 + 54 + 28) / 44$$
$$= 181/44$$
$$= 4,11$$

MODA A **moda** é o valor que ocorre com mais freqüência. Ela representa o pico mais alto da distribuição. Ela é uma boa medida de localização quando a variável é inerentemente categórica ou foi agrupada em categorias. A moda na Tabela 15.2 é 6, pois esse valor ocorre com mais freqüência, isto é, 9 vezes (veja também o histograma na Figura 15.4).

MEDIANA A **mediana** de uma amostra é o valor do meio quando os dados são organizados em ordem de classificação ascendente ou descendente (Capítulo 9). Se o número de pontos de dados for igual, a mediana é geralmente estimada como o ponto do meio entre os dois valores centrais – somando os dois valores centrais e dividindo a soma por 2. O valor central é aquele em que 50% dos valores são maiores e 50% são menores que o valor. Assim, a mediana é um percentil de 50%. Ela é uma medida apropriada da tendência central para os dados ordinais. Na Tabela 15.2, o valor central é a média da 22ª e 23ª observações quando os dados são organizados em ordem ascendente ou descendente. Essa média é 4, portanto a mediana é 4. A mediana pode ser facilmente determinada usando as porcentagens cumulativas na tabela de freqüência. Observe que no valor de 4 a porcentagem cumulativa é de apenas 52,3%, mas para 5 ela é de 70,5% e para 3 ela é de 38,6%. Assim, o ponto de 50% ocorre no valor de 4.

Como se pode ver na Tabela 15.2, as três medidas da tendência central para essa distribuição são diferentes (média = 4,11, moda = 6 e mediana = 4). Isso não é surpresa, tendo em vista que cada medida define a tendência central de um jeito diferente. Os três valores são iguais apenas quando a distribuição é simétrica. Em uma distribuição simétrica, os valores em qualquer um dos lados do centro da distribuição são os mesmos, e a média, a moda e a mediana são iguais (Figura 15.5). A distribuição normal discutida anteriormente no Capítulo 13 é uma distribuição simétrica, e as três medidas da tendência central são iguais. Uma vantagem em calcular as três medidas da tendência central é que podemos determinar se a distribuição é simétrica ou assimétrica. A assimetria da distribuição da Tabela 15.2 pode também ser vista no histograma da Figura 15.4.

Se a distribuição é assimétrica, que medida deve ser usada? Se a variável for medida em uma escala nominal, deve-se usar a moda. Se a variável for medida em uma escala ordinal, deve-se usar a mediana. Se a variável for medida em uma escala de intervalo ou de razão, a moda é uma medida fraca da tendência central. Isso pode ser visto na Tabela 15.2. Embora o valor modal de 6 tenha freqüência mais alta que 9, ele representa apenas 20,5% da amostra. Em geral, para os dados de intervalo ou de índice, a mediana é uma medida melhor da tendência central, embora ela também ignore as informações disponíveis sobre a variá-

Figura 15.5 Inclinação de uma distribuição

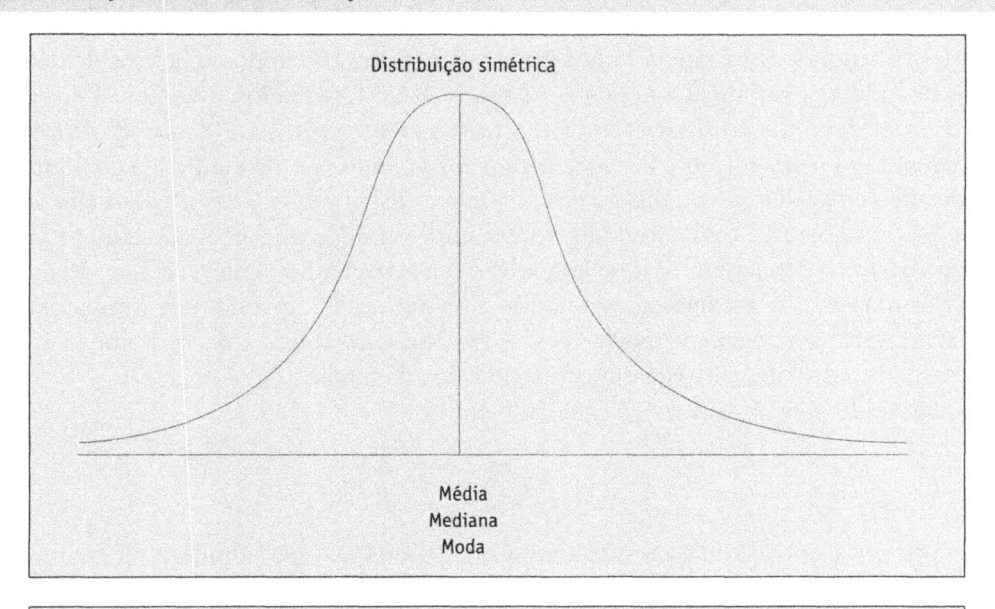

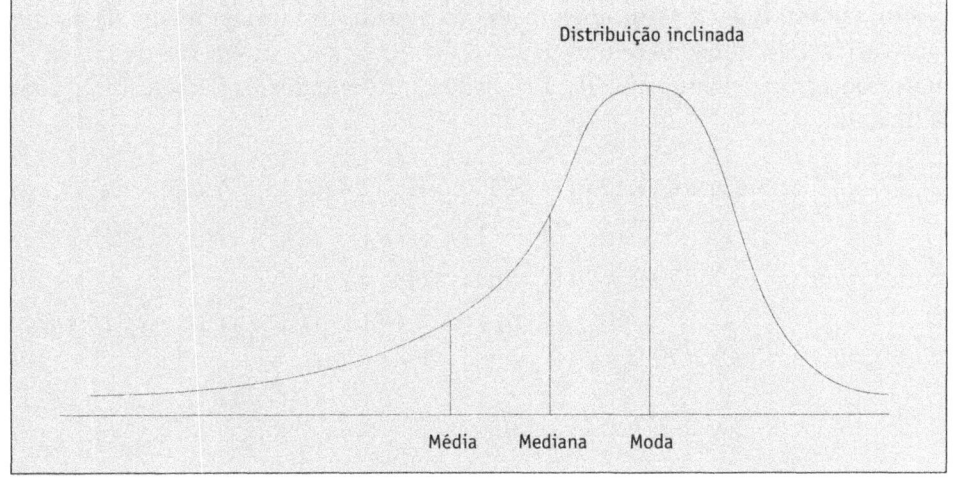

vel. Os valores reais da variável acima e abaixo da mediana são ignorados. A média é a medida mais apropriada de tendência central para os dados de intervalo ou razão. A média usa todas as informações disponíveis, uma vez que todos os valores são usados em seu cômputo. Entretanto, a média é sensível aos casos isolados com valores extremamente pequenos ou extremamente grandes, chamados de atípicos. Quando os valores atípicos estão nos dados, a média não é uma boa medida da tendência central e é útil considerar a média e a mediana.

Medidas de variabilidade

As **medidas** mais comuns **de variabilidade**, calculadas nos dados de intervalo ou de razão, são a amplitude e a variância ou desvio-padrão.

AMPLITUDE A **amplitude** mede a distribuição dos dados. Ela é simplesmente a diferença entre os valores mais altos e mais baixos na amostra. Como tal, a amplitude é diretamente afetada pelos atípicos.

$$\text{Amplitude} = X_{\text{mais alto}} - X_{\text{mais baixo}}$$

Se todos os valores nos dados forem multiplicados por uma constante, a amplitude é multiplicada pela mesma constante. A amplitude na Tabela 15.2 é 7 − 1 = 6.

VARIÂNCIA E DESVIO-PADRÃO A diferença entre a média e um valor observado é chamada de desvio da média. A **variância** é a média ao quadrado do desvio da média, isto é, a média do quadrado dos desvios das médias para todos os valores. A variância nunca pode ser negativa. Quando os pontos de dados estão agrupados em torno da média, a variância é pequena. Quando estão espalhados, a variância é grande. A variância nos ajuda a entender quão similares ou diferentes são os pontos de dados. Se forem similares, a variância é pequena e sua distribuição é fortemente agrupada em torno da média. Se os pontos de dados forem muito diferentes em valor, a variância é grande e sua distribuição é espalhada mais amplamente em torno da média. Se os valores de todos os dados forem multiplicados por uma constante, a variância é multiplicada pelo quadrado da constante. O **desvio-padrão** é a raiz quadrada da variância. Assim, ele é expresso nas mesmas unidades que os dados, enquanto a variância é expressa em unidades quadradas. O desvio-padrão serve para o mesmo propósito que a variância no sentido de nos ajudar a entender quão agrupada ou espalhada a distribuição está em torno do valor da média.

O desvio-padrão de uma amostra, s_x, é calculado como:

$$s_x = \sqrt{\sum_{i=1}^{n} \frac{(X_i - \overline{X})^2}{n-1}}$$

Dividimos por $n-1$ em vez de n porque a amostra é tirada de uma população e estamos tentando determinar quanto as respostas variam da média de toda a população. No entanto, a média da população é desconhecida; assim, em seu lugar é utilizada a média da amostra. O uso da média da amostra faz com que esta pareça menos variável do que ela realmente é. Ao dividir por $n-1$, em vez de por n, compensamos a variabilidade menor observada na amostra. Para os dados apresentados na Tabela 15.2, a variância é calculada da seguinte maneira:

$$\begin{aligned}\text{Variância} = s_x^2 &= \{5 \times (1-4{,}11)^2 + 6 \times (2-4{,}11)^2 + 6 \times (3-4{,}11)^2 \\ &\quad + 6 \times (4-4{,}11)^2 + 8 \times (5-4{,}11)^2 + 9 \times (6-4{,}11)^2 \\ &\quad + 4 \times (7-4{,}11)^2\}/43 \\ &= \{48{,}36 + 26{,}71 + 7{,}39 + 0{,}07 + 6{,}34 + 32{,}15 + 33{,}41\}/43 \\ &= 154{,}43/43 \\ &= 3{,}59\end{aligned}$$

O desvio-padrão, portanto, é calculado como:

$$\text{Desvio-padrão} = S_x = \sqrt{3,59}$$
$$= 1,90$$

INTRODUÇÃO AO TESTE DE HIPÓTESES

As hipóteses foram definidas e ilustradas no Capítulo 2. Lembre-se de que hipóteses são declarações não provadas ou proposições que são do interesse do pesquisador. As hipóteses são declarativas e podem ser testadas estatisticamente. Com freqüência, são respostas possíveis para as perguntas da pesquisa. A análise básica invariavelmente envolve algum teste de hipóteses. Exemplos de hipóteses geradas na pesquisa de marketing são os seguintes:

- O número médio de lojas onde as compras foram feitas é de 3,0 por domicílio (caso de abertura).
- A loja de departamentos está sendo prestigiada por mais de 10% dos domicílios.
- Os usuários assíduos e esporádicos de uma marca diferem em termos de características psicográficas.
- Um hotel tem uma imagem mais chique do que seu concorrente imediato.
- A familiaridade com um restaurante resulta em uma preferência maior por aquele restaurante.

O Capítulo 13 cobriu os conceitos da distribuição de amostragem, distribuição, erro-padrão da média ou da proporção e o intervalo de confiança.[3] Como todos esses conceitos são relevantes para o teste de hipóteses, seria prudente revisá-los. Abaixo, descrevemos um procedimento geral para o teste de hipóteses que pode ser aplicado para testar uma grande variedade de hipóteses.

PROCEDIMENTO GERAL PARA O TESTE DE HIPÓTESES

As etapas seguintes estão envolvidas no teste de hipóteses (Figura 15.6).
1. Formular a hipótese nula, H_0, e a hipótese alternativa, H_1.
2. Selecionar uma técnica estatística apropriada e a estatística de teste correspondente.
3. Escolher o nível de significância, α.
4. Determinar o tamanho da amostra e coletar os dados. Calcular o valor da estatística de teste.
5. (a) Determinar a probabilidade associada com a estatística de teste calculada a partir dos dados da amostra sob a hipótese nula, com o uso da distribuição de amostragem da estatística de teste. (b) Alternativamente, determinar o valor crítico associado com a estatística de teste que divide as regiões de rejeição e de não-rejeição, dado o nível de significância, α.
6. (a) Comparar a probabilidade associada com a estatística de teste com o nível de significância especificado. (b) Alternativamente, determinar se a estatística de teste, calculada a partir dos dados da amostra, se encaixa na região de rejeição ou de não-rejeição.
7. Tomar a decisão estatística de rejeitar ou não rejeitar a hipótese nula.
8. Chegar a uma conclusão. Expressar a decisão estatística em termos do problema de pesquisa de marketing.

Etapa 1: formular as hipóteses

A primeira etapa é formular as hipóteses nula e alternativa. Uma **hipótese nula** é uma declaração do status quo em que não haja diferença. Se uma hipótese nula não for rejeitada, não haverá mudanças. Uma **hipótese alternativa** é aquela em que se espera que haja alguma diferença ou mudança. A aceitação da hipótese alternativa levará a mudanças em opiniões ou ações. Assim, a hipótese alternativa é o oposto da hipótese nula.

Figura 15.6 Procedimento geral para o teste de hipóteses

- Etapa 1: Formular H_0 e H_1
- Etapa 2: Selecionar o teste apropriado
- Etapa 3: Escolher o nível de significância, α
- Etapa 4: Coletar dados e calcular a estatística de teste
- Etapa 5: (a) Determinar a probabilidade associada com a estatística de teste (TS_{CAL}) / (b) Determinar o valor crítico da estatística de teste TS_{CR}
- Etapa 6: (a) Comparar com nível de significância, α / (b) Determinar se TS_{CR} se encaixa na região de (não-) rejeição
- Etapa 7: Rejeitar ou não rejeitar H_0
- Etapa 8: Tirar uma conclusão para a pesquisa de marketing

A hipótese nula é sempre a hipótese testada. Ela se refere a um valor específico do parâmetro da população (por exemplo, μ, σ, π), não a uma estatística da amostra (por exemplo, X). Uma hipótese nula pode ser rejeitada, mas ela nunca pode ser aceita com base em um único teste. Um teste estatístico pode ter um de dois resultados. Um é que a hipótese nula seja rejeitada e a hipótese alternativa aceita. O outro resultado é que a hipótese nula não seja rejeitada com base na evidência. No entanto seria incorreto concluir que, uma vez que a hipótese nula não é rejeitada, ela pode ser aceita como válida. No teste clássico de hipóteses não há uma maneira de determinar se a hipótese nula é verdadeira.[4]

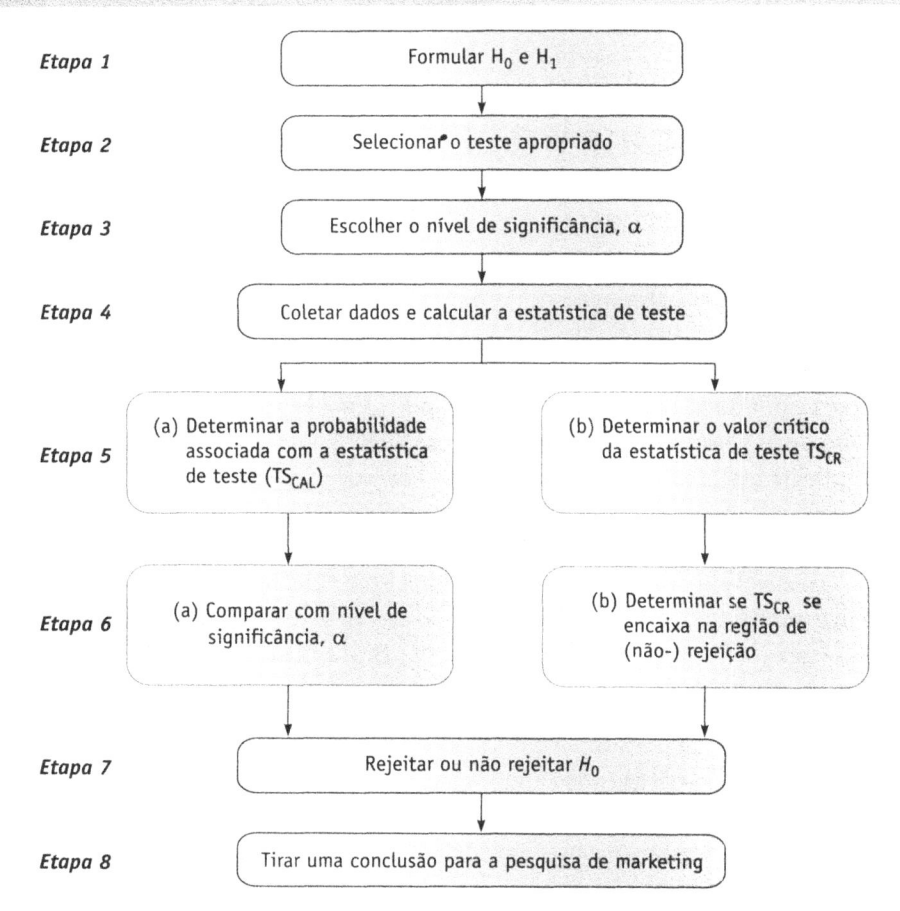

Na pesquisa de marketing, a hipótese nula é formulada de modo que sua rejeição leve à aceitação da conclusão desejada. A hipótese alternativa representa a conclusão para a qual a evidência é buscada. Por exemplo, a America Online (AOL) está considerando o lançamento de um novo plano de serviço. O plano será lançado se ele for preferido por mais de 40% dos clientes. A maneira apropriada de formular a hipótese é a seguinte:

$$H_0: \pi \leq 0{,}40$$
$$H_1: \pi > 0{,}40$$

Se a hipótese nula, H_0, for rejeitada, então a hipótese alternativa H_1 será aceita e o novo plano de serviço será lançado. Por outro lado, se a H_0 não for rejeitada, o plano de serviço não deve ser lançado, a menos que sejam obtidas evidências adicionais.

O teste da hipótese nula é um **teste de uma cauda** porque a hipótese alternativa é expressa direcionalmente: a proporção de clientes que expressam uma preferência é maior que 0,40. Por outro lado, suponha que o pesquisador queira determinar se o novo plano de serviço é diferente (superior ou inferior) do plano atual, o qual é preferido por 40% dos clientes. Então seria necessário um **teste de duas caudas**, e as hipóteses seriam expressas como:

$$H_0: \pi = 0{,}40$$
$$H_1: \pi \neq 0{,}40$$

Na pesquisa de marketing comercial, o teste de uma cauda é usado com mais freqüência que o de duas caudas. Geralmente há uma direção preferida para a conclusão à qual a evidência é buscada. Por exemplo, quanto mais altos forem os lucros, as vendas e a qualidade do produto, melhor. O teste de uma cauda é mais eficaz que o teste de duas caudas. A eficácia de um teste estatístico é discutida mais a fundo na etapa 3.

Etapa 2: selecionar o teste apropriado

Para testar a hipótese nula é necessário selecionar uma técnica estatística apropriada. O pesquisador deve considerar como a estatística do teste é computada e a distribuição de amostragem que a estatística de amostra (por exemplo, a média) segue. A **estatística do teste** mede quão próxima a amostra está da hipótese nula. A estatística do teste geralmente segue uma distribuição bem conhecida, como a distribuição normal, t, ou a distribuição qui-quadrado. As diretrizes para selecionar um teste apropriado ou uma técnica estatística são discutidas mais adiante neste capítulo, assim como no Capítulo 16.

No nosso exemplo da AOL, o **teste z**, que é baseado na distribuição normal padrão, seria apropriado. A estatística z seria computada da seguinte maneira para as proporções (Capítulo 13):

$$z = \frac{p - \pi}{\sigma_p}$$

onde

$$\sigma_p = \sqrt{\frac{\pi(1-\pi)}{n}}$$

Etapa 3: escolher o nível de significância

Quando se fazem inferências em relação a uma população, há o risco de se chegar a uma conclusão incorreta. Podem ocorrer dois tipos de erro:

ERRO TIPO I O **erro tipo I** ocorre quando os resultados da amostra levam à rejeição da hipótese nula em situações em que de fato ela é verdadeira. No nosso exemplo, um erro tipo I ocorreria se concluíssemos, com base nos dados da amostra, que a proporção de clientes que preferem o novo plano de serviço foi maior que 0,40, quando ela foi, de fato, menor ou igual a 0,40. A probabilidade do erro tipo I (α) também é chamada de **nível de significância**. O erro tipo I é controlado estabelecendo-se o nível tolerável de risco de rejeição de uma verdadeira hipótese nula. A seleção de um nível específico de risco deve depender do custo para se fazer o erro tipo I. O nível de significância, α, quando expresso como uma porcentagem, é igual a 100% menos o nível de confiança (Capítulo 13).

ERRO TIPO II O **erro tipo II** ocorre quando, com base nos resultados da amostra, a hipótese nula não é rejeitada em situações em que de fato ela é falsa. No nosso exemplo, o erro tipo II ocorreria se concluíssemos, com base nos dados da amostra, que a proporção de clientes que preferem o novo plano de serviço era menor ou igual a 0,40 quando, de fato, era maior que 0,40. A probabilidade do erro tipo II é denotada por β. Diferentemente de α, que é especificado pelo pesquisador, a magnitude de β depende do valor real do parâmetro da população (isto é, a média ou a proporção). A probabilidade do erro tipo I (α) e a probabilidade do erro tipo II (β) são mostradas na Figura 15.7. O complemento $(1 - \beta)$ da probabilidade de um erro tipo II é chamado de potência de um teste estatístico.

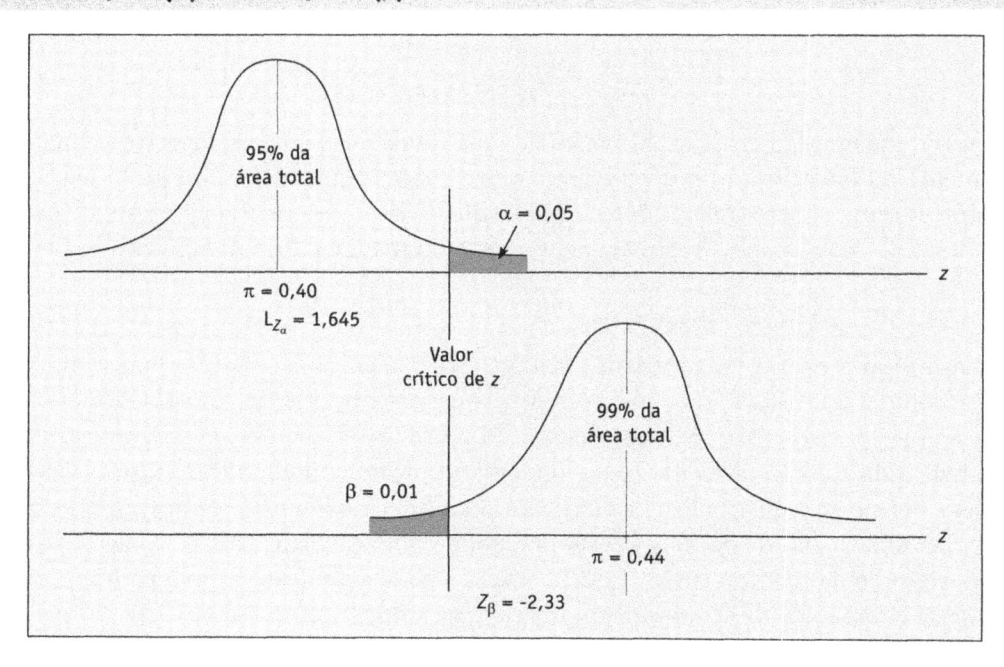

Figura 15.7 Erro tipo I (α) e erro tipo II (β)

[Figura: duas distribuições normais. A superior centrada em π = 0,40 com $L_{z_\alpha} = 1{,}645$, 95% da área total e α = 0,05. A inferior centrada em π = 0,44 com $z_\beta = -2{,}33$, 99% da área total e β = 0,01. Valor crítico de z no meio.]

POTÊNCIA DE UM TESTE A **potência de um teste** é a probabilidade (1 − β) de rejeição da hipótese nula quando ela é falsa e deve ser rejeitada. Embora β seja desconhecido, ele é relacionado a α. Um valor extremamente baixo de α (por exemplo, 0,01) resultará em erros intoleravelmente altos de β. Portanto, é necessário equilibrar os dois tipos de erro. Como uma concessão, α é geralmente estabelecido em 0,05; algumas vezes ele é 0,01; outros valores de α são raros. O nível de α, juntamente com o tamanho da amostra, determinará o nível de β para um modelo de pesquisa específico. O risco de ambos, α e β, pode ser controlado aumentando-se o tamanho da amostra. Para um dado nível de α, aumentar o tamanho da amostra diminuirá β, aumentando assim a potência do teste.

Etapa 4: coletar os dados

O tamanho da amostra é determinado depois de levar em conta os erros α e β aceitáveis, as taxas de incidência e de conclusão e outras considerações qualitativas, como as restrições orçamentárias (Capítulo 13). Em seguida, os dados requeridos são coletados e o valor da estatística de teste é computado. No nosso exemplo, suponha que 500 clientes foram entrevistados e 220 expressaram uma preferência pelo novo plano de serviço. Assim, o valor da proporção das amostras é $\hat{p} = 220/500 = 0{,}44$.

O valor de σ_p será o seguinte:

$$\sigma_p = \sqrt{\frac{\pi(1-\pi)}{n}}$$

$$= \sqrt{\frac{(0{,}40)(0{,}6)}{500}}$$

$$= 0{,}0219$$

A estatística de teste z pode ser calculada como segue:

$$z = \frac{\hat{p} - \pi}{\sigma_p}$$

$$= \frac{0,44 - 0,40}{0,0219}$$

$$= 1,83$$

Etapa 5: determinar a probabilidade (valor crítico)

(a) Usando as tabelas da distribuição normal padronizada (Tabela 2 no site deste livro), a probabilidade de obter um valor de z de 1,83 pode ser calculado (Figura 15.8). A área sombreada entre $-\infty$ e 1,83 é 0,9664. Assim, a área à direita de $z = 1,83$ é de $1,0000 - 0,9664 = 0,0336$. A maioria dos programas de computador calcula automaticamente esse valor.

(b) Alternativamente, o valor crítico de z, que dará uma área à direita do valor crítico de 0,05, está entre 1,64 e 1,65, e é igual a 1,645. Observe que, ao se determinar o valor crítico da estatística de teste, a área à direita do valor crítico é α ou $\alpha/2$. Ela é α para um teste de uma cauda e $\alpha/2$ para um teste de duas caudas.

Etapas 6 e 7: comparar a probabilidade (valor crítico) e tomar a decisão

(a) A probabilidade, associada com o valor calculado ou observado da estatística de teste, calculada a partir dos dados da amostra, é de 0,0336. Essa é a probabilidade de se obter um valor p de 0,44 quando $\pi = 0,40$. Este é menor que o nível de significância de 0,05. Desse modo, a hipótese nula é rejeitada.

(b) Alternativamente, o valor calculado da estatística de teste $z = 1,83$ está na região de rejeição, além do valor de 1,645. Mais uma vez, a mesma conclusão para rejeitar a hipótese nula é alcançada. Observe que as duas maneiras de testar a hipótese nula são equivalentes, mas matematicamente opostas, na direção da comparação. Se a probabilidade associada com o valor calculado ou observado da estatística do teste (TS_{CAL}) é *menor que* o nível de significância (α), a hipótese nula é rejeitada. Entretanto, se o valor calculado da estatística do teste (TS_{CAL}) for *maior que* o **valor crítico** da estatística do teste (TS_{CR}), a hipótese nula também é rejeitada. O valor crítico é o valor da estatística de teste que divide as regiões de rejeição e de não-rejeição. A razão para essa mudança de sinal é que, quanto maior o valor de TS_{CAL}, menor a probabilidade de obter um valor mais extremo da estatística do teste sob a hipótese nula. A mudança de sinal pode ser facilmente vista, como segue:

Figura 15.8 Probabilidade de z com um teste de uma cauda

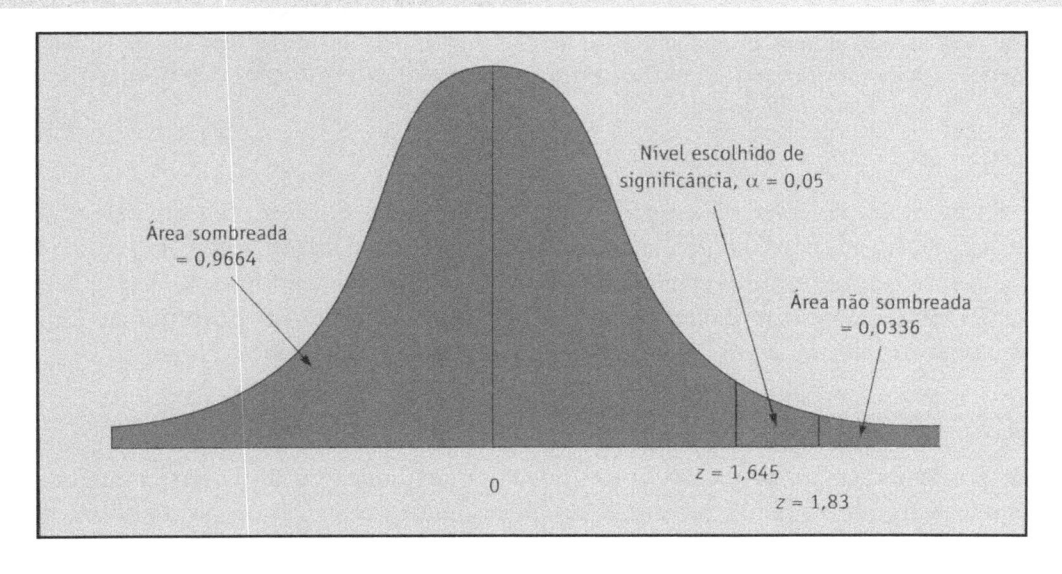

Sob (a), a etapa 7 é:

se a probabilidade de TS_{CAL} < nível de significância (α), então rejeite H_0, mas, sob (b), a etapa 7 é:

se $TS_{CAL} > TS_{CR}$, então rejeite H_0

Etapa 8: concluir a pesquisa de marketing

A conclusão alcançada pelo teste de hipóteses precisa ser expressa em termos do problema da pesquisa de marketing e da ação administrativa que deve ser tomada. No nosso exemplo, concluímos que há evidência de que a proporção de clientes que preferem o novo plano de serviço é significativamente maior que 0,40. Desse modo, a recomendação seria lançar o novo plano de serviço. Outra ilustração do teste de hipóteses é fornecida pelo exemplo seguinte.

Exemplo

PATRIMÔNIO DA MARCA INTERNACIONAL – O NOME DO JOGO

No século XXI, a tendência é em direção ao marketing global. Como os profissionais de marketing comercializam uma marca no exterior, onde existem tantas diferenças históricas e culturais? De acordo com Bob Kroll, ex-presidente da Del Monte International, a embalagem uniforme pode ser um ativo, no entanto é mais importante atender à preferência de sabores culinários de cada país. Os executivos de marketing agora acreditam que é melhor pensar globalmente, mas agir localmente.

Uma pergunta de pesquisa apropriada poderia ser: os consumidores em países diferentes preferem comprar marcas de nome global com embalagem diferente, personalizada para satisfazer suas necessidades locais? Com base nessa pergunta de pesquisa, podemos estruturar a hipótese de que, mantendo outros fatores constantes, a marca padronizada com embalagem personalizada para uma marca bem estabelecida resultará em maior participação no mercado. A hipótese pode ser formulada da seguinte maneira:

H_0: Uma marca padronizada com embalagem personalizada para uma marca bem estabelecida não levará a uma maior participação no mercado internacional.

H_1: Mantendo os outros fatores iguais, a marca padronizada com embalagem personalizada para uma marca bem estabelecida levará a uma participação maior no mercado internacional.

Para testar a hipótese nula, pode ser selecionada uma marca bem estabelecida, como o creme dental Colgate, que tem seguido uma estratégia mista. A participação no mercado em países com marca padronizada e embalagem padronizada pode ser comparada com a participação no mercado em países com marca padronizada e embalagem personalizada, depois de controlar o efeito de outros fatores. Observe que esse é um teste de uma cauda.

O teste da hipótese pode ser relacionado a um exame de associações ou a um exame de diferenças. Nos testes de associação, a hipótese nula é que não há associação entre as variáveis (H_0: .... NÃO está relacionado a ....). Nos testes de diferenças, a hipótese nula é que não há diferença (H_0: .... NÃO é diferente de ....). Os testes de diferenças podem relacionar as médias ou proporções. Primeiramente, discutimos as hipóteses relacionadas às associações no contexto das tabulações cruzadas.

TABULAÇÕES CRUZADAS

Embora as perguntas para as questões relacionadas a uma única variável sejam interessantes, elas geralmente levantam perguntas adicionais sobre como ligar aquela variável às outras. Para introduzir a distribuição de freqüência, apresentamos várias perguntas representativas de pesquisa de marketing. Para cada

uma delas, o pesquisador poderá apresentar perguntas adicionais a fim de relacionar essas variáveis às outras. Por exemplo:
- Qual porcentagem de usuários de cupons tem renda anual por domicílio acima de 35 mil? (Caso de abertura.)
- O uso do produto (medido em termos de usuários assíduos, médios e esporádicos, e não-usuários) está relacionado ao interesse por atividades ao ar livre (alto, médio e baixo)?
- A familiaridade com o novo produto (não-familiar, familiar) está relacionada aos níveis de ensino (ensino médio ou menos, um pouco de ensino superior, ensino superior completo)?
- A renda (alta, média e baixa) dos usuários de marcas está relacionada à região geográfica em que eles moram (norte, sul, leste e oeste)?

As respostas a essas perguntas podem ser determinadas examinando-se as tabulações cruzadas. A freqüência de distribuição descreve uma variável por vez, ao passo que a **tabulação cruzada** descreve duas ou mais variáveis simultaneamente. As tabulações cruzadas resultam em tabelas que refletem a distribuição conjunta de duas ou mais variáveis com um número limitado de categorias ou valores distintos. As categorias de uma variável são cruzadas e classificadas com as categorias de uma ou mais variáveis. Assim, a freqüência de distribuição de uma variável é subdividida de acordo com os valores ou categorias das outras variáveis. Isso foi ilustrado no caso de abertura, em que o uso de cupons foi cruzado e classificado com a renda. A análise revelou que os domicílios com renda mais baixa tinham uso mais alto de cupons, quando comparados com os domicílios de renda média ou mais alta.

Suponha que a Nike esteja interessada em determinar se o gênero (masculino, feminino) estava associado ao grau de uso de seus tênis. Na Tabela 15.1, os entrevistados foram divididos em três categorias de usuários esporádicos (indicado por 1), médios (2) e assíduos (3) com base no tempo de uso por semana. Havia 19 usuários esporádicos, 10 usuários médios e 16 usuários assíduos. Embora os dados sobre a atitude tenham sido omitidos por um entrevistado, as informações sobre o uso e o gênero estavam disponíveis para todos. O gênero foi codificado como 1 para o feminino e 2 para o gênero masculino. Havia 24 mulheres e 21 homens.

A tabulação cruzada é mostrada na Tabela 15.3. Uma tabulação cruzada inclui uma célula para cada combinação das categorias de duas variáveis. O número em cada célula mostra quantos entrevistados deram aquela combinação de respostas. Na Tabela 15.3, 14 entrevistados eram mulheres e usuárias esporádicas. Os totais marginais (totais das colunas e totais das linhas) dessa tabela indicam que, dos 45 entrevistados com respostas válidas em ambas as variáveis, 19 eram usuários esporádicos, 10 eram usuários médios e 16 eram usuários assíduos, confirmando o procedimento de classificação adotado.

Além disso, 21 entrevistados eram homens e 24 eram mulheres. Observe que essas informações poderiam ter sido obtidas de uma distribuição de freqüência separada para cada variável. Em geral, as margens da tabulação cruzada mostram as mesmas informações que as tabelas de freqüência para cada variável. As tabelas de tabulação cruzada também são chamadas de **tabelas de contingência**.

A tabulação cruzada é amplamente utilizada na pesquisa de marketing comercial porque (1) as análises e os resultados da tabulação cruzada podem ser facilmente interpretados e entendidos pelos gerentes que não são voltados à estatística, (2) a clareza da interpretação proporciona uma ligação mais forte entre os resultados da pesquisa e a ação administrativa, e (3) a análise da tabulação cruzada é simples de ser reali-

Tabela 15.3 Tabulação cruzada abrangendo sexo e uso dos tênis Nike

USO	SEXO		TOTAL DA LINHA
	Feminino	Masculino	
Usuários esporádicos	14	5	19
Usuários médios	5	5	10
Usuários assíduos	5	11	16
Total da coluna	24	21	45

zada e mais atraente para os pesquisadores menos sofisticados. Discutiremos a tabulação cruzada para duas variáveis, a forma mais comum em que esse procedimento é usado.

A tabulação cruzada com duas variáveis também é conhecida como tabulação cruzada bidimensional. Considere novamente a classificação cruzada de gênero e uso dos tênis Nike apresentada na Tabela 15.3. O uso dos tênis Nike está relacionado ao gênero? Pode ser que sim. Vemos pela tabela que desproporcionalmente mais homens são usuários assíduos e mais mulheres são usuárias esporádicas. O cômputo das porcentagens pode proporcionar novos ângulos.

Uma vez que duas variáveis foram classificadas de forma cruzada, as porcentagens podem ser computadas na forma de colunas, com base nos totais das colunas (Tabela 15.4) ou na forma de linhas, com base nos totais das linhas (Tabela 15.5). Qual dessas tabelas é mais útil? A resposta depende de qual variável será considerada como a variável independente e qual será considerada como a variável dependente. A regra geral é computar as porcentagens na direção da variável independente, cruzada com a variável dependente. Na nossa análise, o sexo seria considerado como a variável independente e o uso como a variável dependente. Assim, a maneira correta de calcular as porcentagens é como mostra a Tabela 15.4. Observe que, embora 52,4% dos homens sejam usuários assíduos, apenas 20,8% das mulheres eram usuárias assíduas. Isso parece indicar que, quando comparados com as mulheres, é mais provável que os homens sejam os usuários assíduos dos tênis Nike. A recomendação para a gerência poderá ser promover muito mais para as mulheres, a fim de aumentar sua taxa de uso, ou promover muito mais para os homens, para evitar a erosão da fidelidade à marca. Obviamente, as variáveis adicionais precisariam ser analisadas antes que a gerência pudesse agir sobre essas variáveis. Todavia, isso ilustra como os testes de hipóteses podem estar ligados às ações administrativas recomendadas.

Observe que computar as porcentagens na direção da variável dependente cruzada com a variável independente, como mostra a Tabela 15.5, não é significativo nesse caso. Esta tabela sugere que o uso assíduo dos tênis Nike é mais comum entre os homens. Essa última constatação não é significativa. Como outro exemplo, considere o estudo seguinte.

Exemplo

O ANTIGO VALE OURO, MAS ALGUNS PROFISSIONAIS DE MARKETING O TRATAM COMO POEIRA

Um estudo examinou se os modelos mais antigos eram representados de maneira desfavorável nos comerciais de TV. Os pesquisadores analisaram os comerciais de TV transmitidos pelas três principais emissoras, por uma estação local e por cinco empresas de TV a cabo. Os resultados foram os seguintes em termos do número e da porcentagem de modelos de grupos etários diferentes que foram representados de maneira desejável ou indesejável:

IDADE DO MODELO	DESEJÁVEL		INDESEJÁVEL		TOTAL	
	Nº	%	Nº	%	Nº	%
Abaixo de 45	415	83,1	85	16,9	500	100
45-64	64	66,0	33	34,0	97	100
65 e acima	28	54,0	24	46,0	52	100

Observe que, à medida que a idade do modelo aumenta, a porcentagem na coluna de indesejável também aumenta. O estudo concluiu que os modelos mais antigos tendem a ser representados de maneira indesejável. Assim, alguns profissionais de marketing podem estar buscando estratégias que causam o próprio fracasso ao representar os consumidores mais antigos como indesejáveis. Esses profissionais devem observar que os consumidores mais velhos representam um segmento grande e crescente que controla renda e riqueza substanciais.[5]

Tabela 15.4 Uso dos tênis Nike por gênero

USO	GÊNERO	
	Feminino	Masculino
Usuários esporádicos	58,4%	23,8%
Usuários médios	20,8%	23,8%
Usuários assíduos	20,8%	52,4%
Total da coluna	100,0%	100,0%

Tabela 15.5 Sexo/uso dos tênis Nike

USO	GÊNERO		TOTAL DA LINHA
	Feminino	Masculino	
Usuários esporádicos	73,7%	26,3%	100,0%
Usuários médios	50,0%	50,0%	100,0%
Usuários assíduos	31,2%	68,8%	10,0%

Comentários gerais sobre a tabulação cruzada

Embora três ou mais variáveis possam ser tabuladas de forma cruzada, a interpretação pode ser bem mais complexa. Além disso, pelo fato de o número de células aumentar multiplicadamente, pode ser problemático manter um número adequado de entrevistados ou casos em cada célula. Como regra geral, deve haver pelo menos três observações esperadas em cada célula para que a estatística do qui-quadrado, usada para testar a hipótese de tabulação cruzada, seja confiável. Assim, a tabulação cruzada é um meio ineficaz de examinar as relações quando existem muitas variáveis. Note que a tabulação cruzada examina a associação entre as variáveis, não a causa. Para examinar a causa, deve ser adotada a estrutura do modelo de pesquisa causal (Capítulo 8).

ESTATÍSTICAS ASSOCIADAS COM A TABULAÇÃO CRUZADA

Nesta seção discutimos as estatísticas comumente usadas para avaliar a significância estatística e a força da associação das variáveis tabuladas de forma cruzada. A significância estatística da associação observada é comumente medida pela estatística do qui-quadrado. A intensidade da associação, ou grau de associação, é importante do ponto de vista prático ou administrativo. Geralmente, a intensidade da associação é de interesse apenas se essa for estatisticamente significante. A intensidade da associação pode ser medida pelo coeficiente de correlação (ϕ), o coeficiente de contingência (c), pelo V de Cramer e pelo coeficiente lambda (λ).

Qui-quadrado

A **estatística do qui-quadrado** (χ^2) é usada para testar a significância estatística da associação observada em uma tabulação cruzada. Ela consiste em determinar se existe uma associação sistemática entre duas variáveis. Isso está ilustrado no caso de abertura, em que há uma associação sistemática entre o uso de cupons e a renda, tendo os domicílios de renda mais baixa consumido mais cupons do que os domicílios de renda média e mais alta. A hipótese nula, H_0, é que não há associação entre as variáveis. O teste é realizado computando-se as freqüências de células que seriam esperadas se não houvesse associação presente entre as variáveis, dados os totais das linhas e das colunas existentes. Essas freqüências de células esperadas, indicadas como f_e, são então comparadas às freqüências reais observadas, f_o, encontradas na tabulação cruzada para calcular a estatística do qui-quadrado. Quanto maiores as discrepâncias entre as freqüências esperadas e reais, maior o valor da estatística. Suponha que a tabulação cruzada tenha linhas r e colunas c e uma amostra aleatória de observações n. Assim, a freqüência esperada para cada célula pode ser calculada com uma fórmula simples:

$$f_e = \frac{n_r n_c}{n}$$

onde

n_r = número total de linhas

n_c = número total de colunas

n = total do tamanho da amostra

Para os dados da Tabela 15.3, o número total na linha, n_r, é de 19 para os usuários esporádicos, de 10 para os usuários médios e de 16 para os usuários assíduos. O número total em cada coluna, n_c, é 24 para as mulheres e 21 para os homens. Assim, as freqüências de células esperadas para as seis células da esquerda para a direita e de cima para baixo são:

$$f_e = (24 \times 19)/45 = 10,1 \quad f_e = (21 \times 19)/45 = 8,9$$
$$f_e = (24 \times 10)/45 = 5,3 \quad f_e = (21 \times 10)/45 = 4,7$$
$$f_e = (24 \times 16)/45 = 8,5 \quad f_e = (21 \times 16)/45 = 7,5$$

Geralmente, a freqüência de célula esperada será diferente para cada célula, como no caso aqui tratado. Apenas quando os totais das linhas e os totais de todas as colunas são os mesmos é que a freqüência de célula esperada será a mesma para cada célula.

Uma vez calculadas as freqüências de células esperadas, o valor de X^2 é calculado da seguinte maneira:

$$\chi^2 = \sum_{\text{Todas as células}} \frac{(f_O - f_e)^2}{f_e}$$

Para os dados na Tabela 15.3, em que há seis células, o valor de X^2 é calculado como:

$$\chi^2 = \frac{(14-10,1)^2}{10,1} + \frac{(5-8,9)^2}{8,9}$$
$$+ \frac{(5-5,3)^2}{5,3} + \frac{(5=4,7)^2}{4,7}$$
$$+ \frac{(5-8,5)^2}{8,5} + \frac{(11-7,5)^2}{7,5}$$
$$= 1,51 + 1,71 + 0,02 + 0,02 + 1,44 + 1,63$$
$$= 6,33$$

Para determinar se existe uma associação sistemática, é estimada a probabilidade de se obter um valor de qui-quadrado tão grande ou maior que aquele calculado a partir da tabulação cruzada (etapa 5 no procedimento geral para o teste de hipóteses, Figura 15.6). Uma característica importante da estatística do qui-quadrado é o número de graus de liberdade (gl) associado a ela. Em geral, o número de graus de liberdade é igual ao número de observações menos o número de restrições necessárias para calcular um termo estatístico. No caso da estatística do qui-quadrado associada com uma tabulação cruzada, o número de graus de liberdade é igual ao produto do número de linhas (r) menos um e o número de colunas (c) menos um. Isto é, gl = (r – 1) x (c – 1). A hipótese nula (H_0) de não-associação entre as duas variáveis será rejeitada apenas quando o valor calculado da estatística de teste for maior que o valor crítico da distribuição do qui-quadrado com os graus de liberdade apropriados, como mostra a Figura 15.9. (etapa 6 no procedimento geral para o teste de hipóteses, Figura 15.6).

Figura 15.9 Teste de associação do qui-quadrado

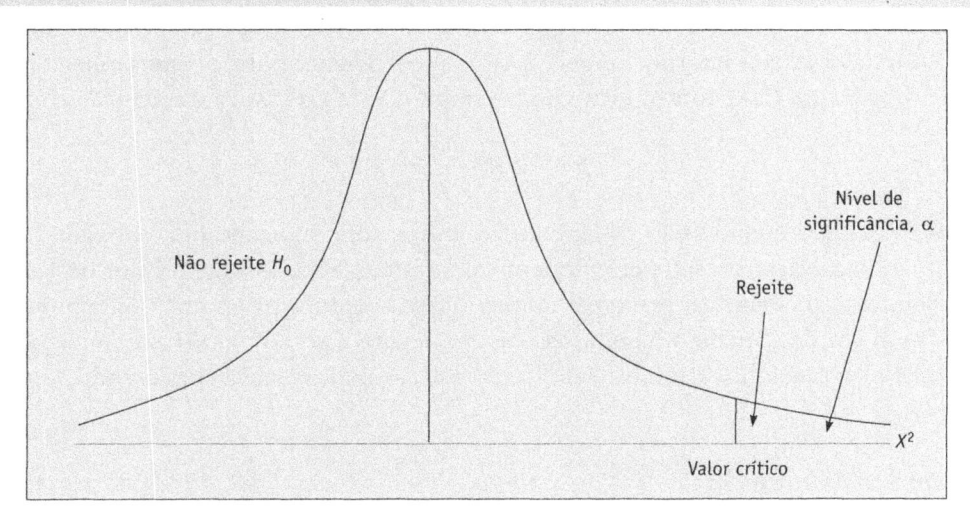

[Gráfico da distribuição do qui-quadrado mostrando a região "Não rejeite H_0" à esquerda, a região "Rejeite" à direita, com o "Valor crítico" no eixo X^2 e o "Nível de significância, α" indicado na cauda direita.]

Diferentemente da normal, a **distribuição do qui-quadrado** é uma distribuição inclinada cujo formato depende unicamente do número de graus de liberdade. À medida que aumenta o número de graus de liberdade, a distribuição do qui-quadrado se torna mais simétrica. A Tabela 3 no site deste livro contém áreas do lado superior da distribuição do qui-quadrado para graus de liberdade diferentes. Nessa tabela, o valor no topo de cada coluna indica a área na porção superior (o lado direito, como mostra a Figura 15.9) da distribuição do qui-quadrado. Para ilustrar, para 2 graus de liberdade, o valor crítico do qui-quadrado (X^2_{CR}) para uma área do lado superior de 0,05 é de 5,991. Isso indica que para 2 graus de liberdade a probabilidade de exceder um valor de qui-quadrado de 5,991 é de 0,05. Em outras palavras, no nível de significância de 0,05 com 2 graus de liberdade, o valor crítico da estatística do qui-quadrado é 5,991.

Para a tabulação cruzada dada na Tabela 15.3, existem $(3 - 1) \times (2 - 1) = 2$ graus de liberdade. A estatística do qui-quadrado calculada tinha um valor de 6,33. Uma vez que este é maior que o valor crítico de 5,991, a hipótese nula de não-associação é rejeitada, indicando que a associação é estatisticamente significativa no nível 0,05.

A estatística do qui-quadrado também pode ser usada em testes de qualidade de ajustamento para determinar se certos modelos se ajustam aos dados observados. Esses testes calculam a significância dos desvios das amostras das distribuições teóricas (esperadas) presumidas e podem ser realizados na tabulação cruzada, assim como nas freqüências (tabulações unilaterais). O cálculo da estatística do qui-quadrado e a determinação de sua significância são os mesmos que o ilustrado acima.

A estatística do qui-quadrado deve ser estimada apenas na contagem dos dados. Quando os dados são em porcentagem, eles devem primeiro ser convertidos para contagens absolutas ou números. Além disso, uma suposição básica do teste do qui-quadrado é que as observações são inferidas independentemente. Isso significa que os entrevistados não influenciam as respostas dos outros de maneira alguma. Como regra geral, a análise do qui-quadrado não deve ser realizada quando as freqüências esperadas ou teóricas em qualquer uma das células forem menores que cinco. Baixas freqüências esperadas fariam com que o valor calculado do qui-quadrado fosse mais alto do que deveria ser (seria uma tendenciosidade para cima) e com que seja mais provável cometer um erro tipo I. A questão do tamanho das células está diretamente relacionada à determinação estatística do tamanho da amostra discutido no Capítulo 13. No caso de uma tabela de 2 x 2, o qui-quadrado está relacionado ao coeficiente phi.

Coeficiente phi

O **coeficiente phi** (ϕ) é usado como medida da intensidade da associação no caso especial de uma tabela com duas linhas e duas colunas (uma tabela 2 x 2). O coeficiente phi é proporcional à raiz quadrada da estatística do qui-quadrado. Para uma amostra de tamanho n, esta estatística é calculada como:

$$\phi = \sqrt{\frac{\chi^2}{n}}$$

Ela pega o valor de 0 quando não há associação, o que seria indicado por um valor de qui-quadrado também de 0. Quando as variáveis são perfeitamente associadas, o phi assume o valor de 1 e todas as observações caem exatamente na diagonal principal ou menor. (Em alguns programas de computador, o phi supõe o valor de –1 em vez de 1 quando há uma associação negativa perfeita). No caso mais geral, envolvendo uma tabela de qualquer tamanho, a intensidade da associação pode ser avaliada usando-se o coeficiente de contingência.

Coeficiente de contingência

O coeficiente phi é específico para uma tabela 2×2, ao passo que o **coeficiente de contingência** (C) pode ser usado para avaliar a intensidade da associação em uma tabela de qualquer tamanho. Esse índice também está relacionado ao qui-quadrado, como segue:

$$C = \sqrt{\frac{\chi^2}{\chi^2 + n}}$$

O coeficiente de contingência varia entre 0 e 1. O valor de 0 ocorre no caso da não-associação (isto é, as variáveis são estatisticamente independentes), mas o valor máximo de 1 nunca é alcançado. Em vez disso, o valor máximo do coeficiente de contingência depende do tamanho da tabela (número de linhas e número de colunas). Por esse motivo, ele deve ser usado apenas para comparar tabelas do mesmo tamanho.

Normalmente, a eficácia da não-associação não é significativa e conseqüentemente não pode ser calculada quando a hipótese nula de não-associação não é rejeitada. Se não houver relação entre as duas variáveis, não pode haver eficácia. No nosso caso, a hipótese nula foi rejeitada e portanto ela é significativa para calcular o coeficiente de contingência. O valor do coeficiente de contingência para a Tabela 15.3 é:

$$C = \sqrt{\frac{6,33}{6,33 + 45}}$$
$$= \sqrt{0,1235}$$
$$= 0,351$$

Esse valor de C indica que a associação é de baixa para moderada.

V de Cramer

O **V de Cramer** é uma versão modificada do coeficiente de correlação phi, ϕ, e é usado em tabelas maiores do que 2 x 2. Quando o phi é calculado para uma tabela maior do que 2 x 2, ele não tem limite superior. O V de Cramer é obtido ajustando o phi para o número de linhas ou o número de colunas na tabela, com base em qual deles for menor. O ajuste é tal que o V oscilará de 0 para 1. Um valor maior de V meramente indica um grau alto de associação. Ele não indica como as variáveis são associadas. Como regra geral, os valores de V abaixo de 0,3 indicam uma associação baixa, os valores entre 0,3 e 0,6 uma associação de baixa para moderada e os valores acima de 0,6 uma forte associação. Para uma tabela com linhas r e colunas c, a relação entre o V de Cramer e o coeficiente de correlação phi é expressa como:

$$V = \sqrt{\frac{\phi^2}{\min(r-1), (c-1)}}$$

Capítulo 15: Distribuição de Freqüência, Teste de Hipóteses e Tabulações Cruzadas 335

$$\text{ou} \quad V = \sqrt{\frac{\chi^2/n}{\min(r-1),(c-1)}}$$

O valor do V de Cramer para a Tabela 15.3 é:

$$V = \sqrt{\frac{6{,}33/45}{1}}$$

$$\text{ou} \quad V = \sqrt{0{,}01409}$$

$$= 0{,}375$$

Assim, a associação é de baixa para moderada.

Considerando que a hipótese nula tenha sido rejeitada e que tenhamos determinado a intensidade da associação como baixa para moderada, podemos interpretar o padrão de relação examinando as porcentagens na Tabela 15.4. Há uma associação de baixa para moderada entre gênero e uso dos tênis Nike. Os homens tendem a ser usuários assíduos, ao passo que as mulheres tendem a ser usuárias esporádicas.

TABULAÇÃO CRUZADA NA PRÁTICA

Ao realizar a análise da tabulação cruzada na prática, é útil proceder de acordo com as seguintes etapas (Figura 15.10):

1. Construa a tabela da tabulação cruzada.
2. Teste a hipótese nula de que não há associação entre as variáveis usando a estatística do qui-quadrado (procedimento descrito na Figura 15.6).
3. Se você deixar de rejeitar uma hipótese nula, não há relação.
4. Se H_0 for rejeitada, determine a intensidade da associação usando uma estatística apropriada (coeficiente phi, coeficiente de contingência ou V de Cramer), como discutido anteriormente.
5. Se H_0 for rejeitada, interprete o padrão da relação computando as porcentagens na direção da variável independente, transversalmente à variável dependente. Tire as conclusões de marketing.

ILUSTRAÇÃO RESUMIDA USANDO O CASO DE ABERTURA

A análise dos dados básicos apresenta ângulos valiosos, como no caso do estudo do uso de cupons. Uma distribuição de freqüência produz uma tabela de contagens de freqüência, porcentagens e porcentagens cumulativas para todos os valores associados com aquela variável. A média, a moda e a mediana de uma distribuição de freqüência são medidas de tendência central. Algumas das estatísticas importantes e os dados novos que elas apresentam no caso de abertura foram: contagens de freqüência (593 entrevistados usaram cupons para as marcas que eles normalmente compram), porcentagens (95% haviam usado cupons nos últimos 30 dias) e médias (o número médio de lojas visitadas foi de 2,9 por domicílio).

Hipóteses são afirmações informativas. A análise básica invariavelmente envolve algum teste de hipóteses. Com base nos dados coletados no caso de abertura, a pessoa pode testar a hipótese de que o número médio de lojas visitadas para compras foi de 3,0 por domicílio. As tabulações cruzadas são tabelas que refletem a distribuição conjunta de duas ou mais variáveis. A estatística do qui-quadrado proporciona um teste da significância estatística observada em uma tabulação cruzada. No caso de abertura, uma tabulação cruzada do uso de cupons com a renda indicou que os domicílios em todos os níveis estavam descontando os cupons. Ainda assim, os domicílios com renda mais baixa tiveram maior uso de cupons quando comparados com os domicílios com renda média e mais alta, e essa associação foi estatisticamente significativa. Essas conclusões podem ser usadas pelos supermercados para direcionar seus cupons e estratégias promocionais.

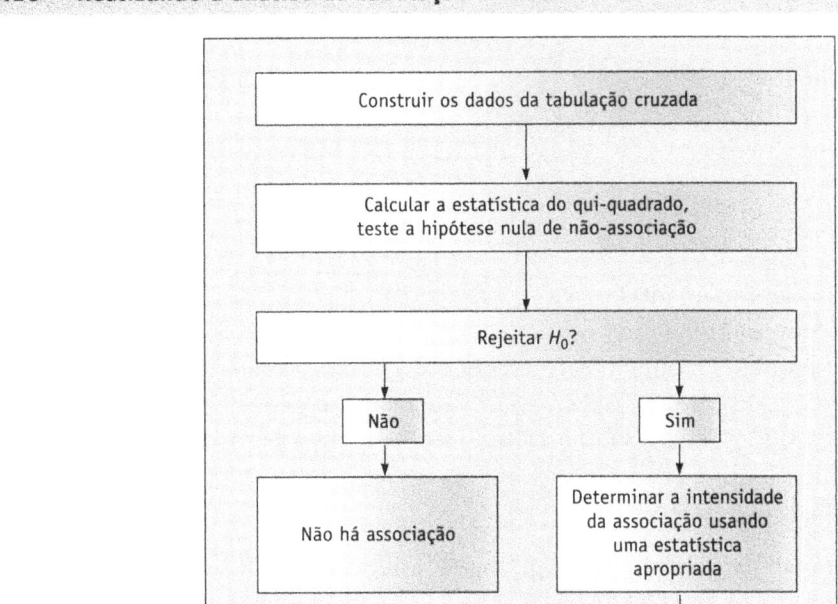

Figura 15.10 Realizando a análise da tabulação cruzada

```
Construir os dados da tabulação cruzada
            ↓
Calcular a estatística do qui-quadrado,
teste a hipótese nula de não-associação
            ↓
        Rejeitar H₀?
        ↙         ↘
      Não         Sim
       ↓           ↓
  Não há      Determinar a intensidade
 associação   da associação usando
              uma estatística
              apropriada
                   ↓
      Interpretar o padrão de relação
      calculando as porcentagens na direção
           da variável independente
```

Resumo

A análise básica dos dados proporciona ângulos valiosos e guia o restante da análise, assim como a interpretação dos resultados. Uma distribuição de freqüência deve ser obtida para cada variável nos dados. Essa análise produz uma tabela de contagem das freqüências, das porcentagens e das porcentagens cumulativas para todos os valores associados com aquela variável. Ela indica os valores fora do limite, omitidos ou extremos. A média, a moda e a mediana de uma distribuição de freqüência são medidas da tendência central. A variabilidade da distribuição é descrita pela amplitude e pela variância ou desvio-padrão.

As tabulações cruzadas são tabelas que refletem a distribuição de freqüência conjunta de duas ou mais variáveis. Na tabulação cruzada, as porcentagens de células podem ser computadas na forma de coluna, com base nos totais das colunas, ou na forma de linhas, com base no total das linhas. A regra geral é computar as porcentagens na direção da variável independente, transversalmente à variável dependente. A estatística do qui-quadrado fornece um teste da significância estatística da associação observada em uma tabulação cruzada. O coeficiente phi, o coeficiente de contingência e o V de Cramer determinam a medida da intensidade da associação entre as variáveis.

Exercícios

1. Descreva o procedimento para computar as freqüências.
2. Quais medidas de localização são comumente computadas para freqüências?
3. Quais medidas de variabilidade são comumente computadas para freqüências?
4. Qual é a principal diferença entre tabulação cruzada e distribuição de freqüência?

5. Qual é a regra geral para computar as porcentagens na tabulação cruzada?
6. Descreva a distribuição do qui-quadrado.
7. O que significa freqüência de célula esperada?
8. Como a estatística do qui-quadrado é calculada?
9. Quando é significativo determinar a intensidade da associação em uma tabulação cruzada?
10. Quais estatísticas estão disponíveis para determinar a intensidade da associação na tabulação cruzada?
11. Discuta os motivos para o uso freqüente de tabulações cruzadas. Quais são algumas de suas limitações?

Problemas

1. Em cada uma das situações seguintes, indique a análise estatística que você realizaria e o teste apropriado, ou estatística de teste, que deve ser usado.
   a. Os entrevistados em um estudo de mil residências foram classificados como consumidores assíduos, médios, esporádicos ou não-consumidores de sorvete. Eles também foram classificados como pertencentes às categorias de renda alta, média e baixa. O consumo de sorvete está relacionado ao nível de renda?
   b. Em um estudo usando uma amostra representativa de 2 mil domicílios do painel de correio do consumidor da Market Facts, perguntou-se aos entrevistados se preferiam ou não comprar na Sears. A amostra foi dividida em domicílios pequenos e grandes, com base na divisão média por tamanho. A preferência em comprar na Sears varia com o tamanho do domicílio?

2. A campanha publicitária atual de uma marca grande de refrigerante seria mudada se menos de 30% dos consumidores gostassem dela.
   a. Formule as hipóteses nula e alternativa.
   b. Discuta os erros tipo I e tipo II que ocorreriam no teste de hipóteses.

3. Uma grande rede de lojas de departamentos está fazendo uma liquidação de final de temporada de refrigeradores. O número de refrigeradores vendidos durante essa liquidação em uma amostra de dez lojas foi:
   80   110   0   40   70   80   100   50   80   30
   a. Compute a média, a moda e a mediana. Qual medida da tendência central é mais apropriada nesse caso e por quê?
   b. Compute a variância e o desvio-padrão.
   c. Construa um histograma e discuta se essa variável é normalmente distribuída.

Notas

1. Baseado em David Wellman, "Click 'n' save", *Supermarket Business*, 54, 4, abr. 1999, p. 19-22; "Cox direct releases survey of promotional practices", *Direct Marketing*, 61, 7, nov. 1998, p. 15-16, e "Coupons, in-store promotions motivate consumer purchasing", *Marketing News*, 9 out. 1995.
2. Terese Hudson, "Selling brand MD", *Hospital & Health Networks*, 73, 8, ago. 1999, p. A14-A16, e Daniel D. Butler e Avery M. Abernethy, "Yellow pages advertising by physicians", *Journal of Health Care Marketing*, 16, primavera 1996, p. 45-50.
3. Para nossos fins, não faremos distinção entre teste formal da hipótese e inferência estatística por meio dos intervalos de confiança.
4. Tecnicamente, uma hipótese nula não pode ser aceita. Ela pode ser rejeitada ou não rejeitada. Essa distinção, no entanto, não tem conseqüências na pesquisa aplicada.
5. Paula Hendrickson, "Clutter: more commercial time, more buyer complaints", *Advertising Age*, 70, 20, 10 maio 1999, p. S4, e Robin T. Peterson e Douglas T. Ross, "A content analysis of the portrayal of mature individuals in television commercials", *Journal of Business Ethics*, 16, 1997, p. 425-433.

CAPÍTULO 16

Teste de Hipóteses Relativo às Diferenças

Neste capítulo abordamos as seguintes questões:

1. Qual é o papel da distribuição t no teste de hipóteses relativo às diferenças?
2. Como você testaria a hipótese relativa a uma amostra?
3. Como muda o teste de hipóteses quando há duas amostras independentes em vez de uma? O procedimento de teste de hipóteses muda quando estamos testando uma diferença nas proporções em vez de diferença nas médias?
4. E quanto ao teste de hipóteses para amostras pareadas? Como é feito?
5. Como o procedimento da análise da variância pode ser usado para testar hipóteses relativas a mais de duas amostras?
6. Quais programas de computador estão disponíveis para testar hipóteses relativas às diferenças?

FIDELIDADE VERSUS INFIDELIDADE E CONVENIÊNCIA VERSUS PREÇO

Desde 2001, os clientes de supermercados têm conseguido até economizar dinheiro gastando mais. Como isso é possível? Por meio da Internet, os consumidores agora têm acesso a um programa de prêmios e reembolsos oferecido por supermercados e por outros comerciantes. O programa, chamado Microrebate Investing, desloca uma porcentagem das compras de clientes fiéis diretamente para uma conta de investimento. O programa foi elaborado para clientes de todos os níveis de renda, sem nenhuma pré-qualificação para ser membro. Essa é apenas uma de muitas maneiras pelas quais supermercados e mercearias estão tentando manter a fidelidade de clientes.

Um estudo recente examinou as diferenças entre 138 consumidores fiéis (CF) e 110 consumidores não-fiéis (CNF) de um grande supermercado. Solicitou-se aos dois grupos que indicassem a importância de 15 atributos de compras em uma escala de 7 pontos (1 = não importante, 7 = muito importante). Com base nos dois testes t de amostras independentes, os quais são usados para testar a hipótese das diferenças entre as médias de duas amostras, diferenças significativas foram identificadas em cinco dos 15 atributos, como indica a tabela a seguir.

Enquanto os consumidores não-fiéis ficaram motivados com os preços baixos, os consumidores fiéis atribuíram uma importância significativamente maior à conveniência (acesso, estacionamento e horário de funcionamento), displays e decoração interna. Assim, até supermercados de desconto, como o Cub Foods, que se posicionaram como líderes de preços baixos, não conseguem competir com base apenas no preço. Para atrair consumidores fiéis, eles precisam oferecer conveniência, bons displays nos corredores e boa decoração interna.[1]

Atributo	Classificação da média de importância dos atributos		Nível de significância
	CNF	CF	
Preços baixos	6,30	6,14	0,044
Acesso conveniente	6,24	6,49	0,045
Estacionamento conveniente	6,17	6,63	0,030
Hora conveniente de funcionamento	5,99	6,46	0,001
Displays e decoração atraentes	4,67	5,14	0,026

VISÃO GERAL

O Capítulo 15 descreveu a análise básica de dados, incluindo a distribuição de freqüência, a tabulação cruzada e o procedimento geral para o teste de hipóteses. Como explicamos, os procedimentos para o teste de hipóteses são classificados como testes de associação ou testes de diferença. Também discutimos estatísticas para examinar a significância e a força da associação. Neste capítulo apresentamos testes para examinar hipóteses relativas às diferenças, como no caso de abertura. A Figura 16.1 explica resumidamente o foco do capítulo, a relação com os capítulos anteriores e a etapa do processo de pesquisa de marketing na qual ele se concentra.

Figura 16.1 Relação do teste de hipóteses relativo às diferenças com os capítulos anteriores e com o processo de pesquisa de marketing

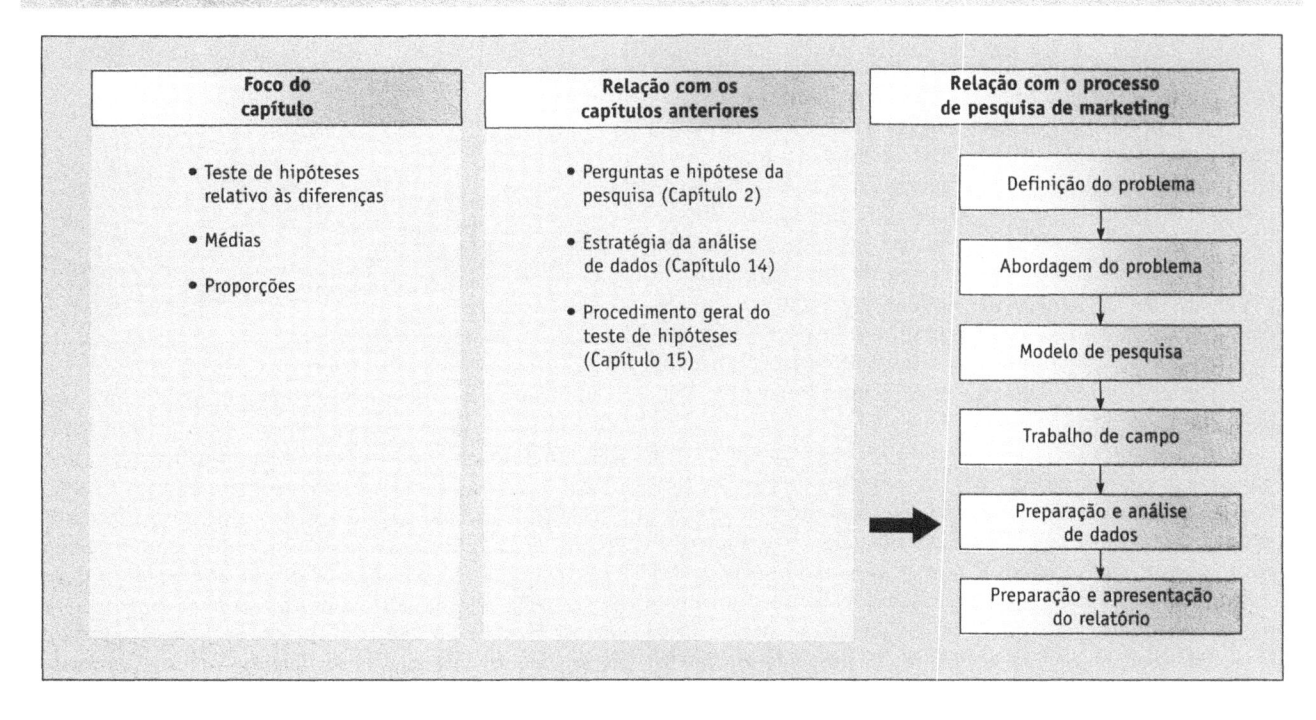

Foco do capítulo	Relação com os capítulos anteriores	Relação com o processo de pesquisa de marketing
• Teste de hipóteses relativo às diferenças • Médias • Proporções	• Perguntas e hipótese da pesquisa (Capítulo 2) • Estratégia da análise de dados (Capítulo 14) • Procedimento geral do teste de hipóteses (Capítulo 15)	Definição do problema → Abordagem do problema → Modelo de pesquisa → Trabalho de campo → **Preparação e análise de dados** → Preparação e apresentação do relatório

Os testes paramétricos que discutimos pressupõem que os dados estejam ao menos com graduação por intervalo. Primeiro discutimos o caso para a diferença nas médias para uma amostra, seguida pelo teste de hipóteses para duas amostras. Depois fazemos a extensão para mais de duas amostras e também examinamos o teste de hipóteses associado com diferenças nas proporções. A Figura 16.2 mostra uma visão geral dos tópicos discutidos neste capítulo e como eles fluem de um capítulo para outro.

TESTE DE HIPÓTESES RELATIVO ÀS DIFERENÇAS

No Capítulo 15 consideramos o teste de hipóteses relativo às associações. Essas hipóteses são do tipo em que duas variáveis são associadas uma com a outra ou relativas uma a outra. Por exemplo, os valores de residências compradas são relativos à renda dos compradores. Agora vamos nos concentrar no teste de hipóteses relativo às diferenças. Essas hipóteses são do tipo em que duas variáveis são diferentes uma da outra. Por exemplo, nos Estados Unidos, as pessoas que moram nos bairros mais sofisticados têm renda mais alta do que as que moram no centro. Uma classificação de procedimentos do teste de hipóteses para examinar diferenças é apresentada na Figura 16.3. Esses procedimentos são relativos à verificação de diferenças em médias ou em proporções. Primeiro nos concentramos nos procedimentos de teste de hipóteses que examinam as diferenças nas médias. Esses procedimentos também são chamados de **testes paramétricos**, porque supõem que as variáveis de interesse são medidas pelo menos em uma escala de intervalo. Por exemplo, o domicílio médio gasta menos de 30 dólares por mês em chamadas telefônicas interurbanas. Aqui a despesa mensal em chamadas telefônicas interurbanas é medida em uma escala de razão. O teste paramétrico mais popular é o teste t, realizado para examinar hipóteses com relação às médias. O teste t pode ser realizado nas médias de uma amostra ou de duas amostras de observações. No caso de duas amostras, elas podem ser independentes ou pareadas. O caso de abertura forneceu uma aplicação de um teste t para a diferença na média de duas amostras independentes – consumidores fiéis e consumidores não-fiéis. Todos os testes t são baseados na distribuição t.

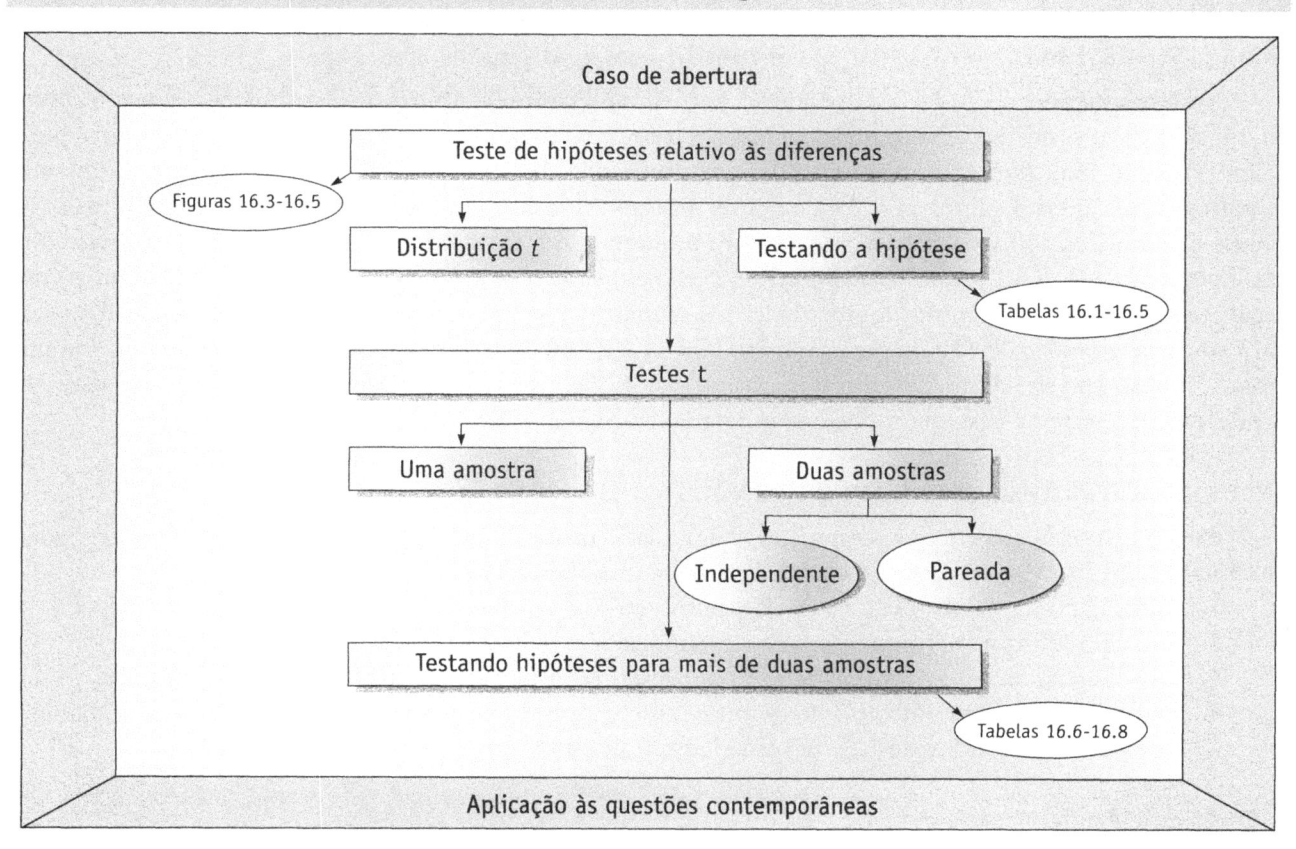

Figura 16.2 Teste de hipóteses relativo às diferenças: visão geral

```
Caso de abertura

    Teste de hipóteses relativo às diferenças
         │              │
   (Figuras 16.3-16.5)  │
         ↓              ↓
    Distribuição t    Testando a hipótese
                         (Tabelas 16.1-16.5)
         ↓
       Testes t
         ↓         ↓
    Uma amostra  Duas amostras
                    ↓       ↓
                Independente  Pareada
         ↓
    Testando hipóteses para mais de duas amostras
                         (Tabelas 16.6-16.8)

Aplicação às questões contemporâneas
```

Distribuição t

Os testes paramétricos possibilitam inferências para fazer afirmações sobre as médias de populações-padrão. Um **teste t** é comumente usado para esse propósito. Ele se baseia na estatística t de Student. A **estatística t** é calculada ao se supor que a variável é distribuída normalmente, a média é conhecida e a variância da população é estimada a partir da amostra. Suponha que a variável aleatória X seja distribuída

Figura 16.3 Teste de hipóteses relativo às diferenças

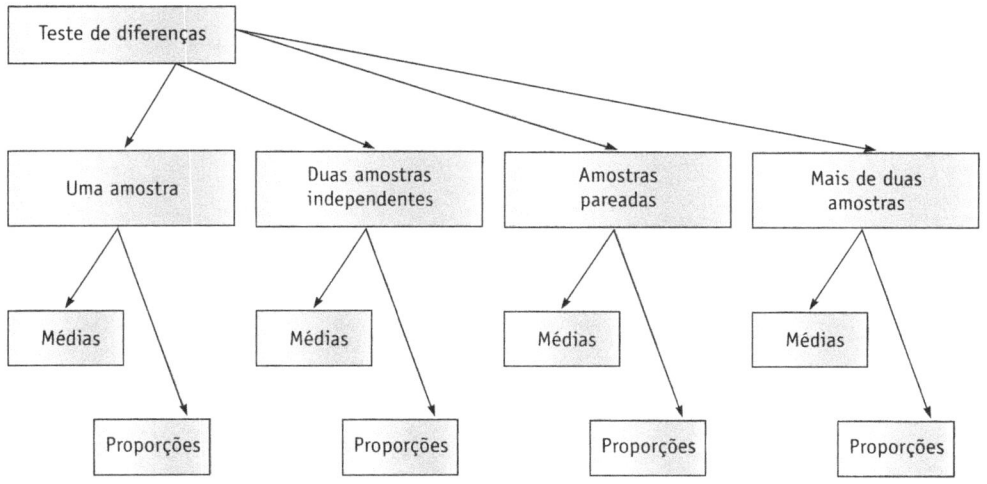

```
                    Teste de diferenças
         ┌──────────┬──────────┬──────────┐
    Uma amostra  Duas amostras  Amostras  Mais de duas
                 independentes  pareadas    amostras
         ↓            ↓            ↓           ↓
      Médias       Médias       Médias      Médias
         ↓            ↓            ↓           ↓
     Proporções  Proporções   Proporções  Proporções
```

normalmente, com a média μ e uma variância desconhecida da população de σ^2, a qual é estimada usando-se a variância de amostra de s^2. Lembre-se de que o desvio-padrão da média da amostra, $\overline{X}$, é estimado como $s_{\overline{x}} = s/\sqrt{n}$. Então, $t = (\overline{X} - \mu)/s_{\overline{x}}$ é t distribuído com $n - 1$ graus de liberdade.

A **distribuição** t é similar à distribuição normal na aparência. Ambas as distribuições têm o formato de um sino e são simétricas. No entanto, a distribuição t tem mais área nas caudas e menos no centro que a distribuição normal. Isso se deve ao fato de que a variância da população σ^2 é desconhecida e é estimada usando-se a variância da amostra s^2. Dada a incerteza no valor de s^2, os valores observados de t são mais variáveis que aqueles de z. Assim, devemos ter um número maior de desvios-padrão de 0 para englobar uma certa porcentagem de valores da distribuição t, como é o caso com a distribuição normal. No entanto, com o aumento no número de graus de liberdade, a distribuição t se aproxima da distribuição normal. De fato, para amostras grandes de 120 ou mais, a distribuição t e a distribuição normal são virtualmente indistinguíveis. A Tabela 4 no site deste livro mostra percentis selecionados da distribuição t. Embora a normalidade seja presumida, o teste t é bastante robusto com relação aos desvios da normalidade.

Testando a hipótese com base na estatística t

Para o caso especial em que a estatística t é usada, o procedimento geral para o teste de hipóteses discutido no capítulo anterior aplica-se da seguinte maneira (Figura 16.4):

1. Formular a hipótese nula (H_0) e a alternativa (H_1).
2. Escolher a fórmula apropriada para a estatística t.
3. Escolher um nível de significância, α, para testar H_0. Em geral, o nível de 0,05 é o escolhido.
4. Pegar uma ou duas amostras e compute a média e o desvio-padrão para cada amostra. Calcule a estatística t supondo que H_0 seja verdadeira. Calcule os graus de liberdade.

Figura 16.4 Realizando testes t

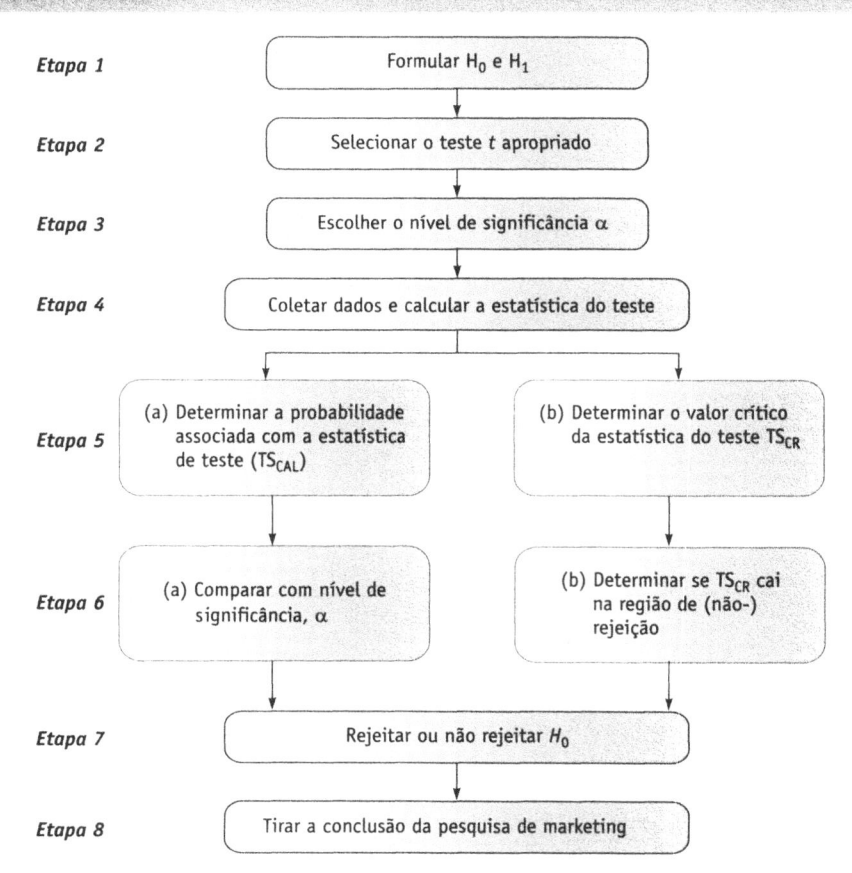

- Etapa 1: Formular H_0 e H_1
- Etapa 2: Selecionar o teste t apropriado
- Etapa 3: Escolher o nível de significância α
- Etapa 4: Coletar dados e calcular a estatística do teste
- Etapa 5:
  - (a) Determinar a probabilidade associada com a estatística de teste (TS_{CAL})
  - (b) Determinar o valor crítico da estatística do teste TS_{CR}
- Etapa 6:
  - (a) Comparar com nível de significância, α
  - (b) Determinar se TS_{CR} cai na região de (não-) rejeição
- Etapa 7: Rejeitar ou não rejeitar H_0
- Etapa 8: Tirar a conclusão da pesquisa de marketing

5. (a) Estimar a probabilidade de se obter um valor mais extremo da estatística da Tabela 4 no site deste livro (b) Alternativamente, calcular o valor crítico da estatística t. Observar que, ao se determinar o valor crítico da estatística de teste, a área para a direita do valor crítico é α ou $\alpha/2$. É de α para um teste de uma cauda e de $\alpha/2$ para um teste de duas caudas.
6. (a) Comparar a probabilidade computada na etapa 5 com o nível de significância selecionado na etapa 3. (b) Alternativamente, comparar a estatística t calculada na etapa 4 com o valor crítico determinado na etapa 5.
7. Tomar a decisão estatística de rejeitar ou não rejeitar as hipóteses nulas. Se a probabilidade computada na etapa 5 for menor que o nível de significância selecionado na etapa 3, rejeitar H_0. Se a probabilidade for maior, não rejeitar H_0. Alternativamente, se o valor da estatística t calculada na etapa 4 for maior que o valor crítico determinado na etapa 5, rejeitar H_0. Se o valor calculado for menor que o valor crítico, não rejeitar H_0. Deixar de rejeitar H_0 não implica necessariamente que H_0 seja verdadeira. Significa apenas que o verdadeiro estado não é significativamente diferente do que aquele presumido pela H_0.[2]
8. Expressar a conclusão obtida pelo teste t em termos do problema de pesquisa de marketing.

Ilustramos o procedimento geral para realizar testes t nas seções a seguir, começando com o caso de uma amostra.

TESTES t DE UMA AMOSTRA

Na pesquisa de marketing, o pesquisador está muitas vezes interessado em fazer afirmações sobre uma única variável contra um padrão conhecido ou dado. A seguir apresentam-se alguns exemplos de tais afirmações:

- A participação no mercado para o produto novo excederá os 15%.
- Um mínimo de 65% dos clientes gostará do desenho da embalagem nova.
- A despesa média mensal por domicílio em compras de supermercado excede os 500 dólares.
- O novo plano de serviço terá uma preferência de, no mínimo, 70% dos clientes.

Essas afirmações podem ser traduzidas para hipóteses nulas que podem ser testadas com o uso de um teste de uma amostra, como o teste z ou o teste t. No caso de um teste t para uma única média, o pesquisador está interessado em testar se a média da população está em conformidade com uma dada hipótese (H_0). No caso de abertura, a hipótese de que a classificação média de cada atributo para a amostra em geral (consumidores fiéis e consumidores não-fiéis juntos) excederia 5,0 seria testada usando-se o teste t de uma amostra.

Teste para uma única média

Suponha que um novo acessório de máquina seria lançado se recebesse uma média de, no mínimo, 7 em uma escala de 10 pontos. O acessório é exibido para uma amostra de 20 engenheiros de compras e pede-se que o avaliem. Os resultados indicam uma classificação média de 7,9 com um desvio-padrão de 1,6. Um nível de significância de $\alpha = 0,05$ é escolhido. A peça deve ser lançada?

$$H_0 : \mu \leq 7,0$$
$$H_1 : \mu > 7,0$$
$$t = (\overline{X} - \mu) / s_{\overline{X}}$$
$$s_{\overline{X}} = s/\sqrt{n}$$
$$s_{\overline{X}} = 1,6 /\sqrt{20} = 1,6 / 4,472 = 0,358$$
$$t = (7,9 - 7,0) / 0,358 = 0,9 / 0,358 = 2,514$$

Os graus de liberdade para a estatística t testar uma hipótese em torno de uma média são $n - 1$. Nesse caso, $n - 1 = 20 - 1$, ou 19. Da Tabela 4 no site deste livro, a probabilidade de se obter um valor mais extremo que 2,514 é entre 0,025 e 0,01, o que é menor que 0,05. Alternativamente, o valor crítico de t para 19 graus de liberdade e um nível de significância de 0,05 é de 1,7291, o qual é menor que o valor calculado de 2,514. Portanto, a hipótese nula é rejeitada, favorecendo o lançamento da peça.

Observe que, se o desvio-padrão da população fosse conhecido com valor 1,5 em vez de estimado da amostra, um **teste z** seria apropriado. Nesse caso, o valor da estatística z seria:

$$z = (\overline{X} - \mu)/\sigma_{\overline{X}}$$

onde

$$\sigma_{\overline{X}} = 1,5\sqrt{20} = 1,5/4,472 = 0,335$$

e

$$z = (7,9 - 7,0) / 0,335 = 0,9 / 0,335 = 2,687$$

Da Tabela 2 no site deste livro, a probabilidade de se obter um valor mais extremo para z que 2,687 é de 0,0036, o qual é menor que 0,05. Alternativamente, o valor crítico de z para um teste de uma cauda e um nível de significância de 0,05 é de 1,645, o qual é menor que o valor calculado de 2,687. Portanto, a hipótese nula é rejeitada, e podemos chegar à mesma conclusão à qual chegamos anteriormente usando o teste t.

Ilustramos ainda mais o teste t de uma amostra usando os dados da Tabela 16.1. A tabela contém dados de duas amostras, cada uma consistindo de dez entrevistados. O tamanho das amostras foi mantido pequeno para que possamos mostrar os cálculos detalhados (à mão). A amostra um consiste em adolescentes (de 13 a 19 anos), ao passo que a amostra dois consiste em adultos acima dos 20 anos. Foi solicitado que os entrevistados indicassem preferência por parques temáticos da Disney imediatamente antes e imediata-

Tabela 16.1 Preferência pela Disney antes e depois de visitar o resort

NÚMERO DO ENTREVISTADO	AMOSTRA	PREFERÊNCIA PELA DISNEY	
		Antes	Depois
1	1,00	7,00	9,00
2	1,00	6,00	8,00
3	1,00	5,00	8,00
4	1,00	6,00	9,00
5	1,00	4,00	7,00
6	1,00	6,00	8,00
7	1,00	5,00	7,00
8	1,00	4,00	7,00
9	1,00	7,00	9,00
10	1,00	5,00	7,00
1	2,00	3,00	7,00
2	2,00	4,00	8,00
3	2,00	4,00	7,00
4	2,00	3,00	6,00
5	2,00	6,00	8,00
6	2,00	5,00	8,00
7	2,00	4,00	9,00
8	2,00	3,00	6,00
9	2,00	3,00	7,00
10	2,00	5,00	9,00

mente após sua visita, usando uma escala de 10 pontos. A hipótese nula, embasada em um levantamento anterior, é que a preferência para a amostra um antes de entrar no parque temático será de 5,0. É possível que a preferência por parques da Disney possa ter aumentado ou diminuído desde o último levantamento. Assim, as hipóteses são:

$$H_0 : \mu = 5,0$$
$$H_1 : \mu \neq 5,0$$

Um teste t de uma amostra foi realizado usando-se um programa estatístico. Os resultados estão descritos na Tabela 16.2

A partir dessa tabela é possível ver que a preferência média da amostra um antes de entrar no parque é de 5,5, com um desvio-padrão (DP) de 1,08. Esses cálculos são os seguintes:

$$\overline{X}_1 = (7 + 6 + 5 + 6 + 4 + 6 + 5 + 4 + 7 + 5) / 10$$
$$= 55 / 10$$
$$= 5,5$$

$$\sum (X_i - \overline{X}_1)^2 = (7 - 5,5)^2 + (6 - 5,5)^2 + (5 - 5,5)^2 + (6 - 5,5)^2 + (4 - 5,5)^2$$
$$+ (6 - 5,5)^2 + (5 - 5,5)^2 + (4 - 5,5)^2 + (7 - 5,5)^2 + (5 - 5,5)^2$$
$$= 2,25 + 0,25 + 0,25 + 0,25 + 2,25$$
$$+ 0,25 + 0,25 + 2,25 + 2,25 + 0,25$$
$$= 10,50$$

$$S_{x1}^2 = 10,50 / (10 - 1)$$
$$S_{x1} = \sqrt{(10,5) / (10 - 1)}$$
$$= 1,08$$

Portanto,

$$t = (\overline{X} - \mu) / s_{\overline{X}}$$
$$s_{\overline{X}} = s / \sqrt{n}$$
$$s_{\overline{X}} = 1,08 / \sqrt{10} = 1,08 / 3,16 = 0,342$$
$$t = (5,5 - 5,0) / 0,342 = 0,5 / 0,342 = 1,46$$

Com nove graus de liberdade, a probabilidade de se obter um valor mais extremo de t é de 0,18. Assim, a hipótese nula não pode ser rejeitada. Em outras palavras, a preferência média da amostra um antes

Tabela 16.2 Teste t de uma amostra: preferência de adolescentes antes da visita

VARIÁVEL	NÚMERO DE CASOS	MÉDIA	DESVIO-PADRÃO	ERRO-PADRÃO DA MÉDIA
Preferência antes da visita	10	5,5000	1,080	0,342

Valor do teste = 5

DIFERENÇA MÉDIA	95% de INTERVALO DE CONFIANÇA		VALOR t	GRAUS DE LIBERDADE	SIGNIFICÂNCIA DE DUAS CAUDAS
	Inferior	Superior			
0,50	-0,273	1,273	1,46	9	0,177

de entrar no parque temático não é diferente de 5,0. Assim, com base nos resultados, não houve nenhuma mudança na preferência de adolescentes desde o último levantamento.

Teste para uma única proporção

Estas hipóteses são relativas à proporção ou à porcentagem que pertence a uma única população. Por exemplo, a proporção de consumidores fiéis à marca Coca-Cola excede 0,2, ou 70% das famílias comem fora, no mínimo, uma vez por semana. O procedimento para testar uma hipótese associada com uma proporção para uma amostra foi ilustrado no Capítulo 15 na seção "Procedimento geral para testar a hipótese".

TESTES *t* DE DUAS AMOSTRAS

Como se pode ver a partir da Tabela 16.3, as duas amostras podem ser independentes ou pareadas. Além disso, as hipóteses e os testes relativos poderiam ser pertinentes ao exame de diferenças nas médias ou nas proporções.

Duas amostras independentes

Amostras tiradas aleatoriamente de populações diferentes são chamadas de **amostras independentes**. Várias hipóteses no marketing são relativas aos parâmetros de duas populações diferentes:
- As populações de usuários e não-usuários de uma marca diferem em termos de suas percepções da marca.
- Os consumidores de alta renda consomem mais entretenimento do que os consumidores de baixa renda.
- A proporção de usuários fiéis à marca no Segmento I é maior que a proporção no Segmento II.
- A proporção de famílias conectadas à Internet nos Estados Unidos excede à da Alemanha.

Em cada uma das hipóteses acima, temos duas populações diferentes: usuários e não-usuários, consumidores de alta renda e de baixa renda, Segmento I e Segmento II, Estados Unidos e Alemanha. Amostras tiradas aleatoriamente dessas populações serão amostras independentes. No caso de abertura, os consumidores fiéis (CF) e os consumidores não-fiéis (CNF) constituíam duas amostras independentes. Da mesma maneira, para uma amostra, as hipóteses podem ser relativas às médias ou às proporções. As primeiras duas hipóteses na introdução desta seção são relativas às médias, ao passo que as últimas duas são relativas às proporções.

MÉDIAS No caso de médias para duas amostras independentes, as hipóteses tomam a seguinte forma:

$$H_0 : \mu_1 = \mu_2$$
$$H_1 : \mu_1 \neq \mu_2$$

No caso de abertura, as hipóteses testadas para a importância de cada atributo pelos CF e pelos CNF foram:

$$H_0 : \mu_{CF} = \mu_{CNF}$$
$$H_1 : \mu_{CF} \neq \mu_{CNF}$$

Amostras são tiradas das duas populações, e as médias e as variâncias são computadas com base em amostras de tamanhos n_1 e n_2. Se for descoberto que ambas as populações têm a mesma variância, uma estimativa da variância em grupo é computada das duas variâncias da amostra da seguinte maneira:

$$s^2 = \frac{\sum_{i=1}^{n_1}(X_{i_1} - \overline{X}_1)^2 + \sum_{i=1}^{n_2}(X_{i_2} - \overline{X}_2)^2}{n_1 + n_2 - 2}$$

ou

$$s^2 = \frac{(n_1 - 1)s_1^2 + (n_2 - 1)s_2^2}{n_1 + n_2 - 2}$$

O desvio-padrão da estatística de teste pode ser estimado como:

$$s_{\bar{x}_1 - \bar{x}_2} = \sqrt{s^2 \frac{1}{n_1} + \frac{1}{n_2}}$$

O valor apropriado de t pode ser calculado como:

$$t = \frac{(\overline{X}_1 - \overline{X}_2) - (\mu_1 - \mu_2)}{s_{\bar{x}_1 - \bar{x}_2}}$$

Os graus de liberdade nesse caso são $(n_1 + n_2 - 2)$.

Se as duas populações tiverem variâncias desiguais, um t exato não pode ser computado para a diferença nas médias da amostra. Por exemplo, os consumidores nos Estados Unidos têm preferência muito bem desenvolvida por marcas, ao passo que essa formação de preferência parece ser fraca para consumidores em países em desenvolvimento. Assim, a preferência por marcas de xampu nos Estados Unidos deve exibir uma variância menor quando comparada com aquela de Serra Leoa, país em desenvolvimento no oeste da África. Nesses casos, é considerada uma aproximação para o t. O número de graus de liberdade nessas situações normalmente não é um número inteiro, mas pode-se obter uma probabilidade razoavelmente precisa ao se arredondar para o número inteiro mais próximo.[3] Então, o desvio-padrão da estatística de teste pode ser estimado como:

$$s_{\bar{x}_1 - \bar{x}_2} = \sqrt{\left(\frac{s_1^2}{n_1} + \frac{s_2^2}{n_2}\right)}$$

Um **teste F** da variância da amostra pode ser realizado caso não se saiba se as duas populações têm uma variância igual. Nesse caso, as hipóteses são:

$$H_0: \sigma_1^2 = \sigma_2^2$$
$$H_1: \sigma_1^2 \neq \sigma_2^2$$

A **estatística F** é computada das variâncias da amostra da seguinte maneira:

$$F_{(n_1-1),(n_2-1)} = \frac{s_1^2}{s_2^2}$$

onde
- n_1 = tamanho da amostra 1
- n_2 = tamanho da amostra 2
- $n_1 - 1$ = graus de liberdade para a amostra 1
- $n_2 - 1$ = graus de liberdade para a amostra 2
- s_1^2 = variância amostral para a amostra 1
- s_2^2 = variância amostral para a amostra 2

Como se pode ver, o valor crítico da **distribuição F** depende de dois conjuntos de graus de liberdade: os do numerador e os do denominador. Os valores críticos de F para vários graus de liberdade para o numerador e para o denominador são mostrados na Tabela 5 no site deste livro. Se a probabilidade de F for maior que o nível de significância α, a hipótese H_0 não é rejeitada e pode-se usar o t baseado na estimativa da variância do grupo. Por outro lado, se a probabilidade de F for menor ou igual a α, H_0 é rejeitada e é usado o t baseado em uma estimativa separada de variância.

Usando-se os dados da Tabela 16.1, podemos examinar se os adolescentes têm uma preferência diferente da dos adultos antes de entrar no parque. Um teste t de duas amostras independentes é realizado. Como a diferença pode ocorrer em qualquer um dos sentidos, é usado um teste de duas caudas. Os resultados são apresentados na Tabela 16.3. É possível ver que a amostra um tem uma média de 5,5, com um desvio-padrão de 1,080, ou uma variância de $(1,080)^2 = 1,166$.

Tabela 16.3 Testes *t* para amostras independentes: preferência antes da visita					
Amostra variável	Número de casos	Média	Desvio-padrão	Erro-padrão da média	
Adolescentes	10	5,5000	1,080	0,342	
Adultos	10	4,0000	1,054	0,333	
Diferença entre médias = 1,5000					
Teste para igualdade de variâncias: F = 1,05; P = 0,472					
Teste *t* para a igualdade das médias					
Variâncias	Valor de *t*	Graus de liberdade	Significância de duas caudas	Erro-padrão da diferença	Intervalo de confiança de 95% para diferença
Igual	3,14	18	0,006	0,477	(0,497, 2,503)
Desigual	3,14	17,99	0,006	0,477	(0,497, 2,503)

Esses cálculos foram ilustrados antes para o teste de uma amostra. Cálculos similares mostrarão que a amostra dois tem uma média de 4,0 e um desvio-padrão de 1,054, ou uma variância de 1,111. O valor da estatística *F* para testar a igualdade das variâncias é:

$$F_{9,9} = (1{,}166 / 1{,}111) = 1{,}05$$

Observe que o teste *F* das variâncias das amostras tem uma probabilidade que excede 0,05.

Alternativamente, o valor crítico de $F_{9,9}$ é de 3,18. Assim, a hipótese nula de variâncias iguais não pode ser rejeitada e é usado o teste *t* com base na estimativa da variância do grupo.

A estimativa da variância do grupo pode ser calculada como

$$s_2 = \frac{(10-1)\,1{,}166 + (10-1)\,1{,}111}{10+10-2}$$

$$= 1{,}139$$

Assim,

$$s_{\bar{x}_1 - \bar{x}_2} = \sqrt{1{,}139 \left(\frac{1}{10} + \frac{1}{10}\right)}$$

$$= 0{,}477$$

Sob a hipótese nula, o valor da estatística *t* é

$$t = (5{,}5 - 4{,}0) / 0{,}477$$

$$= 3{,}14$$

O valor *t* é de 3,14, e com 20 − 2 = 18 graus de liberdade, isso nos dá uma probabilidade de 0,006, a qual é menor que o nível de significância de 0,05 / 2 = 0,025. Alternativamente, o valor crítico de *t* é de 2,1009. Observe que, ao se determinar o valor crítico da estatística de teste (TS_{CR}), a área à direita do valor crítico é α/2 para o teste de duas caudas que está sendo realizado. Como o valor calculado de *t* excede o valor crítico, a hipótese nula de médias iguais é rejeitada. Assim, a conclusão é que os adolescentes e os adultos diferem na preferência por parques temáticos da Disney antes de entrar no parque. A Tabela 16.3 também mostra o teste *t* usando estimativas de variâncias separadas, uma vez que a maioria dos programas de computador automaticamente conduz o teste *t* das duas formas.

Suponha que quiséssemos determinar se os adolescentes têm uma preferência maior que a dos adultos pelos parques da Disney. Nesse caso, deve ser usado um teste de uma cauda em vez do de duas caudas. As hipóteses são:

$$H_0 : \mu_1 \leq \mu_2$$
$$H_1 : \mu_1 > \mu_2$$

A estatística *t* é calculada exatamente da mesma maneira que no teste de duas caudas. No entanto, ao se determinar o valor crítico da estatística de teste (TS_{CR}), a área à direita do valor crítico é α para um teste de uma cauda (Figura 16.5). Nesse caso, o valor crítico de *t* é 1,7341, levando à mesma conclusão a que chegamos anteriormente.

Figura 16.5 Calculando o valor crítico da estatística de teste: TS_{CR} para testes de duas caudas e de uma cauda

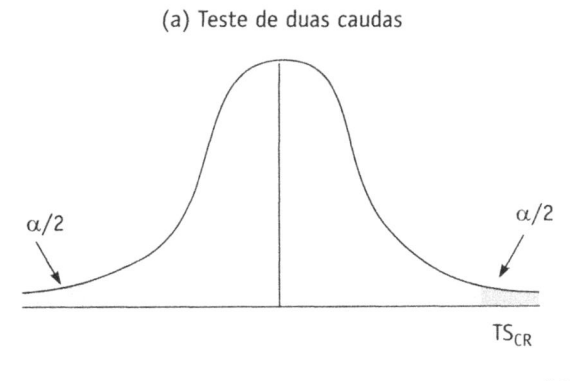

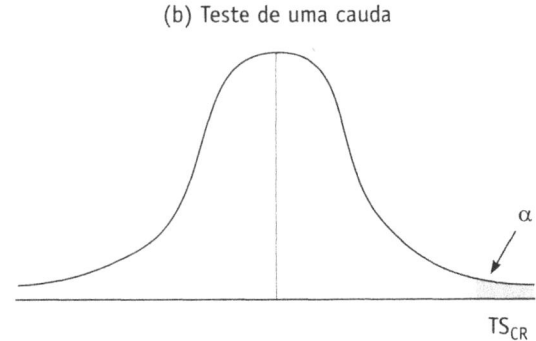

(a) Teste de duas caudas

(b) Teste de uma cauda

Como aplicação do teste *t*, considere o exemplo a seguir.

*E*xemplo

ÉTICA NO MARKETING DO ENSINO: ESCOLAS PARTICULARES VERSUS PÚBLICAS

Foi realizado um levantamento com alunos de administração em faculdades particulares e públicas para determinar as percepções da cobertura de tópicos sobre a ética em seus cursos. Havia 101 entrevistados de escolas particulares e 171 de escolas públicas. Solicitou-se aos entrevistados que indicassem o grau de discordância ou de concordância com relação a três afirmações, usando uma escala de cinco pontos (1 = discordo muito, 5 = concordo muito). Com base em testes *t* de duas amostras independentes, os alunos das escolas particulares indicaram maior ênfase na ética que os alunos de faculdades públicas.

AFIRMAÇÃO	CLASSIFICAÇÕES DE MÉDIAS		NÍVEL DE SIGNIFICÂNCIA
	Particular	Pública	
No programa de marketing na minha faculdade há substancial ênfase no ensino da ética.	2,88	2,62	0,02
Nos meus cursos de marketing tenho a oportunidade de iniciar discussões sobre questões éticas.	3,50	3,09	0,00
Meu professor parece estar preocupado com questões éticas.	3,50	3,30	0,06

As respostas médias também indicam que as faculdades estão somente cumprindo adequadamente sua cobertura de questões éticas nos cursos de marketing. Dada a importância do tópico, tanto as faculdades de administração particulares quanto as públicas precisam melhorar sua ênfase nas questões éticas nos cursos de marketing.[4]

Neste exemplo, testamos as diferenças entre as médias. Um teste similar está disponível para testar a diferença entre proporções para duas amostras independentes.

PROPORÇÕES Um caso envolvendo proporções para duas amostras independentes está ilustrado na Tabela 16.4, a qual dá o número (e a porcentagem) de usuários e não-usuários de jeans nos Estados Unidos e em Hong Kong. A proporção de usuários é a mesma nas amostras dos Estados Unidos e de Hong Kong?

A hipótese nula e a alternativa são:

$$H_0 : \pi_1 = \pi_2$$
$$H_1 : \pi_1 \neq \pi_2$$

Um teste z é usado como no teste da proporção de uma amostra. Esse é o problema de uma amostra grande. As amostras de cada população precisam ser grandes para que a distribuição binominal das proporções das amostras possa ser aproximada usando-se a distribuição normal. Como regra empírica, tanto np quanto $n(1-p)$ precisam ser maiores do que 10 para cada amostra. Nesse caso, a estatística de teste é dada por:

$$z = \frac{P_1 - P_2}{S_{P_2} - P_2}$$

Na estatística de teste, o numerador é a diferença entre as proporções nas duas amostras, P_1 e P_2. O denominador é o erro-padrão da diferença nas duas proporções, e é dado por

$$s_{P_1 - P_2} = \sqrt{P(1-P)\left[\frac{1}{n_1} + \frac{1}{n_2}\right]}$$

Tabela 16.4 Comparando as proporções de usuários de jeans para os Estados Unidos e para Hong Kong

AMOSTRA	USO DE JEANS		TOTAIS
	Usuários	Não-usuários	
Estados Unidos	160	40	200
Hong Kong	120	80	200
Totais das colunas	280	120	

onde

$$P = \frac{n_1 P_1 + n_2 P_2}{n_1 + n_2}$$

Um nível de significância de α = 0,05 é escolhido. De acordo com os dados da Tabela 16.4, a estatística de teste pode ser calculada como:

$$P_1 - P_2 = 0,8 - 0,6 = 0,20$$

$$P = (200 \times 0,8 + 200 \times 0,6) / (200 + 200) = 0,7$$

$$s_{P_1 - P_2} = \sqrt{0,7 \times 0,3 \left[\frac{1}{200} + \frac{1}{200} \right]} = 0,04583$$

$$z = 0,2 / 0,04583 = 4,36$$

Dado um teste de duas caudas, a área à direita do valor crítico é α/2, ou 0,025. Assim, o valor crítico da estatística de teste é 1,96. Como o valor calculado excede o valor crítico, a hipótese nula é rejeitada. Dessa forma, a proporção de usuários (0,80 para os Estados Unidos e 0,60 para Hong Kong) é significativamente diferente para as duas amostras.

Como uma alternativa ao teste z paramétrico considerado anteriormente, o procedimento de tabulação cruzada também poderia ser usado para conduzir um teste de qui-quadrado. Nesse caso, teremos uma tabela de 2 × 2. Uma variável será usada para designar a amostra, assumindo o valor de 1 para a amostra 1 e o valor de 2 para a amostra 2. A outra variável será a dicotômica de interesse. O teste t, nesse caso, é equivalente a um teste qui-quadrado para independência em uma tabela de contingência de 2 × 2. A relação é

$$\chi^2_{(1)} = t^2_{(n_1 + n_2 - 2)}$$

Para amostras grandes, a distribuição t aproxima-se da distribuição normal, portanto o teste t e o teste z são equivalentes.

Amostras pareadas

Em muitas aplicações de pesquisa de marketing, as observações para os dois grupos não são selecionadas de amostras independentes. Em vez disso, são relativas a **amostras pareadas** no sentido de que os dois conjuntos de observação referem-se aos mesmos entrevistados. Exemplos de hipóteses relativas a amostras pareadas incluem:

- Os consumidores consideram o nome da marca mais importante que o preço quando compram roupas da moda.
- As famílias gastam mais em pizzas do que em hambúrgueres.
- A proporção de famílias que assinam um jornal excede a proporção assinante de revistas.
- A proporção de clientes que têm conta corrente excede a daqueles que têm uma conta poupança.

Cada uma das hipóteses acima é relativa ao mesmo conjunto de pessoas. Além disso, as duas primeiras hipóteses são relativas a médias, ao passo que as últimas duas são relativas a proporções.

MÉDIAS Uma amostra de entrevistados pode classificar duas marcas concorrentes, indicar a importância relativa de dois atributos de um produto ou avaliar uma marca em dois períodos de tempo diferentes. A diferença nesses casos é examinada por um **teste *t* de amostras pareadas**. No caso de abertura, a hipótese de que os consumidores fiéis (CF) consideram estacionamento conveniente mais importante do que preços baixos seria testada com um teste *t* de amostras pareadas. Para computar *t* para as amostras pareadas, a variável emparelhada de diferença, designada por *D*, é formada e sua média e sua variância são calculadas. Depois, a estatística *t* é computada. Os graus de liberdade são *n* – 1, onde *n* é o número de pares. As fórmulas relevantes são:

$$H_0 : \mu_D = 0$$

$$H_1 : \mu_D \neq 0$$

$$t_{n-1} = \frac{\overline{D} - \mu_D}{s_D}$$

ou

$$t_{n-1} = \frac{\overline{D} - \mu_D}{\frac{s_D}{\sqrt{n}}}$$

onde

$$\overline{D} = \frac{\sum_{i=1}^{n} D_i}{n}$$

$$s_D = \sqrt{\frac{\sum_{i=1}^{n}(D_i - \overline{D})^2}{n-1}}$$

$$s_{\overline{D}} = \frac{s_D}{\sqrt{n}}$$

Para os dados apresentados na Tabela 16.1, um teste t emparelhado poderia ser usado para determinar se houve uma diferença na preferência antes e depois da visita ao parque temático da Disney para os entrevistados na amostra um (adolescentes). A saída que resulta é mostrada na Tabela 16.5. A diferença média entre as variáveis é de 2,4, com um desvio-padrão de 0,516 e um erro-padrão de 0,163. Esses cálculos são os seguintes:

$$\overline{D} = ((9-7) + (8-6) + (8-5) + (9-6) + (7-4) +$$
$$(8-6) + (7-5) + (7-4) + (9-7) + (7-5)) / 10$$
$$= (2 + 2 + 3 + 3 + 3 + 2 + 2 + 3 + 2 + 2) / 10$$
$$= 2,4$$

$$S_D^2 = ((2-2,4)^2 + (2-2,4)^2 + (3-2,4)^2 + (3-2,4)^2 + (3-2,4)^2 +$$
$$(2-2,4)^2 + (2-2,4)^2 + (3-2,4)^2 + (2-2,4)^2 + (2-2,4)^2) / (10-1)$$
$$= (0,16 + 0,16 + 0,36 + 0,36 + 0,36 +$$
$$0,16 + 0,16 + 0,36 + 0,16 + 0,16) / 9$$
$$= 0,2667$$

Tabela 16.5 Testes t para amostras pareadas: adolescentes

Variável	Número de pares	Correlação	Significância de duas caudas	Média	Desvio-padrão	Erro-padrão da média
Preferência antes da visita				5,5000	1,080	0,342
	10	0,881	0,001			
Preferência depois da visita				7,9000	0,876	0,277

DIFERENÇAS PAREADAS

Média	Desvio-padrão	Erro-padrão da média	Valor t	Graus de liberdade	Significância de duas caudas	Intervalo de confiança de 95%
-2,4000	0,516	0,163	-14,70	9	0,000	(-2,769, -2,031)

Assim:

$$S_D = \sqrt{0,2667}$$
$$= 0,516$$

e

$$S_{\bar{D}} = \frac{0,516}{\sqrt{10}}$$
$$= 0,516 / 3,162$$
$$= 0,163$$

Isso resulta em um valor t de

$$2,4 / 0,163$$
$$= 14,7$$

Com 10 − 1 = 9 graus de liberdade, há uma probabilidade de menos que 0,001. Portanto, as preferências dos adolescentes antes e após visitar os parques temáticos da Disney são significativamente diferentes. Um teste de uma cauda teria o mesmo valor para a estatística t, exceto que a área à direita do valor crítico seja α (Figura 16.5). Assim, se quiséssemos testar se as preferências depois da visita ao parque fossem significativamente maiores do que antes da visita, um teste de uma cauda também levaria à rejeição da hipótese nula:

$$H_0: \mu_D \leq 0$$
$$H_1: \mu_D > 0$$

onde D = preferência após a visita − preferência antes da visita.

Outra aplicação é fornecida no contexto de determinar a eficácia da propaganda.

PROPORÇÕES A diferença em proporções para amostras pareadas pode ser testada usando o teste qui-quadrado explicado no Capítulo 15.

TESTANDO HIPÓTESES PARA MAIS DE DUAS AMOSTRAS

Os procedimentos para examinar diferenças entre mais de duas médias são chamados de **análise de variância (ANOVA)**. Em geral, a hipótese nula é que todas as médias são iguais. Os pesquisadores de marketing muitas vezes estão interessados em examinar as diferenças nos valores médios de mais de dois grupos. Por exemplo:

- Os vários segmentos diferem em termos de seu volume de consumo do produto?
- As avaliações de marca variam dos grupos expostos aos diferentes anúncios?
- Os varejistas, os atacadistas e os agentes diferem na sua atitude com relação às políticas de distribuição da empresa?
- Os usuários, os não-usuários e os ex-usuários de uma marca diferem na sua atitude com a marca?

A resposta a essas e outras perguntas similares pode ser determinada realizando-se uma ANOVA. Para explicar ainda mais esse procedimento, suponha que o pesquisador esteja interessado em examinar se usuários assíduos, médios, esporádicos e não-usuários de xampu diferem nas suas preferências por uma dada marca de xampu, medida em uma escala de Likert de 9 pontos. A hipótese nula de que os quatro grupos não eram diferentes nas suas preferências por esse xampu poderia ser testada usando-se a análise da variância. Ao realizar esse tipo de análise, é necessário distinguir entre variáveis dependentes e independentes.

Variáveis dependentes e independentes

Na sua forma mais simples, a ANOVA precisa ter uma variável dependente (preferência pelo xampu) que seja métrica (medida usando-se uma escala de intervalo ou escala de razão). Também é preciso haver uma ou mais variáveis independentes, também chamadas de **fatores** (uso do produto: assíduo, médio, esporádico e não-usuário). Todas as variáveis independentes precisam ser categóricas (não-métricas). As diferenças em preferência de usuários assíduos, médios, esporádicos e não-usuários seriam examinadas pela análise da variância unilateral. A **análise da variância unilateral** envolve apenas uma variável categórica, ou um único fator que define as amostras ou os grupos diferentes. Esses grupos são chamados de condições de **tratamento**. Assim, as diferentes amostras independentes são tratadas como categorias de uma única variável independente. Nesse caso, os usuários assíduos, médios, esporádicos e não-usuários de xampu constituiriam amostras ou grupos diferentes e seriam tratados como categorias de uma única variável independente, chamada de consumo de xampu.

No caso de abertura, suponha que os entrevistados fossem classificados em três grupos: consumidores fiéis (CF2 – fiéis a apenas um supermercado), consumidores multifiéis (CM2 – fiéis a dois ou três supermercados) e consumidores não-fiéis (CNF2 – consumidores não-fiéis). As diferenças nas classificações médias de importância ligadas a cada atributo pelos grupos CF2, CM2 e CF2 seriam testadas com uma análise da variância unilateral.

A variável dependente é denotada por Y e a variável independente por X. X é uma variável categórica que tem c categorias. Existem n observações em Y para cada categoria de X. Assim, o tamanho da amostra em cada categoria de X é n, e o tamanho da amostra total $N = n \times c$. Embora o tamanho de amostras nas categorias de X (os tamanhos dos grupos) seja presumidamente igual por uma questão de simplicidade, não se trata de um requisito.

Decomposição da variação total

Ao se examinar as diferenças entre as médias, a análise da variância unilateral envolve a **decomposição da variação total** observada na variável dependente. Essa variação é medida pela soma dos quadrados para a média (*SS*). A análise da variância é assim chamada porque examina a variabilidade ou a variação na amostra (variável dependente) e, com base na variabilidade, determina se há razão em acreditar que haja diferença nas médias da população.

A variação total em Y, designada por SS_y, pode ser decomposta em dois componentes:

$$SS_y = SS_{entre} + SS_{dentro}$$

em que os subscritos *entre* e *dentro* referem-se às categorias de X. SS_{entre} é a variação em Y relativa à variação nas médias das categorias de X. Ela representa a variação entre as categorias de X. Em outras palavras, SS_{entre} é a parte da soma dos quadrados em Y relativa à variável independente ou ao fator X. Por essa razão, SS_{entre} também é designada como SS_x. SS_{dentro} é a variação em Y relativa à variação dentro de cada categoria de X. SS_{dentro} não é justificada por X. Portanto, referimo-nos a ela como SS_{erro}. A variação total em Y pode ser decomposta da seguinte maneira:

$$SS_y = SS_x + SS_{erro}$$

onde

$$SS_y = \sum_{i=1}^{N}(Y_i - \overline{Y})^2$$

$$SS_x = \sum_{j=1}^{c} n(\overline{Y}_j - \overline{Y})^2$$

$$SS_{erro} = \sum_{j}^{c}\sum_{i}^{n}(Y_{ij} - \overline{Y}_j)^2$$

Y_i = observação individual
$\overline{Y}_j$ = média para a categoria j
$\overline{Y}$ = média da amostra toda, ou a grande média
Y_{ij} = observação i-ésima na categoria j-ésima

Medição de efeitos

Os efeitos de X sobre Y são medidos por SS_x. Como SS_x está relacionada à variação nas médias das categorias de X, a magnitude relativa de SS_x aumenta enquanto as diferenças entre as médias de Y nas categorias de X aumentam. A magnitude relativa de SS_x também aumenta com a redução nas variações em Y dentre as categorias de X. A intensidade dos efeitos de X sobre Y é medida da seguinte forma:

$$\eta^2 = SS_x / SS_y = (SS_y - SS_{erro}) / SS_y$$

O valor de eta² (η^2) varia entre 0 e 1. Ela assume um valor de 0 quando todas as médias da categoria são iguais, indicando que X não tem nenhum efeito sobre Y. O valor de η^2 será de 1 quando não há nenhuma variabilidade dentro de cada categoria de X, mas há alguma variabilidade entre as categorias. Assim, eta² (η^2) é uma medida da variação em Y que é explicada pela variável independente X. Podemos não somente medir os efeitos de X sobre Y, mas também testar sua significância.

Teste de significância

Em uma análise da variância unilateral, o interesse está em testar a hipótese nula de que as médias da categoria são iguais na população. Em outras palavras,

$$H_0 : \mu_1 = \mu_2 = \mu_3 = \ldots \mu_c$$

Sob a hipótese nula, SS_x e SS_{erro} vêm da mesma fonte de variação. Em um caso assim, a estimativa da variância da população de Y pode ser embasada em variação entre categorias ou variação dentro de categorias. Em outras palavras, a estimativa da variância da população de Y

$$S^2_y = SS_x / (c - 1)$$
$$= \text{média quadrada por causa de X}$$
$$= MS_x$$

ou

$$S^2_y = SS_{erro} / (N - c)$$
$$= \text{média quadrada por causa do erro}$$
$$= MS_{erro}$$

A **significância do efeito total** em termos da hipótese nula pode ser testada usando a estatística F com base na proporção entre estas duas estimativas:

$$F = \frac{SS_x / (c - 1)}{SS_{erro} / (N - c)} = \frac{MS_x}{MS_{erro}}$$

Essa estatística segue a distribuição F, com $(c - 1)$ e $(N - c)$ graus de liberdade (gl). Uma tabela da distribuição F é apresentada como Tabela 5 no site deste livro. Como mencionamos anteriormente, a distribuição F é uma distribuição de probabilidade das razões de variâncias das amostras. Ela é caracterizada por graus de liberdade para o numerador e graus de liberdade para o denominador.[5]

Aplicações ilustrativas da análise da variância unilateral

Ilustramos esses conceitos primeiro com um exemplo que mostra cálculos feitos à mão, seguido de análise por computador. Suponha que um grande supermercado esteja tentando determinar o efeito de anúncios em lojas (X) sobre as vendas (Y). Os anúncios em lojas são em três níveis: alto, médio e baixo. Quinze lojas são selecionadas aleatoriamente e cinco lojas são atribuídas aleatoriamente para cada condição de tratamento. A experiência dura quatro semanas. As vendas são monitoradas e normalizadas para levar em conta fatores extrínsecos (tamanho da loja, movimento etc.) e convertidas em uma escala de 0 a 10. Os dados obtidos (Y_{ij}) são relatados na Tabela 16.6. A ANOVA unilateral é mostrada na Tabela 16.7.

Tabela 16.6 Efeito da promoção em loja sobre as vendas

	NÍVEL DE PROMOÇÃO EM LOJA		
	Alto	Médio	Baixo
NÚMERO DA LOJA		Vendas normalizadas	
1	10	6	5
2	9	4	6
3	10	7	5
4	8	3	2
5	8	5	2

Tabela 16.7 Análise da variância unilateral

Fonte da variação	Soma dos quadrados	Graus de liberdade	Quadrado da média	F	Significância de F
Efeitos principais	70,00	2	35,00	15,00	0,001
Promoção em loja	70,00	2	35,00	15,00	0,001
Explicado (entre grupos)	70,00	2	35,00	15,00	0,001
Residual (dentro de grupos)	28,00	12	2,33		
Total	98,00	14	7,00		

A hipótese nula é que as médias da categoria são iguais:

$$H_0 : \mu_1 = \mu_2 = \mu_3$$

Para testar a hipótese nula, as várias médias e somas dos quadrados são computadas da seguinte forma:

Média da categoria: $\overline{Y} = 45/5 \quad 25/5 \quad 20/5$
$\quad\quad\quad\quad\quad\quad\quad\quad = 9 \quad\quad = 5 \quad\quad = 4$

Média total: $\overline{Y} = (45 + 25 + 20) / 15 = 6$

$$\begin{aligned}
SS_y &= (10-6)^2 + (9-6)^2 + (10-6)^2 + (8-6)^2 + (8-6)^2 \\
&+ (6-6)^2 + (4-6)^2 + (7-6)^2 + (3-6)^2 + (5-6)^2 \\
&+ (5-6)^2 + (6-6)^2 + (5-6)^2 + (2-6)^2 + (2-6)^2 \\
&= 16 + 9 + 16 + 4 + 4 \\
&+ 0 + 4 + 1 + 9 + 1 \\
&+ 1 + 0 + 1 + 16 + 16 \\
&= 98
\end{aligned}$$

$$\begin{aligned}
SS_x &= 5(9-6)^2 + 5(5-6)^2 + 5(4-6)^2 \\
&= 45 + 5 + 20 \\
&= 70
\end{aligned}$$

$$\begin{aligned}
SS_{erro} &= (10-9)^2 + (9-9)^2 + (10-9)^2 + (8-9)^2 + (8-9)^2 \\
&+ (6-5)^2 + (4-5)^2 + (7-5)^2 + (3-5)^2 + (5-5)^2 \\
&+ (5-4)^2 + (6-4)^2 + (5-4)^2 + (2-4)^2 + (2-4)^2 \\
&= 1 + 0 + 1 + 1 + 1 \\
&+ 1 + 1 + 4 + 4 + 0 \\
&+ 1 + 4 + 1 + 4 + 4 \\
&= 28
\end{aligned}$$

Pode-se verificar que

$$SS_y = SS_x + SS_{erro}$$

da seguinte maneira:

$$98 = 70 + 28$$

A intensidade dos efeitos de X sobre Y é medida da seguinte forma:

$$\eta^2 = SS_x / SS_y$$
$$= 70 / 98$$
$$= 0{,}714$$

Em outras palavras, a propaganda em loja (X) é responsável por 71,4% da variação em vendas (Y), indicando um efeito intenso. A hipótese nula agora pode ser testada:

$$F = \frac{SS_x / (c-1)}{SS_{erro} / (N-c)} = \frac{MS_x}{MS_{erro}}$$

$$F = \frac{70 / (3-1)}{28 / (15-3)}$$

$$= 15{,}0$$

Pela Tabela 5 no site deste livro, vemos que para 2 e 12 graus de liberdade e $\alpha = 0{,}05$ o valor crítico de F é de 3,89. Como o valor calculado para F é maior do que o valor crítico, rejeitamos a hipótese nula. Portanto, podemos concluir que as médias da população para os três níveis de propaganda em loja são realmente diferentes. As magnitudes relativas das médias para as três categorias indicam que um nível alto de propaganda em loja leva a vendas significativamente mais altas.

Proporções

Para testar diferenças em proporções para mais de duas amostras, o procedimento de tabulação cruzada também poderia ser usado para realizar um teste de qui-quadrado (Capítulo 15). Nesse caso, teremos uma tabela de 2 x c. Será usada uma variável para designar a amostra e se assumirá o valor de 1 para a amostra 1, o valor de 2 para a amostra 2 e o valor de c para a amostra c. A outra variável será a dicotômica de interesse. Os vários procedimentos de teste de hipóteses para examinar diferenças nas médias e nas proporções estão resumidos na Tabela 16.8.

Tabela 16.8 Um resumo de testes de hipóteses

Amostra	Teste/comentários
Uma amostra	
Médias	teste t, se a variância for desconhecida
	teste z, se a variância for conhecida
Proporções	teste z
Duas amostras independentes	
Médias	teste t de dois grupos
	teste F para igualdade de variâncias
Proporções	teste z
	teste qui-quadrado
Amostras pareadas	
Médias	teste t emparelhado
Proporções	teste qui-quadrado
Acima de duas amostras	
Médias	Análise da variância unilateral
Proporções	teste qui-quadrado

Exemplo

ANÁLISE DA VARIÂNCIA UNILATERAL FAVORECE "LEVI'S. ELES CONTINUAM"

A Levi Strauss & Company estava em batalha com a concorrência de marcas de grife e de marcas próprias. Grifes como Ralph Lauren Polo, Calvin Klein, Guess? e Tommy Hilfiger, assim como concorrentes tradicionais como a Gap, haviam lançado campanhas substanciais de marketing e de publicidade. Ao mesmo tempo, a JCPenney Company e a Sears, Roebuck & Company haviam feito intensos esforços nacionais com suas marcas próprias de jeans.

Em resposta a essa competição, a Levi Strauss elaborou três temas de imagens alternativas: "Levi's. Eles continuam", "Não são Levi's até a gente dizer que são" e "Uma história em cada peça". Os três temas foram testados. Recrutaram-se três grupos de 150 entrevistados cada. Foi solicitado que cada grupo avaliasse um tema ao classificar o tema e os jeans da Levi's. As classificações dos temas pelos três grupos foram comparadas usando-se uma análise da variância unilateral para examinar as diferenças nas classificações de jeans proporcionadas pelos três grupos. "Levi's. Eles continuam" recebeu classificações significativamente mais altas que as outras duas alternativas em ambas as análises. Assim, essa campanha foi escolhida para lançamento na mídia nacional. A Levi Strauss & Company gastou mais de 90 milhões de dólares nessa campanha na tentativa de afastar a concorrência e capturar uma fatia maior do mercado de jeans de 9 bilhões de dólares.[6]

A Figura 16.7 contém uma descrição dos programas relevantes para conduzir análises da variância. Consulte os manuais do usuário desses programas para mais detalhes.

Figura 16.6 Programas de computador para testes t

SAS
Em SAS, o programa T-TEST pode ser usado para conduzir testes t em amostras independentes e pareadas.

MINITAB
Testes paramétricos disponíveis em Minitab em função estatística descritiva incluem a média do teste z, o teste t da média e o teste t de duas amostras.

EXCEL
Os testes paramétricos disponíveis em Excel e em outras planilhas incluem o teste t: amostra emparelhada para médias; o teste t: duas amostras independentes supondo variâncias iguais; o teste t: duas amostras independentes supondo variâncias desiguais; o teste z: duas amostras para médias; e o teste F: duas amostras

Figura 16.7 Programas de computador para análise da variância

SAS
O principal programa para executar a análise da variância é a ANOVA. Esse programa é capaz de lidar com dados de uma ampla variedade de modelos experimentais. Para modelos mais complexos, pode ser usado o procedimento mais geral de GLM. Enquanto o GLM também pode ser usado para analisar modelos simples, ele não é tão eficiente quanto a ANOVA para tais modelos.

MINITAB
A análise da variância pode ser acessada da função estatística > a ANOVA. Essa função executa a ANOVA unilateral e também pode lidar com modelos mais complexos. Para poder computar a média e o desvio-padrão, a função de tabulação cruzada deve ser usada. Para obter valores de F e p use a ANOVA equilibrada.

EXCEL
A análise da ANOVA e dos modelos mais complexos podem ser analisados sob a função ferramentas > análise de dados.

SPSS

O principal programa para conduzir testes *t* em SPSS é o T-TEST. Ele pode ser usado para conduzir testes *t* em uma amostra ou amostras independentes ou pareadas. A análise da variância unilateral pode ser eficientemente executada usando-se o programa Oneway. Para selecionar esses procedimentos usando SPSS para Windows, clique:

Analise > Compare Médias > Médias...
Analise > Compare Médias > Teste T de Uma Amostra...
Analise > Compare Médias > Teste T de Amostras Independentes...
Analise > Compare Médias > Teste T de Amostras Pareadas...
Analise > Compare Médias > ANOVA Unilateral...

Resumo

Hipóteses relativas às diferenças nas médias da população e nas proporções podem ser testadas usando-se a distribuição *t*. Formas diferentes do teste *t* são adequadas para testar hipóteses baseadas em uma amostra, em duas amostras independentes ou em amostras pareadas.

A análise da variância unilateral envolve uma única variável métrica dependente e uma única variável independente categórica. O interesse está em testar a hipótese nula de que as médias da categoria são iguais na população. A variação total na variável dependente é decomposta em dois componentes: a variação relativa à variável independente e a variação relativa ao erro. A variação é medida em termos das somas dos quadrados corrigidas para a média (*SS*). A média quadrada é obtida ao se dividir *SS* pelos graus de liberdade (gl) correspondentes. A hipótese nula de médias iguais é testada usando-se uma estatística *F*, que é a razão da média quadrada relativa à variável independente para a média quadrada relativa ao erro.

Exercícios

1. Apresente uma classificação dos procedimentos de teste de hipóteses.
2. Descreva o procedimento geral para realizar um teste *t*.
3. Dê a fórmula para a estatística *t* quando se está examinando a hipótese relativa a uma única média.
4. Dê a fórmula para a estatística *t* quando se está examinando a hipótese relativa a uma única proporção.
5. Dê a fórmula para a estatística *t* quando se está examinando a hipótese relativa às médias de duas amostras independentes.
6. Dê a fórmula para a estatística *t* quando se está examinando a hipótese relativa às médias de amostras pareadas.
7. Qual é a relação entre a análise da variância e o teste *t*?
8. O que é uma variação total? Como ela é decomposta em uma análise da variância unilateral?
9. Qual é a hipótese nula em uma ANOVA unilateral? Qual estatística básica é usada para testar a hipótese nula em uma ANOVA unilateral? Como se computa essa estatística?

Problemas

1. Em cada uma das seguintes situações, indique a análise estatística que você realizaria e o teste ou estatística de teste apropriado que deve ser usado.
   a. Preferências de consumidores por um sabonete foram obtidas em uma escala de Likert de 11 pontos. Aos mesmos consumidores foi então mostrado um anúncio sobre o sabonete. Após o anúncio, as preferências

pelo sabonete foram medidas novamente. O anúncio foi bem-sucedido em induzir uma mudança nas preferências?

b. Solicitou-se a entrevistados em um levantamento de mil domicílios que indicassem a freqüência de viagens aéreas domésticas em uma escala de intervalo. Eles também foram classificados como sendo das categorias de rendas alta, média e baixa. A freqüência de viagens aéreas domésticas está relacionada ao nível de renda?

c. Em um levantamento por telefone usando-se uma amostra representativa de 3 mil domicílios, solicitou-se que os entrevistados indicassem a preferência por restaurantes de fast-food usando uma escala de Likert de 7 pontos. A amostra foi dividida em domicílios pequenos e grandes com base em uma divisão média do tamanho da família. A preferência por restaurantes de fast-food varia conforme o tamanho da família?

2. A campanha publicitária atual de uma grande marca automobilística seria mudada se menos de 70% de seus consumidores gostassem dela.
   a. Formule a hipótese nula e a hipótese alternativa.
   b. Qual teste estatístico você usaria? Por quê?
   c. Uma amostra aleatória de 300 consumidores foi pesquisada, e 204 entrevistados indicaram que gostaram da campanha. A campanha deve ser mudada? Por quê?

3. Um grande fabricante de computadores está fazendo uma liquidação de final de ano. O número de computadores vendidos durante a liquidação em uma amostra de dez lojas foi:
800 1.100 0 400 700 800 1.000 500 800 300
   a. Existe algum indício de que foi vendida uma média acima de 500 computadores por loja durante a liquidação? Use $\alpha = 0{,}05$.
   b. Que suposição é necessária para realizar esse teste?

4. Após receber reclamações de leitores, o jornal da universidade decide reformular sua primeira página. Dois formatos novos, B e C, foram elaborados e testados em comparação com o formato atual, A. Foi escolhido aleatoriamente um total de 75 alunos, e 25 alunos foram aleatoriamente atribuídos a cada uma das três condições de formato. Solicitou-se que os alunos avaliassem a eficácia do formato em uma escala de 11 pontos (1 = ruim, 11 = excelente).
   a. Qual é a hipótese nula?
   b. Qual teste estatístico você deveria usar?
   c. Quais são os graus de liberdade associados com a estatística de teste?

5. Um pesquisador de marketing quer testar a hipótese de que, na população, não há nenhuma diferença na importância dada para as compras por consumidores que moram no norte, no sul, no leste e no oeste do Brasil. Um estudo é realizado e a ANOVA é usada para analisar os dados. Os resultados obtidos são apresentados na tabela a seguir.

Fonte	gl	Soma dos quadrados	Médias quadradas	Razão F	Prob. F
Entre grupos	3	70,212	23,404	1,12	0,3
Dentro de grupos	996	20812,416	20,896		

   a. Há provas suficientes para rejeitar a hipótese nula?
   b. Que conclusão pode ser tirada da tabela?
   c. Se a importância média foi computada para cada grupo, você esperaria que as médias da amostra fossem similares ou diferentes?
   d. Qual foi o tamanho total da amostra nesse estudo?

6. Em um estudo-piloto que examinou a eficácia de três peças publicitárias (A, B e C), dez consumidores foram designados para assistir a cada peça e classificá-las em uma escala de Likert de 9 pontos. Os dados obtidos são apresentados na tabela a seguir.

	Peça publicitária	
A	B	C
4	7	8
5	4	7
3	6	7
4	5	6
3	4	8
4	6	7
4	5	8
3	5	8
5	4	5
5	4	6

a. Calcule a média da categoria e a média total.
b. Calcule SS_y, SS_x, e SS_{erro}.
c. Calcule η^2.
d. Calcule o valor de F.
e. As três peças publicitárias são igualmente eficazes?

Atividades

Trabalho de Campo

1. Elabore um questionário para obter as seguintes informações de alunos no seu campus.
   a. Quantia média por semana gasta em restaurantes de fast-food.
   b. Quantia média por semana gasta em outros restaurantes (serviço completo).
   c. Freqüência de consumo semanal de fast-food. Meça isso como uma variável categórica usando a seguinte pergunta: "Com que freqüência você come fast-food? (1) uma vez ou menos por semana, (2) duas ou três vezes por semana, (3) quatro a seis vezes por semana, (4) mais de seis vezes por semana".
   d. Sexo do entrevistado.

   Aplique esse questionário a 50 alunos. Codifique os dados e transcreva-os para análise por computador.
2. Contate o jornal de sua universidade. Colete dados para a experiência descrita no problema 4. Como isso poderá ser muito trabalhoso para um só aluno, o projeto pode ser realizado em equipes de três.

Notas

1. "A trip to the grocery store could help fund your child's college education", http://www.idcresearch.com., 13 nov. 2000; Elizabeth Ban, "Grocery shopping survey," *Retail World*, 51, 20, 12-25 out. 1998, p. 6-7, e Peter J. McGoldrick e Elisabeth Andre, "Consumer misbehavior: promiscuity or loyalty in grocery shopping", *Journal of Retailing and Consumer Services*, 4, 2, 1997, p. 73-81.
2. Tecnicamente, uma hipótese nula não pode ser aceita. Ela pode ser rejeitada ou não rejeitada. No entanto, essa distinção não tem conseqüência na pesquisa aplicada.
3. A condição em que não se pode presumir que as variâncias sejam iguais é conhecida como problema Behrens-Fisher. Existe uma certa controvérsia sobre o melhor procedimento nesse caso.

4. Roger N. Conway, "Ethical preferences among business leaders: implications for business schools", *Business Communication Quarterly*, 63, 1, mar. 2000, p. 23-38; Lori T. Martens e Kristen Day, "Five common mistakes in designing and implementing a business ethics program", *Business & Society Review*, 104, 2, verão 1999, p. 163-170, e Richard J. Shannon e Robert L. Berl, "Are we teaching ethics in marketing? A survey of students' attitudes and perceptions", *Journal of Business Ethics*, 16, 1997, p. 1059-1075.
5. O teste F é uma forma generalizada do teste t. Se uma variável aleatória é distribuída em t com n graus de liberdade, então t^2 é distribuído em F com 1 e n graus de liberdade. Onde há dois níveis de fatores ou tratamentos, a ANOVA é equivalente ao teste t de duas caudas.
6. Baseado em Alice Z. Cuneo, "Levi's makes move to drop all the hype and push products", *Advertising Age*, 71, 17, 17 abr. 2000, p. 4-5; Wayne Friedman, "Levi's uses music to heat up 'coolness' factor", *Advertising Age*, 70, 10, 8 mar. 1999, p. 3, 56, e Alice Z. Cuneo, "Levi's unleashing new image ads", *Advertising Age*, 28 jul. 1997, p. 1, 31.

CAPÍTULO 17

Correlação e Regressão

Neste capítulo abordamos as seguintes questões:

1. O que é a correlação de momento-produto e como ela proporciona uma base para a análise de regressão?
2. Quais são a natureza e os métodos da análise de regressão bidimensional?
3. Como você explica a estimativa de parâmetros, o coeficiente da regressão padronizada, o teste da significância e a precisão da previsão na regressão bidimensional?
4. Como a regressão múltipla difere da regressão bidimensional?
5. Qual é o significado dos coeficientes de regressão parcial?
6. Que programas de computador estão disponíveis para realizar as análises de correlação e regressão?

MODELOS DE REGRESSÃO MODELAM A ESTRATÉGIA DE MARKETING DA ADIDAS

Em novembro de 2000, a Adidas começou a preparar o mercado para lançar um tênis para basquete muito caro e de bom design chamado Kobe, em homenagem à estrela de basquete do Los Angeles Lakers Kobe Bryant. Depois de ter gasto milhões de dólares em pesquisa e design, endossos e acordos de marketing, a Adidas finalmente produziu um tênis extremamente capaz de competir com o tênis mais novo da Nike, o NikeShox. Muitos funcionários acreditam que o novo tênis Kobe acabará com as vendas reduzidas da Adidas e será uma guinada de sucesso para a empresa.

A Adidas percebeu que a preferência por calçados atléticos tem forte correlação positiva com as variáveis relacionadas ao esporte, como o interesse pelo esporte, a atitude em relação a personalidades do esporte, a ida aos eventos esportivos e o tempo gasto assistindo a esporte na televisão. A pesquisa feita pela empresa revelou que os consumidores com interesse maior em esporte, atitude mais favorável em relação às personalidades do esporte, idas mais freqüentes aos eventos esportivos ou que gastam mais tempo assistindo a esporte na televisão, exibiram uma preferência mais forte pelos calçados atléticos de marca. Um modelo de regressão múltipla com preferência para os calçados atléticos como a variável dependente e o interesse pelo esporte, a atitude em relação às personalidades do esporte, a ida aos eventos esportivos e o tempo gasto assistindo a esporte na televisão como as variáveis independentes se ajustava muito bem. Esse ajuste foi determinado pela intensidade da associação (uma medida de quão fortemente a variável dependente e a variável independente estão relacionadas) e pela precisão dos valores previstos das variáveis dependentes. O coeficiente (coeficiente da regressão parcial) associado com cada variável independente foi positivo e significativo, indicando que valores mais altos de cada variável independente estavam associados com preferências mais fortes por calçados atléticos. Assim, o modelo tinha a seguinte forma:

Preferência estimada por calçados atléticos = $a + b_1$ (interesse pelo esporte) + b_2 (atitude em relação às personalidades do esporte) + b_3 (ida aos eventos esportivos) + b_4 (tempo gasto assistindo a esporte na televisão)

onde a = constante e b_1, b_2, b_3 e b_4 são os coeficientes de regressão parcial.

Provida dessas informações, a Adidas, a quarta empresa em calçados atléticos do país, tentou estimular a visibilidade de sua marca com uma campanha na TV de 5 milhões de dólares centrada em Troy Aikman, estrela da National Football League. Outra campanha na TV em Nova York apoiava seu patrocínio de 91 milhões de dólares e dez anos aos Yankees. Os holofotes se concentravam nos fãs dos Yankees, não nos jogadores, e se apresentava o lema 'Apenas em Nova York'. A Adidas também fez uma investida nacional com a estrela da National Basketball Association (NBA), Kobe Bryant. Esse último esforço estava ligado à nova aliança de marketing com a NBA. Assim, os modelos de regressão tiveram um papel importante na modelagem da estratégia de marketing da Adidas.[1]

VISÃO GERAL

O capítulo descreve a análise de regressão, amplamente usada para explicar as variações em uma variável dependente em termos de um conjunto de variáveis independentes. Em marketing, a variável dependente poderia ser a participação no mercado, as vendas ou a preferência pela marca, enquanto as variáveis independentes são as variáveis da gestão de marketing, como propaganda, preço, distribuição, qualidade do produto e variáveis demográficas e de estilos de vida. Isso foi ilustrado no caso de abertura, no qual o modelo de regressão tinha a preferência pelos calçados atléticos como a variável dependente e as variáveis de estilos de vida relacionados ao esporte como as variáveis independentes.

Entretanto, antes de discutir a regressão, descrevemos o conceito de correlação de momento-produto ou o coeficiente de correlação, que estabelece a base conceitual para a análise de regressão. A Figura 17.1

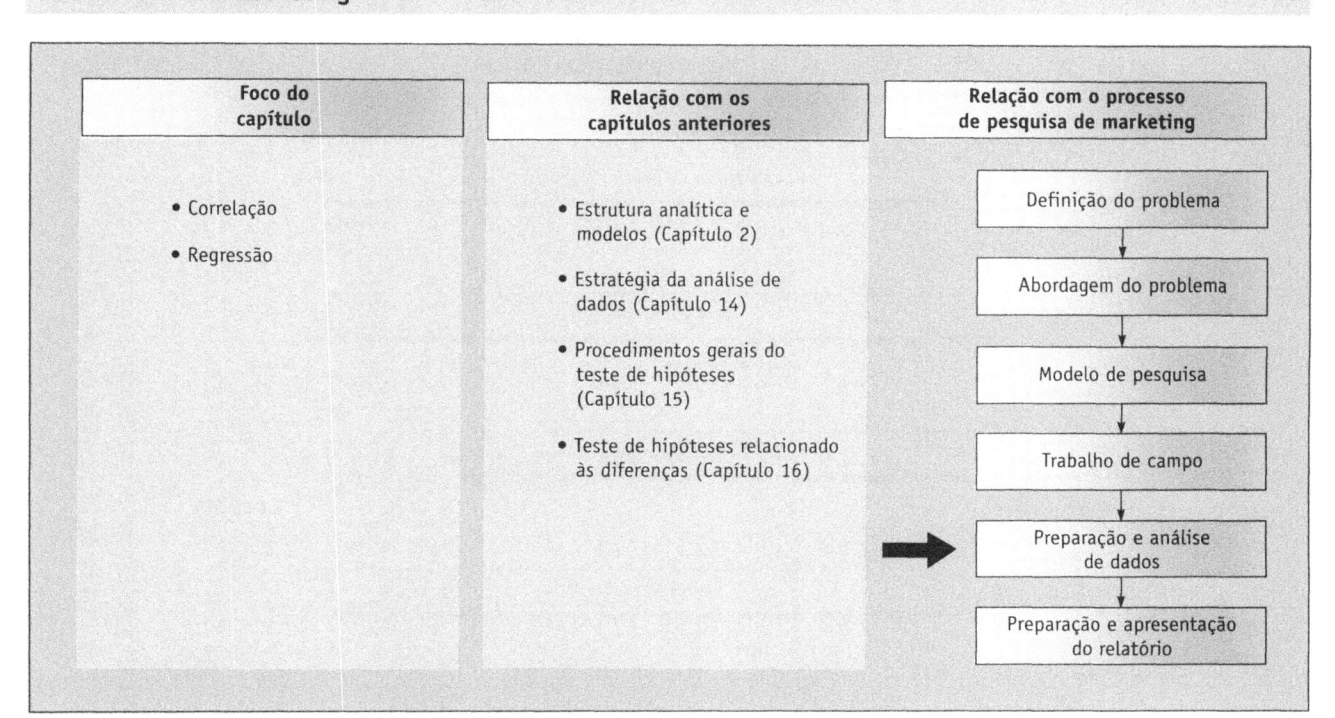

Figura 17.1 Relação da correlação e regressão com os capítulos anteriores e com o processo de pesquisa de marketing

Foco do capítulo	Relação com os capítulos anteriores	Relação com o processo de pesquisa de marketing
• Correlação • Regressão	• Estrutura analítica e modelos (Capítulo 2) • Estratégia da análise de dados (Capítulo 14) • Procedimentos gerais do teste de hipóteses (Capítulo 15) • Teste de hipóteses relacionado às diferenças (Capítulo 16)	Definição do problema → Abordagem do problema → Modelo de pesquisa → Trabalho de campo → **Preparação e análise de dados** → Preparação e apresentação do relatório

explica resumidamente o foco do capítulo, a relação com os capítulos anteriores e a etapa do processo de pesquisa de marketing na qual ele se concentra.

Ao introduzir a análise de regressão, discutimos primeiro o caso bidimensional simples. Descrevemos a estimativa, a padronização dos coeficientes de regressão, o teste e o exame da intensidade e a significância da associação entre as variáveis, a precisão da previsão e as suposições fundamentais ao modelo de regressão. Em seguida, discutimos o modelo de regressão múltipla, enfatizando a interpretação de parâmetros, a intensidade da associação, os testes de significância e o exame de residuais. A Figura 17.2 nos proporciona uma visão geral dos tópicos diferentes discutidos neste capítulo e de como eles fluem de um capítulo para outro.

O entendimento da correlação do momento-produto é fundamental para a análise de regressão.

CORRELAÇÃO MOMENTO-PRODUTO

Na pesquisa de marketing, estamos com freqüência interessados em resumir a intensidade da associação entre duas variáveis métricas, como nas situações seguintes:

- Com que força as vendas estão relacionadas aos gastos com propaganda?
- Há uma associação entre participação no mercado e tamanho da força de vendas?
- As percepções dos consumidores sobre a qualidade estão relacionadas às suas percepções de preço?

Em situações como essas, é usada a **correlação de momento-produto**. Ela é designada por r, sendo a estatística mais amplamente usada que resume a intensidade e a direção da associação entre duas variáveis métricas (escala de intervalo ou de índice), digamos X e Y. É um índice empregado para determinar se existe uma relação linear ou de linha reta entre X e Y. Indica o grau em que a variação em uma variável, X, está relacionada à variação em uma outra variável, Y. Foi originalmente proposta por Karl Pearson, portanto também é conhecida como *coeficiente de correlação de Pearson*. Ainda é denominada *correlação simples*, *correlação bidimensional* ou simplesmente *coeficiente da correlação*.

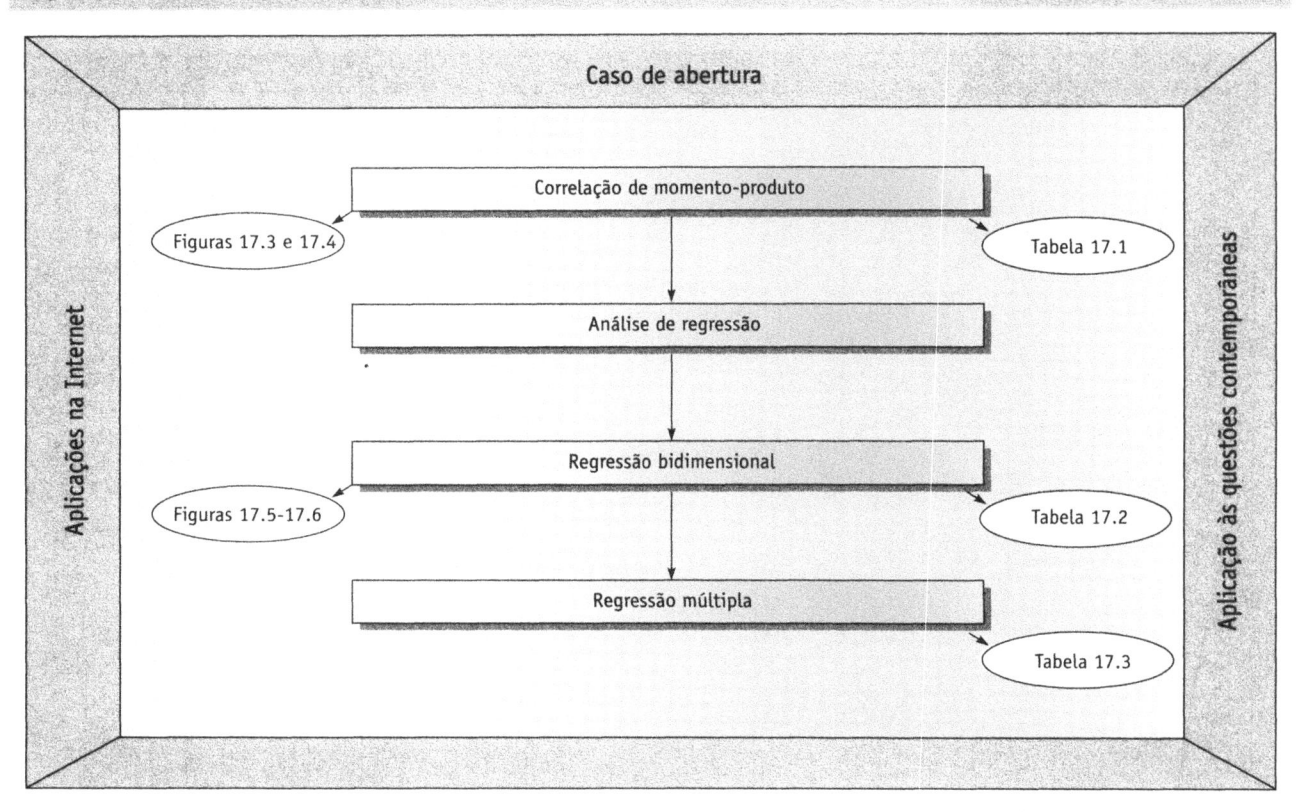

Figura 17.2 Correlação e regressão: visão geral

```
Caso de abertura
    Aplicações na Internet                                    Aplicação às questões contemporâneas
                    Correlação de momento-produto
    (Figuras 17.3 e 17.4)                              (Tabela 17.1)
                    Análise de regressão
                    Regressão bidimensional
    (Figuras 17.5-17.6)                                (Tabela 17.2)
                    Regressão múltipla
                                                       (Tabela 17.3)
```

No caso de abertura, a preferência por calçados atléticos mostrou fortes correlações positivas com as variáveis relacionadas ao esporte, como interesse pelo esporte, atitude em relação às personalidades do esporte, ida aos eventos esportivos e tempo gasto assistindo a esporte na TV. De uma amostra de observações n, X e Y, a correlação de momento-produto, r, pode ser calculada como:

$$r = \frac{\sum_{i=1}^{n}(X_i - \overline{X})(Y_i - \overline{Y})}{\sqrt{\sum_{i=1}^{n}(X_i - \overline{X})^2 \sum_{i=1}^{n}(Y_i - \overline{Y})^2}}$$

A divisão do numerador e do denominador por $(n-1)$ nos dá

$$r = \frac{\sum_{i=1}^{n}\frac{(X_i - \overline{X})(Y_i - \overline{Y})}{n-1}}{\sqrt{\sum_{i=1}^{n}\frac{(X_i - \overline{X})^2}{n-1} \sum_{i=1}^{n}\frac{(Y_i - \overline{Y})^2}{n-1}}}$$

$$= \frac{COV_{xy}}{S_x S_y}$$

Nessas equações, $\overline{X}$ e $\overline{Y}$ designam as médias das amostras e S_x e S_y os desvios-padrão. COV_{xy}, a **covariância** entre X e Y, mede a extensão em que X e Y estão relacionados. A covariância pode ser positiva ou negativa. A divisão por $S_x S_y$ alcança a padronização, para que r varie entre $-1,0$ e $+1,0$. Observe que o coeficiente de correlação é um número absoluto e não é expresso em nenhuma unidade de medida. O coeficiente de correlação entre duas variáveis será o mesmo, independentemente de suas unidades básicas de medida.

Como exemplo, suponha que um pesquisador queira explicar a atitude em relação aos carros esportivos em termos do número de anos em que o entrevistado tenha tido um carro esportivo. A atitude é medida em uma escala de 11 pontos (1 = não gosto de carros esportivos, 11 = gosto demais de carros esportivos) e a duração da propriedade do carro é medida no número de anos em que o entrevistado teve um ou mais carros esportivos. Em um pré-teste de 12 entrevistados, foram obtidos os dados mostrados na Tabela 17.1:

Tabela 17.1 Explicando a atitude em relação a carros esportivos

Entrevistado nº	Atitude em relação a carros esportivos	Duração da propriedade do carro esportivo	Importância ligada ao desempenho
1	6	10	3
2	9	12	11
3	8	12	4
4	3	4	1
5	10	12	11
6	4	6	1
7	5	8	7
8	2	2	4
9	11	18	8
10	9	9	10
11	10	17	8
12	2	2	5

O coeficiente de correlação pode ser calculado como segue:

$\overline{X} = (10 + 12 + 12 + 4 + 12 + 6 + 8 + 2 + 18 + 9 + 17 + 2) / 12$
$= 9,333$
$\overline{Y} = (6 + 9 + 8 + 3 + 10 + 4 + 5 + 2 + 11 + 9 + 10 + 2) / 12$
$= 6,583$

$\sum_{i=1}^{n}(X_i - \overline{X})(Y_i - \overline{Y}) = (10 - 9,33)(6 - 6,58) + (12 - 9,33)(9 - 6,58)$

$\phantom{\sum_{i=1}^{n}(X_i - \overline{X})(Y_i - \overline{Y}) =} + (12 - 9,33)(8 - 6,58) + (4 - 9,33)(3 - 6,58)$
$\phantom{\sum_{i=1}^{n}(X_i - \overline{X})(Y_i - \overline{Y}) =} + (12 - 9,33)(10 - 6,58) + (6 - 9,33)(4 - 6,58)$
$\phantom{\sum_{i=1}^{n}(X_i - \overline{X})(Y_i - \overline{Y}) =} + (8 - 9,33)(5 - 6,58) + (2 - 9,33)(2 - 6,58)$
$\phantom{\sum_{i=1}^{n}(X_i - \overline{X})(Y_i - \overline{Y}) =} + (18 - 9,33)(11 - 6,58) + (9 - 9,33)(9 - 6,58)$
$\phantom{\sum_{i=1}^{n}(X_i - \overline{X})(Y_i - \overline{Y}) =} + (17 - 9,33)(10 - 6,58) + (2 - 9,33)(2 - 6,58)$

$\phantom{\sum_{i=1}^{n}} = -0,3886 + 6,4614 + 3,7914 + 19,0814$
$\phantom{\sum_{i=1}^{n} =} + 9,1314 + 8,5914 + 2,1014 + 33,5714$
$\phantom{\sum_{i=1}^{n} =} + 38,3214 - 0,7986 + 26,2314 + 33,5714$
$\phantom{\sum_{i=1}^{n}} = 179,6668$

$\sum_{i=1}^{n}(X_i - \overline{X})^2 = (10 - 9,33)^2 + (12 - 9,33)^2 + (12 - 9,33)^2 + (4 - 9,33)^2$

$$+ (12 - 9{,}33)^2 + (6 - 9{,}33)^2 + (8 - 9{,}33)^2 + (2 - 9{,}33)^2$$
$$+ (18 - 9{,}33)^2 + (9 - 9{,}33)^2 + (17 - 9{,}33)^2 + (2 - 9{,}33)^2$$
$$= -0{,}4489 + 7{,}1289 + 7{,}1289 + 28{,}4089$$
$$+ 7{,}1289 + 11{,}0889 + 1{,}7689 + 53{,}7289$$
$$+ 75{,}1689 + 0{,}1089 + 58{,}8289 + 53{,}7289$$
$$= 304{,}6668$$

$$\sum_{i=1}^{n}(Y_i - \overline{Y})^2 = (6 - 6{,}58)^2 + (9 - 6{,}58)^2 + (8 - 6{,}58)^2 + (3 - 6{,}58)^2$$
$$+ (10 - 6{,}58)^2 + (4 - 6{,}58)^2 + (5 - 6{,}58)^2 + (2 - 6{,}58)^2$$
$$+ (11 - 6{,}58)^2 + (9 - 6{,}58)^2 + (10 - 6{,}58)^2 + (2 - 6{,}58)^2$$
$$= 0{,}3364 + 5{,}0864 + 2{,}0164 + 12{,}8164$$
$$+ 11{,}6964 + 6{,}6564 + 2{,}4964 + 20{,}9764$$
$$+ 19{,}5364 + 5{,}8564 + 11{,}6964 + 20{,}9764$$
$$= 120{,}9168$$

Assim,
$$r = \frac{179{,}6668}{\sqrt{(304{,}6668)(120{,}9168)}}$$

ou
$$r = \frac{179{,}6668}{\sqrt{(17{,}4547)(10{,}9962)}}$$
$$= 0{,}9361$$

Nesse exemplo, $r = 0{,}9361$, um valor próximo de 1,0. Isso significa que o número de anos durante os quais um entrevistado teve um carro esportivo está fortemente associado com a atitude em relação a carros esportivos. Assim, o período de tempo em que uma pessoa teve um carro esportivo está positivamente relacionado ao grau de predileção da atitude em relação a carros esportivos. Além disso, o sinal positivo de r sugere uma relação positiva; quanto mais longo for o tempo de propriedade do carro, mais favorável é a atitude e vice-versa. Se João tiver possuído um carro esportivo por muito mais tempo que Paulo, João provavelmente terá uma atitude mais favorável com os carros esportivos que Paulo. Tendo possuído o carro por muitos anos, João o vê como se tivesse um tesouro. Por outro lado, Paulo apenas recentemente comprou um carro esportivo e ainda precisa desenvolver esses sentimentos fortes em relação a ele. Isso pode ser visto de um gráfico de Y (atitude em relação a carros esportivos) em função de X (duração da propriedade do carro) dado na Figura 17.3. Os pontos parecem estar arrumados em uma faixa que vai da parte inferior esquerda para a parte superior direita.

Uma vez que r indica o grau em que a variação em uma variável está relacionada à variação em outra variável, ele também pode ser expresso em termos da decomposição do total de variação (Capítulo 16). Em outras palavras,

$$r^2 = \frac{\text{Variação explicada}}{\text{Variação total}}$$
$$= \frac{SS_x}{SS_y}$$
$$= \frac{\text{Variação total} - \text{Erro da variação}}{\text{Variação total}}$$
$$= \frac{SS_y - SS_{erro}}{SS_y}$$

Figura 17.3 Gráfico da atitude em função da duração do tempo de propriedade de carro esportivo

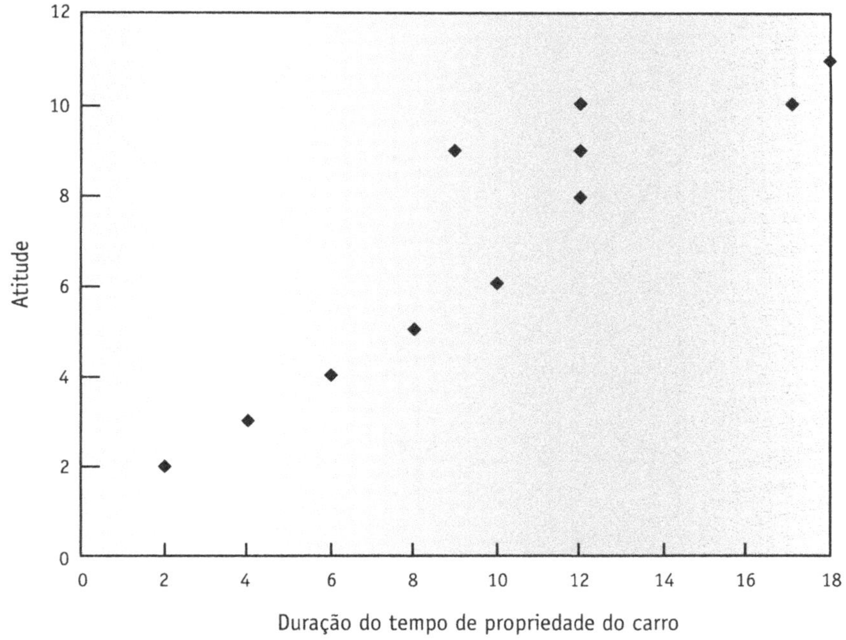

[Gráfico de dispersão: eixo Y "Atitude" de 0 a 12; eixo X "Duração do tempo de propriedade do carro" de 0 a 18]

Assim, r^2 mede a proporção da variação em uma variável que é explicada pela outra. Ambos, r e r^2, são medidas simétricas de associação. Em outras palavras, a correlação de X com Y é a mesma que a correlação de Y com X. Não importa qual variável é considerada dependente e qual é considerada independente. O coeficiente do momento-produto mede a intensidade da relação linear e não foi feito para medir as relações não-lineares. Assim, $r = 0$ simplesmente indica que não há uma relação linear entre X e Y. Isso não significa que X e Y não sejam relacionados. Pode haver entre eles uma relação não-linear, a qual não seria captada por r (Figura 17.4).

Quando a correlação do momento-produto é computada para uma população em vez de uma amostra, ela é designada por ρ, a letra grega rô. O coeficiente r é uma estimativa de ρ. Observe que o cálculo de r presume que X e Y sejam variáveis métricas cujas distribuições têm o mesmo formato. Se essas suposições não forem satisfeitas, r é deflacionado e deprecia ρ. Na pesquisa de marketing, os dados obtidos usando-se as escalas de classificação com um número pequeno de categorias podem não ser estritamente de intervalo. Isso tende a deflacionar r, resultando em uma depreciação de ρ.

A significância estatística da relação entre duas variáveis medidas pelo uso de r pode ser convenientemente testada. As hipóteses são:

$$H_0: \rho = 0$$
$$H_1: \rho \neq 0$$

A estatística de teste é:

$$t = r \left[\frac{n-2}{1-r^2} \right]^{1/2}$$

que tem uma distribuição t com $n - 2$ graus de liberdade. Para o coeficiente de correlação calculado com base nos dados na Tabela 17.1,

$$t = 0{,}9361 \left[\frac{12-2}{1-(0{,}9361)^2} \right]^{1/2}$$

Figura 17.4 Relação não-linear em que r = 0

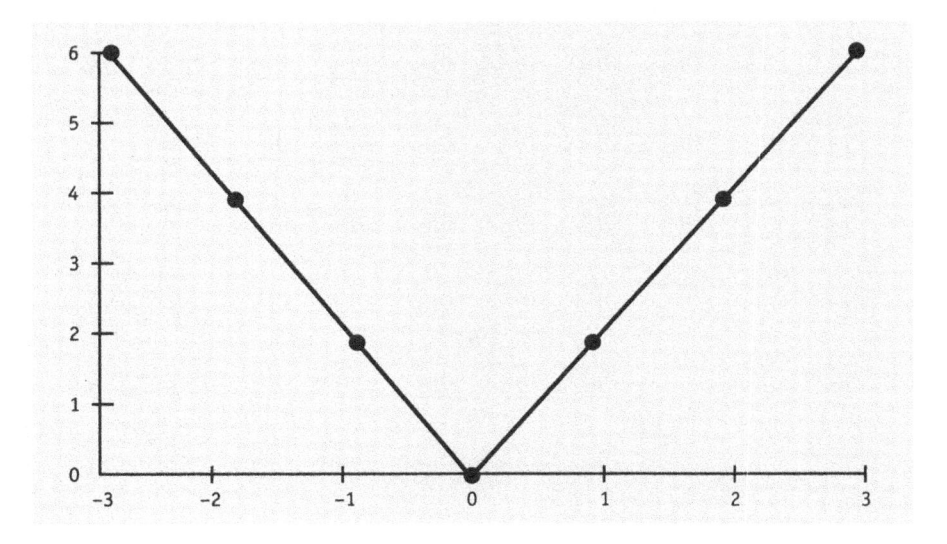

ou

$$t = 0{,}9361 \left[\frac{10}{0{,}1237} \right]^{1/2}$$

ou

$$t = 0{,}9381[80{,}8407]^{1/2}$$
$$= 0{,}9361 \times 8{,}991$$
$$= 8{,}414$$

e os graus de liberdade = 12 − 2 = 10. Da tabela de distribuição t (Tabela 4 no site deste livro), o valor crítico de t para um teste de duas caudas e $\alpha = 0{,}05$ é 2,228. Uma vez que o valor calculado de t é maior que o valor crítico, a hipótese nula de não relação entre X e Y é rejeitada. Esta, juntamente com o sinal positivo de r, indica que a atitude sobre carros esportivos está positivamente relacionada à duração da propriedade do carro. Além disso, o valor alto de r indica que essa relação é forte. A utilidade da correlação de momento-produto, r, em avaliar as relações é ilustrada pelo exemplo seguinte.

*E*xemplo

É UM MUNDO PEQUENO

Um estudo recente analisou as classificações de 186 países em sete dimensões de qualidade de vida (QDV): custo de vida favorável (CVF), cultura (CUL), economia (ECON), liberdade (LIB), infra-estrutura (INFRA), saúde (SAU) e meio ambiente (AMB). As correlações simples entre essas dimensões foram as seguintes:

	CVF	CUL	ECON	LIB	INFRA	SAU	AMB
CVF	1,0						
CUL	-0,03	1,0					
ECON	0,27*	0,66*	1,0				

	CVF	CUL	ECON	LIB	INFRA	SAU	AMB
LIB	-0,05	0,57*	0,46*	1,0			
INFRA	-0,26*	0,76*	0,85*	0,55*	1,0		
SAU	-0,03	0,78*	0,59*	0,47*	0,70*	1,0	
AMB	-0,05	0,04	-0,02	0,10	0,01	0,07	1,0

*Indica que a correlação é estatisticamente significante em α = 0,05.

A magnitude da correlação indica a extensão em que as duas dimensões de QDV estão inter-relacionadas. A correlação mais alta de 0,85 é observada entre INFRA e ECON, indicando que a infra-estrutura e o desenvolvimento econômico estão altamente inter-relacionados. Em contraste, não há uma relação entre infra-estrutura e ambiente ($r = -0,01$). Com base nas classificações das dimensões da QDV, os 186 países foram divididos em 12 grupos. A qualidade de vida mais alta foi representada pelo 10º grupo, que consistia em 19 países desenvolvidos, incluindo Estados Unidos, Canadá, Reino Unido, Japão, França, Alemanha e os países escandinavos.

Essas informações podem ser usadas por aqueles que fazem política para identificar os possíveis países rivais para investimento direto e para formar alianças com os que têm recursos complementares, cultura e desenvolvimento econômico.[2]

O momento-produto proporciona uma base conceitual para análises de regressão bidimensional e múltipla.

ANÁLISE DE REGRESSÃO

A **análise de regressão** é um procedimento poderoso e flexível para analisar as relações associativas entre uma variável dependente métrica e uma ou mais variáveis independentes. Ela pode ser usada das seguintes maneiras:

1. Determinar se as variáveis independentes explicam uma variação importante na variável dependente: se existe uma relação.
2. Determinar quanto da variação na variável dependente pode ser explicada pelas variáveis independentes: intensidade dos relacionamentos.
3. Determinar a estrutura ou a forma da relação: a equação matemática que relaciona as variáveis independentes com as dependentes.
4. Prever os valores das variáveis dependentes.
5. Controlar as outras variáveis independentes na avaliação das contribuições de uma variável específica ou de um conjunto de variáveis.

Embora as variáveis independentes possam explicar a variação na variável dependente, isto não necessariamente sugere causalidade. O uso dos termos variáveis *dependentes* ou *de critério*, ou variáveis *independentes* ou *previsoras* na análise de regressão surge da relação matemática entre as variáveis. Esses termos não sugerem que a variável de critério seja dependente das variáveis independentes no sentido de causa, isto porque pelo menos dois dos três critérios de causalidade discutidos no Capítulo 8 (ordem de tempo da ocorrência das variáveis e ausência de outros fatores causais) podem não ser satisfeitos. A análise da regressão se interessa pela natureza e pelo grau de associação entre as variáveis e não sugere nem presume nenhuma causalidade. Primeiro discutiremos a regressão bidimensional, seguida pela regressão múltipla.

REGRESSÃO BIDIMENSIONAL

Regressão bidimensional é um procedimento para derivar uma relação matemática, na forma de uma equação, entre uma variável dependente métrica simples ou de critério e uma variável independente métrica simples ou previsora. A análise é similar em muitas maneiras para se determinar a correlação simples entre duas variáveis. No entanto, uma vez que seja necessário derivar uma equação, uma variável deve ser identificada como dependente e a outra como independente. Por exemplo, a taxa de crescimento da economia dos Estados Unidos tem uma correlação positiva com o nível de gastos do consumidor. Assim, poderia ser construído um **modelo de regressão bidimensional** tendo a taxa de crescimento da economia dos Estados Unidos como a variável dependente e o nível de gastos do consumidor como a variável independente. Os exemplos de correlação simples dados anteriormente podem ser traduzidos no contexto de regressão:

- A variação nas vendas pode ser explicada em termos da variação com as despesas com propaganda? Qual é a estrutura e a forma dessa relação? Ela pode ser modelada matematicamente por uma equação que descreva uma linha reta?
- A variação na participação no mercado pode ser contabilizada pelo tamanho da força de vendas?
- As percepções dos consumidores sobre a qualidade são determinadas por suas percepções de preço?

REALIZANDO ANÁLISE DE REGRESSÃO BIDIMENSIONAL

As etapas envolvidas na condução da análise de regressão bidimensional estão descritas na Figura 17.5. Suponha que o pesquisador queira explicar a atitude sobre carros esportivos em termos da duração de propriedade do carro (Tabela 17.1). Na derivação dessas relações, em geral é útil examinar primeiramente um diagrama de dispersão.

Figura 17.5 Realizando análise de regressão bidimensional

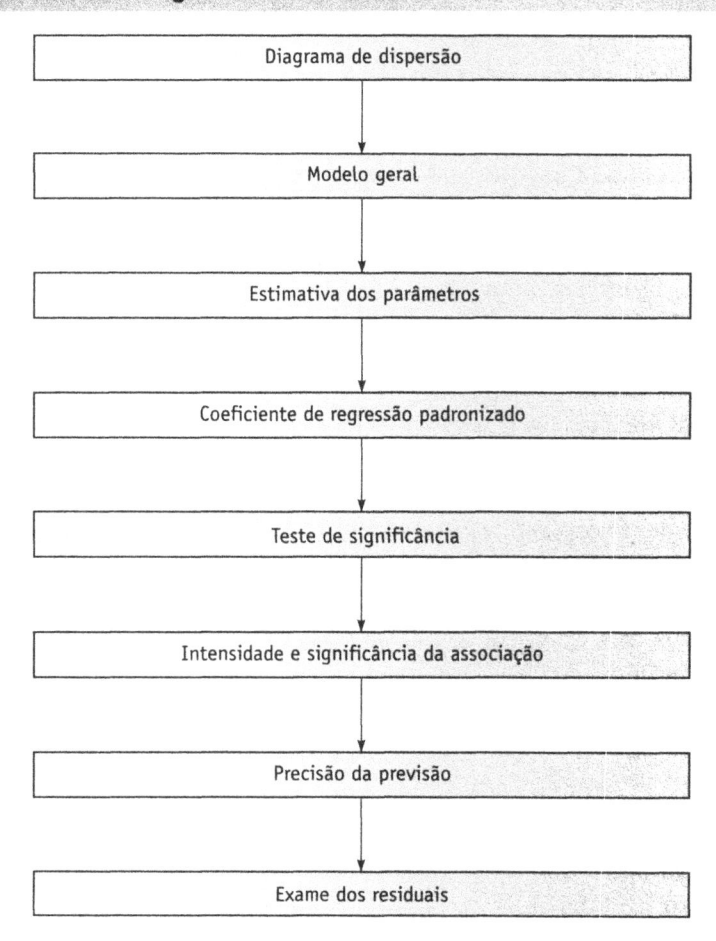

- Diagrama de dispersão
- Modelo geral
- Estimativa dos parâmetros
- Coeficiente de regressão padronizado
- Teste de significância
- Intensidade e significância da associação
- Precisão da previsão
- Exame dos residuais

Diagrama de dispersão

Um **diagrama de dispersão** é um gráfico dos valores de duas variáveis para todos os casos ou observações. É hábito plotar a variável dependente no eixo vertical e a variável independente no eixo horizontal. Um diagrama de dispersão é útil para determinar a forma de relação entre as variáveis. Uma planta dispersa pode alertar o pesquisador sobre quaisquer padrões ou problemas nos dados. Quaisquer combinações incomuns das duas variáveis podem ser facilmente identificadas. Um gráfico de Y (atitude em relação a carros esportivos) contra X (duração da propriedade do carro esportivo) é dada na Figura 17.3. Os pontos parecem estar arrumados em uma faixa que vai da parte inferior esquerda para a parte superior direita.

Podemos ver o padrão: à medida que uma variável aumenta, a outra também o faz. Parece, a partir deste diagrama de dispersão, que a relação entre X e Y é linear e que poderia ser muito bem descrita por uma linha reta. Ao se ajustar a melhor linha reta aos dados, a equação da linha dá a estimativa da relação básica nos dados. Como a linha reta deve ser ajustada para melhor descrever os dados?

A técnica mais comumente usada para ajustar uma linha reta a um diagrama de dispersão é o **procedimento dos quadrados mínimos**. Essa técnica determina a linha de melhor ajuste minimizando as distâncias verticais de todos os pontos da linha. A linha de melhor ajuste é chamada de *linha de regressão*. Qualquer ponto que não se encaixe na linha de regressão não é totalmente considerado. A distância vertical do ponto para a linha é o erro, e_j (Figura 17.6). As distâncias entre todos os pontos da linha são elevadas ao quadrado e somadas para se chegar à **soma dos erros elevados ao quadrado**, que é uma medida do total de erro, Σe_j^2. Ao se ajustar a linha, o procedimento dos quadrados mínimos minimiza a soma dos erros elevados ao quadrado. Se Y for plotado no eixo vertical e X no eixo horizontal, como na Figura 17.6, a linha de melhor ajuste é chamada de regressão de Y sobre X, uma vez que as distâncias verticais são minimizadas. O diagrama de dispersão indica se a relação entre Y e X pode ser modelada como uma linha reta, e, conseqüentemente, se a regressão bidimensional é o modelo apropriado.

Modelo de regressão bidimensional

No modelo de regressão bidimensional, a forma geral de uma linha reta é:

$$Y = \beta_0 + \beta_1 X$$

Figura 17.6 Regressão bidimensional

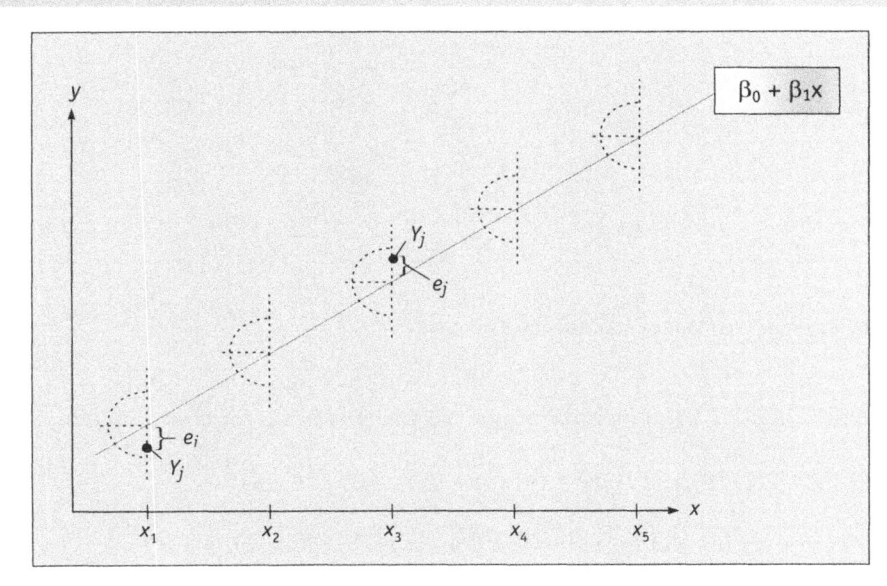

onde

Y = variável dependente ou de critério
X = variável independente ou previsora
β_0 = intercepção da linha
β_1 = inclinação da linha

Essa equação é bastante similar à equação de uma linha reta com a qual você já está familiarizado: $y = mx + b$, com $b = \beta_0$ e $m = \beta_1$. Esse modelo sugere uma relação determinista, em que o Y é completamente determinado pelo X. O valor de Y pode ser perfeitamente previsto se β_0 e β_1 forem conhecidos. Na pesquisa de marketing, no entanto, poucas relações são deterministas. Portanto, o procedimento de regressão adiciona um termo de erro para considerar a natureza probabilística ou estocástica da relação. Presume-se que os termos de erro sejam independentes e normalmente distribuídos com uma média de zero e uma variância constante. A equação básica de regressão passa a ser:

$$Y_i = \beta_0 + \beta_1 X + e_i$$

onde e_i é o termo de erro associado com a observação i-ésima.[3] A estimativa dos parâmetros de regressão, β_0 e β_1, é relativamente simples.

Estimativa dos parâmetros

Na maioria dos casos, β_0 e β_1 são desconhecidos e são estimados das observações das amostras usando-se a equação

$$\hat{Y}_i = a + bx_i$$

onde $\hat{Y}_i$ é o *valor estimado ou previsto* de Y_i, e a e b são estimadores de β_0 e β_1, respectivamente. A constante b é geralmente conhecida como **coeficiente de regressão** não-padronizado. É a inclinação da linha de regressão e indica a mudança esperada em Y quando X é mudado em uma unidade. As fórmulas para calcular a e b são simples. A inclinação, b, pode ser computada em termos da covariância entre X e Y (COV_{xy}) e a variância de X como:

$$b = \frac{COV_{xy}}{S_x^2}$$

$$= \frac{\sum_{i=1}^{n}(X_i - \overline{X})(Y_i - \overline{Y})}{\sum_{i=1}^{n}(X_i - \overline{X})^2}$$

$$= \frac{\sum_{i=1}^{n} X_i Y_i - n\overline{X}\overline{Y}}{\sum_{i=1}^{n} X_i^2 - n\overline{X}^2}$$

A intercepção, a, pode então ser calculada usando:

$$a = \overline{Y} - b\overline{X}$$

Para os dados na Tabela 17.1, a estimativa dos parâmetros pode ser como segue:

$$\sum_{i=1}^{12} X_i Y_i = (10)(6) + (12)(9) + (12)(8) + (4)(3) + (12)(10) + (6)(4)$$
$$+ (8)(5) + (2)(2) + (18)(11) + (9)(9) + (17)(10) + (2)(2)$$
$$= 917$$

$$\sum_{i=1}^{12} X_i^2 = 10^2 + 12^2 + 12^2 + 4^2 + 12^2 + 6^2$$
$$+ 8^2 + 2^2 + 18^2 + 9^2 + 17^2 + 2^2$$
$$= 1350$$

Podemos lembrar de cálculos anteriores da correlação simples em que

$$\overline{X} = 9,333$$
$$\overline{Y} = 6,583$$

Uma vez que $n = 12$, b pode ser calculado como:

$$b = \frac{917 - (12)(9,333)(6,583)}{1350 - (12)(9,333)^2}$$

ou

$$b = \frac{917 - 737,370}{1350 - 1045,259}$$
$$= \frac{179,73}{304,741}$$
$$= 0,5897$$

$$a = \overline{Y} - b\overline{X}$$
$$= 6,583 - (0,5897)(9,333)$$
$$= 6,583 - 5,504$$
$$= 1,079$$

Observe que esses coeficientes foram estimados com base em dados brutos (não transformados). Se a padronização dos dados for considerada desejável, o cálculo dos coeficientes padronizados também é direto.

Usando um programa de computador, a regressão da atitude sobre a duração da propriedade de carros esportivos, usando-se os dados mostrados na Tabela 17.1, gerou os resultados mostrados na Tabela 17.2. A intercepção, a, é igual a 1,0793 e a inclinação, b, é igual a 0,5897, como mostrado anteriormente pelos cálculos feitos à mão. Assim, a equação estimada é:

A atitude em relação a carros esportivos pode ser explicada pela duração do tempo de propriedade desses carros usando-se a regressão bidimensional

Atitude $(\overline{Y}) = 1,0793 + 0,5897$ (tempo de duração da propriedade do carro)

Coeficientes de regressão padronizados

A **padronização** é o processo pelo qual os dados brutos são transformados em novas variáveis que têm uma média de 0 e uma variância de 1. Esse processo é similar ao cálculo dos valores Z discutidos anteriormente (capítulos 13, 15 e 16). Para padronizar uma variável, simplesmente subtraia a média e divida a diferença pelo desvio-padrão. Quando os dados são padronizados, a intercepção presume um valor de 0. O termo **coeficiente de beta**, ou *peso beta*, é usado para indicar o **coeficiente de regressão padronizado**. A padronização pode ser desejável porque é mais fácil comparar os coeficientes dos betas do que os coeficientes brutos. Nesse caso, a inclinação obtida pela regressão de Y sobre X, B_{yx} é a mesma que a inclinação obtida pela regressão de X sobre Y, B_{xy}. Adicionalmente, cada um desses coeficientes de regressão é igual à correlação simples entre X e Y:

$$B_{yx} = B_{xy} = r_{xy}$$

Tabela 17.2 Regressão bidimensional

R múltiplo	0,9361
R^2	0,8762
R^2 ajustado	0,8639
Erro-padrão da estimativa	1,2233

ANÁLISE DA VARIÂNCIA

	Graus de liberdade	Soma dos quadrados	Quadrado médio
Regressão	1	105,9522	105,9522
Residual	10	14,9644	1,4964

F = 70,8027   Significância de F = 0,0000

COEFICIENTES

Variável	b	Erro-padrão b	Beta (β)	T	Significância
(Constante)	1,0793	0,7434		1,452	0,1772
Duração	0,5897	0,7000	0,9361	8,414	0,0000

Variável dependente: atitude em relação a carros esportivos

Assim, em vez de usar as correlações de Pearson no caso de abertura, poderíamos alternativamente usar quatro regressões bidimensionais com a preferência pelos calçados atléticos como a dependente variável. Cada uma das variáveis independentes, por sua vez, serviria como a variável independente ou previsora: interesse pelo esporte, atitude em relação às personalidades esportivas, idas aos eventos esportivos e tempo gasto assistindo a esporte na TV.

Há também uma relação simples entre os coeficientes de regressão padronizados e não-padronizados:

$$B_{yx} = b_{yx} (S_x/S_y)$$

Para os resultados de regressão dados na Tabela 17.2, o valor do coeficiente beta é estimado em 0,9361. Observe que esse também é o valor de r calculado anteriormente neste capítulo.

Depois de os parâmetros serem estimados, eles podem ser testados pela significância.

Teste de significância

A significância estatística da relação linear entre X e Y pode ser testada pelo exame das hipóteses:

$$H_0: \beta_1 = 0$$
$$H_1: \beta_1 \neq 0$$

A hipótese nula sugere que não há uma relação linear entre X e Y. A hipótese alternativa é de que há uma relação, positiva ou negativa, entre X e Y. Por exemplo, a relação entre renda e o número de vezes que as pessoas jantam fora em um mês pode ser estatisticamente testada por meio de uma regressão bidimensional. A hipótese nula seria de que a renda não tem relação com o número de vezes em que as pessoas jantam fora em um mês. A hipótese alternativa seria de que a renda tem relação positiva com o número de vezes em que as pessoas jantam fora no mês. Se a hipótese nula não for rejeitada, então concluímos que há uma relação entre X e Y, mesmo que o coeficiente de regressão não seja exatamente zero. Em geral, é feito um teste de duas caudas. Uma estatística t com $n-2$ graus de liberdade pode ser usada, onde

$$t = \frac{b}{SE_b}$$

SE_b indica o desvio-padrão de b e é chamado de **erro-padrão**.[4] A distribuição t foi discutida no Capítulo 16.

O erro-padrão ou desvio-padrão de b é estimado como 0,07008, e o valor da estatística t é t = 0,5897/0,0700 = 8,414, com $n - 2$ = 10 graus de liberdade (da Tabela 17.2). Da Tabela 4 no site deste livro, vemos que o valor crítico de t com 10 graus de liberdade e α = 0,05 é 2,228 para um teste de duas caudas. Uma vez que o valor calculado de t é maior que o valor crítico, a hipótese nula é rejeitada. Desse modo, há uma relação linear significativa entre a atitude em relação aos carros esportivos e o tempo de duração da propriedade de carros. O sinal de positivo do coeficiente da inclinação indica que essa relação é positiva. Em outras palavras, aqueles que tiveram carros por um período de tempo mais longo têm atitudes mais favoráveis para com os carros esportivos, o que indica um sentimento mais forte por esses carros.

Intensidade e significância da associação

Uma inferência relacionada envolve a determinação da intensidade e da significância da associação entre Y e X. A intensidade da associação é medida pelo **coeficiente de determinação**, r^2. Na regressão bidimensional, r^2 é o quadrado do coeficiente de correlação simples obtido pela correlação das duas variáveis. O coeficiente r^2 varia entre 0 e 1. Ele significa a proporção do total de variação em Y que é considerada pela variação em X. A decomposição do total de variação em Y é similar àquela para a análise da variância (Capítulo 16).

Como mostra a Figura 17.7, o total de variação, SS_y, pode ser decomposto na variação considerada pela linha de regressão, SS_{reg}, e a variação de erro ou residual, SS_{erro} ou SS_{res} como segue:

$$SS_y = SS_{reg} + SS_{res}$$

onde

$$SS_y = \sum_{i=1}^{n}(Y_i - \bar{Y})^2$$

$$SS_{reg} = \sum_{i=1}^{n}(\hat{Y}_i - \bar{Y})^2$$

$$SS_{res} = \sum_{i=1}^{n}(Y_i - \hat{Y}_i)^2$$

A intensidade da associação pode então ser calculada como segue:

$$r^2 = \frac{SS_{reg}}{SS_y}$$

$$= \frac{SS_y - SS_{res}}{SS_y}$$

Figura 17.7 Decomposição do total de variação na regressão bidimensional

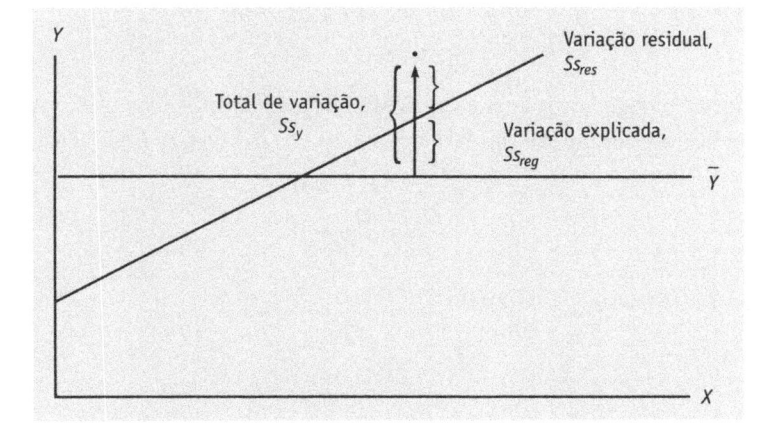

Para ilustrar os cálculos de r^2, vamos considerar novamente o efeito do tempo de duração da propriedade de carros esportivos sobre a atitude em relação a eles. Podemos nos lembrar, a partir de cálculos anteriores, do coeficiente de correlação simples que:

$$SS_y = \sum_{i=1}^{n}(Y_i - \overline{Y})^2$$
$$= 120{,}9166$$

Os valores previstos ($\hat{Y}$) podem ser calculados com a equação de regressão:

Atitude ($\hat{Y}$) = 1,0793 + 0,5897 (tempo de duração da propriedade de carros esportivos)

Para a primeira observação na Tabela 17.1, esse valor é:

$$(\hat{Y}) = 1{,}0793 + 0{,}5897 \times 10 = 6{,}9763$$

Para cada observação sucessiva, os valores previstos são, por ordem, 8,1557, 8,1557, 3,4381, 8,1557, 4,6175, 5,7969, 2,2587, 11,6939, 6,3866, 11,1042 e 2,2587. Assim,

$$SS_{reg} = \sum_{i=1}^{n}(\hat{Y}_i - \overline{Y})^2 = (6{,}9763 - 6{,}5833)^2 + (8{,}1557 - 6{,}5833)^2$$
$$+ (8{,}1557 - 6{,}5833)^2 + (3{,}4381 - 6{,}5833)^2$$
$$+ (8{,}1557 - 6{,}5833)^2 + (4{,}6175 - 6{,}5833)^2$$
$$+ (5{,}7969 - 6{,}5833)^2 + (2{,}2587 - 6{,}5833)^2$$
$$+ (11{,}6939 - 6{,}5833)^2 + (6{,}3866 - 6{,}5833)^2$$
$$+ (11{,}1042 - 6{,}5833)^2 + (2{,}2587 - 6{,}5833)^2$$
$$= 0{,}1544 + 2{,}4724 + 2{,}4724 + 9{,}8922$$
$$+ 2{,}4724 + 3{,}8643 + 0{,}6184 + 18{,}7021$$
$$+ 26{,}1182 + 0{,}0387 + 20{,}4385 + 18{,}7021$$
$$= 105{,}9522$$

$$SS_{res} = \sum_{i=1}^{n}(Y_i - \hat{Y}_i)^2 = (6 - 6{,}9763)^2 + (9 - 8{,}1557)^2 + (8 - 8{,}1557)^2 + (3 - 3{,}4381)^2$$
$$+ (10 - 8{,}1557)^2 + (4 - 4{,}6175)^2$$
$$+ (5 - 5{,}7969)^2 + (2 - 2{,}2587)^2$$
$$+ (11 - 11{,}6939)^2 + (9 - 6{,}3866)^2$$
$$+ (10 - 11{,}1042)^2 + (2 - 2{,}2587)^2$$
$$= 14{,}9644$$

Podemos ver que $SS_y = SS_{reg} + SS_{res}$. Além disso,

$$r^2 = SS_{reg} / SS_y$$
$$= 105{,}9524 / 120{,}9168$$
$$= 0{,}8762$$

Outro teste equivalente para examinar a significância da relação linear entre X e Y (significância de b) é o teste para a significância do coeficiente de determinação. As hipóteses nesse caso são:

$$H_0: R^2_{pop} = 0$$
$$H_1: R^2_{pop} > 0$$

A estatística de teste apropriada é a estatística F:

$$F = \frac{SS_{reg}}{SS_{res}/(n-2)}$$

que tem uma distribuição F com 1 e $n-2$ graus de liberdade. O teste F é uma forma generalizada do teste t (Capítulo 14). Se uma variável aleatória é t distribuída com n graus de liberdade, então t^2 é F distribuída com 1 e n graus de liberdade. Desse modo, o teste F para testar a significância do coeficiente de determinação é equivalente ao teste das hipóteses seguintes:

$$H_0: \beta_1 = 0$$
$$H_0: \beta_1 \neq 0$$

ou

$$H_0: \rho = 0$$
$$H_0: \rho \neq 0$$

A partir da Tabela 17.2, podemos ver que:

$$r^2 = 105{,}9522 / (105{,}9522 + 14{,}9644)$$
$$= 0{,}8762$$

O que é o mesmo que o valor calculado anteriormente. O valor da estatística F é:

$$F = 105{,}9522 / (14{,}9644 / 10)$$
$$= 70{,}8027$$

com 1 e 10 graus de liberdade. A estatística F calculada excede o valor crítico de 4,96 determinado da Tabela 5 no site deste livro. Assim, a relação é significante em $\alpha = 0{,}05$, confirmando os resultados do teste t. Se a relação entre X e Y é significante, é significativo prever os valores de Y com base nos valores de X e estimar a precisão da previsão.

Precisão da previsão

Para estimar a precisão dos valores previstos, $\hat{Y}$, é útil calcular o **erro-padrão da estimativa** (EPE). Essa estatística é o desvio-padrão dos valores reais de Y dos valores de $\hat{Y}$ previstos. Quanto maior for o EPE, mais inferior será o ajuste da regressão. Da Tabela 17.2, podemos ver que o EPE é de 1,2233. O EPE pode ser usado para construir os intervalos de confiança em torno dos valores previstos de Y (Capítulo 13).

EXAME DOS RESIDUAIS

Um residual é a diferença entre o valor observado de Y_i e o valor previsto pela equação de regressão $\hat{Y}_i$. Os residuais são usados no cálculo de várias estatísticas associadas com a regressão. Os diagramas de dispersão dos residuais, em que estes são plotados contra os valores previstos, $\hat{Y}_i$, tempo ou variáveis previsoras, proporcionam esclarecimentos úteis no exame da adequação das suposições básicas e no modelo de regressão ajustado. Por exemplo, a suposição de um termo de erro normalmente distribuído pode ser examinada construindo-se um histograma dos residuais. Uma checagem visual revela se a distribuição é normal. Além disso, se o padrão de residuais não for aleatório, então algumas das suposições básicas estarão sendo violadas.

O exemplo seguinte ilustra como a análise de regressão pode resultar em descobertas com grande relevância administrativa.

Exemplo

EVITANDO A INSATISFAÇÃO PARA REALÇAR A SATISFAÇÃO GERAL

Uma grande organização de manutenção da saúde (HMO) coleta dados regularmente como parte de seu programa contínuo de medida da satisfação do paciente. Em um estudo recente, os dados sobre as informações do paciente, qualidade de interação e variáveis relacionadas foram obtidos de 4.517 pacientes que passaram pelos 501 médicos de cuidados primários (MCP) afiliados da HMO. O estudo foi realizado por telefone. Para estimar o impacto da qualidade de interação com os MCPs na satisfação do paciente, os pesquisadores realizaram uma análise de regressão.

A variável dependente foi a satisfação do paciente e a variável independente, a qualidade de interação dos MCPs. Foram feitas três regressões: para os pacientes satisfeitos, para os pacientes insatisfeitos e para todos os pacientes. As estimativas do coeficiente de regressão para essas três regressões foram 1,04, 3,73 e 2,02, respectivamente. Como podemos ver, o valor do coeficiente foi mais alto para os pacientes insatisfeitos, indicando que eles eram diferencialmente mais sensíveis à qualidade da interação dos MCPs. A implicação é que, para poder realçar a satisfação geral do paciente, os provedores de saúde devem prestar mais atenção a esses aspectos de interação dos MCPs que levam à insatisfação do que àqueles que levam à satisfação.[5]

REGRESSÃO MÚLTIPLA

A regressão múltipla envolve uma variável dependente única e duas ou mais variáveis independentes. Assim como a regressão bidimensional tenta ajustar a melhor linha aos dados, a regressão com duas variáveis independentes tenta ajustar o melhor plano aos dados. Para estender o exemplo da regressão bidimensional considerado anteriormente, a taxa de crescimento da economia dos Estados Unidos tem uma correlação positiva com o nível de gastos do consumidor e o nível das taxas de juros. Assim, um **modelo de regressão múltipla** poderia ser construído com a taxa de crescimento da economia dos Estados Unidos como a variável dependente e o nível de gastos do consumidor e o nível das taxas de juros como as variáveis independentes. O conceito é similar na regressão com mais de duas variáveis. As perguntas levantadas no contexto da regressão bidimensional também podem ser respondidas por meio da regressão múltipla, considerando-se as variáveis independentes adicionais:

- A variação nas vendas pode ser explicada em termos da variação com as despesas com propaganda, preços e nível de distribuição?
- A variação na participação no mercado pode ser avaliada pelo tamanho da equipe de vendas, das despesas com propaganda e dos orçamentos de promoção de vendas?
- As percepções dos consumidores sobre a qualidade são determinadas por suas percepções de preço, pela imagem da marca ou por atributos da marca?

Outras perguntas também podem ser respondidas pela regressão múltipla:

- Quanto da variação nas vendas pode ser explicado pelas despesas com propaganda, preços e nível de distribuição?
- Qual é a contribuição das despesas com propaganda para explicar a variação nas vendas quando os níveis de preços e de distribuição estão controlados?
- Que níveis de vendas podem ser esperados dados os níveis de despesas com propaganda, os preços e o nível de distribuição?

A forma geral do modelo de regressão múltipla é o seguinte:

$$Y = \beta_0 + \beta_1 X_1 + \beta_2 X_2 + \beta_3 X_3 + \ldots + \beta_k X_k + e$$

que é estimado pela seguinte equação:

$$\hat{Y} = a + b_1 X_1 + b_2 X_2 + b_3 X_3 + \ldots + b_k X_k$$

Como antes, o coeficiente *a* representa a intercepção, mas os *b* agora são os coeficientes de regressão parciais. O critério dos quadrados mínimos estima os parâmetros de modo a minimizar o total de erros, SS_{res}. Esse processo também maximiza a correlação entre os valores reais de Y e os valores previstos de $\hat{Y}$. Todas as suposições feitas na regressão bidimensional também se aplicam à regressão múltipla.

REALIZANDO A ANÁLISE DE REGRESSÃO MÚLTIPLA

As etapas envolvidas na condução da análise de regressão múltipla são similares àquelas para a análise de regressão bidimensional. A discussão se concentra nos coeficientes de regressão parcial, na intensidade da associação e no teste de significância.

Coeficientes de regressão parcial

Para entender o significado de um coeficiente de regressão parcial, vamos considerar novamente o modelo de regressão múltipla com a taxa de crescimento da economia dos Estados Unidos como a variável dependente e o nível de gastos do consumidor e o nível das taxas de juros como as variáveis independentes. Nesse caso, existem duas variáveis independentes, de forma que:

$$\hat{Y} = a + b_1 X_1 + b_2 X_2$$

Primeiro, observe que a magnitude relativa do coeficiente de regressão parcial de uma variável independente é, no geral, diferente daquela de seu coeficiente de regressão bidimensional. Em outras palavras, o coeficiente de regressão parcial, b_1, será diferente do coeficiente de regressão, b, obtido pela regressão de Y em apenas X_1. Isso acontece porque X_1 e X_2 são geralmente correlacionados. Na regressão bidimensional, X_2 não foi considerado, e qualquer variação em Y que tenha sido compartilhada por X_1 e X_2 foi atribuída a X_1. Entretanto, no caso de variáveis independentes múltiplas, isso não é mais verdade. Assim, ao se modelar a taxa de crescimento da economia dos Estados Unidos, o coeficiente de regressão (parcial) para o nível de gastos do consumidor no modelo de regressão múltipla será diferente daquele para a regressão bidimensional.

A interpretação do **coeficiente de regressão parcial**, b_1, é que ele representa a mudança esperada em Y quando X_1 é alterado em uma unidade, mas X_2 é mantido constante ou controlado. Assim, o coeficiente da regressão parcial para o nível de gastos do consumidor na regressão múltipla será diferente do coeficiente na regressão bidimensional. Do mesmo modo, b_2 representa a mudança esperada em Y para a mudança de uma unidade em X_2 quando X_1 é mantido constante. Assim, é apropriado chamar b_1 e b_2 de coeficientes de regressão parcial. Em outras palavras, se X_1 e X_2 são cada um deles alterados em uma unidade, a mudança esperada em Y seria $(b_1 + b_2)$.

A extensão para o caso de variáveis k é direta. O coeficiente de regressão parcial, b_1, representa a mudança esperada em Y quando X_1 é alterado em uma unidade e X_2 até X_k são mantidos constantes. Isso também pode ser interpretado como o coeficiente de regressão bidimensional, b, para a regressão de Y nos residuais de X_1, quando o efeito de X_2 até X_k tiver sido removido de X_1.

No caso de abertura, um modelo de regressão múltipla foi estimado tendo a preferência por calçados atléticos como a variável dependente e o interesse pelo esporte, a atitude em relação às personalidades do esporte, a ida aos eventos esportivos e o tempo gasto assistindo a esporte na TV como as variáveis independentes. O coeficiente de regressão parcial associado com cada variável independente foi positivo e significativo, indicando que valores mais altos ligados a cada variável independente foram associados com a preferência mais forte por calçados atléticos. O coeficiente de regressão parcial para o interesse pelo esporte representaria a mudança esperada na preferência por calçados atléticos quando o interesse pelo esporte mudasse em uma unidade e a atitude em relação às personalidades do esporte, a ida aos eventos esportivos e o tempo gasto assistindo a esporte na TV fossem mantidos constante.

Os coeficientes beta são os coeficientes de regressão parcial obtidos quando todas as variáveis (Y, X_1, X_2, ...X_k) tiverem sido padronizadas para uma média de 0 e uma variância de 1 antes de se estimar a equação da regressão. A relação dos coeficientes padronizados para os não-padronizados permanece a mesma que antes:

$$B_1 = b_2 (S_{x1}/S_y)$$

.

.

$$B_k = b_k (S_{xk}/S_y)$$

A intercepção e os coeficientes de regressão parcial são estimados resolvendo-se um sistema de equações simultâneas derivado da diferenciação e do equacionamento das derivativas parciais para 0. Uma vez que vários programas de computador automaticamente estimam esses coeficientes, não apresentaremos os detalhes. Entretanto, vale a pena observar que as equações não podem ser resolvidas se (1) o tamanho da amostra, n, é menor ou igual ao número de variáveis independentes, k, ou (2) uma variável independente está perfeitamente correlacionada com uma outra.

Suponha que, ao explicar a atitude em relação aos carros esportivos, agora introduzamos uma segunda variável – a importância do desempenho. Os dados para os 12 entrevistados do pré-teste sobre a atitude em relação a carros esportivos, o tempo de duração da propriedade do carro e a importância ligada ao desempenho são dados na Tabela 17.1. Os resultados da análise de regressão múltipla são retratados na Tabela 17.3. O coeficiente de regressão parcial para a duração (X_1) é agora de 0,4811, diferente do que era no caso da regressão bidimensional. O coeficiente beta correspondente é 0,7636. O coeficiente de regressão parcial para a importância ligada ao desempenho (X_2) é 0,2887, com um coeficiente beta de 0,3138. A equação de regressão estimada é:

$$(\hat{Y}) = 0,3373 + 0,4811\ X_1 + 0,2887\ X_2$$

ou

Atitude = 0,3373 + 0,4811 (duração) + 0,2887 (importância)

Tabela 17.3 Regressão múltipla

R múltiplo	0,9721
R^2	0,9450
R^2 ajustado	0,9330
Erro-padrão da estimativa	0,8597

ANÁLISE DA VARIÂNCIA

	Graus de liberdade	Soma dos quadrados	Quadrado médio
Regressão	2	114,2643	57,1321
Residual	9	6,6524	0,7392
$F = 77,2936$	Significância de $F = 0,0000$		

COEFICIENTES

Variável	b	Erro-padrão b	Beta (β)	T	Significância
(Constante)	0,3373	0,56736		0,595	0,5668
Duração	0,4811	0,5895	0,7636	8,160	0,0000
Importância	0,2887	0,08608	0,3138	3,353	0,0085

Variável dependente: atitude em relação a carros esportivos

Essa equação pode ser usada para uma variedade de propósitos, incluindo a previsão de atitudes em relação a carros esportivos, dado o conhecimento do tempo de duração da propriedade do carro dos entrevistados e a importância que eles atribuem ao desempenho.

Intensidade da associação

A intensidade da relação estipulada pela equação de regressão pode ser determinada usando-se as medidas apropriadas de associação. O total de variação é decomposto como no caso da regressão bidimensional:

$$SS_y = SS_{reg} + SS_{res}$$

onde

$$SS_y = \sum_{i=1}^{n}(Y_i - \overline{Y})^2$$

$$SS_{reg} = \sum_{i=1}^{n}(\hat{Y}_i - \overline{Y})^2$$

$$SS_{res} = \sum_{i=1}^{n}(Y_i - \hat{Y}_i)^2$$

A intensidade da associação é medida pelo quadrado do coeficiente de correlação múltipla, R^2, que também é chamado de **coeficiente de determinação múltipla**:

$$R^2 = \frac{SS_{reg}}{SS_y}$$

O coeficiente de correlação múltipla, R, também pode ser visto como coeficiente de correlação simples, r, entre Y e $\hat{Y}$. Vale a pena observar vários pontos sobre as características de R^2. O coeficiente de determinação múltipla, R^2, não pode ser menor que o bidimensional mais alto, r^2, de qualquer variável independente com a variável dependente. R^2 será maior quando as correlações entre as variáveis independentes forem baixas. Se as variáveis independentes são estatisticamente independentes (não-correlacionadas), então R^2 será a soma do bidimensional r^2 de cada variável independente com a variável dependente. Entretanto, os retornos de diminuição se firmam para que, depois das primeiras variáveis, as variáveis independentes adicionais não contribuam muito. Por esse motivo, R^2 é ajustado para o número de variáveis independentes e para o tamanho da amostra usando-se a seguinte fórmula:

$$R^2 \text{ ajustado} = R^2 - \frac{k(1-R^2)}{n-k-1}$$

Para os resultados de regressão dados na Tabela 17.3, o valor de R^2 é:

$$R^2 = 114{,}2643 / (114{,}2643 + 6{,}6524)$$
$$= 114{,}2643 / 120{,}9167$$
$$= 0{,}9450$$

Esta cifra é mais alta que o valor de r^2 de 0,8762 obtido no caso bidimensional. O r^2 no caso bidimensional é o quadrado da correlação simples (momento-produto) entre a atitude em relação a carros esportivos e a duração da propriedade desses carros. O R^2 obtido na regressão múltipla é também mais alto que o quadrado da correlação simples entre a atitude e a importância ligada ao desempenho (que pode ser estimado como 0,5379). O R^2 ajustado é estimado como:

$$R^2 \text{ ajustado} = 0{,}9450 - 2\,(1{,}0 - 0{,}9450) / (12 - 2 - 1)$$
$$= 0{,}9450 - 0{,}0122$$
$$= 0{,}9328$$

Observe que os valores do R^2 ajustado estão próximos do R^2 e ambos são mais altos que o r^2 para o caso bidimensional. Isso sugere que a adição da segunda variável independente, importância ligada ao desempenho, contribui na explicação da variação na atitude em relação a carros esportivos. É claro que R^2 deve ser significativo e os valores mais altos de R^2 são mais desejáveis que os valores mais baixos. Entretanto, na pesquisa de marketing comercial, valores de R^2 tão altos quanto 0,9 ou mais altos são incomuns. Os valores de R^2 na faixa de 0,5 a 0,8 podem ser razoáveis em muitos projetos de pesquisa de marketing comercial.

Teste de significância

O teste de significância envolve o teste de significância da equação de regressão geral e os coeficientes específicos de regressão parcial. A hipótese nula para o teste geral é que o coeficiente de determinação múltipla na população, R^2_{pop}, seja zero:

$$H_0: R^2_{pop} = 0$$

Isso é equivalente à hipótese nula seguinte:

$$H_0: \beta_1 = \beta_2 = \beta_3 = \ldots = \beta_k = 0$$

O teste geral pode ser realizado usando-se uma estatística F:

$$F = \frac{SS_{reg}/k}{SS_{res}/(n-k-1)}$$

$$= \frac{R^2/k}{(1-R^2)/(n-k-1)}$$

que tem uma distribuição F com k e $(n-k-1)$ graus de liberdade. Para os resultados da regressão múltipla, dados na Tabela 17.3,

$$F = \frac{114,2643/2}{6,6524/9} = 77,2936$$

que é significativo em $\alpha = 0,05$.

Se a hipótese nula geral for rejeitada, um ou mais coeficientes de regressão parcial da população têm um valor diferente de 0. Para determinar quais coeficientes específicos (b_i) não são zero, são necessários testes adicionais. O teste para a significância dos b_i pode ser feito de modo similar àquele no caso bidimensional usando-se os testes t. A significância do coeficiente parcial para a importância ligada ao desempenho pode ser testada pela seguinte equação:

$$t = \frac{b}{SE_b}$$

$$= 0,2887 / 0,08608$$

$$= 3,353$$

que tem uma distribuição com $n-k-1$ graus de liberdade. Esse coeficiente é significativo em $\alpha = 0,05$. A significância do coeficiente para a duração da propriedade de carros é testada de maneira similar e é significativa. Assim, tanto o tempo de duração da propriedade do carro quanto a importância ligada ao desempenho são importantes para explicar a atitude em relação aos carros esportivos. Entretanto, se algum dos coeficientes de regressão não for significativo, ele deve ser tratado como zero.

Alguns programas de computador proporcionam um teste F equivalente, freqüentemente chamado de teste F parcial. Ele envolve a decomposição do total da soma dos quadrados da regressão, SS_{reg}, em componentes relacionados a cada variável independente. Ilustramos a aplicação da regressão múltipla com um exemplo.

Exemplo

CAMPANHA DO *NEW YORK TIMES* REFLETE MUDANÇA NOS TEMPOS

O *New York Times* pesquisou uma amostra representativa de 2.500 domicílios por telefone para determinar o interesse na leitura de jornais diários. A pesquisa descobriu que os Estados Unidos haviam se tornado muito mais globais ou 'conscientes do mundo'. Um dos fatores mais importantes de influência do interesse na leitura foi o fato de os jornais proporcionarem 'uma visão mais sensível sobre o mundo', independentemente de se tratar de um jornal local ou de um nacional. Outros fatores importantes mencionados foram que um jornal deve refletir inteligência, qualidade e confiabilidade.

Foi estimado um modelo de regressão múltipla tendo o interesse na leitura de um jornal diário como a variável dependente e a visão sobre o mundo, a inteligência, a qualidade e a confiabilidade como as variáveis independentes. Esse modelo teve um ajuste excelente, como determinado por um R^2 alto, e o coeficiente de regressão parcial para cada uma das variáveis independentes foi positivo e significativo.

O *New York Times* construiu uma campanha com base nessas conclusões. A campanha da imagem nacional de 20 milhões de dólares dizia "Espere pelo mundo" e refletia os quatro fatores importantes que influenciaram o interesse na leitura de um jornal diário: visão sobre o mundo, inteligência, qualidade e confiabilidade. Foram inseridas chamadas na TV durante os noticiosos e os programas *48 Hours, Dateline, Primetime Live, 20/20* e *Nightline*, assim como *News at Sunrise, The Today Show, Good Morning America, Headline News* da CNN e *Jim Lehrer News Hour*. Além disso, os comerciais foram mostrados na rede da CNN nos 30 aeroportos metropolitanos, na televisão e na rádio locais. A campanha foi bem-sucedida, aumentando substancialmente a circulação em seu primeiro ano.[6]

ILUSTRAÇÃO RESUMIDA USANDO O CASO DE ABERTURA

O coeficiente de correlação momento-produto de Pearson mede a associação linear entre duas variáveis métricas. No caso de abertura, a preferência por calçados atléticos mostrou fortes correlações positivas com as variáveis relacionadas ao esporte, como o interesse pelo esporte, a atitude em relação às personalidades esportivas, a ida aos eventos esportivos e o tempo gasto assistindo a esporte na TV.

A regressão bidimensional deriva uma equação matemática, na forma de uma linha reta entre uma variável única de critério métrico e uma variável única de previsão métrica. Em vez de fazer as correlações de Pearson, poderíamos alternativamente ter feito regressões bidimensionais escolhendo a preferência por calçados atléticos como a variável dependente. Cada uma das variáveis independentes, por sua vez, serviria como a variável previsora: interesse pelo esporte, atitude em relação às personalidades esportivas, ida aos eventos esportivos e tempo gasto assistindo a esporte na TV.

A regressão múltipla envolve uma dependente variável única e duas ou mais variáveis independentes. O coeficiente de regressão parcial representa a mudança esperada na variável dependente quando uma das variáveis independentes é alterada em uma unidade e as outras variáveis independentes são mantidas constantes. Um modelo de regressão múltipla tendo a preferência por calçados atléticos como a variável dependente e o interesse pelo esporte, a atitude em relação às personalidades esportivas, a ida aos eventos esportivos o e tempo gasto assistindo a esporte na TV como as variáveis independentes teve uma boa intensidade de associação. O coeficiente de regressão parcial associado com cada variável independente foi positivo e significante, indicando que valores mais altos em cada variável independente estavam associados com preferências mais fortes por calçados atléticos. O coeficiente de regressão parcial para o interesse pelo esporte representaria a mudança esperada na preferência por calçados atléticos quando o interesse pelo esporte é alterado em uma unidade e a atitude em relação às personalidades esportivas, a ida aos eventos esportivos e o tempo gasto assistindo a esporte na TV são mantidos constantes.

APLICAÇÕES NA INTERNET E NO COMPUTADOR

Os programas de computador disponíveis para realizar a análise de correlação são descritos na Figura 17.8. No SPSS, o programa CORRELAÇÕES pode ser usado para computar as correlações do momento-produto de Pearson, ao passo que no SAS o programa correspondente é o CORR. No Minitab, a correlação pode ser computada usando-se a função ESTATÍSTICA>ESTATÍSTICA BÁSICA>CORRELAÇÃO. Ela calcula o momento-produto de Pearson. As correlações podem ser determinadas no Excel usando-se a função FERRAMENTAS>ANÁLISE DE DADOS>CORRELAÇÃO. Use a função Planilha de Correlação quando for necessário um coeficiente de correlação para duas amplitudes de células.

Como descrito na Figura 17.9, os pacotes de microcomputadores e CPDs contêm vários programas para realizar a análise de regressão, calcular as estatísticas associadas, fazer os testes de significância e plotar os residuais. No SPSS, o programa principal é o REGRESSÃO. No SAS, o programa mais geral é o REG. Outros programas especializados, como RSREG, ORTHOREG, GLM e NLIN, também estão disponíveis,

Figura 17.8 Programas de computador para correlações

SAS
CORR produz correlações métricas e não-métricas entre as variáveis, inclusive a correlação momento-produto de Pearson.

MINITAB
A correlação pode ser computada usando-se a função STAT>BASIC STATISTICS>CORRELATION. Ela calcula o momento-produto de Pearson usando todas as colunas.

EXCEL
As correlações podem ser determinadas no Excel por meio da função TOOLS>DATA ANALYSIS>CORRELATION. Utilize a Planilha de Correlação quando for necessário um coeficiente de correlação para duas amplitudes de células.

Figura 17.9 Programas de computador para regressão

O computador mainframe e o microcomputador contêm os mesmos programas.

SAS
REG é um procedimento de regressão de uso geral que se adapta à regressão múltipla e bidirecional utilizando-se o método dos mínimos quadrados. Todas as estatísticas associadas são computadas, e os resíduos são plotados.

MINITAB
O resultado da análise de regressão sob a função STATS>REGRESSION pode desempenhar análises múltiplas e simples. O resultado inclui uma equação de regressão linear, uma tabela de coeficientes, R^2, R^2 ajustado, uma análise da tabela de variância, uma tabela dos resíduos que fornecem observações incomuns. Outras características disponíveis incluem gráfico de linha ajustado e gráfico de residuais.

EXCEL
A regressão pode ser acessada a partir do menu TOOLS>DATA ANALYSIS. Conforme as características selecionadas, o resultado consiste em uma tabela-resumo de resultados, inclusive uma tabela Anova, um erro-padrão de y estimado, coeficientes, erro-padrão de coeficientes, valores R^2 e o número de observações. Além disso, a função computa uma tabela de resultados residual, um gráfico de resíduos, um gráfico de linha, um gráfico de probabilidade normal e uma tabela de resultados de probabilidade em duas colunas.

mas aconselhamos os leitores que não estão familiarizados com esses aspectos da análise de regressão a ficarem com a função REG quando usarem o SAS. No Minitab, a análise de regressão, sob a função ESTATÍSTICA>REGRESSÃO, pode executar análises simples e múltiplas. No Excel, a regressão pode ser acessada do menu FERRAMENTAS>ANÁLISE DE DADOS. Esses programas estão disponíveis nas versões para CPDs e microcomputadores.

Resumo

O coeficiente de correlação momento-produto, r, presume uma associação linear entre duas variáveis métricas (escala de intervalo ou de índice). Seu quadrado, r^2, mede a proporção de variação em uma variável explicada por outra.

A regressão bidimensional deriva uma equação matemática entre uma variável única de critério métrico e uma variável única de previsão métrica. A equação é derivada na forma de uma linha reta, usando-se o procedimento dos quadrados mínimos. Quando a regressão é feita em dados padronizados, a intercepção assume um valor de 0 e os coeficientes de regressão são chamados de pesos betas. A intensidade da associação é medida pelo coeficiente de determinação, r^2, que é obtido computando-se um índice de SS_{reg} para SS_y. Os diagramas de dispersão dos residuais são úteis para examinar a adequação das suposições básicas e do modelo de regressão ajustado.

A regressão múltipla envolve uma dependente variável única e duas ou mais variáveis independentes. O coeficiente de regressão parcial, b_1, representa a mudança esperada em Y quando X_1 é alterada em uma unidade e X_2 é mantida constante. A intensidade da associação é medida pelo coeficiente de determinação múltipla, R^2. A significância da equação de regressão geral pode ser testada pelo teste F geral. Os coeficientes individuais de regressão parcial podem ser testados para a significância com o teste t.

Exercícios

1. O que é o coeficiente de correlação momento-produto? A correlação momento-produto de 0 entre duas variáveis indica que as variáveis não estão relacionadas?
2. Dê um exemplo de um modelo de regressão bidimensional e identifique as variáveis dependente e independente.
3. Quais são os principais usos da análise de regressão?
4. O que é o procedimento dos quadrados mínimos?
5. Explique o significado de coeficientes de regressão padronizados.
6. Como a intensidade da associação é medida na regressão bidimensional? E na regressão múltipla?
7. O que significa precisão da previsão?
8. O que é o erro-padrão da estimativa?
9. Quais suposições fundamentam o termo de erro?
10. O que é a regressão múltipla? Como ela é diferente da regressão bidimensional?
11. Explique o significado de um coeficiente de regressão parcial. Por que ele é chamado assim?
12. Relate a hipótese nula no teste de significância da equação de regressão múltipla geral. Como essa hipótese nula é testada?

Problemas

1. Uma grande rede de supermercados quer determinar o efeito da promoção na concorrência relativa. Os dados foram obtidos de 15 estados sobre as despesas promocionais em relação ao principal concorrente (despesas do concorrente = 100) e sobre as vendas em relação a esse concorrente (vendas do concorrente = 100).

Nº DO ESTADO	DESPESA PROMOCIONAL RELATIVA	VENDAS RELATIVAS
1	95	98
2	92	94
3	103	110
4	115	125
5	77	82
6	79	84
7	105	112
8	94	99
9	85	93
10	101	107
11	106	114
12	120	132
13	118	129
14	75	79
15	99	105

Você recebeu a tarefa de dizer ao gerente se há relação entre as despesas promocionais relativas e as vendas relativas.

a. Assinale as vendas relativas (eixo Y) contra as despesas promocionais relativas (eixo X) e interprete esse diagrama.
b. Que medida você usaria para determinar se há relação entre as duas variáveis? Por quê?
c. Faça uma análise de regressão bidimensional das vendas relativas sobre as despesas promocionais relativas.
d. Interprete os coeficientes de regressão.
e. A relação de regressão é significativa?
f. Se a empresa alcançasse o concorrente em despesas promocionais (se as despesas promocionais relativas fossem 100), quais seriam as vendas relativas da empresa?
g. Interprete o r^2 resultante.

2. Para entender o papel da qualidade e do preço em influenciar a clientela de farmácias, 14 lojas importantes em uma grande área metropolitana foram classificadas quanto à preferência para comprar, à qualidade da mercadoria e ao preço justo. Todas as classificações foram obtidas em uma escala de 11 pontos, com números mais altos indicando classificações mais positivas.

Nº DA LOJA	PREFERÊNCIA	QUALIDADE	PREÇO
1	6	5	3
2	9	6	11
3	8	6	4
4	3	2	1
5	10	6	11
6	4	3	1
7	5	4	7
8	2	1	4
9	11	9	8
10	9	5	10
11	10	8	8
12	2	1	5
13	9	8	5
14	5	3	2

a. Faça uma análise de regressão múltipla explicando a preferência da loja quanto a qualidade da mercadoria e preço.
b. Interprete os coeficientes de regressão parcial.
c. Determine a significância da regressão geral.
d. Determine a significância dos coeficientes de regressão parcial.

3. Você leu um artigo em uma revista relatando a seguinte relação entre despesas anuais com refeições prontas (RP) e renda anual (REN):
RP = 23,4 + 0,003 REN
O coeficiente da variável REN é relatado como significativo.
Essa relação parece viável? É possível haver um coeficiente que seja pequeno em magnitude mas ainda assim significativo?
Com base nas informações dadas, você pode dizer quão bom é o modelo estimado?
a. Quais são as despesas esperadas com refeições preparadas de uma família que ganha 30 mil dólares?
b. Se uma família que ganha 40 mil dólares gastasse 130 dólares anualmente em refeições prontas, qual seria o residual?
c. Qual é o significado de um residual negativo?

Atividades

Trabalho de Campo

1. Visite dez farmácias na sua área. Avalie cada loja quanto a imagem geral e a qualidade do serviço usando uma escala-razão de 11 pontos (1 = inferior, 11 = excelente). Em seguida, analise os dados que coletou como segue:
   a. Marque a imagem geral (eixo Y) contra o serviço na loja relativo (eixo X) e interprete esse diagrama.
   b. Que medida você deveria usar para determinar se há relação entre as duas variáveis? Por quê?
   c. Faça uma análise de regressão bidimensional da imagem geral sobre o serviço na loja.
   d. Interprete os coeficientes de regressão.
   e. A relação de regressão é significativa?
   f. Interprete o r^2 resultante.

Discussão em Grupo

1. Em um grupo pequeno, discuta a seguinte declaração: "Regressão é uma técnica tão básica que deveria ser sempre usada para analisar dados".
2. Em um grupo pequeno, discuta a relação entre correlação bidimensional, regressão bidimensional e regressão múltipla.

Notas

1. Baseado em Andy Dworkin, "Nike, Adidas square off with competing shoes backed by basketball stars", *The Oregonian*, 22 out. 2000; Terry Lefton, "Adidas looks for more retail oomph out of team sponsorship", *Brandweek*, 40, 9, 1º mar. 1999, p. 10, e Jeff Jensen e Alice Z. Cuneo, "Adidas raises profile in U.S. with a three-sport TV push", *Advertising Age*, 28 jul. 1997, p. 6.
2. Mark Peterson e Naresh K. Malhotra, "Comparative marketing measures of societal quality of life: substantive dimensions in 186 countries", *Journal of Macromarketing*, 17, 1, primavera 1997, p. 25-38.
3. No sentido estrito, o modelo de regressão requer que os erros de mensuração estejam associados apenas com a variável de critério e que as variáveis previsoras sejam medidas sem erros.
4. Tecnicamente, o numerador é $b - â$. Entretanto, uma vez que foi hipoteticamente considerado que $â = 0,0$, ele pode ser omitido da fórmula.
5. Baseado em Diane H. Friedman, "Quality customer service: it's everyones's job", *Healthcare Executive*, 15, 3, maio/jun. 2000, p. 64-65; Julie Howard, "Hospital customer service in a changing healthcare world: does it mat-

ter?", *Journal of Healthcare Management*, 44, 4, jul./ago. 1999, p. 312-325; Vikas Mittal, William T. Ross, Jr. e Patrick M. Baldasare, "The asymmetric impact of negative and positive attribute-level performance on overall satisfaction and repurchase intentions", *Journal of Marketing*, 62, 1, jan., p. 33-47; e Vikas Mittal, William T. Ross, Jr. e Patrick M. Baldasare, "Eliminate the negative: managers should optimize rather than maximize performance to enhance patient satisfaction", *Journal of Health Care Marketing*, 16, 3, out. 1996, p. 24-31.

6. Baseado em Bob Garfield, "'Times' ads may be moving but won't deliver subscriptions", *Advertising Age*, 71, 19, 1º maio 2000, p. 77, e Kelly Shermack, "Times campaigns to strengthen brand image", *Marketing News*, 31, 6, 17 mar. 1997, p. 2.

CAPÍTULO 18

Preparação e Apresentação do Relatório

Neste capítulo abordamos as seguintes questões:

1. Qual processo deve ser seguido para preparar e apresentar o relatório final?
2. Existem algumas diretrizes disponíveis sobre como escrever um relatório que inclui gráficos e tabelas?
3. Como deve ser feita uma apresentação oral e quais são alguns dos princípios envolvidos?
4. Por que é importante fazer um follow-up do cliente e que tipo de assistência deve ser dada ao cliente na implementação e na avaliação do projeto de pesquisa?
5. Qual é o papel da preparação do relatório no processo de gestão da qualidade total?
6. Em que sentido é diferente o processo de preparação e apresentação do relatório na pesquisa de marketing internacional?
7. Como a tecnologia facilita a preparação e a apresentação do relatório?
8. Quais questões éticas são relativas à interpretação e ao relato do processo e dos resultados da pesquisa?
9. Qual é o papel da Internet na preparação e na apresentação do relatório?

RELATÓRIOS DE PESQUISA TORNAM O CÉU DA UNITED AINDA MAIS AMIGÁVEL

Em 2000, a United Airlines anunciou o teste de quiosques para auto-atendimento de check-in nos aeroportos como uma maneira de melhorar o atendimento ao cliente para passageiros que viajam pelos Estados Unidos. Aspen, San Diego e Chicago estavam entre as cidades escolhidas para esse teste computadorizado de última geração. Com os novos computadores nos quiosques, os passageiros podiam fazer o check-in, conferir a bagagem, obter a numeração dos assentos e fazer um upgrade para a classe executiva. A United Airlines acredita que clientes futuros apresentarão uma resposta positiva ao novo método de check-in, com altos níveis de satisfação. O vice-presidente de satisfação do cliente da United Airlines afirmou: "Nosso investimento nessa tecnologia de ponta demonstra ainda mais o compromisso da United Airlines em proporcionar aos clientes uma experiência nos aeroportos que envolva menos burocracia, com um check-in mais rápido".

De fato, a United Airlines prioriza a satisfação do cliente. Para seu programa de rastreamento da satisfação do cliente em vôo, a empresa faz pesquisas com passageiros em aproximadamente 900 vôos por mês usando um questionário de quatro páginas que pode ser escaneado. Ela aplica 192 mil questionários, em nove idiomas, para pessoas que viajam para 40 países diferentes. O levantamento cobre a satisfação do cliente com todo o processo da viagem aérea: reservas, serviço de aeroporto, atendentes de vôo, serviço de refeições e a própria aeronave.

O departamento de pesquisa de marketing da United prepara um relatório mensal que resume os dados de satisfação do cliente de cerca de 100 pessoas no mundo todo, incluindo gerentes de aeroporto dirigentes regionais e de países; a direção executiva; e outros no escritório central da empresa. O relatório é bem completo e inclui capa, índice, resumo executivo, definição do problema, abordagem, modelo de pesquisa, análise dos dados, resultados, conclusões e recomendações. Várias tabelas e gráficos são preparados para realçar a clareza das conclusões. Os resultados da pesquisa também estão disponíveis on-line.

Após emitir o relatório mensal, o departamento de pesquisa de marketing lida com pedidos de clientes internos (vários departamentos dentro dos Estados Unidos) para outra análise. Por exemplo, o departamento de marketing pode requisitar uma divisão da classificação de satisfação do cliente em características demográficas para uma rota específica (duas cidades), como Atlanta–Los Angeles. Como esses dados podem ser ligados aos dados operacionais, como horários de chegada e saída e número de passageiros, os pesquisadores da United podem aprofundar-se nas variáveis de segmentação para responder às perguntas de clientes nacionais. Alex Maggi, analista sênior de pessoal, da pesquisa de marketing da United, diz: "Muitas vezes usamos os dados para identificar as razões pelas quais algumas classificações diferem de um aeroporto para outro ou de um segmento para outro ao examinarmos o mix de clientes, ao ligarnos os dados da pesquisa aos dados operacionais. Por exemplo, podemos pegar classificações para um certo vôo e ligá-las ao desempenho em pontualidade daquele mercado e mostrar que, quando o desempenho na pontualidade caiu, caíram também as classificações em categorias específicas".

Esse relatório mensal sobre a satisfação do cliente e as atividades de follow-up que ele gera têm ajudado a United a ficar muito mais concentrada no cliente, melhorando assim seu posicionamento competitivo e fazendo com que seus céus ficassem ainda mais amigáveis. O programa de rastreamento da satisfação do cliente em vôo também permitiu à United identificar e tratar novas necessidades de clientes após os incidentes de 11 de setembro de 2001.[1]

VISÃO GERAL

A preparação e a apresentação do relatório constituem a sexta e última etapa do projeto de pesquisa de marketing. Ela segue a definição do problema, a a elaboração de uma abordagem, a formulação do modelo de pesquisa, o trabalho de campo e a preparação e a análise dos dados. Este capítulo descreve a importância dessa última etapa, assim como o processo para a preparação e a apresentação do relatório. A Figura 18.1 explica

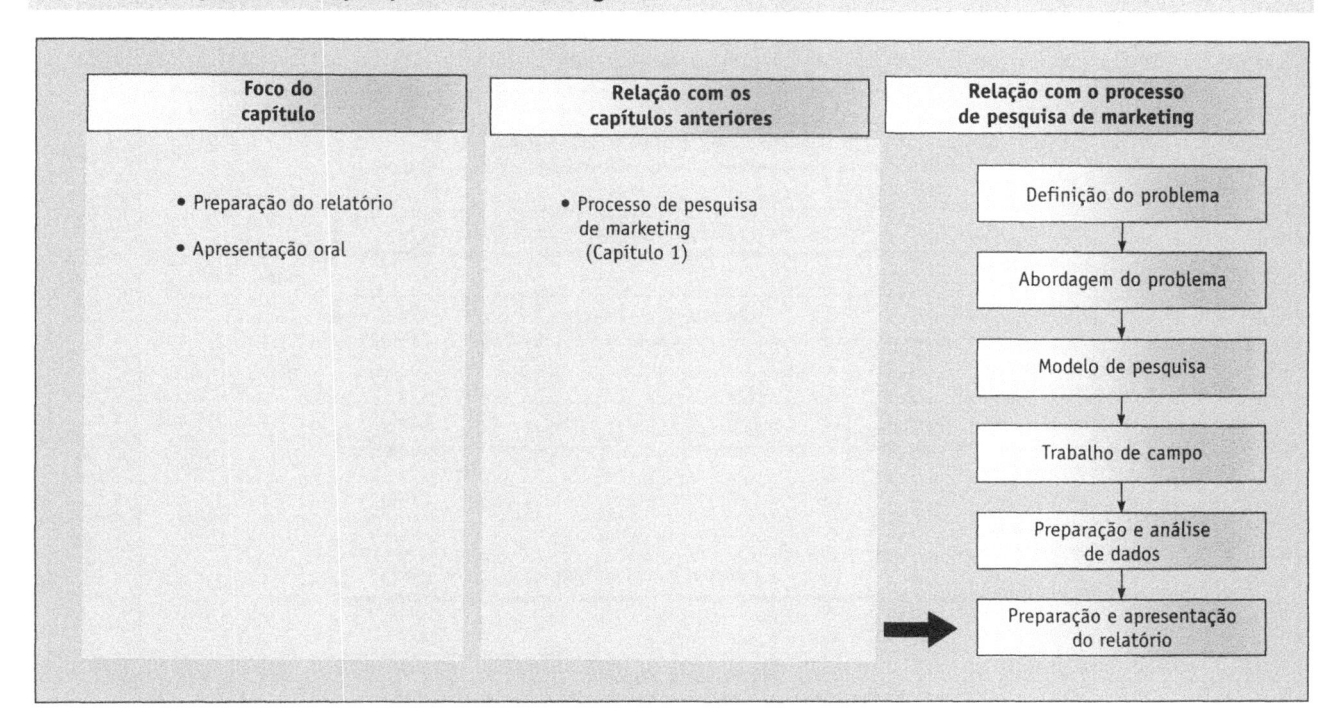

Figura 18.1 Relação da preparação e apresentação do relatório com os capítulos anteriores e com o processo de pesquisa de marketing

Foco do capítulo	Relação com os capítulos anteriores	Relação com o processo de pesquisa de marketing
• Preparação do relatório • Apresentação oral	• Processo de pesquisa de marketing (Capítulo 1)	Definição do problema ↓ Abordagem do problema ↓ Modelo de pesquisa ↓ Trabalho de campo ↓ Preparação e análise de dados ↓ **→ Preparação e apresentação do relatório**

resumidamente o foco do capítulo, a relação com os anteriores e a etapa do processo de pesquisa de marketing na qual ele se concentra. Como mostra o caso de abertura, relatórios de pesquisa de marketing bem-preparados e as atividades associadas de follow-up adicionam substancial valor ao processo de pesquisa de marketing.

Neste capítulo, proporcionamos diretrizes para a preparação do relatório, incluindo como escrevê-lo e como preparar tabelas e gráficos. Abordamos a apresentação oral do relatório. Descrevemos o follow-up da pesquisa, incluindo a assistência ao cliente e a avaliação do processo de pesquisa. Discutimos considerações especiais para a preparação e a apresentação do relatório na gestão da qualidade total (TQM) e na pesquisa de marketing internacional. Além disso, identificamos aplicações de tecnologia, ética e Internet. A Figura 18.2 oferece uma visão geral dos tópicos discutidos neste capítulo e como eles fluem de um capítulo para outro.

IMPORTÂNCIA DO RELATÓRIO E DA APRESENTAÇÃO

O relatório e sua apresentação são os produtos tangíveis do esforço de pesquisa. Além disso, o relatório serve como registro histórico do projeto. Se essa etapa não receber a atenção adequada, o valor do projeto será muito diminuído perante a administração. O envolvimento de muitos gerentes de marketing no projeto é limitado ao relatório escrito e à apresentação oral. Esses gerentes avaliam a qualidade do projeto todo com base na qualidade do relatório e na apresentação. A decisão da gerência de assumir uma pesquisa de marketing no futuro ou de usar o fornecedor específico de pesquisa novamente será influenciada pela utilidade percebida no relatório e na apresentação. Por essas razões, a preparação e a apresentação do relatório assumem grande importância.

PROCESSO DE PREPARAÇÃO E APRESENTAÇÃO DO RELATÓRIO

A Figura 18.3 ilustra o processo de preparação e de apresentação do relatório. O processo começa com a interpretação dos resultados da análise de dados à luz do problema de pesquisa de marketing, da abordagem, do modelo de pesquisa e do trabalho de campo. Em vez de meramente resumir os resultados estatísticos, o pesquisador deve apresentar os resultados de tal forma que possam ser usados diretamente com entrada na

Figura 18.2 Preparação e apresentação do relatório: visão geral

Caso de abertura

- Importância do relatório e da apresentação
- Processo de preparação e apresentação do relatório (Figura 18.3) (Tabela 18.1)
- Preparação do relatório (Figuras 18.4-18-7)
  - Formato
  - Redação
  - Tabelas
  - Gráficos
- Apresentação oral e divulgação
- Follow-up da pesquisa

Aplicações na Internet | Aplicação às questões contemporâneas

Internacional | Ética

Figura 18.3 Processo de preparação e apresentação do relatório

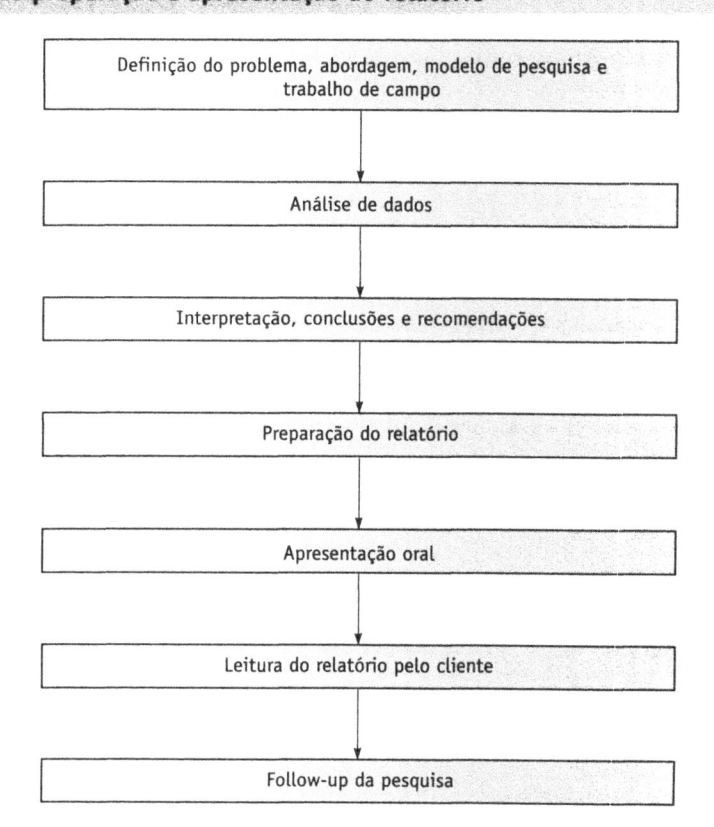

- Definição do problema, abordagem, modelo de pesquisa e trabalho de campo
- Análise de dados
- Interpretação, conclusões e recomendações
- Preparação do relatório
- Apresentação oral
- Leitura do relatório pelo cliente
- Follow-up da pesquisa

tomada de decisão. Quando apropriado, devem ser tiradas conclusões e feitas recomendações, nas quais a gerência pode agir. Antes de escrever o relatório, o pesquisador deve discutir os resultados, as conclusões e as recomendações mais importantes com os tomadores de decisão do cliente. Essas discussões têm um papel essencial no sentido de garantir que o relatório satisfaça as necessidades do cliente e seja aceito no final. Elas devem confirmar datas específicas para a entrega do relatório por escrito e os outros dados.

Todo o projeto de pesquisa de marketing deve ser resumido em um único relatório por escrito ou em vários relatórios endereçados a leitores diferentes. Por exemplo, um relatório preparado para a alta direção executiva deve enfatizar os aspectos estratégicos do projeto de pesquisa em vez de detalhes operacionais. No entanto, o inverso é verdadeiro para um relatório preparado para os gerentes de operação. Geralmente, uma apresentação oral suplementa esses documentos por escrito. Após a apresentação, o cliente deve ter a oportunidade de ler o relatório. Feita essa leitura, o pesquisador deve tomar as medidas de follow-up necessárias. Tais medidas são mostradas no caso de abertura, em que o departamento de pesquisa de marketing da United Airlines lida com vários pedidos para uma análise adicional dos dados. O pesquisador deve ajudar o cliente a compreender o relatório, implementar os resultados, assumir pesquisa adicional e avaliar o processo de pesquisa em retrospecto. A importância de o pesquisador estar intimamente envolvido no processo de preparação e apresentação do relatório é destacada no exemplo a seguir.

Exemplo

OS VERDADEIROS AUTORES DOS RELATÓRIOS DE DISCUSSÃO EM GRUPO PODEM ENGANAR OS CLIENTES

Elenice Rampazzo, sócia-diretora da Cyan Comunicações, uma agência de propaganda brasileira que se concentra no uso da pesquisa qualitativa para a elaboração de suas campanhas, observa uma tendência preocupante nos últimos anos no setor de serviços envolvendo discussões em grupo. Elenice alerta que alguns moderadores de discussões em grupo enganam os clientes porque seus relatórios na verdade são elaborados por outros profissionais que não participaram das sessões do grupo.

De acordo com Elenice, muitas vezes profissionais freelancers, sem envolvimento direto nas etapas do estudo desenvolvido, acabam redigindo o relatório analítico. Ela critica esse tipo de trabalho porque aqueles que meramente escutam fitas cassete ou assistem a fitas de vídeo das sessões de discussão em grupo não conseguem sempre relatar com precisão as reações não-verbais dos participantes durante as discussões. Conseqüentemente, têm maior dificuldade para identificar as emoções dos entrevistados, bem como para produzir insights criativos a partir da pesquisa.

PREPARAÇÃO DO RELATÓRIO

Pesquisadores diferem na maneira como preparam um relatório de pesquisa. A personalidade, o histórico, a experiência e a responsabilidade do pesquisador, junto com o tomador de decisões para quem o relatório está endereçado, interagem para dar a cada relatório uma identidade singular. No entanto, existem diretrizes para a formatação e a escrita de relatórios e para a elaboração de tabelas e gráficos.

Formato do relatório

Os formatos dos relatórios provavelmente irão variar dependendo do pesquisador e da empresa de pesquisa de marketing que estejam conduzindo o projeto, do cliente para quem o projeto está sendo realizado e da natureza do projeto em si. Dessa forma, o que temos a seguir foi idealizado como uma diretriz da qual o pesquisador pode elaborar um formato para o projeto de pesquisa em questão. A maioria dos projetos de pesquisa, como no caso de abertura, inclui grande parte dos seguintes elementos:

I. Capa
II. Índice
III. Sumário executivo
   a. Principais conclusões
   b. Recomendações
IV. Definição do problema
   a. Histórico do problema
   b. Declaração do problema
V. Temas de abordagem
VI. Modelo de pesquisa
   a. Tipo de metodologia da pesquisa
   b. Necessidades de informação
   c. Coleta de dados de fontes secundárias
   d. Coleta de dados de fontes primárias
   e. Técnicas de graduação
   f. Elaboração e pré-teste do questionário
   g. Técnicas de amostragem
   h. Trabalho de campo
VII. Resultados
VIII. Conclusões e recomendações
IX. Anexos
   a. Questionários e formulários
   b. Tabelas

Esse formato segue de perto as etapas iniciais do processo de pesquisa de marketing. No entanto, o formato deve ser flexível para que possa acomodar os aspectos singulares de um projeto específico. Em algumas situações, os resultados podem ser apresentados em vários capítulos do relatório. Por exemplo, em uma pesquisa nacional, a análise de dados pode ser efetuada levando em conta a amostra global, e depois os dados para cada região geográfica podem ser analisados separadamente. Nesse caso, os resultados podem ser apresentados em cinco capítulos em vez de um. Se preferir, o analista também pode destacar para cada dado nacional os resultados locais, quando merecerem destaque (quando tiverem proporção maior ou significativamente menor que a média nacional).

CAPA Deve incluir o título do relatório, as informações (nome, endereço e número de telefone) sobre o pesquisador ou a organização que realizou a pesquisa, o nome do cliente para quem o relatório foi preparado e a data do comunicado.

ÍNDICE Deve listar os tópicos analisados e os números apropriados das páginas. Na maioria dos relatórios, somente os principais tópicos e subtópicos são incluídos. Uma lista de tabelas, uma lista de gráficos, uma lista de anexos e uma lista de exibições seguem ao índice.

SUMÁRIO EXECUTIVO É uma parte extremamente importante do relatório, uma vez que muitas vezes essa é a única parte que os executivos lêem. O sumário deve descrever concisamente o problema, a abordagem, o modelo de pesquisa, os principais resultados, as conclusões e as recomendações. Em geral, o sumário executivo é escrito depois do restante do relatório, pois isso facilita a tarefa de apontar os resultados mais importantes do estudo.

DEFINIÇÃO DO PROBLEMA Essa seção do relatório apresenta o histórico do problema, discute a análise dos dados secundários – quando houver – e os fatores que foram considerados. Ela deve mostrar claramente qual é o problema investigado.

TEMAS DE ABORDAGEM/OBJETIVOS ESPECÍFICOS Mostra, em forma de itens, todos os temas e subtemas estudados e abordados pelo estudo realizado.

MODELO DE PESQUISA A seção sobre o modelo de pesquisa deve especificar os detalhes sobre como a pesquisa foi realizada (capítulos 3 a 13). Isso inclui o método de pesquisa, o público-alvo, a amostra, a margem de erro, o tipo de coleta de dados e a data de realização do trabalho de campo. Esses tópicos têm de ser apresentados de forma não-técnica e de fácil de compreensão. Os detalhes técnicos devem ser incluídos em um anexo.

RESULTADOS Esta seção normalmente é a parte mais longa do relatório e pode ser composta de vários capítulos. Muitas vezes, os resultados são apresentados não apenas no nível agregado, mas também no nível do subgrupo/clusters (segmentos do mercado, área geográfica, idade, sexo, renda, classe socioeconômica etc.). Os resultados devem ser organizados de forma coerente e lógica. A apresentação dos resultados deve ser direcionada aos componentes do problema de pesquisa de marketing e às necessidades de informação que foram identificadas. O relatório deve conter um texto analítico com os dados ilustrados por gráficos, tabelas e quadros esquemáticos.

CONCLUSÕES E RECOMENDAÇÕES A apresentação de um mero resumo dos resultados estatísticos não é o suficiente. O pesquisador deve interpretar os resultados à luz do problema que está sendo tratado para chegar às conclusões mais importantes. Com base nos resultados e nas conclusões, ele pode fazer recomendações para o tomador de decisões. Às vezes o pesquisador de marketing não é solicitado a fazer recomendações porque pesquisa apenas uma área, mas não compreende o quadro total na empresa do cliente. Se forem feitas recomendações, estas devem ser viáveis, práticas, acionáveis e diretamente utilizáveis como entradas no processo de tomada de decisão gerencial. É muito importante que o relatório de um projeto de pesquisa conclusiva (Capítulo 3) seja escrito de tal forma que os resultados possam ser usados como entradas para a tomada de decisão gerencial. Se não, é improvável que o relatório receba a devida atenção da gerência.

Redação do relatório

O relatório deve ser escrito para um leitor ou leitores específicos: os gerentes de marketing que usarão os resultados. Ele deve levar em conta a sofisticação técnica e o interesse dos leitores no projeto, assim como as circunstâncias nas quais eles o lerão e como o usarão.

Jargão técnico deve ser evitado. O pesquisador muitas vezes tem de atender às necessidades de vários grupos com níveis diferentes de sofisticação técnica e de interesse no projeto. Tais necessidades conflitantes podem ser satisfeitas pela inclusão no relatório de seções específicas para leitores diferentes ou relatórios totalmente separados.

O relatório deve ser fácil de seguir. Ele tem de ser logicamente estruturado e escrito com clareza. Uma ótima maneira de verificar sua clareza é pedir a duas ou três pessoas não familiarizadas com o projeto que leiam o relatório e façam comentários críticos. Várias revisões do projeto podem ser necessárias antes de o documento final emergir.

A objetividade é uma virtude que deve guiar a escrita do relatório. Ele deve apresentar a metodologia, os resultados e as conclusões do projeto com precisão, sem distorcer os resultados para ficar em conformidade com as expectativas da administração. A aparência do relatório também é importante. Ele deve ser reproduzido profissionalmente com papel, impressão e encadernação de qualidade. Diretrizes para a apresentação tabular e gráfica são discutidas a seguir.

Diretrizes para tabelas

As tabelas estatísticas são parte vital do relatório e merecem atenção especial (caso de abertura). Ilustramos as diretrizes para tabelas usando os dados para as vendas da Hewlett-Packard relatadas na Tabela 18.1. Os números em parênteses nos parágrafos a seguir se referem às seções numeradas na tabela.

TÍTULO E NÚMERO Toda tabela deve ter um número (1a) e um título (1b). O título deve ser breve, porém descrever nitidamente as informações fornecidas. Algarismos arábicos são usados para identificar as tabelas para tornar fácil a referência a elas no texto.

DISPOSIÇÃO DOS ITENS DE DADOS Os dados devem ser dispostos em uma tabela para enfatizar o aspecto mais significativo deles. Por exemplo, quando os dados pertencem ao tempo, os itens têm de ser dispostos conforme o período apropriado de tempo. Quando a classificação por magnitude for a mais importante, os itens de dados devem ser dispostos naquela ordem (2a). Se a facilidade de localizar itens for crítica, uma disposição alfabética seria a mais apropriada.

BASE DE ENTREVISTADOS A base ou o número absoluto de entrevistados deve ser claramente declarada em cada tabela (3a).

EXPLICAÇÕES E COMENTÁRIOS: CABEÇALHOS, CANHOTOS E NOTAS DE RODAPÉ Explicações e comentários que esclareçam a tabela podem ser proporcionados na forma de legendas, canhotos e notas de rodapé. Designações colocadas sobre as colunas verticais são chamadas de cabeçalhos (5a). Designações colocadas na coluna da esquerda são chamadas de **canhotos** (5b). Informações que não podem ser incorporadas à tabela devem ser explicadas em notas de rodapé (5c). Letras ou símbolos devem ser usados para notas de rodapé em vez de números. As notas de rodapé devem vir após a tabela principal, mas antes da nota sobre a fonte.

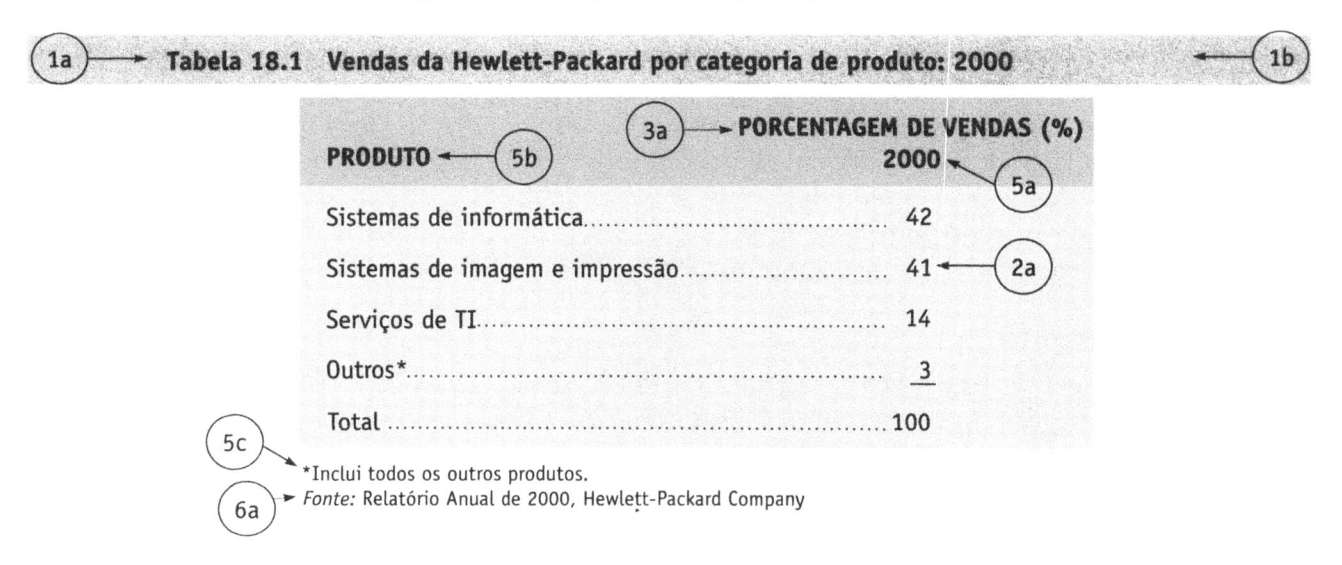

Tabela 18.1 Vendas da Hewlett-Packard por categoria de produto: 2000

PRODUTO	PORCENTAGEM DE VENDAS (%) 2000
Sistemas de informática	42
Sistemas de imagem e impressão	41
Serviços de TI	14
Outros*	3
Total	100

*Inclui todos os outros produtos.
Fonte: Relatório Anual de 2000, Hewlett-Packard Company

Diretrizes para gráficos

Como regra geral, os auxílios gráficos devem ser usados quando isso se mostrar prático, como no caso de abertura. O display gráfico de informações pode efetivamente complementar o texto e as tabelas para realçar a clareza da comunicação e do impacto. Como diz o ditado, um quadro vale mil palavras. As diretrizes para a preparação de gráficos são similares àquelas para as tabelas. Portanto, esta seção se concentra nos tipos diferentes de auxílios gráficos. Ilustramos vários deles usando os dados da Tabela 18.1 e outros dados relativos à Hewlett-Packard (HP) disponíveis na mesma fonte (Tabela 18.2).[2]

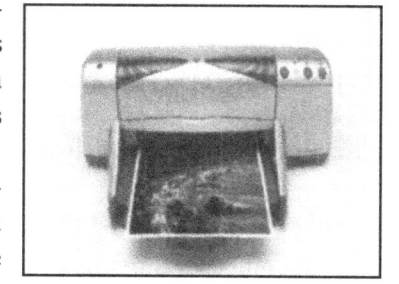

MAPAS GEOGRÁFICOS E OUTROS Mapas geográficos e outros, como mapas de posicionamento do produto, podem comunicar a localização relativa e outras informações comparativas. Os mapas geográficos podem ser de países, estados, comarcas, territórios de vendas e outras divisões. Por exemplo, suponha que o pesquisador queira mostrar a porcentagem de vendas da HP por categoria de produto para cada estado norte-americano. Essas informações poderiam ser comunicadas com eficácia em um mapa no qual cada estado fosse dividido em três áreas, proporcionalmente à porcentagem de vendas para cada uma das

Os gráficos podem ser usados para destacar as vendas da Hewlett-Packard

Tabela 18.2 Vendas da Hewlett-Packard: 1996-2000	
ANO	RECEITA LÍQUIDA (EM BILHÕES DE DÓLARES)
1996	31,6
1997	35,5
1998	39,4
1999	42,4
2000	48,8

Fonte: Relatório Anual de 2000, Hewlett-Packard Company

principais linhas de produtos da HP: sistemas de informática, imagem e impressão e serviços de TI. Cada área deve ser disposta usando-se uma cor ou um desenho diferente.

DIAGRAMA DE SETORES Em um **diagrama de setores**, a área de cada seção, como uma porcentagem da área total do círculo, reflete a porcentagem associada com o valor de uma variável específica. Um diagrama de setores não é útil para dispor relações que tenham a ver com o tempo ou relações entre diversas variáveis. Como diretriz geral, um diagrama de setores não deve precisar de mais de sete setores. A Figura 18.4 mostra um diagrama de setores para as vendas da HP por categoria de produto para o ano 2000, como dado na Tabela 18.1.

DIAGRAMA DE LINHAS Um **diagrama de linhas** liga uma série de pontos de dados usando linhas contínuas. Essa é uma maneira atraente de ilustrar tendências e mudanças sobre o tempo (Figura 18.5). Várias séries podem ser comparadas no mesmo diagrama, e previsões, interpolações e extrapolações podem ser mostradas. Se várias séries forem mostradas simultaneamente, cada linha deve ter uma cor ou forma distinta.

PICTOGRAMAS Um **pictograma** usa pequenas imagens ou símbolos para exibir dados. Como mostra a Figura 18.6, os pictogramas não retratam resultados com precisão. Portanto, é preciso precaução ao usá-los.

HISTOGRAMAS E GRÁFICOS DE BARRAS Um **gráfico de barras** mostra dados em várias barras que podem ser posicionadas horizontal ou verticalmente. Os gráficos de barras podem ser usados para apresentar magnitudes, diferenças e mudanças relativas e absolutas. O **histograma** é um gráfico de barras vertical no qual a altura das barras representa a freqüência relativa ou cumulativa de ocorrência de uma variável específica (Figura 18.7).

Figura 18.4 Diagrama de setores das vendas da Hewlett-Packard em 2000 por categoria de produto

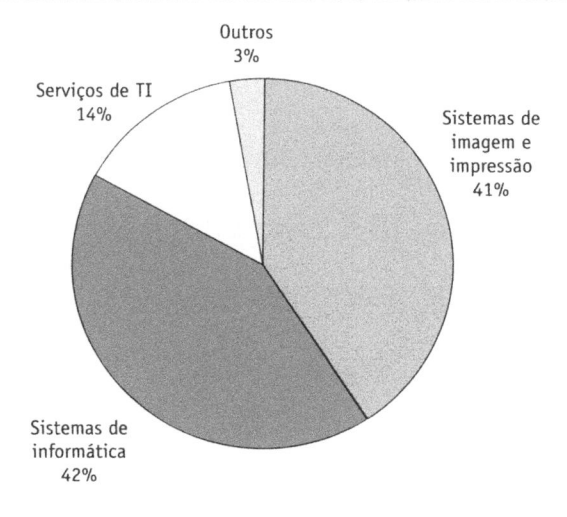

Figura 18.5 Diagrama de linhas das receitas líquidas totais da Hewlett-Packard

FIGURAS ESQUEMÁTICAS E FLUXOGRAMAS Figuras esquemáticas e fluxogramas assumem inúmeras formas. Eles podem ser usados para mostrar as etapas ou os componentes de um processo, como na Figura 18.3, ou ser empregados como diagramas de classificação. Exemplos de mapas de classificação de dados secundários foram fornecidos no Capítulo 4 (figuras 4.3 a 4.6).

APRESENTAÇÃO ORAL

O pesquisador deve apresentar todo o projeto de pesquisa de marketing à gerência da empresa cliente. Essa apresentação ajudará a gerência a compreender e a aceitar o relatório escrito. Qualquer pergunta preliminar que a gerência possa ter pode ser tratada na apresentação. Como muitos executivos formam sua primeira e duradoura impressão sobre o projeto com base na apresentação, nunca será demais enfatizar sua importância.

A chave para uma apresentação eficaz é a preparação. Um roteiro escrito ou um esboço detalhado deve ser preparado de acordo com o formato do relatório escrito. A apresentação deve ser direcionada para o espectador. Para esse propósito, o pesquisador deve determinar seus conhecimentos, interesses e envolvimento no projeto, assim como até que ponto eles provavelmente serão afetados pelo mesmo. Por exemplo, uma apresentação preparada para o departamento de publicidade deve colocar mais ênfase nas decisões de publicidade, incluindo orçamento, mídia, cópia e detalhes de execução. A apresentação deve ser treinada várias vezes antes de ser feita para a gerência.

Figura 18.6 Pictograma das receitas líquidas da Hewlett-Packard em bilhões de dólares

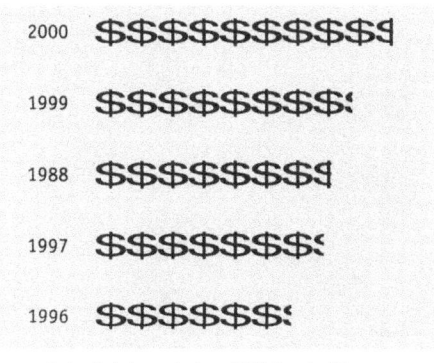

Cada símbolo equivale a 5 bilhões de dólares

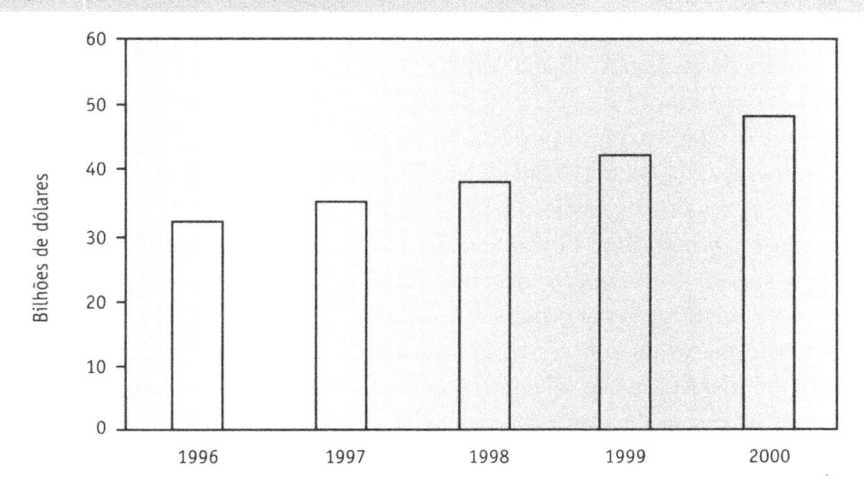

Figura 18.7 Histograma das receitas líquidas da Hewlett-Packard

Auxílios visuais, como tabelas e gráficos, devem ser mostrados em vários tipos de mídia. É importante manter contato visual e interagir com a platéia durante a apresentação. Esta deve ser interessante e convincente, com o uso de histórias, exemplos, experiências e citações apropriados. Palavras como 'né', 'sabe', 'certo' não devem ser usadas.

A linguagem corporal também é importante, ajuda o orador a transmitir suas idéias de forma mais enfática. Com ela, é possível reforçar a questão ou o ponto que se quer comunicar à platéia. O orador deve variar o volume, a intensidade, a qualidade da voz, a articulação e a velocidade enquanto estiver falando. A apresentação deve ter um encerramento vigoroso. Para enfatizar sua importância, um gerente da alta direção executiva na organização do cliente deve participar da apresentação.

A divulgação dos resultados da pesquisa deve ir além da apresentação oral. O relatório de pesquisa de marketing, ou ao menos partes do mesmo, deve ser amplamente distribuído para os principais executivos da empresa cliente e prontamente disponibilizados, usando-se, por exemplo, alguma distribuição on-line. Isso foi ilustrado no caso de abertura, no qual a United Airlines disponibiliza o relatório mensal da satisfação do cliente on-line. Após a divulgação, os principais executivos da empresa cliente devem ter tempo para ler o relatório detalhadamente antes do início de quaisquer atividades de follow-up.

FOLLOW-UP DA PESQUISA

O trabalho do pesquisador não termina com a apresentação oral. Ele ainda tem mais duas tarefas. Primeiramente, deve ajudar o cliente a compreender e implementar os resultados e tomar quaisquer medidas necessárias de follow-up. Em segundo lugar, deve avaliar todo o projeto de pesquisa de marketing enquanto ele ainda estiver nítido na sua mente.

Ajudando o cliente

Após o cliente ter lido o relatório em detalhes, várias perguntas podem surgir. Ele poderá não compreender partes do relatório, especialmente aquelas que lidam com assuntos técnicos. O pesquisador deve proporcionar toda a ajuda necessária, como foi feito de forma rotineira pelo departamento de pesquisa de marketing da United Airlines no caso de abertura. Às vezes, o pesquisador ajuda a implementar os resultados. Com freqüência, o cliente retém o pesquisador para ajudar a selecionar um produto ou uma agência de publicidade nova, para elaborar uma política de precificação, uma segmentação do mercado ou outras medidas de marketing. Por exemplo, o pesquisador e a gerência podem concordar em repetir o estudo depois de dois anos. Finalmente, o pesquisador deve ajudar a empresa cliente a tornar as informações geradas no projeto de pesquisa de marketing parte do sistema de informação de marketing (gestão) da empresa (SIM) ou do sistema de apoio às decisões (SAD), como discutido no Capítulo 1.

Avaliando o projeto de pesquisa

Embora a pesquisa de marketing seja científica, ela também envolve criatividade, intuição e perícia. Dessa forma, todo projeto de pesquisa de marketing proporciona oportunidade para o aprendizado, e o pesquisador deve avaliar criticamente o projeto todo para obter novos esclarecimentos e conhecimentos. A pergunta-chave a ser feita é: "Esse projeto poderia ter sido realizado de forma mais eficaz ou eficiente?". É claro que essa pergunta gera várias outras mais específicas. O problema poderia ter sido definido de forma diferente para poder realçar o valor do projeto para o cliente ou para reduzir custos? Uma abordagem diferente teria rendido melhores resultados? O modelo de pesquisa foi a melhor possível? E quanto à forma de coleta de dados? Entrevistas de intercepção em shoppings deveriam ter sido usadas em vez de entrevistas por telefone? O plano de amostragem foi o mais apropriado? As fontes de possíveis erros no modelo foram corretamente antecipadas e mantidas sob controle, ao menos no sentido qualitativo? Se não, quais mudanças poderiam ter sido efetuadas? Como a seleção, o treinamento e a supervisão dos trabalhadores de campo poderiam ter sido alterados para melhorar a coleta de dados? A estratégia de análise dos dados foi eficaz em obter informações úteis para a tomada de decisão? As conclusões e as recomendações foram apropriadas e úteis para o cliente? O relatório foi escrito e apresentado de forma adequada? O projeto foi terminado dentro do prazo e do orçamento alocado? Se não, o que deu errado? A visão obtida de tal avaliação beneficiará o pesquisador e os projetos subseqüentes?

ILUSTRAÇÃO RESUMIDA USANDO O CASO DE ABERTURA

A preparação e a apresentação do relatório são a última, porém não menos importante, etapa no projeto de pesquisa de marketing. Um relatório formal deve ser preparado e uma apresentação oral deve ser feita. Como no caso do levantamento de satisfação do cliente da United Airlines, o relatório deve ser bem completo e incluir o índice, o resumo executivo, a definição do problema, a abordagem, o modelo de pesquisa, a análise dos dados, os resultados e as conclusões e as recomendações. Vários gráficos e tabelas devem ser preparados para realçar a clareza dos resultados. Poderá ser necessário divulgar amplamente o relatório, ou ao menos uma parte dele, por exemplo, disponibilizando os resultados on-line, como fez a United Airlines. Depois de a gerência ter lido o relatório, o pesquisador deve realizar um follow-up. O pesquisador deve proporcionar auxílio à gerência e fazer uma avaliação completa do projeto de pesquisa de marketing, como ilustrado pelos diversos pedidos com os quais o departamento de pesquisa de marketing da United Airlines lidou após cada relatório.

PESQUISA DE MARKETING INTERNACIONAL

As diretrizes apresentadas anteriormente neste capítulo também se aplicam à pesquisa de marketing internacional, embora a preparação de relatórios possa ser complicada pela necessidade de fazê-lo para a gerência em países e em idiomas diferentes. Nesse caso, o pesquisador deve preparar versões diferentes do relatório, cada uma delas direcionada a um leitor específico. Os relatórios devem ser comparáveis, embora os formatos possam diferir. As diretrizes para a apresentação oral também são similares àquelas dadas anteriormente, com a condição adicional de que o apresentador deve ser sensível às normas culturais.

A maioria das decisões de marketing é baseada em fatos e em números que surgem da pesquisa de marketing. Contudo, esses números precisam ser convincentes e devem co-relacionar-se com a experiência e intuição do tomador de decisões da empresa. A experiência subjetiva e a intuição de gerentes podem variar muito nos países, exigindo recomendações diferentes para a implementação dos resultados da pesquisa nos diversos países. Isso é especialmente importante quando se fizerem recomendações inovadoras ou criativas, como em campanhas de publicidade.

ÉTICA NA PESQUISA DE MARKETING

Várias questões éticas também surgem durante a preparação e a apresentação do relatório. Elas incluem ignorar dados pertinentes ao tirar conclusões ou fazer recomendações, não relatar informações relevantes (como baixos índices de resposta), usar estatísticas de forma deliberadamente imprópria, falsificar números, alterar resultados da pesquisa e interpretar os resultados de forma equivocada com o objetivo de apoiar um ponto de vista pessoal ou corporativo. Essas questões devem ser tratadas de forma satisfatória, e o pesquisador deve preparar relatórios que documentem precisa e completamente os detalhes de todos os procedimentos e resultados.

Como o pesquisador, o cliente também tem a responsabilidade de revelar completa e precisamente os resultados da pesquisa e está obrigado a empregá-los de maneira honrosa. Por exemplo, um cliente que distorce os resultados da pesquisa para ter um argumento mais favorável na publicidade poderá afetar o público negativamente. Questões éticas também surgem quando empresas de clientes, como as companhias de tabaco, usam os resultados da pesquisa de marketing para formular programas de marketing questionáveis.

Exemplo

AS PROVAS CONTRA A INDÚSTRIA DE TABACO

É um fato bem conhecido que o tabaco é responsável por 30% de todas as mortes por câncer nos Estados Unidos, é uma das principais causas por doenças cardíacas e está associado a resfriados, úlceras gástricas, bronquite crônica, enfisema e outras doenças. As empresas de tabaco deveriam ser eticamente responsáveis por essa situação? É ético para essas empresas empregar a pesquisa de marketing para criar imagens glamorosas para cigarros que têm forte apelo para o mercado-alvo?

Com base nos resultados de pesquisa extensiva, estima-se que a publicidade feita pela indústria de tabaco tenha influência no surgimento de mais de 3 mil fumantes adolescentes diariamente nos Estados Unidos. Avaliou-se que a propaganda dos cigarros Camel com desenho animado de Old Joe aumentou a participação do Camel no segmento do mercado ilegal de cigarros para menores de 0,5% para 32,8% – representando uma projeção de vendas em 500 milhões de dólares por ano.

Esses efeitos prejudiciais não se limitaram aos Estados Unidos. A indústria de tabaco não estava apenas seduzindo crianças para fumar, também almejava outras populações menos informadas, como as de países do Terceiro Mundo. Isso nos induz a perguntar se essa foi uma maneira de as empresas de tabaco substituírem os fumantes norte-americanos que param de fumar ou morrem.[3]

APLICAÇÕES NA INTERNET

Relatórios de pesquisa de marketing podem ser publicados e postados diretamente na Internet. Em geral, esses relatórios não ficam localizados em áreas de acesso público, mas em locais protegidos com senhas ou na intranet corporativa. Os diversos pacotes de processamento de dados, planilhas e apresentações têm a capacidade de produzir material em um formato que pode ser postado diretamente na Internet, facilitando assim o processo.

Existem inúmeras vantagens para a publicação de relatórios de pesquisa de marketing na Internet. Esses relatórios podem incorporar todos os tipos de apresentação de multimídia, incluindo gráficos, imagens, animação, áudio e vídeo. A disseminação é imediata, e uma pessoa autorizada pode acessar os relatórios on-line de qualquer lugar do mundo. Esses relatórios podem ser procurados eletronicamente para identificar materiais de interesse específico. Por exemplo, um gerente da Coca-Cola no Brasil pode localizar eletronicamente as partes do relatório que dizem respeito à América do Sul. O armazenamento e a recuperação futura são eficientes e não exigem nenhum esforço. É fácil integrar esses relatórios para que se tornem uma parte do sistema de apoio à decisão. As vantagens de publicar os relatórios de pesquisa de marketing na Internet são ilustradas pela organização Gallup.

Exemplo

GALLUP COM FORÇA TOTAL

A organização Gallup é líder mundial em medição e análise das atitudes, das opiniões e dos comportamentos das pessoas. Embora seja mais conhecida pelo Gallup Poll, que data de 1935, a Gallup também oferece pesquisa, consultoria e treinamento em marketing e administração. O site *www.gallup.com* contém vários relatórios que apresentam a metodologia e os resultados detalhados de levantamentos feitos pela organização. Por exemplo, em novembro de 2000 foi realizado um levantamento para mostrar quanto o norte-americano médio gastaria em presentes durante as festas de fim de ano em 2000. Os resultados mostraram que o norte-americano médio gastaria aproximadamente 797 dólares. Essa quantia estava abaixo da média de 857 dólares de 1999. Seis em cada dez compradores norte-americanos planejavam gastar um mínimo de 500 dólares somente em presentes. A pesquisa da Gallup também descobriu que apenas 21% desses compradores planejavam fazer alguma compra on-line. Essa porcentagem havia aumentado somente 19% em comparação a 1999. A utilidade de tais relatórios para os profissionais de marketing e o público em geral transformou o site da Gallup num endereço muito popular.[4] Já no Brasil, o líder em pesquisar e analisar atitudes, comportamentos e opiniões dos consumidores é o Ibope. Visite o site desse instituto de pesquisa totalmente brasileiro: *www.ibope.com.br*.

Resumo

A preparação e a apresentação do relatório são a última etapa no projeto de pesquisa de marketing. Esse processo começa com a interpretação dos resultados da análise de dados e leva a conclusões e recomendações. Depois disso, o relatório formal é escrito e uma apresentação oral é feita. Após a gerência ter lido o relatório, o pesquisador deve fazer um follow-up, auxiliando a gerência e efetuando uma avaliação completa do projeto de pesquisa de marketing.

Na pesquisa de marketing internacional, a preparação do relatório pode ser complicada pela necessidade de fazê-lo para a gerência em países e em idiomas diferentes. Softwares disponíveis podem facilitar bastante a preparação e a apresentação do relatório. Várias questões éticas são pertinentes, especialmente aquelas relativas à interpretação e ao relato do processo e dos resultados da pesquisa para o cliente e também às maneiras subseqüentes em que o cliente usa esses resultados.

Exercícios

1. Descreva o processo de preparação do relatório.
2. Descreva um formato comumente usado para escrever relatórios de pesquisa de marketing.
3. Descreva as seguintes partes de um relatório: capa, índice, resumo executivo, definição do problema, modelo de pesquisa, análise de dados, conclusões e recomendações.
4. Por que a seção de 'Limitações e avisos' é incluída no relatório?
5. Discuta a importância da objetividade ao escrever um relatório de pesquisa de marketing.
6. Descreva as diretrizes para escrever um relatório.
7. Como os itens de dados devem ser dispostos em uma tabela?
8. O que é um diagrama de setores? Para que tipos de informação ele é adequado? Para que tipos de informação ele não é adequado?

9. Descreva um diagrama de linhas. Que tipos de informação são comumente dispostos usando esse diagrama?
10. Descreva o papel dos pictogramas. Qual é a relação entre gráficos de barras e histogramas?
11. Qual é o propósito de uma apresentação oral? Que diretrizes devem ser seguidas em uma apresentação oral?
12. Descreva a avaliação de um projeto de pesquisa de marketing.

*P*roblemas

1. O parágrafo abaixo foi tirado de um relatório de pesquisa de marketing preparado por um grupo de tipógrafos e litógrafos sem muito conhecimento formal na área de administração, os quais operam uma empresa de família.

   > Para medir a imagem da indústria tipográfica, foram empregadas duas técnicas diferentes de graduação. A primeira foi uma série de escalas de diferencial semânticas. A segunda foi composta de um conjunto de escalas de Likert. O uso de duas técnicas diferentes para a medição poderia ser justificado com base na necessidade de avaliar a validade convergente dos resultados. Os dados obtidos usando ambas as técnicas foram tratados como graduados por intervalo. Correlações de momento-produto de Pearson foram computadas entre os conjuntos de classificação. As correlações resultantes foram altas, indicando um alto nível de validade convergente.

   Reescreva o parágrafo tornando-o adequado para a inclusão no relatório.

2. Ilustre graficamente o processo de tomada de decisão do consumidor descrito pelo seguinte parágrafo:

   > Primeiro, o consumidor se torna ciente da necessidade. Depois, ele simultaneamente busca informações de várias fontes: varejistas, publicidade, boca-a-boca, publicações independentes e Internet. A seguir, elabora um critério para avaliar as marcas disponíveis no mercado. Com base nessa avaliação, o consumidor escolhe a marca preferida.

*A*tividades

Trabalho de Campo

1. Tire da Internet uma lista dos últimos relatórios anuais de duas empresas conhecidas por terem um marketing eficaz (por exemplo, Coca-Cola, Procter & Gamble, GE). Identifique os pontos fortes e fracos desses relatórios com base nas diretrizes apresentadas neste capítulo.
2. Obtenha uma cópia de um relatório de pesquisa de marketing de sua biblioteca ou de uma empresa local de pesquisa de marketing. (Muitas empresas de pesquisa de marketing fornecerão cópias de relatórios antigos para propósitos de ensino.) Avalie criticamente o relatório usando as diretrizes apresentadas neste capítulo.

Discussão em Grupo

1. Em um grupo pequeno, discuta a seguinte declaração: "Todos os auxílios gráficos são realmente muito similares, não importa quais você decidir usar".
2. "Escrever um relatório que seja conciso, porém completo, é virtualmente impossível, uma vez que esses dois objetivos são conflitantes." Discuta.
3. "Escrever, apresentar e ler relatórios é um talento adquirido." Discuta em um grupo pequeno.

*N*otas

1. Baseado em Shannon Stevens, "United testing self check-in kiosks in San Diego", *http://www.unitedairlines.com.*, 23 out. 2000; "United uses 'old' look to flag gains", *Brandweek*, 39, 10, 9 mar. 1998, p. 44, e Joseph Rydholm, "Surveying the friendly skies", *Quirk's Marketing Research Review*, maio 1996, p. 11, 33-35.

2. Paul McDougall, "HP expands initiatives for open storage", *Information Week*, 795, 17 jul. 2000, p. 36, e Lee Gomes, "Hewlett-Packard sets its PC bar higher and higher", *Wall Street Journal*, 8 set. 1997, p. B4.
3. Marianne DelPo, "Tobacco abroad: legal and ethical implications of marketing dangerous United States products overseas", *Business & Society Review*, 104, 2, verão 1999, p. 147-162; Elise Truly Sautter e Nancy A. Oretskin, "Tobacco targeting: the ethical complexity of marketing to minorities", *Journal of Business Ethics*, 16, 10, jul. 1997, p. 1011-1017; Kenman L. Wong, "Tobacco advertising and children: the limits of first amendment protection", *Journal of Business Ethics*, 15, 10, out. 1996, p. 1051-1064, e S. Rapp, "Cigarettes: a question of ethics", *Marketing*, 5 nov. 1992, p. 17.
4. Mark Gillespie, "Average american will spend $797 on gifts this holiday season", Gallup News Service, *http://www.gallup.com.*, 27 nov. 2000.

Casos

CASO 1 • QUANDO OS TEMPOS FICAM DIFÍCEIS, AS ACADEMIAS DE LUXO INOVAM

Imagine encontrar coquetéis, jantares refinados, compras, massagem terapêutica e outros luxos de embelezamento em uma academia. Para alguns parece um resort cinco-estrelas, para outros é parte da vida diária. Considerado uma 'academia de luxo', o East Bank Club, de Chicago, oferecia a seus associados, em 2001, uma série moderna de instalações para exercícios, salão de beleza e manicure, serviço completo de bar e restaurante, além de pajem para as crianças. Os freqüentadores do East Bank também desfrutavam a presença ocasional de celebridades como Michael Jordan, Oprah Winfrey e Heather Graham. Aqueles que não eram membros chamavam o East Bank de "paraíso esnobe para gente bonita". A gerência do East Bank Club não se importava nem um pouco com esse título.

Apesar da retração econômica em 2001, muitas academias de luxo não estavam preocupadas com a queda no número de associados ou nos lucros. O sócio gerente-geral do East Bank Club, Daniel Levin, via essa baixa como a dos "cigarros à prova de recessão". Para ilustrar ainda a serenidade que a maioria das academias de luxo demonstrava diante do declínio da economia, uma associada do East Bank, Jeanine Meola, afirmou que, se o dinheiro ficasse apertado, ela se desfaria do carro antes de deixar a academia.

Quase todas as academias de luxo buscam atrair as famílias oferecendo serviços de pajem, sala de recreação, piscinas e aulas de dança. Com essas conveniências, muitas famílias mantiveram-se na academia, mesmo quando o "dinheiro estava apertado". Nos anos 90, como ainda hoje, academias menos luxuosas e mais acessíveis lucraram especialmente com novos associados. Nos tempos de recessão, houve um declínio dramático no faturamento. Entretanto, elas conseguiram receita de outras fontes, como alimentos, roupas, salão de beleza e personal trainers, além dos novos membros. De fato, do lucro de 42 milhões de dólares do East Bank Club em 1999, apenas 53% foram provenientes de novos associados, ao passo que os 47% restantes vieram diretamente de outras fontes.

Muitos associados ricos das academias de luxo viam o título como a representação direta de caráter, status e personalidade. O cancelamento do título revelaria que poderiam existir problemas financeiros ou, então, que se exercitar e ficar saudável já não era a prioridade número um. Algumas pessoas eram associadas apenas por uma questão de status e contato social; já outras se preocupavam em se manter saudáveis. Talvez haja outros motivos para que um indivíduo se associe a uma academia de luxo. A gerência do East Bank Club estudava o que fazer para atrair novos freqüentadores e aumentar a receita no desafiador ambiente econômico do início de 2002.

Problemas

1. Qual é o papel da pesquisa de marketing para atrair novos membros para as academias de luxo?
2. Qual é o papel da pesquisa de marketing em assegurar a satisfação dos membros existentes nas academias de luxo?
3. Qual é o problema de decisão que a gerência do East Bank Club está enfrentando?
4. Defina o problema de pesquisa de marketing correspondente ao problema de decisão gerencial que você identificou na questão 3.
5. Formule uma pergunta de pesquisa e duas hipóteses.

Referências

1. Kevin Helliker, "How Hardy Are Upscale Gyms?" *The Wall Street Journal* (9 de fevereiro, 2001): B1.

CASO 2 • EASTMAN KODAK: RUMO À ALTA TECNOLOGIA

A Eastman Kodak desenvolve, fabrica e comercializa principalmente produtos e serviços para consumidores, para profissionais, para a área de saúde e de imagem. Em relação ao ano fiscal terminado em 31 de dezembro de 2000, as receitas caíram 1%, para 13,99 bilhões de dólares, reflexo do estágio tecnológico, da retração econômica e da instabilidade monetária. A Kodak constatou que era necessário lançar produtos inovadores a fim de recuperar sua participação no mercado de alta tecnologia. Recentemente, anunciou idéias para uma nova linha de produtos digitais e de resolução de imagens. Sua gerência prometeu que os novos produtos e serviços seriam disponibilizados ao público o mais rápido possível.

Mediante pesquisa de mercado, a Kodak percebeu que seus clientes estavam procurando novos meios de alta tecnologia para visualizar, compartilhar e requisitar fotografias. Nesse mundo de avanço tecnológico, os consumidores não estão dispostos a sair da rotina para revelar fotos. Essa comprovação levou a um acordo entre a Kodak e a Scientific-Atlanta para desenvolver um serviço de compartilhamento de fotos para a televisão interativa. O novo serviço foi conectado à infra-estrutura digital da Kodak e tornou-se parte do serviço completo de fotos on-line da empresa. A combinação das set-top boxes Explorer da Scientific-Atlanta e sua rede digital interativa com a liderança e com a infra-estrutura de acabamento fotográfico de classe mundial da Kodak permitiu que os consumidores tivessem as imagens de fotos escaneadas e as compartilhassem pela TV a cabo. Dan Palumbo, presidente da Kodak, afirmou: "Este novo serviço fará com que o compartilhamento de fotos seja tão fácil quanto usar o aparelho de TV, sustentado pela confiança que os consumidores depositam na marca Kodak".

Esse serviço ofereceu muitos benefícios aos usuários, como a habilidade para transferir as fotos de câmeras digitais, criar álbuns eletrônicos de fotos, fazer pedidos de impressões fotográficas pelo site da Kodak na Internet e compartilhar fotos por e-mail. "Ao eliminar a necessidade de ligar um computador, conectar-se a um serviço e esperar pelo download das fotos, podemos usar a banda larga da TV a cabo para estreitar a experiência e proporcionar uma considerável economia para os assinantes, um fator que pode ter um papel significativo na redução do churn para as operadoras de TV a cabo", disse Jim McDonald, presidente e CEO da Scientific-Atlanta. A Kodak esperava que esse acordo pudesse colocá-la de volta na estrada do sucesso e permitisse que ela competisse com mais vigor no mercado de alta tecnologia.

Problemas

1. Como a pesquisa de marketing pode ajudar a Kodak a penetrar no mercado de fotografia?
2. Dan Palumbo, presidente da Kodak, gostaria de empreender uma pesquisa de marketing para determinar a resposta dos consumidores ao novo serviço de compartilhamento de fotos. Defina o problema de pesquisa de marketing.
3. Com base em sua definição do problema na pergunta 2, desenvolva duas perguntas de pesquisa e duas hipóteses para cada pergunta de pesquisa.

Referências

1. *www.kodak.com*

CASO 3 • GILLETTE À FRENTE DE SEUS CONCORRENTES

Fundada em 1901, a Gillette é a líder mundial em produtos para a beleza masculina. Essa categoria inclui lâminas, aparelhos e loções para barbear. A empresa mantém também o primeiro lugar em produtos selecionados para a beleza feminina, como aparelhos de remoção de pêlos e artefatos para depilação. A Gillette é a maior vendedora mundial de instrumentos para escrita e produtos de correção, escovas de dentes e aparelhos para cuidados bucais com as marcas Papermate, Waterman, Parker e Oral-B. Além disso, é líder mundial em pilhas alcalinas com a marca Duracell.

As operações de manufatura são conduzidas em 57 instalações de 23 países, com distribuição em mais de 200 países e territórios. As vendas da Gillette em 2000 totalizaram 9,3 bilhões de dólares. A empresa emprega mais de 40 mil pessoas, aproximadamente três quartos delas fora dos Estados Unidos.

Como mostram as estatísticas acima, a Gillette tem sido uma empresa de sucesso. Entretanto, seu status atual não foi atingido sem alguns percalços. No fim dos anos 80, ela se encontrava na situação precária de ser vítima de um mercado que ajudou a criar. Nos anos 70 e 80, os aparelhos de barbear descartáveis baratos passaram a ser a escolha do momento. A Gillette ajudou a promover esses produtos participando de uma estratégia que tirava a ênfase da qualidade da marca e focava no preço. Os dólares do marketing foram para as promoções, não para seu sistema de barbear prêmio da época, o Atra Plus. A Gillette foi culpada de ensinar o consumidor a não ser leal e a achar que o melhor aparelho de barbear era o mais barato no momento. Com essa estratégia, o mercado dos descartáveis cresceu mais de 60% no total de vendas dos aparelhos de barbear. A Gillette perdeu um pouco de sua imagem de qualidade e viu as margens de lucro encolherem, o que levou a três tentativas fracassadas de aquisição.

Seus gerentes foram forçados a examinar sua posição no mercado para não perder o controle da empresa. A Gillette compilou e analisou as informações de vendas passadas, descobrindo falhas em sua estratégia de marketing. Uma pesquisa de marketing na forma de discussões em grupo e estudos revelaram que a Gillette poderia reformular sua abordagem de mercado, reenfatizando a qualidade e o conceito de patrimônio da marca na esperança de reverter essa tendência. Para conseguir isso, a empresa interrompeu toda a propaganda de seus aparelhos descartáveis e partiu para a comercialização pesada de seus sistemas de barbear. Esse empenho levou ao famoso slogan "O melhor que um homem pode ter". A pesquisa de marketing também revelou a importância crítica em desenvolver e introduzir novos produtos. Assim, a empresa começou a fazer investimentos significativos em pesquisa e desenvolvimento visando ao lançamento de sistemas de barbear nos anos seguintes (Sensor, Sensor Excel, Mach III, Venus etc.). Além de mudar seu foco de propaganda, a Gillette empreendeu numerosas campanhas por mala-direta, com o envio de aparelhos de graça para tornar seu nome conhecido, acreditando que, depois que homens e mulheres experimentassem a qualidade superior de seus produtos, estariam dispostos a pagar por eles. Utilizando essa estratégia de marketing com novo foco, a Gillette conseguiu reverter a tendência. Desde o lançamento de seus sistemas de barbear Sensor, 10% dos homens trocaram os aparelhos descartáveis pelos recarregáveis. Com a mudança, estes ficaram com mais de 50% de todo o mercado de aparelhos de barbear. A Gillette continuou essa abordagem agressiva para comercializar os sistemas de barbear prêmio e se tornou a líder de mercado.

Além do mercado de aparelhos de barbear para homens e mulheres, a Gillette focalizou novamente seus esforços de marketing em outros segmentos de cuidados pessoais. Em cada um deles, concentra-se na criação de uma marca distinta e na diferenciação de seus produtos. Atualmente, 1,2 bilhão de pessoas no mundo usam um ou mais produtos da Gillette. Aproximadamente 700 milhões de consumidores utilizam seus aparelhos de barbear. A indústria de produtos de consumo considera a Gillette uma das empresas mais eficazes em traduzir o poder da marca em receitas e lucros, juntamente com a Coca-Cola e a Procter & Gamble.

O sucesso da Gillette pode ser atribuído à sua disposição de rever a estratégia geral fundamentada nas descobertas das pesquisas de marketing. Ao simplesmente examinar as informações internas de vendas históricas, a empresa percebeu que a tendência atual a levaria a se afastar ainda mais do crescimento dos lucros e a se aproximar de uma aquisição hostil inevitável. As mudanças feitas com base nos resultados das pesquisas de marketing por toda a década passada fizeram da Gillette o que ela é hoje, para satisfação de seus acionistas. O valor de mercado das ações em circulação da empresa aumentou de 6 bilhões para 53 bilhões de dólares do final de 1990 até o final de 1998.

Problemas

1. Discuta o papel da pesquisa de marketing em determinar a preferência do consumidor pelos produtos de beleza pessoal.

2. Qual era o problema de decisão gerencial que a Gillette enfrentou quando percebeu que seu patrimônio de marca havia erodido?
3. Defina o problema de pesquisa de marketing correspondente ao problema de decisão gerencial que você identificou na pergunta 2.
4. Desenvolva um modelo gráfico explicando a escolha dos homens por um aparelho de barbear.
5. Desenvolva uma pergunta de pesquisa e uma hipótese correspondente sobre o papel da lealdade à marca e o preço na seleção dos consumidores de produtos para cuidados pessoais.

Referências

1. *www.gillette.com/company*.
2. Ian Darby, "Razor wars force Gillette shake-up", *Marketing*, 8 jul. 1999, p. 1.
3. Tara Rummell, "What's new at Gillette?", *Global Cosmetic Industry*, 165, 4, out. 1999, p. 16-18.
4. Holly Acland, "Gillette sensitive takes to the road", *Marketing*, 27 abr. 2000, p. 27.

Glossário

Abordagem direta Tipo de pesquisa qualitativa em que os propósitos do projeto são revelados ao entrevistado ou são óbvios em vista da natureza da entrevista.

Abordagem indireta Tipo de pesquisa qualitativa em que os propósitos do projeto são disfarçados para o entrevistado.

Abordagem tipo funil Estratégia para colocar as perguntas em ordem em um questionário cuja seqüência começa com as perguntas de caráter geral, seguidas pelas perguntas progressivamente específicas, para evitar que as perguntas específicas atrapalhem as respostas das perguntas gerais.

Aleatoriedade Método para controlar as variáveis estranhas que envolve a atribuição aleatória de unidades de teste para os grupos experimentais usando números aleatórios. As condições de tratamento também são atribuídas aleatoriamente aos grupos experimentais.

Ambiente de campo Local experimental situado em condições efetivas de mercado.

Ambiente de laboratório Ambiente artificial para experimentação em que o pesquisador constrói as condições desejadas.

Ambiente legal Políticas reguladoras e normas dentro das quais as organizações precisam operar.

Amostra Subgrupo dos elementos da população selecionado para participação no estudo.

Amostragem aleatória simples (AAS) Técnica de amostragem probabilística em que cada elemento na população tem uma probabilidade conhecida e igual de seleção. Cada elemento é escolhido independentemente de todos os outros elementos, e a amostra é tirada usando-se um procedimento aleatório de uma estrutura de amostragem.

Amostragem autogerada Técnica de amostragem não probabilística em que um grupo inicial de entrevistados é selecionado aleatoriamente. Os entrevistados subseqüentes são escolhidos com base em referências ou em informações proporcionadas pelos entrevistados iniciais. Esse processo pode ser executado em ondas ou ao obter referências de referências.

Amostragem estratificada Técnica de amostragem probabilística que usa um processo de duas etapas para dividir a população em subpopulações ou camadas. Os elementos são selecionados de cada camada por meio de um procedimento aleatório.

Amostragem não-probabilística Técnicas de amostragem que não usam procedimentos de seleção por acaso. Em vez disso, elas dependem do julgamento pessoal do pesquisador.

Amostragem por área Forma comum de amostragem por grupo em que os grupos consistem em áreas geográficas, como municípios, bairros, quarteirões ou outras descrições de áreas.

Amostragem por conveniência Técnica de amostragem não probabilística que tenta obter uma amostra de elementos convenientes. A seleção de unidades de amostragem é deixada primariamente para o entrevistador.

Amostragem por cota Técnica de amostragem não probabilística que é uma amostragem restrita por julgamento em dois estágios. O primeiro estágio consiste na elaboração de categorias de controle ou de cotas de elementos da população. No segundo estágio, elementos da amostra são selecionados com base na conveniência ou no julgamento.

Amostragem por grupo Técnica de amostragem probabilística em duas etapas. Na primeira, a população-alvo é dividida em subpopulações mutuamente excludentes e coletivamente exaustivas chamadas de grupos. Depois, uma amostra aleatória de grupos é escolhida com base em uma técnica de amostragem probabilística como a amostragem aleatória simples. De cada grupo escolhido, todos os elementos são incluídos na amostra ou uma amostra de elementos é tirada probabilisticamente.

Amostragem por julgamento Forma de amostragem por conveniência em que os elementos da população são escolhidos propositalmente com base no julgamento do pesquisador.

Amostragem probabilística Procedimento de amostragem em que cada elemento da população tem uma chance probabilística fixa de ser selecionado para a amostra.

Amostragem sistemática Técnica de amostragem probabilística em que a amostra é escolhida ao se selecionar um ponto de partida aleatório e depois se escolhendo cada n elemento em sucessão da estrutura de amostragem.

Amostras independentes Duas amostras que não são experimentalmente relacionadas. A medida de uma amostra não tem nenhum efeito sobre os valores da outra.

Amostras pareadas Em testes de hipóteses, as observações são colocadas em pares para que os dois conjuntos de observações sejam relativos aos mesmos entrevistados.

Amplitude Diferença entre os menores valores e os maiores valores de uma distribuição.

Análise da variância unilateral Técnica ANOVA em que há apenas um fator.

Análise de regressão Procedimento estatístico para analisar os relacionamentos associativos entre uma variável dependente métrica e uma ou mais variáveis independentes.

Análise de variância (ANOVA) Técnica estatística para examinar as diferenças entre as médias para duas ou mais populações.

Anulação do caso Método para lidar com respostas que estejam faltando em que os casos ou os entrevistados com quaisquer respostas faltantes são descartados da análise.

Anulação do par Método para lidar com respostas que estejam faltando em que para cada cálculo ou análise somente os casos ou entrevistados com respostas completas são considerados.

Artefatos de demanda Repostas fornecidas porque os entrevistados tentam adivinhar o propósito do experimento e respondem de acordo.

Associação de palavra Técnica projetiva em que se apresenta ao entrevistado uma lista de palavras, uma por vez. Depois de cada palavra, solicita-se ao entrevistado que fale a primeira palavra que lhe vier à mente.

Auditoria Coleção de dados da movimentação dos produtos para os atacadistas e varejistas. Essas auditorias periódicas podem ser uma contagem física do inventário ou ser administradas por uma conexão ao processo de escaneamento.

Auditoria do problema Análise abrangente de um problema de marketing para compreender sua origem e natureza.

Bancos de dados bibliográficos Bancos de dados compostos de citações a artigos em periódicos, revistas, jornais, estudos de pesquisa de marketing, relatórios técnicos, documentos do governo etc. Muitas vezes fornecem resumos do material citado.

Bancos de dados de anuários Bancos de dados de anuários oferecem informações sobre indivíduos, organizações e serviços.

Bancos de dados de propósitos especiais Bancos de dados com informações sobre uma natureza específica, por exemplo, um setor especializado.

Bancos de dados de texto completo Bancos de dados com texto integral de documentos de fontes secundárias que compõem o banco de dados.

Bancos de dados na Internet Bancos de dados que podem ser vasculhados, acessados ou analisados na Internet.

Bancos de dados numéricos Bancos de dados com informações numéricas e estatísticas que podem servir de fonte importante de dados secundários.

Bancos de dados off-line Bancos de dados disponíveis em disquete ou CD-ROM.

Bancos de dados on-line Bancos de dados armazenados em computadores que necessitam de uma rede de telecomunicações para que se possa acessá-los.

Canhotos Designações colocadas na coluna do lado esquerdo de uma tabela.

Causalidade Quando a ocorrência de X aumenta a probabilidade da ocorrência de Y.

Censo Enumeração completa dos elementos de uma população ou de objetos de estudo.

Codificação Atribuição de um código para representar uma resposta específica a uma pergunta específica junto com o registro de dados e a posição na coluna que tal código ocupará.

Código fixos do campo Código em que o número de registros para cada entrevistado é igual, e os mesmos dados aparecem nas mesmas colunas para todos os entrevistados.

Coeficiente alfa Medida de confiabilidade de consistência interna que é a média de todos os possíveis coeficientes resultantes das diferentes divisões da escala em duas metades.

Coeficiente da contingência Medida da intensidade da associação em uma tabela de qualquer tamanho.

Coeficiente de beta Termo usado para denotar o coeficiente de regressão padronizado (também chamado de *peso beta*).

Coeficiente de determinação Intensidade da associação é medida pelo coeficiente de determinação, r^2.

Coeficiente de determinação múltipla Na regressão múltipla, a intensidade da associação é medida pelo quadrado do coeficiente de correlação múltipla, R^2, que é chamado de coeficiente de determinação múltipla.

Coeficiente de regressão padronizado Também chamado de coeficiente de beta, é a inclinação obtida pela regressão de y sobre x quando os dados são padronizados.

Coeficiente de regressão Parâmetro estimado b é geralmente conhecido como coeficiente de regressão não padronizado.

Coeficiente de regressão parcial Coeficiente de regressão parcial, b_1, denota a mudança no valor previsto de Y quando X_1 é alterado em uma unidade, mas as outras variáveis independentes, X_2 a X_k, são mantidas constantes.

Coeficiente phi Medida da intensidade da associação no caso especial de uma tabela com duas linhas e duas colunas (uma tabela 2 x 2).

Coleta de dados estruturados Uso de questionário formal que apresenta as questões em uma ordem pre-estabelecida.

Componentes específicos do problema Segunda parte da definição do problema de pesquisa de marketing. Os componentes específicos concentram-se nos aspectos-chave do problema e oferecem diretrizes claras sobre como proceder.

Comportamento do consumidor Conjunto de conhecimentos que tenta compreender e prever as reações de consumidores com base nas características específicas de um indivíduo.

Conclusão da história Técnica projetiva em que o entrevistado recebe parte de uma história e precisa concluí-la com suas próprias palavras.

Conclusão da sentença Técnica projetiva em que se apresentam várias sentenças incompletas para que o entrevistado as complete.

Confiabilidade de consistência interna Abordagem para avaliar a consistência interna de um conjunto de itens, quando vários itens são somados para formar um escore total para a escala.

Confiabilidade de forma alternativa Abordagem que avalia a confiabilidade, a qual requer a elaboração de duas formas equivalentes da escala e, então, mede os mesmos entrevistados em dois períodos diferentes de tempo usando as formas alternativas.

Confiabilidade de teste-reteste Abordagem de avaliação da confiabilidade em que os entrevistados recebem conjuntos idênticos de itens da escala em dois períodos diferentes de tempo sob condições tão equivalentes quanto possíveis.

Confiabilidade Grau em que uma escala produz resultados consistentes quando tomadas medidas repetidas sobre a característica.

Confiabilidade pela metade Forma de confiabilidade de consistência interna em que os itens que compõem a escala são divididos em duas metades e as notas pela metade resultantes são correlacionadas.

Contexto ambiental do problema Consiste nos fatores que têm impacto sobre a definição do problema de pesquisa de marketing, incluindo informações do passado e previsões, recursos e limitações da empresa, objetivos do tomador de decisões, comportamento do consumidor, ambiente legal, ambiente econômico e habilidades de marketing e tecnológicas da empresa.

Controle da amostra Habilidade do modo de levantamento de campo de atingir as unidades especificadas na amostra de modo efetivo e eficaz.

Correlação momento-produto Estatística que resume a intensidade da associação entre duas variáveis métricas.

Covariância Relacionamento sistemático entre duas variáveis em que uma mudança em uma sugere uma mudança correspondente na outra (COV_{xy}).

Dados de fonte única Esforço para combinar dados de fontes diferentes agrupando as informações integradas sobre os domicílios e as variáveis de marketing aplicáveis ao mesmo conjunto de entrevistados.

Dados de rastreamento de volume Dados por escaneamento que fornecem informações sobre volume de compras por marca, tamanho, preço, sabor ou fórmula.

Dados externos Dados que se originam externamente à organização cliente.

Dados internos Dados disponíveis na organização para a qual a pesquisa está sendo conduzida.

Dados por escaneamento Dados de uma mercadoria obtidos por scanner a laser que lê os códigos de barras das embalagens.

Dados primários Dados coletados pelo pesquisador para o propósito específico da pesquisa.

Dados primários Dados originados pelo pesquisador que não estão disponíveis em fontes existentes.

Dados secundários Dados coletados anteriormente para finalidades diferentes das do estudo em questão.

Dados secundários Dados coletados em fontes existentes.

Declaração ampla do problema Declaração inicial do problema de pesquisa de marketing que oferece uma perspectiva apropriada do problema.

Decomposição da variação total Na ANOVA unilateral, a separação da variação observada na variável dependente dentro da variação por causa das variáveis independentes mais a variação por causa do erro.

Definição do problema Declaração ampla do problema geral e identificação dos componentes específicos do problema de pesquisa de marketing.

Desvio-padrão Raiz quadrada da variância.

Diagrama de dispersão Plotagem dos valores de duas variáveis para todos os casos ou observações.

Diagrama de linhas Gráfico que conecta uma série de pontos de dados usando linhas contínuas.

Diagrama de setores Gráfico redondo dividido em setores.

Diferencial semântico Escala de classificação de sete pontos com os pontos extremos associados a rótulos opostos.

Discagem de dígitos aleatórios (DDA) Técnica usada para superar a tendenciosidade de números telefônicos não listados e recém-ativados ao se selecionarem todos os dígitos dos números telefônicos aleatoriamente.

Discussão em grupo (*focus group*) Entrevista conduzida por um moderador treinado com um número pequeno de entrevistados de maneira natural e não estruturada.

Distribuição da amostragem Distribuição dos valores de uma estatística computada para cada amostra possível que pudesse ser tirada da população-alvo sob um plano de amostragem especificado.

Distribuição de freqüência Distribuição matemática cujo objetivo é obter uma contagem do número de respostas associadas com valores diferentes de uma variável e para expressar essas contagens em termos de porcentagem.

Distribuição do qui-quadrado Distribuição inclinada cuja forma depende exclusivamente do número de graus de liberdade. À medida que aumenta o número de graus de liberdade, a distribuição do qui-quadrado se torna mais simétrica.

Distribuição F Distribuição de freqüência que depende de dois conjuntos de graus de liberdade: os graus de liberdade no numerador e os graus de liberdade no denominador.

Distribuição normal Base para a inferência estatística clássica com formato de um sino e simétrica na aparência. Suas medidas da tendência central são todas idênticas.

Distribuição t Distribuição simétrica em forma de sino que é útil para testar uma amostra pequena ($n < 30$).

Dramatização Técnica projetiva em que se solicita ao entrevistado assumir o papel ou o comportamento de outra pessoa.

Edição Revisão dos questionários com o objetivo de aumentar a exatidão e a precisão.

Efeito de teste interativo Efeito em que uma medida anterior afeta a resposta da unidade de teste à variável independente.

Elemento Objeto que possui as informações buscadas pelo pesquisador e a partir do qual o pesquisador fará inferências.

Entrevistas de profundidade Entrevista não estruturada, direta e pessoal na qual um único entrevistado é investigado por um pesquisador altamente habilidoso para descobrir as motivações, as crenças, as atitudes e os sentimentos básicos sobre um assunto.

Erro aleatório Erro de mensuração que surge de mudanças aleatórias com um efeito diferente toda vez que a medida é feita.

Erro de amostragem aleatória Erro decorrente de a amostra específica escolhida ser uma representação imperfeita da população de interesse.

Erro de amostragem aleatória Erro resultante de a amostra específica selecionada ser uma representação imperfeita da população de interesse.

Erro de não-amostragem Erros que podem ser atribuídos a fontes além da amostragem; podem ser aleatórios ou não aleatórios.

Erro padrão da estimativa Desvio-padrão dos valores reais de Y dos valores previstos de $Y^\wedge$.

Erro padrão Desvio-padrão da distribuição de amostragem da média ou da proporção.

Erro sistemático Afeta a mensuração de forma constante e representa fatores estáveis que incidem na nota observada da mesma forma toda vez que a medida é feita.

Erro tipo I Também conhecido como erro de alfa, ocorre quando os resultados da amostra levam à rejeição da hipótese nula que é, de fato, verdadeira.

Erro tipo II Também conhecido como erro beta, ocorre quando os resultados da amostra levam à não rejeição de uma hipótese nula que é, de fato, falsa.

Erro-padrão SE_b denota o desvio-padrão de b e é chamado de erro-padrão.

Escala comparativa Um dos dois tipos de técnicas de escalonamento em que há uma comparação direta entre os objetos.

Escala de classificação contínua Escala de mensuração em que os entrevistados classificam os objetos ao colocar uma marca na posição apropriada de uma linha que vai de um extremo ao outro da variável de critério.

Escala de classificação forçada Escala de classificação que força os entrevistados a expressar uma opinião já que não é oferecida uma opção de "sem opinião".

Escala de itens múltiplos Escala que consiste em itens múltiplos, em que um item é uma única pergunta ou afirmação a ser avaliada.

Escala de Likert Escala de mensuração com cinco categorias de respostas que vão de "discordo muito" a "concordo muito", o que requer que os entrevistados indiquem um grau de concordância ou discordância com cada uma de uma série de afirmações relacionadas ao objeto de estímulo.

Escala de proporção Escala com nível mais alto de mensuração. Permite ao pesquisador identificar ou classificar os objetos, dispondo-os em ordem e comparando os intervalos ou as diferenças. É significativa também para computar razões de valores das escalas.

Escala de Stapel Escala para medir atitudes que consiste em um único adjetivo no meio de uma série par de valores.

Escala equilibrada Escala com um número igual de categorias favoráveis e desfavoráveis.

Escala nominal Escala cujos números servem apenas como rótulos ou etiquetas para identificar e classificar objetos, com uma correspondência biunívoca entre os números e os objetos.

Escala ordinal Escala de graduação em que se atribuem números aos objetos para indicar até que ponto eles possuem determinada característica. Assim, é possível determinar se um objeto tem mais ou menos alguma característica que outro objeto.

Escala por intervalo Escala em que os números são usados para classificar os objetos de tal modo que distâncias numericamente iguais na escala representem distâncias iguais nas características medidas.

Escala por itens Escala de mensuração com números e/ou descrições breves associados a cada categoria. As categorias estão classificadas em termos de posição na escala.

Escalas não-comparativas Um de dois tipos de técnica de escalonamento em que cada objeto de estímulo é escalonado independentemente dos outros objetos no conjunto de estímulo.

Escalonamento de comparação por pares Técnica de escalonamento comparativa em que dois objetos por vez são apresentados a um entrevistado, que é requisitado a selecionar um objeto no par, de acordo com algum critério. Os dados obtidos são por natureza ordinais.

Escalonamento de soma constante Técnica de escalonamento comparativa em que se pede que aos entrevistados que distribuam uma soma constante de unidades, como pontos, dólares, vales, decalques ou chips, entre um conjunto de objetos de estímulo, segundo algum critério.

Escalonamento Geração de um *continuum* no qual os objetos medidos estão localizados.

Escalonamento por ordem de classificação Técnica de escalonamento comparativa em que se apresentam vários objetos simultaneamente aos entrevistados e pede-se que os coloquem em ordem de preferência, de acordo com algum critério.

Estatística de teste Medida de quão próxima a amostra chegou da hipótese nula.

Estatística Descrição resumida de uma característica ou medida da amostra. A estatística da amostra é usada como estimativa do parâmetro da população.

Estatística do qui-quadrado Estatística usada para testar a significância estatística da associação observada em uma tabulação cruzada. Ela ajuda a determinar se existe uma associação entre as duas variáveis.

Estatística F Estatística F computada como a razão de duas variâncias de amostras.

Estatística t Estatística que supõe que a variável tem uma distribuição simétrica em forma de sino e cuja média é conhecida (ou presumida como conhecida) e a variância da população é estimada da amostra.

Estilos de vida Padrão de vida distinto descrito pelas atividades em que as pessoas se envolvem, os interesses que elas têm e suas opiniões sobre si e o mundo (AIOs).

Estrutura de amostragem Representação dos elementos da população-alvo. Consiste em uma lista ou um conjunto de instruções para identificar a população-alvo.

Estudo de medida única Modelo pré-experimental em que um grupo único de unidades de teste é exposto a um tratamento X, e então é tirada uma medida única da variável dependente.

Eta² (ç²) Intensidade dos efeitos de X (variável independente ou fator) sobre Y (variável dependente) é medida por eta² (ç²). O valor de ç² varia entre 0 e 1.

Evidência objetiva Evidência sem tendenciosidade apoiada por resultados empíricos.

Experimento Processo de manipular uma ou mais variáveis independentes e medir seus efeitos sobre uma ou mais variáveis dependentes, enquanto controla as variáveis extrínsecas.

Fatores Variáveis independentes categóricas. Todas as variáveis independentes precisam ser categóricas (não métricas) para usar a ANOVA.

Fontes padronizadas Empresas que coletam e vendem grupos comuns de dados destinados a servir às necessidades de informação compartilhadas por vários clientes, incluindo empresas concorrentes no mesmo setor.

Fornecedores de serviços especializados Empresas especializadas em uma ou algumas fases do processo de pesquisa de marketing.

Fornecedores externos Empresas externas de pesquisa de marketing contratadas para fornecer dados de pesquisa de mercado.

Fornecedores internos Departamentos de pesquisa de marketing localizados em uma empresa.

Gráfico de barras Gráfico que mostra dados em barras dispostos horizontal ou verticalmente.

Grupo de controle Grupo de controle não exposto à manipulação da variável independente. Ele proporciona um ponto de referência quando examinamos efeitos dessas manipulações sobre as variáveis dependentes.

Grupo estático Modelo pré-experimental em que existem dois grupos: grupo experimental (GE), exposto ao tratamento, e grupo de controle (GC). As medidas em ambos os grupos são feitas apenas após o tratamento, e as unidades de teste não são atribuídas aleatoriamente.

Grupo experimental Grupo exposto à variável independente manipulada.

Hipótese alternativa Declaração de que alguma diferença ou efeito são esperados. A aceitação da hipótese alternativa levará às mudanças nas opiniões ou nas ações.

Hipótese Declaração não comprovada ou proposta de valor sobre fator ou fenômeno de interesse do pesquisador.

Hipótese nula Declaração de que nenhuma diferença ou nenhum efeito é esperado. Se a hipótese nula não for rejeitada, não serão feitas mudanças.

Histograma Gráfico de barras vertical em que a altura das barras representa a freqüência relativa ou cumulativa de ocorrência.

Inferência estatística Processo de generalizar os resultados da amostra para os resultados da população.

Informações básicas Informações relacionadas diretamente ao problema de pesquisa de marketing.

Informações de classificação Características socioeconômicas e demográficas usadas para classificar os entrevistados.

Informações de identificação Tipo de informações obtidas em um questionário que incluem nome, endereço e número de telefone.

Interrogação Processo de informar, após o experimento, aos indivíduos de teste do que se tratava o experimento e como foram realizadas as manipulações experimentais.

Intervalo de confiança Amplitude em que o verdadeiro parâmetro da população se encaixará, presumindo um dado nível de confiança.

Levantamento de campo Entrevistas com grande número de entrevistados com base em questionário pré-elaborado.

Levantamentos de campo compartilhados São desenvolvidos e executados para vários clientes que compartilham as despesas.

Levantamentos de campo periódicos Coletam dados sobre o mesmo conjunto de variáveis em intervalos regulares, com obtenção de uma amostragem de um novo grupo de entrevistados a cada período.

Levantamentos de campo por painéis Medem o mesmo grupo de entrevistados durante um tempo, mas não necessariamente sobre as mesmas variáveis.

Limpeza de dados Verificações completas e extensivas em relação à consistência e ao tratamento de respostas que estão faltando.

Livro de códigos Livro que contém as instruções de codificação e as informações necessárias sobre variáveis no conjunto de dados.

Mapeamento por computador Mapas que resolvem problemas de marketing são chamados de mapas temáticos. Eles combinam geografia com informações demográficas e dados de vendas de uma empresa ou outras informações de propriedade e são gerados por computador.

Marketing do banco de dados Marketing que envolve o uso de computadores para captar e rastrear perfis de clientes e detalhes de compras.

Média A média; o valor obtido com a soma de todos os elementos em um conjunto e dividindo pelo número de elementos.

Média quadrada Soma dos quadrados dividida pelos graus de liberdade apropriados.

Mediana Medida da tendência central, dada como o valor acima da qual está metade dos valores e abaixo da qual está metade dos valores.

Medidas da variabilidade Estatística que indica a dispersão da distribuição.

Medidas de localização Estatística que descreve uma localização dentro de um conjunto de dados. As medidas da tendência central descrevem o centro da distribuição.

Mensuração Atribuição de números ou outros símbolos às características de objetos de acordo com certas regras predeterminadas.

Mercados-teste Parte cuidadosamente selecionada do mercado em especial adequada para o teste de mercado.

Método de levantamento de campo Questionário estruturado aplicado a uma amostra representativa de uma população desenvolvido para extrair informações específicas dos entrevistados.

Modelo analítico Especificação explícita de um conjunto de variáveis e seus inter-relacionamentos, elaborada para representar algum sistema real ou processo, por completo ou em parte.

Modelo causal Tipo de pesquisa conclusiva cujo principal objetivo é obter evidências com relação aos relacionamentos de causa e efeito (causal).

Modelo da série cronológica Modelo quase experimental que envolve medidas periódicas sobre a variável dependente para um grupo de unidades de teste. Em seguida, o tratamento é administrado pelo pesquisador ou ocorre naturalmente. Depois do tratamento, as medidas periódicas são estendidas para poder determinar o efeito do tratamento.

Modelo de grupo de controle pré-teste/pós-teste Modelo experimental em que o grupo experimental é exposto ao tratamento, mas não o grupo de controle. As medidas pré-teste e pós-teste são tiradas em ambos os grupos. As unidades de teste são atribuídas aleatoriamente.

Modelo de grupo de controle só pós-teste Modelo experimental em que o grupo experimental é exposto ao tratamento, mas não o grupo de controle, e em que não é tirada nenhuma medida pré-teste. As unidades de teste são atribuídas aleatoriamente.

Modelo de pesquisa Estrutura ou planta para conduzir o projeto de pesquisa de marketing que especifica os procedimentos necessários para obter as informações necessárias para estruturar e/ou resolver o problema de pesquisa de marketing.

Modelo de pré-teste/pós-teste de um grupo Modelo pré-experimental em que um grupo de unidades de teste é medido antes e depois da exposição ao tratamento.

Modelo de regressão bidimensional Linha de regressão básica $Y_i = â_0 + â_1 X_i + e_i$.

Modelo de regressão múltipla Equação usada para explicar os resultados da análise da regressão múltipla.

Modelo de série cronológica múltipla Modelo de séries cronológicas que inclui outro grupo de unidade de teste para servir como grupo de controle.

Modelo estatístico Modelos que permitem controle estatístico e análise das variáveis externas.

Modelo experimental Conjunto de procedimentos experimentais que especificam: (1) unidades de teste e procedimentos de amostragem; (2) variáveis independentes; (3) variáveis dependentes; e (4) como controlar as variáveis extrínsecas.

Modelo fatorial Modelo experimental estatístico usado para medir os efeitos de duas ou mais variáveis independentes em vários níveis e permitir a interação entre as variáveis.

Modelo gráfico Modelos analíticos que oferecem uma representação visual dos relacionamentos entre variáveis.

Modelo matemático Modelos analíticos que explicitamente descrevem os relacionamentos entre variáveis normalmente em forma de equação.

Modelo verbal Modelos analíticos que oferecem uma representação por escrito dos relacionamentos entre variáveis.

Modelos pré-experimentais Modelos que não controlam os fatores extrínsecos pela aleatoriedade.

Modelos quase experimentais Modelos que aplicam parte dos procedimentos da verdadeira experimentação, enquanto deixa de ter controle experimental total.

Modelos verdadeiramente experimentais Modelos experimentais são diferenciados pelo fato de o pesquisador poder atribuir aleatoriamente unidades de teste e tratamento para os grupos experimentais.

Modo Medida da tendência central dada como o valor que ocorre mais em uma distribuição da amostra.

Nível de confiança Probabilidade de um intervalo de confiança incluir o parâmetro da população.

Nível de precisão Quando se estima o parâmetro de uma população usando-se uma estatística da amostra, o nível de precisão é o tamanho desejado do intervalo estimativo. Essa é a diferença máxima permitida entre a estatística da amostra e o parâmetro da população.

Nível de significância Probabilidade de cometer um erro tipo I.

Objetivos Metas da organização e do tomador de decisões precisam ser consideradas para uma pesquisa de marketing bem-sucedida.

Observação mecânica Estratégia de pesquisa por observação em que aparelhos mecânicos, em vez de observadores humanos, registram os fenômenos ocorridos.

Observação pessoal Estratégia de pesquisa por observação em que pesquisadores humanos registram os fenômenos à medida que eles ocorrem.

Observação Registro de padrões comportamentais de pessoas, objetos e eventos de maneira sistemática para obtenção de informações sobre o fenômeno de interesse.

Orçamento e programação Ferramentas gerenciais necessárias para ajudar a assegurar que o projeto de pesquisa de marketing seja completado dentro dos recursos disponíveis.

Padronização Processo em que os dados brutos são transformados em variáveis novas que têm uma média de 0 e uma variância de 1.

Painéis de correio Amostra grande e nacionalmente representativa de domicílios que concordaram em participar periodicamente de questionários pelo correio, testes de produtos e levantamentos de campo por telefone.

Painéis diários da mídia Técnica de agrupamento de dados composta de amostras de entrevistados cujo comportamento de audiência televisiva é automaticamente registrado por aparelhos eletrônicos, suplementando as informações de compra registradas em um diário.

Painéis diários de compras Técnica de agrupamento de dados em que cada entrevistado registra suas compras em um diário.

Painéis diários de escaneamento com a TV a cabo Combinação de um painel diário por escaneamento com manipulações da propaganda que está sendo transmitida pelas empresas de TV a cabo.

Painéis diários por escaneamento Dados por escaneamento em que os membros do painel recebem um cartão de identidade que permite que as compras dos membros do painel estejam ligadas a suas identidades.

Painel Consiste em uma amostra de entrevistados, geralmente domicílios, que concordaram em fornecer informações durante um longo período.

Parâmetro Descrição resumida de uma característica ou medida fixa da população-alvo.

Pergunta dicotômica Pergunta estruturada com apenas duas alternativas de resposta, como sim ou não.

Pergunta encadeada Pergunta usada para guiar um entrevistador em uma pesquisa, direcionando-o para locais diferentes no questionário, dependendo das respostas dadas.

Pergunta que induz Pergunta que dá ao entrevistado uma dica sobre o que deve ser a resposta.

Perguntas de duplo efeito Única pergunta que tenta cobrir dois assuntos. Essas perguntas podem ser confusas para os entrevistados e resultar em respostas ambíguas.

Perguntas de pesquisa Declarações refinadas dos componentes específicos do problema.

Perguntas estruturadas Perguntas que especificam de antemão o conjunto de alternativas de respostas e o formato da resposta. Uma pergunta estruturada pode ser de múltipla escolha, dicotômica ou escala.

Perguntas não-estruturadas Perguntas abertas que os entrevistados respondem com suas próprias palavras.

Perguntas-filtro Pergunta inicial em um questionário que filtra os entrevistados potenciais, para certificar-se de que eles satisfazem as exigências da amostra.

Pesquisa conclusiva Pesquisa elaborada para auxiliar o tomador de decisões a determinar, avaliar e escolher a melhor ação para determinada situação.

Pesquisa de identificação do problema: Pesquisa conduzida para ajudar a identificar problemas que não são necessariamente evidentes, embora existam ou provavelmente surjam no futuro.

Pesquisa de marketing Identificação, coleta, análise e disseminação sistemática e objetiva de informações realizadas para melhorar a tomada de decisão referente à identificação e à solução de problemas (também chamados de oportunidades) no marketing.

Pesquisa de solução de problemas Pesquisa conduzida para ajudar a solucionar problemas específicos de marketing.

Pesquisa descritiva Tipo de pesquisa conclusiva cujo principal objetivo é a descrição de algo – geralmente características ou funções do mercado.

Pesquisa exploratória Tipo de modelo de pesquisa cujo objetivo primário é o discernimento e a compreensão do problema enfrentado pelo pesquisador.

Pesquisa qualitativa Metodologia de pesquisa exploratória não estruturada baseada em amostras pequenas, que fornece visão e percepção do ambiente do problema.

Pesquisa qualitativa Metodologia de pesquisa não estruturada e exploratória, baseada em pequenas amostras, com as quais se pretende oferecer nova visão e compreensão do ambiente do problema.

Pesquisa quantitativa Metodologia de pesquisa que procura quantificar os dados e aplica de alguma forma a análise estatística.

Pictograma Retrato gráfico que faz uso de pequenas imagens ou símbolos para mostrar os dados.

População Agregado de todos os elementos, compartilhando algum conjunto de características em comum, que compõem o universo para o propósito do problema de pesquisa de marketing.

População-alvo Coleção de elementos ou de objetos com as informações que o pesquisador busca e a partir dos quais o pesquisador fará inferências.

Potência de um teste Probabilidade de rejeitar a hipótese nula quando ela é, de fato, falsa e deve ser rejeitada.

Pré-codificação Na elaboração de questionário, atribuição de um código a cada resposta concebível antes da coleta dos dados.

Pré-teste Teste do questionário com uma amostra pequena de entrevistados com o propósito de melhorá-lo identificando e eliminando os problemas em potencial antes de usá-lo no levantamento real.

Precisão Refere-se ao grau de incerteza sobre a característica que está sendo mensurada, sendo que maior a precisão, menor o erro de amostragem.

Premência social Tendência dos entrevistados em fornecer respostas que não sejam precisas, mas desejáveis do ponto de vista social.

Problema de decisão gerencial Problema com que o tomador de decisões se confronta. Ele pergunta o que o tomador de decisões precisa fazer.

Problema de pesquisa de marketing Problema de pesquisa de marketing questiona quais informações são necessárias e como elas podem ser mais bem obtidas.

Procedimento dos quadrados mínimos Técnica para ajustar uma linha reta a um diagrama de dispersão minimizando as distâncias verticais de todos os pontos da linha.

Processo de pesquisa de marketing Conjunto de seis etapas que define as tarefas a serem realizadas na condução de um estudo de pesquisa de marketing: definição do problema, elaboração de uma abordagem para o problema, formulação do modelo de pesquisa, trabalho de campo, preparação e análise de dados, e geração e apresentação do relatório.

Proposta de pesquisa de marketing Contém a essência do projeto e serve como contrato entre o pesquisador e a gerência.

Psicografias Perfis psicológicos dos indivíduos.

Psicográficos Perfis psicológicos de indivíduos.

Questionário Técnica estruturada para a coleta de dados que consiste em uma série de perguntas, escritas ou verbais, que um entrevistado responde.

R^2 ajustado Valor de R^2 ajustado para o número de variáveis independentes e para o tamanho da amostra.

Regressão bidimensional Procedimento para derivar um relacionamento matemático, na forma de uma equação, entre uma variável única dependente métrica e uma variável única independente métrica.

Regressão múltipla Técnica estatística que simultaneamente desenvolve uma relação matemática entre duas ou mais variáveis independentes e uma variável dependente de escala de intervalo.

Residual Diferença entre o valor observado de Y e o valor previsto pela equação de regressão $\hat{Y}_i$.

Respostas que estejam faltando Valores de uma variável desconhecidos, já que esses entrevistados não forneceram respostas não ambíguas à pergunta.

Serviços de análise de dados Empresas que fazem a análise estatística de dados quantitativos.

Serviços de campo Empresas cuja principal oferta de serviço é a realização da coleta de dados, isto é, entrevista com o público-alvo da pesquisa.

Serviços de codificação e entrada de dados Empresas especializadas em converter levantamentos ou entrevistas em um banco de dados útil para a condução de análise estatística.

Serviços por assinatura (fontes) Serviços de informação oferecidos por organizações de pesquisa de marketing que fornecem informações de um banco de dados comum para empresas que assinam seus serviços.

Significância do efeito total Teste de que existem algumas diferenças entre alguns dos grupos de tratamento.

Sistema de informação de marketing (SIM) Conjunto formalizado de procedimentos para a geração, análise, armazenamento e distribuição de informações pertinentes ao tomador de decisões de marketing de forma contínua.

Soma dos erros ao quadrado Distâncias de todos os pontos da linha de regressão são elevadas ao quadrado e somadas, Σe_i^2.

SS_{dentro} Também chamada de SS_{erro}, a variação em Y por causa da variação dentro de cada uma das categorias de X. X não é responsável por essa variação.

SS_{entre} Também denotada como SS_x, a variação em Y relativa à variação nas médias das categorias de X. Isso representa variação entre as categorias de X, ou a porção da soma dos quadrados em Y relativa a X.

SS_y Variação total em Y.

Tabelas de contingência Tabela de tabulação cruzada. Ela contém uma célula para cada combinação de categoria de duas variáveis.

Tabulação cruzada Técnica estatística que descreve simultaneamente duas ou mais variáveis e resulta em tabelas que refletem a distribuição conjunta de duas ou mais variáveis que têm um número limitado de categorias ou de valores distintos.

Tamanho da amostra Número de unidades a ser incluído em um estudo.

Taxa de conclusão Porcentagem de entrevistados qualificados que completam a entrevista. Permite que os pesquisadores considerem as recusas antecipadas pelas pessoas que qualificam.

Taxa de incidência Taxa de ocorrência de pessoas elegíveis para participar no estudo expresso como porcentagem.

Taxa de resposta Porcentagem de entrevistas feitas e completas.

Técnica da terceira pessoa Técnica projetiva em que se apresenta uma situação verbal ou visual ao entrevistado e se pede que ele relacione os sentimentos e as atitudes de uma terceira pessoa à situação.

Técnica de associação Tipo de técnica projetiva em que se apresenta ao entrevistado um estímulo e se pede que ele responda a primeira coisa que lhe vier à mente.

Técnica de conclusão Técnica projetiva que requer que o entrevistado complete uma situação de estímulo incompleta.

Técnica de construção Técnica projetiva em que o entrevistado deve construir uma resposta em forma de história, diálogo ou descrição.

Técnica de resposta a uma foto Técnica projetiva em que se mostra uma foto para que o entrevistado conte uma história descrevendo-a.

Técnica projetiva Forma não estruturada e indireta de questionamento que encoraja os entrevistados a projetar suas motivações, crenças, atitudes e sentimentos básicos a respeito dos tópicos concernentes.

Técnicas expressivas Técnicas projetivas em que é apresentada uma situação verbal ou visual para que o entrevistado relacione os sentimentos e as atitudes de outras pessoas à situação.

Técnicas multivariáveis Técnicas estatísticas apropriadas para a análise de dados quando há duas ou mais medidas de cada elemento e as variáveis são analisadas simultaneamente. Técnicas multivariáveis estão preocupadas com os relacionamentos simultâneos entre dois ou mais fenômenos.

Técnicas univariáveis Técnicas estatísticas apropriadas para a análise de dados quando há uma medida única de cada elemento na amostra; ou, se houver várias medidas de cada elemento, cada variável é analisada isoladamente.

Tendenciosidade da não-resposta Tendenciosidade causada pelo fato de os entrevistados diferirem daqueles que se recusam a participar de entrevistas de modo que afete os resultados do levantamento de campo.

Tendenciosidade do entrevistador Erro gerado pelo entrevistador ao não seguir os procedimentos corretos da entrevista.

Tendenciosidade na ordem ou na posição Tendência de um entrevistado em escolher uma alternativa simplesmente porque ela ocupa determinada posição na página ou em uma lista.

Teoria Plano conceitual com base nas declarações fundamentais presumidamente verdadeiras.

Teste de duas caudas Teste da hipótese nula em que a hipótese alternativa não é expressa direcionalmente.

Teste de mercado Aplicação de um experimento controlado feito em mercados-teste limitados, porém cuidadosamente selecionados. Envolve uma reconstituição do programa de marketing nacional planejado para um produto.

Teste de uma cauda Teste da hipótese nula em que a hipótese alternativa é expressa direcionalmente.

Teste F Teste estatístico da igualdade das variâncias de duas populações.

Teste t de amostras pareadas Um teste para diferenças nas médias de amostras pareadas.

Teste t Teste da hipótese univariável que usa a distribuição t e que é usada quando o desvio-padrão é desconhecido e o tamanho da amostra é pequeno.

Teste z Teste de hipótese univariável usando-se a distribuição normal padrão.

Testes de quadrinhos São apresentados personagens de quadrinhos em situações específicas relacionadas ao problema. Pede-se que o entrevistado indique o diálogo que um personagem do quadrinho possa ter em resposta ao(s) comentário(s) de outro personagem.

Testes paramétricos Procedimentos de testes de hipóteses que supõem que as variáveis de interesse sejam medidas ao menos em uma escala de intervalo.

Tratamento Na ANOVA, combinação específica de níveis de fatores ou de categorias.

Unidade de amostragem Unidade básica que contém os elementos da população que comporão a amostra.

Unidades de teste Indivíduos, organizações ou outras entidades cujas respostas às variáveis são independentes ou tratamentos em estudo.

V de Cramer Medida da intensidade da associação usada em tabelas maiores do que 2 x 2.

Validade convergente Medida da validade do constructo que mede até que ponto a escala se correlaciona de forma positiva com outras medidas do mesmo constructo.

Validade discriminante Tipo de validade do constructo que avalia até que ponto uma medida não se correlaciona com outros constructos dos quais ela deve diferir.

Validade do constructo Tipo de validade que aborda a questão de qual constructo ou característica a escala está medindo. Uma tentativa é feita para responder a perguntas teóricas da razão pela qual a escala funciona e quais deduções podem ser tomadas com relação à teoria latente à escala.

Validade do conteúdo Tipo de validade, às vezes chamado de validade nominal, que consiste em uma avaliação subjetiva, porém sistemática, da representatividade do conteúdo de uma escala para a tarefa de mensuração em questão.

Validade do critério Tipo de validade que examina se a escala de mensuração tem o desempenho esperado em relação às outras variáveis escolhidas como critérios significativos.

Validade externa Determina se a relação de causa e efeito encontrada no experimento pode ser generalizada.

Validade interna Medida da precisão de um experimento. Ela avalia se a manipulação das variáveis independentes, ou tratamento, foi a causa real dos efeitos sobre as variáveis dependentes.

Validade nomológica Tipo de validade que avalia o relacionamento entre constructos teóricos. Ela busca confirmar as correlações significantes entre os constructos como previsto por uma teoria.

Validade Ponto até onde as diferenças em notas observadas de escalas refletem diferenças reais entre objetos sobre a característica que está sendo medida, em vez de erros sistemáticos ou aleatórios.

Valor crítico Valor de uma estatística de teste que divide as regiões de rejeição e de não rejeição. Se o valor calculado da estatística de teste for maior do que o valor crítico da estatística de teste, a hipótese nula é rejeitada.

Valor estimado ou previsto Valor $\hat{Y}_i = a + bx_i$ onde $\hat{Y}_i$ é o valor estimado ou previsto de Y_i, e a e b são estimadores de $\hat{a}_0$ e $\hat{a}_1$, respectivamente.

Valor z Número de erros padrão em que um ponto está fora da média.

Variação concomitante Condição para inferir a causalidade que exige que o ponto em que uma causa, X, e um efeito, Y, ocorram juntos ou variem juntos seja prevista pela hipótese sendo considerada.

Variância Média do desvio ao quadrado de todos os valores da média.

Variáveis dependentes Variáveis que medem o efeito das variáveis independentes nas unidades de teste.

Variáveis extrínsecas Variáveis, que não sejam as independentes, que influenciam as respostas das unidades de teste.

Variáveis independentes Variáveis manipuladas pelo pesquisador e cujos efeitos são medidos e comparados.

Verificações de consistência Parte do processo de limpeza de dados que identifica aqueles que estão fora da amplitude, ou logicamente inconsistentes, ou que tenham valores extremos. Dados com valores não definidos pelo plano de codificação são inadmissíveis.

Crédito das Fotos

Capítulo 1

P. 2: Tom McCarthy/PhotEdit. P. 6: Chuck Nacke/Woodfin Camp & Associates. P. 9: © Shia Photos. P. 11: Copyright 2002 General Motors Corp. com permissão de GM Media Archives. P. 18: Hery Westheim Photography.

Capítulo 2

P. 25: Subaru of America, Inc. P. 36: The Terry Wild Studio, Inc. P. 37: The Terry Wild Studio, Inc. P. 40: David Yound-Wolfe/PhotoEdit. P. 41: (Ad) Cortesia de Bozell Worldwide. P. 44: Michael Newman/PhotoEdit.

Capítulo 3

P. 51: James Leynse/Corbis/SABA Press Photos, Inc. P. 59: Cortesia de BMW of North America.

Capítulo 4

P. 71: Frank LaBua, Inc. P. 76: Corbis/Stock Market. P. 78: General Eletric Appliances. P. 84: The Terry Wild Studio, Ic.

Capítulo 5

P. 88: Haggar Cloting Company. P. 95: The Terry Wild Studio, Inc. P. 97: Ford Motor Company. P. 104: Campbell Soup Company.

Capítulo 6

P. 111: The Terry Wild Studio, Inc. P. 121: Richard B. Levine/Frances M. Roberts. P. 123: The Terry Wild Studio, Inc. P. 125: Ron Kimball Photography.

Capítulo 7

P. 133: © Shia Photos. P. 138: Claus Guglberger/ Black Star. P. 141: Amy C. Etra/PhotoEdit. P. 146: Bicycling Magazine. P. 147: Greg Mancuso/Stock Boston. P. 148: Steelcase Inc. P. 150: The Terry Wild Studio, Inc.

Capítulo 8

P. 157: Churchill & Klehr Photography. P. 162: Patti McConville/The Image Bank. P. 165: Pepsi Cola Company/AP/Wide World Photos. P. 174: Daimler/Chrysler Corporation.

Capítulo 9

P. 181: Dean Abramson/Stock Boston. P. 183: Dean Abramson/Stock Boston. P. 187: The Terry Wild Studio, Inc. P. 191: The Terry Wild Studio, Inc. P. 192: Tony Freeman/PhotoEdit. P. 194: David Lassman/ © Syracuse Newspapers/The Image Works. P. 195: Steak and Ale Restaurants.

Capítulo 10

P. 202: Chuck Savage/Corbis/Stock Market. P. 205: Chuck Nacke/Woodfin Camp & Associates. P. 206: MSInteractive Multimedia Services. P. 208: Cortesia de BMW of North America. P. 208: Infante/eStock Photography LLC. P. 220: Chuck Nacke/Woodfin Camp & Associates.

Capítulo 11

P. 226: Ellen Ericson Kupp/World Vision USA, Inc. P. 229: Churchill & Klehr Photography. P. 232: Dallal/SIPA Press. P. 239: Hulton/Archive.

Crédito das Fotos

Capítulo 12

P. 257: The Terry Wild Studio, Inc. P. 262: Jaskson Smith/Pictor, Nova York. P. 275: John Loggins/Shia Photos.

Capítulo 13

P. 282: Peter Griffith/Masterfile Corporation. P. 285: Michael A. Dwyer/Stock Boston. P. 288: Chuck Nacke/Woodfin Camp & Associates. P. 293: Tony Freeman Photographs.

Capítulo 14

P. 298: © Dennis Nett/Syracuse Newspapers/The Image Works. P. 302: Frank Siteman/Stock Boston. P. 304: Steve Raymer/Corbis. P. 305: Al Campanie/© Syracuse Newspapers/The Image Works. P. 309: Acer America.

Capítulo 15

P. 314: Jordan Harris/PhotoEdit. P. 316: Dallal/SIPA Press. P. 328: Christopher Liu/ChinaStock Photo Library.

Capítulo 16

P. 339: Cub Foods, a SUPERVALU INC. Company.

Capítulo 17

P. 364: The Terry Wild Studio, Inc. P. 375: Ron Kimball Photography. P. 380: Brian Pieters/Masterfile Corporation. P. 385: Teri Leigh Stratford/Pearson Education/PH College.

Capítulo 18

P. 392: United Air Lines/AP/Wide World Photos. P. 398: Porter Novelli Convergence Group.

Índice Remissivo

A

Abep, 13, 20
AC Nielsen, 17, 19, 98, 99, 100, 105, 106
Acer, 308-309
Almap/BBDO, 14
ambiente de laboratório, 171
amostragem, 257-278
amostras independentes, 346
amostras pareadas, 351
Análise & Síntese, 14
análise de regressão, 371
análise de variância (ANOVA), 353
apresentação oral, 400
Associação Americana de Marketing, 15
auditorias de varejistas e atacadistas, 102-103

B

banco(s) de dados
    computadorizados, 80
        classificação, 81-82
    demográficos, 82
    diretórios de, 82
    geovisuais, 83
        mapeamento por computador, 83
    marketing de, 77-78
    na Internet, 81
        Lycos, 81
        Webcrawler, 81
        Yahoo!, 81
    off-line, 81
    on-line, 80-81
    psicográficos, 82
BMW, 59, 60

C

Century City Hospital, 33
Chanel, 275
checklist do modelo de questionário, 247-248
Coca-Cola, 12, 37, 66, 88, 91, 98, 115, 129, 189, 191, 196, 260, 346
codificação geodemográfica
    serviços por assinatura, 82
codificação, 302-305
coeficiente
    de contingência, 334
    phi, 334
coeficiente da correlação, 365
coeficiente de beta, 375
coeficiente de determinação, 377
coeficiente de regressão, 374
Colgate Palmolive, 12, 328
comportamento do consumidor, 35
conceito de causalidade, 158
condições de tratamento, 354

consumidores
    fiéis, 339
    não-fiéis, 339
conveniência versus preço
correio, métodos pelo, 141-143
correlação momento-produto, 365
covariância, 366
cupons, 314

D

decomposição da variação total, 354
desodorantes, mercado de, 257
diagrama de dispersão, 373
diretrizes para gráficos, 398-400
diretrizes para tabelas, 397-398
discussões em grupo (*focus groups*), 73, 111, 115-119
    aplicações, 119
    desvantagens, 118, 119
    vantagens, 118, 119
distribuição da amostragem, 285-286
distribuição de freqüência, 316-319
distribuição do qui-quadrado, 333
distribuição F, 347
distribuição t, 341-342
Dockers, 88

E

edição, 301-302
Editora Abril, 14,
elaboração de perguntas, 234-236
empresas
    de pesquisa de marketing, 14
    de propaganda, 14
entrevistas de profundidade
    abordagem, 119-122
    aplicações, 121-122
    desvantagens, 121
    vantagens, 120
entrevistas pessoais, métodos de, 138-141
escala
    avaliação, 214-217
    de classificação forçada, 212
    de Likert, 206-207, 212, 217, 218, 316
    de proporção, 188
    de Stapel, 210
    equilibrada, 211
    nominal, 184-185
    ordinal, 185-187
    por intervalo, 187-188
    por itens, 206, 213-214
escalonamento, medição e, 181-183
estatística do qui-quadrado, 331-333
estrutura das perguntas, 236
exame dos residuais, 379
experimentação
    atribuição aleatória, 161-162

modelo experimental, 162, 165
unidades de teste, 161
validade na, 163-164
variáveis, 161

F

fidelidade versus infidelidade, 339
Fiesp, 32
follow-up
    ajudando o cliente, 401-402
    avaliando o projeto de pesquisa, 402
Ford, 66, 88, 95, 97, 260
formato do relatório, 395-397

G

Gatorade, 37
General Electric (GE), 78
General Motors (GM), 10, 11, 96
gestão da qualidade total (TQM), 16-17, 21, 43, 47, 64, 104, 196
Gillette Company, 35, 36, 111, 113, 114, 115, 119, 120, 127, 257, 260, 264, 269, 276
Google, 46
gráfico de barras, 399
grupo estático, 167

H

H. J. Heinz (ketchup), 44
Haggar Apparel, 88, 104
hipótese (H), 40, 41
histograma, 399
HP, 12

I

IBGE, 32
Ibope, 14, 19
IMS Health, 17, 19
In Search, 14
indústria de pesquisa de marketing, 12-13
    fornecedor(es), 12-13
        de codificação e entrada de dados, 13
        de serviços especializados, 13
        externos, 12-13
        interno, 12
inferência estatística, 285
informações, 242
intervalo de confiança
    abordagem, 287-292

J

J. Walter Thompson, 14
Jogos Olímpicos, 181

K

Kellogg Company, 105, 162, 242
Kraft Foods, 56

L

Lancôme, 293
Lee, 39, 40
levantamentos de campo
    através de painéis, 94, 98, 99
    avaliação da propaganda, 96-97
    compartilhados, 94
    desvantagens, 98
    gerais, 97
    índices de resposta, 145-146
    métodos, 134-136
        classificação, 136-137
        escolha, 144-145
    periódicos, 94
    usos, 97
    vantagens, 98
Levi Strauss, 88, 90, 104
Likert, escala de, 206-207, 212, 217, 218, 316
limpeza de dados, 305-307
Limra, 17
linha de regressão, 373
livro de códigos, 302
lojas de departamentos, 88

M

marketing
    classificação, 5-6
    custo, 61-62
    de bancos de dados, 77-78
    definição de, 4-5
    definição do problema, 27
        processo de, 28-29
    ética, 19-20, 45, 66, 84-85, 106, 128, 151-152, 175-176, 197, 219-220, 250-251, 294, 309
    função, 10-12
    internacional, 65
    papel, 15
    pesquisa de, 1-21
    principais organizações de pesquisa global, 19
    processo de, 6-9
    proposta de, 63-64
    TQM, 16-17, 43, 47, 64, 218, 249, 294
    visão geral, 1-2
Marriott, 9
Marshall Field's, 88, 90, 104
McDonald's, 6, 206, 246
medição e escalonamento, 181-183
medidas de localização, 320
mercado de cruzeiros, 32
métodos de observação
    mecânica, 148
    pessoal, 147
métodos eletrônicos, 144
métodos por telefone, 137-138
Microrebate Investing, programa, 339
modelo de pesquisa
    causal, 59-60
    conclusiva, 54, 55, 67
    descritiva, 57-59
    exploratória, 54, 55, 56-57, 67, 70-85
    monitoramento do desempenho, 55-56
    visão geral, 52, 53
música ambiente, Muzak, 157

N

Nike, 39, 137, 316 329, 330, 364

O

ordem lógica, 243

P

páginas amarelas, 174, 319
painéis diários
    de compras, 98
    de escaneamento, 100
        com TV a cabo, 100
    de mídia, 98-99
        Nielsen Television Index (NTI), 98-99
    desvantagens, 99
    do consumidor, 98
    usos, 99
    vantagens, 99
paramétricos, testes, 340
Pepsi, 37, 84, 166, 167, 168, 170, 175, 176, 189
perguntas de abertura, 241
perguntas de pesquisa (PPs), 39, 40, 41
perguntas encadeadas, 244
perguntas estruturadas, 237
perguntas-filtro, 233
pesquisa
    qualitativa *versus* quantitativa, 113-115
    qualitativa, 32, 33, 113, 115
    quantitativa, 114
phi, coeficiente, 334
Phisalia, 64
pictograma, 399
Pizza Hut, 33, 43, 138
Polo, 5
pontos-de-venda, compras, 160-161
população-alvo, 261
precisão de previsão, 379
Prêmio Malcom Baldrige, 16, 17, 150
preparação do relatório, 395
procedimento dos quadrados mínimos, 373

Procter & Gamble (P&G), 12, 14, 17, 18, 65, 85, 133, 164

Q

Quaker, 37, 38
questionário
    definição, 229
    importância, 227
    pré-teste, 245
    processo de elaboração, 229-230
    reprodução, 245
qui-quadrado, 331-333

R

realidade virtual (RV), 175
redação do relatório, 397
Reebok, 2, 4, 6, 9, 12, 16
regressão
    análise de, 371
    bidimensional, 371
regressão múltipla, 380-381
relatórios de pesquisa, 392
Research International, 14
Revlon, 262

S

Sadia, 14
Seade, 32
Sears, 298
Sebrae, 32
séries cronológicas, modelo, 169, 170
significância do efeito total, 355
SIM, sistema de informação de marketing, 15, 21
símbolos
    definição, 163, 283, 284
sistema de informação de marketing (SIM), 15, 21
sites de busca grátis, 46
Snapple, 37
Spiegel, 51, 57, 60
Stapel, escala de, 210
Subaru, 25, 26, 33, 42

T

t
    distribuição, 342
    estatística, 341, 342
    teste, 341
        de duas amostras, 346
        de uma amostra, 343
        realizando, 342
tabelas de contingência, 329
tabulações cruzadas, 328-331
taxa de conclusão, 293
taxa de incidência, 292
técnicas
    da terceira pessoa, 125-126

de associação, 122
　　　　　de palavras, 122
　　　de conclusão, 123
　　　de construção, 124
　　　　　testes de quadrinhos, 124
　　　de respostas às fotos, 124
　　　expressivas, 125
　　　projetivas, 122
　　　　　aplicação, 126-127
　　　　　desvantagens, 126
　　　　　vantagens, 126
técnicas de escalonamento, 188-194, 202, 203
telefone, métodos por, 137-138
Telefônica, 14

teste de hipóteses, 323
teste de mercado, 173
teste de significância, 376-377
texto das perguntas, 239
tomador de decisões (TD), 28, 29, 34, 45
Tommy Hilfiger, 5, 123
TQM, gestão de qualidade total, 16-17, 21, 43, 47, 64, 104, 196
transcrição, 305

U

usuário(s), tabulação cruzada, 329

V

V de Cramer, 334-335

variação concomitante, 160
variância unilateral, análise da, 354
verificações de consistência, 305-306
Visa, 66, 76

W

World Vision, 226, 230, 231, 236, 243, 245

Y

Young & Rubicam, 14
Youth Research (YR), 229